Die Grundsätze des ersten Senats des Königl. Ober-Tribunals

über

Freizügigkeit und öffentliche Armenpflege,

insbesondere für Dienstboten 2c.

Von dem Standpunkt der Preußischen Verwaltungs-Behörden aus beleuchtet

von

Th. Flottwell,
Regierungsrath.

Berlin, 1861.
Verlag von J. Guttentag.

Die §§. 1., 2., 3. und 4. des Armengesetzes vom 31. Dezember 1842 lauten:

§. 1.

Die Fürsorge für einen Armen hat, wenn dazu kein Anderer (Verwandter, Dienstherrschaft, Stiftung u. s. w.) verpflichtet und vermögend ist, diejenige Gemeinde zu übernehmen, in welcher derselbe

1) als Mitglied ausdrücklich aufgenommen worden ist, oder
2) unter Beobachtung der Vorschriften des Gesetzes vom heutigen Tage über die Aufnahme neu anziehender Personen (§. 8.) einen Wohnsitz erworben, oder
3) nach erlangter Großjährigkeit während der drei letzten Jahre vor dem Zeitpunkte, wo seine Hülfsbedürftigkeit hervortritt, seinen gewöhnlichen Aufenthalt gehabt hat.

§. 2.

Ein Wohnsitz im Sinne des §. 1. Nr. 2. wird für Personen, welche als Dienstboten, Haus- und Wirthschaftsbeamte, Handwerksgesellen, Fabrik-Arbeiter u. s. w. im Dienste eines Anderen stehen, an dem Orte, wo sie im Dienste sich befinden, durch dieses Dienstverhältniß allein niemals begründet.

§. 3.

Die Verpflichtung zur Fürsorge für den Verarmten beginnt in dem Falle des §. 1. Nr. 1. mit dem Tage der Aufnahme und in dem Falle des §. 1. Nr. 2. mit dem Zeitpunkte der Erwerbung des Wohnsitzes.

Sind die im §. 1. unter Nr. 1. und 2. aufgestellten Bedingungen bei mehreren Gemeinden in Beziehung auf dieselbe Person vorhanden, so entscheidet deren gewöhnlicher Aufenthalt.

§. 4.

Die durch die Vorschriften des §. 1. bestimmte Verpflichtung der Gemeinde erlischt, wenn der Verarmte nach erlangter Großjährigkeit seit drei Jahren aus der Gemeinde abwesend ist. Eine Ausnahme hiervon findet statt, wenn die Abwesenheit durch bloß vorübergehende Verhältnisse, insonderheit durch den Betrieb eines nicht stehenden Gewerbes, durch Erfüllung der allgemeinen Militairpflicht, durch Abbüßung einer zeitigen Freiheitsstrafe u. s. w. veranlaßt worden ist.

Der erste Senat des Königlichen Obertribunals hat diese gesetzlichen Bestimmungen in der neueren Zeit und zwar zunächst in dem aus der authentischen Sammlung der Entscheidungen, Band 36, Seite 370 entnommenen, hier angeschlossenen Erkenntnisse vom 24. Juni 1857, Anlage A., sodann in zwei gleichlautenden in Striethorst's Archiv Band 35. Seite 136 und Band 36, Seite 201 abgedruckten Erkenntnissen vom 3. October 1859 und 3. Februar 1860, Anlage B., endlich in einem bisher ungedruckten Erkenntniß vom 21. September 1860, Anlage C., dahin ausgelegt,

> daß für die im §. 2. des Armengesetzes bezeichneten Bevölkerungsklassen, so wenig im Sinne des §. 1. sub 2. durch Wohnsitz als im Sinne des §. 1. sub 3. durch dreijährigen Aufenthalt die communale Armenpflicht entstehen, noch aber im Sinne des §. 4. durch ihre dreijährige Abwesenheit von ihrem ursprünglichen Heimathsorte erlöschen könne.

Der höchste Gerichtshof gelangt zu dieser Schlußfolgerung aus folgenden Sätzen:

der Aufenthalt eines Dienstboten sei kein selbstständiger im Sinne des §. 1. des Gesetzes über die Aufnahme neuanziehender Personen vom 31. December 1842, welcher lautet:

> „Keinem selbstständigen Preußischen Unterthan darf an dem Orte, wo er eine eigene Wohnung oder ein Unterkommen sich selbst zu verschaffen im Stande ist, der Aufenthalt verweigert oder durch lästige Bedingungen erschwert werden."

sondern er sei nur von dem Aufenthalte der Dienstherrschaft bedingt —,

die Entstehung eines Hilfsdomicils im Sinne des §. 1. sub 2. durch Wohnsitz nach vorangegangener Meldung und im Sinne des §. 1. sub 3. durch dreijährigen Aufenthalt nach erreichter Großjährigkeit lasse keinen Unterschied zwischen den Begriffen „Wohnsitz" und „gewöhnlichen Aufenthalt", sondern nur einen Unterschied nach dem äußeren Moment der stattgehabten resp. unterlassenen polizeilichen Anmeldung des Aufenthalts zu —, es sei deshalb in der Hinweisung des §. 2. auf den Fall des §. 1. sub 2. auch implicite der Fall des §. 1. sub 3. für subsumirt zu erachten, — in gleicher Weise sei der Fortbestand der Armenverpflichtung desjenigen Orts, welchem nach §. 20. die ursprüngliche Armenpflicht für einen Dienstboten bis zu seiner erreichten Großjährigkeit obgelegen, nicht durch die dreijährige Abwesenheit desselben im Sinne des §. 4. als erloschen zu betrachten, da der Gesindedienst als solcher nur zu den vorübergehenden Abwesenheitszwecken und somit zu den Ausnahmefällen und nicht zur Regel des §. 4. zu rechnen sei.

Diese in jedem einzelnen Streitfall auf Grund des §. 34 des Armengesetzes schließlich maßgebliche Entscheidung ist in ihren Consequenzen von einschneidender Wirkung auf die gegenseitigen Beziehungen der Armenverbände und hat selbstredend nicht nur die zahlreichsten Streitigkeiten für erst neuerdings eingetretene Armenfälle hervorgerufen, sondern auch für längst durch gegenseitiges Anerkenntniß erledigte Streitfälle die Folge gehabt, daß, gestützt auf jene Entscheidungen des höchsten Gerichtshofes, einzelne größere Communen resp. die Landarmenverbände sich weigern, die von ihnen bisher bereits übernommenen Verpflichtungen der öffentlichen Fürsorge ferner auszuüben, sobald es ihnen gelingt nachzuweisen, daß bis zum Eintritt der Hülfsbedürftigkeit des Verarmten 2c. der Letztere als Dienstbote, Haus- oder Wirthschaftsbeamter, Fabrikarbeiter, Handwerksgeselle conditionirt und nur zu diesem Zweck den Aufenthaltsort seiner Eltern verlassen habe.

Das Königliche Ministerium des Innern hat nun in dem Rescript vom 18. November 1858*) und in einem späteren, an die sämmtlichen Königlichen Regierungen erlassenen Circular-Rescript vom 30. April 1860 die ihm untergeordneten Behörden angewiesen, unter allen Umständen an der der Entstehungsgeschichte der Preußischen Armengesetzgebung entsprechenden, von dem Königlichen Ministerium des Innern unverändert und, bis zu der Entscheidung des Königlichen Ober-Tribunals vom 24. Juni 1857, auch von den Preußischen Gerichtshöfen befolgten gegentheiligen Auslegung festzuhalten. Es ist diese Anweisung und die zu diesem Behuf erfolgten Mittheilungen aus den Berathungen des Staatsraths erst in neuester Zeit und insbesondere in dem unter den Anlagen befindlichen Erkenntniß vom 21. September 1860 von dem ersten Senat des Königlichen Ober-Tribunals in Erwägung genommen, bei dieser Gelegenheit aber gerade des Inhalts jener dem höchsten Gerichtshofe communicirten Verhandlungen des Staatsraths in einer so aphoristischen Weise in den Entscheidungsgründen

---

*) Ministerial-Blatt für die innere Verwaltung Seite 229.

Erwähnung geschehen, daß es dringend geboten erscheint, die obschwebende Frage aus dem Wesen des Armengesetzes und resp. des Aufnahmegesetzes vom 31. December 1842 näher und eingehender zu beleuchten. Nur dann wird darauf zu rechnen sein, daß es auch hier, wie bereits in manchen andern Fällen, gelingen werde, den von den Verwaltungsbehörden stets festgehaltenen Standpunkt auch für die richterliche Beurtheilung in seiner wahren, dem Geiste der preußischen Gesetzgebung entsprechenden Bedeutung erscheinen zu lassen.

I.

Wenn das Königliche Ober-Tribunal die Bestimmungen des Gesetzes über die Verpflichtung zur öffentlichen Armenpflege vom 31. December 1842 mit denen des sogenannten Aufnahmegesetzes von demselben Tage, oder wie es in dem Erkenntniß vom 24. Juni 1857 genannt wird, dem „Heimathsgesetze", dergestalt in Verbindung bringt, daß die Begründung eines Hülfsdomizils im Sinne des Armengesetzes von der Selbstständigkeit des Aufenthalts, oder von dem Vorhandensein der Bedingungen der Freizügigkeit im Sinne des §. 1. des Aufnahmegesetzes abhängig gemacht wird, so erscheint eine solche gegenseitige Relation weder nach den Bestimmungen und dem Zweck des Armengesetzes, noch nach denen des Aufnahmegesetzes motivirt.

a. Das Armengesetz kennt den Ausdruck eines Hülfsdomizils, der Begründung eines Armendomizils, der Heimathsberechtigung an einem Orte 2c. überhaupt nicht, sondern es legt nur die Verpflichtung der öffentlichen Armenpflege unter gewissen, im §. 1. resp. in den §§. 17. bis 22. näher bestimmten Bedingungen derjenigen Commune oder Gutsherrschaft auf, in deren Bezirk der Verpflegte selbst oder der Ehegatte resp. die Eltern desselben entweder:

1) ausdrücklich zu Gemeindemitgliedern aufgenommen sind,
2) nach erfolgter Meldung (§. 8. des Aufnahmegesetzes) ihren Wohnsitz genommen haben,
3) nach erreichter Großjährigkeit drei Jahre lang vor der eingetretenen Hülfsbedürftigkeit ihren gewöhnlichen Aufenthalt gehabt haben.

Sucht man nun dieser durch das Armengesetz festgestellten Verpflichtung gegenüber nach dem berechtigten Subjekt, so würde man sehr irren, wenn man den Verarmten resp. Hülfsbedürftigen selbst als dieses Rechtssubjekt ansehen wollte. Es hat nach §. 33. Niemand ein Recht auf öffentliche Armenpflege und gerade, daß, trotz der Bestimmung des §. 33., eine gegentheilige Auffassung sich leider vielfach eingeschlichen hat, ist einer der größesten Vorwürfe, welcher mehr der Fassung und Anordnung, als der Absicht des Gesetzes und nicht mit Unrecht gemacht worden ist.

Der Verarmte hat principaliter gar kein Recht auf öffentliche Unterstützungen, noch weniger aber hat er das Recht, auf Grund der §§. 1., 17. bis 22. sich diejenige Gemeinde zu wählen, welche er zu seiner Unterstützung danach verpflichtet glaubt; sucht Jemand die öffentliche Fürsorge nach, oder geräth er in eine hülfsbedürftige Lage, welche nach den Regeln des Aufnahmegesetzes die Gemeinde seines Aufenthalts zu seiner Rückweisung an seinen früheren Wohnort rc. berechtigen würde, so darf die Commune des Orts, wo er sich augenblicklich aufhält, ihm die vorläufig nothwendige öffentliche Unterstützung nicht versagen und kann zur Gewährung derselben unmittelbar durch die Ortspolizei-Behörde angehalten werden.*)

In diesen, nicht in das materielle Armenrecht, sondern in das Gebiet der Armen-Polizei gehörenden Vorschriften liegt also die Grenze dessen, was der Arme selbst zu verlangen hat. Er hat sich also nur und ausschließlich an die Communalbehörde resp. Ortspolizeibehörde seines augenblicklichen Aufenthalts im Falle der Noth zu wenden.

Diese augenblickliche Noth ist es, welcher die Armen-Polizei im öffentlichen Interesse abzuhelfen bestimmt ist. Sie richtet sich nach dem mit jedem Tage veränderlichen Bedürfniß, sie entsteht von Tag zu Tag, sie gewährt aber niemals einen über das tägliche Bedürfniß hinausgehenden dauernden Alimentationsanspruch auf Seiten des Bedürftigen gegen eine bestimmte Commune. Nur das, was die tägliche Nothdurft erfordert, soll aus allgemeinen polizeilichen Rücksichten dem Bedürftigen gewährt werden und dies hat er von derjenigen Gemeindebehörde zu erbitten, in deren Bezirk er sich factisch aufhält.

Ob diese Gemeinde nun nach den Bestimmungen des materiellen Armenrechts dazu verpflichtet ist oder nicht, ist für den Verarmten selbst völlig einflußlos. Das Armenrecht**) bestimmt nur, welcher Orts- oder Landarmenverband in dem Falle, wo die öffentliche Fürsorge thatsächlich hat eintreten müssen, wo also bereits an irgend einem Orte dem Verarmten von der dortigen Gemeinde Hülfe gewährt und die nöthige Fürsorge getroffen ist, zur Erstattung der dadurch verauslagten Kosten resp. zur Abnahme der ferneren Fürsorge näher verpflichtet sein soll, als die

*) §§. 25. 26 bis 31. des Armengesetzes.

**) §§. 1.—4. 17 bis 22. §§ 9. 12. des Armengesetzes.

zur Gewährung der vorläufigen Unterstützung factisch auf Grund der armenpolizeilichen Vorschriften genöthigte Commune; diese Letzte allein ist es also, welche als das berechtigte Subjekt in jedem einzelnen Unterstützungsfalle der aus den §§. 1. bis 4., 17. bis 22. herzuleitenden Verpflichtung gegenüber anzusehen ist; der Arme selbst dagegen bleibt hierbei rechtlich durchaus uninteressirt. Wird in dem Streit zwischen den beiden Communen auf Grund des §. 34. eine andere Commune als die seines Aufenthalts zur Ausübung der öffentlichen Fürsorge für ihn verurtheilt, so gewinnt nicht er dadurch ein Recht, vielmehr hat er sich unbedingt demjenigen zu unterwerfen, was über sein ferneres Verbleiben und die fernere Beziehung von Armenunterstützungen auf Grund der ergangenen Entscheidung durch die Polizeibehörde angeordnet wird; mit anderen Worten: durch die Bestimmungen des Armengesetzes §§. 1.—4., 17.—22. tritt nicht der Verarmte selbst in irgend eine Beziehung zu der fürsorgepflichtigen Gemeinde, diese Beziehungen der Gemeinde zu ihrer Einwohnerschaft sind vielmehr durch ganz andere Gesetze geregelt, sondern es wird dadurch nur

1) die ausdrückliche Aufnahme,

2) Wohnsitzergreifung nach polizeilicher Anmeldung,

3) dreijähriger gewöhnlicher Aufenthalt nach erreichter Großjährigkeit als Suspensiv-Bedingung resp. als terminus a quo für die Verpflichtung einer Commune bestimmt, die Gefahr der öffentlichen Armenpflege für ihre Bevölkerung, falls dieselbe an anderen Orten nothwendig werden sollte, der auswärtigen Commune abzunehmen; für die Bevölkerung selbst dagegen besteht eine solche Suspensiv-Bedingung oder ein solcher terminus a quo gerade nach den Bestimmungen der §§. 25. 26. seq. überhaupt gar nicht, da Jedem, der — auch nicht in der Gemeinde aufgenommen ist, der nicht nach vorangegangener Meldung seinen Wohnsitz dort ergriffen, der — nicht nach erreichter Großjährigkeit an einem Orte sich drei Jahre lang aufgehalten hat, sondern Jedem, der sich auch nur vorübergehend an einem Orte aufhält, im Falle der Noth die dem täglichen Bedürfniß entsprechende Unterstützung von der zeitweiligen Aufenthalts-Commune schon nach den bestehenden Polizeivorschriften so lange gewährt werden muß, bis diese Commune auf Abnahme der Fürsorge gegen eine andere Commune dringt.

Wenn also davon die Rede ist, daß Jemand an einem Orte sein Armendomizil habe, dort nach dem Armengesetz heimathsberechtigt sei, ist dies ein mißverständlicher oder doch zu Mißverständnissen führender
…brauch, da in Bezug auf die öffentliche Armenpflege jede Erörte-
Sprachg… Domizils vor Gewährung der nothwendigen Fürsorge durch
rung de…

§§. 25. 26. seq. abgeschnitten ist; sein Armendomizil, seine Heimathsberechtigung, d. h. die zu seiner Existenz unerläßliche, von ihm selbst nicht zu beschaffende Unterstützung als Almosen zu erbitten, hat der Arme da, wo er ist.*)

---

*) Cfr. dagegen C. F. Koch, Preußisches Privatrecht §. 50. worin sub III. 4. das Recht, in seiner Heimath Armenunterstützungen zu fordern (Gemeinde-Heimathsrecht) zu den auf Herkunft beruhenden Berechtigungen der Preußischen Unterthanen gezählt wird. — Zu einem noch weiter von den Grundsätzen der Verwaltungsbehörden abweichenden Resultat gelangt das Königliche Ober-Tribunal in den Entscheidungsgründen des Plenarbeschlusses vom 21. Februar 1853, Band 24 der Entscheidungen, wenn darin Seite 250 der Anspruch des von seinem unvermögenden Patienten unbezahlt gebliebenen Arztes gegen die Heimathscommune des Letzteren demjenigen Anspruch gleichgestellt ist, welcher einem kranken Armen auf ärztliche Verpflegung Seitens der zur augenblicklichen Hülfsleistung verpflichteten Commune nach §. 29. resp. §. 33. des Armengesetzes und zwar mit Ausschluß des Rechtsweges zusteht. Mag man die armenpolizeiliche Vorschrift des §. 29. als ein Fundament eines Anspruchs für den Kranken selbst betrachten oder nicht, so dürfte doch vollkommen klar sein, daß auf Grund des §. 29. resp. der §§. 26. sequ. kein Armer einen Anspruch auf Bezahlung seiner, vor Anrufung der öffentlichen Armenpflege, ohne Auftrag Seitens der Gemeinde contrahirten Schulden, gleichviel ob für Nahrung, Wohnung, ärztliche Behandlung ꝛc., hat. Gerade die auf den folgenden Seiten 251 ff. von dem höchsten Gerichtshofe aus den Vorberathungsstadien des Gesetzes referirten und von ihm selbst als völlig richtig anerkannten Grundsätze, wonach dem Armen kein Recht auf die nur dem Staat als solchem gegenüber bestehende Armenverpflichtung der Communen gebührt, hätten dahin führen müssen, daß die im §. 33. erfolgte Ausschließung des Rechtsweges und die damit verbundene polizeiliche Hülfe des Staats sich niemals auf etwas Mehreres erstrecken kann, als auf Abhülfe der Noth nach stattgehabter Anrufung der öffentlichen Armenpflege. Wie aber an diesem, lediglich im öffentlichen Interesse bestehenden, Executions-Recht des Staats auch diejenigen Gläubiger des Verarmten partizipiren sollen, welche vor Anrufung der öffentlichen Fürsorge, d. h. also ohne erhaltenen Auftrag Seitens der Commune, dem Kranken Hülfe gewährt haben, ist nicht ersichtlich. Für diese Gläubiger würde die Ausschließung des Rechtsweges nicht eine Beschränkung, sondern vielmehr ein ganz außerordentliches Privilegium sein, welches ihnen gestattete, ein Debitum von ihrem Schuldner im Wege der Administrativ-Execution einziehen zu lassen, ohne daß der Staat das mindeste Interesse daran haben kann, ob sie ihrerseits wegen der geleisteten Dienste ꝛc. pro praeterito bezahlt werden oder nicht. Es hätten daher die Anführungen in den Gründen des Plenarbeschlusses vom 21. Februar 1853 zu dem umgekehrten Resultate führen müssen, daß dem Arzt, der es verabsäumt hat, zur Sicherung seiner Gebührenforderung an einen ihm unsicher scheinenden Patienten von der Gemeinde resp. der Ortspolizeibehörde sich mit dem nöthigen Auftrage versehen zu lassen, um dann seine Forderung ex mandato weiter zu verfolgen, überhaupt ein auf Grund des Armengesetzes verfolgbarer Anspruch gegen die Gemeinde nicht zusteht. In dieser Richtung sind denn auch, und zwar eben unter Anerkennung der in jenen Erkenntnißgründen ausgesprochenen Prinzipien, in verschiedenen völlig gleichlautenden Reskripten des Königlichen Ministeriums des Innern und resp. der geistlichen, Unterrichts- und Medizinalangelegenheiten einerseits die Verwaltungsbehörden

Worin also die Nothwendigkeit liegen soll, daß in specie im Sinne des §. 1. sub 3. des Armengesetzes die Verpflichtung einer Commune A. die öffentliche Fürsorge für diejenigen, welche sich drei Jahre lang nach erreichter Großjährigkeit in ihrem Bezirk aufgehalten haben, einer anderen

---

angewiesen worden, unter keinen Umständen den Aerzten für derartige Forderungen ihre Hülfe zu leihen, andererseits sind die Aerzte durch dieselben Erlasse vollkommen über diejenigen Pflichten und Vorsichtsmaßregeln belehrt worden, die sie unvermögenden Patienten gegenüber, um sich den Anspruch auf ihre Gebühren gegen die Gemeinden zu sichern, zu befolgen haben, dieselben befinden sich in den Rescripten vom 10. August 1842, Ministerial-Blatt f. d. i. V. Seite 279, 14. Juni 1843, M.-Bl. S. 197, und 23. April 1847, M.-Bl. S. 168, dergestalt vorgezeichnet, daß, wenn die Aerzte diese Wege einschlagen, ihnen allemal ein wirklich privatrechtlicher Anspruch, den sie dann aber lediglich vor dem Prozeßrichter zu verfolgen haben, unbenommen bleibt. Gewährt der Arzt ohne diese Vorsichtsmaßregeln seine Hülfe, verabfolgt ein Dritter dem Armen Nahrung, Wohnung 2c. ohne vorgängigen Auftrag der Gemeinde, so hat er entweder Privatwohlthätigkeit geübt oder einem unsicheren Schuldner creditirt, eine Forderung gegen die Gemeinde hat er niemals. Die in den Entscheidungsgründen Seite 255 ausgesprochene Eventualität, daß der Arme unter der Firma eines Dritten seine vom Rechtswege ausgeschlossene Forderung im Rechtswege weiter verfolgen könnte, fällt durch die Erwägung, daß diesem Dritten gegenüber der Arme nicht arm, sondern nur zahlungsunfähig ist und daß die Rechte gegen zahlungsunfähige Schuldner in der Executions- und Concurs-Ordnung bestimmt sind, welche nirgend ausspricht, daß für die ausfallenden Forderungen der Gläubiger die öffentliche Armenpflege einzutreten habe.

Auf dem Gebiete der öffentlichen Armenpflege schließen sich die Begriffe Noth und Besitz gerade nach den sehr richtig in denselben Entscheidungsgründen vom höchsten Gerichtshofe angegebenen Grenzen der öffentlichen Armenpflege absolut aus. So lange Jemand im Besitz von Existenzmitteln sich befindet, gleichviel von wem und quo titulo er sie erhalten, ist er nicht in Noth; nur der letzteren nach vorangegangener Anrufung zu steuern sind die Communen im öffentlichen Interesse verpflichtet. Wer also seinerseits dem Armen Nahrung, Kleidung, Krankenpflege 2c. privatim vor Anrufung der öffentlichen Fürsorge gewährt, befreit dadurch nicht die Commune von der überhaupt noch nicht angerufenen, also noch nicht bestehenden polizeilichen Pflicht, nach §§. 26 sequ. des Armengesetzes helfend einzuschreiten, er befreit nur den Armen von der Noth, die ihn, ohne die gewährte Hülfe, vielleicht in die Lage gebracht haben würde, die öffentliche Fürsorge nachzusuchen; daß letztere aber mit Nothwendigkeit auf Grund einer objectiven Verpflichtung dem Armen hätte gewährt werden müssen, wie etwa die Hülfe seiner ihm gegenüber alimentationspflichtigen Angehörigen, stellt der höchste Gerichtshof eben mit Recht in Abrede. Ohne das Vorhandensein einer Verbindlichkeit giebt es aber keine Erfüllung derselben, also auch keine Erfüllung durch einen Dritten, keine Befreiung von derselben durch ihn, mit anderen Worten: keinen durch die Handlung des Dritten nachweisbar begründeten Vortheil auf Seiten der Commune, keinen Anspruch aus der Geschäftsführung ohne Auftrag. A. L.-R. Th. I. Tit. 13. §§. 230., 231. ff.; keine nützliche Verwendung, §§. 268. sequ. ibid.; dergleichen Ansprüche sind nicht, wie dies in dem Erkenntniß vom 21. Februar 1853 auf Seite 260. a. a. Orte geschehen, vom Prozeß-

Commune B. abzunehmen, davon abhängig sein soll, ob dem Verarmten selbst, als er vor vielen Jahren in A. anzog, dort aus irgend einem Grunde der Aufenthalt im Sinne der §§. 1. seq. des Aufnahmegesetzes rechtlich hätte verweigert werden können, ist nirgend ersichtlich.

b. Der §. 1. und die übrigen Bestimmungen des Aufnahmegesetzes stellen die Bedingungen der Freizügigkeit*) und die zur Constatirung derselben erforderlichen polizeilichen Formalitäten**) fest. Die Einschränkungsgründe der Freizügigkeit sind entweder

solche, welche das allgemeine Sicherheits-Interesse im Auge haben (§. 2.) oder

solche, welche das Interesse der Commune gegen die aus der Vermehrung der Bevölkerung entstehende größere Gefahr materieller Belastung zu sichern bestimmt sind (§§. 3—6.).

Wenn hierbei der allgemeine Grundsatz vorangestellt wird, daß keinem „selbstständigen Preußischen Unterthan ꝛc." der Aufenthalt verweigert werden darf, so ist damit nicht ausgesprochen, daß demjenigen, dem diese Eigenschaften fehlen, der also etwa unter Vormundschaft oder väterlicher Gewalt steht, oder einem nichtpreußischen Unterthan, einem Ausländer, der Aufenthalt verweigert werden müsse.

Daß der Staat selbst lediglich aus diesem Mangel kein Interesse hat, eine taurische oder japanische Polizei auszuüben, welche dem Ausländer den Wohnsitz resp. Aufenthalt im Inlande verbietet, liegt auf der Hand; ebensowenig interessirt ist der Staat als solcher dabei, ob ein noch nicht selbstständiges Individuum an einem Orte sich aufhält oder nicht. Er stellt vielmehr im §. 6. auch die aus dem Mangel der Preußischen Unterthanenschaft herzunehmende Aufenthalts-Verweigerung in den freien Willen der Communen und verschließt sich insbesondere keineswegs dergestalt, daß er die physische und rechtliche Möglichkeit, sich im Inlande aufzuhalten oder

richter aus dem formellen Grunde zurückzuweisen, weil sie entweder vom Rechtswege ganz ausgeschlossen wären, oder doch nach §§. 33. 34. des Armengesetzes der vorgängigen Entscheidung der Verwaltungsbehörden bedürften, sondern weil sie materiell nicht existiren. Nach §. 34. steht den Verwaltungsbehörden nur die Entscheidung in Streitigkeiten zwischen verschiedenen Armenverbänden zu, der §. 33. aber gewährt dem Armen selbst niemals einen Erstattungsanspruch pro praeterito, den Verwaltungsbehörden daher auch keine Competenz, darüber, geschweige denn über einen derartigen von einem Dritten erhobenen Anspruch zu entscheiden. Die formelle Unmöglichkeit der Verfolgung eines solchen Anspruchs dürfte dem höchsten Gerichtshofe schon Veranlassung genug geboten haben, die materielle Existenz desselben in stricter Consequenz der Ausführungen auf Seite 251 bis 254 a. a. O. in Frage zu stellen.

*) §§. 1—7.

**) §§. 8. sequ.

zu wohnen, für alle Diejenigen negirt, denen es an den Erfordernissen des §. 1. des Aufnahmegesetzes in irgend einer Beziehung zufällig gebricht. Hierzu hätte es eines ausdrücklichen Verbotsgesetzes bedurft.

c. Es kommt hinzu, daß die Unmöglichkeit, welche das Königliche Ober-Tribunal in der Aufstellung eines inneren Begriffs-Unterschiedes zwischen Wohnsitz, §. 1. sub 2., im Gegensatz zum gewöhnlichen Aufenthalt, §. 1. sub 3., zu finden glaubt, eben durch den in Bezug genommenen §. 1. des Aufnahmegesetzes ihre genügende Lösung findet:

> „Keinem selbstständigen Preußischen Unterthan darf da, wo er eine eigene Wohnung, oder ein Unterkommen sich selbst zu verschaffen im Stande ist, der Aufenthalt verweigert werden."

Mag auch eine prinzipielle Erklärung des Begriffs eines Unterkommens nicht in der Art möglich sein, um damit die unendlichen Verschiedenheiten des practischen Lebens für die Fälle, in welchen Jemand ohne eine eigene Wohnung zu besitzen, dennoch seinen gewöhnlichen Aufenthalt an einem Orte nimmt, zu erschöpfen, so ist doch vollkommen klar, was der Begriff der eigenen Wohnung ist. Es liegt mithin die Schwierigkeit der Frage nicht in der nach der Ansicht des Königlichen Ober-Tribunals nicht vorhandenen Unterscheidung zwischen Wohnsitz und gewöhnlichem Aufenthalt, sondern sie liegt darin, dort wo Jemand ohne Einrichtung einer eigenen Wohnung, also ohne äußerlich erkennbare Merkmale für die Dauer seines Aufenthalts an einem Orte anzieht den Begriff des gewöhnlichen Aufenthalts festzustellen. Die Merkmale der Beständigkeit des Aufenthalts können aber unmöglich in der bloßen polizeilichen Meldung gefunden werden und zwar um so weniger, als der Meldende (§. 8. des Aufnahmegesetzes) oft selbst noch nicht im Stande ist zu beurtheilen, ob er an dem Orte seinen beständigen Unterhalt und Erwerb finden wird und er deshalb erst im Laufe der Zeit förmliche Wohnungseinrichtungen zu treffen vermag*) — mit anderen Worten: Wohnsitz im Sinne des Armengesetzes ist ein durch getroffene häusliche Einrichtungen rc. von vorn herein als dauernd erkennbar gemachter Aufenthalt**), gewöhnlicher Aufenthalt ist dagegen ein solcher, dessen dauernde Natur nicht durch derartige Einrichtungen, sondern lediglich durch die Thatsache seines Zeitverlaufs als gewöhnlicher Aufenthalt ex post erkannt werden kann.***)

---

*) Rescript des Ministeriums des Innern vom 24. April 1856 ad Artikel I. des Ergänzungsgesetzes vom 21. Mai 1855 Ministerial-Blatt f. d. i. V. Seite 123.

**) §§. 10. 11. Th. I. Tit. 2. der Allg. Ger.-Ordnung.

***) Der Ausdruck Domizil, Wohnsitz, bezeichnet im Gemeinen Recht niemals eine Ent-

Jeder Aufenthalt muß nach §. 8. des Aufnahmegesetzes der Ortspolizeibehörde angemeldet werden, welche nach §. 10. die Gemeindebehörden mit ihren aus §§. 3. bis 6. etwa herzuleitenden Einwendungen zu hören hat. Die Gemeindebehörden resp. die Ortspolizeibehörden haben nun in allen denjenigen Fällen, wo der Aufenthalt sich von vornherein nicht als ein dauernder erkennen läßt, oft durchaus kein Interesse, noch weniger aber auch nach §§. 3. seq. eine Verpflichtung, den Aufenthalt zu versagen; erkennen sie aber durch die getroffenen Wohnungseinrichtungen des Anziehenden dessen Absicht, sich dauernd aufzuhalten, und verabsäumen sie in diesem Fall, trotz der geschehenen Anmeldung, von den nach §§. 3. bis 6. ihnen etwa zustehenden Widerspruchsgründen sich Kenntniß zu verschaffen und davon Gebrauch zu machen, so entstand wenigstens nach §. 3. des Armengesetzes die Verpflichtung der Commune zur eventuellen Armenpflege unmittelbar mit dem Anzugstermin. In allen übrigen Fällen dagegen, wo der Ortspolizeibehörde resp. der Commune nicht durch äußerlich erkennbare Einrichtungen die Möglichkeit gegeben ist, gleich bei dem Anzuge zu ermessen, ob und welches Interesse für sie mit der Verweigerung oder Gestattung des Aufenthalts verbunden ist, oder da, wo ihnen der Anzug überhaupt nicht gemeldet wird, da entscheidet und kann allein entscheiden das Factum der Zeitdauer, da tritt also auch erst nach dem durch §. 1. sub 3.

---

stehungsquelle von Rechtsverhältnissen gegenüber einer Commune, er wird nur gebraucht um denjenigen Ort zu bezeichnen, welchen Jemand zum Mittelpunkt der von ihm zu betreibenden Berufsgeschäfte entweder freiwillig macht, domicilium voluntarium, oder der ihm in dieser Beziehung durch Anstellung im Staatsdienst, durch Verurtheilung zu einer Freiheitsstrafe u. s. w. angewiesen wird, domicilium necessarium. Nur der civis ist Mitglied der Gemeinde, der incola (Einwohner) an und für sich nicht; der Letztere hat, zwar sein domicilium, aber keine persönlichen Beziehungen zur Corporation.

Die Begründung des Domizils erfordert zwei Momente, ein äußeres thatsächliches, die factische Ergreifung des Wohnsitzes, ein inneres, die Absicht, sich beständig an dem Orte, wo der Wohnsitz ergriffen worden, aufhalten zu wollen. Beides kann nebeneinander und jedes von beiden ohne das andere bestehen, aber nur das Zusammentreffen beider Momente begründet den Wohnsitz.

Schon diese dem Gemeinen Recht entnommene Deduction zeigt den Unterschied zwischen Wohnsitz und gewöhnlichem Aufenthalt. Wenn mit der Ergreifung des Wohnsitzes unmittelbar gewisse Verpflichtungen entstehen sollen, so muß das thatsächliche Moment, die äußeren Einrichtungen, von der Art sein, daß daraus unmittelbar ein Schluß auf das Vorhandensein des inneren Moments, der Absicht des beständigen Aufenthalts, zulässig ist, sonst würde schon nach Gemeinem Recht der Begriff des Domicilium nicht constatirt sein.

Zwischen beiden Begriffen bestand also bereits im Gemeinen Recht ein Unterschied, an den der §. 1. des Armengesetzes sehr wohl erinnert. Mackeldey §. 137. Göschen Vorl. §. 61. Band I. S. 198.

normirten dreijährigen Zeitverlauf die Verpflichtung zur eventuellen Armenpflege ein.

Wenn der im §. 8. des Aufnahmegesetzes promiscue gebrauchte Ausdruck „Aufenthalt" beide Arten, den bloß ex post als dauernd erkennbaren und den durch eigene Wohnungseinrichtungen als Wohnsitz qualifizirten Aufenthalt, in sich begreift, so liegt hierin weder eine sachliche noch gesetzliche Nothwendigkeit, daß das Armengesetz, welches im §. 1. sub 2. nur den als Wohnsitz qualifizirten Aufenthalt bei hinzugekommener Meldung im Auge hat, und von der Möglichkeit der Begründung eines solchen im §. 2. Dienstboten ꝛc. ausschließt, im §. 1. sub 3. mit der sehr expressiv gebrauchten Bezeichnung „gewöhnlicher Aufenthalt" nichts anderes hat bezeichnen wollen, als nur den qualifizirten Wohnsitz ohne hinzugekommene Meldung. Gerade der Umstand, daß der fehlenden Meldung im §. 1. sub 3. des Armengesetzes gar nicht Erwähnung geschieht, führt zu dem unzweifelhaft richtigen Schluß, daß auch derjenige, der nach der Vorschrift des §. 8. seinen Aufenthalt zwar polizeilich gemeldet, aber keine eigene Wohnungseinrichtungen getroffen, sondern sich nur ohne solche an einem Orte aufgehalten hat, trotz der vorangegangenen Meldung nicht unmittelbar mit seinem Anzuge, oder jetzt nach Artikel 1. des Ergänzungsgesetzes nicht innerhalb eines Jahres, sondern erst nach Ablauf dreier Jahre der eventuellen Armenpflege dieser Aufenthaltsgemeinde zur Last fallen soll.

Der Gesetzgeber mußte, nachdem er in dem Aufnahmegesetz von dem gleichen Tage Jedem, der seinen Aufenthalt an einem Orte nehmen will, die Pflicht der Meldung auferlegte, selbstredend auch als Regel von der Voraussetzung ausgehen, daß dies geschehen würde, und würde dann den Fall der unterbliebenen Meldung gewiß als einen Ausnahmefall bezeichnet haben. Eine solche Ausnahmenatur hat aber der §. 1. sub 3. offenbar gar nicht, er steht völlig gleichbedeutend neben den übrigen Fällen, was gewiß nicht geschehen wäre, wenn das alleinige Unterscheidungsmoment in dem mit Polizeistrafe bedrohten Unterlassen der Anmeldung von dem Gesetzgeber verstanden worden wäre. Aus dem Umstande, daß im §. 1. sub 2. die vorangegangene Anmeldung neben dem Wohnsitz ausdrücklich als Bedingung erwähnt, im §. 1. sub 3. aber gar nicht erwähnt ist, kann nicht gefolgert werden, daß der Gesetzgeber hier im Gegensatz zum §. 1. sub 2. das Fehlen der Meldung als förmliche Bedingung hat aussprechen wollen, sondern nur, daß er für die Entstehung der communalen Armenpflicht kein Gewicht darauf legt, ob der, der seinen gewöhnlichen Aufenthalt drei Jahre lang an einem Orte fortgesetzt hat, seinen Anzug vorher dort gemeldet habe oder nicht.

Ein Mehreres besagt auch §. 11. des Aufnahmegesetzes nicht, welcher nur den Zweck hat, diejenigen, welche nach §§. 8. und 9. zur Meldung verpflichtet sind, vor den Regreßansprüchen zu warnen, denen sie sich im Fall einer durch Unterlassen der Meldung der Commune aufgebürdeten Armenlast aussetzen.

Es könnte scheinen, als enthielten die Bestimmungen des §. 1. sub 2. und des §. 1. sub 3. des Armengesetzes insofern eine Lücke, als dadurch Wohnsitz mit Meldung und gewöhnlicher dreijähriger Aufenthalt mit oder ohne Meldung, nicht aber Wohnsitz ohne Meldung subsumirt sei. Gerade dies viel eher dem Wortlaut entsprechende Bedenken wird aber dadurch gehoben, daß die Wirkung des §. 1. sub 2. an den Wohnsitz ausdrücklich nur nach vorangegangener Meldung geknüpft und die Wirkung des Wohnsitzes ohne Meldung stillschweigend allerdings durch §. 1. sub 3. normirt wird, indem derjenige, der an einem Orte (ohne vorangegangene Meldung) wohnt, auch ein solcher ist, der sich (ohne vorangegangene Meldung) an einem Orte aufhält, nicht aber umgekehrt.

Die gegentheilige Ausführung des Königlichen Ober-Tribunals, wonach der §. 2. des Armengesetzes als ein Zusatz zum §. 8. des Aufnahmegesetzes und der Dienstbote als solcher für unfähig erachtet werden soll, sich an einem Orte aufhalten zu wollen, würde dahin führen, daß

1) der Anzug eines Dienstboten, Fabrikarbeiters ꝛc. nach dem Aufnahmegesetz der Ortspolizeibehörde überhaupt nicht gemeldet zu werden brauchte — ein Grundsatz, der jeder polizeilichen Ordnung und selbst der Bestimmung des §. 9. des Aufnahmegesetzes zuwiderlaufen würde,

2) daß nach dem Armengesetz für jeden großjährigen nicht im Gesindedienst stehenden Tagearbeiter, der in einem größeren Orte Arbeit zu finden hofft und sich gleichwohl dort nicht häuslich einrichten, sondern vielleicht nur in Schlafstelle ein Unterkommen verschaffen kann, nach stattgefundener polizeilicher Anmeldung seines Aufenthalts sofort die öffentliche Armenverpflichtung entstanden sein würde. Daß dies nicht die Absicht des Gesetzgebers, auch abgesehen von der späteren Bestimmung des Artikel I. des Ergänzungsgesetzes vom 21. Mai 1855, gewesen sein kann, daß vielmehr es unzählige Fälle im täglichen Leben giebt, in denen, selbst bei geschehener Anmeldung des Aufenthalts, über die Dauer des letzteren sich beim besten Willen des Anziehenden, oder der Commune nichts näher bestimmen, und in denen sich der Aufenthalt also erst mit der Zeit

als ein gewöhnlicher erkennen läßt, darüber geben die Verhältnisse in allen größeren Städten den ergiebigsten Aufschluß.

d. Wenn endlich in dem Erkenntniß vom 24. Juni 1857 der Aufenthalt in einem Gasthofe als Entstehungsgrund der öffentlichen Armenpflege für eine Unmöglichkeit erklärt wird, so dürfte gerade die aus diesem Beispiel hervorgezogene Schärfe sich gegen den argumentirenden Richter wenden; denn wenn Jemand drei Jahre lang an einem Orte in einem Gasthofe logirt, so folgt aus der Befugniß des Gastwirths, seine Zimmer an täglich einkehrende Fremde zu vermiethen, nicht, daß er nicht auch einige seiner Zimmer an solche Personen vermiethen soll, welche ihren dauernden Aufenthalt an dem Orte haben. Die Bezeichnung eines Hauses als Gasthaus, oder vielmehr die dem Eigenthümer desselben ertheilte Koncession zum Betriebe einer Gastwirthschaft macht an und für sich nicht Jeden, der darin logirt, zum Reisenden. Der höchste Gerichtshof hätte hierüber Erfahrungen an vielen seiner vielleicht künftigen Mitglieder machen können, denen augenblicklich erst das bescheidene Loos eines Gerichtscommissars in einer der kleinen Städte von Pommern, Preußen, Schlesien, Posen u. s. w. zu Theil geworden ist, in welchen sie Jahre lang genöthigt sind, um ihre Existenz zu ermöglichen, sich in Gasthäusern einzumiethen.

Wenn also Jemand an einem Orte aus irgend einem Grunde sich drei Jahre aufzuhalten veranlaßt findet, ohne eigene Wohnungseinrichtungen zu treffen, und zu seiner Bequemlichkeit es vorzieht, sich in einem Gasthofe einzuquartieren, so würde ein auf diese Weise stattfindender factischer Aufenthalt unbedenklich der Commune, welche sich dem Anzuge rechtzeitig zu widersetzen unterlassen oder vielleicht so lange überhaupt keinen gesetzlichen Grund oder Gelegenheit, den Aufenthalt zu verweigern, gehabt hat, trotz des Mangels eines eigentlichen Wohnsitzes, die Last und Gefahr der öffentlichen Armenpflege aufbürden, sobald mit oder ohne Meldung jener Aufenthalt drei Jahre lang gewährt hat. Hat aber der später Verarmte nach polizeilicher Anmeldung seines Aufenthalts, etwa gar in den ihm von einem Gastwirth vermietheten Wohnungsräumen seinerseits besondere Wohnungseinrichtungen getroffen, einen förmlichen Hausstand darin für sich etablirt, so steht je nach dem concreten Fall nichts der Möglichkeit entgegen, auch die Begründung eines eigentlichen Wohnsitzes im Gasthofe für zulässig zu halten.*)

*) Rescr. d Min. d. J. v. 21. März 1860. Ministerial-Blatt f. d. i. V. S. 74.

II.

Geht man nun aber auf das Wesen der Sache selbst näher ein, so findet man, daß die Selbstständigkeit des Aufenthalts, die der erste Senat des Königlichen Ober-Tribunals für die Anwendbarkeit des §. 1. sub 3. verlangt, in der That nicht aus §. 1. des Aufnahmegesetzes und aus der darin als Bedingung der uneingeschränkten Freizügigkeit vorausgesetzten Selbstständigkeit des Preußischen Unterthans herzuleiten ist, sondern vielmehr daraus, daß das Gesetz, wenn es gewisse Verpflichtungen einer Commune von den Handlungen eines Dritten abhängig macht, hier also von der Handlung eines an einem Orte genommenen und drei Jahre lang fortgesetzten Aufenthalts, selbstverständlich nur freiwillige und nicht erzwungene, resp. die Annahme freier Willensbestimmung ausschließende Handlungen des Dritten im Auge haben kann; die Selbstständigkeit eines Preußischen Unterthans im Sinne des §. 1. des Aufnahmegesetzes ist ein wesentlich hiervon verschiedener Begriff.

Während das Königliche Ober-Tribunal in seinem Erkenntniß vom 23. Februar 1856*) die Thatsache der Freiheit der Wahl des Aufenthalts aus dem Grunde für den concreten Fall negirt, weil es dem Handelnden seiner physischen Beschaffenheit nach an dem Gebrauch seiner Geisteskräfte gebrach und er deshalb von Anderen an einem gewissen Orte in Pflege untergebracht war, wird in dem Erkenntniß vom 24. Juni 1857 die nicht von der physischen Willensfähigkeit, sondern von der rechtlichen Befugniß, unabhängig über seine Person zu verfügen, sprechende Bestimmung des §. 1. des Aufnahmegesetzes hineingezogen, von welcher in jenem Erkenntniß vom 23. Februar 1856 mit keinem Worte die Rede ist. Es dürfte daher in beiden Erkenntnissen untereinander eher ein Widerspruch als eine Unterstützung des späteren durch das erste zu finden sein, die Verbindung beider Erkenntnisse dagegen auf einer Verwechselung des Begriffs der physischen Willensfähigkeit und der gesetzlichen Befugniß, unabhängig über seine Person zu verfügen, beruhen; die erstere kann auch bei Personen stattfinden, denen es an der letzteren fehlt.**)

Die Selbstständigkeit des Aufenthalts in concreto dagegen, so weit sie von der physischen Willensfähigkeit des Anziehenden abhängt, ist eine Thatsache, welche mit der Eigenschaft juristischer Selbstständigkeit nicht das Mindeste zu schaffen hat.

---

*) Striethorst's Archiv Band 20 Seite 203.

**) §§. 42. sequ. des Strafgesetzbuchs.

Welchen Grad von Selbstständigkeit der Person aber das Armengesetz auf Seiten desjenigen voraussetzt, für den durch dreijährigen Aufenthalt die communale Armenpflicht im Sinne des §. 1. sub 3. entstehen soll, das liegt klar ausgesprochen in dem Zusatz

„nach erreichter Großjährigkeit."

Weitergehende Anforderungen, z. B. Aufhebung der väterlichen Gewalt 2c., kennt das Armengesetz in dieser Beziehung nicht.

Abgesehen von diesem, gegen die ganze Schlußfolgerung des höchsten Gerichtshofes in dem Erkenntniß vom 24. Juni 1857 sich ergebenden Bedenken, würde, wenn der höchste Gerichtshof sich auf die in dem Dienstverhältniß speziell liegende Abhängigkeit von der Dienstherrschaft beruft, um dadurch den Aufenthalt eines Dienstboten als einen unselbstständigen zu charakterisiren,

a. schon hierin um deshalb kein Grund für seine Auslegung des §. 2. a. a. O. gefunden werden können, weil zum Mindesten auf das Verhältniß von Fabrikarbeitern, Hausoffizianten nicht der Begriff der Unselbstständigkeit und Abhängigkeit anwendbar ist, den das Königliche Ober-Tribunal mit dem Gesinde-Dienstverhältniß ganz besonders verbindet. Da aber Dienstboten, Hausoffizianten, Fabrikarbeiter und Handwerksgesellen im §. 2. des Armengesetzes neben einander gestellt werden, so folgt hieraus, daß die nach der Ansicht des Königlichen Ober-Tribunals mit dem Gesindedienst ganz besonders verbundene persönliche Abhängigkeit kein Kriterium für die Auslegung dieses Gesetzes abgeben kann.

b. Ebensowenig kann aber das persönliche Abhängigkeitsverhältniß des Dienstboten von seiner Herrschaft an und für sich in's Gewicht fallen, denn nirgends ist ausgesprochen, daß die Selbstständigkeit, die der §. 1. des Aufnahmegesetzes vom 31. Dezember 1842 im Auge hat, eine andere sei, als die, welche auch §. 5. der Gesindeordnung vom 8. November 1810 für jeden Dienstboten verlangt, und gewiß ist die Gewalt der Dienstherrschaft über den Dienstboten keine größere als die väterliche Gewalt über den Haussohn, und daß letztere ohne allen Einfluß für die Entstehung der communalen Armenpflicht durch dreijährigen Aufenthalt ist, darüber kann nach der Fassung des §. 1. sub 3. und resp. des §. 20. des Armengesetzes ebenfalls ein Zweifel nicht obwalten.

c. Aber auch nach der obenerwähnten eigenen Entscheidung des Königlichen Ober-Tribunals vom 23. Februar 1856, in welcher das bei Anwendung des §. 1 sub 3. des Armengesetzes verlangte Kriterium der Selbstständigkeit des Aufenthalts als gleichbedeutend mit der subjectiven freien Willensbestimmung bei der Wahl des Aufenthalts verstanden wird, läßt sich in dem Verhältniß des Gesindedienstes kein Moment finden, welches die Annahme rechtfertigt, der Dienstbote X. habe z. B. seinen Aufenthalt in Berlin unfreiwillig gewählt und unfreiwillig drei Jahre lang fortgesetzt, während es ihm bei jedem Wechsel der Dienstherrschaft und je nach den üblichen Miethsverhältnissen, vielleicht von Vierteljahr zu Vierteljahr frei stand, den bisherigen Dienstort zu verlassen.

d. Selbst die singuläre Bestimmung der Gesindeordnung im §. 141., wonach der Dienstbote bis zum nächsten gesetzlich zulässigen Kündigungstermin genöthigt werden kann, innerhalb eines Umfangs von sechs Meilen seiner Dienstherrschaft zu folgen, würde nur den Aufenthalt des Dienstboten an demjenigen Ort, wohin ihn seine Dienstherrschaft wider seinen Willen mitführt, als einen nicht freiwilligen erscheinen lassen, während andererseits durch ein derartiges zeitweises unfreiwilliges Verlassen des bisherigen Dienstortes in der Freiwilligkeit des bis dahin stattgefundenen Aufenthalts an sich nichts geändert werden kann, noch weniger aber durch die bloße Möglichkeit, daß unter Umständen die Dienstherrschaft von der ihr indirect im §. 141. a. a. O. gegebenen Befugniß Gebrauch hätte machen können, während sie factisch es niemals gethan hat, und also die Fortsetzung des Aufenthalts eine eben so freiwillige für den Dienstboten gewesen ist, wie die ursprüngliche Wahl desselben.

e. Gewiß ist der freiwillige Aufenthalt eines Dienstboten an einem Ort, wo er sich vermiethet, durch den Aufenthalt der Dienstherrschaft an letzteren bedingt, dasselbe ist aber auch und vielleicht in noch höherem Grade mit dem Aufenthalte jedes Beamten, der oft nicht einmal freiwillig von einer Behörde an die andere versetzt und somit gezwungen wird, seinen Wohnsitz an denjenigen Orten aufzuschlagen, wo die Behörde, bei welcher er angestellt ist, ihren Sitz hat, der Fall, und dennoch hat bisher weder das Gesetz*) noch der höchste Gerichtshof daran gezweifelt, diesen Aufenthalt eines Beamten für einen selbstständigen zu erklären.**)

f. So lange also nicht für den besonderen Fall nachgewiesen wird, daß der Aufenthalt eines Dienstboten etwa von der Dienstherrschaft wider seinen Willen durch Anwendung von Zwangsmaßregeln im Sinne des §. 167. der Gesinde-Ordnung factisch erzwungen gewesen ist, kann in der bloßen Möglichkeit einer solchen Maßregel kein Grund gefunden werden, den freiwillig gewählten und freiwillig fortgesetzten Aufenthalt eines Dienstboten an einem Orte als unselbstständig oder gar erzwungen im Sinne

*) §. 10. Th. I. Tit. 2. der Allgemeinen Ger.-Ordnung.

**) Entscheidungen Band 31. S. 450.

des Armengesetzes erscheinen zu lassen. Es ist vielmehr jene Befugniß der Herrschaft lediglich als ein Correlat anzusehen des nach §. 160. a. a. O. gegen sie selbst auszuübenden polizeilichen Zwangs, d. h. als ein auf nothwendige Vereinfachung des Verfahrens gerichtetes administratives Executionsmittel zur Erfüllung einer ihrem Wesen nach contractlichen Verpflichtung.*)

g. Aus den von dem ersten Senat des Königlichen Ober-Tribunals dem Wesen des Gesinde-Verhältnisses entnommenen Gründen würde folgen, daß es überhaupt keinem Dienstboten und unter keinen Umständen möglich wäre, einen gesetzlichen Wohnsitz zu erlangen. Eine solche absolute Negation enthält der §. 2. a. a. O. aber keineswegs, er schließt nur als Entstehungsgrund der Armenpflicht aus: die Begründung eines Wohnsitzes für Dienstboten ꝛc. durch „dieses Dienstverhältniß allein", er erkennt also an, daß es Umstände geben kann, unter denen auch für einen Dienstboten ꝛc. ein Wohnsitz begründet wird. Solche Umstände liegen also z. B. vor, wenn ein Dienstbote außerhalb des Hauses seiner Herrschaft für sich und seine Familie eine eigene Wohnung und Wirthschaft einrichtet.**) Jede Möglichkeit aber durch derartige Einrichtungen ꝛc. einen Wohnsitz zu begründen, würde für Dienstboten, Hausoffizianten, Fabrikarbeiter ꝛc. absolut ausgeschlossen sein, wenn die von dem Königlichen Ober-Tribunal aufgestellte Ansicht, wonach — „ein Fremder, der sich als Gesinde bei der Polizei-Obrigkeit zum Wohnsitz anmelden wollte, nach §. 2. des Armengesetzes mit seinem Gesuch sofort zurückgewiesen werden müßte", maßgebend sein soll. Ein Glück für die vielen verheiratheten Dienstboten, welche mit einem besonderen Hausstande an einem Orte anziehen wollen, daß bisher von den Verwaltungsbehörden jede Polizei-Obrigkeit, die sich ein derartiges Verfahren zu Schulden kommen lassen wollte, sofort rectifizirt sein würde und daß bisher wenigstens von den Verwaltungsbehörden der Unterschied festgehalten worden ist, der zwischen einer polizeilichen Vorschrift über die Befugniß, seinen Aufenthalt zu wählen, und zwischen den lediglich materiellen Rechtsnormen über die gegenseitigen Verpflichtungen verschiedener Communen unter einander besteht.***)

---

*) §. 894. Th. I. Tit. 11. d. Allg. L.-R., §. 1. der Gesindeordnung vom 8. November 1810.

**) Rescr. d. Minist. d. J. v. 21. October 1843. Minist.-Bl. f. d. i. V. S. 308.

***) Das Preußische Landrecht hat in Th. I. Tit 1. den Unterschied der Person nach ihrem Wohnsitz nicht aufgestellt, den letzteren überhaupt nicht definirt. Die einzigen gesetzlichen Bestimmungen, welche als sedes materiae streng genommen auch nicht zu erachten sind, sind die singulären Bestimmungen der Allg. Gerichtsordnung Th. I. Tit. 2.

h. In dem patriarchalischen Verhältniß endlich, in welchem das Gesinde zur Herrschaft steht, können nur auf das innere häusliche Leben bezügliche Bande, keineswegs aber positiv gesetzliche Gründe liegen, den Dienstboten, noch weniger aber den mit ihnen im §. 2. völlig gleichgestellten Haus- und Wirthschaftsbeamten, Fabrikarbeitern und Handwerksgesellen das wenigstens nach der Gesetzgebung vom 31. Dezember 1842 jedem für seine Person selbstständigen arbeitsfähigen Unterthan des Preußischen Staats, d. h. also nach §. 5. der Gesinde-Ordnung auch jedem großjährigen arbeitsfähigen Dienstboten zustehende Recht der Freizügigkeit abzusprechen. Der großjährige Dienstbote, welcher seinen Dienst verliert und sich kein neues Unterkommen verschafft, wird nicht deshalb ausgewiesen, weil er bis dahin Dienstbote war, sondern weil er, obwohl persönlich arbeits- und erwerbsfähig, kein Unterkommen im Augenblick besitzt; verschafft er sich ein solches,

§§. 8. 9. sequ., worin über die Begründung des Gerichtsstandes durch Wohnsitz resp. Herkommen gesprochen wird. Hiernach können insbesondere Dienstboten, §. 13., durch Wohnsitz keinen eigenen Gerichtsstand begründen, sie folgen vielmehr dem Gerichtsstande ihrer Dienstherrschaft, soweit sie nicht durch §. 18 wegen Minderjährigkeit resp. wegen der über sie bestehenden väterlichen Gewalt oder Unterthänigkeit dem Gerichtsstande des Vaters ꝛc. unterworfen sind. Daß Dienstboten durch das Dienstverhältniß allein keinen Wohnsitz begründen und andererseits wegen des Gerichtsstandes ihrer Dienstherrschaft nicht durch Aufgeben und Verlassen ihrer elterlichen Heimath zu Vagabunden werden können, bestimmen die §§. 23. 24. ibid. Dieser Grundsatz ist auch von jeher von den Preußischen Verwaltungsbehörden als richtig anerkannt, Rescript des Königl. Ministeriums des Innern vom 12. Mai 1818 (Jahrbücher Band 21. S. 205), niemals ist aber die Möglichkeit bestritten worden, daß der Dienstbote, wenn er neben seinem Gesindeverhältniß einen Hausstand etablirt, durch dieses Moment einen förmlichen Wohnsitz und dadurch möglicher Weise einen doppelten persönlichen Gerichtsstand haben kann.

Diese Möglichkeit würde völlig ausgeschlossen sein, wenn jene Grundsätze des höchsten Gerichthofes maßgebend sein sollen.

Weshalb aber auch der gewöhnliche Aufenthalt des Dienstboten an dem Orte im gesetzlichen Sinne negirt sein soll, ist um so weniger zu ersehen, als trotz der Bestimmungen der §§. 13. und 18. Th. I. Tit. 2 der A. G.-O. resp. zur Declaration derselben für gewisse persönliche Beziehungen auch mit dem Aufenthalte des Dienstboten die Cabinets-Ordre vom 4. Juli 1832 (Ges.-S. S. 175) und die Cabinets-Ordre vom 5. December 1835 (Ges.-S. S. 294) einen selbstständigen persönlichen Gerichtsstand passiv und activ verbinden.

Wenn also eine Einwirkung des bloßen Aufenthalts auf den persönlichen Gerichtsstand des Dienstboten schon vor dem Erlaß des Aufnahmegesetzes bestand, so dürfte hierin zum Mindesten keine Bestätigung für die aus dem Gesindeverhältniß gegenwärtig vom höchsten Gerichtshofe abgeleitete Unfähigkeit des Dienstboten, sich überhaupt an einem Orte aufhalten zu wollen, gefunden werden können.

gleichviel ob in einem neuen Gesindedienst oder sonst, und erfüllt er damit die einzig gesetzlichen Bedingungen der Freizügigkeit, so ist keine Polizeibehörde befugt, ihn auszuweisen.*)

III.

Wenn das Königliche Ober-Tribunal, um das Fortbestehen des sogenannten elterlichen Armen-Domizils im Sinne des §. 20. für Großjährige nachzuweisen, welche zum Zweck des Gesindedienstes von ihrem elterlichen Heimathsort drei Jahre lang abwesend gewesen sind, sich insbesondere in den Gründen des Erkenntnisses vom 21. September 1860 auf die Fassung des §. 4. des Armengesetzes beruft und — im Gegensatz zu der von dem Königlichen Ministerium des Innern**) unverändert festgehaltenen Ansicht — auf großjährige Dienstboten nicht die Regel, sondern die Ausnahmen des §. 4. anwenden will, weil das unter den in diesem Paragraphen aufgeführten vorübergehenden Abwesenheitszwecken nicht ausdrücklich erwähnte Gesindeverhältniß unter die Kategorie der nicht stehenden Gewerbe zu rechnen sei, so ist dem entgegenzuhalten:

a. daß nach dem zur Zeit von keinem späteren Gesetz modifizirten Unterschiede eines stehenden Gewerbes im Gegensatz zu einem nicht stehenden, d. h. im Umherziehen betriebenen Gewerbe, wie er durch die §§. 2. und 20. der Verordnung vom 30. Mai 1820***) aufgestellt worden, nach der Ansicht des Königlichen Ober-Tribunals die Befugniß, sich als Gesinde zu vermiethen (als Fabrikarbeiter oder Handwerksgeselle in Condition zu treten), von der Lösung eines Hausir-Gewerbescheins abhängig sein würde; es müßte denn nachgewiesen werden, daß der Begriff eines Gewerbes, insbesondere eines nicht stehenden Gewerbes im Sinne der Armengesetzgebung ein anderer sein soll als der, den die Preußische Gewerbegesetzgebung selbst damit verbindet.

b. Sollte aber auch mit der Hinweisung auf das Beispiel des nicht stehenden Gewerbes keine Unterordnung des Gesindedienstes unter jene Kategorie, sondern nur eine parallele Gleichstellung beabsichtigt gewesen sein,

---

*) §§. 1. 4. 5. des Aufnahmegesetzes vom 31. December 1842. §. 52. der Städte-Ordnung vom 30. Mai 1853. Gesetz-Sammlung Seite 278.

**) Rescript vom 28. Juni 1848, 4. Februar 1850 und 18. November 1858 (Ministerialblatt für die innere Verwaltung de 1848 S. 264, de 1850 S. 62 und resp. de 1858 S. 229.

***) G.-S. de 1820 S. 147.

so entsteht doch die bisher unbeantwortet gebliebene Frage: warum der Gesetzgeber, wenn er es anders so gewollt hätte, nicht die im §. 2. ausdrücklich aufgeführten Verhältnisse auch bei Aufführung der Ausnahmsfälle des §. 4. aufgenommen hat? Die Beantwortung liegt in der Natur der Ausnahmsbeispiele des §. 4. von selbst. Alle diese Beispiele, in welchen die aufhebende Wirkung der dreijährigen Abwesenheit auf die Verpflichtung der früheren Heimathsbehörde ausgeschlossen sein soll, haben ihrer inneren Natur nach das miteinander gemein, daß der Aufenthalt zum Zweck des Betriebes eines nicht stehenden Gewerbes, der Verbüßung einer Freiheitsstrafe, der Ableistung der Militairpflicht mit Nothwendigkeit von Anfang an ein für eine bestimmte Zeitdauer bemessener oder absolut unfreiwilliger sein muß, beides trifft aber beim Gesindeverhältniß nicht zu. Die etwa vorübergehende Dauer des Aufenthalts hängt hier nicht von dem bei der Wahl desselben zunächst im Auge gehabten speciellen Zweck, sondern lediglich von dem Beschluß des Dienstboten ab, auf wie lange er sich vermiethen, resp. ob er nach dem Ablauf des ersten Dienstverhältnisses ein neues an demselben Ort eingehen will oder nicht. Derjenige, der ein Gewerbe im Umherziehen betreibt und zu diesem Behuf einen Gewerbeschein löst, erklärt von vornherein, daß er, um seinem Geschäfte nachzugehen, an keinem bestimmten anderen Orte außerhalb seines bisherigen Wohnorts seinen gewöhnlichen Aufenthalt nehmen, sondern im Umherziehen seinen Lebensunterhalt und Erwerb suchen will. Eine solche Absicht bekundet der Dienstbote durch das Eingehen eines Gesindecontracts keineswegs.

Daß aber der Dienstbote (Fabrikarbeiter oder Handwerksgeselle) in Bezug auf die Freiheit seiner Willensbestimmung bei der Wahl seines Aufenthalts, wie in dem Erkenntniß vom 24. Juni 1857 ausgeführt ist, einem von seinen Angehörigen in einer Pensions- oder Heil-Anstalt untergebrachten Geisteskranken oder etwa gar einem Strafgefangenen gleich zu achten sein soll, ist eine Auffassung, der sich die Preußischen Verwaltungsbehörden niemals angeschlossen haben und voraussichtlich niemals anschließen werden.

c. Zur Begründung seiner Ansicht über die Bedeutung des §. 4. des Armengesetzes verfällt der erste Senat des Königlichen Ober-Tribunals auch in volkswirthschaftliche Erörterungen; es heißt in dem Erkenntniß vom 24. Juni 1857 wörtlich:

„Beim Gesinde kommt noch besonders zur Sprache, daß in größeren Städten, besonders in solchen, wo sich für die geringeren Stände mittelst Fabriken, Handels- und dergleichen mannichfaltige Erwerbszweige und einträglichere Beschäftigungen darbieten, es gewöhnlich an einer ausreichenden Zahl Eingeborener fehlt, welche sich in Gesindedienst begeben wollen, und daß daher Auswärtige und Einwandernde als Dienstboten angenommen werden müssen. Die Dienstherrschaften können ihrer nicht entbehren, die Gemeinde aber ihr Engagement nicht verhindern, und für die letztere muß also die Anwesenheit von Dienstboten aus anderen Orten etwas ganz gleichgültiges bleiben. Mag man sie als Hausgenossen, als Gäste oder als Fremde ansehen, welche von Polizeiwegen geduldet werden. Sie sind aber nicht selbstständig sich am Orte Aufhaltende, und als Dienstboten betrachtet, erwächst daher der Aufenthalts-Gemeinde nie die Last der Armenpflege nach §. 1. Nr. 3. Sie verbleibt vielmehr der Heimaths-Gemeinde, aus welcher nach §. 4. nur eine Entfernung des Dienstboten wegen vorübergehender Verhältnisse stattgefunden hat, eben weil bloßes Dienstverhältniß gar keinen Aufenthalt an einem anderen Ort im Sinne des §. 1. Nr. 3. zur Folge hat. Das Argument des Appellationsrichters: daß auswandernde Dienstboten gewöhnlich mit der Absicht, nie zurückkehren zu wollen, die Heimath verlassen, und daß besonders weibliche Dienstboten häufig in der Fremde Gelegenheit zu einer Verheirathung suchen oder finden, greift hiergegen nicht durch."

Kann man nun auch einem solchen Argument des Appellationsrichters kein irgend entscheidendes Gewicht beilegen, so dürfte auf der anderen Seite doch wohl eben so klar sein, daß die Unentbehrlichkeit der Dienstboten, insbesondere für die Bevölkerung der größeren Städte, diesen letzteren nicht als Vorschub dienen kann, sich der öffentlichen Armenpflege für dieselben gänzlich zu entschlagen. Hat ein Dienstbote seit seiner frühesten Jugend bis in sein spätes Alter seine Kräfte an einem Orte zu Markt getragen, dessen Einwohnerschaft diese Arbeitskraft nicht entbehren konnte, und ist also erst durch die Aufwendung dieser Arbeitskraft die Einwohnerschaft in den Stand gesetzt worden, die Zeit und Kraft, welche sie beim Mangel der Dienstboten auf die den Letzteren obliegenden Verrichtungen zu verwenden gezwungen gewesen wäre, ihren übrigen Erwerbszweigen zuzuwenden, diese Erwerbszweige und die daraus sich von selbst ergebenden Steuerquellen für die Commune zu erhöhen, so wäre es in der That ein eigenthümlicher volkswirthschaftlicher Calcül, wenn, nachdem die Arbeitskraft des Dienstboten an jenem Orte ausgenutzt und der Dienstbote somit der öffentlichen Armenpflege anheimgefallen, nunmehr die Last der öffentlichen Armenpflege auf seine Heimathscommune zurückgeworfen werden sollte, die er vielleicht vor 20 bis 30 Jahren verlassen hat, ohne daß ihr bis dahin auch nur der geringste Theil seiner Arbeitskraft als ein besteuerbares Objekt zugewendet worden wäre. Allerdings ist es zumeist der durch eigene Schuld zum öfteren Dienstwechsel veranlaßte Theil des Gesindes, welcher der öffentlichen Armenpflege insbesondere auf dem platten Lande anheimfällt; hieraus aber ein Moment herzunehmen, die Commune ihres Herkunftsorts zu nöthigen, bis in infinitum die Gefahr der öffentlichen Armenpflege für diese Personen zu tragen, würde nicht nur eine Ungerechtigkeit sein, sondern es würde z. B. bei den zahlreichen Fällen unehelicher Geburten gerade bei Dienstboten auf dem platten Lande, deren Kinder dann von Jugend auf wieder dem Beruf und Lebenswandel ihrer Mutter folgen, die Aufsuchung des ursprünglich verpflichteten Armenverbandes zuletzt dergestalt zur Unmöglichkeit werden oder doch in den späteren Generationen mit solchen Schwierigkeiten verbunden sein, daß das Bemühen eines Landarmenverbandes, etwa jene Grundsätze des höchsten Gerichtshofes zur augenblicklichen pecuniären Erleichterung seiner Verpflichtungen nach §. 9. auszubeuten, sich im Laufe der Jahre sehr bald in das directe Gegentheil verwandeln würde; die Heimathlosigkeit würde durch jene Gesetzesauslegung nicht vermieden, sondern erst recht geschaffen werden.

Der Unentbehrlichkeit des Zuzuges der im §. 2. aufgeführten Personenklassen aus ihrer Heimath in andere Orte, und der dadurch für die letzteren oft nicht zu vermeidenden Gefahr der Armenpflege ist durch die Bestimmung dieses Paragraphen und durch den dreijährigen Termin des §. 1. sub 3. vom Gesetzgeber Rechnung getragen. Hat bis zum Ablauf dieser Frist der großjährige Dienstbote an ein und demselben Orte sich aufgehalten, hat so lange ein großjähriger Handwerksgeselle an ein und demselben Orte in Arbeit gestanden, so ist die Bedingung des gewöhnlichen Aufenthalts von drei Jahren thatsächlich erfüllt und im Fall der später eintretenden Verarmung die Commune zur öffentlichen Armenpflege für den Verarmten näher verpflichtet, als andere Communen, in denen der Dienstbote kürzere Zeit sich aufgehalten oder die er seit länger als drei Jahren verlassen hat.

Wenn hierneben durch §. 32. des Armengesetzes, beziehungsweise Artikel V. des Ergänzungsgesetzes vom 21. Mai 1855 für den Specialfall der Erkrankung eines Dienstboten dem Armenverbande des Dienstortes noch eine besondere, auf einen Zeitraum von höchstens 3 Monaten beschränkte Verpflichtung zur Kur und Heilung auferlegt ist, so folgt hieraus noch keineswegs, daß mit dieser rein singulären Bestimmung die Verpflichtung der Commune des Dienstorts völlig erschöpft und die Entstehung der Armenverpflichtung im Sinne des §. 1. für Dienstboten überhaupt ausgeschlossen sein soll.

IV.

Der erste Senat des Königlichen Ober-Tribunals hat nun insbesondere in seiner Entscheidung vom 21. September 1860 mit Bezug auf die Berathungen der Armengesetzgebung im Staatsrath zur Begründung seiner Ansicht sich darauf berufen, daß am Schluß jener Berathungen der Vorschlag

„beim dreijährigen Aufenthalt von der Eigenschaft des Dienstboten abzusehen,“

keine Berücksichtigung gefunden habe. Hiergegen muß jedoch bemerkt werden, daß

a. aus der bloßen Thatsache der Ablehnung jenes Vorschlags, ohne Erwägung der Motive, Nichts und zwar um so weniger Etwas gefolgert werden kann, als eben, weil jener Vorschlag erst am Schluß der Berathungen gemacht ist, bereits durch die unterschiedslose Fassung des §. 1. sub 3. und durch die buchstäbliche Einschränkung der Regel des §. 2. auf den Fall des §. 1. sub 2., die vorgeschlagene besondere Erwähnung der Zulässigkeit der Entstehung der Armenverpflichtung durch dreijährigen Aufenthalt für Dienstboten im §. 1. sub 3. völlig erübrigt worden wäre; ferner

b. daß nach den Ausführungen des Ministerial-Erlasses vom 18. November 1858 sich auch gerade aus den Staatsraths-Verhandlungen über jenen Vorschlag positiv ergiebt, daß derselbe überhaupt nicht auf die Zulässigkeit der Begründung eines Armendomizils durch dreijährigen Aufenthalt im Sinne des §. 1. sub 3., denn diese ist allgemein als selbstverständlich aus der Fassung des Gesetzes hervorgehend anerkannt worden, sondern darauf gerichtet war, in Uebereinstimmung mit einer Entscheidung des Königlichen Ober-Tribunals vom 25. Juni 1838 auch die Zulässigkeit der Begründung der communalen Armenpflicht durch Wohnsitz im Sinne des §. 1. sub 2. für Dienstboten auszusprechen. Es war mithin jener Vorschlag überhaupt nicht auf einen Zusatz zu §. 1. sub 3., sondern auf eine Abänderung des §. 2., und zwar dahin gerichtet, aus der Fassung dieses Paragraphen im Sinne jener Ober-Tribunals-Entscheidung vom 25. Juni 1838 die Dienstboten fortzulassen. Nur dies ist durch Verwerfung jenes von dem ersten Senate des Königlichen Ober-Tribunals erwähnten Vorschlages abgelehnt, dabei aber nach den authentischen Mittheilungen des Königlichen Ministeriums des Innern, von welchem jener Vorschlag gerade ausgegangen ist, an die Entstehung der communalen Armenpflicht im Sinne des §. 1. sub 3. nicht gedacht worden, welcher als durch den §. 2. völlig unberührt angesehen und daher auch als selbstverständlich auf Dienstboten anwendbar erachtet wurde.

c. Wenn also aus der Ablehnung jenes Vorschlags der erste Senat des Königlichen Ober-Tribunals zur Erklärung seiner Auslegung des §. 2. des Armengesetzes folgert, der Gesetzgeber habe keinen Unterschied zwischen den Begriffen von „Wohnsitz“ und „gewöhnlichen Aufenthalt“ an sich machen wollen, so würde aus dem actenmäßigen Inhalt der Staatsraths-Verhandlungen, wie ihn das Königliche Ministerium des Innern in dem Rescript vom 18. November 1858 mittheilt, das Gegentheil folgen, und somit zur Aufrechthaltung der Ansicht des ersten Senats des Königlichen Ober-Tribunals angenommen werden müssen, der §. 2. des Armengesetzes enthalte mit seiner Hinweisung auf §. 1. sub 2. und nicht auf §. 1. sub 3. einen Druckfehler, den zu declariren der Gesetzgeber zwanzig Jahre lang verabsäumt habe.

Hiernach wird abzuwarten sein, ob und wie lange noch der erste Senat des Königlichen Ober-Tribunals die in den erwähnten Erkenntnissen ausgesprochenen Grundsätze festhalten wird.

Ein so schmales Interesse die vorstehend besprochenen Fragen auch im Allgemeinen darbieten, drängte doch die sich mehrende Anhäufung der daraus entstehenden Verwicklungen dazu, die in den täglichen Berufsverkehr gerade der localen Polizei- und Communal-Behörden einschneidende Differenz zwischen der höchsten Verwaltungsbehörde und dem höchsten Gerichtshofe einer nochmaligen Erwägung des Letzteren sobald als möglich zu unterbreiten.

Potsdam, den 12. Oktober 1861.

Th. Flottwell.

Anlage A.

Erkenntniß des ersten Senats des Königl. Ober-Tribunals vom 24. Juni 1858.

Ueberkömmt durch bloßes Dienstverhältniß eines Großjährigen die Gemeinde des Dienst-Orts nicht die Last der Armenpflege, selbst wenn der Aufenthalt des Dienstboten in dieser Gemeinde drei Jahre und länger gewährt haben sollte? (Armenpflege-Gesetz vom 31. Dezember 1842 (Ges.-S. von 1843 S. 9. §. 2.)

Dorothea N., Tochter der Büdner N.'schen Eheleute im Dorfe R., geboren am 28. April 1823, hatte schon in früher Jugend ihre Eltern durch den Tod verloren und Gemeinde-Unterstützung genossen. Nach vollendetem zwanzigsten Lebensjahre verließ sie ihren Geburtsort und trat auswärts in Gesindedienst. Sie gelangte um Michaelis 1845 in die benachbarte Stadt B., wo sie 5½ Jahre lang bis Ostern 1851 und nach 1½jähriger Entfernung vom Oktober 1852 ab anderweitig verweilte. Am 31. März 1853 gebar sie ein außereheliches Kind, bezog am 18. August desselben Jahres eine Schlafstelle und verstarb nach einigen Wochen, am 10. Oktober, an der Cholera. Es entstand nun die Frage, welcher Armenverband die Begräbnißkosten der Dorothea N. und die Verpflegung ihres Sohnes Albert zu übernehmen habe, insbesondere, ob die Dorfgemeinde R., in welcher die Dorothea N. geboren war, — oder die Stadtgemeinde B., in welcher dieselbe, nachdem sie am 28. April 1847 großjährig geworden, länger als drei Jahre hindurch sich aufgehalten hatte?

Durch die Königliche Regierung zu Cöslin, als Landespolizeibehörde, wurde diese Frage durch deren Resolut vom 12. Dezember 1853 dahin entschieden, daß nicht die Gemeinde R., aus welcher die Dorothea N. drei Jahre und länger nach erreichter Großjährigkeit abwesend gewesen, vielmehr die Stadtgemeinde B., in welcher sie sich drei Jahre als Großjährige aufgehalten, der zur Pflege verpflichtete Ortsarmen-Verband sei. Letztere glaubte nicht auf die Gemeinde des Geburtsorts zurückgehen zu können, indem sie die N. als eine von dort Abwesende betrachtete. Sie wollte aber gleichwenig ihre eigene Verpflichtung anerkennen, weil die N. während ihrer Anwesenheit in B. fortwährend nur in Gesindedienst gestanden hätte. Unter der Voraussetzung, daß es an einem Ortsarmen-Verbande gänzlich fehle, beanspruchte sie daher den Provinzialarmen-Verband auf Uebernahme der Last. In erster und zweiter Instanz erreichte sie auch eine den Landesarmen-Verband verurtheilende Entscheidung. In der Nichtigkeits-Instanz erging aber am 5. November 1855 das Urtel des Ober-Tribunals, in welchem die Klägerin mit der Klage zur Zeit abgewiesen wurde, weil nach §. 9. des Armenpflege-Gesetzes der Landarmen-Verband nur der Letztverpflichtete ist, und daher zuvor unter beiden Ortsarmen-Verbänden zu rechten und rechtskräftig zu entscheiden sei.

Die Stadtgemeinde B. erhob hierauf eine Klage wider die Dorfgemeinde R., in welcher sie unter Bezugnahme auf §§. 2. 20. 22. des Armenpflege-Gesetzes und unter der Behauptung, daß die Dorothea N. am Orte B. lediglich nur in Dienstverhältnissen gestanden hätte, Ersatz der Begräbnißkosten für die Mutter mit 3 Thlr. 3 Sgr., Uebernahme der Armenpflege für deren Kind, und Ersatz des bisherigen desfallsigen Aufwandes verlangte, welcher alljährlich 30 Thlr. betragen haben soll. Die verklagte Gemeinde N. setzte ihr die dreijährige Abwesenheit nach §. 4. des Gesetzes entgegen und das Kreisgericht zu Belgard erkannte unterm 11. Juli 1856 auf Verurtheilung der verklagten Gemeinde nach dem Klageantrage, indem dasselbe nach den Ergebnissen im Vorprozesse annahm, daß Dorothea N. als Großjährige in B. nur in einem Dienstverhältnisse gestanden habe, auch ihre Abwesenheit vom Geburtsorte N. nur eine durch vorübergehende Verhältnisse veranlaßte gewesen und die Dorothea N., sowie deren Kind, mithin der Gemeinde N. angehörig verblieben sei.

Die verklagte Gemeinde appellirte. Sie leugnete, daß das Verhältniß der Dorothea N. während ihres Aufenthalts in B. ein bloßes Dienstverhältniß gewesen, behauptete auch, daß deren Aufenthalt in B. ein selbstständiger gewesen sei. Der Beweis über ihre Verhältnisse in B. wurde jedoch nicht aufgenommen, vom Appellationsgericht in Cöslin dennoch aber unterm 25. November 1856 reformatorisch auf Abweisung der Klägerin erkannt. Es ward in diesem Urtel ausgeführt, daß fortlaufendes Dienstverhältniß nach §. 4. des Armenpflege-Gesetzes vom 31. Dezember 1842 nicht als etwas bloß Vorübergehendes anzusehen sei, und daß nach §. 2. Gesinde zwar keinen Wohnsitz erwerben, wohl aber durch dreijährigen Aufenthalt das Hülfsdomizil der Dienstorts-Gemeinde erlangen könne.

Von der klagenden Gemeinde ward gegen das Appellations-Urtel noch die Nichtigkeits-Beschwerde erhoben, und insbesondere behauptet, daß der §. 1. Nr. 3. und der §. 2. des Armenpflege-Gesetzes unrichtig angewendet worden. Der erste Senat des Ober-Tribunals hat auch durch das Urtel vom 24. Juni 1857 auf Vernichtung des Appellations-Urtels erkannt und die Sache zur anderweiten Verhandlung und Entscheidung in die erste Instanz zurückgewiesen.

Gründe.

Dem festgestellten Sachverhältnisse zufolge ist Dorothea N., nachdem sie am 28. April 1845 die Großjährigkeit erreicht hatte, bis Ostern 1851, und später, aus ihrem Heimathsorte N. entfernt gewesen und hat drei Jahre und länger in B. verweilt. Ob gerade als Dienstbote? ist noch in Zweifel. Der Appellations-Richter ist indeß der Ansicht gewesen, daß der Klägerin jedenfalls durch dreijährigen Aufenthalt die Last der Armenpflege für die Dorothea N. und deren außereheliches Kind Albert, nach §. 1. Nr. 3. und nach §§. 20. 22. des Armenpflege-Gesetzes vom 31. Dezember 1842, erwachsen sei, indem im §. 2. bloßes Dienstverhältniß nur bei Begründung eines Wohnsitzes für ungenügend erklärt sei, bei dreijährigem Aufenthalt aber auch für Gesinde das Hülfsdomizil eintrete.

Implorantin behauptet, daß der §. 2. in Vergleichung mit §. 3. Nr. 1. des Gesetzes unrichtig angewendet worden, und diese Beschwerde muß auch für begründet erachtet werden. Nach §. 1. des Gesetzes überkommt eine Gemeinde die Last der Armenpflege in den drei Fällen

1) wenn der Verarmte rezipirtes Mitglied der Gemeinde wird,
2) wenn er gemäß §. 8. des gleichzeitigen Heimathsgesetzes durch polizeiliche Meldung und Bescheinigung einen Wohnsitz erwirbt, und
3) wenn er als Großjähriger drei Jahre hindurch in der Gemeinde seinen gewöhnlichen Aufenthalt gehabt hat.

Der §. 2. fügt dem bei:

> Ein Wohnsitz im Sinne des §. 1. Nr. 2. wird für Personen, welche als Dienstboten .... im Dienste eines Anderen stehen, an dem Orte, wo sie sich im Dienste befinden, durch dieses Dienstverhältniß allein niemals begründet.

Da nun §. 2. wörtlich nur eine Modifikation zu Nr. 2., nicht aber zugleich zu Nr. 3. des §. 1. ausspricht, so ist der Appellations-Richter der Ansicht, daß selbst beim Gesinde das Hülfsdomizil der Dienstortsgemeinde eintrete, wenn der Aufenthalt als Dienstbote nur den Zeitraum von drei Jahren erreicht habe. Diese Ansicht ist aber eine unrichtige.

Der §. 2. ist seinem Zwecke nach eigentlich nur ein Zusatz zum §. 8. des Heimathsgesetzes; im übrigen sind die Bedingungen, welche im §. 1. unter Nr. 2. und 3. zum Anspruch auf Armenpflege vorgezeichnet sind, coordinirte. Der §. 1. hat unter „gewöhnlichem Aufenthalt" nicht jede Art von physischem Aufenthalt, — er hat darunter vielmehr einen „selbstständigen" Aufenthalt verstanden. Eben deshalb bedient sich §. 8. des Heimathsgesetzes selbst für denjenigen, welcher sich zur Erwerbung eines Wohnsitzes meldet, des Ausdrucks:

> Wer an einem Orte seinen Aufenthalt nehmen will;

und der §. 1. desselben Gesetzes beginnt damit:

> daß keinem selbstständigen Preußischen Unterthan der Aufenthalt verweigert werden darf.

Der §. 1. unterscheidet in Nr. 2. und 3. nur: ob jemand sich unter polizeilicher Meldung und Bescheinigung — oder ob er sich ohne solche an einem Orte aufhält? Im ersteren Fall kann er zufolge §. 5. des Heimathsgesetzes nach Ablauf eines Jahres aus der Gemeinde nicht mehr zurückgewiesen werden. Im letzteren Fall währt die Befugniß zur Zurückweisung drei Jahre; Selbstständigkeit ist aber unter allen Umständen die nothwendige Voraussetzung eines Aufenthalts, und eine solche Selbstständigkeit kann unter allen Umständen einem Dienstboten nicht beigemessen werden. Der §. 1. des Armenpflege-Gesetzes bezeichnet den Aufenthalt als einen gewöhnlichen

in der Gemeinde.

Der Dienstbote mag sich nun zwar auch in der Gemeinde aufhalten, da seine Dienstherrschaft sich in der Gemeinde aufhält. Sein Aufenthalt am Orte findet aber nur statt, weil die Dienstherrschaft sich am Orte aufhält; er wird also gerade durch den Aufenthalt der letzteren bedingt, und sein persönlicher Aufenthalt ist also eigentlich nur die Sphäre des Hausstandes und des Familienkreises der Herrschaft. Sein Aufenthalt in diesem Kreise ist auch kein freier, er ist ein durch den Miethscontract bedingter.

Mit diesem engen häuslichen Verhältniß ist der Begriff eines selbstständigen Aufenthalts, wie er im §. 1. Nr. 3. vorausgesetzt wird, unvereinbar. Selbst der Wille oder die Absicht eines Aufenthalts ist dabei eben so undenkbar, als es bei einem Geisteskranken der Fall ist, welcher von seinen Verwandten auswärts in Pension gegeben wird. In einem Fall dieser Art hat das Ober=Tribunal bereits in einem Urtel vom 22. Februar 1856 angenommen, daß zum Aufenthalt die freie Selbstbestimmung unumgänglich erforderlich sei, und daher vom Aufenthalt eines Geisteskranken nie die Rede sein könne. Wollte man beim Aufenthalt von dieser Selbstständigkeit abstrahiren, so würde man ferner zu dem Resultat gelangen, daß Jemand, welcher drei Jahre bei einem Einwohner als Gast oder welcher so lange im Gasthofe logirt, ein Hülfsdomizil erworben habe, welches doch gewiß außer der Absicht des Gesetzes liegt.

Beim Gesinde kommt noch besonders zur Sprache, daß in größeren Städten, besonders in solchen, wo sich für die geringeren Stände mittelst Fabriken, Handels und dergleichen mannigfaltige Erwerbszweige und einträglichere Beschäftigungen darbieten, es gewöhnlich an einer ausreichenden Zahl Eingeborener fehlt, welche sich in Gesindedienst begeben wollen, und daß daher Auswärtige und Einwanderer als Dienstboten angenommen werden müssen. Die Dienstherrschaften können ihrer nicht entbehren, die Gemeinde aber ihr Engagement nicht verhindern, und für die letztere muß also die Anwesenheit von Dienstboten aus anderen Orten etwas ganz gleichgültiges bleiben. Man mag sie als Hausgenossen, als Gäste oder als Fremde ansehen, welche von Polizeiwegen geduldet werden. Sie sind aber nicht selbstständig sich am Orte Aufhaltende; und als Dienstboten betrachtet, erwächst daher der Aufenthaltsgemeinde nie die Last der Armenpflege nach §. 1. Nr. 3. Sie verbleibt vielmehr der Heimathsgemeinde, aus welcher nach §. 4. nur eine Entfernung des Dienstboten wegen vorübergehender Verhältnisse stattgefunden hat, eben weil bloßes Dienstverhältniß gar keinen Aufenthalt an einem anderen Ort im Sinne des §. 1. Nr. 3. zur Folge hat. Das Argument des Appellations=Richters: daß auswandernde Dienstboten gewöhnlich mit der Absicht, nie zurückkehren zu wollen, die Heimath verlassen, und daß besonders weibliche Dienstboten häufig in der Fremde Gelegenheit zu einer Verheirathung suchen oder finden, greift hiergegen nicht durch.

Ein Fremder, welcher als Gesinde sich bei der Polizei=Obrigkeit zum Wohnsitz anmelden wollte, würde nach §. 2. sofort mit seinem Gesuch zurückzuweisen sein, weil Beides mit einander nach dem Gesetz unvereinbar ist. Er kann nur als Gesinde auf Antrag seiner Dienstherrschaft im Orte zugelassen werden. Seine Dienstzeit ist ein precairer Aufenthalt. Er wird nur als Gesinde im Interesse der Herrschaft geduldet; und ist seine Dienstzeit beendet, oder wird er von seiner Dienstherrschaft entlassen, so kann er nur auf neue Anzeige einer nachfolgenden Herrschaft weiter geduldet werden. Wird er dienstlos, so kann die Polizei=Obrigkeit ihn sofort in die

Heimath zurückweisen, und sein Verhältniß gegen die Gemeinde ist im Zeitpunkt dieser Zurückweisung dasselbe, welches es bei seinem Einzuge im Orte gewesen sein würde, wenn er dort gar keinen Dienst gefunden hätte. —

Alles, was (coordinirt mit dem polizeilich gemeldeten und bewilligten Wohnsitz) aus dem rein thatsächlichen Aufenthalt in Beziehung auf die Armenpflege resultirt, ist hiernach nur auf Personen anwendbar, welche nicht Gesinde sind, sondern sich selbstständig am Orte aufgehalten haben.

Es würde auch gewissermaßen einen Widerspruch in sich enthalten, wenn Gesinde selbst bei gehörig erfolgter Anmeldung nicht einen Wohnsitz erwerben, wohl aber ohne eine solche Meldung durch einen Aufenthalt von drei Jahren die betreffende Gemeinde zur Armenpflege verpflichten könnte. Das Appellations-Urtel mußte hiernach wegen unrichtiger Anwendung des §. 1. Nr. 3. und des §. 2. des Armenpflege-Gesetzes vernichtet werden.

In der Sache selbst ist noch nicht definitiv erkannt, vielmehr unter Aufhebung des Urtels erster Instanz noch die Erörterung über die eigentlichen Lebensverhältnisse der N. seit erreichter Großjährigkeit angeordnet.

Anlage B.

Erkenntniß des ersten Senats des Königlichen Ober-Tribunals vom 3. Februar 1860.

Durch das bloße Dienstverhältniß eines Großjährigen wird, auch wenn der Aufenthalt drei Jahre gedauert hat, ein Hülfsdomizil nicht begründet. (Armenpflege-Gesetz vom 31. Dezember 1842 §. 1. Nr. 3., §. 2. (Gesetz-Sammlung für 1843 S. 9.)

Das Ober-Tribunal hat den vorstehenden Grundsatz in Sachen der Stadtgemeinde zu Halle, Klägerin und Implorantin, wider die Stadtgemeinde zu Eisleben, Verklagte und Imploratin, unter Vernichtung des Appellations-Urtheils angenommen — aus nachstehenden

Gründen:

Der Appellations-Richter hat angenommen, daß die Charlotte Dorothea Günther, aus Eisleben gebürtig, ihres Gesindedienstverhältnisses unerachtet durch mehr als dreijährigen Aufenthalt in Halle dort ein Hülfsdomizil erworben habe, und daher auch nicht die Heimathsgemeinde Eisleben, sondern die Klägerin die Fürsorge für ihr im Jahre 1853 in Halle gebornes Kind übernehmen müsse. Implorantin findet hierin eine Verletzung des §. 1. Nr. 3. und der §§. 2. und 4. des Armenpflegegesetzes vom 31. Dezember 1842, und diese Beschwerde erscheint auch vollkommen begründet. Dem nach §. 1. Nr. 2. durch polizeiliche Meldung zu erwerbenden Wohnsitz, welcher mit allen seinen Wirkungen nach Ablauf eines Jahres eintritt, ist im §. 1. unter Nr. 3. ein bloßer dreijähriger gewöhnlichen Aufenthalt gleichgestellt, bei welchem die polizeiliche Meldung unterblieben ist.

Hat nun die Günther seit erreichter Großjährigkeit, den 1. Dezember 1849, bis zum 15. Januar 1856 ihren fortdauernden Aufenthalt in Halle gehabt, so liegt im Allgemeinen allerdings der Fall vor, daß sie durch bloßen Aufenthalt ein Hülfsdomizil in Halle erwerben konnte. Es liegt hier aber der Fall vor, daß sie lediglich in einem Dienstverhältniß in Halle gelebt hat, und sowie im §. 2. ausdrücklich verordnet ist, daß ein Wohnsitz im Sinne des §. 1. Nr. 2. für Dienstboten durch Dienstverhältniß allein niemals begründet werden könne, ebenso muß auch der Gesindedienst beim bloßen Aufenthalt als Etwas angesehen werden, was ein neues Hülfsdomizil rechtlich unmöglich macht. Gesinde lebt überdem nicht eigentlich in der Gemeinde, sondern in dem häuslichen Kreise seiner Herrschaft, welche sich in einer gewissen Gemeinde befindet. Es stellt keine selbstständige Person dar, sondern ist durch den Mieths-Kontrakt von der Dienstherrschaft abhängig, und, wird es dienstlos, so kann es sofort von der Polizei-Obrigkeit in seine Heimath zurückgewiesen werden. Es wird deshalb auf das Urtheil des Ober-Tribunals vom 24. Juni 1857 (Entscheidungen Bd. 36. S. 371) zurückgewiesen. Wie die dem Gesetz voraufgegangenen Berathungen des Staatsraths ergeben, ist die Selbstständigkeit eines neu Anziehenden als unerläßliche Bedingung des Wohnsitzes angenommen, und dem Gesinde kann eine solche Selbstständigkeit nicht beigemessen werden. Nach diesen Berathungen ist es auch zwar zur Sprache gekommen, ob nicht aus einem langwierigen, etwa dreijährigen Aufenthalt des Dienstboten ein Hülfsdomizil erwachsen könne? Es hat diese Ansicht schließlich aber keinen Beifall gefunden.

Es ist hiernach das Appellations-Urtheil zu vernichten gewesen und der Ansicht des Richters erster Instanz lediglich beizutreten. Die Günther mag zwar drei Jahre lang nach erreichter Großjährigkeit aus ihrer Heimath Eisleben entfernt gewesen sein, ihr Verhältniß in Halle ist aber kein selbstständiges, sondern im Sinne des §. 4. ein vorübergehendes gewesen. Es ist weniger als ein Gewerbe gewesen, da auch ein Gewerbe eine höhere Selbstständigkeit erheischt. Der §. 4. giebt mit den Zeichen „u. s. w." dem Richter ein weites Feld der Beurtheilung. Eben weil die Günther nur Gesinde war, kann ihre Entfernung aus dem Heimathsorte Eisleben gar nicht in Anschlag kommen. Die verklagte Gemeinde allein ist Diejenige, welche für die Günther und nach §. 22. zugleich für deren uneheiiches Kind zu sorgen hatte, und das Urtheil erster Instanz mußte hiernach auch n seinem ganzen Umfange bestätigt werden.

Anlage C.

Im Namen des Königs.

In Sachen

der Armen-Direktion der Stadt Bn. Klägerin und Implorantin,

wider

die Stadt-Kommune Bl. Verklagte und Imploratin

hat der erste Senat des Königlichen Ober-Tribunals in der Sitzung vom 21. September 1860,

für Recht erkannt:

daß das Urtel des Apellationsrichters vom 16. Februar 1860 zu vernichten, in der Sache selbst ferner 'auf die Appellation der Verklagten das Urtel erster Instanz der Königlichen Kreisgerichts-Deputation zu N. vom 12. Juli 1859 zu bestätigen, und die Kosten zweiter Instanz der Verklagten, die Kosten des Nichtigkeitsverfahrens beiden Theilen zur Hälfte aufzuerlegen, die gerichtlichen jedoch außer Ansatz zu lassen.

V. R. W.

Gründe.

Der Streit betrifft die Armenpflege für das von der Florentine Ida G. am 26. Dezember 1854 in Bn. außerehelich geborne Kind Carl August Otto. Dessen Mutter hatte als Großjährige um Michael 1852 ihren Heimathsort Bl. verlassen, und diese Gemeinde seitdem sich der Unterhaltung ihres ersten, am 17. September 1851 dort außerehelich geborenen Kindes unterzogen. Seit Michael 1852 hat die G. zu Bn. in Dienstverhältnissen gelebt und seit dem 18. August 1856 die Klägerin ihr zweites Kind zu verpflegen gehabt.

Im Appellationsurtel ist die Implorantin Rücksichts dieses zweiten Kindes für den verpflichteten Armenverband erachtet und zwar aus einem doppelten Grunde:

1) weil die G. am 18. August 1856 schon mehr als drei Jahre als großjährig von Bl. entfernt gewesen, das Hilfsdomizil Bl. sonach erloschen, selbst von ihrer Entfernung vom Heimathsort um Michael 1852 noch nicht eine eigentliche Gemeindeunterstützung für das ältere Kind gewährt sei, da dessen Vater demnächst zur Alimentation des Kindes verurtheilt und durch dessen Zahlungen der verklagten Commune Erstattung des geleisteten zu Theil geworden;

2) weil der Aufenthalt der G. in Bn. seit Michael 1852 bis zur hervorgetretenen Fürsorge für deren zweites Kind, am 18. August 1856, drei Jahre und länger gewährt habe, und durch Verlauf dieses dreijährigen Zeitraumes der G. — selbst als Dienstbotin — ein neuer Unterstützungs-Wohnsitz in Bn. erwachsen sei.

Beide Entscheidungsgründe sind von der Implorantin angefochten und ihre Beschwerde muß in beider Hinsicht auch als begründet erachtet werden. Denn ad 1. beginnt die Gemeindefürsorge für einen Armen nach §. 1. des Armenpflegegesetzes vom 31. Dezember 1842 von dem Zeitpunkt ab, wo dessen Hülfsbedürftigkeit bekannt wird und kein privatrechtlich Verpflichteter vorhanden ist, welcher dem Bedürfniß abzuhelfen vermag. Die verklagte Gemeinde hat demgemäß auch seit Michael 1852 den Unterhalt des ersten Kindes der G., des außerehelichen Knaben Wilhelm Albert, bestritten. Nun ist zwar demgemäß der Schlossergesell W. als Vater des Kindes und als privatrechtlich Verpflichteter ermittelt, entsprechend den vom Appellationsrichter allegirten §§. 5. 612. 628. 629. Theil II. Titel 2. des Allgemeinen Landrechts, nach welchen bei unehelichen Kindern zunächst deren Vater und erst im Falle seines Unvermögens die Mutter und deren Eltern die zur Unterhaltung des Kindes Verpflichteten sind. Bei der Frage aber:

ob die Commune dem Armenpflegegesetz genügt habe?

kann es auf diese Reihefolge der Verpflichteten nicht ankommen. Die Hülfsbedürftige war die Mutter selbst, welche ihr Kind nicht zu unterhalten vermochte. Diese ist aus Gemeindefonds unterstützt, wenn auch nur mittelbar durch die für ihr Kind gezahlten Alimente; und die G. selbst war hiernach bei ihrem Abgange von Bl. eine dieser Commune zugefallene Arme. Die Gemeindeunterstützung hat Jahre lang nach Michael 1852 noch fortgewährt, und in einem Falle dieser Art ist die dreijährige Abwesenheit nicht geeignet, eine Erlöschung des Heimathsdomizils herbeizuführen, wie das Ober-Tribunal auch bereits in einem Urtel vom 21. April 1856 angenommen hat. Der Implorantin muß sonach darin beigepflichtet werden, daß der §. 4. des Armenpflegegesetzes und die §§. 612. seq. Theil II. Titel 2. des Allgemeinen Landrechts vom Appellationsrichter unrichtig angewendet sind.

Dasselbe ist aber

ad 2. auch der Fall hinsichts des §. 1. Nr. 3. und der §§. 2. 4. des Armenpflegegesetzes. Da Dienstboten keine selbstständige Personen im Sinne des §. 1. des Heimathsgesetzes sind, vielmehr ihr Aufenthalt an einem Orte nur durch den Aufenthalt ihrer Dienstherrschaft bedingt wird, so muß ihr Verhältniß zu den vorübergehenden Verhältnissen gezählt werden, deren im §. 4. Erwähnung geschieht. Unter den im §. 4. benannten Personen sind Dienstboten zwar nicht speziell mit aufgeführt. Da aber dort Betrieb eines nicht stehenden Gewerbes insbesondere den vorübergehenden Verhältnissen beigezählt ist, so muß nach dem Beisatz „u. s. w." auch Gesindedienst dem gleichgestellt, und er kann nicht als Grund zur Erlöschung des Heimathsdomizils allegirt werden, wie das Ober-Tribunal auch bereits in einem Urtel vom 24. Juni 1857 (Entscheidungen Band 36 S. 371) angenommen und des weiteren ausgeführt hat.

Der Appellationsrichter will zwar aus dem §. 2. das Gegentheil beweisen. Nach demselben sind Dienstboten nur von der Wohnsitzerwerbung ausgeschlossen, und es ist nur auf Nr. 2., nicht zugleich auf Nr. 3. des §. 1. hingewiesen. Der Ansicht des Appellationsrichters zufolge würde also Dienstboten, wenn sie auch zur Wohnsitzerwerbung qualifizirt sind, dennoch durch dreijährigen continuirlichen Aufenthalt der Unterstützungswohnsitz zu Theil werden. Dies ist aber (wenn auch die Verwaltungsbehörden diese Ansicht theilen) nach den Verhandlungen des Staatsraths, welche dem Heimaths- und Armenpflegegesetze voraufgegangen sind, nicht als richtig anzuerkennen. Das Gesetz unterscheidet den eigentlichen Wohnsitz und den bloßen Aufenthalt. Der erstere wird dadurch bedingt, daß der Neuanziehende sich bei der Ortspolizei-Obrigkeit meldet, und binnen Jahresfrist keine Zurückweisungsgründe bekannt und von der Commune geltend gemacht werden. Der letztere ist die dreijährige Dauer eines bloßen Aufenthalts ohne polizeiliche Meldung, und also Sorrugat des ersteren. Hat nun der §. 2. alleiniges Dienstverhältniß für ein Hinderniß des Wohnsitzes erklärt, so hat er damit zugleich den dreijährigen Aufenthalt für nicht geeignet erachtet, ein Hülfsdomizil zu erwerben. Die Hinweisung auf §. 1. Nr. 2. involvirt von selbst die Mithinweisung auf

Nr. 3., da Nr. 2. und 3. coordinirte Bestimmungen sind. Es wird dieses auch durch die Verhandlungen des Staatsraths bestätigt. Denn am Schlusse derselben war wirklich der Vorschlag gemacht, beim dreijährigen Aufenthalt von der Eigenschaft des Dienstboten abzusehen; es hat dieser Vorschlag aber keinen Beifall gefunden und kann man den §. 2. demnach nur so verstehen, daß ebensowenig dreijähriger Aufenthalt als einjähriger Wohnsitz für Dienstboten ein Hülfsdomizil herbeiführen kann.

Das Appellationsurtel muß hiernach in beider Beziehung für nichtig erklärt werden. In der Sache selbst ist vielmehr — mit dem Richter erster Instanz — die verklagte Commune für denjenigen Armenverband zu erachten, welchem die Fürsorge für den Knaben Karl August Otto G. zur Last fällt. Es ist schon oben ausgeführt, daß bei ihrem Abgange von Bl. um Michael 1852 die Mutter Florentine Ida G. der Communalfürsorge verfallen war. Die verklagte Commune hat nicht etwa der Mutter Geld vorschuß- oder darlehnsweise gegeben, sie hat vielmehr den Knaben Wilhelm Albert unterhalten, weil kein anderer zu dessen Unterhaltung Verpflichteter vorhanden und dessen Mutter unvermögend war. Sie hat mithin die ihr nach §. 1. des Armenpflegegesetzes obliegende Pflicht erfüllt und ihrer gesetzlichen Schuldigkeit gemäß Unterhaltungskosten auf die Gefahr hin bestritten, daß sie von Niemand je eine Wiedererstattung erhalten werde. Diese Gefahr ist nun zwar dadurch beseitigt, daß ihr vom Vater des Wilhelm Albert G., dem Schlossergesellen W., 72 Thlr. erstattet worden sind. Es ist aber festgestellt, daß auf den Antrag der Mutter der W. erst durch das Judicat vom 8. November 1853 für den Vater dieses Knaben erklärt und zu dessen Alimentation verurtheilt, und sodann der Verklagten im Zeitraum vom 17. April 1855 bis in das Jahr 1858 in Stückzahlungen Erstattung zu Theil geworden ist. Erst nachdem mehr als ein Jahr seit dem Abgange der G. von Bl. verflossen war, ist also der privatrechtlich Verpflichtete bekannt geworden, und die Zahlungen des Magistrats waren noch nicht vollständig erstattet, als die Hülfsbedürftigkeit des zweiten Kindes Karl August Otto zu Bl. am 18. August 1856 eintrat. Es würde dieses Alles schon ausreichen, um die Pflegelast der Verklagten für die G. und deren zweites Kind für nicht erloschen zu erachten. Es ist aber auch vollen Rechtens, daß durch das Dienstverhältniß der G. in Bn. — wenn sie dort gleich an jenem Tage sich schon 3 Jahre und länger aufgehalten hatte — kein neuer Unterstützungswohnsitz entstanden ist, weil ihr Aufenthalt lediglich in einem Dienstverhältniß beruhte. Verklagte bezweifelt jetzt zwar die Continuirlichkeit des Dienstes; auf diesen Zweifel kann aber nicht Rücksicht genommen werden, da die Verklagte in der Klagebeantwortung unumwunden zugestanden hat, daß die G. den Ort Bl. um Michael 1852 verlassen und in Bn. ununterbrochen gedient habe.

Es ist in Bn. von der G. hiernach ein Unterstützungswohnsitz eben so wenig erworben, als ihr älteres Heimathsdomizil durch Abwesenheit erloschen ist, und das Urtheil erster Instanz hat demzufolge bestätigt werden müssen.

Druck von J. C. Huber in Charlottenburg.

Armenrecht und Armenpolizei.

Zur Verständigung

über

die Elementarbegriffe der Preußischen Armengesetzgebung.

Aus der täglichen Praxis

von

Th. von Flottwell,
Regierungsrath.

Leipzig.

Bei Franz Wagner.

1866.

Vorwort.

Für Alle, welche durch ihren Beruf genöthigt sind, sich mit der Preußischen Armengesetzgebung zu beschäftigen, bedarf es keiner Bemerkung darüber, was es heißt: auf diesem Gebiete eine Verständigung herbeiführen zu wollen. Die Schwierigkeit, eine solche Aufgabe selbst nur für die Elementarbegriffe der Gesetzgebung zu lösen, ist dem Verfasser weder vor noch bei seiner Arbeit entgangen. Daß also die Letztere, wenn auch unmittelbar aus der täglichen Berufsthätigkeit des Verfassers hervorgegangen, doch — oder vielleicht gerade deshalb — mancher ungünstigen Beurtheilung unterliegen wird, stand von Anfang an für ihn fest. Es konnte dies inzwischen wohl ein Bedenken gegen die Ersprießlichkeit der Arbeit für den Verfasser selbst abgeben, es konnte aber dadurch die während der Arbeit sich immer mehr und mehr befestigende Ueberzeugung von ihrer Nothwendigkeit an und für sich nicht umgestoßen werden. Es hat im Gegentheil aus dieser immer mehr wachsenden Ueberzeugung auch die Arbeit selbst an Umfang zugenommen und die ursprünglich ins Auge gefaßten Grenzen überschritten.

Der erste, vorzugsweise auf die materielle Seite der Armengesetzgebung Bezug habende Theil war bereits vor länger als Jahresfrist beendet und in allen wesentlichen Punkten zum Drucke reif. Inzwischen glaubte der Verfasser aus hier nicht näher zu erörternden Gründen erst abwarten zu müssen, ob nicht die Veröffentlichung gerade dieses Theiles seiner Arbeit von anderer Seite her unnöthig gemacht werden würde. Leider haben fortgesetzte Wahrnehmungen bis in die neueste Zeit den Beweis geliefert, daß dem nicht so ist. Die dazwischen liegende Zeit ist nun vom Verfasser dazu benutzt worden, den allerdings gewagten Versuch einer Verständigung auch auf die formelle Seite der Armengesetzgebung d. h. auf die damit zusammenhängenden geschäftlichen Ressort- und Competenz-Verhältnisse auszudehnen. Ob ihm solches gelungen, muß der Erfolg lehren. Dies zur Nachricht für Diejenigen, welche von dem Schlußworte des ersten Theiles (Seite 111, 112) Notiz nehmend, sich über die verspätete Herausgabe desselben etwa wundern möchten.

Es schien zweckmäßig, einen möglichst detaillirten Inhalt voranzuschicken, theils um bei den einzelnen durch beide Theile durchlaufenden

6 Büchern und 25 Capiteln nebst Vergleichsvorschlägen die Weitläuftigkeit besonderer Ueberschriften zu vermeiden, theils um einen etwaigen Handgebrauch, soweit es anging, zu erleichtern. Zu letzterem Behuf ist im Anhang eine Reihe von Anlagen, sowie ein Abdruck des Armengesetzes vom 31. December 1842 und des Ergänzungsgesetzes vom 21. Mai 1855 zur unmittelbaren Vergleichung beigegeben worden.

Leider ist es dem Verfasser nicht möglich gewesen, die Schwierigkeiten, welche für ihn mit der Correctur des Drucks verbunden waren, trotz aller angewendeten Mühe vollständig zu überwinden. Er verweist deshalb auf das Druckfehlerverzeichniß (S. XII) mit der ausdrücklichen Bitte, an den wichtigeren Stellen die Correctur vor dem Lesen zu bewirken.

Potsdam, den 17. November 1865.

Th. Fl.

Inhalt.

Erster Theil.

(Sachliche Rechtsbegriffe.)

Zweites Buch.

Die vermögensrechtliche Bedeutung des Armengesetzes und die Freizügigkeit.

Zweiter Theil.

(Ressort- und Competenz-Verhältnisse.)

Drittes Buch.

Die formelle Bedeutung des Armengesetzes und das geschäftliche Ressort.

Sechstes Buch.

Die Entscheidung in Streitigkeiten der Gemeinden 2c. außerhalb der Regeln des Armengesetzes.

Anhang.

Druckfehler.

S. 3 Z. 14 v. o. lies statt Preis gegeben: preisgegeben.
S. 6 Z. 16 v. o. lies statt ob in oder wider die Absicht ꝛc.: ob nach der — oder wider die Absicht ꝛc.
S. 6 Z. 18 v. o. lies statt Preis gegeben: preisgegeben.
S. 16 Z. 11 u. 12 v. u. lies statt der Commune Berlin zu erstatten hatte: dem Kinde gewährt hatte.
S. 34 Z. 3 v. o. lies statt streitigen: streitige.
S. 85 Z. 15 v. u. lies statt auch nun einmal: auch nur einmal.
S. 88 Z. 7 v. u. lies statt hochgestellter englischer: hochgestellten englischen.
S. 90 Z. 13 v. o. lies statt sich: einander.
S. 91 Z. 20 v. o. lies statt im jahrelangen: in jahrelangem.
S. 106 Z. 2 v. u. lies statt 30. März 1853: 30. Mai 1853.
S. 108 Z. 17 v. u. lies statt findet sich hierzu: findet sie hierzu.
S. 110 Z. 18 v. o. lies statt K. XV. sub C.: Kap. XIV. sub C.
S. 111 Z. 3 v. u. lies statt ihn: ihm.
S. 112 Z. 3 v. u. lies statt das heißt also das ungefähr: das heißt also ungefähr.
S. 112 letzte Z. lies statt verschwinden: verschwänden.
S. 135 Z. 12 v. o. lies statt auf den Höhen: auf der Höhe.
S. 142 Z. 2 v. o. lies statt im eilften Kapitel: im zehnten Kapitel.
S. 144 Z. 20 v. u. lies statt Min.=Bl. f. i. V. S. 179: Min.=Bl. f. i. V. S. 197.
S. 153 Z. 13 u. 14 v. u. lies statt als eine vermögensrechtliche Verpflichtung der Landarmenverbände zu betrachten: als eine vermögensrechtliche Norm zu betrachten.
S. 164 Z. 13 v. u. lies statt dann: da.
S. 176 Z. 19 v. o. lies statt [Anl. T. 1. T. 2]: [Anl. U. 1. U. 2].
S. 185 Z. 11 v. o. lies statt dürfte: durfte.
S. 210 Z. 1 v. o. lies statt Aufsderbringung: der Aufbringung.
S. 211 Z. 2 v. o. lies statt nun: nur.
S. 213 Z. 10 v. o. lies statt für den vorliegenden eine Vereinigung: für den vorliegenden Fall eine Vereinigung.
S. 213 Z. 11 v. o. lies statt doch wieder Fall als nicht bestehend: doch wieder als nicht bestehend.
S. 221 Z. 15 v. o. lies statt: 1855: 1850.
S. 224 Z. 3 v. o. lies statt Veramten: Verarmten.
S. 226 Z. 14 v. o. lies statt Uebernommen: Uebernommenen.
S. 234 Z. 20 v. o. lies statt Gemeinde oder Polizeibehörde: Gemeinde= oder Polizei=Behörde.
S. 246 Z. 2 v. u. lies statt v. 20. April: v. 23. April.
S. 269 Z. 18 v. o. lies statt ausgesprochene: ausgesprochenen.

Einleitung.

Schon einmal hat sich der Verfasser veranlaßt gesehen, auf die Nothwendigkeit hinzuweisen, bei Anwendung und Auslegung des Gesetzes über die Verpflichtung zur Armenpflege sich an dessen Entstehungs-Geschichte und Grundprincipien zu erinnern mit der Aufforderung, dasjenige zu beachten, was das Königliche Ober-Tribunal in den Gründen des Plenar-Beschlusses vom 21. Februar 1853 (Entscheid. Bd. 24 S. 251) über die Natur dieser Verpflichtung der Gemeinden aus den ihm damals vorgelegenen Verhandlungen des Staatsraths recitirt. Es heißt dort:

„In dem ursprünglichen Entwurfe des Gesetzes wegen der Verpflichtung der Armenpflege, welcher den Landtagen vorgelegt worden, war eine Bestimmung darüber, daß dem Armen ein Klagerecht nicht zustehen solle, noch nicht enthalten. Auf dem rheinischen Landtage fand aber der Entwurf seinem Principe nach Widerspruch; es ward auf diesem Landtage die Ansicht vertheidigt, daß eine Verpflichtung der Communen zur Obsorge für die Armen nicht anerkannt und eine gesetzliche Verpflichtung zur Vorsorge für die Armuth nicht festgestellt werden dürfe. Es ward dies verderblich gefunden, weil es dahin führe, das Schamgefühl und die Religiosität der Armen zu vertilgen und das Band der Wohlthätigkeit zwischen der Religion und der Armuth zu lösen; es ward insbesondere hervorgehoben, daß der Arme, welcher sich irgend einer Verpflichtung eines Dritten zu seiner Unterstützung bewußt sei, solche nicht mehr mit Scheu begehre und nicht mehr sich selbst zu helfen strebe, eine feststehende Verpflichtung zur Armenpflege daher die Zahl der Armen ohne Maaß vermehren werde.

Diese Betrachtungen sind nicht ohne Einfluß auf die Gesetzgebung geblieben. In den Motiven zu dem umgearbeiteten Entwurfe des Gesetzes ward vielmehr anerkannt:

daß falsches Mitleid und mißverstandene Humanität in diesem Zweige der öffentlichen Ordnung leicht zu viel thue, daß jedes Zuviel hierbei sehr nachtheilige Folgen habe, und als Aufmunterung wirke, sich in den Stand der Armen zu begeben, und daß mithin als eine Cardinal-Maxime der Armen-Verwaltung festgehalten werden müsse, nicht mehr als das äußerste Bedürfniß zu gewähren und nichts weiter als das wirkliche Umkommen im Elende verhüten zu wollen, überhaupt aber gar kein Recht, keinen im Rechtswege verfolgbaren Anspruch des Armen auf Unterstützung anzuerkennen, sondern nur über die eventuelle Verpflichtung der Communen und Provinzen dahin, daß jenes Aeußerste vermieden werde, als über eine Verpflichtung, die ihnen nur gegen das Ganze, dem Staate gegenüber, nicht aber gegen die einzelnen Armen obliegt, zu statuiren.

Eben deshalb ward als nothwendig anerkannt, eine dem entsprechende Bestimmung in das Gesetz aufzunehmen, um jeden Gedanken daran, als ob das Gesetz dem Armen selbst einen Rechtsanspruch gegen einen oder den anderen Armen-Verband geben wolle, oder als ob der Arme seinerseits die öffentliche Unterstützung jemals unter einem anderen Gesichtspunkte als dem der Wohlthätigkeit oder der bloßen Liebespflicht zu betrachten habe, dadurch abzuschneiden.

Dieser Gesichtspunkt ist denn auch in den ferneren Stadien der Gesetzgebung, namentlich in den Berathungen des Staatsraths festgehalten und hieraus der §. 33 hervorgegangen."

Wenn also dieser §. 33 des Armengesetzes wörtlich lautet:

„Einen Anspruch auf Verpflegung kann der Arme gegen einen Armenverband niemals im Rechtswege, sondern nur bei der Verwaltungsbehörde geltend machen, in deren Pflicht es liegt, keine Ansprüche zuzulassen, welche über das Nothwendige hinausgehen"

und wenn aus dieser, jedenfalls nicht günstig gewählten Ausdrucksweise die Auffassung entstehen könnte, als habe das Gesetz dem Armen einen, wenn auch nicht formell klagbaren, so doch wirklich materiell vorhandenen Rechtsanspruch auf Armenpflege verleihen wollen, so ergiebt das eben Gesagte zur Genüge das Irrthümliche einer solchen Auffassung, sowie die Nothwendigkeit, der Bezeichnung „Anspruch" im §. 33 eben nur die sprachliche Bedeutung des subjectiven Verlangens, des **Antrags** auf Unterstützung und nicht eines, diesem Antrag zu Grunde liegenden, eine entsprechende Verpflichtung der Gemeinde involvirenden objectiven **Rechts** beizumessen. Dies erkennt das Plenum des Königlichen Ober-Tribunals an, indem es unmittelbar an die eben citirte Stelle aus den Materialien dieses Gesetzes folgende Sätze schließt:

„1. Ein privatrechtlicher Anspruch des Armen gegen einen Armen-Verband ist nicht vorhanden.

2. Wenn das Gesetz dessenungeachtet den Armen-Verbänden eine subsidiarische Verbindlichkeit zur Armenpflege auflegt, so begründet dieses nur eine Verpflichtung gegen den **Staat** von dem legislativen Princip ausgehend, daß es Aufgabe des Letzteren ist, diejenigen Anordnungen zu treffen, durch welche die aus der Noth, Hülfsbedürftigkeit und Nahrungslosigkeit entstehenden Gefahren für die Sicherheit und die sittlichen Zustände der Gesellschaft beseitigt werden.

3. Diese Verpflichtung, jedenfalls nur auf Darreichung des Nothdürftigen beschränkt, unterliegt, dem **Armen gegenüber**, sowohl in Bezug auf die Frage: ob ihm eine Unterstützung zu gewähren? als auf die Modalität und das Maaß derselben, lediglich der Entscheidung der Verwaltungsbehörde, mit Ausschließung des Rechtsweges.

4. Sie erscheint nur als eine durch das innere Staatsrecht begründete, publicistische Verbindlichkeit, die, wenn sie wegen Gefahr aus dem Verzuge, von einem andern, als dem gesetzlich verpflichteten Armen-Verbande erfüllt worden ist, dennoch nur dann und nur in soweit einen Anspruch auf Erstattung begründet,

als das Bedürfniß und Maaß seiner Erfüllung von der Verwaltungs-Behörde anerkannt worden ist."

So einfach, klar und selbstverständlich nun auch diese Sätze erscheinen, so ist es doch auffallend, wie gerade gegen sie fast überall theils bewußt, theils unbewußt verstoßen wird, und zwar hauptsächlich aus dem Grunde, weil man sich nicht dazu entschließen kann, die nächsten Consequenzen aus jenen Sätzen zu ziehen *).

Um nun das Wesen dieser durch das innere Staatsrecht gebotenen Verpflichtung kennen zu lernen, wird es darauf ankommen, sich diejenigen Zwecke klar zu machen, welche der Staat im öffentlichen Interesse bei der Armengesetzgebung im Auge haben muß. Dieser Staatszweck ist ein dreifacher:

I. der, daß **kein** Armer, d. h. **Keiner**, dessen augenblickliche Existenz ohne Gewährung einer öffentlichen Unterstützung gefährdet erscheint, dem Umkommen im Elende Preis gegeben werde;

II. der Zweck, daß im Interesse der öffentlichen Sittlichkeit, und zur Vermeidung der sonst zu Tage tretenden Aufforderung, sich in den Stand der Armen zu begeben, d. h. sich ohne Selbstthätigkeit auf die öffentliche Armenpflege zu verlassen, **nur das unumgänglich Nothwendige** dem Hülfesuchenden verabfolgt werde;

III. daß diese Hülfe faktisch geleistet werde von bestimmten **dem Staat responsablen** und **und von ihm als prästationsfähig erachteten** Communal- 2c. Verbänden.

Soweit diesen Zwecken in der Wirklichkeit in der praktischen Ausführung zu genügen ist, werden die darauf gerichteten polizeilichen oder reglementarischen Vorschriften des Armengesetzes als solche zu betrachten sein, deren unmittelbare Erfüllung durch die dafür bestehenden Organe, sowohl nach der Seite des Umfanges und des Modus, als nach der Seite des zu ihrer Erreichung etwa erforderlichen Zwanges lediglich den Händen der Verwaltungsbehörden anvertraut bleiben **müssen.**

Das Preußische Armengesetz vom 31. December 1842 unterscheidet und die Vorkommnisse des täglichen Lebens nöthigen — jeder Dorfschulze, der vielleicht in seinem Leben das Gesetz nicht angesehen hat, ist sich dessen bewußt, — zu der Unterscheidung zwischen:

a) den bestehenden Polizei-Vorschriften, wonach es verboten ist, Denjenigen, für den innerhalb des Preußischen Staatsgebiets irgend welchen Orts die öffentliche Fürsorge bei der Communal- oder Ortspolizei-Behörde angerufen wird, im Fall wirklicher Noth, d. h. im Fall der Gefährdung seiner Existenz durch Mangel an den unentbehrlichsten Lebens-

*) So z. B. glaubt der Verfasser in seiner früheren Schrift: „die Grundsätze des ersten Senats des Königlichen Ober-Tribunals über Freizügigkeit und öffentliche Armenpflege. Berlin, 1861." Seite 9 nachgewiesen zu haben, daß bei der schließlichen Entscheidung des den Plenarbeschluß vom 21. Februar 1853 veranlassenden Specialfalls, der höchste Gerichtshof selbst jene Grundsätze nicht ganz consequent festgehalten hat.

bedürfnissen, ohne Gewährung derselben fortzuweisen (Armen-Polizei, §§. 25—31 und §. 33), und zwischen

b) der Gefahr einer Gemeinde, für diejenigen ihrer Einwohner, welche während einer bestimmten Zeitdauer dort gewohnt oder sich dort aufgehalten haben, für deren Ehefrauen und Kinder ꝛc., die Last der öffentlichen Armenpflege als eine communale vermögensrechtliche Verpflichtung anderen Armenverbänden gegenüber zu tragen. (Armen-Recht §. 1 seq., §. 17 seq., §. 20 seq. 22.)

Das Wesen jener Verpflichtung ad a. ist also, daß sie eine rein polizeiliche, dem Staat gegenüber bestehende, von seinen Organen unmittelbar zu executirende Zwangspflicht enthält, welche gegen Jeden, sei er Inländer oder Ausländer, Kind oder Greis, Frau oder Mann, geübt werden muß, gleichviel, ob im Augenblick seiner Noth auf Seiten der von ihm angerufenen Gemeinde gleichzeitig eine vermögensrechtliche Verpflichtung zur Fürsorge ad b. wirklich besteht oder nicht.

Das Wesen der Verpflichtung ad b. dagegen besteht darin, daß dieselbe eine unmittelbar mit der Dauer des Wohnsitzes, des Aufenthalts, resp. mit der Thatsache der Verheirathung, der Geburt u. s. w. eintretende Gefahr einer Gemeinde ist, für ihre einzelnen Einwohner, gleichviel, ob dieselben zur Zeit ihres Aufenthalts am Orte selbst arm oder reich waren, falls für sie später an anderen Orten die öffentliche Fürsorge zufolge der Verpflichtung ad a von der dortigen Gemeinde hat gewährt werden müssen, dieser Gemeinde die Kosten erstatten, und die etwa ferner nothwendig werdende Fürsorge für die betreffende Person abnehmen zu müssen, und zwar so weit und so lange, als diese Gefahr nicht nach positiven Gesetzen (§. 4, §. 20) erloschen oder in gleicher Art auf einen anderen Armen-Verband in der Preußischen Monarchie übergegangen ist.

Das durchgreifende Erkennungsmerkmal für die polizeilich reglementarischen und die vermögensrechtlichen Vorschriften des Armengesetzes wird also wesentlich darin zu suchen sein, ob durch die Nichtbefolgung derselben im einzelnen Fall einer der oben specificirten drei Staatszwecke alterirt oder nur die Anerkennung einer ausschließlich vermögensrechtlichen Verpflichtung im Verhältniß zu einer anderen Gemeinde ꝛc. versagt wird.

Es kann also diese communale vermögensrechtliche Fürsorgepflicht nur da existent werden, wo wirklich die öffentliche Fürsorge von einer Gemeinde geleistet ist, und letztere einen auswärtigen Armen-Verband auf Grund §§. 1 seq. §. 17, als ihr gegenüber zur Kostenerstattung resp. zur Abnahme der Fürsorge verpflichtet, in Anspruch nimmt.

Unter den vermögensrechtlichen Vorschriften nehmen nun die §§. 1, 2, 3 und 4 des Armengesetzes, resp. das erste Alinea des Art. I. des Ergänzungsgesetzes vom 21. Mai 1855 die erste und vorzüglichste Stelle ein. Alle anderen vermögensrechtlichen Bestimmungen des Armengesetzes schließen sich, wie die §§. 17 bis 22 und §. 9, entweder unmittelbar an das in den §§. 1,

2, 3 und 4 ausgesprochene Prinzip an oder sie bilden, wie die §§. 13, 23, 24, ferner Artikel II. des Ergänzungsgesetzes, singuläre Bestimmungen für einzelne vermögensrechtliche Verpflichtungen der Landarmen-Verbände oder, wie §. 32 resp. Artikel V. des Ergänzungsgesetzes, für die vermögensrechtlichen Verpflichtungen des Dienstorts.

Für das Verständniß nun — der vermögensrechtlichen wie der polizeilichen Bestimmungen des Armengesetzes bildet die Festhaltung dieses innern Unterschiedes ihrer Natur das erste Erforderniß. Insbesondere sind es, wie der Verfasser bereits früher hervorgehoben hat, zwei Irrthümer, welche ihre Entstehung der Nichtbeachtung jenes Unterschiedes verdanken, und welche trotz jener klar und deutlich ausgesprochenen Sätze des Plenums des Königl. Ober-Tribunals sich fast überall in die Erkenntnisse unserer Gerichtshöfe eingeschlichen haben, nämlich:

A. der Irrthum, als sei der Arme für seine Person das Subject des der materiellen Fürsorgeverpflichtung nach §§. 1, 2, 9, 17, 20, 22 entsprechenden Rechts.

Hat, wie der Gesetzgeber es will, der Arme selbst die Abhülfe der äußersten Nothdurft nur als Almosen zu erbitten, so steht ihm also nicht nur kein privatrechtlich formelles Klagerecht, worauf bei der Fassung des Gesetzes scheinbar allerdings zunächst nur Gewicht gelegt wird, sondern überhaupt kein sich in irgend welcher Art äußerndes Recht zu, so wenig gegen die zur Hergabe der vorläufigen thatsächlichen Unterstützung auf Grund der polizeilichen Vorschriften angerufene Gemeinde, als gegen den nach den Vorschriften des materiellen Armenrechts der vorerwähnten Gemeinde gegenüber zur Abnahme der Fürsorge und Kostenerstattung verpflichteten Armen-Verband.

Für den Armen selbst ist es daher an und für sich gleichgültig, ob diejenige Gemeinde, in deren Bezirk er wegen Abhülfe seiner Noth die öffentliche Fürsorge anruft, nur auf Grund der armenpolizeilichen Bestimmungen oder auch aus materiell rechtlichen Gründen für ihn zu sorgen hat; der Arme hat Nichts zu fordern, und nicht mehr als das, was zur Deckung seiner augenblicklichen Noth dem nächsten Tagesbedürfniß entspricht, als ein ihm im Interesse der öffentlichen Sicherheit zu gewährendes Almosen zu erhalten.

Wenn nun das Preußische Armengesetz den Uebergang der Gefahr, für einen Einwohner die Last der öffentlichen Armenpflege, falls er dieselbe nicht am Orte A., sondern außerhalb desselben anzurufen genöthigt ist, der dadurch belästigten Gemeinde B. abzunehmen, an gewisse positive Bedingungen, nämlich den einjährigen Wohnsitz, den dreijährigen Aufenthalt am Orte A. knüpft (§. 1 des Armengesetzes), so folgt hieraus, daß durch den Eintritt dieser Bedingungen an sich keinerlei rechtliche Beziehungen zwischen der Ortsgemeinde A. und dem Einwohner erwachsen, daß mit anderen Worten der Letztere sich niemals auf diese gesetzlichen Bedingungen berufen kann, um seinerseits von einer bestimmten Gemeinde Etwas zu verlangen.

Der Verfasser will, um den mit den practischen Folgen des Gegentheils nicht aus täglicher Erfahrung vertrauten Gerichtsbehörden einen Einblick in dieselben zu verschaffen, hier nur darauf hinweisen, wie das Gegentheil dieses Grundsatzes auf der einen Seite zu einer privilegirten Landstreicherei, auf der anderen Seite zu der größten Härte und zu einer völligen Vereitelung der Absicht des Gesetzes führen würde.

Sollte es einem früheren Einwohner von Königsberg, der augenblicklich in Köln mit seiner Familie in Noth geräth, freistehen, wegen seiner früheren Aufenthaltsverhältnisse die Commune Königsberg, statt sich an die aus polizeilichen Gründen zunächst verpflichtete Gemeinde Köln zu wenden, anzurufen und sich unter dem Vorwande, in Königsberg auf Grund der Bestimmungen des §. 1 seq. des Armengesetzes „ein sogenanntes Armendomicil" zu besitzen, bettelnd von Ort zu Ort dorthin zu begeben, so würden die Landstraßen allerdings von einer derartigen Bevölkerung, ob in oder wider die Absicht des Armengesetzes bedarf hier wohl keiner Erörterung, nicht leer werden. Andererseits würde der Hülfesuchende dem Hunger Preis gegeben sein, wenn nicht an seinem augenblicklichen Aufenthaltsort für ihn gesorgt würde und wenn er also ohne Hülfe bleiben sollte, bis die Verwaltungs-Behörde den nach den materiell rechtlichen Bestimmungen des Armengesetzes pflegeschuldigen Armen-Verband ermittelt und den Bedürftigen dorthin gewiesen hätte. Im Interesse des Armen selbst liegt es also, daß gerade sein zeitweiliger Aufenthaltsort ohne Rücksicht darauf, ob auf Seiten des Letzteren durch Eintritt der gesetzlichen Bedingungen, Wohnsitz, Aufenthalt, Verheirathung 2c. die Fürsorgepflicht des §. 1 seq. begründet ist, und selbst also für den Fall, wenn dieser Aufenthaltsort an und für sich auf Fortweisung des Individuums zu bestehen ein Recht hätte, diese Fortweisung nicht ohne weiteres eintreten lassen darf (§. 25 a. a. O.), sondern zunächst die durch die Umstände gebotene Unterstützung zu gewähren hat und hierzu im Versäumnißfall nicht erst durch resolutorische Entscheidung der Landes-polizei-Behörde (§. 34), sondern unmittelbar und sofort von der Ortspolizei-Behörde (§§. 26, 27) anzuhalten ist. Der in Köln die öffentliche Fürsorge Anrufende würde also, gleichviel, ob auf die Commune Köln, die Commune Königsberg oder irgend eine sonstige Gemeinde die Bedingungen des §. 1 des Armengesetzes zutreffen, falls er sich an die Verwaltungs-Behörde wendet, von dieser lediglich an die Commune Köln mit seinem Unterstützungsgesuche verwiesen und mit jedem auf Heranziehung eines auswärtigen Armen-Verbandes gerichteten Antrage seinerseits zurückgewiesen werden müssen, während es der Commune Köln, ohne jede Rücksicht auf etwaige Wünsche des Hülfesuchenden selbst, niemals verwehrt werden kann, den nach ihrer Ansicht auf Grund des §. 1 seq. verpflichteten Armen-Verband wegen Abnahme der Fürsorge und Kostenerstattung in Anspruch zu nehmen und im Weigerungsfalle die nur zwischen verschiedenen Armen-Verbänden nach §. 34 a. a. O. zulässige resolutorische resp. richterliche Entscheidung nachzusuchen, gegen welche Letztere dem Armen selbst niemals der geringste Widerspruch zusteht.

Was ist also diesen einfachen Sätzen gegenüber der Inhalt des von Herrn C. F. Koch in seinem Lehrbuch des Preußischen gemeinen Privatrechts §. 50 angeblich aus §. 1 des Armengesetzes hergeleiteten „Gemeinde-Heimathsrechts?" Was ist überhaupt ein Recht, dem **jede** Aeußerung Seitens des Berechtigten versagt ist, des Berechtigten, welcher seinerseits weder im Prozeßwege noch im Verwaltungswege einen Anspruch gegen den nach seiner Meinung nach §. 1 ꝛc. verpflichteten Armen-Verband durchsetzen, sondern nur mit seinem Unterstützungsgesuch im polizeilichen Wege und im polizeilichen Interesse derjenigen Commune zur Gewährung der augenblicklich unentbehrlichen Unterstützung überwiesen werden kann, in deren Bezirk er dieselbe nach Ansicht der Behörde nicht de jure, sondern de facto anzurufen genöthigt war?

Welche Bedeutung verbindet also das Königliche Ober-Tribunal damit, wenn es in dem Erkenntniß vom 24. October 1862 (Striethorst Archiv Bd. 48 S. 42) wörtlich sagt:

„Wer sich selbstständig an einem Orte niederlassen will, hat sich nach den §§. 1, 4, 8 des gleichzeitigen Heimathsgesetzes zu diesem Zwecke bei der Ortspolizei-Obrigkeit zu melden, und behufs seiner „Selbstständigkeit" nicht blos seine Großjährigkeit, sondern auch die Mittel und Kräfte seiner Erwerbsfähigkeit nachzuweisen. Gelingt ihm solches, und ergiebt sich nicht schon im ersten Jahr des Aufenthalts seine Hülfsbedürftigkeit, so hat er nach Art. I. ꝛc. den Wohnsitz erworben und mit demselben den daraus resultirenden Unterstützungs-Wohnsitz oder den Anspruch auf Gemeindefürsorge im Falle späterer Verarmung."

und ferner in dem Erkenntniß vom 1. Februar 1858 (Striethorst Archiv Bd. 29 S. 48):

„Die Wittwe Uhde wurde, indem sie die Ehe mit dem Einwohner Gemhard in Magdeburg einging, durch diese Ehe nach den §§. 1, 4 des Indigenatgesetzes vom 31. Dezember 1842 Preußische Unterthanin, sie theilte den Wohnsitz des Ehemannes, und hatte, nach §. 17 des Armenpflege-Gesetzes, vom nämlichen Tage im Falle ihrer Verarmung gleiche Ansprüche an den Ortsarmen-Verband, als ihr Ehemann."

Welcher „Anspruch auf öffentliche Armenpflege" stand denn dem Ehemann der verwittweten Uhde gegen die Gemeinde Magdeburg zu? — und soll mit obigen Worten etwa ausgesprochen sein, daß das Preußische Armengesetz die Absicht habe, die ꝛc. Uhde, falls sie Ausländerin geblieben wäre, im Inlande, sei es nun in Magdeburg oder an irgend einem anderen Orte, verhungern zu lassen? — und, wenn nicht — wodurch unterscheidet sich der verwittweten Uhde gegenüber die Verpflichtung der Gemeinde Magdeburg, ihr die unentbehrlichsten Lebensmittel zu gewähren, von der gleichen Verpflichtung jeder anderen Commune im Preußischen Staat, in welcher die Wittwe Uhde, ohne sich dort verheirathet zu haben und bevor sie also Preußische Unterhanin wurde, die öffentliche Fürsorge anzurufen genöthigt war?

Was bedeutet also die Bezeichnung Armen-Domicil, Unterstützungswohnsitz, Ortsangehörigkeit, wenn anerkannt werden muß, daß zu der so titulirten Gemeinde der Hülfesuchende für seine Person weder nach §. 1 des Armengesetzes durch Wohnsitz, oder Aufenthalt, noch durch Verheirathung, eheliche oder uneheliche Geburt in irgend welches publicistische oder gar privatrechtliche Verhältniß tritt?

Die Ausdrücke Ortsangehörigkeit, Heimathsrecht, Armen-Domicil sind dem Armengesetz absolut fremd. Der Ausdruck Unterstützungswohnsitz, wie ihn der Artikel I. des Ergänzungsgesetzes vom 21. Mai 1855 parenthetisch gebraucht, wird hier gleichgestellt mit der W i r k u n g dieses Wohnsitzes, d. h. der materiellen communalen Armenverpflichtung in Folge des ergriffenen Wohnsitzes oder Aufenthalts — ein an sich jedenfalls ungünstig gewählter und nur, wie aus der Stellung in Parenthese hervorgeht, dem einmal üblichen Sprachgebrauch angepaßter Ausdruck, der als bloße Apposition, überhaupt bei der Redaction des Gesetzes besser ganz fortzulassen gewesen wäre. — Aus dieser irrthümlichen Vorstellung eines auf den vermögensrechtlichen Bestimmungen des Armengesetzes zu begründenden Anspruchs auf öffentliche Unterstützung gegen eine Gemeinde, folgt dann

B. der Irrthum, als könne ein solches Recht für den Armen nur dann durch Wohnsitz oder Aufenthalt ꝛc. entstehen, wenn er in seiner Person den gesetzlichen Erfordernissen der Freizügigkeit im Sinne des Gesetzes über die Aufnahme neu anziehender Personen genügt habe.

Die bedenklichen Folgen grade dieses Irrthums und der damit im Zusammenhange stehenden Vermischung der Bestimmungen des Gesetzes über die Aufnahme neu anziehender Personen mit denen des Gesetzes über die Verpflichtung zur Armenpflege hat der Verfasser zum Hauptgegenstande seiner früheren Streitschrift gemacht, in der es sich um die Widerlegung der vom Ersten Senat des Königlichen Ober-Tribunals aufgestellten inzwischen durch Plenarbeschluß vom 6. Januar 1862 beseitigten Theorie hinsichts des Uebergangs der Fürsorgepflicht für Dienstboten ꝛc. handelte.

Leider sieht sich der Verfasser genöthigt, auf seine dortigen Ausführungen in den folgenden Capiteln im Wesentlichen zurückzukommen, nachdem zu seinem lebhaften Bedauern das Plenum des höchsten Gerichtshofes grade auf diese wichtigste Seite der schwebenden Streitfrage einzugehen unterlassen hat. Wenn statt dessen in den Gründen des Plenarbeschlusses vom 6. Januar 1862 die Unrichtigkeit jener vom Ersten Senat des Königl. Ober-Tribunals seit einer Reihe von Jahren trotz wiederholter Vorstellungen des Ministeriums des Innern befolgten tief in die praktischen Lebensverhältnisse einschneidenden Theorie aus d e m Grunde nachgewiesen wird, weil der Inhalt der über das Armengesetz gepflogenen dem Königlichen Ober-Tribunal von dem Ministerium des Innern communicirten Verhandlungen des Staatsraths bei Abfassung der reprobirten Entscheidungen nicht die genügende Beachtung gefunden hatte, so ist es nicht des Verfassers Sache zu beurtheilen, wie weit durch eine eingehendere Berücksichtigung der Grundsätze der Verwaltungsbehörden Seitens des höchsten Gerichtshofes dem jahrelangen Conflikt hätte vorgebeugt werden können. Wenn aber den Gründen dieses Plenarbeschlusses (Entsch. Bd. 46. S. 1) die Bemerkung vorangeschickt wird, daß, obwohl

> über die Verpflichtung zur Armenpflege 2c. 2c. durch das zweite der unter dem 31. Dezember 1842 ergangenen Gesetze in umfassender Weise Vorsorge getroffen worden, dennoch die Streitigkeiten über diese Verpflichtung **häufig genug seien,**

so hält es der Verfasser um so mehr für seine Pflicht, als Beweis, in welcher Progression die Streitigkeiten auf diesem Gebiete der Rechtspflege durch eine einzige, zur Publicität gelangte abnorme Entscheidung vermehrt werden, daran zu erinnern, daß, wenn der höchste Gerichts-Hof seinerseits es mit den verhältnißmäßig nur sehr seltenen Streitfällen zu thun hat, in denen es sich um Objekte über 50 Thlr. handelt, die durch seine Entscheidungen hervorgerufenen Controversen in ganz derselben Art Anwendung finden, und von großen und kleinen Armen-Behörden pro et contra ausgenutzt werden, wo es sich um die Abwehr des elendesten Anspruchs auf Kurkostenerstattung 2c. von bisweilen noch keinem Thaler im Werthe handelt, und daß also durch den Federzug, der eine wirklich fehlerhafte Entscheidung auf diesem Gebiete der Rechtspflege vollzieht, gleichzeitig für den ganzen Umfang der Monarchie wie durch ein allgemeines Echo Streitfälle nicht zu Hunderten, sondern buchstäblich zu Tausenden hervorgerufen werden, von deren Existenz der höchste Gerichts-Hof freilich nichts erfährt.

Auch neuere Erfahrungen haben gezeigt, daß jene fehlerhaften Grundanschauungen über die Bedeutung des Armengesetzes, wenn schon sie in einem ihrer Auswüchse verstopft sind, sich gleichwohl in anderer Richtung, mit einer in gleichem Maaße anwachsenden Zahl von Streitfällen im Gefolge, Bahn zu brechen drohen.

Der Verfasser wird nicht müde werden, in- und außerhalb seines Berufs derartigen Irrthümern beharrlichst entgegenzutreten, und wenn er bei jenem früheren Versuch vorzugsweis bemüht gewesen ist, sich seiner eigenen Stellung als ehemaliger preußischer Richter und somit als ehemaliger Schüler dem höchsten Gerichts-Hof gegenüber zu erinnern, so wird ihm nach der Erfolglosigkeit seines damaligen Bemühens, die Aufmerksamkeit der Gerichts-Behörden auf die innere Natur der Streitfrage zu richten, nicht verargt werden können, wenn er in den folgenden Blättern vielleicht mehr als früher den Hauptzweck seiner Arbeit hat vorwalten lassen — den Zweck deutlich zu sein.

Erstes Buch.

Erstes Kapitel.

Es hat dem Verfasser nämlich neuerdings das Erkenntniß eines Königlichen Kreisgerichts in einer Streitsache zwischen zwei verschiedenen Armen-Verbänden vorgelegen, dessen materielle Entscheidung hier von keinem Belang ist, in dessen Gründen sich aber wörtlich folgende Ausführung findet:

„Nach §. 1 Nr. 2 des Gesetzes über die Armenpflege vom 31. Dezember 1842 (Ges.-Samml. de 1843 S. 8) und §. 8 des Gesetzes über die Aufnahme neuanziehender Personen von demselben Tage (Ges.-Samml. de 1843 S. 5) gehört zum Erwerb des Hülfsdomizils:

1. die polizeiliche Meldung zum Wohnsitz an einem bestimmten Ort;
2. das wirkliche Aufschlagen des Wohnsitzes an demselben, und um die Gemeinde dieses Orts zur Armenpflege zu verpflichten, muß der so begründete Unterstützungs-Wohnsitz des Neuanziehenden nach Art. I. des Gesetzes vom 21. Mai 1855 (Ges.-Samml. S. 311) vor Eintritt der Verarmung des Letzteren ein Jahr lang fortgesetzt worden sein."

Auch der Verfasser erkennt die unmittelbar aus dem Gesetz folgende Richtigkeit obiger Sätze bis dahin im Wesentlichen an, wo die Begründung des fälschlich so genannten Hülfs- oder Armendomizils d. h. also richtiger der vermögensrechtlichen Verpflichtung der Gemeinde aus §. 1 an die einjährige Fortsetzung des Wohnsitzes **„vor Eintritt der Verarmung"** geknüpft wird und hat gegen diesen bereits zu einer unglaublichen Verbreitung gelangten Irrthum Folgendes zu erinnern:

Das Ergänzungsgesetz vom 21. Mai 1855 kündigt sich in seiner Ueberschrift als Ergänzung zu dem Gesetz über die Verpflichtung zur Armenpflege und gleichzeitig zu dem Gesetz über die Aufnahme neu anziehender Personen vom 31. Dezember 1842 an. Diese für das Verständniß allemal ungünstige Vermischung wesentlich *materieller* Rechtsnormen und *polizeilicher* Vorschriften trifft nun grade in dem Artikel I. des erwähnten Gesetzes zusammen, in welchem

1. das *Entstehen der materiellen Fürsorgepflicht* im Sinne des §. 1 sub 2 des Armengesetzes nicht mehr wie früher (nach §. 3 l. c.) an die Ergreifung des Wohnsitzes und die hinzutretende Meldung,

sondern außerdem an die einjährige Fortsetzung dieses Wohnsitzes geknüpft wird, und worin

2. die Bestimmung des §. 5 des Aufnahmegesetzes dahin abgeändert wird, daß die polizeiliche Rückweisungs-Befugniß der Anzugsgemeinde nicht mehr von dem Eintritt der Hülfsbedürftigkeit im ersten Wohnungsjahre und dem Nachweise einer an dem früheren Wohnorte bereits eingetretenen Verarmung, sondern lediglich von dem Eintritt eines die öffentliche Unterstützung erheischenden Zustandes der Verarmung im ersten Wohnungsjahr abhängig gemacht wird.

Beide im Artikel I. des Ergänzungsgesetzes enthaltene Vorschriften stehen also an und für sich in keinem direkten Zusammenhange, insbesondere ist der Eintritt der Fürsorgepflicht objektiv nach thatsächlich fortgesetztem einjährigen Wohnsitz keineswegs von dem Nichteintritt der Verarmung abhängig gemacht. Macht also die Anzugsgemeinde von der polizeilichen Ausweisungsbefugniß innerhalb des ersten Wohnungsjahres im Fall des Eintritts der Verarmung keinen Gebrauch, so wird durch den bloßen Eintritt der Verarmung an sich oder gar einer blos vorübergehend nothwendig gewordenen Armenunterstützung die Begründung der Fürsorgeverpflichtung objektiv nicht ausgeschlossen. —

Die praktische Bedeutung und Wichtigkeit dieses Unterschiedes liegt auf der Hand. Denn, falls auch die Entstehung der Fürsorgeverpflichtung objektiv auf Seiten der Anzugsgemeinde durch den Eintritt der Verarmung innerhalb des ersten Wohnungsjahres ausgeschlossen werden sollte, so könnte die Anzugsgemeinde, auch, wenn sie von der Ausweisungsbefugniß innerhalb des ersten Wohnungsjahres nicht Gebrauch macht, die Fortsetzung des Wohnsitzes vielmehr länger als ein Jahr geduldet hat, sich auf diesen Einwand auch nach Jahren einer dritten Gemeinde gegenüber berufen, wodurch dann freilich die materiell rechtliche Bestimmung des §. 1 des Armengesetzes und die polizeiliche Bestimmung des §. 5 des Aufnahmegesetzes und die diesen Paragraphen erläuternde Bestimmung des Artikels I. des Ergänzungsgesetzes gleichmäßig illusorisch gemacht und nicht die Aufmerksamkeit und Pflichttreue der Orts-Polizei- resp. Communal-Behörde, sondern deren Fahr- und Nachlässigkeit bei Befolgung der ihnen nach §. 8 seq. des Aufnahmegesetzes ertheilten Vorschriften förmlich prämiirt werden würde.

Die Orts-Polizei- und resp. Communal-Behörde ist danach von Amtswegen verpflichtet, sich von den Verhältnissen jedes sich meldenden Neuanziehenden dergestalt Kenntniß zu verschaffen, daß dadurch die Gemeinde in den Stand gesetzt wird, von den ihr gegen den Anzug zustehenden Einwendungen (§. 1—6 des Aufnahmegesetzes) rechtzeitig Gebrauch zu machen, und ist die Befolgung dieser Vorschriften insbesondere wiederholt den Orts-Polizei-Behörden, unter Androhung von Ordnungsstrafen und unter ausdrücklicher Hinweisung auf ihre eventuelle Regreßverbindlichkeit der Anzugsgemeinde gegenüber, eingeschärft, da für Letztere lediglich die Thatsache der polizeilichen Meldung und des fortgesetzten Wohnsitzes das ausschließliche Kriterium für die Begründung ihrer communalen Armenpflicht im einzelnen Falle abgiebt.

Diese Grundsätze, gleichmäßig klar durch wiederholte Ministerial-Instruktionen z. B. vom 24. April 1856 (Minist. Bl. f. innere Verwalt. S. 123), sowie durch gleichlautende Entscheidungen des höchsten Gerichts-Hofes, Plenarbeschluß vom 1. November 1858 (Entscheid. Bd. 39. S. 1. ff.) ausgesprochen, würden anullirt werden, falls eine Vernachlässigung der Gemeinde- und Ortspolizei-Behörde gerade in dieser Beziehung für die Gemeinde mit dem Vortheil verbunden sein sollte, sich der Fürsorge für ein Individuum auf Kosten des früher verpflichteten Armen-Verbandes auch später entschlagen zu dürfen, nicht weil, sondern trotzdem sie bereits im ersten Wohnungsjahre Grund gehabt hätte, von ihrer Ausweisungsbefugniß Gebrauch zu machen.

Es ist dem Verfasser hierbei nicht unbekannt, daß eine Entscheidung des Königlichen Ober-Tribunals vom 21. April 1856 (Strieth. Arch. Bd. 21. S. 101.) [**Anl. A.**] zu einer ähnlichen Auffassung mehrfach Veranlassung gegeben hat. Inzwischen ergiebt eine nähere Vergleichung dieses Erkenntnisses, daß die darin ausgesprochene Ansicht zunächst nur dahin ging, es könne die auf Seiten einer Commune einmal bestandene Fürsorgeverpflichtung im Sinne des §. 4 des Armengesetzes durch dreijährige Abwesenheit nicht erlöschen, wenn innerhalb dieser dreijährigen Abwesenheitsperiode die Unterhaltung des betreffenden Individuums resp. seiner Angehörigen im Wege der öffentlichen Armenpflege nothwendig geworden.

Es handelte sich nämlich in jenem Fall um einen Streit zwischen dem Landarmen-Verbande der Kurmark wider den Ortsarmen-Verband der Stadt Mohrin darüber, ob die auf Seiten des Letzteren für die unverehelichte Henriette N. und deren Kind früher bestandene Fürsorge-Verpflichtung durch die dreijährige Abwesenheit der Henriette N. von Mohrin nach erreichter Großjährigkeit in der Zeit vom 26. Juli 1850 bis 1853 erloschen sei oder nicht, und heißt es hierüber an der bezüglichen Stelle der Entscheidungsgründe wörtlich:

Die Fürsorge für einen Armen hat nach §. 1 Nr. 3 diejenige Gemeinde, in welcher derselbe nach erlangter Großjährigkeit während der drei letzten Jahre vor dem Zeitpunkt, wo seine Hülfsbedürftigkeit hervortritt, seinen gewöhnlichen Aufenthalt gehabt hat, und sie erlischt nach §. 4, wenn der Verarmte nach erlangter Großjährigkeit seit drei Jahren aus der Gemeinde abwesend ist. In einem Falle, wie der vorliegende, wo die Hülfsbedürftigkeit vor Ablauf jener drei Abwesenheitsjahre eingetreten ist, soll sie nun nach der Meinung der Implorantin wieder erloschen sein, als die drei Abwesenheitsjahre abgelaufen waren. Dies ist aber weder aus §. 1 noch aus §. 4 zu beweisen. Die Pflegeverbindlichkeit, welche in einem gewissen Zeitraume eingetreten ist, bleibt fortbestehen, und wie der Appellationsrichter mit vollem Grunde annimmt, so lange, bis die Hülfsbedürftigkeit als Grund der Gemeindeverbindlichkeit selbst aufhört. Eine Erlöschung durch dreijährige Abwesenheit nach §. 4 ist nur dann anzuerkennen, wenn innerhalb jener drei Jahre noch keine Armenpflege eingetreten war, nicht aber in dem hier vorliegenden Fall, wo schon im Jahre 1851, also im Laufe der dreijährigen Zeit, die Hülfsbedürftigkeit, und mit ihr die Nothwendigkeit der Armenpflege sich herausgestellt hat.

Dieser Grundsatz, dessen Richtigkeit einstweilen dahin gestellt bleiben mag, schließt inzwischen an und für sich keineswegs die weitergehende Conclusion in sich, daß in einem solchen Falle auch der Uebergang der Fürsorgepflicht auf eine andere Gemeinde schlechthin ausgeschlossen sein soll, wenn die übrigen dazu erforderlichen Bedingungen z. B. einjähriger Wohnsitz und Meldung, dreijähriger Aufenthalt, Verheirathung, Legitimation, Adoption ꝛc. vorliegen.

Wenn man es auch, wie dem Verfasser sehr wohl bekannt ist, versucht hat, aus jener Entscheidung des Königlichen Ober=Tribunals in der That derartige irrige Consequenzen zu ziehen, und wenn man sich hierbei insbesondere da, wo es sich um den Uebergang der Fürsorgepflicht auf die neubezogene Gemeinde durch dreijährigen Aufenthalt im Sinne des §. 1 sub 3 des Armengesetzes handelt, auf den Wortlaut dieses Paragraphen berufen hat, so erscheint diese Berufung ebenso bei richtigem Verständniß desselben unhaltbar.

Derselbe lautet:

Die Fürsorge für einen Armen hat ꝛc. diejenige Gemeinde zu übernehmen, in welcher derselbe

1. ꝛc.
2. ꝛc.
3. nach erlangter Großjährigkeit während der letzten drei Jahre vor dem Zeitpunkte, wo seine Hülfsbedürftigkeit hervortritt, seinen gewöhnlichen Aufenthalt gehabt hat.

Die in diesem Paragraphen enthaltene Zeitbestimmung „vor dem Zeitpunkt, wo seine Hülfsbedürftigkeit hervortritt“ ist nun mehrfach zur Unterstützung jener irrthümlichen Ansicht mißverständlich benutzt worden, indem man daraus zu schließen versucht, daß, sobald einmal wegen eingetretener Hülfsbedürftigkeit die Fürsorgepflicht Seitens einer Commune habe ausgeübt werden müssen, auf keinen anderen Armen=Verband mehr der Uebergang dieser Verpflichtung zulässig sei, mit anderen Worten, daß in jener Zeitbestimmung gleichzeitig die Bedingung ausgesprochen sei, der Uebergang der Armenverpflichtung auf eine andere Gemeinde werde nur dann durch dreijährigen Aufenthalt nach erreichter Großjährigkeit begründet, wenn nicht bereits vorher die Nothwendigkeit der öffentlichen Unterstützung eingetreten gewesen.

Diese abweichende Interpretation hat zunächst den auffallenden Umstand wider sich, daß das Gesetz an jene angebliche Bedingung bloß den Uebergang der Fürsorgepflicht durch dreijährigen Aufenthalt stillschweigend geknüpft haben sollte, während nach dem klaren Buchstaben des Gesetzes dasselbe von einer solchen Bedingung für die übrigen im §. 1 sub 1 und 2, im §. 17, im §. 20, im §. 22 ausgesprochenen Titel zur Begründung der öffentlichen Armenverpflichtung offenbar Nichts kennt. Man müßte also aus dem speciellen Wortlaut des §. 1 sub 3 heraus, jene zusätzliche Zeitbestimmung als eine allgemeine Bedingung für jede Art des Uebergangs der öffentlichen Fürsorgepflicht von einer Gemeinde auf eine andere generalisiren, — eine Interpretationsweise, welche die widerspruchsvollste Unzulässigkeit an der Stirn trüge.

Abgesehen hiervon beruht aber auch diese ganze Theorie noch auf einem anderen in die Augen fallenden Irrthum. Es liegt derselben nämlich die Vorstellung zu Grunde, als wäre die Hülfsbedürftigkeit eine dem Menschen förmlich beiwohnende Eigenschaft und als sei dieselbe identisch mit einer auf persönlicher Arbeits- und Erwerbsunfähigkeit beruhenden Verarmung.

Der im §. 1 sub 3 des Armengesetzes gebrauchte Ausdruck „vor dem Zeitpunkte, wo seine Hülfsbedürftigkeit hervortritt“ bezeichnet aber nicht etwa den Zeitpunkt einer solchen auf physischer Erwerbsunfähigkeit beruhenden Verarmung, sondern er bezeichnet selbstredend nur den Zeitpunkt, wo zur Deckung eines thatsächlichen Nothstandes die öffentliche Fürsorge angerufen wird. Dieses Anrufen der öffentlichen Fürsorge, diese thatsächliche Noth ist aber kein fortdauernder ununterbrochener Zustand, sondern eine und zwar ganz positive Thatsache, welche in jedem Augenblick durch den faktischen Nichtbesitz des zum Leben Unentbehrlichsten neu eintritt und in jedem Augenblick durch die gewährte Abhülfe beseitigt wird, um vielleicht am nächsten Tage oder doch in der nächstfolgenden Zeit, vielleicht aber auch erst nach langer Zeit oder auch gar nicht, wieder hervorzutreten.

Die thatsächliche Hülfsbedürftigkeit in concreto kann zwar unter Umständen ihre Quelle, ihre Ursache in einer dauernden Erwerbs- und Arbeitsunfähigkeit des Individuums haben, sie ist aber mit derselben ebenso wenig identisch, wie überhaupt nicht die Wirkung mit der Ursache verwechselt werden darf.

Hülfsbedürftig können auch durch zufällige vorübergehende Umstände an und für sich erwerbsfähige Personen werden, während umgekehrt es völlig erwerbsunfähige Personen giebt, welche durchaus nicht im Sinn des Armengesetzes hülfsbedürftig sind.

Die §§. 1 seq. des Armengesetzes enthalten nichts anderes als die Vorschriften darüber, welche Gemeinde (Armen-Verband) im einzelnen Falle zur Unterstützung eines Individuums materiell näher verpflichtet sein soll, als diejenige Gemeinde, welche nach den polizeilichen Vorschriften der §§. 25 — 29 faktisch genöthigt gewesen ist, vorläufig einem Hülfesuchenden die augenblicklich nothwendige Unterstützung zu gewähren. Nur auf Antrag des letzteren Armen-Verbandes findet gemäß §. 34 des Armengesetzes gegen den nach den materiellen Bestimmungen §. 1 als zur Kostenerstattung und

eventuellen Abnahme der **F ü r s o r g e im casu concreto** verpflichteten Armen-Verband die resolutorische Entscheidung und der Rechtsweg statt.

Jene vorläufige faktische Hergabe der öffentlichen Armenunterstützung kann nun in der Gewährung der verschiedensten Emolumente: Obdach, Nahrung, Kleidung, Krankenpflege 2c. bestehen, sie kann verabfolgt werden in der verschiedensten Dosis und Form, sie kann ferner veranlaßt sein eben sowohl mit und ohne Schuld des Individuums, sie kann ihren Grund haben eben sowohl in einer dauernden, in der Person des Individuums liegenden Unfähigkeit für sich und die Seinigen den nöthigen Unterhalt 2c. zu beschaffen, sie kann aber ebenso gut ihren Grund haben in einem vorübergehenden, ohne den augenblicklichen Eintritt der öffentlichen Fürsorge jedoch nicht zu beseitigenden, die Existenz bedrohenden Nothstand. Auf alle diese Unterscheidungen nimmt und kann das Armengesetz keine Rücksicht nehmen, wenn es im Interesse der öffentlichen Sicherheit in den §§. 25—29 und §. 33 den Gemeinden zur Pflicht macht, **keinem** Hülfesuchenden, ohne ihm die zu seiner Existenz unbedingt erforderliche Fürsorge, aber niemals Mehr zu gewähren, von sich zu weisen und wenn es andererseits in den §§. 1 seq. diejenige Gemeinde bezeichnet, welcher in **einem solchen Fall** die materielle Erstattungspflicht resp. Abnahmeverpflichtung jener vorläufig faktisch unterstützenden Gemeinde gegenüber obliegen soll.

Zu welchen Widersprüchen aber jene Auffassung des Ausdrucks der Hülfsbedürftigkeit und die daran geknüpfte dem Armen-Gesetz völlig fremde also fingirte Schlußfolgerung, daß der Eintritt der Hülfsbedürftigkeit vor Beendigung einer dreijährigen Aufenthaltsperiode den Uebergang der Fürsorgepflicht von einem Armen-Verband auf den anderen generell ausschließen solle, führt, dafür mögen folgende Beispiele eine kleine Probe liefern:

Zunächst hat der höchste Gerichts-Hof in einem bisher nicht abgedruckten und deshalb als [**Anl. C.**] hier angeschlossenen Erkenntniß vom 30. Mai 1859, seine frühere Entscheidung vom 21. April 1856, wie folgt, declarirt.

In diesem neueren Prozesse handelte es sich um die Frage, ob für den Arbeiter Lenz, für welchen bis zum April 1853 unbestritten der Gemeinde Straußberg die materielle Fürsorgepflicht nach §. 20 des Armengesetzes oblag, welcher seit diesem Zeitpunkt aber Straußberg verlassen, sich nach Berlin begeben und hier im Jahre 1857 die öffentliche Fürsorge angerufen hatte, die Commune Straußberg oder die Commune Berlin zu sorgen habe. Die Gemeinde Berlin behauptete, daß trotz der dreijährigen Abwesenheit von Straußberg das Erlöschen der Fürsorgepflicht des dortigen Armen-Verbandes und trotz des mehr als dreijährigen Aufenthalts in Berlin der Uebergang der Fürsorgepflicht auf die Gemeinde Berlin dadurch ausgeschlossen sei, daß bereits im Jahre 1854 in einem Erkrankungsfalle die Gewährung von Armen-Unterstützungen an den 2c. Lenz in Form der Verabfolgung von Arzneimitteln zum Betrage von 14 Sgr. 5 Pf. nothwendig geworden war.

Der I. Senat des Königlichen Ober-Tribunals weist diese mit Berufung auf sein obiges Erkenntniß vom 21. April 1856 von der Armen-Direction zu Berlin aufgestellte Behauptung mit dem Hinweise zurück,

daß in jenem früheren Fall von einer solchen ausschließenden Wirkung nur bei einer nicht vorübergehenden, sondern permanenten Hülfsbedürftigkeit die Rede gewesen sei, während in dem vorliegenden Fall die dem Arbeiter Lenz verabfolgte Medizin, weil derselbe dadurch wieder in den Zustand der Gesundheit und Selbsternährungsfähigkeit versetzt worden, als gar keine eigentliche Armenpflege zu erachten sei.

Es dürfte hier zunächst wohl die Frage gestattet sein, was die Verabfolgung von Arznei im Betrage von 14 Sgr. 5 Pf. an einen derselben Bedürftigen, etwa sonst sein sollte, wenn keine „eigentliche Armenpflege", und weshalb Jemand, der in einem Krankheitsfall in die Lage geräth, wegen Verabfolgung von Arzneimitteln die öffentliche Fürsorge anzurufen, weniger „hülfsbedürftig" im Sinne des Armengesetzes sein soll, als derjenige, welcher des Obdachs, der Nahrung, der Kleidung entbehrt?

Kritischer noch dürfte die Lage des höchsten Gerichtshofes dieser Frage gegenüber werden, wenn mit jenem Erkenntniß vom 30. Mai 1859 ein anderes, dieselbe Controverse betreffendes, vom 28. Juni 1861 desselben Senats (Strieth. Arch. Bd. 42. S. 219.) [**Anl. D.**] verglichen wird. In demselben wird es

als **vorherrschender Grundsatz** des Gesetzes §. 1 sub 3 hingestellt, daß die Fürsorge von demjenigen Armen-Verbande zu übernehmen ist, in welchem die Hülfsbedürftigkeit hervorgetreten ist und daß von eben diesem Armen-Verbande auch mit der Fürsorge so lange fortzufahren ist, bis die Hülfsbedürftigkeit selbst ihr Ende erreicht hat.

Deshalb wird der sonst nach §§. 17 und 22 des Armengesetzes durch die Verheirathung der unverehelichten Siebert mit einem in Berlin wohnhaften Ehemann begründete Uebergang der Fürsorgepflicht für ihr vor der Ehe geborenes Kind von dem bis dahin für die Siebert fürsorgepflichtigen Armen-Verbande von Frankfurt a. O. auf den Armen-Verband von Berlin lediglich aus dem Grunde für ausgeschlossen erachtet, weil vor der Verheirathung dem Kinde einmal Bekleidungsstücke im Betrage von 1 Rthlr. 3 Sgr. 6 Pf. haben gewährt werden müssen, welche die Commune Frankfurt a. O. ihrer damals bestandenen Verpflichtung gemäß, der Commune Berlin zu erstatten hatte. Ausgeführt wird hierbei wörtlich:

„Indeß bei der vorliegenden Frage kann es nichts entscheiden, daß nur eine der verschiedenen Unterstützungsarten vor Eingehung der Ehe gewährt und von geringem Betrage gewesen ist."

Genügt also in dem einen Falle eine Aufwendung von 1 Thlr. 3 Sgr. 6 Pf. für Bekleidung vor dem Eintritt derjenigen Bedingung, an die der Uebergang der Fürsorgepflicht für die unverehelichte Siebert von einem Armen-Verband an den anderen geknüpft ist, um diesen Uebergang „nach dem vorherrschenden Grundsatz des §. 1 sub 3" für ihr Kind auszuschließen, und kommt es bei Anwendung „dieses vorherrschenden Grundsatzes" nicht darauf an, daß nur eine der verschiedenen Unterstützungsarten gewährt und von geringem Betrage gewesen ist —

weshalb will der höchste Gerichtshof denn „diesen vorherrschenden Grundsatz“ nicht in dem andern Falle gelten lassen, wo dem Arbeiter Lenz zwar nicht für 1 Thlr. 3 Sgr. 6 Pf. Bekleidungsstücke, doch aber für 14 Sgr. 5 Pf. Arznei während seines 3jährigen Aufenthalts in Berlin verabfolgt sind? Sollte diese Frage nicht vielleicht Veranlassnng geben, überhaupt die „Vorherrschaft“ dieses Grundsatzes etwas in Frage zu ziehen?

Bemerkenswerth ist es hierbei, daß der hohe Gerichtshof jene Theorie nur als „den vorherrschenden Grundsatz“ des §. 1 sub 3 bezeichnet, und also stillschweigend damit wohl zugiebt, daß wenigstens für den Fall des §. 1 sub 2 resp. Artikel I. des Ergänzungsgesetzes von einer solchen Bedingung des Nichteintritts früherer Armen-Unterstützungen für den Uebergang der Fürsorgepflicht auf den neuern Wohnort an und für sich keine Rede sein kann. Soll also für die in derselben unmittelbaren Satzverbindung mit dem §. 1 sub 3 stehenden Titel zur Begründung der materiellen Fürsorgepflicht jener vermeintliche Grundsatz des §. 1 sub 3 nicht einmal als der „vorherrschende“ angesehen werden, wie will man denn eine solche „Vorherrschaft“ auf den Fall des §. 22, des §. 20 resp. des §. 17 ausdehnen, wonach das uneheliche Kind, das eheliche, das adoptirte, das legitimirte Kind, die Ehefrau dem durch den Wohnsitz oder Aufenthalt ihrer Mutter, ihres Vaters, ihres Ehemannes begründeten Verhältniß folgen, ohne daß das Gesetz diese Gleichmäßigkeit der Verpflichtung für Mutter und Kind, Vater und Kind, Ehemann und Ehefrau davon abhängig macht, daß für die Ehefrau resp. die Kinder nicht etwa bereits früher eine Armenunterstützung nothwendig geworden. Worin soll also jener „vorherrschende Grundsatz“ des §. 1 sub 3 für die Fälle der §§. 17, 20, 22 denn eigentlich bestehen?

Die unmittelbaren Folgen derartiger Entscheidungen für die alltäglich sich wiederholenden Fälle und die daran sich knüpfenden socialen Verhältnisse zu schildern, glaubt sich der Verfasser ersparen zu können, wenn er auf die Theorie hinweist, zu welcher neuerdings ein gleichfalls sehr hoher Gerichtshof unter Berufung auf jenes Epoche machende Erkenntniß des Königlichen Ober-Tribunals vom 21. April 1856 gelangt ist.

Eine Wittwe besitzt ein vor ihrer Ehe geborenes uneheliches und zwei eheliche Kinder, für sie und dieselben ist, nachdem sie sich von Neuem verheirathet, die Fürsorgeverpflichtung streitig geworden. Der Richter constatirt, daß die Gemeinde K., in welcher die Wittwe mit ihrem früheren Ehemann nur wenige Monate gewohnt hatte, Erstattung der für sie aufgewendeten Armen-Unterstützungen von dem benachbarten bis zum Umzuge des Verstorbenen nach K. für ihn unbestritten fürsorgepflichtigen gutsherrlichen Armen-Verband von M. erhalten und gleichwohl das fernere Verbleiben der Ehefrau und der drei Kinder geduldet habe. Später verheirathet sich die Wittwe wieder mit einem in K. seit Jahren wohnhaften Ehemann und nunmehr entscheidet der Richter, daß durch den Act der Wiederverheirathung

1. für die Wittwe zwar die Fürsorgepflicht auf den Armen-Verband von K. nach §. 17 des Armengesetzes unbedingt übergegangen, daß

2. diesem Verhältniß auch ihr uneheliches, bisher nach §§. 22 und 17 der Fürsorgepflicht jenes gutsherrlichen Armen-Verbandes zur Last gefallene Kind folge, daß

3. dasselbe auch nach §. 21 des Armengesetzes mit den aus der früheren Ehe geborenen ehelichen Kindern an und für sich, so weit sie dem Verhältniß ihrer Mutter auch nach deren Wiederverheirathung folgen, der Fall sein würde, daß aber für sie ein solcher Uebergang der Fürsorgepflicht auf den Armen-Verband von K. wegen der dieser Familie früher gewährten und von dem gutsherrlichen Armen-Verbande von M. erstatteten Armen-Unterstützungen nach dem Erkenntniß des Königlichen Ober-Tribunals vom 21. April 1856 ausgeschlossen sei.

Es wird also anerkannt, daß, nach der Wiederverheirathung der Wittwe,

a. dieselbe für ihre Person zwar dem Verhältniß ihres zweiten Ehemannes folgt, und daß auf einen derartigen Uebergang der Fürsorgepflicht die vorher eingetretene Hülfsbedürftigkeit ohne Einfluß ist.

b. Dagegen soll für den Uebergang der Fürsorgepflicht für die ehelichen Kinder auf den Armen-Verband von K. jene Thatsache die entgegengesetzte d. h. diesen Uebergang ausschließende Wirkung haben, während endlich

c. für das mit diesen Kindern bis dahin in ganz gleicher Lage gewesene d. h. der Fürsorgepflicht des Armen-Verbandes von M. zur Last gefallene uneheliche Kind hinwiederum jene Thatsache ohne allen Einfluß sein, und den Uebergang der Fürsorgepflicht auf den Armen-Verband von K. nicht ausschließen soll.

Die Consequenz dieser vom Verfasser authentisch nachzuweisenden Entscheidung zu vertreten, mag dem Richter, der sie gefaßt, überlassen bleiben.

Auf jeden Fall wird der höchste Gerichtshof durch diesen Prozeß Gelegenheit erhalten, sich über die interessante Frage auszusprechen:

wie weit die Herrschaft des aus dem §. 1 sub 3 hergeleiteten „vorherrschenden Grundsatzes" ausgedehnt werden soll,

ob also auch insbesondere auf den Uebergang der Fürsorgepflicht zufolge §. 17 für die Ehefrau selbst, und ob trotz des Wortlauts dieses Paragraphen beide Ehegatten getrennt, d. h. factisch die Ehe aufgelöst werden soll, wenn der Ehefrau vor der Verheirathung, an ihrem frühern Wohnort, wenn auch nicht gerade für 14 Sgr. 5 Pf. Medizin, so doch für 1 Thlr. 3 Sgr. 6 Pf. Bekleidungsstücke verabfolgt werden mußten.

Sollte sich der höchste Gerichtshof diesem Dilemma dadurch zu entziehen versuchen, daß er vielleicht im nächsten Falle, was ja nicht unmöglich, wiederum den Grundsatz des Erkenntnisses vom 28. Juni 1861 aufgeben und sich wieder auf das Erforderniß der von ihm sogenannten „permanenten" Hülfsbedürftigkeit berufen, und also die Entscheidung der streitigen Frage davon abhängig machen wollte, ob der Eintritt der Hülfsbedürftigkeit ein permanenter gewesen, so haben wir zunächst darauf zu erwiedern, daß es bekanntlich nach §. 33 des Armengesetzes nicht darauf ankommt, ob eine Armenunterstützung einem Hülfsbedürftigen permanent, d. h. also in wie langen Zeitabschnitten resp. nach wie langen Unterbrechungen sie gewährt worden ist, sondern ob dieselbe permanent hat gewährt werden müssen, mit anderen Worten, auf die Frage, ob, d. h. also auch wie oft, die öffentliche Unterstützung nothwendig gewesen ist. Wenn also ein Prozeß-Richter erster oder zweiter Instanz diese Frage in den Kreis seiner Erörterungen hineinzieht, sie in einem Fall bejaht, sie im andern verneint — und hierzu würde er allerdings bei Aufrechthaltung jenes vom Verfasser angefochtenen Grundsatzes genöthigt sein — so macht er sich einer Nichtigkeit nicht nur gegen die uns aus der Einleitung (vergl. oben S. 2) bekannten Grundsätze: sub 1, 2, 3, 4 des Plenarbeschlusses vom 21. Februar 1853 (Entsch. Bd. 24. S. 253) schuldig, sondern auch gegen die vom ersten Senat selbst proclamirten Grundsätze:

„die Eigenschaft als Armer ist lediglich im Verwaltungswege festzustellen, (Erk. v. 21. April 1856. Strieth. Arch. Bd. 21 S. 102)

und ferner:

„denn über die Frage, ob Jemand arm und für sich oder die Seinigen der öffentlichen Fürsorge ganz oder theilweise bedürftig sei, hat der Richter gar nicht zu entscheiden. Sie ist schon im §. 33 des Armenpflegegesetzes den Verwaltungs-Behörden zur Entscheidung überwiesen." (Erk. v. 24. Februar 1860. Strieth. Arch. Bd. 36. S. 280.)

Abgesehen hiervon aber, was versteht denn nun der Erste Senat des Königlichen Ober-Tribunals unter dem Ausdruck **„permanente continuirliche Hülfsbedürftigkeit"**, wenn dieselbe nach den in dem Plenarbeschluß vom 21. Februar 1853 mitgetheilten Materialien des Armengesetzes überhaupt nur da anerkannt werden darf, wo es sich um

„das äußerste Bedürfniß,"
„das Umkommen im Elende,"
„das Vermeiden jedes Aeußersten,"

d. h. also um die augenblicklich nothwendige Sicherung der Existenz handelt?

Für das Armengesetz also kommt es immer nur darauf an, was der heutige Tag zum nothwendigen Unterhalt eines Menschen nöthig macht und auf die daran sich knüpfende weitere Frage, welcher Armen-Verband nach den materiellen Bestimmungen des Armengesetzes zur Gewährung der heutigen Unterstützung näher verpflichtet sein soll, als derjenige Armen-Verband, welcher wegen Gefahr aus dem Verzuge die öffentliche Armenpflege ohne gesetzlich materielle Verpflichtung nach den polizeilichen Vorschriften des Armengesetzes einstweilen hat gewähren müssen. Für die Frage des heutigen Bedürfnisses und für die

Frage der heutigen Verpflichtung ist es daher vollkommen einflußlos, ob gestern ein anderes Bedürfniß, eine andere Verpflichtung bestanden hat.

Wenn also der Erste Senat in dem Erkenntniß von 21. April 1856 [**Anl. A.**] wörtlich sagt:

„Die Pflegeverbindlichkeit, welche in einem gewissen Zeitraum eingetreten ist, bleibt fortbestehen so lange, bis die Hülfsbedürftigkeit als Grund der Gemeindeverbindlichkeit selbst aufhört. Eine Erlöschung durch dreijährige Abwesenheit nach §. 4 ist nur dann anzuerkennen, wenn innerhalb jener drei Jahre noch keine Armenpflege eingetreten war, nicht aber in dem hier vorliegenden Fall, wo schon im Jahre 1851, also im Laufe der dreijährigen Zeit, die Hülfsbedürftigkeit und mit ihr die Nothwendigkeit der Armenpflege sich herausgestellt hat,"

so ist nach allen Regeln der Logik hiermit also nichts anderes gesagt, als daß die Pflegeverbindlichkeit in dem Augenblick ein Ende erreicht haben würde, wo der Hülfsbedürftigkeit durch die Gewährung der öffentlichen Armenpflege abgeholfen wäre, denn mit dieser Abhülfe hat ja dieselbe eben aufgehört; und wenn ferner der Erste Senat in dem Erkenntniß vom 28. Juni 1861 [**Anl. D.**] wörtlich sagt:

„Es ist aber der vorherrschende Grundsatz des Gesetzes §. 1 sub 3, daß die Fürsorge von demjenigen Armen-Verbande zu übernehmen ist, in welchem die Hülfsbedürftigkeit hervorgetreten und daß von eben diesem Armen-Verbande auch mit der Fürsorge so lange fortzufahren ist, bis die Hülfsbedürftigkeit selbst ihr Ende erreicht hat."

ꝛc. ꝛc.

„Bei der vorliegenden Frage kann es nichts entscheiden, daß nur eine der verschiedenen Unterstützungsarten vor Eingehung der Ehe gewährt und von geringem Betrage gewesen ist. Es genügt, daß zwei Tage vor Eingehung der Ehe die Hülfsbedürftigkeit der Mutter und ihres Kindes vom Verklagten anerkannt und wirklich Hülfe (durch Verabfolgung von Kleidungsstücken im Betrage von 1 Thlr. 3 Sgr. 6 Pf.) gewährt worden ist"

so dürfte hierbei ebenfalls nur Eines übersehen sein, daß nämlich die Hülfsbedürftigkeit, die zwei Tage vor der Ehe wegen Mangels an den nothwendigen Kleidungsstücken für das Kind der unverehelichten Siebert eintrat, und welcher an diesem Tage abgeholfen werden mußte und abgeholfen worden **ist**, eben in dem Augenblick der Abhülfe aufhörte und also bereits am Tage vor Eingehung der Ehe nicht mehr bestand, und daß also nach dem eben ausgesprochenen Grundsatz des Ersten Senats die Pflegeverbindlichkeit des bis dahin für die unverehelichte Siebert resp. ihr Kind fürsorgepflichtigen Armen-Verbandes nicht nur nicht über den Zeitpunkt der Eheschließung hinaus fortgedauert, sondern umgekehrt bereits mit dem zweiten Tage vor der Verheirathung selbst aufgehört haben müßte. Es würde also strictissime in dieser Zwischenzeit überhaupt an einem pflegeschuldigen Ortsarmen-Verbande für das Kind der Siebert gefehlt haben.

Wenn nun aber der höchste Gerichtshof in dem den Arbeiter Lenz betreffenden Streitfall dem Appellationsrichter, welcher das durch Erkrankung des Lenz eingetretene Arzneibedürfniß

im Sinne des Armengesetzes vom 31. December 1842 nicht für eine im Laufe der drei Abwesenheitsjahre hervorgetretene Hülfsbedürftigkeit erachtete, weil die Gewährung von 14 Sgr. 5 Pf. an den Erkrankten nur einen vorübergehenden — nicht aber den Zustand einer fortwährenden Hülfsbedürftigkeit betroffen habe,

mit folgenden Worten beipflichtet:

„Nach den allegirten Gesetzen (§§. 1 u. 4 des Armengesetzes) würde nun die Hülfsbedürftigkeit allerdings für eine schon im Laufe der ersten drei Abwesenheitsjahre eingetretene zu erachten sein, wenn vom October 1854 ab eine **permanente** Fürsorge für den Lenz nothwendig geworden wäre. Dasselbe ist aber nicht anzunehmen, wenn die **geringe** Unterstützung mit 14 Sgr. 5 Pf. für Arzneien in einer Krankheit verabreicht und **vom Oktober 1854 bis zum Januar** 1857 ein Zeitraum von mehr als zwei Jahren verflossen ist, in welchem weder von Lenz noch von der Verwaltungsbehörde eine Fürsorge beansprucht ist. **Es ist richtig, daß im §. 1 Nr. 3 nicht zwischen vorübergehender und fortdauernder Hülfsbedürftigkeit unterschieden wird.** Daraus folgt aber nicht, daß dem fortwährend, vielleicht auf Lebenszeit zu Unterstützenden Derjenige gleichzustellen sei, für welchen einmal Arznei bezahlt und welcher dadurch wieder in den Zustand der Gesundheit und der Selbsternährungsfähigkeit zurückversetzt wird"

so wird hierbei also scheinbar auf 2 Momente Gewicht gelegt:

a. auf den geringen Betrag resp. die Form der gewährten Fürsorge;
b. auf die von dem einen bis zum andern Unterstützungsfall verflossene Zeitdauer.

Sollte der Erste Senat in der That auf die Form und den Betrag der gewährten Unterstützungen Gewicht legen, so fragen wir weiter:

weßhalb „dem fortwährend vielleicht auf Lebenszeit zu Unterstützenden" derjenige gleichstehen soll, der zur Gemeinde sagt: „gieb mir für 1 Thlr. 3 Sgr. 6 Pf. Kleider, denn mich friert," nicht aber derjenige, der zur Gemeinde sagt: „gieb mir für 14 Sgr. 5 Pf. Arznei, denn ich bin krank,"

während doch der Nothruf für beide Fälle derselbe ist, nämlich: „ich bin augenblicklich außer Stande, mir die zu meiner Existenz unbedingt und deshalb heut nothwendigen Kleider, Arznei selbst zu verschaffen."

Sollte der Erste Senat dagegen auf die von einem bis zum andern Unterstützungsfall verflossene längere oder kürzere Zeitdauer Gewicht legen, d. h. also auf den Umstand, daß dem Arbeiter Lenz die Arznei im Jahre 1854 gewährt worden ist, während erst im Jahre 1857 der den Rechtsstreit veranlassende Unterstützungfall eingetreten, wie lange Zeit muß denn nach der Ansicht des höchsten Gerichtshofes zwischen dem einen und dem andern Unterstützungsfall verflossen sein, um behaupten zu können, die heut durch Gewährung von Arznei oder Kleidern **beseitigte** Hülfsbedürftigkeit werde übermorgen, nach 6 Wochen, nach 6 Monaten oder nach einem Jahr noch

fortbestehen, oder sie habe am Schluß des Jahres in Intervallen von so und soviel Tagen, Wochen, Monaten als eine und dieselbe **fortbestanden?**

Der Umstand, daß die Communen, welche die Armenpflege zu gewähren haben, ihrerseits Anstalten errichten und Einrichtungen treffen, um da, wo sich nach vernünftigem Ermessen vorhersehen läßt, daß das heut eingetretene Bedürfniß morgen von Neuem da sein wird, die Unterbringung eines Individuums in continuo zu ermöglichen, um ihrerseits nicht an jedem Tage von Neuem genöthigt zu sein für Obdach, Lagerstätte, Kleidung, Nahrung 2c. sorgen zu müssen, verleiht zwar der Form der Abhülfe unter Umständen einen gewissen Charakter der Permanenz, nimmermehr aber dem Tagesbedürfniß auf Seiten des Armen und gerade die scheinbar permanenteste Form der Armenpflege, nämlich die durch Krankheitsfall hervorgerufene Noth, welche es heute, morgen, übermorgen und so fort vielleicht Wochen und Monate lang bis zur Wiederherstellung erheischt, daß dem Kranken täglich die nöthige Wartung, Pflege, Arznei 2c. gewährt wird, hat, wie wir eben gesehen haben, gerade in den Augen des höchsten Gerichtshofes am Allerwenigsten den Charakter einer permanenten Hülfsbedürftigkeit, und wird selbstredend auch von den Verwaltungsbehörden nicht als Symptom einer auf dauernde Erwerbsunfähigkeit beruhenden permanenten Verarmung, sondern gerade als Symptom eines vorübergehenden Nothstandes angesehen. Umgekehrt kann da, wo wirklich durch dauernd unausreichende Arbeits- und Erwerbsfähigkeit eine Familie an den Bettelstab geräth, es der Gemeinde nicht verwehrt werden, je nachdem es ihr Interesse erheischt oder ihre Verwaltung es gestattet, auch für solche Familien die Armenunterstützungen in Form vereinzelter täglich oder von Zeit zu Zeit, je nach dem vorkommenden Bedürfniß zu verabreichender Spenden von Naturalien 2c. zu gewähren.

In den seltensten Fällen besteht nämlich, worauf auch in den ursprünglichen Motiven des Gesetzes aufmerksam gemacht wurde, die Unterstützung der Armen in einer vollständigen Ernährung, sondern in einem Beitrage, in einer Gewährung der Differenz zwischen dem dringendsten Lebensbedarf und dem, nach den zur Selbsternährung nicht hinreichenden Kräften, doch noch möglichen Erwerbe.

Wie oft soll nun für zwei verschiedene Personen innerhalb des Zeitraums von 3 Jahren oder gar über denselben hinaus Holz, Kleidung, Suppe, baar Geld, Obdach 2c. von der Gemeinde gewährt und auf wie lange Zeit hinaus soll die nach der Bestimmung der Communalbehörden bemessene Portion in jedem vereinzelten Falle ausgereicht haben, um hiernach bestimmen zu können, daß die Eine jener Personen innerhalb jener 3 Jahre „permanent", „continuirlich" hülfsbedürftig geworden, die Andere aber nicht?

Aus diesem Dilemma giebt es dann freilich nur einen Ausweg: der Appellationsrichter erachtet das für den 2c. Lenz eingetretene Bedürfniß der Arznei, weil es nur einen vorübergehenden, nicht aber den Zustand einer fortwährenden Hülfsbedürftigkeit betroffen habe, überhaupt als „keine in dem dreijährigen Zeitraume eingetretene Hülfsbedürftigkeit", und ebenso glaubt der höchste Gerichtshof die von der Armen-Direction zu Berlin hiergegen versuchte Berufung auf das Erkenntniß vom 21. April 1856 (Henriette R. aus Mohrin) seinerseits mit dem Hinweise zu beseitigen, daß im vorliegenden Falle für den Arbeiter Leuz keine **continuirliche** Unterstützung nothwendig geworden und deshalb

in den drei ersten Abwesenheitsjahren eine eigentliche Armenpflege noch gar nicht vorgekommen sei.

Wenn der Erste Senat also in Uebereinstimmung mit dem Appellationsrichter von einem Eintritt „der Hülfsbedürftigkeit, der eigentlichen Armenpflege" überall da nichts wissen will, wo Jemand durch die ihm gewährte „geringe Unterstützung"

„wieder in den Zustand der Gesundheit und der Selbsternährungsfähigkeit zurückversetzt worden ist,"

so heißt dies also beispielweise zur Commune Berlin sagen,

sie solle die von ihr verauslagten und ausweislich des veröffentlichten Verwaltungs-Berichts des Magistrats z. B.

pro 1861 mit 20,634 Thlr. 4 Sgr. 6 Pf.
pro 1862 „ 27,864 „ — „ 6 „

u. s. w. bereits wieder eingezogenen Kurkosten für fremde kranke Arme, an die betreffenden Verbände zurückzahlen. Denn durch die Aufwendung „dieser geringen **Unterstützungen**" sind ja die betreffenden Personen wieder „in den Zustand der Gesundheit und Selbsternährungsfähigkeit" versetzt worden, es würde also hier überall „eine eigentliche Armenpflege" gar nicht vorgekommen, und die Einziehung dieser Kosten auf Grund des Armengesetzes nur in debite erfolgt sein.

Sollte diese unmittelbare Consequenz ihrer eigenen Worte vielleicht zu der Erwägung führen, daß der Appellationsrichter wie der höchste Gerichts-Hof bei ihrer ganzen Theorie „von der permanenten oder continuirlichen Hülfsbedürftigkeit" in der That etwas völlig Verschiedenes von Demjenigen im Auge gehabt haben, als wovon sie den Worten nach sprechen, nämlich einen Zustand wirklicher qualitativer Verarmung d. h. die dauernde physische Arbeits- und Erwerbs**unfähigkeit** als die **in einzelnen Fällen** der wirklichen Hülfsbedürftigkeit, dem thatsächlichen Mangel **zu Grunde liegende,** dieselbe erzeugende **Ursache?**

Wir glauben für diese unsere Behauptung keinen besseren Beweis liefern zu können, als wenn wir auf den Fall der Henriette R. aus Mohrin (Erkenntniß vom 21. April 1856) [**Anl. A.**] zurückgehen, in welchem, wie wir gesehen haben, nach der Ansicht des Ersten Senats wirklich eine continuirliche Hülsbedürftigkeit eingetreten sein sollte.

In diesem Falle hatte die unverehelichte Henriette R. aus Mohrin ihr unehe liches Kind an einem dritten Orte, in Wriezen a. O. in Pflege gegeben, sie war mit den verabredeten Pflegegeldern in Rückstand geblieben und die Gemeinde Mohrin, welche ihre damals bestehende Fürsorgeverpflichtung für die Henriette R. resp. deren Kind nicht bestritt, gewährte, so lange sie selbst sich verpflichtet hielt, die für das Kind in Wriezen nothwendig werdenden Alimente. Als die Gemeinde Mohrin diese Verpflichtung durch die seit erreichter Großjährigkeit der Henriette R. stattgehabte dreijährige Abwesenheit derselben nach §. 4 des Armengesetzes als erloschen annahm und die ferneren Zahlungen einstellte, gerieth die Commune Wriezen ihrerseits in die Lage für besagtes Kind die vorläufige Armenpflege seit dem 1. August 1853 eintreten zu lassen, und verlangte, da die Henriette R. seither an verschiedenen Orten (an keinem jedoch drei Jahre lang) in dienenden Verhältnissen sich aufgehalten hatte, die Abnahme der Fürsorge und Kostenerstattung von dem Land-Armen-Verbande der Kurmark.

In dem in dieser Angelegenheit ergangenen Regierungs-Resolut wird nun historisch erwähnt „bei der Mittellosigkeit" der unverehelichten R. habe die Gemeinde Mohrin ursprünglich die Zahlung der Alimente übernommen. In dem ganzen übrigen Theil des Resoluts wird die gar nicht streitig gewordene Frage, ob seit dem 1. August 1853 ein Bedürfniß der Armenpflege für das Kind der unverehelichten R. wirklich obgewaltet habe, und ob dies namentlich wegen vorübergehender oder continuirlicher Hülfsbedürftigkeit der Mutter des Kindes der Fall gewesen, mit keiner Silbe erwähnt.

Erst als später der Landarmen-Verband der Kurmark, der durch jenes Resolut auf Antrag der Gemeinde Wriezen zur Abnahme der Fürsorge für das Kind resp. zur Kostenerstattung seit dem 1. August 1853 verurtheilt worden war, seinerseits in einem neuen Streitverfahren den Armen-Verband von Mohrin in Anspruch nahm, weil dessen Pflegeverbindlichkeit wegen des bereits im Lauf der dreijährigen Abwesenheitsperiode erfolgten Eintritts der Armenpflege für das Kind der Henriette R. noch nicht erloschen sei, berief sich die Commune Mohrin darauf, daß die Armuth der an sich arbeitsfähigen Henriette R. gar nicht constatirt sei.

Diesen Einwand lehnt nun der höchste Gerichtshof in seinem oben bereits erwähnten Erkenntniß vom 21. April 1856 mit dem Bemerken ab, daß die Eigenschaft als Armer lediglich im Verwaltungswege festzustellen sei, und daß dieselbe für den vorliegenden Fall auch durch das zwischen der Gemeinde Wriezen und dem Land-Armen-Verbande ergangene Regierungs-Resolut und zwar

„**dem §. 4 des Heimathgesetzes** zufolge"

festgestellt worden sei.

Eine Vergleichung des zu diesem Behuf unten als **Anl. B** abgedruckten Regierungs-Resoluts mag ergeben, **ob darin des §. 4 des von dem höchsten Gerichtshof als Heimathsgesetz titulirten Gesetzes über die Aufnahme neuanziehender Personen auch nur an einer einzigen Stelle Erwähnung geschehen ist.** Wir bitten aber ferner diesen §. 4 seinem Wortlaute nach zu betrachten.

Er lautet:

„Denjenigen, welche weder hinreichendes **Vermögen noch Kräfte** besitzen, sich und ihren nicht arbeitsfähigen Angehörigen den nothdürftigen Lebensunterhalt zu verschaffen, solchen auch nicht von einem zu ihrer Ernährung verpflichteten Verwandten zu erwarten haben, kann der Aufenthalt an einem andern Orte, als dem ihres bisherigen Aufenthalts verweigert werden."

Weil also nach dem Gesetz über die Aufnahme neuanziehender Personen, denjenigen, welche weder hinreichendes Vermögen, noch Kräfte besitzen, sich und ihren nicht arbeitsfähigen Angehörigen den nothdürftigen Lebensunterhalt zu verschaffen, der Aufenthalt an einem Orte von der betreffenden Gemeinde verweigert werden kann, darum soll diese Bestimmung auch dergestalt maaßgeblich für das Armengesetz sein, daß die Regierung bei Abfassung jenes Resoluts die von ihr allerdings ex officio zu prüfende Frage, ob, nachdem die Gemeinde Mohrin ihre Zahlungen eingestellt hatte, seit dem 1. August 1853 die vorläufige Gewährung der Pflegegelder für das von seiner Mutter im Stich gelassene Kind von Seiten der Gemeinde Wrietzen im Sinne des §. 33 des Armengesetzes nothwendig geworden, gar nicht anders hat feststellen können als zufolge jenes §. 4 eines ganz anderen Gesetzes!

Dies war aber die alleinige Frage, welche die Regierung damals zu beantworten hatte und nach dem Tenor des Resoluts auch nur beantwortet hat. Von einer Ausweisung, von einer Verweigerung des Aufenthalts im Sinne des Aufnahmegesetzes ist weder im Resolut noch bei dem ganzen Sachverhalt die Rede gewesen.

Selbst die in dem Resolut sich findende historische Erwähnung, daß bereits vor dem Ausbruch des Streits der Commune Wrietzen wider den Landarmen-Verband die Gemeinde Mohrin „bei der Mittellosigkeit" der unverehelichten R. sich eine Zeitlang zur Hergabe der Pflegegelder verstanden habe, dürfte als schlagender Beweis dafür anzusehen sein, daß an jenen §. 4 des Aufnahmegesetzes Seitens der resolvirenden Regierung auch nicht im Entferntesten gedacht ist, da die „Mittellosigkeit" wohl den Mangel des **hinreichenden Vermögens**, noch lange aber nicht den Mangel an den erforderlichen **Kräften** bekundet, sich und den Seinigen den nöthigen Unterhalt zu verschaffen.

Gerade in diesem Hinweis auf §. 4 des Gesetzes über die Aufnahme neuanziehender Personen in dem Erkenntniß vom 21. April 1856 liegt also der schlagendste Beweis für die oben behauptete Verwechselung zwischen den Begriffen der Hülfsbedürftigkeit, der Nothwendigkeit der Armenpflege und der derselben in einzelnen Fällen zu Grunde liegenden Arbeits- und Erwerbsunfähigkeit, der qualitativen Verarmung.

Ist also von der Regierung durch Erlaß des Resoluts implicite zwar die Frage bejaht, daß die Armenpflege für das Kind in Wrietzen seit dem

1. August 1853 **nothwendig** geworden, weil das Kind sonst im Elende umgekommen wäre, so wäre es eine völlig unzulässige Consequenz, hieraus zu schließen, die Regierung habe gleichzeitig festgestellt, daß es der Henriette R., welche sich um ihr Kind nicht bekümmerte, auch an der nöthigen Arbeits- und Erwerbs**fähigkeit** gefehlt habe, das Kind zu unterhalten.

Wir werden uns hiernach zu der Annahme berechtigt halten, daß, obschon von der Verwaltungsbehörde, die darüber zu befinden allein competent war, nirgend der qualitative Mangel an Arbeits- und Erwerbs**fähigkeit** der Hentiette R. erwähnt, geschweige denn festgestellt worden ist, der höchste Gerichtshof in diesem Mangel das Kriterium der continuirlichen Hülfsbedürftigkeit der Henriette R. im Gegensatz zu der vorübergehenden Hülfsbedürftigkeit des Arbeiters Lenz in dem Erkenntniß vom 30. Mai 1859 [**Anl. C.**] gefunden hat, und daß er somit durch die Verneinung dieser qualitativen Verarmung für den letzteren Fall

> im Sinne seines eigenen Erkenntnisses vom 21. April 1856, auf welches er sich beruft, einerseits über die Grenzen der richterlichen Competenz hinausgeht,

daß er aber auch,

> wenn er in dem Erkenntniß vom 21. April 1856 und 28. Juni 1861 „es als vorherrschenden Grundsatz" hinstellt, die Pflegeverbindlichkeit im Sinne des Armengesetzes könne durch dreijährige Abwesenheit nicht erlöschen, und andererseits durch dreijährigen Aufenthalt nicht auf einen anderen Armen-Verband übergehen, wenn innerhalb der drei Jahre „der Eintritt der Armenpflege nothwendig geworden,"

mit diesem Ausdruck in der That einen davon völlig verschiedenen Sinn verbindet, daß er vielmehr „jenen vorherrschenden Grundsatz des §. 1 sub 3" nicht an den Eintritt der **Nothwendigkeit** der Armenpflege, der Hülfsbedürftigkeit im Sinne des §. 33 des Armengesetzes, sondern an den für den Fall der Henriette R. von ihm s u p p o n i r t e n Mangel an der persönlichen Erwerbs- und Arbeits**fähigkeit** im Sinne des §. 4 des Aufnahme-Gesetzes knüpft. Dürfte es nun schon an und für sich schlechterdings unmöglich sein, einen solchen Grundsatz mit dem obigen Anerkenntniß des Ersten Senats, daß „der §. 1 sub 3 selbst **nicht** zwischen vorübergehender und fortdauernder d. h. also auf physischer Erwerbs- und Arbeitsunfähigkeit beruhender Hülfsbedürftigkeit unterscheide," in Uebereinstimmung zu bringen, so werden wir, was den Einfluß des Eintritts der persönlichen Arbeits- und Erwerbsunfähigkeit, der qualitativen Verarmung und der hieran von dem Gesetz über die Aufnahme neu anziehender Personen geknüpften A n s w e i s u n g s b e f u g n i ß der Anzugsgemeinde auf das objective Entstehen oder Nichtentstehen der communalen Fürsorgepflicht betrifft, uns weiter unten eine Antwort von dem höchsten Gerichtshof selbst ertheilen lassen.

Bevor wir zu diesem Schlusse kommen, erscheint es jedoch unerläßlich,

noch auf einige andere Anomalieen hinzuweisen, zu welchen der hohe Gerichtshof in Folge der Verwechslung der **Hülfsbedürftigkeit,** des Bedürfnisses der Armenpflege mit der Arbeits- und Erwerbsunfähigkeit der qualitativen **Verarmung** gelangt.

Zweites Kapitel.

Der Begriff der qualitativen Verarmung kommt bekanntlich in dem ganzen Armengesetze vom 31. Dezember 1842 nicht vor, und zwar aus dem oben bereits hervorgehobenen selbstverständlichen Grunde, weil das Gesetz, welches die Verpflichtung zur öffentlichen Armenpflege zum Gegenstand hat und welches im Interesse der öffentlichen Sicherheit denjenigen Folgen vorbeugen wollte, welche aus der Nichtgewährung der unentbehrlichsten Existenzmittel im Falle der äußersten Noth für die Gesellschaft und den Staat zu besorgen sind, wenn es diesen Zweck überhaupt erreichen wollte, keinen Unterschied statuiren durfte, ob das vorhandene Bedürfniß in concreto auf einer qualitativen Verarmung oder nur auf einem vorübergehenden in den augenblicklichen Verhältnissen beruhenden Nothstand seinen Entstehungsgrund hat. Wo das Armengesetz von dem „Armen,“ „Verarmten,“ „Hülfsbedürftigen“ spricht, unterscheidet es niemals absichtlich, ob die dadurch angedeutete Lage des Hülfesuchenden ihren Grund in einer dauernden Verarmung, in der Arbeits- und Erwerbsunfähigkeit „zufolge §. 4 des Aufnahmegesetzes“ hat oder nicht; der scheinbar promiscue gebrauchte und deshalb allerdings ungünstige Ausdruck kann, was die Bedeutung des Armengesetzes betrifft, hierin nichts ändern.

Wenn also das Armengesetz z. B. im §. 29 sagt:

> Arme, es seien In- oder Ausländer, welche auf einer Reise erkranken, sind von derjenigen Gemeinde oder Gutsherrschaft, in deren Bezirk sie krank gefunden werden, bis dahin zu verpflegen, daß sie ohne Nachtheil für ihre Gesundheit die Reise fortsetzen können,

so würde es eine Art kindlicher Auffassung bekunden, anzunehmen, das Gesetz habe hier mit dem Ausdruck „Arme“ nur an solche Personen gedacht, welche auch abgesehen von dem momentanen durch ihre Krankheit eingetretenen Bedürfniß schon an und für sich unser Mitleiden erregten, wie etwa „der arme, arme Bettelmann“ in unseren Kinderbüchern, während es wohl kaum bemerkt zu werden braucht, daß eine solche gemüthliche Schreibweise dem Gesetz völlig fremd gewesen ist, und daß es hier eben Jeden meint, der an fremden Orten in Krankheitsfällen augenblicklich nicht die Mittel besitzt für sich selbst zu sorgen.

Kann man es auch nur bedauern, daß das Gesetz durch seine Fassung jenen begrifflichen Unterschied nicht vorsichtiger zum Ausdruck gebracht hat, so bedarf es doch kaum eines Hinweises auf die Entstehungsgeschichte des Gesetzes, wie sie sich aus den Vorberathungen darüber ergiebt, um den begrifflichen Unterschied, der durch die Sache selbst geboten ist, zu finden, und danach den Ausdrücken des Armengesetzes auf der einen Seite und denen des Gesetzes über die Aufnahme neu anziehender Personen auf der anderen Seite die richtige Bedeutung beizulegen.

Lange Zeit debattirte man nämlich bei Berathung des Gesetzes darüber, ob und welche Erklärung der Armuth dem Armengesetze als dessen erster Paragraph voranzuschicken sei. Man beschloß endlich eine solche Erklärung gänzlich aufzugeben, weil sie durch keinen Ausdruck wiederzugeben sei und beschränkte sich schließlich darauf, statt jeder Erklärung der Armuth in dem §. 33 auszusprechen, daß es in der Pflicht der Verwaltungsbehörden liege, keinen Anspruch des Armen zuzulassen, welcher über das Nothwendige hinausgehe; man erkannte also an, daß der Begriff eines Armen ein in jedem Augenblick wechselnder, relativer, von dem allein zu befriedigenden äußersten Bedürfniß, der äußersten augenblicklichen Noth abhängiger sei. Heute ist Jemand der Arznei bedürftig, also arzneiarm, übermorgen fehlt es ihm an der nöthigen Nahrung er ist nahrungsarm, nach zwei Monaten vielleicht erst wieder, ist er ohne Obdach, er ist wohnungsarm, in den Zwischenräumen aber ist er im Sinne des §. 33 überhaupt nicht arm, weil es ihm nach Deckung des jedesmaligen Bedürfnisses an nichts fehlt, was er zu seiner Existenz unumgänglich bedarf. Hierin lag und liegt die genügende Erklärung. Der oben bereits citirte §. 4 des Aufnahmegesetzes, welcher **den Mangel an dem hinreichenden Vermögen und den nöthigen Kräften** auf Seiten eines an einem Ort neu Anziehenden, für sich und die Seinigen den nöthigen Unterhalt zu beschaffen, als eine Bedingung (nicht für die Gewährung der Armenpflege, sondern für die Verweigerung des Aufenthalts) hinstellt, hatte von Anfang an niemals eine Stelle im Armengesetze, und es ist bei Redaktion des letzteren ausdrücklich als unzuläßig befunden worden, die Bestimmung dieses Paragraphen zu einer Definition oder einer Bedingung für den Eintritt der Armenpflege zu gebrauchen.

Wenn nun der höchste Gerichtshof, wie wir gesehen haben, diese Bestimmung des §. 4 des Aufnahmegesetzes seinerseits förmlich citirt, um den **Begriff der Hülfsbedürftigkeit** im Sinn des Armengesetzes zu definiren, und zu bestimmen, wer im Sinne dieses Gesetzes als „arm," „verarmt" anzusehen sei, so hätten also auch die ihm wiederholt vorgelegenen Materialien des Gesetzes, insbesondere die geschichtliche Darstellung der Entstehung der beiden Gesetzentwürfe (Anl. G. des durch Allh. Cab. Ordre vom 18. Februar 1838 an den Staats-Rath gelangten Bericht des Staatsministeriums vom 9. Februar 1838 Seite 104) gerade zum Gegentheil führen müssen.

Bis zu welchen Consequenzen der höchste Gerichtshof durch die Vertauschung dieser beiden Begriffe gelangt, mag noch das Folgende ergeben.

Die §§. 9 und 12 des Armengesetzes lauten nämlich wie folgt:

§. 9.

Ist keine Gemeinde oder Gutsherrschaft (örtlicher Armen-Verband) vorhanden, welcher nach §§. 1—7 die Fürsorge für den Verarmten obliegt, so ist diese Fürsorge eine Provinziallast, welche von Landarmen-Verbänden getragen wird.

§. 12.

Die Fürsorge für den Verarmten (§. 9) hat derjenige Landarmen-Verband zu übernehmen, in dessen Bezirk das Bedürfniß dazu hervortritt.

ꝛc. ꝛc.

Es ist also der Landarmen-Verband einer Provinz, resp. eines durch Specialgesetz ihm associirten Landestheils eine Art Versicherungsanstalt für alle in seinem örtlichen Bezirk gelegenen und zu seinen Zwecken mit gesetzlich bestimmten Abgaben herangezogenen Gemeinden und Gutsherrschaften, wonach der Landarmen-Verband zunächst verpflichtet ist, ihnen die Fürsorge für alle diejenigen Personen in Ermangelung eines nachweisbaren fürsorgepflichtigen Orts-Armenverbandes abzunehmen, für welche innerhalb des Verbandes die öffentliche Armenpflege zur Beseitigung des thatsächlichen Mangels, des augenblicklichen Nichtbesitzes, gleichviel ob wegen Arbeits- und Erwerbsunfähigkeit (qualitativer Verarmung) oder aus welcher anderen Ursache nothwendig wird. Wenn also in diesem §. 12 das Armengesetz auch wieder von den „Verarmten" spricht, so dürfte durch das Vorstehende dieser Ausdruck wohl hinreichend erklärt sein.

Hat also im concreten Falle eine Gemeinde für ein Individuum die öffentliche Fürsorge auf Grund der §§. 26 seq. eintreten lassen müssen, so frägt es sich zunächst, ob sich nachweisen läßt, daß ein bestimmter Ortsarmenverband existirt, welcher für den Verpflegten resp. für dessen Vater, Mutter, Ehegatten nach §§. 1 seq. §. 20 22 17 als materiell näher verpflichtet in Anspruch genommen werden könnte. Läßt sich ein solcher Orts-Armenverband nach Feststellung der Aufenthalts- resp. Familienverhältnisse der betreffenden Person überhaupt nicht ermitteln, fehlt es also für ein minderjähriges Kind resp. für eine Ehefrau pp. an einem fürsorgepflichtigen Orts-Armenverband, weil ein solcher für den Vater resp. für den Ehemann nicht nachzuweisen ist, so ist eben nur derjenige Land-Armenverband fürsorgepflichtig, in dessen Bezirk thatsächlich von einer dem Verband angehörigen Gemeinde, sei es nun für Kind, Mutter oder Vater gesorgt ist. Dieser Grundsatz ist so alt, so lange das Armengesetz besteht.

Es ist bisher niemals bezweifelt worden, daß z. B. für ein Individuum, welches nach erreichter Großjährigkeit zwar den Wohnort der Eltern seit länger als drei Jahren verlassen (§§. 20, 4 des Armengesetzes), an keinem anderen Orte seitdem aber ein Jahr lang gewohnt resp. drei Jahre lang sich aufgehalten hat, falls, gleichviel ob durch Krankheit, Bekleidungsbedürfniß, Nahrungs- oder Obdachlosigkeit der Eintritt der öffentlichen Fürsorge für ihn oder seine Kinder, Ehefrau ꝛc. nothwendig wird, soweit dies Bedürfniß z. B.

in Eilenburg hervortritt, von dem sächsischen Land-Armenverbande — soweit sich das Bedürfniß in Jüterbogk oder Teltow wiederholt, von dem Land-Armenverband der Kurmark, — soweit es sich in Landsberg a. d. W. wiederholt, von dem Land-Armenverband der Neumark u. s. w. nach dem Willen des Gesetzgebers die Last der Armenpflege zu tragen ist. Neuerdings ist nun der höchste Gerichtshof anderer Ansicht geworden. Er fand es unzulässig, daß eine Frauensperson, für welche es an einem nachweisbar materiell pflegeschuldigen Orts-Armenverbande fehlte, und für welche früher einmal im Bezirk des altpommerschen Land-Armenverbandes die öffentliche Fürsorge hatte eintreten und von dem Verbande auf Grund des §. 12 gewährt werden müssen, als sie später in Berlin von einem unehelichen Kinde entbunden wurde, mit diesem Kinde während ihres factischen Aufenthaltes in Berlin dem Land-Armenverbande der dortigen Commune zur Last falle, und verurtheilte in Uebereinstimmung mit dem Appellationsrichter den Land-Armenverband von Alt-Pommern, der nicht zu seinem Verband gehörigen Commune Berlin die Fürsorgepflicht abzunehmen.

In diesem Erkenntniß vom 14. September 1857 (Strieth. Arch. Bd. 27 S. 37) [**Anl. E.**] sagt der höchste Gerichtshof wörtlich:

„Nach der Feststellung des Appellations-Urtheils war die verarmte und heimathlose Marie G. bereits dem verklagten Landarmen-Verband zur Pflege anheimgefallen, als sie am 22. Februar 1849 bei einem zufälligen und vorübergehenden Aufenthalt in Berlin das Kind gebar, um dessen Verpflegung es sich jetzt handelt

Da nun nach §§. 20 und 22 des Armengesetzes vom 31. Dezember 1842 bei ehelichen Kinder die Armenpflege demjenigen Armen-Verband zur Last fällt, der für den ehelichen Vater zu sorgen hat, und in gleicher Weise uneheliche Kinder dem Verhältniß der Mutter folgen, so hat der Appellationsrichter die §§. 20, 22 keineswegs unrichtig angewendet, wenn er angenommen hat, daß dem Imploranten (dem Alt-Pommerschen Landarmen-Verband), welchem die Fürsorge für die Mutter oblag, auch eine gleiche Fürsorge für deren außereheliches Kind obliege.

Das Zweifelhafte liegt nur darin, daß der pflichtige kein örtlicher, sondern ein Landarmen-Verband, und daß das uneheliche Kind in dem Bezirk eines andern Landarmen-Verbandes geboren ist."

Diese ganze Ausführung würde, falls ein Richter erster oder zweiter Instanz sich derselben bedient hätte, unfehlbar gegen §. 5 Nr. 8 resp. §. 5 Nr. 10c. der Verordnung vom 14. Dezember 1833 verstoßen, da die Feststellung des Appellationsrichters, wie sie der Beurtheilung in der Nichtigkeits-Instanz nach §. 16 ibid. zu Grunde gelegt werden soll, sich lediglich auf Thatsachen und zwar auf solche Thatsachen zu erstrecken hat, welche in kompetenter Weise überhaupt von dem Prozeßrichter festgestellt werden können. Die Frage aber, ob und seit wann die unverehelichte Marie G. als q u a l i t a t i v verarmt, d. h. w e g e n persönlicher Arbeits- und Erwerbsunfähigkeit dem Pommerschen Landarmen-Verbande anheimgefallen, ist überhaupt keine Thatfrage, sondern ein der richterlichen Kompetenz nach den eigenen Ausführungen des erkennenden Senats absolut entzogenes Urtheil. Die ganze

Feststellung des Appellationsrichters könnte daher nur in der Thatsache bestehen, ob und wie oft faktisch, vor der Entbindung der unverehelichten Marie G. in Berlin, der Landarmen-Verband von Alt-Pommern eine Armenunterstützung für sie hergegeben hat. Aus dieser Thatsache den Schluß zu ziehen, daß das für sie resp. ihr Kind in Berlin hervorgetretene Bedürfniß der Armenpflege bereits innerhalb des Landarmen-Verbandes von Alt-Pommern bestand, und also so lange fortgedauert habe, ist einmal eine Feststellung, welche höchstens der Verwaltungsbehörde nach §. 33 zustehen würde, welche aber schon aus dem Grunde zu den absoluten Unmöglichkeiten gehört, da das **durch** den Entbindungsfall uud **durch** die Hülfslosigkeit des neugeborenen Kindes hervorgerufene Bedürfniß nicht bereits vor Monaten oder Jahren bestanden haben **kann**, als damals der Marie G. vielleicht Arznei oder Bekleidungsgegenstände, Obdach ꝛc. innerhalb des Bezirks eines andern Landarmen-Verbandes **zur Beseitigung** des damaligen Bedürfnisses gewährt werden mußte. Wenn nun der erkennende Senat, um das Zweifelhafte, das nach seiner Ansicht für den vorliegenden Fall darin liegen soll, daß der verklagte Armen-Verband von Alt-Pommern kein Orts-, sondern ein Landarmen-Verband sei, im Verlauf der Entscheidungsgründe damit zu beseitigen glaubt, daß er mit dürren Worten auf den vorliegenden Fall der Marie G. die Bestimmung des §. 12 des Armengesetzes „überhaupt nicht für anwendbar" erklärt, so dürfte außer einer solchen Methode sich doch vielleicht noch ein anderer Ausweg finden lassen. Sollte nicht auch hier der allerdings ungünstig gewählte Ausdruck des Gesetzes die Veranlassung zu der irrthümlichen Annahme gewesen sein, daß, wo das Armengesetz von dem „Verarmten" spricht, es damit einen Zustand qualitativer Verarmung, „permanenter Hülfsbedürftigkeit" im Sinne des Aufnahmegesetzes §§. 4 und 5 im Auge habe?

Wie wäre es anders zu erklären, daß der höchste Gerichtshof seine Gründe mit folgenden Worten schließt:

„Stand nun fest, daß die Mutter vor der Geburt des Kindes schon dem Imploranten (dem Alt-Pommerschen Landarmen-Verband) zur Pflege anheimgefallen war, so überkam er dem §. 22 zufolge neben der Fürsorge für die Mutter auch die Fürsorge für deren außereheliches Kind, und es kann nicht in Frage gestellt werden: ob die Pflegelast zwischen Mutter und Kind unter mehrere Armen-Verbände zu theilen sei? Die Mutter ist Landarme **verblieben**, und das Kind demselben Armen-Verband verfallen, welchem die Fürsorge für die Mutter oblag und noch obliegt. Für die Klägerin (die Commune Berlin), in deren Bereich die Mutter weder Wohnsitz noch dauernden Aufenthalt gehabt hat, ist ein Grund zur Armenpflege gar nicht ersichtlich."

Was wird hier unter dem Ausdruck verstanden „die Mutter des Kindes sei eine Landarme verblieben"? doch wohl zunächst nichts anderes, als daß es für die Mutter sowohl zur Zeit, als ihr in Pommern vielleicht zuletzt Kleidung oder Obdach, Nahrung gereicht werden mußte, ebenso wie in dem Augenblick, wo sie in Berlin entbunden wurde, an einem pflegeschuldigen örtlichen Armen-Verbande fehlte. Woran es aber sonst der unv. G. in der Zwischenzeit gefehlt haben soll, wo sie nicht genöthigt war, die öffentliche Armenpflege anzurufen, wo sie faktisch das zu ihrer Existenz Unentbehrliche besaß, wo sie also im Sinne des §. 33 des Armengesetzes überhaupt nicht arm war, darüber werden wir den Beweis zu gewärtigen, bis dahin uns aber an den §. 28 Th. I. Tit. 13. der Allgem. Gerichts-Ordnung zu halten haben, wonach kein Prozeßrichter, und sei es auch der höchste im Staat Thatsachen und Veränderungen zu vermuthen berechtigt ist. Und — wovon würde denn die Frage abhängig gewesen sein, ob die unverehelichte G. im Bezirk des Alt-Pommerschen Land-Armenverbandes wirklich eine Landarme geworden und seitdem geblieben? — etwa auch wieder davon, ob ihr für 1 Thlr. 3 Sgr. 6 Pf. Bekleidungsstücke, nicht aber für 14 Sgr. 5 Pf. Arznei verabfolgt worden?

Es bleibt also in der That auch hier wieder für die Kritik nichts anderes übrig, als anzunehmen, der höchste Gerichts-Hof habe überhaupt nicht an das in dem einen oder anderen Land-Armen-Verbande eingetretene Bedürfniß der Armenpflege, wovon der §. 12 allein spricht, und das eben seiner Natur nach nur ein momentanes durch die jedesmalige Abhülfe beseitigtes sein kann, gedacht, sondern eben wieder an den Zustand qualitativer Verarmung, d. h. nach seiner eigenen Interpretation in dem Erkenntniß vom 21. April 1856 an den Zustand körperlicher Erwerbs- und Arbeitsunfähigkeit im Sinne des §. 4 des Aufnahmegesetzes. Während er nun in jenem Erkenntniß vom 21. April 1856 ausdrücklich erklärte, daß eine solche Eigenschaft als Armer d. h. eine solche qualitative Verarmung „lediglich im Verwaltungswege festzustellen sei," genügt es im vorliegenden Fall

„daß der Appellationsrichter dieselbe festgestellt habe."

Und — auf Grund einer solchen die richterliche Competenz überschreitenden, auf eine nicht zu leugnende Begriffsverwechselung zwischen der thatsächlichen Noth und der qualitativen Erwerbs- und Arbeitsunfähigkeit hinauslaufenden Feststellung — wird also der gesetzliche Begriff des Land-Armenverbandes, wie wir ihn oben definirt haben, hier in das Gegentheil verwandelt. Es ist danach ferner nicht mehr von der Zugehörigkeit der Gemeinden und Gutsherrschaften, sondern von der Zugehörigkeit eines Verpflegten zu einem Land-Armen-Verbande die Rede, und es wird mit anderen Worten der an sich gesetzlich gegenstandslose Begriff der Ortsangehörigkeit, des sogenannten Armen-Domizils sogar auf das Verhältniß des Land-Armenverbandes dergestalt transponirt, daß hiernach mit ebenso gutem Recht von einem Land-Armen-Domizil eines Individuums d. h. nach dem beliebten Ausdruck von einer Heimath des Heimathlosen gesprochen werden könnte. Und, — wie gestaltet sich diese Theorie in der täglichen Praxis? Nehmen wir an, der unverehelichten G. resp. ihrem Vater, ihrer Mutter seien nicht erst im Bezirk des Landarmen-Verbandes von Alt-Pommern, sondern vielleicht schon vorher im Bezirk des Land=Armen=Verbandes von Neu=Vorpommern, der Neumark, in den verschiedenen Land=Armen=Verbänden der einzelnen Kreise in Schlesien im Laufe der Jahre zu verschiedenen Zeiten, in den verschiedensten Beträgen Armen=Unterstützungen verabreicht worden, bis wie weit soll denn der heute zu ihrer Unterstützung genöthigte Landarmen=Verband zurückgreifen, wann und wo soll mit einem Wort das heute in Berlin eingetretene Pflegebedürfniß in einem solchen Falle denn eigentlich entstanden sein? In der That hatte neuerdings, gestützt auf obiges Erkenntniß eine Landarmen=Direction die Behauptung aufgestellt, daß die von ihr für einen Heimathslosen verauslagten Kurkosten von dem Landarmen=Verband von B. ihr zu erstatten seien, weil in dem Bezirk des letzteren derselbe Mensch auch bereits krankheitshalber hatte verpflegt werden müssen. Der Landarmen=Verband von B. lehnte seine Verpflichtung mit der gleichen Behauptung ab, daß derselbe Mensch schon vorher in dem Bezirk des Landarmen=Verbandes von M. und noch weiter zurück in dem Bezirk des Landarmen=Verbandes von H. krankheitshalber habe verpflegt werden müssen. Doch die klagende Landarmen=Direction wußte sich zu helfen. Sie stellte die sinnreiche Behauptung auf, daß zwar ihr als Klägerin die Berufung auf das im Bezirk des Landarmen=Verbandes von B. entstandene Pflegebedürfniß agendo gegen den dortigen Landarmen=Verband zu Statten kommen müsse, daß aber dem Verklagten excipiendo keineswegs die gleiche Berufung auf dieselbe Thatsache und dieselben daraus zu folgernden rechtlichen Wirkungen zustehe. Wird es nun auch den Preuß. Richtern überlassen bleiben müssen, die ihnen solchergestalt gestellte Zumuthung an ihre Urtheilsfähigkeit oder gar an ihr Rechtsgefühl, gebührend zu würdigen, so heißt dies also mit anderen Worten: der klagende Landarmen=Verband verlangt wegen der von ihm verauslagten Kurkosten eine fortgesetzte Reihe von Prozessen zunächst zwischen ihm und dem Landarmen=Verband von B., sodann zwischen dem Landarmen=Verband von B. und dem Landarmen=Verband von M., sodann zwischen dem Landarmen=Verbande von M. und dem Landarmen=Verband von H. u. s. w., u. s. w.

Sollte dem Verfasser nicht zugegeben werden, daß durch eine solche Theorie die gesetzliche Basis aller auf Grund des §. 12 des Armengesetzes durch besondere Specialgesetze geordneten Provinzial oder Communalständischen Landarmen=Verbände völlig verrückt wird, so wollen wir jedem etwaigen Monitum gegen diese Behauptung durch den Hinweis auf folgenden Fall begegnen:

Der Dienstknecht Ludwig Eggert hatte in den Jahren 1853 und 1854 in dem Bezirk des Landarmen=Verbandes der Kurmark Brandenburg an verschiedenen Orten vagabundirt, während — im Juli 1853 seine Ehefrau als Geisteskranke, und — im August 1854 seine Tochter als obdachlos in Berlin der Hülfe der dortigen Commune bedürftig wurde. Die Regierung zu Potsdam resolvirte, daß die ständische Landarmen=Direction der Kurmark — weil Eggert, der Vater und Ehemann, ein Heimathloser sei, — zur Fürsorge für dessen Ehefrau und Kind nicht verpflichtet, vielmehr die Stadt Berlin als Landarmen=Verband hierzu verbunden sei, in deren Bereich das streitigen Pflegebedürfniß entstanden war.

Die Armen = Direction zu Berlin wurde deshalb gegen die ständische Land = Armen = Direction der Kurmark klagbar. Die Richter der ersten und zweiten Instanz traten der Ansicht der Regierung zu Potsdam bei. Der erste Senat des Königlichen Ober=Tribunals hob dagegen jene Entscheidung durch Erkenntniß vom 16. April 1858 (Strieth. Arch. Bd. 29. S. 255) **[Anl. F.]** auf und sprach sich in seinen Gründen wie folgt aus:

„Nun ist Eggert selbst aber nicht der Fürsorge bedürftig geworden; das Bedürfniß hat blos seine Frau und sein Kind betroffen, und eben dieses Bedürfniß ist in einem anderen Landarmen=Verbande, nämlich dem der Stadt Berlin hervorgetreten, und der Appellationsrichter hat deshalb die Bestimmung des §. 12 entscheiden lassen, indem er die Familie vom Familienvater scheidet. Dies ist aber den §§. 17, 20 zuwider. Nach denselben hat für Ehefrau und Kinder des Verarmten derselbe Armen=Verband zu sorgen, und dieser Grundsatz muß neben der Bestimmung des §. 12 zur Geltung und Ausführung kommen. Eggert für seine Person mag nicht verarmt sein. Im Sinne des Gesetzes ist er aber für verarmt ebenfalls zu erachten, wenn er der Ehefrau und dem Kinde das, was sie bedürfen, zu gewähren außer Stande ist. Stände also fest, daß Eggert ein Heimathloser ist, und ist es unbestritten, **daß er seinen Aufenthalt, wie wohl vagirend, stets** und besonders zur Zeit des für seine Familie eingetretenen Bedürfnisses, im Bereich der Verklagten gehabt hat, so würde allerdings die verklagte Direction auch die Fürsorge für Frau und Kind zu übernehmen haben, welche, der Verklagten gegenüber, mit dem Eggert als eine Person zu betrachten sind, und ohne Bestimmung des Vaters und Ehemannes gar nicht einen selbstständigen Aufenthalt oder Wohnsitz erreichen (!) konnten. **Die Angehörigkeit zu einem Armen=Verbande bleibt dieselbe, ob Jemand einen Wohnsitz hat und einem Ortsarmen=Verbande angehört, — oder ob er ein Heimathloser ist und einem Landarmen=Verbande angehört.** Die Angehörigkeit wird lediglich durch die **Sphäre** bestimmt, über welche sich ein gewisser Armen=Verband verbreitet."

Ist es, nachdem diese Entscheidung in die Sphäre der Oeffentlichkeit gedrungen, zu verwundern, wenn ein anderer Richter, wie der Verfasser nachweisen kann, bereits zu der weiteren Schlußfolgerung gelangt ist, daß das durch den Eintritt der Armenpflege einmal begründete Land=Armen=Domizil eines Individuums, ebenso wie das Orts=Armen=Domizil, nur durch dreijährige Abwesenheit aus dem bisher fürsorgepflichtigen Land=Armenverband nach §. 4 des Armengesetzes erlöschen könne? Dieser Richter würde freilich ganz consequent geurtheilt und bei dieser Gleichstellung zwischen Orts=Armenverbänden und Land=Armenverbänden nur eine Kleinigkeit übersehen haben, nämlich daß, wenn für einen Armenverband, also auch für einen Land=Armenverband, durch den Eintritt der Armenpflege einmal die Fürsorgepflicht und „die Land=Armeneigenschaft" eines Individuums begründet worden, grade nach der von jener Landarmen=Direction selbst inaugurirten Theorie diese Verpflichtung nach den Erkenntnissen vom 21. April 1856 (Henriette R. aus Mohrin) und vom 28. Juni 1861 (Kind der unverehl. Siebert) eben wegen des der qualitativen Verarmung gleichgestellten Eintritts der öffentlichen Armenpflege überhaupt gar nicht mehr durch dreijährige Abwesenheit erlöschen, noch auf einen anderen Armen-Verband übergehen kann. Es würde also z. B. durch die dem Landarmen-Verbande von Alt-Pommern, wegen der der unverehelichten G. in seinem Bezirk früher gewährten Unterstützung, auferlegten Verpflichtung, für ihr Kind bei dessen in Berlin erfolgter Geburt zu sorgen, auch unzweifelhaft die Fürsorge-Verpflichtung dieses Verbandes und somit die „Heimathlosigkeit" des Kindes dergestalt für alle Ewigkeit fixirt sein, daß, da — wie wir gesehen haben — für das Kind in einem solchen Falle selbst nicht durch die Verheirathung seiner Mutter „nach dem vorherrschenden Grundsatz des §. 1 sub 3" die Fürsorge-Verpflichtung auf einen anderen Armen-Verband mehr übergehen kann, bis zum Tode des Kindes und also auch nach §. 20, resp. §. 22 des Armengesetzes hinwiederum für dessen Abkömmlinge, genug für Kind und Kindeskind nicht blos die Landarmenqualität an sich, sondern auch die Verpflichtung des die erste Unterstützung gewährenden Landarmen-Verbandes für alle Zeit auf Generationen hinaus feststünde.

Es ist nun an sich nicht zu bezweifeln und darf als selbstverständlich bezeichnet werden, daß, falls für ein Kind oder durante matrimonio für die Ehefrau die öffentliche Armenpflege gewährt werden muß, die dadurch gewährte Wohlthat gleichzeitig in den Nutzen des Vaters resp. des Ehemannes verwendet worden ist. Es kann also, und der vorliegende aus der alltäglichsten Praxis entnommene Fall beweist es, sehr wohl auf diese Weise gleichzeitig an verschiedenen Orten das **Bedürfniß** für einzelne Familienglieder eintreten, die, von ihrem Ernährer verlassen, der öffentlichen Armenpflege Preis gegeben sind. Handelt es sich aber um die weitere Frage, **wann** und **wo** d. h. im Bezirk welchen Landarmen-Verbandes das Bedürfniß, den minderjährigen Kindern eines sogenannten Heimathlosen eine Armen-Unterstützung zu gewähren, thatsächlich **eingetreten** ist, so dürfte es dem Prozeßrichter, welcher in dem vorigen Fall zu behaupten versuchte, das durch das Wochenlager der unverehelichten G. für dieselbe und später für ihr damals geborenes Kind entstandene Bedürfniß der Armenpflege habe schon vorher an einem anderen Orte bestanden, ebenso schwer werden zu beweisen, daß im vorliegenden Fall das in Berlin eingetretene Bedürfniß, der Ehefrau resp. der Tochter des Eggert Armen-Unterstützungen zu gewähren, gleichzeitig an einem anderen Orte eingetreten sei. Und — wo sollte denn das Bedürfniß für die Ehefrau und Tochter des Eggert und seine eigene Verarmung wirklich eingetreten sein? Der Erste Senat sagt:

„der rc. Eggert habe sich stets, und besonders zur Zeit des Eintritts der Armenpflege für seine Frau und Tochter, in dem Bezirk des Landarmen-Verbandes der **Kurmark, wie wohl vagirend,** aufgehalten."

Wie aber? — wenn der Ludwig Eggert seinerseits zufällig nicht blos im

Bezirk des Land-Armenverbandes der Kurmark „sich vagirend aufgehalten," sondern seine Excursionen auch in den Bereich anderer Land-Armenverbände z. B. nach Pommern oder Sachsen ausgedehnt hätte, in welchem der solchergestalt dem ꝛc. Eggert zum „vagirenden Aufenthalt" dienenden Land-Armenverbände sollte dann das für seine Ehefrau und seine Tochter in Berlin hervorgetretene Bedürfniß der Armenpflege als eingetreten zu erachten sein, und wie lange müßte der Eggert in dem einen oder dem anderen dieser verschiedenen Land-Armenverbände „sich vagirend aufgehalten haben," um einen solchen Schluß zu ziehen? Und — hätte der Eggert, der juristischen Zweifel, welche daraus entstehen könnten, vielleicht nicht achtend, die Sphäre seines Vagirens über die Sphäre der inländischen Land-Armenverbände hinaus ausgedehnt, und sich im Auslande ein günstiges Terrain für seinen vagirenden Aufenthalt gesucht, oder hätte er es überhaupt nicht für rathsam gehalten, von seinem weiteren vagirenden Verbleiben Kenntniß zu geben, — durch die Sphäre welchen Land-Armenverbandes sollte dann seine Angehörigkeit bestimmt werden, in der Sphäre welchen Armenverbandes sollte dann das für seine Frau und Tochter in Berlin hervorgetretene Bedürfniß als eingetreten zu betrachten sein?

Doch der Erste Senat sagt:

„Nach §§. 17 und 20 hat für Ehefrau und Kinder des Verarmten derselbe Armen-Verband zu sorgen, und dieser Grundsatz muß neben der Bestimmung des §. 12 zur Geltung und Ausführung kommen. Eggert mag für seine Person nicht verarmt sein. Im Sinne des Gesetzes ist er aber für verarmt ebenfalls zu erachten, wenn er der Ehefrau und dem Kinde das, was sie bedürfen, zu gewähren außer Stande ist."

Auch hier also wie in dem Fall der Henriette R. aus Mohrin, der unverehelichten Siebert dieselbe Fiction nicht des Gesetzes sondern des Richters, daß der Eintritt des **Bedürfnisses** nicht gedacht werden könne ohne den Mangel der nöthigen Erwerbs- und Arbeits**fähigkeit**, ohne die qualitative Verarmung, „die permanente Hülfsbedürftigkeit" im Sinne der §§. 4 und 5 des Aufnahmegesetzes. Und weil im vorliegenden Falle weder die Regierung noch der Appellationsrichter diese qualitative Verarmung des Eggert constatirt haben, deshalb weist der Erste Senat neben dem von ihm in facto vermißten Nachweise über das Fehlen eines Orts-Armenverbandes mit folgenden Worten am Schlusse des Erkenntnisses die Klage zur Zeit zurück:

„Zugleich und vorher muß aber auch festgestellt werden, daß Eggert wirklich sich außer Stande befinde, aus seinen Mitteln und Kräften seiner Frau und seinem Kinde den nöthigen Unterhalt zu gewähren, als worüber bisher noch gar nichts ausgeführt und im gesetzmäßigen Wege konstatirt ist. Die Klägerin mußte daher mit ihrer Klage zur Zeit abgewiesen werden."

Dürften wir hier vielleicht an den höchsten Gerichtshof die Frage richten:

1) auf welchem „gesetzmäßigen Wege" soll die Arbeits- und Erwerbs-

unfähigkeit, „dies Außerstandesein" des Eggert, für die Seinigen zu sorgen, diese Eigenschaft als eines Armen constatirt werden, — im Prozeßwege? etwa durch den Appellationsrichter nach dem Erkenntniß vom 14. September 1857 [Anl. E.]? oder — im Verwaltungswege, in welchem ausschließlich nach dem Erkenntniß vom 21. April 1856 [Anl A.] diese Eigenschaft festgestellt werden kann?

2) Was soll daraus folgen, wenn umgekehrt die völlige Erwerbsfähigkeit des Ludwig Eggert, an der ja ohnehin bis zum Nachweise des Gegentheils noch Niemand gezweifelt hat, constatirt wird?

Ist in einem solchen Fall die seiner von ihm dem Elende preisgegebenen geisteskranken Ehefrau und seiner obdachlosen Tochter gewährte Unterstützung auch nur um eines Haares Breite weniger als ein Akt der öffentlichen Armenpflege im Sinn des §. 33, des §. 12 des Armengesetzes anzusehen?

3) Und welcher Unterschied soll in specie für die Anwendbarkeit des §. 12. des Armengesetzes und für die Localfrage, wo das Bedürfniß für Mutter und Tochter hervorgetreten, in der fehlenden oder vorhandenen Arbeits- und Erwerbsfähigkeit ihres, sie dem Elende preisgebenden Versorgers liegen? Mit anderen Worten, weshalb soll, wenn der Vagabonde Eggert während seines vagirenden Aufenthalts im Bezirk des Land-Armenverbandes der Kurmark arbeits- und erwerbsunfähig war, das in Berlin faktisch eingetretene Bedürfniß der Armenpflege für Frau und Kind als im Bezirk der Kurmark eingetreten, fingirt werden, und weshalb soll diese, angeblich aus der Heiligkeit der Familienbande hergeleitete Local-Fiction dann nicht eintreten, wenn der Eggert, was ja von vorn herein vom Prozeßrichter selbst vorausgesetzt wurde, arbeits- und erwerbsfähig war?

Nun also — für den Fall der etwa noch zu constatirenden Arbeits- und Erwerbsunfähigkeit des Eggert, da ist die Heiligkeit der Familienbande so stark, da **müssen** die §§. 17 u. 20. neben dem §. 12 zur Geltung gebracht werden, da ist das in Berlin eingetretene Bedürfniß der Armenpflege für Mutter und Tochter unbedingt selbst in localer Beziehung identisch mit der Eigenschaft der Erwerbsunfähigkeit ihres Versorgers.

Ja — in einem späteren Falle (Erkenntniß vom 24. September 1860. Strieth. Arch. Bd. 39 S. 75) [Anl. G.] wird ohne Weiteres aus dem Umstande, daß für die von ihrer Mutter verlassenen Kinder im Bezirk des Land-Armenverbandes des Kreises Görlitz, die Armenpflege nothwendig geworden, direct die Identität dieses Nothstandes mit der qualitativen Verarmung, der Arbeits- und Erwerbsunfähigkeit der Mutter, und zwar als im Kreise Lauban hervorgetreten, für constatirt erachtet, und Alles dies, weil die Mutter und die von ihr selbst in Stich gelassenen Kinder wegen der Heiligkeit der Familienbande nach §§. 17, 20, 21 **nicht** von einander getrennt werden **dürfen**.

Für den Fall aber, — wo eine Mutter bei späterer Verheirathung ihr vor der Ehe gebornes Kind zu sich nimmt, und die öffentliche Armenpflege anzurufen genöthigt ist, da darf trotz der Bestimmung der §§. 17, 20, 22 und trotz der Heiligkeit der Familienbande nach dem Erkenntniß vom 28. Juni 1861 [**Anl. D.**] das Kind der unverehelichten Siebert sich an dem neuen Wohnorte seiner Mutter nicht sehen lassen, oder da darf, wie in dem erst noch der Entscheidung des höchsten Gerichtshofes wartenden Fall vom Appellationsrichter ausgeführt wurde, die Mutter wohl ihr vor der Ehe geborenes uneheliches Kind, nicht aber ihre aus der früheren Ehe geborenen ehelichen Kinder dem durch Wiederverheirathung begründeten neuen Wohnsitze zuführen, — und hier **gleichfalls Alles dies,** weil das **Bedürfniß** der Armenpflege für die Kinder mit der qualitativen Verarmung der Mutter identisch sein soll.

Wir sehen: **trotz** der §§. 17, 20, 21, 22 werden Mutter und Kind von einander getrennt, **weil** der Eintritt der Armenpflege für das Kind mit dem Zustande der Verarmung der Mutter identisch sein **soll,** und hinwiederum **soll** der Eintritt der Armenpflege für die Kinder mit dem Zustande der Verarmung der Mutter identisch sein, **weil** Mutter und Kind wegen der Heiligkeit der Familienbande **nicht von einander getrennt werden dürfen** — und merkwürdiger Weise erfolgt jene **Trennung** auf Grund jener Fiction gerade da, wo ein gesetzlich verpflichteter **Orts**=Armenverband vorhanden ist, während die Trennung jener Fiction zu Liebe gerade da **unzulässig** sein soll, wo es an einem gesetzlich verpflichteten **Orts**=Armenverbande überhaupt **fehlt.** —

Das wäre also die **ratio** legis.

Doch es dürfte endlich an der Zeit sein, mit dieser Fiction ein Ende zu machen.

Nicht von dem Eintritt der Verarmung, „der permanenten Hülfsbedürftigkeit" eines Individuums als von dem Eintritt seiner physischen Arbeits= und Erwerbs**unfähigkeit** „zufolge §. 4 des Aufnahmegesetzes," sondern von dem auch **ohne** eine solche alltäglich sich ereignenden Eintritt des **Bedürfnisses** der Armenpflege im Sinne des §. 33 des Armengesetzes, d. h. der Bedrohung seiner Existenz durch Nichtbesitz des zum Leben Unentbehrlichsten in dem Bezirk des einen oder des anderen Land=Armenverbandes macht der §. 12 a. a. O. die Entscheidung darüber abhängig, an welchen Land=Armenverband die Gemeinde, die nach §§. 26 seq. die thatsächliche Hülfe vorläufig gewähren mußte, sich zu halten hat. — **Noth** bricht Eisen. **Noth,** Nichtbesitz des Unentbehrlichsten ist ein **Factum,** und zwar eines der fühlbarsten, mit denen die menschliche Natur zu kämpfen hat, ein **Factum,** das eben weil es durch den Eintritt der Hülfe d. h. durch den Eintritt des Besitzes an die Stelle des Nichtbesitzes **beseitigt** wird, auch an den Ort und an den Moment in den apriorischen Anschauungsformen von Raum und Zeit gebunden ist. Die Frage also, **ob** das Bedürfniß der Armenpflege,

ob die äußerste Noth vorhanden ist, coincidirt in ihrer Entscheidung vollständig mit der Frage, **wo** und **wann** dasselbe eingetreten ist.

Wenn es also in dem Erkenntniß vom 14. September 1857 [**Anl. E.**] heißt: durch den §. 12 des Armengesetzes, wonach die Fürsorge für den Verarmten derjenige Land-Armenverband zu übernehmen hat, in dessen Bezirk das Bedürfniß dazu hervortritt, werde nur entschieden

„welcher von mehreren **möglichen** Landarmen-Verbänden der verpflichtete sei,"

so dürfte hierbei nur Eins übersehen sein: daß gerade im Sinn des Armengesetzes, welches nur ein äußerstes Bedürfniß, eine äußerste Noth, eine Abwendung des **Umkommens** im Elende kennt, es schon nach diesem begrifflichen Erforderniß eben

„mehrere mögliche(!) Landarmen-Verbände"

gar nicht geben kann, mit anderen Worten, daß der Gesetzgeber im §. 12 überhaupt nicht an die Entscheidung eines Streites zwischen verschiedenen Land-Armenverbänden, sondern lediglich an die Entscheidung der **einzig möglichen** Frage denkt,

an welchen Land-Armenverband sich diejenige Gemeinde zu halten hat, welche auf Grund der §§. 26 seq. des Armengesetzes in loco genöthigt war, dem eingetretenen Bedürfniß der Armenpflege abzuhelfen.

Die Frage dagegen, über welche zwischen **dieser Gemeinde** und dem nach §. 12 sich von selbst ergebenden, Land-Armenverbande d. h. dem Land-Armenverbande, dem sie associirt ist, nach §. 9 ganz allein per resolutum mit Vorbehalt des Rechtsweges zu entscheiden ist, ist eben diejenige, ob es einen örtlichen Armenverband giebt oder nicht, an den sich auf Grund eines nach §§. 1, 17, 20, 22 begründeten Rechtsverhältnisses jene **Gemeinde** halten könnte, d. h. also die Frage, ob in casu concreto die Pflegeverbindlichkeit an und für sich als „Provinziallast" anzuerkennen sei. Insofern tritt auch hier mit voller Wirkung die gesetzliche Fiction (praesumptio juris et de jure) ein, daß das Kind dem Verhältniß des Vaters resp. der Mutter, die Ehefrau dem Verhältniß des Ehemannes d. h. dem durch seinen örtlichen also „nicht vagirenden" Wohnsitz und Aufenthalt begründeten Rechtsverhältniß zwischen verschiedenen Orts-Armenverbänden folgt und daß, wenn ein solches Rechtsverhältniß zwischen verschiedenen Orts-Armenverbänden für die Person des Vaters der Mutter, des Ehemanns (durch ihren Wohnsitz und Aufenthalt an einem bestimmten Orte) nicht nachzuweisen ist (§. 9), es auch an einem solchen für das Kind und die Ehefrau fehlt.

Wird aber die Frage, ob sich für eine factisch der nothwendigsten Lebensmittel entbehrende Person ein pflegeschuldiger Orts-Armenverband nachweisen läßt, von dem klagenden Armenverbande selbst verneint, wird also Seitens des klagenden Armenverbandes selbst davon ausgegangen, daß die Pflegeverbindlichkeit in casu concreto nach §. 9 eine Provinziallast sei, so **kann** niemals und unter keinen Umständen **gegen** einen Land-Armenverband von einem außerhalb seines Bezirks belegenen, ihm nicht associirten Orts-Armenverband oder gar von einem zweiten Land-Armenverband ein Anspruch auf Grund des ersten Alinea des §. 12 auf Abnahme der Fürsorge für ein Individuum verfolgt werden. Sowohl dem auswärtigen Orts-Armenverband, in dessen Bezirk thatsächlich die öffentliche Fürsorge nach der Entscheidung der allein competenten Verwaltungs-Behörde nothwendig geworden ist, sowie dem auswärtigen Land-Armenverband, in dessen Bezirk ein solches Bedürfniß stattgefunden hat, steht gerade das erste Alin. des §. 12 und die mangelnde Kompetenz des Richters an der desfallsigen Entscheidung der Verwaltungsbehörde das Geringste zu ändern, unbedingt entgegen.*)

Das „Zweifelhafte" oder vielmehr das **Unzweifelhafte** für die Fälle der unverehelichten G., des Dienstknechts Ludwig Eggert liegt also zunächst darin, daß der Prozeßrichter in einer Angelegenheit erkannt hat, in welcher es ihm absolut an jeder Kompetenz mangelt. Denn wo ein solches durch den Wohnsitz oder Aufenthalt des Vaters zu begründende Rechtsverhältniß zwischen den verschiedenen Kommunen fehlt resp. zur Zeit seines Todes gefehlt hat, da kann demselben auch das Kind nicht folgen, da tritt nach §. 12 eben das **Factum** ein d. h. die factische Anrufung der Armenpflege, welche allein entscheidet und keine weitere Fiction oder Präsumption des Prozeßrichters zuläßt.

Oder — will der höchste Gerichtshof auch hier wieder es als keine „eigentliche Armenpflege" gelten lassen, wenn außer dem Fall des §. 4 des Aufnahmegesetzes d. h. außer dem Fall der wirklichen Arbeits- und Erwerbsunfähigkeit des Hülfesuchenden oder seines gesetzlichen Versorgers die öffentliche Fürsorge nothwendig wird? Will der höchste Gerichtshof mit anderen Worten wirklich die Ansicht vertreten, daß auch der Gesetzgeber einer solchen

---

*) Die Regierungen sind wiederholt und mit vollem Recht von dem Ministerium des Innern (Ministerialblatt für die innere Verwaltung de 1860 S. 38 und de 1861 S. 15) angewiesen, ihre Entscheidungen in Streitigkeiten zwischen verschiedenen Armen-Verbänden nur soweit in resolutorischer Form zu erlassen, als dagegen der Rechtsweg zulässig ist. Es würden sehr viele unnütze Streitigkeiten vermieden werden, wenn diese Vorschrift überall befolgt würde. Hätten sich z. B. in den Fällen der unverehelichten G. und des Tagelöhner Eggert die betreffenden Regierungen, statt das von dem klagenden Armenverband von Berlin beantragte Resolut gegen den Alt-Pommerschen resp. den Kurmärkischen Landarmen-Verband zu erlassen, darauf beschränkt, den Armen-Verband von Berlin durch Verfügung auf §. 12 des Armengesetzes mit dem Bemerken hinzuweisen, daß das durch den Entbindungsfall der unverehelichten G., durch die Unterbringung der verehelichten Eggert resp ihrer Tochter eingetretene Bedürfniß mit dem bestimmten namhaft zu machenden Tage, also in Berlin, und nicht in Altpommern, nicht im Bezirk des Kurmärkischen Landarmen-Verbandes für constatirt zu erachten, so wäre gegen eine solche Feststellung der Rechtsweg unbedingt ausgeschlossen gewesen, und hätte jeder Prozeßrichter nach §. 33 des Armengesetzes eine gegen diese Verfügung gerichtete Klage sofort ebenfalls per decretum wegen mangelnder richterlicher Competenz zurückweisen müssen.

Bedrohung der Existenz, einem solchen **Umkommen** im Elende für Frau und Tochter nur da vorgebeugt wissen will, wo

dieselbe durch die Arbeits- und Erwerbs**unfähigkeit** des Vaters, des Ehemannes im Sinne des §. 4 des Aufnahmegesetzes verursacht worden

und daß, wo es an einer solchen **Ursache** der Noth fehlt, nach dem Willen des Gesetzgebers die zurückgelassene Familie ihrem Elend zu überlassen und deshalb auf alle solche Fälle überhaupt das Armengesetz, also auch der §. 12 desselben nicht anwendbar sei? —

Drittes Kapitel.

Ist bisher nachgewiesen worden, daß die Reihe der vorgetragenen Mißverständnisse wesentlich auf einer Verwechselung der vom Gesetzgeber im Auge gehabten faktischen Noth, der Hülfsbedürftigkeit in concreto mit dem Begriff einer einem solchen Bedürfniß ohnehin nur in einzelnen Fällen zu Grunde liegenden individuellen wirklichen Arbeits- und Erwerbsunfähigkeit, d. h. der qualitativen Verarmung des Hülfesuchenden beruht, so sei es hier noch gestattet, gleichzeitig die Gegenprobe zu machen, um nachzuweisen, wie in Folge dieser Verwechselung beider Begriffe der höchste Gerichtshof umgekehrt hinwiederum in die Lage geräth, da, wo das Gesetz von einer wirklichen Verarmung spricht, das thatsächliche Bedürfniß in concreto zu substituiren.

Im Gegensatz zum Armengesetz, welches nur an einer einzigen Stelle im §. 17 sich des Ausdrucks Verarmung bedient, und hier wie in den sonst überall gebrauchten Ausdrücken: Hülfsbedürftigkeit, Bedürfniß der Armenpflege ꝛc., eben nur den Eintritt der Armenpflege in concreto im Auge hat, bedient sich der §. 5 des Gesetzes über die Aufnahme neuanziehender Personen vom 31. Dezember 1842 und der dieses Gesetz ergänzende Theil des Artikels I. des Ergänzungs-Gesetzes vom 21. Mai 1855 des Ausdrucks: „Verarmung" als Bezeichnung für einen qualitativen persönlichen Zustand, in Folge dessen die öffentliche Unterstützung, also der Eintritt der Armenpflege in concreto nothwendig wird.

Um die Bedeutung dieses hier gebrauchten Ausdrucks im Gegensatz zu der Hülfsbedürftigkeit, zu dem Bedürfniß, von welchem das Armengesetz spricht, richtig zu verstehen, bedarf es ebenfalls nur eines kurzen Hinblicks auf den Wortlaut und die Entstehungsgeschichte des Gesetzes.

Die §§. 4 und 5 des Gesetzes über die Aufnahme neuanziehender Personen lauten:

§. 4.

Denjenigen, welche weder hinreichendes Vermögen noch Kräfte besitzen sich und ihren nicht arbeitsfähigen Angehörigen den nothdürftigen Lebensunterhalt zu verschaffen, solchen auch nicht von einem zu ihrer Ernährung verpflichteten Verwandten zu erwarten haben, kann der Aufenthalt an einem anderen Orte, als dem ihres bisherigen Aufenthalts, verweigert werden.

§. 5.

Die Besorgniß künftiger Verarmung eines Neuanziehenden genügt nicht zu dessen Abweisung, offenbart sich aber binnen Jahresfrist nach dem Anzuge, die Nothwendigkeit einer öffentlichen Unterstützung, **und** weiset die Gemeinde nach, daß die Verarmung schon vor dem Anzuge vorhanden war, so kann der Verarmte an die Gemeinde seines früheren Aufenthaltsorts zurückgewiesen werden.

Diesen §. 5 des Aufnahmegesetzes, der sich allerdings in dem ursprünglich den Provinzial-Landtagen vorgelegten Entwurf des Armengesetzes (§. 3) fast wörtlich fand, schob man, weil er als Beschränkungsgrund der Freizügigkeit überhaupt nicht in's Armengesetz gehörte, aus demselben wieder hinaus und stellte ihn nach verschiedenen Redactions-Veränderungen in unmittelbarer Verbindung hinter den §. 4 des Aufnahmegesetzes, wodurch also der §. 5 (d. h. der ursprüngliche §. 3 des ersten Entwurfs zum Armengesetz) im System seine richtige Stellung und gleichzeitig der darin gebrauchte Ausdruck Verarmung aus dem Inhalt des vorhergehenden §. 4 die richtige Erklärung für das Aufnahmegesetz, nicht aber für das Armengesetz fand.

Bei der Gesetzgebung vom Jahre 1855 ging man nun nach Ausweis der Denkschrift der Staats-Regierung bei Vorlage des Gesetz-Entwurfs von der Ansicht aus, daß nach den gemachten Erfahrungen durch die bestehende Gesetzgebung, wonach

a) unmittelbar mit der Ergreifung des Wohnsitzes bei hinzutretender Meldung die Fürsorgepflicht für die Anzugsgemeinde des neuen Einwohners begründet war (§. 3 resp. §. 1 sub 2 des Armengesetzes),

und wonach

b) trotz dieser mit dem Augenblick der Wohnsitzergreifung bereits begründeten Fürsorgepflicht der Anzugsgemeinde nach §. 5 des Aufnahmegesetzes doch noch freistehen sollte, auch noch während des ersten Wohnungsjahres auf Ausweisung des neuen Einwohners bei der Ortspolizei-Behörde anzutragen, falls sich während dieser Zeit die Nothwendigkeit einer Armenunterstützung offenbarte, und gleichzeitig der Nachweis einer dieser Noth zu Grunde liegenden, bereits an dem früheren Wohnort vorhanden gewesenen Verarmung erbracht wurde,

die Gemeinden nicht gehörig gegen den Andrang lästiger der Verarmung nahestehender Personen geschützt würden.

Diese Erfahrung, welche man gemacht zu haben glaubte, führte nun zunächst dahin den — wenn man es so nennen soll — bestehenden Widerspruch zwischen dem §. 5 des Aufnahmegesetzes und §. 3 des Armengesetzes dadurch zu lösen, daß man

ad a. die Bestimmung des §. 3 des Armengesetzes durch Hinausschiebung des Zeitpunkts der Begründung der Fürsorgepflicht bis nach Ablauf des ersten Wohnungsjahres abänderte, und daß man ferner

ad b. jene Ausweisungsbefugniß nicht mehr von dem Nachweise des Eintritts der öffentlichen Fürsorge als Folge einer bereits vor dem Anzuge bestandenen Verarmung, sondern von dem Eintritt der Nothwendigkeit der Armenunterstützung in Folge einer, wenn auch nur erst an dem neuen Wohnsitz selbst hervorgetretenen Verarmung abhängig machte.

Die ursprüngliche, zunächst der damaligen Ersten Kammer in der Sitzung von 1854/55 übergebene Regierungs-Vorlage lautete nun:

„Art. I. Die Verpflichtung des Ortsarmen-Verbandes zur Fürsorge für einen Armen (der Unterstützungswohnsitz) entsteht in denjenigen Fällen, in welchen sie nach §. 1. Nr. 2 des Gesetzes über die Verpflichtung zur Armenpflege vom 31. Dezember 1842 durch Erwerbung des Wohnsitzes begründet werden soll, fortan nicht mehr sogleich mit dieser Erwerbung, sondern erst dann, wenn der Neuanziehende den erworbenen Wohnsitz Ein Jahr lang fortgesetzt hat.

Offenbart sich vor dem Ablauf dieses Jahres die **Nothwendigkeit einer öffentlichen Unterstützung** des Neuanziehenden, so muß der zur Zeit dieses Ergebnisses zur Fürsorge für ihn verpflichtete Armen-Verband denselben übernehmen."

Es sollte danach also der faktische Eintritt eines einmaligen Unterstützungsbedürfnisses, d. h. also die faktisch hervorgetretene Hülfsbedürftigkeit in concreto innerhalb des ersten Wohnungsjahres ausreichen, um die Anzugsgemeinde im Gegensatz zu der früheren Bestimmung des §. 5 des Aufnahmegesetzes zur Ausweisung zu berechtigen. Die hierin liegende allerdings sehr handgreifliche Gefahr, daß dann durch eine mit der größten Leichtigkeit zu applicirende einmalige Armenunterstützung rücksichtslos der Zuzug jedes mißliebigen oder dem Armensäckel der Gemeinde auch nur entfernt gefährlich scheinenden Individuums verhindert, und somit der in der Preußischen Gesetzgebung anerkannte Grundsatz, daß die bloße Befürchtung einer bevorstehenden Armuth kein Hinderniß der freien Bewegung der Bevölkerung sein dürfe, in das gerade Gegentheil verkehrt werden würde, bewogen ein bekanntes Mitglied der damaligen Ersten Kammer zu dem Amendement Nr. 63 der Drucksachen. Es sollte danach principaliter die ganze Gesetz-Vorlage der Regierung zur schärferen Begrenzung zurückgegeben, eventualiter aber statt der Fassung der Regierungs-Vorlage dem Gesetze die darauf wirklich in dasselbe aufgenommene folgende Fassung gegeben werden:

„Die Verpflichtung des Ortsarmen-Verbandes zur Fürsorge für einen Armen (der Unterstützungswohnsitz) entsteht in denjenigen Fällen, in welchen sie nach §. 1 Nr. 2 des Gesetzes über die Verpflichtung zur Armenpflege vom 31. Dezember 1842 durch Erwerbung des Wohnsitzes begründet werden soll, fortan nicht mehr sogleich mit dieser Erwerbung, sondern erst dann, wenn der Neuanziehende den erworbenen Wohnsitz Ein Jahr lang fortgesetzt hat.

Ergiebt es sich vor dem Ablaufe dieses Jahres, daß der Neuanziehende sich **in einem solchen Zustande der Verarmung** befindet, welcher die öffentliche Unterstützung desselben nothwendig macht, so muß der zur Zeit dieses Ergebnisses für ihn verpflichtete Armen-Verband denselben übernehmen."

Um den Unterschied, auf dem das ganze Gewicht dieses Gegensatzes beruht, hervortreten zu lassen, genügt es, auf die eindringlichen Worte zu verweisen, in denen der Herr Antragsteller in der XIV. Sitzung vom 20. Februar 1855 seinen Antrag motivirte und worin er insbesondere auf die Unzulässigkeit hinwies, aus der factischen Nöthigung die öffentliche Armenpflege anzurufen, auf das Vorhandensein eines Zustandes der Verarmung, d. h. der wirklichen Arbeits- und Erwerbsunfähigkeit zu schließen.

Nachdem nämlich der Herr Antragsteller sich und die erste Kammer, von welcher selbst die Initiative zu der Gesetz-Vorlage ausgegangen war, vor einer Uebereinstimmung mit der Regierungs-Vorlage in dieser Beziehung verwahrt und principaliter seinen Antrag auf Zurückverweisung der Vorlage an die Regierung motivirt hat, fährt er also fort:

„Was ist nun der Grundsatz, mit dem ich mich einverstanden erkläre? Es ist derjenige, der bereits dem §. 5 des Gesetzes über die Aufnahme neu anziehender Personen vom Jahre 1842 entspricht. Derselbe sagt: daß die Besorgniß künftiger Verarmung eines Neuanziehenden nicht genügt, um ihn abzuweisen, daß aber, wenn binnen Jahresfrist die Nothwendigkeit einer öffentlichen Unterstützung sich offenbart, und die Gemeinde nachweist, daß die Verarmung, die also in dem Augenblicke und auch schon früher stattgefunden habe, und nachzuweisen ist, schon vor dem Anzuge vorhanden war, der Verarmte zurückgewiesen werden kann. Das Prinzip also, mit dem ich einverstanden bin, ist: dem vorzubeugen, daß nicht wirklich bereits Verarmte, oder man nenne sie Halbverarmte, wissentlich, absichtlich, dolose, gewissermaßen in eine andere Gemeinde eingeschmuggelt werden, weil mit dem Augenblicke, wo ein solcher den Ort geräumt hat und in einen andern Ort eingetreten ist, der erstere aller Verantwortlichkeit los und ledig ist, und also die Gemeinde den gewissermaßen bereits dem Tode Verfallenen nun noch anderswo hintransportirt, um diese Last von sich zu wälzen. Das ist ein unsittliches Prinzip, was in unserer bisherigen Armenpflege zu verfolgen möglich war. Dem sollte der §. 5 des Gesetzes, welches ich eben citirt habe, begegnen. Ob diesem Uebel überhaupt durch Zurückweisung an den früheren Ort zweckmäßig zu begegnen ist, oder nicht, lasse ich dahin gestellt; aber jedenfalls ist erwiesen, daß auf dem Wege des §. 5 der bisherigen Gesetzgebung demselben so selten zu begegnen war, daß auf der einen Seite darin allerdings ein sehr geringer Schutz dagegen lag, daß Gemeinden sich der halb oder ganz Verarmten entledigten, auf der anderen Seite aber auch alles das, was sich jetzt gegen die Vorlage der Regierung und gegen die Vorschläge der Kommission sagen läßt, in unendlich geringem Maße zur Anwendung kam, weil eben der §. 5 des Gesetzes von 1842 praktisch so gut wie keine Wirksamkeit hatte. Er forderte einen Beweis, der überaus selten angetreten wurde, daß nämlich Jemand bereits nicht blos gegenwärtig, sondern schon im vorigen Jahre an einem dritten Orte verarmt gewesen sei; alle Uebelstände, die mit der Zurückverweisung verknüpft sein würden, und auf die ich später komme, traten deshalb bisher in gar keinem erheblichen Maße hervor. Alle diese würden aber in einem nach meiner Meinung der Tendenz des Gesetzes diametral entgegenstehenden Maße auftreten, wenn man den Art. I. annähme. Mit dem Prinzipe also, daß eine Gemeinde einen ganz oder halb Armen, den sie bei sich hat, nicht durch unerlaubte Mittel einer anderen Gemeinde soll obtrudiren können, bin ich einverstanden. Dieses Prinzip hat auch die Erste Kammer im vorigen Jahre nur im Auge gehabt. Denn sie sagt:

„„tritt vor Ablauf dieses Zeitraumes die Verarmung ein, so ist die Unterstützung von derjenigen Gemeinde zu übernehmen, in welcher der Verarmte vor dem Neu-Anzuge gewohnt hat.““

Sie ist daher, glaube ich, der Ansicht gewesen, daß, wo eine wirkliche Verarmung eintritt, sie häufig und in der Regel schon vor länger als Jahresfrist begonnen hat, die „Verarmung“, unter der Jeder, obgleich dies sprachlich ein sehr weiter Ausdruck ist, dennoch durch den Sprachgebrauch sehr wohl weiß, was er darunter zu verstehen hat, nämlich, wenn der Mensch nicht mehr hat zu leben, nicht mehr sich und die Seinigen zu kleiden, keine Vorräthe besitzt, wenn seine Kinder, der Vater, die Mutter selbst zerlumpt und zerrissen einhergehen, wenn sie die Privat-Wohlthätigkeit Tag für Tag in Anspruch nehmen: das nennt man „Verarmung“. Sie brauchen sich noch nicht an die öffentliche Wohlthätigkeit gewendet zu haben und können doch verarmt sein, und andererseits kann eine Familie nicht verarmt sein, und ihre Mitglieder können doch aus nahe liegenden Gründen, sich an die Commune wendend, sagen: heile mich, ich bin krank, gieb mir heute Brot, ich bin nicht im Stande gewesen zu arbeiten, oder habe heute keine Arbeit gefunden, gieb mir eine Klafter Holz, mich friert, — ehe ich bettele, wende ich mich an Dich! Meine Herren, zwischen „Verarmung“ und einmaliger öffentlicher Unterstützung liegt ein großer Unterschied, und die vorjährige Kammer hat den richtigeren Ausdruck gewählt.

Jenes Prinzip nun, meine Herren, gegen das ich nichts habe, das ist, wie mitunter geschieht, vielleicht durch zu viele Berathung jetzt in einer Form, in einer Beschränkung vor uns gekommen, daß ich, nach noch so reiflicher Erwägung und Prüfung, ohne alles Interesse weder für Stadt und Land, noch — wahr und wahrhaftig nicht — für irgend ein engeres gutsherrliches Interesse, daß ich nach meiner Ueberzeugung es aussprechen muß: daß, wenn der Artikel so in die Welt geht, es eine Kalamität für unser Armenwesen würde, — daß er nicht zur größeren Sittlichkeit, sondern zur Entsittlichung führen muß.“

Nachdem sodann der Redner darauf hingewiesen, daß das zweite Alinea des Art. I. nicht sowohl als eine Ergänzung zum Gesetz über die Armenpflege als vielmehr zum Gesetz über die Aufnahme neuanziehender Personen zu betrachten sei, und nachdem er die Bedeutung gerade dieses Theils des Gesetzes hervorgehoben, weil derselbe

„in das Gemeindewesen, in das Niederlassungswesen, in das Gewerbewesen, in die ganzen Verhältnisse der Arbeitgeber zu den Arbeitnehmern, in alle diese Dinge tief und folgereich hineingreife“ —

schildert er die Schäden des Gesetzes für Stadt- und Landgemeinden resp.

Gutsherrschaften und wendet sich sodann gegen den Schluß der Rede mit folgenden Worten zu der eigentlichen Bedeutung des Gesetzes für die Bevölkerung selbst:

„Ich möchte aber doch darauf aufmerksam machen, daß in den Vorträgen, die wir bisher über Art. I. gehört haben, sehr viel über das Interesse der Armen-Verbände, sehr viel über die Unbilligkeit, die man dieser oder jener Gemeinde ansinnt, gesagt worden ist; aber, meine Herren, ich habe vergeblich gehorcht, ob ich nicht auch ein Wort darüber hörte: was wird nach diesem Artikel aus den **Armen**, wie befinden sich denn die **Menschen** dabei? und es erscheint mir doch, daß dies auch einer und nach meiner Meinung der wesentlichste Punkt bei jeder Frage der Armenpflege ist. Glaubt man nun, daß diese arbeitende Klasse, die oft wirklich und zum großen Theil ohne ihre Schuld, nach Gottes Ordnung so dasteht, daß sie die freiwillige Hülfe ihrer Mitmenschen, oder die öffentliche Hülfe in Anspruch nehmen muß, glauben Sie, meine Herren, daß diese Klasse sich besser befinden wird bei diesem Artikel?

Der Arme, oder der, welcher hier unter die Kategorie des Armen gesetzt wird, während er vielleicht nicht arm im Sinne der bisherigen Gesetze ist, der geht durch fehlerhafte Bestimmungen zu Grunde; darum ist jene Maßregel, die ihn trifft, auch und vorzüglich aus diesem Gesichtspunkte aufzufassen. Und was bestimmt nun der Art. I.? Die Nothwendigkeit einer einmaligen öffentlichen Unterstützung genügt danach, um dem Menschen, der bis dahin ehrlich und thätig und ohne irgend Anderer Hülfe zu bedürfen, durch die Welt gekommen ist, zu sagen: Du packst Dich auf und gehst dahin, woher Du gekommen bist! —“

Wenn also der Herr Antragsteller, hiergegen ankämpfend, principaliter die Rückgabe der Regierungs-Vorlage in ihrer von der Kommission befürworteten Fassung an die Staats-Regierung, eventualiter aber wenigstens seinen obigen Verbesserungs-Vorschlag zur Annahme empfiehlt, wonach nicht

„der bloße Eintritt der **Nothwendigkeit einer öffentlichen Unterstützung**, sondern nur der Eintritt eines **solchen Zustandes der Verarmung**, welcher die öffentliche Unterstützung nothwendig macht,“

im ersten Wohnungsjahre des Neu-Anziehenden die Anzugsgemeinde zur Ausweisung berechtigen sollte, und wenn die erste Kammer in Folge dessen jene von dem Herrn Antragsteller bekämpfte Regierungsvorlage **verwarf** und den eventualiter gestellten Verbesserungsantrag in der dem Gesetze wirklich gegebenen und durch alle ferneren Stadien der Legislatur bis zur Publication beibehaltenen Fassung **annahm**, so durfte sowohl die Absicht des Gesetzgebers als das in unsere practisch socialen Verhältnisse tief eingreifende Gewicht des Unterschiedes zwischen dem factischen Eintritt der Armenpflege und dem Begriff der Verarmung bei Auslegung des Artikel I. des Ergänzungsgesetzes mit Schärfe zu Tage treten.

Sollen wir nun hier noch, um die sociale und politische Bedeutung der Frage hervorzuheben, darauf hinweisen, welche Mißverständnisse sofort nach dem Erscheinen des Gesetzes jene von dem Herrn Antragsteller selbst nur als ultimum refugium im Gegensatz zur Regierungs-Vorlage vorgeschlagene Fassung des Artikels I. bei Communal- und sonstigen Behörden erfahren hat, die sich in ihren Hoffnungen, auf Grund des Artikels I. des Ergänzungsgesetzes sich ohne alles Weitere jeder mißfälligen Persönlichkeit entledigen zu können, sobald für dieselbe der Eintritt der öffentlichen Armenpflege innerhalb des ersten Wohnungsjahres nothwendig geworden, getäuscht sahen?

Auch hier bedarf es nur eines kurzen Hinweises darauf, daß, wenn auch, wie nicht verkannt werden kann, von dem Herrn Antragsteller in seiner Rede mehr eine Schilderung des Zustandes, als eine principielle Abgrenzung des Begriffs der Verarmung gegeben worden, doch zur Erläuterung dieses Begriffs jener uns bereits bekannte §. 4 des Aufnahmegesetzes unverändert stehen geblieben ist, wonach nur derjenige, dem es an dem hinreichenden Vermögen, und gleichzeitig an den erforderlichen Kräften fehlt, für sich und die Seinigen den nöthigen Unterhalt zu beschaffen, in der Wahl seines Aufenthals beschränkt werden darf. Diesen Zustand bezeichnete der §. 5 des Aufnahmegesetzes mit dem Ausdruck „Verarmung" und diesen Begriff stellte die Legislatur von 1855 durch Verwerfung der ursprünglichen Regierungsvorlage und durch die Annahme jenes Amendements im Alinea 2. des Artikel I. also wieder her.

Auf diese gesetzliche Grundlage gestützt, hat nun das Ministerium des Innern consequent die Polizei-Behörden dahin angewiesen nur soweit dem Andringen der Anzugsgemeinde auf Rückweisung Neuanziehender zu entsprechen, als dieselben sich in einem eventualiter ärztlich festzustellenden Zustande physischer Arbeits- und Erwerbsunfähigkeit befänden, und daß aus der blos zeitweis innerhalb des ersten Wohnungsjahres nothwendig gewordenen Verabfolgung von Armen-Unterstützungen oder blos aus der moralischen Verkommenheit ohne den gleichzeitigen Nachweis physischer Erwerbs- und Arbeitsunfähigkeit ein Schluß auf die Verarmung im Sinne des Art. I. des Gesetzes vom 21. Mai 1855 schlechterdings unzulässig sei.

Sehr wesentlich trug übrigens zu diesen Mißverständnissen der Localbehörden der Umstand bei, daß man, statt dem Verlangen des Herrn Antragstellers zu folgen und das 1ste und 2te Alinea des Artikel I. in zwei gesonderte Artikel zu fassen, durch eine offenbare Verbesserung in pejus beide Bestimmungen, von denen die eine ja eben eine Ergänzung des §. 1 und §. 3 des Armengesetzes, die andere eine Ergänzung des §. 5 des Aufnahmegesetzes bildete, in einen Artikel zusammen warf. Wenn man nun auch bei der späteren Berathung des Gesetzes in der II. Kammer, in Anerkennung dieses Umstandes, die Ueberschrift des Gesetzes dahin änderte, daß man es gleichzeitig als Ergänzungsgesetz zum Armengesetz und zum Gesetz über die Aufnahme neuanziehender Personen bezeichnete, so ist es doch jedenfalls viel verlangt, wenn die Local-Behörden bloß aus der Ueberschrift herauslesen sollen, an welcher Stelle das Gesetz die vermögensrechtlichen Bestimmungen des Armengesetzes, und an welcher Stelle es die polizeilichen Bestimmungen des Aufnahmegesetzes zu ergänzen bestimmt ist.

Man vergleiche hierüber die als [**Anl. H I, H II, H III,**] angeschlossenen

Rescripte des Ministerium des Innern vom 25. Februar 1860, v. 11. Januar 1861, v. 4. Januar 1862.

Dies sind die Thatsachen, von denen sich Jedermann aus den amtlichen stenographischen Berichten der I. Kammer über die Sitzung vom 20. Febr. 1855, sowie aus dem Wortlaut des Gesetzes genügende und authentische Ueberzeugung verschaffen kann.

Wie ist es nun mit diesen Vorgängen in Einklang zu bringen, wenn der Erste Senat des Königlichen Ober-Tribunals in dem bereits in unserer Einleitung erwähnten Erkenntniß vom 24. Oktober 1862 (Strieth. Arch. Bd. 48. S. 42.) wörtlich sagt:

„Wer sich selbstständig an einem Orte niederlassen will, hat sich nach den §§. 1, 4, 8 des gleichzeitigen Heimathsgesetzes zu diesem Zweck bei der Orts-polizei-Behörde zu melden, und behufs seiner „Selbstständigkeit" nicht blos seine Großjährigkeit, sondern auch die Mittel und Kräfte seiner Erwerbsfähigkeit nachzuweisen. Gelingt ihm solches und ergiebt sich nicht schon im ersten Jahr des Aufenthalts seine **Hülfsbedürftigkeit**, so hat er nach Art. I. ꝛc. den Wohnsitz erworben und mit demselben den daraus resultirenden Unterstützungswohnsitz oder den Anspruch auf Gemeindefürsorge im Falle späterer Verarmung. —"

und wenn wir ferner in dem Erkenntniß desselben Gerichtshofes vom 23. November 1860 (Strieth. Arch. Bd. 40. S. 69.) wörtlich folgendes lesen:

„Die Gesetzgebung hat das Prinzip der Freizügigkeit begünstigt und erwogen, wie schwer es der **jüngeren** (!) Gemeinde gewöhnlich ist, eine Verarmung des Neuanziehenden in der Vorzeit zu erweisen, und wie leicht es andererseits der älteren (!) Gemeinde ist, der **jüngeren** Gemeinde diesen Beweis zu erschweren. Sie hat daher der jüngeren Gemeinde jenen schwierigen Beweis erlassen und zu Gunsten der jüngeren Gemeinde der Vermuthung Raum gegeben:

daß Derjenige, welcher binnen Jahresfrist **der öffentlichen Unterstützung bedürftig** wird, schon vor seinem Anzuge ein Armer gewesen sei."

Auch das Plenum des höchsten Gerichtshofes sagt in den Gründen des Erkenntnisses vom 6. Januar 1862 (Entscheidungen Bd. 46. S. 4) wörtlich:

Nach §. 5 in Verbindung mit Artikel I. des zur Ergänzung beider vorstehend behandelten Gesetze ergangenen Gesetzes vom 21. Mai 1855 (Ges. S. S. 311) darf ferner der Aufgenommene, wenn sich binnen Jahresfrist **die Nothwendigkeit seiner Unterstützung aus öffentlichen Mitteln offenbart**, an den früheren Aufenthaltsort zurückgewiesen werden.

Hier wird also vom höchsten Gerichtshof die von den legalen Factoren der Gesetzgebung ausdrücklich **verworfene** Regierungs-Vorlage **pure wiederhergestellt**, wonach schon der Eintritt der Nothwendigkeit der öffentlichen Unterstützung, der Hülfsbedürftigkeit im Sinn des Armengesetzes im ersten Wohnungsjahr an sich genügen sollte, um den neuen Einwohner wieder auszuweisen.

Nicht uninteressant ist es hierbei zu erfahren, daß, während der Herr Antragsteller in seiner oben bereits citirten Rede, um die demoralisirende

Wirkung einer solchen Bestimmung hervorzuheben, wörtlich von derselben unter andern sagt:

„Aber, meine Herren, der Freizügigkeit, wenn ich so sagen darf, einen **Streifschuß** zu geben, wie es im Art. I. der Fall ist, ohne irgend eine Sicherheit nach der andern Seite hin, das ist eine Prinziplosigkeit, das ist eine indirekte **Durchlöcherung** der Freizügigkeit ohne irgend einen Vortheil —"

der **Erste Senat des Königl. Ober-Tribunals** in einer solchen Bestimmung eine **Begünstigung** der Freizügigkeit erblickt.*)

Dem Herrn Antragsteller müssen wir es freilich überlassen, wie weit er seine Ansichten über das Wesen der Freizügigkeit hiernach zu berichtigen für nöthig finden sollte. Für uns aber dürfte hierin, da die Autorität des höchsten Gerichtshofes die Annahme verbietet, es sei demselben die Ent-

---

*) Wie erfreut werden die Mitglieder des sogenannten schlesischen Städtetages sein, welche in ihrer Versammlung von 1863 das Bedürfniß zu einer Abänderung der Novelle vom 21. Mai 1855 u. A. durch Annahme folgender Resolution anerkannten:

„Der Zustand der Verarmung, welcher zur Zurückweisung des Angezogenen in den verpflichteten Armen-Verband berechtigt, muß als vorhanden angenommen werden, wenn die Nothwendigkeit einer öffentlichen Unterstützung, z. B. Gewährung von Freischule, auch nur in einem einzelnen Falle hervorgetreten ist ꝛc."

wenn sie hören, daß sowohl Senat wie Plenum des höchsten Gerichtshofes ihren legislativen Wünschen bereits judicando entgegen gekommen sind!

Der Arbeiter also, — dem fortwährend die allein rettenden Folgen der Selbsthülfe und Fortbildung vorgehalten werden, dem jedoch, wenn er sich ja einmal erlaubt zu fragen, wie es ihm möglich sein solle, bei seinem geringen Verdienst zu sparen, und Muße zu seiner Fortbildung zu gewinnen, hierauf geantwortet wird und selbstverständlich auch geantwortet werden **muß**:

Schwer sei's freilich, darben und sich mühen müsse man, aber anders, als durch Mühe und Opfer und eigene Kraft komme Niemand empor —

dieser Arbeiter also, welcher *wirklich* darbt und sich müht, der aber durch plötzliche Unglücksfälle, vor denen ihn die Genossenschaft auf der einen Seite, oder gar die Staatsgarantie und die Arbeits-Inspectoren auf der anderen Seite doch wohl schwerlich in jedem Augenblick werden schützen sollen, in die Lage geräth, zur Gemeinde zu sagen:

mir ist meine Frau, mein Kind gestorben, das Letzte, was ich hatte, ist in der Krankheit draufgegangen, Gemeinde, bezahle den Sarg! — oder: verstatte mein Kind zur Freischule, denn ich kann für den nächsten Monat das Schulgeld nicht bezahlen,

was antwortet ihm der Gemeinsinn der Auserwählten seiner Mitbürger?

Dort ist unser Thor, dort steht unser Pfahl, d. h. also: Du packst Dich auf und gehst dahin, woher Du gekommen bist.

Wie weit hiernach unsere Volkswirthe von Profession oder gar der Vorstand des Vereins für das Wohl der arbeitenden Klassen an den legislatorischen Beruf des Schlesischen Städtetages zu glauben geneigt sein sollten, darauf wollen wir hier nicht weiter eingehen. Nur Eins will der Verfasser hier constatiren. Für ihn war bisher, wie er wiederholt offen bekennt, der Ausdruck: *Heimaths-Recht* ein juristisches und logisches Räthsel, und erst, als ihm der Wortlaut jener menschenfreundlichen Resolution in authentischer Form vorlag, da stand es klar und verständlich geschrieben: Das Heimaths-Recht des deutschen Arbeiters ist das Hinauswerfungs-Recht in den Händen seiner Bürgermeister.

stehungsgeschichte des Gesetzes völlig fremd geblieben, von Neuem der Beweis liegen, daß er auch hier wieder den begrifflichen Unterschied zwischen

a. der Hülfsbedürftigkeit, der Nothwendigkeit der öffentlichen Unterstützung, dem Eintritt der Armenpflege auf der einen Seite

und zwischen

b. der persönlichen Erwerbs- und Arbeitsunfähigkeit, der qualitativen Verarmung auf der andern Seite

in gleicher Art wie oben bei Auslegung des §. 1 sub 3 resp. 12 des Armengesetzes außer Augen läßt. Während er dort statt der vom Gesetze im Auge gehabten Hülfsbedürftigkeit statt des Eintritts der Armenpflege den Begriff der qualitativen Verarmung unterstellte, substituirt der höchste Gerichtshof hier, wo das Gesetz alles Gewicht auf den Nachweis der qualitativen **Verarmung** legt, wieder die Hülfsbedürftigkeit, die Nothwendigkeit der Unterstützung, den Eintritt der Armenpflege.

Diesen Unterschied und die auf demselben basirten Grundsätze der Verwaltungsbehörden zu beachten, dürfte aber um so mehr Veranlassung für den höchsten Gerichtshof vorliegen, als er selbst in seinem Erkenntniß vom 5. December 1856 (Strieth. Arch. Bd. 23. S. 106.) wörtlich von den §§. 8—11 des Gesetzes über die Aufnahme neuanziehender Personen sagt,

„sie seien als reine Polizeigesetze anzusehen.“

Ist dies der Fall und hat, was nach dem Wortlaut des §. 10 a. a. O.*) nicht wohl bezweifelt werden kann, die Ortspolizei-Behörde im polizeilichen Wege darüber zu entscheiden, ob dem Anziehenden der Aufenthalt an einem Orte zu gestatten oder zu verweigern ist, so dürften auch wohl diejenigen Vorschriften, welche die Polizei-Behörde hierbei zu befolgen hat, als Polizeigesetze zu betrachten sein. Das dabei obwaltende Interesse der Commune kommt hierbei nur soweit zur Sprache, als dadurch nicht das aus allgemeinen politischen Gründen vom Staate anerkannte und von ihm und seinen Organen ex officio wahrzunehmende Recht der Freizügigkeit in seinen gesetzlichen Grenzen §§. 1—6 a. a. O. alterirt wird. Zu diesen gesetzlichen Beschränkungen der Freizügigkeit gehört nun eben die Bestimmung der §. 4 und §. 5 des Aufnahmegesetzes resp. das den letzteren abändernde Alinea 2 des Artikels I. des Ergänzungsgesetzes.

Die letztgedachte Bestimmung hat also in der That ihrer Natur nach einen polizeilichen Charakter und ist insofern, wie der Herr Antragsteller oben mit Recht hervorhob, gegen den Einwohner selbst gerichtet, über dessen Verbleiben oder Ausweisung ausschließlich die Orts-Polizei-Behörde eventualiter nach Anhörung der Gemeinde zu entscheiden hat.

In dieser polizeilichen Natur der Bestimmung wird selbstredend dadurch

---

*) §. 10 a. a. O. lautet:
„An den Orten, wo die Polizei-Obrigkeit von dem Gemeindevorstande getrennt ist hat die Erstere vor der Entscheidung darüber, ob dem Neuanziehenden der Aufenthalt zu gestatten sei, den Gemeindevorstand mit seiner Erklärung zu hören.“

nichts geändert, daß der Gesetzgeber den „zur Zeit eines solchen Ergebnisses fürsorgepflichtigen Armen-Verband zur Wiederaufnahme des Beamten verbunden“ erklärt. Die Frage, ob und welcher Armen-Verband in einem solchen Ausweisungsfall als materiell fürsorgepflichtig in Anspruch genommen werden kann, richtet sich selbstverständlich lediglich nach den materiellen Rechtsnormen des Armengesetzes und dem hierzu ergangenen ersten Alinea des Artikels I. des Ergänzungsgesetzes und beruht die ausdrückliche Erwähnung der Aufnahmepflicht des pflegeschuldigen Armen-Verbandes in dem zweiten Alinea des Artikels I. lediglich darauf, daß es bereits nach §. 25 des Armengesetzes verboten ist, die polizeiliche Ausweisungsmaaßregel nach §. 5 des Aufnahmegesetzes eher zur Ausführung zu bringen, als bis enventualiter durch resolutorische Entscheidung festgestellt worden, an welchen Ort als den pflegeschuldigen Armen-Verband der wegen Verarmung Auszuweisende gewiesen werden kann, mit anderen Worten, es soll dem nutzlosen und vergeblichen Hin- und Hersenden der die öffentliche Fürsorge anrufenden Personen auf der Landstraße bei Ausübung der Ausweisungsbefugniß des §. 5 des Aufnahmegesetzes und resp. der hierzu ergangenen Ergänzung des Artikels I. vorgebeugt werden.

Ob eine Polizei-Behörde im einzelnen Fall diesen Vorschriften des Gesetzes über die Aufnahme neuanziehender Personen und der hierzu ergangenen Abänderung des zweiten Alinea des Artikels I. des Ergänzungsgesetzes gemäß oder denselben zuwider gehandelt hat, darüber hat also ausschließlich die derselben vorgesetzte Dienstbehörde, niemals aber der Prozeßrichter zu befinden. Beruht nun obenein, wie wir gesehen haben, die vom höchsten Gerichtshofe dem Artikel I. gegebene Auslegung auf jener unbestreitbaren Verwechselung zwischen der Hülfsbedürftigkeit im Sinne des Armengesetzes und der qualitativen Verarmung, so werden die executiven Verwaltungs-Behörden mit ihren täglich zu erfüllenden Pflichten in ein Dilemma zwischen den ihnen ertheilten mit der Bedeutung des Gesetzes in engster Uebereinstimmung stehenden Anweisungen ihrer vorgesetzten Dienstbehörde und den davon völlig abweichenden richterlichen Entscheidungen geworfen, daß in der That ein solcher Zustand völlig unaushaltbar und die Schreiberei und Zänkerei zwischen den Communen und Polizei-Behörden bis ins Unerträgliche gesteigert wird.

Zweites Buch.

Viertes Kapitel.

Bevor wir nun den Versuch machen, uns eine Antwort des höchsten Gerichtshofes über die Frage zu erholen, welchen Einfluß die Arbeits- und Erwerbsunfähigkeit, die Verarmung, die permanente Hülfsbedürftigkeit auf das Entstehen und resp. das Erlöschen der communalen Fürsorge-Verpflichtung im Sinne des Armengesetzes hat, erscheint es nothwendig, zuvor nochmals an die bereits in der Einleitung hervorgehobene Bedeutung des §. 1 des Armengesetzes überhaupt zu erinnern, und auf die Mißverständnisse aufmerksam zu machen, welche lediglich durch willkürlichen Sprachgebrauch sich über diesen elementaren juristischen Begriff verbreitet haben.

Die vermögensrechtlichen Bestimmungen des Armengesetzes und besonders der §. 1 desselben constituiren, wie wir gesehen haben, keinerlei Rechtsverhältniß zwischen der betreffenden Gemeinde und dem einzelnen Einwohner. Dieses Verhältniß des Einzelnen zur Corporation, wird durch völlig andere mit der Armenpflege in keinerlei Beziehung stehende Gesetze geregelt. Das Armengesetz constituirt nur Rechtsverhältnisse zwischen verschiedenen Armen-Verbänden, also zwischen juristischen Personen, deren gegenseitige Verpflichtung resp. Berechtigung abhängig gemacht wird von der Handlung eines Dritten, welcher nach seiner freien Wahl unter Beobachtung gewisser gesetzlicher Formen an einem Orte Wohnsitz ergreift und denselben ein Jahr lang fortsetzt resp. drei Jahr lang nach erreichter Großjährigkeit an einem Orte seinen Aufenthalt behält. Diese dritte physische Person ist also bei dem durch ihren Wohnsitz resp. Aufenthalt begründeten Rechtsverhältniß rechtlich völlig unbetheiligt.

Will man also von einem Armen-Domicil, Unterstützungswohnsitz sprechen, so besitzt ein solches Armen-Domicil der Reiche wie der Arme. Es wäre an sich also gar kein Grund vorhanden, der Thatsache des einjährigen Wohnsitzes resp. des dreijährigen Aufenthalts einer Person das Epitheton: „Armen-Domicil", „Unterstützungswohnsitz" zu geben, da doch wahrlich nicht alle die Millionen Menschen, welche ein Jahr und länger an einem Orte gewohnt resp. drei Jahr und länger an einem Orte ihren Aufenthalt gehabt haben, jemals der öffentlichen Armenpflege bedürfen werden, und **wenn** sie derselben jemals bedürfen sollten, **doch** niemals und unter keinen Umständen ihrerseits aus dem §. 1 irgend einen Anspruch gegen einen bestimmten Armen-Verband herzuleiten vermöchten, vielmehr, wie wir in der Einleitung gesehen haben, nur im polizeilichen Wege an die Communal-Behörde ihres augenblicklichen Aufenthalts gewiesen werden können, ohne jede Rücksicht darauf, ob dieser Gemeinde auch eine materielle Verpflichtung nach §. 1 obliegt oder nicht *). Glaubt diese Commune ihrerseits, daß nach den Aufenthalts- und Wohnungsverhältnissen 2c. der betreffenden Person nicht sie, sondern ein anderer Armen-Verband verpflichtet sei, so ist es **ihr** überlassen und bleibt es **ihrem Willen** anheim gestellt, **ob** und **welchen** anderen Armen-Verband sie wegen Kosten-Erstattung resp. Abnahme der Fürsorge auf Grund des §. 1 in Anspruch nehmen zu können glaubt.

Leider haben die früheren Bemühungen des Verfassers, vor den mit solchen fehlerhaften Benennungen verbundenen Mißverständnissen zu warnen, keinen Erfolg gehabt, und er sieht sich daher zu seinem Bedauern genöthigt, hier eingehender und nachdrücklicher auf die Unzulässigkeit einer solchen willkürlichen Benennung, welche das Gegentheil von dem ausdrückt, was sie ausdrücken soll, hinzuweisen.

Wie bereits oben im zweiten Kapitel erwähnt worden, debattirte man bei Berathung des Gesetzes vielfach darüber, ob dem Armengesetz eine förmliche Erklärung des Begriffs der Armuth vorauszuschicken sei. In Uebereinstimmung nun mit den in den Gründen des Plenarbeschlusses vom 21. Februar 1853 vom höchsten Gerichtshof excerpirten Motiven, erklärte sich insbesondere das Staatsministerium gegen jede solche Definition und zwar erstens: weil es dieselbe an sich für überflüssig hielt, sodann

„zweitens, weil trotz aller Vorsicht doch immer zu besorgen bleibe, daß daraus eine **dunkle Vorstellung** von einem Recht des Armen sich entwickeln möchte."

Wenn sich nun **diese** Besorgniß des Staats-Ministeriums und zwar leider keineswegs bei den von ihm damals im Auge gehabten Klassen der Bevölkerung, wie wir gesehen haben, mehr als genugsam bewahrheitet hat, und wenn der Verfasser, zur Begegnung solcher **„dunklen Vorstellungen"** von einem Recht des Armen, immer und immer wieder gegen die Anwendung der Ausdrücke: „Heimathsgesetz, Unterstützungswohnsitz, Hülfsdomicil, Armendomicil, Ortsangehörigkeit" in der Gesetzgebung, sowie in der Correspondenz und den Entscheidungen der Verwaltungsbehörden und der Gerichte ankämpft,

---

*) Warum bezeichnet man denn die übrigen Thatsachen, durch welche die gleiche Verpflichtung der Gemeinde für ein Individuum erzeugt wird, die Verheirathung, die Adoption 2c., die Geburt nicht auch mit dem gleichen Epitheton? Niemand wird leugnen können, daß mit demselben Recht, mit dem man die Wirkung des einjährigen Wohnsitzes, des dreijährigen Aufenthalts, den **Unterstützungswohnsitz**, **Hülfsdomicil** 2c. nennt, man ebenso gut jede Ehe eine **Unterstützungsehe**, jede Geburt eine **Hülfsgeburt** u. s. w. nennen könnte.

so werden folgende Beispiele genügen, um zu beweisen, daß diesem Verlangen keine bloße Pedanterie zu Grunde liegt.

A. Während, wie wir gesehen haben, der Erste Senat des Königl. Ober-Tribunals mit einer gewissen Vorliebe den Ausdruck **Heimathsgesetz** auf das Gesetz über die Aufnahme neu anziehender Personen anwendet, welches die Einschränkungen zum Gegenstande hat, denen die Begründung einer künftigen Heimath an einem Orte unterworfen ist, bezeichnen andere Gerichtshöfe mit derselben Vorliebe das Armengesetz als: Heimathsgesetz, wodurch denn freilich sich eine Reihe von Mißverständnissen erklärt, die das Ministerium des Innern consequent, wiewohl vergeblich, gegen solche Autoritäten zu bekämpfen sich bemüht hat. Man vergleiche z. B. das Ministerial-Reskript vom 28. August 1845 [**Anl. J.**], in dem ausgeführt wird, daß das Armengesetz kein Heimathsgesetz ist, daß der Ausdruck Ortsangehörigkeit keine andere Bedeutung haben kann, als die vermögensrechtliche Pflegeverbindlichkeit einer Gemeinde im Verhältniß zu einer anderen Gemeinde.

Woher nun diese, beiden Gesetzen vom 31. Dezember 1842 völlig fremde Bezeichnung, in den Erkenntnissen unserer höchsten Gerichtshöfe und zwar von dem einen auf das Gesetz über die Aufnahme neu anziehender Personen angewendet, von anderen auf das Gesetz über die Verpflichtung zur Armenpflege? — auf welches von ihnen soll denn nun dieser Ausdruck passen, oder — paßt er vielleicht auf Keines von Beiden?

B. Aber auch die Ausdrücke: „**Unterstützungswohnsitz, Armendomicil, Hülfsdomicil,**" kennt das Armengesetz, wie wiederholt erwähnt worden, gar nicht.

Zum ersten Male bedient sich das Gesetz vom 21. Mai 1855 im Art. I. und Art. II. des Ausdrucks: Unterstützungswohnsitz, und stellt ihn, wie wir gesehen haben, in Parenthese gleich der Verpflichtung zur Fürsorge des Orts-armen-Verbandes für einen Armen.

Außerdem findet sich der Ausdruck „Unterstützungswohnsitz", nur noch einmal, nämlich in dem Gesetz vom 14. Mai 1860 (Ges.-Samml. S. 237) betreffend das städtische Einzugsgeld ꝛc.

Hier hießt es in §. 4 wörtlich:

Von der Zahlung des Einzugsgeldes kann die Gestattung der Niederlassung und des ferneren Aufenthalts abhängig gemacht werden, mit Ausnahme derjenigen Fälle, wo:

1) der Zahlungspflichtige zur Zeit der ersten Zahlungsaufforderung bereits den Unterstützungswohnsitz (§. 1 des Gesetzes über die Verpflichtung zur Armenpflege vom 31. Dezember 1842 und Art. I. des Gesetzes vom 21. Mai 1855) erworben hat, ꝛc.

Es würde danach diese Bestimmung des §. 4 des Gesetzes vom 14. Mai 1860 an sich zwar immerhin der Bedeutung des Armengesetzes widersprechen, welches keinen prozessualischen oder außerprozessualischen Modus kennt, wie diese so oft streitige Frage zwischen dem Einwohner und der Gemeinde zum Austrag gebracht werden soll, — es würde aber dieser §. 4 des Gesetzes vom 14. Mai 1860 wenigstens seiner Absicht nach dahin zu erklären sein, daß das Recht einer Gemeinde, die Gestattung des Aufenthalts von der Zahlung des Einzugsgeldes abhängig zu machen, durch Verjährung erloschen sein würde, wenn der Zahlungspflichtige

entweder

nach vorhergegangener polizeilicher Meldung ein Jahr im Orte gewohnt,

oder

nach erreichter Großjähigkeit drei Jahr lang daselbst seinen gewöhnlichen Aufenthalt gehabt hätte.

Ist nun auch in der That kein Grund ersichtlich, diese Thatsache des einjährigen angemeldeten Wohnsitzes oder dreijährigen Aufenthalts resp. dreijährigen nicht angemeldeten Wohnsitzes in dem vorliegenden Gesetze als Unterstützungswohnsitz zu bezeichnen, da die Nichtbezahlung des Einzugsgeldes an sich etwas völlig Verschiedenes von dem Empfang einer Armenunterstützung ist, so würde doch in vorstehender Art wenigstens die Absicht des Gesetzes sich erkennen lassen.

Nun aber giebt es noch einen anderen Paragraphen in demselben Gesetz, welcher von der Verjährung des Einzugsgeldes 2c. spricht. Derselbe (§. 9) lautet:

„Hinsichtlich der Verjährung und der Reclamationen findet das Gesetz vom 18. Juni 1840, jedoch nur mit der Maaßgabe Anwendung, daß die nicht zur Hebung gestellten Einzugs- und Bürgerrechts- oder Einkaufsgelder erst in zwei Jahren nach Ablauf desjenigen Jahres, in welchem die Zahlungsverbindlichkeit entstanden ist, verjährt."

Da nun die Verbindlichkeit, das Einzugsgeld zu zahlen, nach §. 2 sub 1 des Gesetzes resp. §. 3 der Städte-Ordnungen lediglich mit der faktischen Ergreifung des Wohnsitzes, also auch ohne hinzugetretene Meldung, beginnt, so heißt dies mit anderen Worten:

1) Das Recht, das (nicht zur Hebung gestellte) Einzugsgeld zu erheben, also das jus principale selbst verjährt nach **zweijährigem** Wohnsitz von Beendigung des Anzugsjahres ab (§. 9).

2) Das Recht wegen des nicht gezahlten Einzugsgeldes, das Individuum auszuweisen, also das jus accessorium, verjährt nach §. 4

a) im Falle des angemeldeten Wohnsitzes bereits nach einem Jahr,

b) im Falle des nicht angemeldeten Wohnsitzes nach drei Jahren,

das heißt also, obwohl die Gemeinde möglicherweise das Einzugsgeld selbst nicht mehr fordern kann, kann sie dennoch den Einwohner wegen des nicht gezahlten Einzugsgeldes noch bis zum Ablauf des dritten Jahres ausweisen.

Sollte hier bei der ersten Conception des Gesetzes vielleicht die Annahme vorgeherrscht haben, den Ausdruck: „Unterstützungswohnsitz," nur auf die durch Wohnsitz entstehende Pflicht zur Unterstützung, nicht aber auf die durch dreijährigen Aufenthalt entstehende gleiche Pflicht zu beziehen, — eine Sprachverwirrung, die allerdings notorisch sich vielfach findet, indem man sich bemüht, im Gegensatz zum Unterstützungswohnsitz durch eine wunderbare Gedankenverschiebung unter dem Hülfsdomicil die durch Aufenthalt entstehende Verpflichtung, welche nur subsidiär zur Aushülfe in Ermangelung des Wohnsitzes bestimmt sei, zu verstehen, — so ist, abgesehen von der völligen Willkührlichkeit, die Widersinnigkeit einleuchtend, für ein und dasselbe Rechtsverhältniß ohne jeden gesetzlichen Anhalt die verschiedenartigsten Namen zu erfinden. Ueberdem spricht der in §. 4 des Gesetzes vom 14. Mai 1860 selbst angezogene Art. I. des Ergänzungsgesetzes ausdrücklich davon, „daß die Fürsorgepflicht (der Unterstützungswohnsitz) in **den Fällen, wo** sie auf Wohnsitz beruht,“ rc. erst nach Ablauf des ersten Wohnungsjahres entstehen solle. Es muß also auch noch andere Fälle für die Entstehung des Unterstützungswohnsitzes, der Fürsorgepflicht, außer dem Wohnsitz, geben, und klärlicher Weise giebt es noch sehr verschiedene Titel zur Begründung dieser Fürsorgeverpflichtung, als da sind: dreijähriger Aufenthalt, Verheirathung, Legitimation, Adoption, eheliche und uneheliche Geburt. Nennt man aber die Sache mit dem **gesetzlichen** Ausdruck, die communale (materiellrechtliche) „Fürsorgepflicht,“ d. h. die vermögensrechtliche Pflicht zur Erstattung der von einer andern Gemeinde aufgewendeten und zur Abnahme der von ihr eventualiter noch aufzuwendenden Armenunterstützungen, so sind alle jene willkührlich gewählten Ausdrücke sich selbstverständlich vollkommen gleich. Wir verdanken hier also der Anwendung des Ausdrucks „Unterstützungswohnsitz“ eine nicht zu bestreitende vollendete Antinomie.

C. Ebenso unzulässig ist der Ausdruck **Ortsangehörigkeit**. Derselbe bezeichnet die Folgen, die rechtliche Wirkung der in den materiellen Bestimmungen des Armengesetzes als Entstehungsgründe der communalen Fürsorgepflicht aufgeführten Thatsachen, und stellt also bildlich scheinbar das Individuum auf Grund derselben in eine rechtliche Verbindung mit der Gemeinde, während eine solche nach dem Armengesetz grade nicht existirt. Ein Beispiel mag lehren, zu welchen Verwirrungen auch der Gebrauch dieses Ausdrucks bereits geführt hat.

Der Königlichen Charité steht auf Grund des §. 7 des als Spezialgesetz anzusehenden Regulativs vom 7. September 1830, (G.-S. S. 133) das Recht zu:

„bei allen zur Zahlung der Kosten verpflichteten Kranken den Betrag nach den von dem Kuratorium festzustellenden Sätzen, entweder von dem Kranken selbst, oder von deren dazu verpflichteten Verwandten, Dienstherrschaften, Gewerken, Communen rc. einzuziehen oder in geeigneten Fällen durch die Charité-Administration selbst einziehen zu lassen, wobei nur noch bemerkt wird, daß zur Vermeidung von Weitläuftigkeiten die städtischen Behörden oder sonstigen Communen für die Kur- und Verpflegungskosten eines ihnen angehörigen in die Charité aufgenommenen und daselbst verpflegten Kranken vorzüglich haften und demnach auch auf Erfordern des Kuratorii die Zahlung für denselben, ohne die Behörde erst auf die selbst Zahlungspflichtigen zu verweisen, nach den niedrigsten Zahlungssätzen zu leisten haben, wobei es ihnen immer unbenommen bleibt, sich durch den Zahlungspflichtigen selbst, in wie fern er zahlungsfähig ist, wieder entschädigen zu lassen."

Diese Befugniß, mit Uebergehung des privatrechtlich Verpflichteten unmittelbar die Kosten von der Gemeinde einzuziehen, welcher der Verpflichtete angehört, d. h. also von der Gemeinde, welche nach den damaligen Gesetzen im Nothfalle für ihn zu sorgen hatte, das war also der Inhalt des im §. 7 des Regulativs der Charité-Verwaltung ertheilten Privilegiums, — es wurde dadurch also die Verauslegung derartiger Kostenrückstände Seitens der Charité zu einem Gegenstande und zu einem Act der öffentlichen Armenpflege gemacht.

Diese Befugniß des Kuratoriums ist durch die Allerh. Cab.-Ordre vom 17. April 1846 (Ges.-S. S. 166) auf die Königl. Charité-Direction übergegangen.

Welcher Gemeinde nun in dieser Beziehung ein Individuum angehört, das war nach damaligen allgemeinen resp. Provinzial-Gesetzen z. B. insbesondere für die Kurmark, Neumark und Pommern durch das Patent vom 8. September 1804, wegen näherer Bestimmung der Grundsätze über die Verpflichtung zur Verpflegung der Ortsarmen (Mylius Bd. XI. S. 2690) bestimmt. Dort heißt es:

§. 7.

„Ist aber der Arme kein Mitglied einer solchen Korporation, oder reichen die Mittel dieser Korporation nicht mehr zu, so ist er ein Ortsarmer, und der Commune, zu welcher er gehört, liegt die Verpflichtung ob, seine Verpflegung zu übernehmen.

§. 8.

Für Ortsarme sind aber nur die wirklichen Einwohner jedes Orts und deren hülfsbedürftige Kinder zu achten. Und

§. 9.

als ein Einwohner des Orts ist jede selbstständige Person zu betrachten, welche daselbst ihren Wohnsitz im rechtlichen Sinne genommen hat."

Es ist die Frage entstanden, gegen welche Gemeinde die Charité-Direction für die von Zahlungsmitteln entblößten Personen, welche krankheitshalber die Aufnahme begehren, und für welche der Commune Berlin keine materielle Fürsorgeverpflichtung nach §. 1 seq. des Armengesetzes obliegt, ihren Anspruch nach §. 7 ihres Regulativs gegenwärtig zu richten hat, nachdem mit Publication des Armengesetzes vom 31. Dezember 1842 (§. 36)

„in Beziehung auf alle Gegenstände, worüber dasselbe verfügt, sämmtliche, sowohl allgemeine als besondere Verordnungen (also auch z. B. das Patent vom 8. September 1804) **außer Kraft getreten sind.**"

Daß an und für sich auch nach der heutigen Gesetzgebung eine solche Verpflichtung für den auch nur augenblicklich der Fürsorge d. h. der Aufnahme in ein Krankenhaus bedürftigen Kranken zu den Lasten der Armenpflege gehört, darüber kann nach dem oben, insbesondere im Cap. II. Ausgeführten kein Zweifel bestehen.

Wenn nun das Armengesetz die aus §. 1 seq. §. 17 rc. herzuleitende materielle Fürsorgepflicht nur als Correlat des Erstattungs-Anspruchs auf Seiten der nach §. 26—31 zur Gewährung der Armen-Unterstützung in loco genöthigt gewesenen Gemeinde ansieht, und deshalb nach §. 34 nur einen Streit zwischen verschiedenen Armen-Verbänden als einen solchen betrachtet, über den nach den Vorschriften dieses Gesetzes zu entscheiden ist, so fehlt es also der Charité-Direction in ihrer Stellung als bloßes Institut an jeder Legitimation, die aus dem §. 1 des Armengesetzes herzuleitende Verpflichtung, die sogenannte Ortsangehörigkeit eines Individuums gegen den materiell pflegeschuldigen Armen-Verband feststellen zu lassen. Die Charité-Direction hatte nun, sich auf §. 7 des Regulativs stützend, wegen der von ihr für die Dienstmagd Z. aufgewendeten Kurkosten zu dem tarifmäßigen Satze von 10 Sgr. pro Tag, die Gemeinde S. in Anspruch genommen, mit der Behauptung, daß die Z. in S. ortsangehörig sei. Die Gemeinde S. hatte, weil die Z. zur Zeit ihrer Erkrankung in Berlin im Gesindedienst gestanden, ihre Verpflichtung für die Dauer der Krankheit abgelehnt, und die Klägerin an die Gemeinde Berlin als den nach Art. V. des Ergänzungsgesetzes vom 21. Mai 1855 pflegeschuldigen Armen-Verband des Dienstorts verwiesen. Der Bagatell-Commissarius des Kreis-Gerichts zu S. erkannte dem entsprechend auf Abweisung der Charité-Direction.

Der Recurs-Richter negirte in thesi zunächst die Eigenschaft der Charité-Direction als Armen-Verband und verwarf in Folge dessen die Anwendbarkeit des Armengesetzes überhaupt, und insbesondere die Zulässigkeit der Berufung auf Artikel V. des Ergänzungsgesetzes Seitens der Gemeinde S., verurtheilte aber gleichzeitig die letztere, weil von ihr „die Ortsangehörigkeit" der Z. nicht bestritten worden.

Was versteht der Recurs-Richter hier unter dem Zugeständniß der Ortsangehörigkeit? — Durch Nichtbestreiten können bekanntlich nur Thatsachen in contumaciam für zugestanden erachtet werden. Die Ortsangehörigkeit, die communale Fürsorgepflicht ist aber erst die rechtliche Wirkung gewisser Thatsachen und zwar ausschließlich derjenigen Thatsachen, an welche das Armengesetz resp. das Ergänzungsgesetz vom 21. Mai 1855 diese rechtlichen Folgen, diese Fürsorgepflicht, diese Zahlungsverbindlichkeit einer Gemeinde anderen Gemeinden gegenüber knüpft (vergl. das oben allegirte Ministerial-Reskript vom 28. August 1845. Anl. I.).

Im vorliegenden Falle hatte die Gemeinde S. eben ihre Zahlungsverbindlichkeit wegen der im Artikel V. des Ergänzungsgesetzes vorgesehenen Thatsachen bestritten und wenn sie nebenher diejenigen Thatsachen nicht bestritt, aus welchen etwa nach §. 1 und §. 20 des Armengesetzes ihre Fürsorgeverbindlichkeit oder die sogenannte Ortsangehörigkeit der unverehl. Z.

sonst zu folgern gewesen wäre, so wird der Recurs=Richter die Consequenz zu vertreten haben, mit welcher er wegen der der Charité=Direction mangelnden Eigenschaft als eines Armen=Verbandes auf den vorliegenden Rechtsstreit überhaupt die materiellen Bestimmungen des Armengesetzes und insbesondere auf die von der Verklagten excipiendo angeführten Thatsachen die rechtlichen Folgen des Artikels V. des Ergänzungsgesetzes für nicht anwendbar erklärt, während er mit den von der Klägerin angeführten und von der Verklagten vielleicht nicht bestrittenen Thatsachen, die Ortsangehörigkeit, das heißt also gerade die materiell rechtlichen Folgen des §. 1 und §. 20 des Armengesetzes doch wieder verbindet.

Ist die Charité=Direction kein Armen=Verband — und daß sie es nicht ist, versteht sich von selbst — so hat sie kein Recht, einen Anspruch gegen einen anderen Armen=Verband auf Grund der sogenannten Ortsangehörigkeit, das heißt auf Grund der materiellrechtlichen Bestimmungen des heutigen Armengesetzes resp. des Ergänzungsgesetzes auf ihren Namen zu verfolgen.

Das Gegentheil würde dahin führen, daß für die in Berlin verpflegten fremden kranken Armen die Kommune Berlin denjenigen Theil der Kurkosten, welcher nach §. 30 zu den sogenannten Verwaltungskosten gehört, z. B. die Kosten für Wärterlöhne, für Unterhaltung der Lagerstätten und sonstigen Inventarienstücke, durch Ueberlassung der Kur an die Charité=Direktion und durch die von der letzteren gegen auswärtige Gemeinden direkt verfolgten Ansprüche wegen Erstattung des tarifmäßigen Kostensatzes auf die letzteren Gemeinden überwälzen würde, während alle auswärtigen Gemeinden der Kommune Berlin gegenüber sich die Einschränkung ihrer Liquidationen auf das Maaß des §. 30 gefallen lassen müssen.

Zu einer ganz neuen Auslegung des Begriffs der Angehörigkeit zu einer Gemeinde im Sinn des §. 7 dieses Regulativs für die Charité=Verwaltung ist aber neuerdings ein anderer ebenfalls sehr hoher Gerichtshof in der Recurs=Instanz gelangt.

Während mit diesem Ausdruck, wenn nicht etwa die corporative Gemeindemitgliedschaft darunter gemeint sein soll, nach allen bisherigen Interpretationen doch eben nichts Anderes ausgedrückt werden sollte, als die Verpflichtung einer bestimmten Ortsgemeinde zur Armenfürsorge, versteht plötzlich dieser Gerichtshof unter dem Ausdruck „Angehörigkeit" im Sinn des §. 7 des Regulativs den persönlichen Gerichtsstand nach der A. G.=O.

In dem betreffenden Erkenntniß vom 24. November 1864 [**Anl. K. l.**] wird ausgeführt:

„Nach dem Wortsinn, dem Zusammenhang dieser Stelle mit den übrigen Bestimmungen des Privilegiums und dem Zwecke des letzteren, müsse der civilrechtliche Wohnsitz des verpflegten Kranken, **also** dessen gewöhnlicher persönlicher Gerichtsstand als entscheidend erachtet werden. Aus diesen Gründen komme es auf den Nachweis der Armuth des Verpflegten und auf die Nothdürftigkeit der gewährten Kur und Verpflegung resp. deren Kosten, beziehungsweise auf die desfallsige Vorentscheidung der betreffenden Verwaltungsbehörde gar nicht an."

Wir erlauben uns hierauf Folgendes zu erwiedern:

1) Was zunächst den Wortsinn und den Zusammenhang dieser Bestimmung des §. 7 des Regulativs betrifft, welcher, wie wir gesehen haben, nur die Befugniß für die Charité-Direktion enthält, die unberichtigt gebliebenen Kurkosten für die von ihr verpflegten Personen mit Uebergehung der privatrechtlich Verpflichteten unmittelbar von der Kommune einzuziehen, der der Verpflegte angehört, so dürfte es dem Recursrichter nicht ganz leicht werden, den Zusammenhang nachzuweisen, welcher zwischen dieser Befugniß und der materiellen Frage besteht, welcher Gemeinde denn nun wirklich das Individuum angehört, und wo über diese Frage der Wortsinn, der Zusammenhang des §. 7 mit allen übrigen Bestimmungen des Regulativs auch nur ein Wort enthält.

2) Was hatten nun selbst im Jahre 1830 die Bestimmungen der Allg. Ger.-Ordnung über den durch Wohnsitz in einem Gerichtssprengel begründeten Gerichtsstand für einen Zusammenhang mit dem Verhältniß, mit der Angehörigkeit eines Individuums zu einer Ortsgemeinde? Wo sollte dieses neue **domicilium fori**, welches der Recursrichter hier plötzlich vor unseren überraschten Augen **aus** dem **forum domicilii** entstehen läßt, denn nun eigentlich bestehen, etwa an dem Orte des Gerichtssitzes, z. B. also in Prenzlau für die sämmtlichen Eingesessenen des Sprengels des dortigen Kreisgerichts?

3) Sollte hier also nicht in der **Gleichstellung** des Wohnsitzes mit dem Gerichtsstande nach §. 3 und §. 9 Th. I. Tit. 2 der Allg. Ger.-Ord. eine offenkundige Verwechslung zwischen der gesetzlichen Wirkung und der gesetzlichen Ursache liegen? Und — sollte der hohe Gerichtshof hier nicht vielmehr haben ausdrücken wollen, daß die Angehörigkeit zu einer Gemeinde, und die Pflicht der letzteren, sich ihrer Einwohner im Nothfalle anzunehmen, nur in ähnlicher Art, wie der Gerichtsstand **durch** Wohnsitz begründet werde? —

4) Sollte nicht vielleicht hierbei ferner übersehen worden sein, daß die durch das Regulativ vom 7. September 1830, wie wir gesehen haben, unberührte und lediglich nach den damaligen allgemeinen resp. provinzialrechtlichen Bestimmungen über die öffentliche Armenpflege (Allgem. Land-Recht Th. II. Tit. 19, Patent vom 8. Septbr. 1804 u. s. w.) zu beurtheilende Frage: wie **weit** durch Wohnsitz die Fürsorge-Verpflichtung einer Gemeinde begründet werde, zu denjenigen Gegenständen gehört, über welche das Armengesetz vom 31. Dezember 1842 verfügt, und zwar nach §. 36 mit Beseitigung aller entgegenstehenden älteren allgemeinen und besonderen Bestimmungen?

5) Wenn aber der Recursrichter bemerkt, es komme aus diesen Gründen auf den Nachweis der Armuth nicht an, so dürfte wohl die Frage er-

laubt sein, welchen weiteren Nachweis der Armuth der Recursrichter hierbei im Auge hat, als den, der in dem factum liegt, daß Jemand, ohne augenblicklich die nöthigen Zahlungsmittel zu besitzen, krankheitshalber seine Aufnahme in eine öffentliche Krankenanstalt nachsucht.

In noch entschiedenerer Weise wird die Stellung dieser Frage in einem anderen Erkenntniß von einem dritten Recursrichter, dem Königl. Appellationsgericht zu Cöslin [**Anl. K. II.**] provocirt. Dasselbe ignorirt nicht nur in gleicher Weise wie der vorige Recursrichter die Bestimmungen des speciell auch für Pommern bestandenen Patents vom 8. September 1804, sondern es behauptet sogar ausdrücklich, daß

„bei Erlaß des Regulativs im Jahre 1830 der durch die spätere Armengesetzgebung eingeführte Begriff des Unterstützungs-Domicils noch völlig unbekannt gewesen."

Es wird nun wohl zugegeben werden müssen, daß wenigstens für **Pommern,** sowie für die **Kur-** und **Neumark** der Begriff des Unterstützungswohnsitzes d. h. der Begriff der auf Wohnsitz beruhenden Fürsorge-Verpflichtung der Gemeinden im Jahre 1830 nur **da** völlig unbekannt gewesen sein kann, wo eine ebenso große Unbekanntschaft der oben citirten §§. 7, 8, 9 des Patents vom 8. September 1804 geherrscht haben sollte.

Es gelangt nun ferner das Appellationsgericht zu Cöslin aus ganz ähnlichen Gründen wie der vorige Recursrichter zwar nicht zu dem Resultat, daß es aus diesen Gründen auf den Beweis der Armuth nicht ankomme, sondern es gelangt umgekehrt aus diesen Gründen zu dem Schluß, daß die Anwendung des heutigen Armengesetzes blos aus dem Grunde ausgeschlossen sei, weil die Voraussetzung, daß der in casu von der Charité Verpflegte im Sinne des Gesetzes ein Armer gewesen, nicht zutreffe,

„da die Eigenschaft als Armer nur dann als festgestellt angenommen werden könne, wenn sie entweder durch die Verwaltungs-Behörde festgestellt worden sei, oder besondere Umstände nachgewiesen worden, aus denen hervorgeht, daß dem Verpflegten das physische Vermögen fehle, sich den nothdürftigen Unterhalt durch Arbeit zu verdienen."

Abgesehen von der auffallenden Differenz zwischen diesen beiden Recursrichtern, wonach der erstere den Nachweis der Armuth für gänzlich einflußlos auf die Entscheidung hält, während der andere von diesem Nachweise die Anwendbarkeit der Bestimmuugen des Armengesetzes resp. Ergänzungsgesetzes auch auf Fälle der vorliegenden Art geradezu abhängig macht, entbinden also beide hohen Richtercollegien übereinstimmend judicando die Gemeinde von der ihr nach §. 29 des Armengesetzes obliegenden Pflicht, jedem auch nur augenblicklich krankheitshalber in Noth Gerathenen, selbst wenn er sich auch nur auf der Reise am Orte befindet, die nöthige Hülfe zu gewähren und verlangen zu diesem Behufe noch einen besonderen Beweis der qualitativen Armuth. Hätten wir also im Anfang des Kap. II. wirklich nicht ohne Grund an den „armen, armen Bettelmann" erinnert?

Wie viele solcher Personen würden also nach einem so exclusiven testimonium paupertatis wohl jährlich hülflos umkommen müssen, wenn das Armengesetz im §. 29 irgend andere Personen als „Arme" im Auge gehabt hätte, als solche, von denen auch der §. 7 des Regulativs der Charité-Direction spricht?

Kurz die Folge dieser Theorie würde also die sein, daß die Kommune Berlin durch Ueberlassung der ihr nach §. 29 obliegenden Kur und Pflege fremder, kranker, von Zahlungsmitteln **augenblicklich** entblößter Personen an die Charité-Direction nicht nur sich von Tragung der ihr gesetzlich obliegenden Verwaltungskosten ꝛc. nach §. 30 befreien, sondern gleichzeitig dem nach dem Armengesetz durch Wohnsitz noch nicht fürsorgepflichtig gewordenen sogenannten domicilium fori also z. B. der Kommune Prenzlau diejenige Verpflichtung aufbürden würde, welche dem durch Wohnsitz des Verpflegten gesetzlich fürsorgepflichtig gewordenen Armenverband z. B. Frankfurt a. d. O. nach §. 1 des Armengesetzes resp. Artikel I. des Ergänzungsgesetzes wirklich obliegt. Und alles dies weshalb? Weil die Kommune Berlin den Vortheil genießt, statt eigene Krankenanstalten anzulegen, sich der Charité zur Erfüllung ihrer eigenen Verpflichtungen zu bedienen.

Wenn nun das Armengesetz im §. 34 Streitigkeiten über die Verpflichtung zur Armenpflege nur zwischen verschiedenen Armenverbänden kennt, so gehört diese prozessualisch formelle aus der inneren Natur des Gesetzes hervorgehende Bestimmung zu dem in Preußen bestehenden öffentlichen Rechtszustande, an dem kein Richter auch nur ein Titelchen ändern darf, und welchem sich daher die Charité-Direktion unbeschadet ihres Privilegiums, ihre Kostenrückstände, mit Uebergehung des privatrechtlich Verpflichteten unmittelbar von der Gemeinde, der die Verpflegten angehören, einzuziehen, ebenfalls zu unterwerfen hat. Und dieses Privilegium wird vollkommen gewahrt, wenn die Charité-Direktion die Kosten unmittelbar von derjenigen Gemeinde einzieht, welche nach der bestehenden Gesetzgebung für den Verpflegten **zunächst** zu sorgen hatte, das heißt, deren Stelle die Charité in der Erfüllung der polizeilichen Fürsorgepflicht nach §. 29 vertritt, und gegen welche klagbar zu werden, oder auf Grund des §. 7 ihres Privilegiums im administrativen Executionswege vorzugehen, ihr weder der §. 34 des Armengesetzes noch der ohnehin nur bildliche Ausdruck der Angehörigkeit in jenem §. 7 ihres Regulativs verwehrt.

Andererseits ist es ebenso irrthümlich, wenn die von der Charité-Direktion in Anspruch genommenen auswärtigen Gemeinden sich ihrerseits auf die vermögensrechtlichen Bestimmungen des Armengesetzes resp. Ergänzungsgesetzes berufen, und die Charité-Direktion z. B. auf Grund des Art. V. des Ergänzungsgesetzes an die Kommune Berlin als den pflegeschuldigen Armenverband des Dienstorts zu verweisen versuchen. Der Streit über das Vorhandensein einer aus Art. V. a. a. O. hergeleiteten Verpflichtung gehört zu denjenigen Streitigkeiten, welche nach §. 34 des Armengesetzes nur zwischen verschiedenen Armenverbänden zum Austrag gebracht werden können, und also subjectiv bedingt sind. Das alleinige Mittel, um sich vor den aus §. 7 des Regulativs von der Charité-Direktion unmittelbar verfolgten Ansprüchen zu schützen, besteht für die auswärtigen Gemeinden lediglich in der Berufung auf §. 29 des Armengesetzes und die allein daraus sich ergebende nächste Verpflichtung der Gemeinde Berlin zur Fürsorge für die im §. 7 des Regulativs ins Auge gefaßten Personen, sowie in der Berufung darauf, daß der Prozeßrichter seine Kompetenz überschreitet, wenn er in Verkennung dieses Umstandes eine vermögensrechtliche Verpflichtung der in Anspruch genommenen Kommune ausspricht, welche nach der inneren Natur derselben, wie wir aus dem Plenar-Beschluß des Ober-Tribunals vom 21. Febr. 1853 (Entsch. Bd. 24 S. 254—257) wissen, selbst einem Dritten gegenüber gar nicht **ohne** vorgängige Entscheidung der Verwaltungsbehörde festgestellt werden **könnte.**

Giebt es nun einen deutlicheren Beweis für die Unzweckmäßigkeit des Ausdrucks: Angehörigkeit zu einer Gemeinde, wenn damit etwas Anderes als die wirkliche Gemeindemitgliedschaft im Sinne der Städte- oder Landgemeindeverfassung ausgedrückt werden soll, als diese gleich weit von einander und hinwiederum von der wirklichen Lage der Gesetzgebung abweichenden Recursentscheidungen von drei preußischen Appellationsgerichten?

Sind nun aber alle diese Bezeichnungen: „Armendomicil, Unterstützungswohnsitz, Hülfsdomicil, Ortsangehörigkeit, Heimathsrecht" wie wir aus dem Plenarbeschlusse vom 21. Februar 1853 und aus dem oben citirten Reskript vom 28. August 1845 [**Anl. I.**] gesehen haben, ohnehin gegenstandslos, weil das, was dadurch ausgedrückt werden soll — ein Recht, und also ein Rechtsverhältniß zwischen dem Individuum und der Gemeinde überhaupt nicht existirt — warum hält man sich nicht an den allein gesetzlichen Ausdruck die „Fürsorgepflicht der Gemeinde" und zwar im Gegensatz zu der polizeilich formellen Verpflichtung der §§. 26—31 an den Ausdruck die „materiellrechtliche oder vermögensrechtliche Fürsorgeverpflichtung?"

Wir würden uns durch die Berufung auf die Gründe jenes Plenarbeschlusses (vergl. Einl. S. 2) jeder weiteren Beweisführung in diesem Punkt für überhoben halten.

Leider hat nun aber auch das Plenum des höchsten Gerichtshofes in den Gründen einer neueren Entscheidung (Plenar-Beschl. vom 6. Januar 1862, Entsch. Bd. 46 S. 1) den einmal gewonnenen Standpunkt nicht, oder wenigstens nicht mit derjenigen Ausdrucksschärfe aufrecht erhalten, welche gerade dieser Theil des Rechtsgebiets zur Vermeidung nicht blos rechtlicher Irrthümer, sondern höchst beklagenswerther socialer Zustände durchaus erheischt. —

Zunächst bedauert der Verfasser, daß das allgemeine Mißverständniß, als stehe dem Armen auf Grund der materiellen Bestimmungen des §. 1 ein wirkliches Recht gegen einen bestimmten Armenverband zu, auch in den Gründen dieses Plenarbeschlusses und zwar so wiederholt und in so verschiedener Ausdrucksweise hervor getreten ist, daß der Verfasser nicht unterlassen kann, auf das Fehlerhafte dieser Grundanschauung auch hier wieder hinzuweisen, und den höchsten Gerichtshof immer und immer wieder an seine eigenen Worte aus den Gründen des Plenarbeschlusses vom 21. Febr. 1853 zu erinnern.

Es ist in den Gründen des Plenarbeschlusses vom 6. Januar 1862 wiederholt die Rede von dem Erwerbe des Wohnsitzes und des daraus entstehenden

Rechts gegen die Ortsgemeinde auf **Unterstützung** im Nothfalle,

es ist ferner davon die Rede,

„daß die Aushülfe der Nr. 3 des §. 1 dem Gesinde nicht entzogen werden könne.“

Diese Aushülfe wird das „Hülfsdomicil“ die „Wohlthat des triennii“ genannt.

E. Nun — welchen „Anspruch“ dies Recht des Armen für ihn involvirt, darüber möchten die täglich gegen die Rückweisung derartiger Personen an ihr sogenanntes Hülfsdomicil bei hohen und niederen Polizeibehörden eingehenden Remonstrationen einen ganz erklecklichen Belag liefern. Das Ministerium des Innern könnte eine reiche Auswahl der significantesten Specialfälle aufweisen, wo es als unmittelbar vorgesetzte Behörde des Polizeipräsidiums von Berlin genöthigt wird, sich mit den Klagen zu beschäftigen, welche diejenigen Personen erheben, denen ein solches Recht durch polizeiliche Ausweisung an ihr sogenanntes Armen- oder Hülfsdomicil obtrudirt werden soll.

Welches Interesse soll auch zum Beispiel demjenigen, dessen Ausweisung auf Grund des Artikel I. des Ergänzungsgesetzes an den für ihn fürsorgepflichtigen Armenverband zur Execution gebracht werden soll, beiwohnen?

Erwartet ihn etwa in dem für ihn pflegeschuldig gewordenen Armenverband ein wenn auch nur bescheidenes Eldorado? ein Gärtchen, worin er seinen Kohl pflanzen kann, ein Häuschen, worin er, vielleicht in seiner Jugend durch einen Unglücksfall zum Krüppel geworden, oder in den Tagen seines hohen Alters eine behagliche Existenz findet?

Wir schlagen einem Jeden, der mit solchen Fictionen das Armengesetz in die Hand nehmen wollte, eine Wanderung vor durch einige zu einer solchen Existenz eingerichtete ehemalige Hirtenkathen oder selbst die Spritzenhäuser auf dem platten Lande — durch einige Armenhäuser in unseren kleinen Städten u. s. w., um von dem „Anspruch“ der Dienstboten, der Arbeiterbevölkerung in unseren größeren Städten auf Verweisung an ihren Unterstützungswohnsitz, ihr Hülfsdomicil, wie er sich nicht selten in der Wirklichkeit gestaltet, eine Vorstellung zu gewinnen.

Es gilt, wie es in den Gründen des Plenarbeschlusses vom 21. Febr.

1853 heißt, als Cardinalmaxime der öffentlichen Armenverwaltung, nicht mehr als das äußerste Bedürfniß zu gewähren und nichts weiter

als das wirkliche Umkommen im Elende zu verhüten,

und deshalb ist es nach §. 33

Pflicht der Verwaltungsbehörden, keine über das Nothwendige hinausgehenden Ansprüche zuzulassen.

Es sollen also die Grenzen des Nothdürftigen von der verpflegenden Gemeinde nicht überschritten werden. Und dies gilt selbstverständlich sowohl für die vorläufig zur Armenpflege genöthigte, als für die wirklich pflegeschuldige Gemeinde. Andererseits — handelt es sich nicht um die wirkliche Ausweisung an den fürsorgepflichtigen Armenverband, sondern blos um die Erstattung von Armenunterstützungen, durch deren Aufwendung der Unterstützungsbedürftige wieder in den Zustand der Gesundheit und Selbsternährungsfähigkeit versetzt wurde, — welches Interesse soll der auf der Wanderschaft vorübergehend erkrankte Handwerksgesell dabei haben, ob die für ihn in Bonn aufgelaufenen Kur- und Verpflegungskosten, die er doch nicht bezahlen kann, Seitens der dortigen Gemeinde von dem Armenverbande von Berlin, Gumbinnen oder Kieferstädtel eingezogen werden? und worin soll für ihn in diesem Fall der durch den Aufenthalt an einem dieser Orte begründete Anspruch auf Armenpflege, das dadurch begründete **Recht** liegen?

Hätte aber der Unterstützungsbedürftige bei seinen zu seiner Aufnahme bereiten vielleicht selbst aber unvermögenden Angehörigen sich wieder ein Unterkommen an dem von ihm früher verlassenen alten Aufenthaltsort, wohin ihn vielleicht ein wirkliches Heimathsgefühl zieht, verschafft, und sollte auch die Gemeinde des letzteren sich mit dem Verbleiben dieser Person gegen Zusicherung der eventuellen Schadloshaltung bereit erklären — was erleben wir da täglich?

Die Gemeinde des von ihm neuerlich irgendwo begründeten sogenannten Armendomicils, dessen Wohlthaten dem Unterstützungsbedürftigen etwas zweifelhaft erscheinen, *sie* will es nicht leiden, daß der von ihr zu Unterstützende sich außerhalb ihres Bereichs aufhält; *sie* und nicht der ausweisende Armenverband obtrudirt diesmal dem Hülfsbedürftigen die Wohlthat des Trienniums, und sie **muß** hierin nach dem Gesetz von der Verwaltungsbehörde geschützt werden, wenn sie es verlangt, und insbesondere wenn sie nachweist, daß sie an ihrem eigenen Orte die Erhaltung des Unterstützungsbedürftigen mit geringeren Kosten, sei es auch nur durch Unterbringung in der erbärmlichsten Wohnung, ja vielleicht durch Reihezug beschaffen könne.

Zwischen dieser Scylla der ausweisenden und der Charybdis der aufnehmenden resp. heranholenden Gemeinde steht also der Unterstützungsbedürftige selbst mitten inne, willenlos denjenigen Beschlüssen, welche jene Gemeinden über sein Verbleiben fassen, oder denjenigen eventuell richterlichen Entscheidungen, die ohne sein Zuthun von einer jener Gemeinden gegen die andere erstritten werden, preisgegeben. Sicher also, in keiner der streitenden

Gemeinden mehr zu erhalten, als wodurch sein Umkommen im Elende verhindert wird, muß er sich ohne jede Rücksicht auf seine Meinung, auf seine Wünsche in Berlin sagen lassen, dort an der polnischen Grenze, dort im elendesten Dorfe des Eichsfeldes oder der tuchelschen Haide, dort liegt die Gemeinde, wo dir die Wohlthat des triennii blüht, wo du heimathsberechtigt bist, dorthin werden wir dich jetzt auf den Schub setzen. Das ist also der erworbene Anspruch auf Armenunterstützung, das die Heimathsberechtigung des Armen! Und — fragen wir: Wo ist es anders? Wie ist es möglich, selbst dieser äußersten Noth, diesem Umkommen im Elende anders abzuhelfen, wenn jene Cardinal-Maxime der Armenverwaltung bestehen bleibt, und, was kein Mensch, keine Gesetzgebung ändern kann, auch bestehen bleiben muß.

Genug, es kann nicht des Verfassers Sache sein, hier auch nur annähernd eine Schilderung dieses socialen Kampfes, dieser Abrechnungen und Streitigkeiten zwischen verschiedenen Armenverbänden und deren sociale Folgen zu entwerfen, noch weniger kann es in seiner Absicht liegen, hieraus der Gesetzgebung einen Vorwurf zu machen.

Die Preußische Armengesetzgebung vom Jahre 1842 ist, wie hier endlich einmal offen ausgesprochen zu werden verdient, das Ergebniß jahrelanger Berathungen, welche ein unvergleichliches Zeugniß für die Beharrlichkeit und das Bestreben aller damaligen Factoren der Gesetzgebung, insbesondere auch der damals im Staatsrathe vereinigten Kräfte ablegen, unter Fernhaltung aller Parteizwecke, mit eisernem Fleiße lediglich das Interesse der Sache im Auge zu behalten, überall die Prinzipien der Billigkeit in den möglichst durchführbaren Grenzen zur Ausführung zu bringen.

Wenn dies gleichwohl mehrfach nicht gelungen ist, wenn insbesondere die Fassung und Anordnung des Gesetzes manche Uebelstände mit sich geführt hat, wenn selbst der Gang der Berathungen für denjenigen, der sich in ihnen zurechtfinden soll, manche Schwierigkeit ergiebt, so galt es eben damals, eine Aufgabe zu lösen, welche an vielen Stellen über das Maß der übrigen in engster Verbindung damit stehenden Zweige der Gesetzgebung hinausging und daher mag das Gesetz allerdings auf den ersten Anblick häufig den Anschein des Unfertigen, des Prinziplosen, der Unklarheit im Ausdruck darbieten. — Ob dasselbe heutigen Tages besser gelungen sein würde?*) Nur Eines hat der Verfasser hierbei im Auge, nämlich den Beweis zu liefern, daß es keine Armengesetzgebung geben kann, welche, wenn sie es auch mit krassen Worten aussprechen wollte, im Stande wäre bei Festhaltung jener Cardinal-Maxime dem Armen, dem Hülfsbedürftigen ein wirksames Recht auf Armenunterstützung, geschweige denn ein solches gegen

*) Die vorstehende Zweifelsfrage ist, wie der Verfasser nachweisen kann, längst vor dem Beginn der parlamentarischen Berathungen vom 11. bis 15. Februar 1865 über das Coalitionsrecht der Arbeiter niedergeschrieben und also nicht erst durch die Letzteren veranlaßt worden.

einen bestimmten Armen-Verband zu sichern*). Die Communen allein sind es, denen der §. 1 seq. §. 34 des Armengesetzes ein Recht verleiht, und deren Interesse es erheischt, die Last der Armenpflege von sich abzuwenden, und den ihnen deshalb nach dem Gesetz in den §§. 1, 2, 3, 4, 9, 17, 18 seq. zustehenden vermögensrechtlichen Anspruch gegen den danach verpflichteten Orts- oder Landarmen-Verband zu verfolgen.

„Der Rechtsstreit über die auf dem Wohnsitz-Erwerb beruhende Pflicht zur Armenpflege wird nicht von dem Hülfsbedürftigen, sondern zwischen den Gemeinden resp. Armen-Verbänden geführt." Plenar-Beschluß vom 1. September 1858. (Entscheidungen Bd. 39 S. 22.)

Warum will denn der höchste Gerichtshof diesen von ihm selbst, wie wir gesehen, so oft bekannten Grundsatz blos einem verdorbenen, lediglich auf einer Bequemlichkeit des Ausdrucks beruhenden Sprachgebrauch zum Opfer bringen, und durch die Autorität seiner Worte einen Rechts-Irrthum verstärken helfen, der die nächste Quelle der in den Gründen des Plenar-Beschlusses vom 6. Januar 1862 von dem hohen Gerichtshofe selbst beklagten Anhäufung dieser Streitigkeiten ist? Der hohe Gerichtshof gestatte uns also anzunehmen, daß sachlich bei ihm niemals ein Zweifel gegen die wiederholt vom Verfasser gegebene Erklärung des aus dem §. 1 des Armengesetzes

*) Ein lehrreiches Beispiel aus der neueren Zeit liefert hierzu, wie sich leicht nachweisen läßt, das neue Oesterreichische Gesetz vom 3. Dezember 1863, betreffend die Regelung der Heimaths-Verhältnisse. Dasselbe verleiht den Oesterreichischen Unterthanen im Art. I. unter bestimmten gesetzlichen Voraussetzungen, das Heimathsrecht, als dessen Inhalt das Recht zum ungestörten Aufenthalt und das Recht auf Armenversorgung gegen die Heimathsgemeinde proclamirt wird. Andererseits finden sich auch hier die selbstverständlichen Bestimmungen, daß die Unterstützung nur zur Abhülfe der äußersten Noth und zwar an demjenigen Orte zu gewähren ist, wo der Arme sich augenblicklich aufhält, §§. 24, 28, 29. Soweit also überhaupt eine Hülfe für den Armen nothwendig ist, hat er dieselbe da zu erhalten, wo er sich aufhält. Für ihn ist also jenes sogenannte Recht auf Armenversorgung aus §. 1 des Gesetzes völlig wirkungslos, so lange sein Heimathsort gleichzeitig sein Aufenthaltsort ist. Wenn nun daneben das Gesetz über die Regelung der Gemeindeverhältnisse vom 5. März 1862 im Art. 3 bestimmt, daß jede Gemeinde die dort nicht heimathsberechtigten Personen fortweisen kann, sobald sie der öffentlichen Mildthätigkeit zur Last fallen, so möchte die Frage erlaubt sein, ob mit dieser Ausweisungs-Befugniß Seitens der Gemeinde und mit der darin liegenden Nöthigung des Armen, sich an seinen sogenannten Heimathsort zu begeben, etwa ein Recht des Armen ausgeübt wird. Wir wissen nicht, ob die Oesterreichischen Juristen, welche bei jener Namensverleihung des Heimathsrechts im Reichstage zu Gevatter gestanden haben, das wenigstens dem Oesterreichischen Touristen sehr wohl bekannte Städtchen Abtenau, auf der Höhe zwischen Golling und Hallstadt, jemals passirt haben, da ihnen denn vielleicht eine Warnungstafel aufgefallen sein würde, auf welcher noch im Herbst 1863 zu lesen war: „Der Bettel und das Fechten ist bei sofortiger Schubvermeidung verboten." Sollte nicht diese, wie man zugeben wird, etwas drastische Drohung beweisen, daß man wenigstens in Abtenau nicht ganz so wie in Wien geneigt gewesen ist, den Schub an den sogenannten Heimathsort, als ein dem Armen zustehendes Recht, als eine Art Schubbenefiz anzusehen?

entspringenden Rechtsverhältnisses obgewaltet hat, wonach es sich also hier ausschließlich um ein Rechtsverhältniß zwischen verschiedenen juristischen Personen handelt, dessen Entstehen und Erlöschen zunächst abhängig ist, von dem freien Willensakte einer dritten (physischen) Person.

Fünftes Kapitel.

Wenn nun neben den Vorschriften des Armengesetzes, nach denen sich die Begründung dieses Rechtsverhältnisses zwischen zwei verschiedenen Armen-Verbänden richtet, das — man könnte sagen leider — von demselben Tage datirte Gesetz über die Aufnahme neu anziehender Personen, diejenigen Vorschriften enthält, nach denen zwischen der Gemeinde und dem einzelnen Individuum die Frage zu entscheiden ist, ob die Erstere sich der Ergreifung resp. Fortsetzung des Aufenthalts oder Wohnsitzes des Letzteren widersetzen, also seine sogenannte Freizügigkeit beschränken kann, so dürfte die Beziehung zwischen dem Gesetze über die Aufnahme neu anziehender Personen und dem Gesetze über die Armenpflege völlig klar sein. Dieselbe besteht also einzig und allein darin, daß diejenige Gemeinde, welche von den ihr gegen die Ergreifung oder Fortsetzung des Aufenthalts dem Anziehenden resp. Angezogenen gegenüber zustehenden Einwendungen in legaler Weise durch Ausweisung Gebrauch macht, gleichzeitig durch diesen Ausweisungsakt die damit zusammenhängende Versagnng resp. Unterbrechung des einjährigen Wohnsitzes oder dreijährigen Aufenthalts sich anderen Armen-Verbänden gegenüber, vor dem Eintritt des durch fortgesetzten Wohnsitz und Aufenthalt entstehenden obligatorischen Rechtsverhältnisses schützt und daß überall da, wo die Gemeinde von jenen Einwendungen Gebrauch zu machen und dadurch die Fortsetzung des Wohnsitzes und Aufenthalts zu unterbrechen unterläßt, es für die Begründung des aus dem Armengesetz sich ergebenden obligatorischen Rechtsverhältnisses an sich einflußlos ist, ob sie von jenen Einwendungen von jenen Ausweisungs-Gründen im Sinne des Gesetzes über die Aufnahme neu anziehender Personen hätte Gebrauch machen können.

Diese Einwendungen, welche die Gemeinde in ihrem Interesse gegen die Ergreifung resp. Fortsetzung des Aufenthalts geltend machen kann und über welche, wie wir bereits früher gesehen haben, dem Anziehenden gegenüber ausschließlich die Polizei-Behörde zu entscheiden hat, sind in den §§. 3 bis 6 des Aufnahmegesetzes enthalten. Dieselben lauten:

§. 3.

Die Angehörigen eines in einer Straf- oder Korrektions-Anstalt noch Eingesperrten bei sich aufzunehmen, kann eine Gemeinde, in welcher dieselben ihren Aufenthalt bisher nicht gehabt haben, nicht angehalten werden.

§. 4.

Diejenigen, welche weder hinreichendes Vermögen noch Kräfte besitzen, sich und ihren nicht arbeitsfähigen Angehörigen den nothdürftigen Lebensunterhalt zu verschaffen, solchen auch nicht von einem zu ihrer Ernährung verpflichteten Verwandten zu erwarten haben, kann der Aufenthalt an einem anderen Orte, als dem ihres bisherigen Aufenthalts, verweigert werden.

§. 5.

Die Besorgniß künftiger Verarmung eines Neuanziehenden genügt nicht zu dessen Abweisung; offenbart sich aber binnen Jahresfrist nach dem Anzuge die Nothwendigkeit einer öffentlichen Unterstützung, und weiset die Gemeinde nach, daß die Verarmung schon vor dem Anzuge vorhanden war, so kann der Verarmte an die Gemeinde seines früheren Aufenthaltsortes zurückgewiesen werden.

§. 6.

Einem Jeden, der nicht nachweiset, daß er Preußischer Unterthan ist, kann die Aufnahme (§. 1) von der Gemeinde versagt werden.

Diese Bestimmungen haben, wie wir gesehen, durch das zweite Alinea des Art. I. des Ergänzungsgesetzes vom 21. Mai 1855 nur in soweit eine Aenderung erfahren, als die Ausweisungsbefugniß der Anzugsgemeinde im Falle des §. 5 jetzt nicht mehr von dem Eintritt der Hülfsbedürftigkeit an dem Anzugsort und dem Nachweise einer derselben zu Grunde liegenden bereits an dem früheren Wohnort eingetretenen Verarmung, sondern von dem Nachweise des Eintritts der Verarmung innerhalb des ersten Wohnungsjahres an dem Anzugsort abhängt.

Außerdem ist durch §. 52 der Städte=Ordnung vom 30. Mai 1853 resp. durch das Gesetz vom 14. Mai 1860 (Ges.=Samml. S. 237) den Stadtgemeinden unter Umständen das Recht verliehen, von neu anziehenden Personen ein Einzugsgeld zu verlangen, dessen Nichtentrichtung Seitens des Anziehenden gleichfalls der Gemeinde das Recht giebt, die Niederlassung, d. h. Ergreifung und Fortsetzung des Wohnsitzes auf Seiten des Anziehenden durch Ausweisung zu verhindern. Es tritt also diese durch ein besonderes Gesetz geregelte Befugniß einzelner Stadtgemeinden, das Einzugsgeld zu fordern, den bisher für sämmtliche Gemeinden nach den Bestimmungen des Gesetzes über die Aufnahme neu anziehender Personen bestehenden Einwendungen gegen die Niederlassung hinzu.

Außerdem enthalten die §§. 1 und 2 des Aufnahmegesetzes noch allgemeine im Ordnungs= und resp. Sicherheitspolizeilichen Interesse von der Polizeibehörde wahrzunehmende Bestimmungen, welche an sich jedem selbstständigen Preußischen Unterthan, der sich an einem Ort Wohnung oder Unterkommen verschafft, und nicht durch Straferkenntniß oder ausdrücklichen Beschluß der Landes=Polizeibehörde von dem Aufenthalt an bestimmten Orten ausgeschlossen ist, das Recht der ungehinderten Wahl seines Aufenthalts sichern.

Um nun die Gemeinde resp. Polizei-Behörde in den Stand zu setzen, ihrerseits zu prüfen, ob Gründe vorliegen, den Aufenthalt im Sinne der §§. 1—6 zu versagen, ist nun in den §§. 8—10 vorgeschrieben, was der Neuanziehende und resp. die Ortspolizei-Behörde in dieser Beziehung zu thun haben. Die Paragraphen lauten:

§. 8.

Wer an einem Orte seinen Aufenthalt nehmen will, muß sich bei der Polizei-Obrigkeit dieses Ortes melden und über seine persönlichen Verhältnisse mit Rücksicht auf die Vorschriften der §§. 1—6 die erforderliche Auskunft geben. Ueber die erfolgte Meldung ist eine Bescheinigung zu ertheilen.

§. 9.

Ein Jeder, welcher einem Neuanziehenden Wohnung oder Unterkommen gewährt, ist verpflichtet, bei Vermeidung einer Polizeistrafe, darauf zu halten, daß die Meldung (§. 8) geschehe.

§. 10.

An den Orten, wo die Polizei-Obrigkeit von dem Gemeinde-Vorstande getrennt ist, hat die Erstere vor der Entscheidung darüber, ob dem Neuanziehenden der Aufenthalt zu gestatten sei, den Gemeinde-Vorstand mit seiner Erklärung zu hören.

Es ist danach also zu unterscheiden zwischen der Meldung, die der Anziehende resp. derjenige, der ihm Wohnung giebt, bei der Polizeibehörde zu machen, und denjenigen officiis, welche die Polizeibehörde ihrerseits wahrzunehmen hat. Die Letzteren bestehen eben darin, daß die Polizeibehörde in Folge erhaltener Kenntniß des Anzuges von den Anziehenden sich die erforderliche Auskunft über die auf die Gestattung der Niederlassung im Sinne der §§. 1—6 Einfluß habenden Verhältnisse ertheilen lassen, dem Anziehenden sofort eine Bescheinigung als Beweismittel seiner Meldung in die Hand geben, und demnächst über die Gestattung oder Verweigerung der Niederlassung eventualiter nach vorangegangener Communication mit der Gemeindebehörde Beschluß fassen soll.

Schon früher hatte nun der Erste Senat des Königl. Ober-Tribunals folgenden Grundsatz in sein Präjudizienbuch sub Nr. 2572 unter dem 24. November 1854 dahin eintragen lassen:

„In Fällen wo der Wohnsitz eines Neuanziehenden durch Meldung bei der Ortspolizei-Obrigkeit festzustellen ist, kann diese Meldung nur durch schriftliche Bescheinigung nachgewiesen werden"

und hatte hieraus für die Auslegung des §. 1 sub 2 des Armengesetzes den Schluß gezogen, daß diese Fürsorgepflicht auf die Anzugsgemeinde nur dann übergehen sollte, wenn nicht nur der Anziehende seinerseits die Meldung erstattet, sondern auch nur dann, wenn andererseits die Polizeibehörde dem Meldenden auch die vorgeschriebene Bescheinigung über die erfolgte Meldung ertheilt habe. Es sollte also ein Verstoß der Behörde gegen den §. 8

des Aufnahmegesetzes gleichzeitig den Uebergang der Fürsorgepflicht auf die Anzugsgemeinde im Sinne des §. 1 sub 2 des Armengesetzes ausschließen.

Dieses Präjudiz, welches, wie verschiedene andere Entscheidungen des Ersten Senats auf diesem Rechtsgebiete in schroffsten Gegensatz mit allen bis dahin von Richtern und Verwaltungs-Behörden befolgten Grundsätzen trat und wie gewöhnlich eine Quelle der zahlreichsten Streitigkeiten wurde, empfing schließlich seine Kritik und gleichzeitig seine Beseitigung durch einen Plenarbeschluß des Königl. Ober-Tribunals vom 1. November 1858 (Entscheid. Bd. 39 S. 1).

In den Gründen dieses Plenarbeschlusses wird nun Bezug genommen insbesondere auf die in Folge des Ergänzungsgesetzes vom 21. Mai 1855 Seitens des Ministeriums des Innern unter dem 24. April 1856 *) erlassene Instruction, welche als Cardinalpunkt von dem Grundsatz ausgeht, daß

die objektive Entstehung der Verpflichtung zur Armenpflege, sofern sie auf dem Wohnsitze beruht, nur von der Meldung des Anziehenden bei der Polizeibehörde, nicht aber von der Erfüllung der der Letzeren obliegenden Pflichten, Ertheilung des Meldescheines ꝛc. abhängt.

Hieran schließt der höchste Gerichtshof eine genaue Relation aus den dem Armengesetz und Aufnahmegesetz vorangegangenen Staatsraths-Verhandlungen über die einschlagenden Fragen, welche die Ansicht des Ministeriums und den damit übereinstimmenden Plenarbeschluß nach allen Seiten hin rechtfertigt.

Der höchste Gerichtshof führt hierbei unter Andern (S. 15 ff.) wörtlich aus:

„Wie sollte auch der Neuanziehende die Bescheinigung „unterlassen", deren Ausstellung doch gar nicht seine Handlung ist. Es hätte vielmehr einer ausdrücklichen Bestimmung des Gesetzes bedurft, um auch die Bescheinigung für wesentlich zum Erwerbe des Wohnsitzes zu erklären."

ꝛc. ꝛc.

„Auch ist die Meldung allein das Wesentliche und deren Zweck, das Einschleichen zu verhindern, durch die Meldung bei der Behörde erfüllt. Ferner ist auch hier zu beachten, daß die Vorschrift über die Ertheilung einer Bescheinigung nicht zu denjenigen Vorschriften gehört, welche der Erwerbende zu befolgen hat, da er es nicht ist, der die Bescheinigung ausstellen soll. Die Bestimmung unter Nr. 2 des §. 1 ist also in natürlicher Weise dahin zu deuten, daß zu den „Vorschriften", die im §. 8 des Heimathsgesetzes dem Neuanziehenden vorgeschriebene Meldung nebst Auskunft gehöre, nicht aber alles und jedes zu rechnen sei, was im §. 8 bestimmt worden."

Es widerlegt hier also das Plenum des höchsten Gerichtshofes, und zwar in authentischer Form und unter sorgsamer Vergleichung der Mate-

*) Ministerialblatt f. i. Verw. S. 123.

rialien des Gesetzes jenes Präjudiz des Ersten Senats vom 24. November 1854 dahin, daß die Begründung der Fürsorgeverpflichtung im Sinne des §. 1 sub Nr. 2 des Armengesetzes von keinem weiteren Nachweise abhängig sei als davon, daß durch die Meldung des Neuanziehenden der Ortspolizei- resp. Gemeinde-Behörde **Gelegenheit** gegeben worden, von den ihr gegen die beabsichtigte Niederlassung resp. die Fortsetzung des Wohnsitzes nach §§. 1—6 des Aufnahmegesetzes zustehenden Einwendungen Gebrauch zu machen.

Sechstes Kapitel.

Diesen klar und zweifellos ausgesprochenen Grundsätzen des Plenums des höchsten Gerichtshofes gegenüber finden wir nun in dem bereits in der Einleitung, sowie in dem dritten Kapitel allegirten Erkenntniß des Ersten Senats vom 24. Oktober 1862 (Striethorst Archiv Bd. 48 S. 42) [**Anl. L.**] plötzlich wiederum, und zwar in apodictischer Form, das Gegentheil ausgeführt. Zum Beweise wollen wir die betreffenden Stellen aus den Gründen des Plenarbeschlusses vom 1. November 1858 und des Erkenntnisses des Ersten Senats vom 24. Oktober 1862 wörtlich gegenüberstellen.

Das Plenum sagt: dagegen sagt der Erste Senat:

„Mit der Meldung ist also die Pflicht des Anziehenden verbunden, eine gewisse Auskunft zu geben. In dieser Auskunft liegt nicht ein Beweis des Anziehenden, daß er nach seinen Verhältnissen berechtigt sei, die Aufnahme zu fordern. Nämlich nicht den Worten nach, weil die Auskunft z. B. des Anziehenden über seine Nationalität etwas anderes ist, als ein Nachweis, daß er ein Preuße sei. Ebensowenig der Sache nach, weil aus den Verhältnissen der §§. 3—6 überall keine gesetzlichen Erfordernisse resp. Hindernisse der Aufnahme hervorgehen. Die Gemeinde mag ja, wenn sie will, auch dem Angehörigen eines Eingesperrten, einem Armen, einem Ausländer den Wohnsitz gestatten.

Ist also z. B. die Eigenschaft eines Preußen, nicht die nothwendige Be-

„Wer sich selbstständig an einem Orte niederlassen will, hat sich nach den §§. 1, 4, 8 des gleichzeitigen Heimathsgesetzes zu diesem Zweck bei der Ortspolizei-Obrigkeit zu melden, **und** behufs seiner „Selbstständigkeit" nicht blos seine Großjährigkeit, sondern auch die Mittel und Kräfte seiner Erwerbsfähigkeit **nachzuweisen**.

Gelingt ihm solches, und ergiebt sich nicht schon im ersten Jahre des Aufenthalts seine Hülfsbedürftigkeit, so hat er nach Art. 1. des Ergänzungsgesetzes vom 21. Mai 1855 den Wohnsitz erworben, und mit demselben den daraus resultirenden Unterstützungswohnsitz, oder den Anspruch auf Gemeinde-Fürsorge im Falle späterer Verarmung."

dingung der Aufnahme, so hat es keinen Sinn, den Nachweis solcher Eigenschaften zu den Pflichten zu zählen, von deren Erfüllung der Erwerb des Wohnsitzes abhängen soll.

Vielmehr besteht die Pflicht des sich Meldenden darin, daß er seine persönlichen Verhältnisse (§§. 1—6), welche sie nun seien, darlege, damit die Gemeinde ihrerseits beurtheile, ob sie noch weitere Nachforschungen über diese Verhältnisse anstellen, oder, falls diese klar vorliegen, ob sie die Aufnahme verweigern müsse (§. 2) oder dieselbe verweigern dürfe (§§. 3—6) und von diesem Versagungsrechte Gebrauch machen wolle."

Nachdem wir nun aus diesen wenigen Worten des Ersten Senats bereits Veranlassung gehabt haben

1) darauf aufmerksam zu machen, daß dem Armen überhaupt kein Recht, kein Anspruch auf Grund des §. 1 des Armengesetzes gegen irgend einen Armen-Verband zusteht,

und nachdem wir ferner

2) bereits oben gesehen haben, daß sich auch hier die Verwechselung des Begriffs der Hülfsbedürftigkeit im Sinne des Armengesetzes mit der derselben in einzelnen Fällen zu Grunde liegenden qualitativen Verarmung geltend macht,

so gelangen wir nun endlich

3) zu dem eigentlichen Sitze des Uebels und finden, daß der Erste Senat hier in ganz gleicher Art wie in dem durch Plenarbeschluß bereits beseitigten Präjudiz vom 24. November 1854 die der Gemeinde zustehenden Ausweisungsbefugnisse und die dieserhalb von ihr resp. der Ortspolizei-Behörde nach dem Aufnahmegesetz wahrzunehmenden officia wiederum als förmliche Bedingung hinstellt für das nach dem Armengesetz lediglich an die Handlung eines Dritten (einjährigen Wohnsitz und Meldung) geknüpfte obligatorische Rechtsverhältniß zwischen verschiedenen Armen-Verbänden.

Es geräth also hier in Folge der irrthümlichen Auffassung von dem Erwerbe eines Rechts des Armen gegen den Fürsorgepflichtigen Armen-Verband der höchste Gerichtshof offenkundig in den von uns in der Einleitung hervorgehobenen zweiten Grundirrthum für das Verständniß des Armengesetzes, nämlich zu der irrthümlichen Annahme, als könne ein solches „Recht" auf Armenunterstützung nur dann gegen die vermögensrechtlich verpflichtete Gemeinde erworben werden, wenn der Arme in seiner Person den gesetzlichen Bedingungen für die Wahl des Aufenthalts im Sinne des Gesetzes über die Aufnahme neu anziehender Personen genügt habe.

Erinnern wir uns nun ferner jenes kreisgerichtlichen Erkenntnisses, welches wir zum Ausgangspunkt der ganzen Abhandlung im ersten Kapitel nahmen und in welchem gleichfalls der Nichteintritt der Verarmung innerhalb des ersten Wohnungsjahres als Bedingung für den objektiven Uebergang der Fürsorgepflicht auf den Anzugsort hingestellt worden war, so sehen wir, daß der Erste Senat, der in dem Erkenntniß vom 28. Juni 1861 [**Anl. D.**] diese Theorie ausdrücklich nur als den „vorherrschenden Grundsatz des §. 1 sub 3" hingestellt hatte, hier diese Vorherrschaft auch auf den Fall des §. 1 sub 2 ausdehnt, und dadurch alle diejenigen Einwendungen gegen sich hervorruft, welche wir im Eingang des ersten Kapitels (S. 10, 11) jenen kreisgerichtlichen Erkenntnißgründen entgegenstellten.

Während also das Gesetz an das Geschehenlassen der Wohnsitzergreifung und Fortsetzung von Seiten der Gemeinde- resp. Polizeibehörde den Nachtheil, die Gefahr des Ueberganges der Fürsorgepflicht auf die Gemeinde knüpft, wird vom höchsten Gerichtshof die Vernachlässigung der dieserhalb von der Gemeindebehörde zu erfüllenden officia dadurch prämiirt, daß gerade im Fall des Vorhandenseins eines legalen Ausweisungsgrundes die Gemeindebehörde trotz ihrer eigenen Negligenz vor jenem gesetzlichen Nachtheile für alle Zeit geschützt wäre.

Sollte in der That über die Gleichbedeutung jenes Citats aus den Gründen des Erkenntnisses vom 24. Oktober 1862 mit den citirten Gründen jenes kreisgerichtlichen Erkenntnisses auf der einen Seite und mit dem Präjudiz vom 24. November 1854 auf der andern Seite, sowie über die gleichmäßige Vernichtung des in ihnen zu Tage getretenen Prinzips durch den Plenarbeschluß vom 1. November 1858 noch irgend ein Zweifel bestehen, so erlauben wir uns den höchsten Gerichtshof an ein anderes ebenfalls von seinem Ersten Senat abgefaßtes Erkenntniß zu erinnern.

In diesem Fall handelte es sich um den Uebergang der Fürsorgepflicht für eine Wittwe B. und deren Kinder, welche ein Jahr in Tempelhof nach constatirter polizeilicher Anmeldung gewohnt hatte und später nach Berlin gezogen war. Die Commune Berlin verlangte, als bald darauf die Fürsorge für die Familie angerufen wurde, Abnahme derselben Seitens der Commune Tempelhof; die letztere berief sich dagegen darauf, daß, weil der betreffende Ortsvorsteher, an welchen die Meldung durch die Polizeibehörde gelangt war, die nöthigen Schritte verabsäumt habe, um den Gemeinde-Vorstand als solchen nach §. 10 des Aufnahmegesetzes in den Stand zu setzen von den Einwendungen gegen die Niederlassung Gebrauch zu machen, auf Seiten der Gemeinde keine Pflegeverbindlichkeit im Sinne des Art. I. des Ergänzungsgesetzes resp. des §. 1 sub 2 des Armengesetzes entstanden sei. Mit diesem Einwande durch Resolut der Landesregierung nach §. 34

des Armengesetzes zurückgewiesen, betrat die Gemeinde Tempelhof den Rechtsweg.

Stellen wir nun den wesentlichen Theil der Gründe der in dieser Streitsache unter dem 10. November 1862 ergangenen Entscheidung des Ersten Senats (Striethorst Archiv Bd. 48 S. 70) [**Anl. M.**] wieder der obigen in demselben Bande S. 42 abgedruckten Entscheidung vom 24. Oktober desselben Jahres gegenüber.

Der Erste Senat sagt:

Am **24. Oktober** 1862 (Strieth. Arch. Bd. 48 S. 44):

„Wer sich selbstständig an einem Orte niederlassen will, hat sich nach den §§. 1, 4, 8 des gleichzeitigen Heimathsgesetzes zu diesem Zweck bei der Ortspolizei-Obrigkeit zu melden, und behufs seiner „Selbstständigkeit" nicht blos seine Großjährigkeit, sondern auch die Mittel und Kräfte seiner Erwerbsfähigkeit nachzuweisen. Gelingt ihm Solches, und ergiebt sich nicht schon im ersten Jahr des Aufenthalts seine Hülfsbedürftigkeit, so hat er nach Art. I. des Ergänzungsgesetzes vom 21. Mai 1855 den Wohnsitz erworben und mit demselben den daraus resultirenden Unterstützungswohnsitz, oder den Anspruch auf Gemeindefürsorge im Falle späterer Verarmung."

Am **10. November** 1862 (Strieth. Arch. Bd. 48 S. 72):

„Nach §. 10 kommt es nicht darauf an, was etwa die Gemeinde dem Anzug hätte entgegensetzen können oder wollen. Es war lediglich Sache des Gemeinde-Vorstandes, sich über Gestattung oder Versagung des Wohnsitzes auszusprechen. Hat dieser sich dabei nachlässig verhalten, so mag er sich der Gemeinde verantwortlich gemacht haben, dadurch aber ist nicht die Erwerbung des Wohnsitzes gehemmt oder suspendirt worden. Bei unterbliebenem Widerspruche ist vielmehr nach Art. I. des Ergänzungsgesetzes vom 21. Mai 1855 vor Ablauf des Jahres 1858, nämlich durch einjährige Fortsetzung des polizeilich gemeldeten Wohnsitzes, das Hülfsdomicil der B. für sich und nach §§. 20 u. 21 des Armenpflegegesetzes vom 31. Dezember 1842 auch für ihre Kinder in der Gemeinde Tempelhof erworben und das frühere Domizil in der Stadt Berlin untergegangen."

Es kommt also nach §. 1 sub 2 des Armengesetzes resp. Art. I. des Ergänzungsgesetzes für das objektive Entstehen der communalen Fürsorgepflicht im Verhältniß zu andern Armenverbänden **nicht**, wie der Erste Senat unterm **24. Oktober** annimmt, auf den Nachweis des Nichtvorhandenseins der legalen Ausweisungsgründe, nicht auf den Nichteintritt der (permanenten) Hülfsbedürftigkeit, der Verarmung, im ersten Wohnungsjahre, **sondern** vielmehr nach dem Erkenntniß vom **10. November**, lediglich auf den Ausweisungsakt, d. h. also darauf an, ob die Gemeinde- resp. Polizei-Behörde faktisch durch Ausweisung die Niederlassung resp. die Fortsetzung des Wohnsitzes verhindert hat. Während also der Erste Senat unter dem 24. Oktober den Gründen des Plenarbeschlusses vom 1. November 1858 entschieden entgegentritt, accommodirt er sich denselben bereits wenige Tage später unter dem 10. November vollständig.

Das Erforderniß des Nichteintritts der Verarmung im ersten Wohnungsjahr, — und die Annahme, daß die Pflegeverbindlichkeit so lange fortdauere, als die einmal eingetretene (permanente) Hülfsbedürftigkeit — daß der Uebergang der Fürsorgepflicht auf eine andere Gemeinde im Sinne des Armengesetzes unzulässig sei, wenn vorher bereits die permanente Hülfsbedürftigkeit, das heißt, die Verarmung im Sinne des §. 4 und 5 des Aufnahmegesetzes eingetreten, möchten hierdurch, soweit es sich um den Uebergang der Fürsorgepflicht im Sinne des **§. 1 sub 2 des Armengesetzes** und das erste Alinea des Art. I. des Ergänzungsgesetzes handelt, als von dem höchsten Gerichtshof selbst widerlegt und somit ein für allemal als abgethan zu erachten sein *).

Daß aber der Eintritt der bloßen Hülfsbedürftigkeit an sich, der Nothwendigkeit der öffentlichen Armenpflege in concreto ohne den Nachweis gleichzeitiger Verarmung, ohne den Nachweis der fehlenden Arbeits- und Erwerbsfähigkeit im Sinne des §. 4 des Aufnahmegesetzes auch nach der Ansicht des Ersten Senats kein Moment in dieser ganzen Frage abgiebt, haben wir oben gesehen.

---

*) Wir halten uns um so mehr zu dieser Annahme berechtigt, als der Erste Senat selbst bereits in einem Erkenntniß vom 13. Dezember 1858 (Strieth. Arch. Bd. 31 S. 331) hinsichts der Befugniß der Communen, das Einzugsgeld zu fordern, genau dem Plenarbeschluß vom 1. November 1858 entsprechend entschieden hatte. Es wird daselbst ausgeführt, daß das nach §. 52 der Städte-Ordnung vom 30. Mai 1853 eingeführte Recht der Stadtgemeinden, ein Einzugsgeld zu erheben und die Gestattung des Aufenthalts von dessen Berichtigung abhängig zu machen, denjenigen Bedingungen hinzugetreten ist, von denen das Gesetz über die Aufnahme neu anziehender Personen die Befugniß der Gemeinde abhängig macht, sich dem Aufenthalt des Neuanziehenden resp. Angezogenen zu widersetzen. Für den Fall nun, wo in concreto das Einzugsgeld zwar bei der Niederlassungs-Erlaubniß gefordert, jedoch nicht sofort gezahlt, vielmehr gestundet, und in Folge dieser Stundung der Wohnsitz faktisch ein Jahr fortgesetzt ist, erkennt nun der Erste Senat ausdrücklich an, daß nicht die unterbliebene Zahlung des Einzugsgeldes an sich, also nicht der Eintritt des gesetzlichen Ausweisungsgrundes, sondern lediglich der Ausweisungsakt und die dadurch eintretende faktische Unterbrechung des Wohnsitzes, die Gemeinde gegen das objektive Entstehen ihrer obligatorischen Fürsorgepflicht nach §. 1 des Armengesetzes im Verhältniß zu anderen Armen-Verbänden schützt, und daß, wo die Gemeinde- resp. Polizei-Behörde das Einzugsgeld gestundet, oder sonst die rechtzeitige Ausweisung versäumt hat, sie höchstens der eigenen Gemeinde selbst unter Umständen regreßpflichtig werden kann. Der gleiche Grundsatz findet sich in einem späteren Erkenntniß des Ersten Senats vom 8. Mai 1863 (Strieth. Arch. Bd. 50 S. 63). Es stimmt dies übrigens durchaus mit denjenigen Grundsätzen überein, welche das Ministerium des Innern den ihm untergebenen Behörden in der in Folge des Ergänzungsgesetzes vom 21. Mai 1855 erlassenen Instruction vom 24. April 1856 (Minist.-Bl. für innere Verw. S. 123 ff.) vorgezeichnet hat.

Siebentes Kapitel.

Kehren wir nun zu dem §. 1 sub 3 und §. 4 des Armengesetzes zurück, so können wir, den Gang unserer Abhandlung aus dem ersten Kapitel wieder aufnehmend, uns nunmehr vielleicht aber auch die Frage beantworten, wie der Erste Senat zu dem in den **§. 1 sub 3 des Armengesetzes** hineingezogenen „vorherrschenden Grundsatz“ gelangt ist,

> die Pflegeverbindlichkeit im Sinne des Armengesetzes könne durch dreijährigen Aufenthalt nicht auf einen anderen Armen-Verband übergehen, wenn innerhalb der drei Jahre bereits die (permanente) Hülfsbedürftigkeit, d. h., wie der Erste Senat durch den Hinweis auf §. 4 des Aufnahmegesetzes in dem Erkenntniß vom 21. April 1856 selbst deklarirt, die körperliche Erwerbs- und Arbeitsunfähigkeit, die Verarmung und somit der legale Ausweisungsgrund für die Anzugsgemeinde im Sinne der §§. 4 und 5 des Aufnahmegesetzes eingetreten war.

Wir dürften hierbei sogleich zu dem Resultat gelangen, daß, wenn, wie nicht bezweifelt werden kann, und auch vom Ersten Senat niemals bezweifelt worden ist, die längere Dauer des dreijährigen Aufenthalts nach §. 1 sub 3 des Armengesetzes bestimmt ist, der Gemeinde um so länger Zeit zu lassen, sich selbst von dem Aufenthalt einer Person Kenntniß zu verschaffen, und von den ihr eventualiter dagegen zustehenden Einwendungen Gebrauch zu machen, es auf dasselbe fehlerhafte Prinzip hinauslaufen würde, wenn man hier den objektiven Nichteintritt jener gesetzlichen Ausweisungsgründe, also z. B. den Nichteintritt der „permanenten Hülfsbedürftigkeit“, der Verarmung als conditio sine qua non für den Uebergang der Fürsorgeverbindlichkeit auf die Gemeinde des dreijährigen Aufenthaltsorts machen wollte. Wir wollen hier nicht auf die Controverse über die Bedeutung des „Wohnsitzes“ im Gegensatz zum „gewöhnlichen Aufenthalt“, den der Erste Senat bekanntlich immer nur in das hinzukommende resp. fehlende Moment der Meldung setzt, eingehen. Soviel jedoch dürfte der Erste Senat inzwischen zugeben, daß der Bestimmung des §. 1 sub 3 eben die gesetzliche Vermuthung zu Grunde liegt, daß auch bei fehlender polizeilicher Meldung dennoch wenigstens in einem dreijährigen Zeitraum ohne eigene Pflichtvernachlässigung der Gemeinde-Behörde nicht anzunehmen sei, daß ihr etwa vorhandene positive Ausweisungsgründe z. B. also insbesondere die persönliche Arbeits- und Erwerbsunfähigkeit des Individuums, die (permanente) Hülfsbedürftigkeit, die Verarmung völlig entgangen sein sollte.

Eben hierauf beruht es ja, wie neuerdings durch Plenarbeschluß vom 6. Januar 1862 anerkannt worden, daß beim Vorhandensein eines der im §. 2 des Armengesetzes genannten Lebensverhältnisse, wo die Kenntnißnahme der gesetzlichen Ausweisungsgründe in concreto gewissermaßen durch die Deckung erschwert wird, welche der Dienstbote, der Hausoffiziant, der Geselle, durch seine Herrschaft, resp. seinen Prinzipal oder Handwerksmeister, vor dem prüfenden Auge der Gemeindebehörde findet, dennoch die Fürsorgeverpflichtung der Gemeinde wenigstens durch dreijährigen Aufenthalt begründet wird.

Erhält aber die Gemeinde im Falle fehlender polizeilicher Meldung oder im Fall eines solchen Dienstverhältnisses ꝛc. durch die bei ihr eingehenden Anträge auf Unterstützung oder sonst Kenntniß von dem Aufenthalt des Individuums und der sich daran für sie knüpfenden Gefahr, so wäre es eben ihre eigene Vernachlässigung, wenn sie in einem solchen Falle das Individuum zur Ertheilung der im §. 8 des Aufnahmegesetzes vorgeschriebenen Auskunft anzuhalten und ihrerseits von der ihr dann noch zustehenden Ausweisungsbefugniß vor Ablauf des dreijährigen Aufenthalts beim Vorhandensein legaler Ausweisungsgründe, also z. B. der wirklichen Verarmung, Gebrauch zu machen unterlassen wollte.

Es würde dies also gerade im Sinne des §. 1 sub 3 dieselbe Prämiirung der Fahr- und Nachlässigkeit auf Seiten der Gemeinde- resp. der Ortspolizei-Behörde involviren, welche, wie wir so eben gesehen, in der Anwendung jenes fehlerhaften Grundsatzes auf die Entstehung der Fürsorgepflicht im Sinne des §. 1 sub 2 lag. Mit vollem Recht hat also der Erste Senat in dem Erkenntniß vom 30. Mai 1859 [**Anl. C.**] die Gewährung der für den Arbeitsmann Lenz während seines dreijährigen Aufenthalts in Berlin aufgewendeten Arzneimittel als völlig einflußlos für den Uebergang der Fürsorgepflicht auf die genannte Commune bezeichnet. Wenn in diesem Erkenntniß erwähnt wird, daß die Commune Berlin in dem bezüglichen Unterstützungsfall

„gar keine Veranlassung gefunden, den Lenz in seine Heimath zurückzuweisen,“

so drückt der Erste Senat hiermit also daß allein entscheidende Motiv vollkommen richtig aus, mit der alleinigen Modification, daß wegen einer Armenunterstützung, welche augenscheinlich nicht durch qualitative auf persönliche Arbeits- und Erwerbsunfähigkeit beruhende Verarmung im Sinne der §§. 4 und 5 des Aufnahmegesetzes veranlaßt worden war, die Commune resp. die Ortspolizei-Behörde von Berlin gar nicht zur Ausweisung des Lenz hätte schreiten dürfen. Derselbe Grund, den hier der Erste Senat also in der nicht **erfolgten Ausweisung** des Lenz findet, würde gerade dann erst seine **rechte** Bedeutung haben, wenn dem Lenz nicht blos für 14 Sgr. 5 Pf. Arznei verabfolgt wären, sondern wenn wegen wirklicher Verarmung die Commune Berlin einen legalen Ausweisungsgrund **gehabt, nicht aber davon Gebrauch gemacht hätte.** Dauert der Aufenthalt eines Individuums also drei Jahre lang fort, so setzt eben das Gesetz voraus, daß die Gemeinde von den etwa wirklich vorhanden gewesenen Einwendungen gegen die Fortsetzung desselben nicht habe Gebrauch machen **wollen,** oder daß sie, wie im Fall des Arbeiter Lenz, **überhaupt keine Ursache gehabt hat,** davon Gebrauch zu machen. Daß in einzelnen Fällen in einer solchen gesetzlichen Fiction eine gewisse Härte für eine Gemeinde liegen kann, ist bei allen solchen Gesetzen, die die Entstehung oder das Erlöschen von Rechten und Pflichten an gewisse Termine binden, niemals zu vermeiden. Es kann dies aber nicht die Wirkung und die Bedeutung des einmal erlassenen Gesetzes und zwar im vorliegenden Falle um so weniger schmälern, als von jenem sogenannten vorherrschenden Grundsatz der bekannte Wortlaut des §. 1 des Gesetzes nicht das Mindeste ergiebt.

Derselbe lautet im ungetrennten Zusammenhange wie folgt:

§. 1.

Die Fürsorge für einen Armen hat, wenn dazu kein Anderer (Verwandter, Dienstherr, Stiftung u. s. w.) verpflichtet und vermögend ist, diejenige Gemeinde zu übernehmen, in welcher derselbe

1) als Mitglied ausdrücklich aufgenommen worden ist, oder
2) unter Beobachtung der Vorschriften des Gesetzes vom heutigen Tage über die Aufnahme neu anziehender Personen §. 8 einen Wohnsitz erworben, oder
3) nach erlangter Großjährigkeit, während der letzten drei Jahre vor dem Zeitpunkte, wo seine Hülfsbedürftigkeit hervortritt, seinen gewöhnlichen Aufenthalt gehabt hat.

Fassen wir nun das Vorstehende nochmals kurz zusammen, so fällt also die Herrschaft des Grundsatzes, wonach die Fürsorgepflicht eines Armen-Verbandes so lange fortdauern soll, bis die Hülfsbedürftigkeit ihr Ende erreicht hat, wonach mit anderen Worten also ein Uebergang der Fürsorgepflicht auf einen anderen Armen-Verband trotz einjährigen Wohnsitzes und Meldung, trotz dreijährigen Aufenthalts ausgeschlossen sein sollte, wenn während des einjährigen Wohnsitzes, während des dreijährigen Aufenthalts bereits die Hülfsbedürftigkeit eines Einwohners eingetreten war, zunächst für den §. 1 sub 2 und den §. 1 sub 3 in sich selbst zusammen und zwar:

a) weil dieser Grundsatz von dem Ersten Senat selbst nur unter der irrthümlichen Voraussetzung aufrecht erhalten wird, daß der Eintritt der eigentlichen Armenpflege, die Hülfsbedürftigkeit im Sinne des Armengesetzes unzertrennlich sei von der physischen Arbeits- und Erwerbsunfähigkeit, der Verarmung im Sinne der §§. 4 und 5 des Gesetzes über die Aufnahme neu anziehender Personen, und

b) weil, wie wir gesehen haben, nicht das Vorhandensein des in einer solchen Verarmung nach §§. 4 und 5 des Gesetzes über die Aufnahme neu anziehender Personen liegenden Ausweisungsgrundes, sondern nur der in Folge derselben gegen den Angezogenen zur Ausführung gebrachte Ausweisungsact, d. h. also, die faktische Unterbrechung des noch nicht einjährigen Wohnsitzes, des noch nicht dreijährigen Aufenthalts, die Gemeinde vor der mit Ablauf desselben ipso jure eintretenden Verpflichtung schützen kann.

Wenn also die Herrschaft dieses Grundsatzes für denjenigen Paragraphen des Armengesetzes, aus welchem der Erste Senat denselben in dem Erkenntniß vom 28. Juni 1861 [**Anl. D.**] entlehnt haben wollte, um, trotz der §§. 17 und 22, die Mutter von ihrem Kinde zu trennen, als beseitigt angenommen werden muß, wie soll die Vorherrschaft dieses Grundsatzes für die

§§. 17, 20, 21, 22

in der That noch aufrecht erhalten werden?

Hören wir das Gesetz, es sagt:

§. 17.

Für die Ehefrau des Verarmten hat derjenige Armen-Verband (§§. 1, 5, 7 und 9) zu sorgen, welcher zur Fürsorge für den Ehemann verpflichtet ist. Hat aber eine Ehefrau, um sich selbstständig zu ernähren, vor ihrer Verarmung befugter Weise getrennt von ihrem Manne an einem anderen Orte gelebt, so finden auf sie die Vorschriften des §. 1 ohne Rücksicht auf den Wohn- oder Aufenthaltsort des Mannes Anwendung.

§. 20.

Für die ehelichen legitimirten oder Adoptivkinder eines Verarmten hat derjenige Armen-Verband zu sorgen, welcher zur Fürsorge für den Vater verpflichtet ist, oder bei dessen Ableben verpflichtet gewesen sein würde, in sofern nicht seit der Großjährigkeit der Kinder, zufolge der Vorschriften des §. 1 für einen anderen Armen-Verband eine Verpflichtung neu entstanden sein sollte.

§. 21.

Ist jedoch die Verpflichtung zur Fürsorge für die Wittwe nach dem Tode des Ehemannes, den Vorschriften des §. 1 zufolge, auf einen anderen Armen-Verband übergegangen, so liegt diesem auch die Fürsorge für die Kinder ob; dasselbe gilt in Ansehung der Kinder einer geschiedenen Ehefrau, wenn der letzteren durch das Ehescheidungsurtel die Erziehung derselben zuerkannt worden ist.

§. 22.

Uneheliche Kinder folgen dem Verhältniß der Mutter in gleicher Weise, wie eheliche dem des Vaters.

Wo ist in diesen Paragraphen mit einer Sylbe davon die Rede, daß auf den für den Ehemann, Vater, Adoptivvater, die uneheliche Mutter 2c. pflegeschuldigen Armen-Verband die Fürsorgepflicht für die Ehefrau, das Kind 2c. nur dann übergehe, wenn vor dem Acte der Verheirathung, vor der Adoption 2c. für die Ehefrau oder das Kind noch nicht die öffentliche Armenpflege eingetreten? Beruhte also jene ganze Theorie schon für den §. 1 des

Armengesetzes auf der irrthümlichen Voraussetzung, als sei der Arme **das Subjekt eines** der communalen Fürsorgepflicht nach §. 1 entsprechenden **Rechts und als könne** ein solches Recht für ihn durch Wohnsitz und Aufenthalt nur dann entstehen, wenn er in seiner Person den gesetzlichen Bedingungen des Aufnahmegesetzes, (insbesondere des §. 4 desselben) für die Wahl des Aufenthalts genügt habe, wo hat das Gesetz die gesetzlichen Bedingungen für die Wahl des Aufenthalts auch zu den gesetzlichen Bedingungen für die Verheirathung, für die Adoption, für die Legitimation, ja schließlich für die Geburt gemacht? **Und** — kommt es nun auf das Vorhandensein jener gesetzlichen Aufenthaltsbedingungen bei der Begründung der communalen Armenverpflichtung durch den **Aufenthalt selbst nicht** an, wie sollen denn die Folgen der Verheirathung, der Adoption, der Geburt für die Entstehung dieser Verpflichtung an derartige dem Armengesetz völlig fremde Bedingungen geknüpft sein? Weshalb also soll nach jenem Erkenntniß vom 28. Juni 1861 [**Anl. D.**] die durch die Verheirathung der unverehelichten Siebert für sie resp. für ihr Kind nach §§. 17, 22 auf den Armen-Verband Berlin übergegangene Fürsorgeverpflichtung ausgeschlossen sein, weshalb sollen Mutter und Kind trotz der §§. 22, 17 per sententiam getrennt werden, weil vor der Verheirathung wegen der dem Kinde gewährten Bekleidungsstücke zum Werth von 1 Thlr. 3 Sgr. 6 Pf. es der Mutter nach jener ohnehin unzulässigen Begriffs-Verwechselung zwischen dem Bedürfniß der Armenpflege und der persönlichen Arbeits- und Erwerbsunfähigkeit an derjenigen Eigenschaft gefehlt haben soll, welche der §. 4 des Aufnahmegesetzes für die gesetzliche Wahl des Aufenthalts fordert? **Und** weshalb will jener Appellationsrichter auf Grund der gleichen Fiction wohl für das uneheliche Kind, nicht aber für die ehelichen Kinder einer Wittwe den für sie durch ihre Wiederverheirathung fürsorgepflichtig gewordenen Armen-Verband sorgen lassen? Die Antwort auf diese Fragen werden wir abzuwarten haben.

Wir glauben uns hiernach der **Ueberzeugung** hingeben zu dürfen, der Erste Senat werde, die Consequenz seiner eigenen Entscheidung vom 10. November 1862 anerkennend, eine Theorie aufgeben, deren gesetzlicher **Ursprung** so wenig aus den §§. 17, 21, 22 als aus dem §. 1 des Armengesetzes nachzuweisen ist.

Achtes Kapitel.

Anders verhält es sich — jedoch auch nur scheinbar — für den Fall **des §. 4 des Armengesetzes,** wo nach dem Verlassen des früher pflegeschuldigen Armen-Verbandes sich die Begründung einer Fürsorgepflicht durch

Wohnsitz oder Aufenthalt für einen zweiten Armen=Verband nicht nachweisen läßt, wo also, wie in dem Streitfall wegen des Kindes der Henriette N. zwischen dem Landarmen=Verband der Kurmark und der Gemeinde Mohrin, nach §. 4 des Armengesetzes die Frage entsteht, ob wirklich objektiv die obligatorische Verpflichtung des bisher fürsorgepflichtigen Armen=Verbandes trotz dreijähriger Abwesenheit nicht erlischt, wenn innerhalb dieser Periode für den Abwesenden die öffentliche Fürsorge nothwendig geworden.

Der §. 4 lautet bekanntlich:

Die durch die Vorschriften des §. 1 bestimmte Verpflichtung der Gemeinde erlischt, wenn der Verarmte nach erlangter Großjährigkeit seit drei Jahren aus der Gemeinde abwesend ist. Eine Ausnahme hiervon findet statt, wenn die Abwesenheit durch blos vorübergehende Verhältnisse, insonderheit durch den Betrieb eines nicht stehenden Gewerbes, durch Erfüllung der allgemeinen Militairpflicht, durch Abbüßung einer zeitigen Freiheitsstrafe u. s. w. veranlaßt worden ist.

Hier hat sich nun die Ansicht geltend gemacht, daß, so lange durch Gewährung von Armenunterstützungen der bisher pflegeschuldige Armen=Verband das Fortbestehen seiner Pflegeverbirdlichkeit anerkennt, gleichzeitig durch ein solches Anerkenntniß die Abwesenheitsfrist selbst für den Fall unterbrochen wird, wo mit dieser Ausübung der Armenpflege keine Rückkehr, kein Wiederergreifen des früheren Aufenthalts, also keine faktische Unterbrechung Seitens des Abwesenden selbst verbunden war, wo vielmehr die Armenpflege Seitens des bisher pflegeschuldigen Armen=Verbandes, z. B. durch Bezahlung der an einem anderen Orte entstandenen Kurkosten, oder der Alimente ꝛc. für ein von seiner Mutter im Stich gelassenes Kind, während der Dauer der Abwesenheit der Mutter eingetreten ist.

Es würde demnach also durch ein solches Anerkenntniß die Wirkung der Abwesenheit dergestalt unterbrochen werden, daß von diesem Zeitpunkt ab ein neuer Lauf der Abwesenheitsperiode beginnt.

Als völlig ungereimt aber müßte die Ansicht bezeichnet werden, welche in einem solchen Fall die Dauer der Krankheit, ähnlich wie die Zeit einer verbüßten Freiheitsstrafe ꝛc., im Sinne der Ausnahmefälle des §. 4 nur von der dreijährigen Abwesenheitsperiode abrechnen wollte, etwa in der Art, wie der Lauf der Verjährung durch ein zeitweises Justitium gehindert wird, während es sich hier im Gegentheil um ein Analogon der Unterbrechung der Verjährung durch Anerkenntniß der fortbestehenden Verpflichtung handeln würde, in Folge dessen die Verjährung ganz von Neuem zu laufen beginnt.

Indessen der Verfasser ist gerade durch die falschen Anwendungen, die jener in dem Erkenntniß vom 21. April 1856 [Anl. A.] ausgesprochene Grundsatz des höchsten Gerichtshofes später erfahren hat, auch hier zu der Ueberzeugung gelangt, daß es durchaus unzulässig ist, an die Erfüllung der gesetzlichen Verpflichtungen Seitens eines Armen=Verbandes während der Dauer der Abwesenheit noch weitergehende Nachtheile für ihn zu knüpfen.

Zunächst kann es vom juristischen Standpunkte aus keinem Zweifel unterliegen, daß die dreijährige Abwesenheitsdauer des §. 4 des Armengesetzes überhaupt keine Frist im engeren Sinne geschweige denn eine Verjährungsfrist ist, da ihre Wirkung nicht in dem Erlöschen eines Rechts, sondern einer Verpflichtung auf Seite der verlassenen Gemeinde besteht. Dies Erlöschen der nach §. 1 früher bestandenen Verpflichtung und der derselben entsprechenden eventuellen Berechtigung anderer Armen-Verbände wird hier überhaupt nicht an ein passives Verhalten resp. Unterlassen des eventuell Berechtigten innerhalb eines bestimmten Zeitraumes, sondern ebenso wie das Entstehen der Armenpflicht im Sinne des §. 1, an den freien Willensakt eines Dritten geknüpft. Die Wirkung dieser Handlung des Dritten bleibt also für beide Parteien ein reiner Kasus, und hängt also lediglich von der Thatsache ab, ob der Dritte seinerseits drei Jahre lang es in seinem Interesse gefunden hat, seinen bisherigen Aufenthalt zu verlassen oder nicht. Die Hineinziehung jedes anderen Moments in diese Frage widerspricht daher zunächst dem Wortlaut des Gesetzes, welches objektiv nur die Thatsache der dreijährigen Abwesenheit in gleicher Art, wie der §. 1 sub 3 die Thatsache des dreijährigen Aufenthalts, der §. 1 sub 2 die Thatsache des einjährigen Wohnsitzes und der Meldung, als das alleinige Kriterium für das Entstehen, so hier für das Erlöschen der obligatorischen Fürsorgepflicht des bisher pflegeschuldigen Armen-Verbandes hinstellt.

Sodann aber würde ein solches Anerkenntniß in ganz gleicher Art in der Hergabe einer einmaligen Unterstützung z. B. von Arznei im Betrage von 14 Sgr. 5 Pf., wie in einer „continuirlich" gewährten Unterstützung liegen, während der höchste Gerichtshof gerade selbst ausspricht, daß nur der Eintritt der permanenten Hülfsbedürftigkeit innerhalb der dreijährigen Abwesenheitsperiode das Erlöschen der bisherigen Fürsorgepflicht ausschließen soll.

Den Standpunkt des in der geleisteten Unterstützung liegenden Anerkenntnisses, auf den in der That der höchste Gerichtshof in dem Erkenntniß wegen der Hemriette R. [**Anl. A.**] Gewicht zu legen scheint, werden wir hier gänzlich aufzugeben haben.

Weshalb aber die Fürsorgepflicht des bisher pflegeschuldigen Armen-Verbandes durch den bloßen Eintritt der Armenpflege während der dreijährigen Abwesenheitsperiode an sich continuirt werden soll und weshalb weitergehend nach dem Erkenntniß vom 30. Mai 1859 [**Anl. C.**] diese continuirende Wirkung nur dann eintreten soll, wenn die Armenpflege continuirlich, d. h., wie wir gesehen, in Folge persönlicher Arbeits- und Erwerbsunfähigkeit nothwendig geworden, darüber bleibt der höchste Gerichtshof jeden Aufschluß schuldig. Er nimmt es so an, und damit müßten wir uns trotz des Wortlauts des Gesetzes, welches zum Mindesten von einem solchen **Unterschiede nichts** kennt, beruhigen, wenn wir nicht hoffen dürften, daß vielleicht folgende Erwägung auch den höchsten Gerichtshof von dem Gegentheil zu überzeugen vermöchte.

Handelt es sich nämlich bei dem Erlöschen der Fürsorgepflicht durch die Abwesenheit eines früheren Einwohners um einen Willensakt des Letzteren, so wird derselbe überhaupt nur da angenommen werden können, wo nicht etwa durch concludente Handlungen trotz der Abwesenheit auf den Willen des Abwesenden geschlossen werden kann, seinen Wohnsitz, seinen gewöhnlichen Aufenthalt an dem bisherigen Wohn- oder Aufenthaltsorte zu behalten, oder wo aus den Umständen der Abwesenheit hervorgeht, daß dieselbe an und für sich eine unfreiwillige gewesen.

Derartige Gründe sind es, welche das Gesetz unter der allgemeinen Kategorie einer durch vorübergehende Verhältnisse veranlaßten Abwesenheit in dem zweiten Alinea des §. 4 des Armengesetzes als Ausnahmefälle von der Regel dieses Paragraphen hinstellt.

Müßte es nun schon an und für sich auffallen, daß, wenn das Gesetz neben dieser durch einzelne Beispiele besonders erläuterten Tendenz noch die Absicht gehabt hätte, auch in dem damit in gar keinem Zusammenhange stehenden Fall eingetretener Verarmung des Abwesenden die erlöschende Wirkung der dreijährigen Abwesenheit auszuschließen, es dies nicht speziell erwähnt haben sollte, so dürfte hierbei folgende Notiz aus den Materialien des Gesetzes nicht ganz ohne Interesse sein. Aus den dem höchsten Gerichtshof ja selbst hinreichend bekannten Verhandlungen des Staatsraths aus dem Jahre 1841 über die damalige Gesetz-Vorlage ergiebt sich, daß in dem ursprünglich von dem Staats-Ministerium den Provinzial-Landtagen zur Begutachtung vorgelegten Entwurf neben dem Betriebe eines nicht stehenden Gewerbes u. s. w. noch andere Beispiele unter diejenigen concludenten Handlungen aufgenommen waren, welche die Absicht des Abwesenden seinen bisherigen Aufenthaltsort zu behalten bekunden sollten.

Als solche Beispiele wurden noch insbesondere die Fälle erwähnt,

ꝛc. ꝛc.

„oder hat der Abwesende entweder eine von ihm zu versorgende Familie zurückgelassen, oder eine eigene Wohnung beibehalten, oder fortdauernd Communallasten getragen,

ꝛc. ꝛc.

so verbleibt die Verpflichtung der Commune unverändert."

In dem aus den Berathungen der Provinzial-Landtage hervorgegangenen dem Staatsrath vorgelegten Entwurf heißt es dagegen an der bezüglichen Stelle des damaligen §. 5:

ꝛc. ꝛc.

„oder hat der Abwesende entweder eine von ihm versorgte Familie zurückgelassen, oder

ꝛc. ꝛc.

so verbleibt die Verpflichtung der Commune unverändert."

Wennschon nun in der dem Staatsrath mitgetheilten geschichtlichen Darstellung über den Gang der Berathungen auf den Provinzial-Landtagen sich eine nähere Motivirung dieser veränderten Fassung nicht findet, und wenn die obigen weiteren Beispiele später überhaupt aus Zweckmäßigkeitsgründen fortgelassen und damit in die freie Beurtheilung des Richters für jeden einzelnen Fall gestellt worden ist, ob der Abwesende wirklich die Absicht gehabt habe, seinen bisherigen Aufenthaltsort aufzugeben, so ist doch jener Unterschied zwischen dem Zurücklassen einer **zu versorgenden** und **versorgten** Familie gerade für die uns beschäftigende Frage höchst charakteristisch.

Legte man also gerade darauf Gewicht, daß die Absicht des Beibehaltens des bisherigen Aufenthalts nicht zu folgern sei aus dem bloßen Zurücklassen einer noch der elterlichen Pflege bedürftigen, d. h. noch **zu versorgenden** Familie, sondern vielmehr daraus, daß der Abwesende **durch das Versorgen** der von ihm zurückgelassenen Familie an dem bisherigen Wohnort, seine Absicht der Rückkehr, der Beibehaltung des Wohnsitzes documentire, so dürfte wohl vollkommen klar sein, daß man aus dem Zurücklassen der Familie im Elende, aus dem drei Jahr lang fortgesetzten Preisgeben derselben gerade die gegentheilige Absicht, nicht an den Ort wieder zurückzukehren, und also auch die gegentheilige gesetzliche Wirkung schloß und auch, wie sich von selbst versteht, mit Recht schließen mußte.

Wie soll aber gar aus dem Zurücklassen eines zu versorgenden hülflosen Kindes an einem dritten Ort, z. B. in Wrietzen, die Absicht der unverehelichten Henriette R. zu schließen sein, ihren früheren Aufenthalt in Mohrin beizubehalten? Weshalb soll in solchen Fällen die entweder durch schnöden Muthwillen oder sträfliche Verworfenheit hervorgerufene Belastung einer dagegen wirklich wehrlosen Commune in perpetuum fortdauern und insbesondere, weshalb soll eine solche präsumtive Absicht der Henriette R., ihren Aufenthalt in Mohrin beizubehalten, für nachgewiesen zu erachten sein, wenn in Wrietzen dem besagten Kinde auch nun einmal Bekleidungsstücke für 1 Thlr. 3 Sgr. 6 Pf. verabfolgt worden wären, nicht aber dann, wenn für die Henriette R. selbst, an verschiedenen Orten Armenunterstützungen, an keinem derselben jedoch in einem höheren Betrage als etwa für 14 Sgr. 5 Pf. Arznei hätten verwendet werden müssen?

Wir sehen also, auch hier handelt es sich um ein durch den Wortlaut des Gesetzes in keiner Weise motivirtes und in seinen Consequenzen völlig undurchführbares Prinzip, dessen Ursprung in der vom höchsten Gerichtshofe selbst für fehlerhaft erachteten Auffassung beruht, als handele es sich bei Auslegung der §§. 1 und 4 des Armengesetzes um irgend etwas Mehreres als um die gegenseitigen Beziehungen zwischen verschiedenen Armen-Verbänden und als sei namentlich aus diesem Paragraphen eine Art Heimathsberechtigung des Hülfsbedürftigen, des Verarmten, herzuleiten, welche dem Armengesetz schon aus dem Grunde gänzlich fremd ist, weil, wie wir gesehen haben, der Arme selbst überhaupt kein Recht, keinen Anspruch auf Armenpflege, also auch keinen solchen gegen einen bestimmten Armen-Verband materiell haben, d. h. also, auch weder erwerben noch verlieren kann.

Es hat nun zwar in einem neueren Erkenntniß der Erste Senat jener von ihm aufgestellten Theorie hinsichts des §. 4 des Armengesetzes wiederum scheinbar eine neue Declaration zu geben versucht, jedoch auch hier, wie wir sogleich sehen werden, ebensowenig mit irgend haltbarem Erfolge.

Die unverehelichte Glaser war seit ihrer am 2. October 1846 eingetretenen Großjährigkeit drei Jahr lang und länger von dem für sie ursprünglich fürsorgepflichtigen Armen-Verbande von Friedeberg abwesend. Im Laufe dieser drei Abwesenheitsjahre war zu verschiedenen Zeiten die Glaser in Berlin auf öffentliche Kosten unterstützt worden.

In einem später über die Verpflichtung zu ihrer Fürsorge von dem Armen-Verbande von Berlin gegen den Armen-Verband von Friedeberg angestellten Prozesse, hatten der Richter erster und zweiter Instanz angenommen, daß trotz jener Unterstützungen die Fürsorgepflicht des Armen-Verbandes von Friedeberg durch dreijährige Abwesenheit erloschen sei, insbesondere hatte der Appellationsrichter ausgeführt:

„daß innerhalb der drei Abwesenheitsjahre vom 2. October 1846 bis 1849 nicht eine ununterbrochene Unterstützung der rc. Glaser Seitens des Klägers, des Ortsarmen-Verbandes der Stadt Berlin, stattgefunden habe, oder nothwendig gewesen sei."

Auf die wegen angeblicher Verletzung des §. 4 des Armengesetzes von dem Kläger eingelegte Nichtigkeitsbeschwerde hat der Erste Senat des Königl. Ober-Tribunals durch Erkenntniß vom 14. September 1863 (Striethorst Archiv Bd. 51 S. 87) [**Anl. N.**] unter Vernichtung des Appellations-Erkenntnisses, das erste Erkenntniß dahin abgeändert, daß der Kläger nur zur Zeit abzuweisen.

In den Gründen dieses Erkenntnisses wird nun der Satz vorangestellt:

„Nach dem Grundsatz des §. 4 des Armengesetzes vom 31. Dezember 1842 erlischt das Heimaths-Domizil nicht, wenn innerhalb der drei Abwesenheitsjahre die Hülfsbedürftigkeit des Abwesenden hervorgetreten ist, und die Nothwendigkeit der Fürsorge **noch beim Ablauf jener drei Jahre** fortgewährt hat."

Es wird hier also dem in jenem früheren Erkenntniß aufgestellten Erforderniß des Nichteintritts der Armenpflege resp. der continuirlichen Hülfsbedürftigkeit zunächst die Modification gegeben, daß diese Hülfsbedürftigkeit **bis zum Ablauf der dreijährigen Abwesenheit** fortbestanden haben müsse.

Es heißt hierbei wörtlich:

„Festgestelltermaßen ist nun die rc. Glaser in mehrfachen Perioden, vom 22. Juli bis 10. August 1847, vom 22. October bis 17. November 1847, und vom 17. November 1847 bis 31. März 1848 vom Kläger unterhalten worden. Demnächst soll sie geisteskrank geworden, selbst für blödsinnig erklärt und ihrem Oheim zur Pflege übergeben sein. Daß die rc. Glaser periodisch einer Unterstützung nicht bedurft hat, kann jedoch nicht in Betracht kommen, es ist vielmehr nach §. 4 nur von Erheblichkeit, ob die innerhalb der drei Abwesenheitsjahre hervorgetretene Hülfsbedürftigkeit noch beim Ablauf der gedachten drei Jahre fortbestanden hat, und ist dies der Fall — wie hier noch im Dunkeln — so ist das Hülfs-Domizil fortbestehend geblieben. Der Umstand mithin, daß die ꝛc. Glaser innerhalb der Abwesenheitsjahre nur mit Unterbrechungen vom Kläger unterhalten worden, ist zu der Annahme, daß deren Hülfs-Domizil Friedeberg durch dreijährige Abwesenheit erloschen sei, nicht ausreichend, und deshalb das Appellations-Urtel zu vernichten."

Hier wird also der Umstand, daß die ꝛc. Glaser nur mit Unterbrechungen während der dreijährigen Abwesenheitsperiode vom Kläger unterhalten worden, zum **„Erlöschen** des Hülfs-Domizils auf Seiten des Verklagten nicht für **ausreichend"** erklärt. Es wird also dem Verklagten, der sich auf dies „Erlöschen" des Hülfs-Domizils nach §. 4 berufen hatte, der Beweis eines Mehreren auferlegt. Sodann heißt es weiter:

„In der Sache selbst schwebt noch ein Dunkel darüber, ob die Glaser jetzt noch hülfsbedürftig ist, und ob und in wie weit diese Hülfsbedürftigkeit mit den in den Jahren 1847 und 1848 ihr gewährten Unterstützungen in einem Zusammenhange steht. Es walten noch Zweifel über die Identität ihrer Person vor ꝛc. ꝛc."

Wenn es nun auch hinwiederum am Schlusse der Erkenntnißgründe heißt, daß es hierauf einstweilen nicht ankomme, weil nach dem vom Verklagten erhobenen formellen Einwande zunächst die Landes-Polizeibehörde nach §§. 33, 34 in der Sache zu befinden habe, so geben doch die vorstehenden Ausführungen den Gesichtspunkt an, von welchem der Erste Senat bei Auslegung des §. 4 in diesem Falle ausgeht, und sie sind in der That charakteristisch.

Während es also zunächst der klagende Armen-Verband von Berlin ist, der wegen eines neuerdings eingetretenen Unterstützungsfalles für die ꝛc. Glaser den früher pflegeschuldigen Armen-Verband von Friedeberg in Anspruch nimmt, während es also desselben Klägers Sache war, den vom Verklagten entgegengestellten Einwand, daß durch die faktisch unbestrittene dreijährige Abwesenheit von Friedeberg seine frühere Verpflichtung erloschen sei, replicirend seinerseits durch die Berufung auf die während der Abwesenheit eingetretene Unterstützungen zu entkräften, wird auf einmal hier dem Verklagten resp. dem Richter gesagt: es sei zum Erlöschen der früheren Fürsorgepflicht nicht ausreichend, daß die Unterstützungen nur unterbrochen geleistet seien. Was soll denn der Verklagte außer der Thatsache der dreijährigen Abwesenheit eigentlich beweisen?

Wenn ferner aber gleichzeitig zur Begründung der Klage in der Sache selbst der noch fehlende Beweis darüber gefordert wird, daß die ꝛc. Glaser jetzt, also im Jahre 1863 überhaupt hülfsbedürftig sei und daß diese Hülfsbedürftigkeit mit den in den Jahren 1847 und 1848 ihr gewährten Unterstützungen **„in einem Zusammenhange"** stehe, so wird also hier wieder der Umstand, daß jene früheren Unterstützungen der

2c. Glaser nur unterbrochen gewährt worden, für das vom Kläger behauptete **Fortbestehen** der Verpflichtung des Verklagten, für unausreichend erachtet und dem Kläger der Beweis auferlegt, resp. vorbehalten, daß das im Jahre 1863 etwa bestehende Bedürfniß der Armenpflege für die 2c. Glaser, mit den derselben im Jahre 1847 und 1848 gewährten Unterstützungen im Zusammenhange stehe.

Wir wollen über diese Schwankungen der Zunge der richterlichen Wagschale beim Abmessen der dem Kläger oder dem Verklagten obliegenden Beweislast hinweggehen und uns nur an das schließlich dem Kläger auferlegte Thema probandum selbst halten.

Es kommt, nachdem im Anfange der Erkenntnißgründe nur das ununterbrochene Fortbestehen der Hülfsbedürftigkeit bis zum Ablauf der dreijährigen Abwesenheitsfrist, d. h. also bis zum 2. October 1849 gefordert wurde, um trotz der dreijährigen Abwesenheit nach dem „Grundsatz“ des §. 4 das Erlöschen der Fürsorgepflicht auszuschließen, hier plötzlich wieder auf das Fortbestehen der Hülfsbedürftigkeit bis zu dem im Jahre 1863 etwa noch nachzuweisenden Bedürfniß der Armenpflege für die 2c. Glaser zu gleichem Behufe an.

Deutlicher als hier kann wohl kaum der Beweis geliefert werden, wie völlig der Begriff der Hülfsbedürftigkeit mit der dieselbe erzeugenden Ursache vom Ersten Senat verwechselt wird. In den Jahren 1847 und 1848 wurde die Glaser zu drei verschiedenen Zeitabschnitten von dem Kläger, dem Armen-Verbande von Berlin, unterhalten. Demnächst soll sie für blödsinnig erklärt und ihrem Oheim zur Pflege übergeben sein. Was bedeutet unter diesen Umständen die von dem höchsten Gerichtshof gestellte Frage: ob die etwa zur Zeit bestehende Hülfsbedürftigkeit mit jenen Unterstützungen aus den Jahren 1847 und 1848 im Zusammenhange stehe? — Doch wohl nichts Anderes, als ob die durch jene Unterstützungen beseitigte Hülfsbedürftigkeit mit der gegenwärtigen Hülfsbedürftigkeit aus ein und derselben fortdauernden Ursache entstanden sei? Denn daß das im Jahre 1847 bestandene Bedürfniß der Armenpflege selbst, also der damalige Mangel an den nothwendigsten Nahrungsmitteln 2c., bis zum Jahre 1863 fortbestanden haben solle, dürfte wohl kaum die Ansicht des Ersten Senats gewesen sein.

Wenige Jahre bevor die unverehelichte Glaser zum ersten Male im Jahre 1847 im Arbeitshause zu Berlin Aufnahme fand, soll es zwar in Loodhiana bei Lahore ein indischer Fakir, nach dem unverdächtigen Zeugniß zweier hochgestellter englischer Offiziere in den Kalkutta-Zeitungen, dahin gebracht haben, sich ohne Nahrungsmittel **10 Monate** lang lebendig begraben zu lassen, aber ein ununterbrochen vom Jahre 1847 bis 1863, also **16 Jahre** lang fortbestandener, und also nicht beseitigter Mangel an den nothwendigsten Nahrungsmitteln, dürfte auch einem solchen Fanatismus gegenüber sein Bedenken haben.

Daß dies also nicht die Meinung des Ersten Senats gewesen sein kann, dürfte schon aus der weiteren Frage nach der noch im Dunkel schwebenden Identität der Person der Charlotte Glaser erhellen, — eine Frage, welche vom höchsten Gerichtshofe wohl schwerlich gestellt worden wäre, wenn damit die Frage nach der Identität der im Jahre 1863 lebenden Charlotte Glaser mit der seit dem Jahre 1847 ununterbrochen verhungerten Charlotte Glaser hätte ausgedrückt werden sollen.

Wo enthält nun aber, selbst wenn der Erste Senat, wie wir annehmen müssen, nicht das Fortbestehen des Bedürfnisses selbst, sondern das Fortbestehen der Ursache des Bedürfnisses hierbei im Auge gehabt haben sollte, der §. 4 des Armengesetzes ein Wort von einer solchen offenbar wieder aus den §§. 4 und 5 des Aufnahmegesetzes entnommenen Nachfrage?

Wir glauben dem höchsten Gerichtshofe auf diese Frage nicht besser antworten zu können, als mit den schon oben S. 22 von uns citirten Worten des Berichts vom 9. Februar 1838, mittelst dessen das Staats-Ministerium die Vorarbeiten zu dem Armengesetz Sr. Majestät dem Könige überreichte:

„In den **seltensten** Fällen besteht die Unterstützung der Armen in einer vollständigen Ernährung, sondern in einem Beitrage, in einer Gewährung der Differenz zwischen dem dringendsten Lebensbedarf und dem nach den zur Selbsternährung nicht hinreichenden Kräften doch noch möglichen Erwerbe."

Besteht also, wie auf der Hand liegt, die Armenpflege nur in den allerseltensten Fällen in einer totalen Ernährung, in einer ununterbrochenen Gewährung von Armenunterstützungen, repräsentirt sie vielmehr in der Regel nur die Differenz zwischen der ungenügenden Arbeitskraft und dem doch noch möglichen Erwerbe, ja muß sie nicht selten, wie die Erfahrung lehrt, selbst bei völlig genügender Arbeitskraft, um das selbstverschuldete Umkommen im Elende zu verhüten, gewährt werden, — wie kann man dem Gesetzgeber zutrauen, daß er die Erwähnung so eclatanter Ausnahmefälle, wie die einer etwa durch morbus sonticus &c. veranlaßten ununterbrochen die öffentliche Hülfe erheischenden Armuths-Ursache bei Abfassung des §. 4 gänzlich unterlassen haben sollte, wenn er von einer solchen Bedingung generell die Anwendbarkeit dieser gesetzlichen Bestimmung abhängig machen wollte.

Kann also ein solcher Zusammenhang, wie wir gesehen, vom höchsten Gerichtshofe nicht als ein zeitlicher, sondern nur als ein kausaler dergestalt aufgefaßt werden, daß dieselbe Ursache, welche im Jahre 1847 die Armenunterstützung nothwendig machte, bis zum Jahre 1863 fortbestanden habe, so wollen wir nun versuchen es uns klar zu machen, wie es möglich sein soll, einen solchen Zusammenhang nachzuweisen und welche rechtlichen Folgen sich an dies Erforderniß knüpfen würden.

Nehmen wir den einfachsten Fall: es hätte der Charlotte Glaser während ihrer dreijährigen Abwesenheit von dem für sie fürsorgepflichtig gewesenen Armen-Verbande von Friedeberg vom 2. October 1846 bis 2. October 1849 eine einmalige Armenunterstützung im Laufe des Jahres 1847 durch Gewährung von Arznei im Betrage von 14 Sgr. 5 Pf. verabfolgt werden müssen; nachdem sich nun die Glaser in der Zwischenzeit in Berlin aufgehalten, sei der Armen-Verband von Berlin genöthigt worden, nach dem 2. October 1849 eine gleiche Aufwendung für dieselbe zu machen, so wissen wir, daß nach der Ansicht des Ersten Senats (Erkenntniß vom 30. Mai 1859) [**Anl. C.**] in einem solchen Fall trotz der im Laufe der drei Abwesenheitsjahre gewährten Armenunterstützung mit dem Ablauf des 1. October 1849 die Verpflichtung des Armen-Verbandes von Friedeberg erloschen und mit dem 2. October 1849 auf den Armen-Verband von Berlin übergegangen sein würde. Es würde also die Commune Berlin zwar die Erstattung der von ihr vielleicht vor dem 2. October 1849 verauslagten 14 Sgr. 5 Pf., nicht aber die nach dem 2. October 1849 nach Ablauf der dreijährigen Abwesenheit resp. des dreijährigen Aufenthalts von ihr aufgewendeten Kosten zu beanspruchen haben. Nähern wir nun die beiden Unterstützungsfälle sich dergestalt, daß der erstere nicht im Laufe des Jahres 1847, sondern nur einige Wochen vor dem Ablauf der dreijährigen Periode, also z. B. am 11. September 1849, der andere am 20. October desselben Jahres stattgefunden, so würde an und für sich auch nicht der mindeste Grund vorliegen, die Frage, welchem von beiden Armen-Verbänden die vermögensrechtliche Verpflichtung obliege, anders zu beurtheilen wie oben.

Rücken wir nun aber die Unterstützungsfälle dergestalt an einander, daß dieselben in zeitlicher unmittelbarer Folge zu einander stehen. Verdoppeln, verdreifachen, ja verzwanzigfachen wir nun auch die Zahl der Unterstützungstage vor und nach dem 2. October 1849. Nehmen wir also an, jene Person habe im Ganzen vom 11. September bis 20. October in Berlin krank gelegen, es habe also hier eine ununterbrochene Reihe von Unterstützungsfällen stattgefunden, weshalb sollten hier die am 11. September und die am 20. October entstandenen Kosten der Armenpflege nicht wie vorher dem Armen-Verbande von Friedeberg und resp. dem Armen-Verbande von Berlin zur Last gelegt werden, blos weil auch in der Zwischenzeit noch an anderen Tagen die Unterstützung jener Person stattgefunden hat, und worin soll hier der Zusammenhang der am 11. September gewährten Unterstützungen mit den am 20. October gewährten bestehen, als in der präsumirten Fortdauer ein und derselben Ursache des Bedürfnisses.

Wie aber — wenn nun diese anfänglich bestandene Ursache durch irgend eine der tausendfältigen Möglichkeiten eines Krankenlagers plötzlich eine andere Wendung genommen, wenn durch irgend einen Zufall eine zweite Krankheit hinzugetreten wäre, wenn z. B. nach einem vom 11. September bis 1. October fortdauernden normalen Wochenlager jene Person am folgenden Tage durch Unvorsichtigkeit sich ein Kindbettfieber zugezogen, oder sich durch einen Fall beschädigt hätte, bis in welche Intimitäten des ärztlichen Verständnisses sollen sich die Nachforschungen der Behörde erstrecken, um den Zusammenhang zwischen dem am 11. September und dem am 20. October bestandenen Pflegebedürfniß festzustellen?

Nehmen wir aber an, es habe z. B. erweislich Jemand eine Reihe von Jahren hindurch an einer chronischen Krankheit, dem Fieber, den Scropheln u. s. w. gelitten. Welcher Arzt selbst wäre im Stande zu bestimmen, daß die einzelnen Krankheitsanfälle, wegen welcher der Patient wiederholt in einem öffentlichen Krankenhause untergebracht worden, auf dieser allgemeinen Ursache oder nicht vielmehr auf ganz plötzlich eingetretenen Ursachen: Erkältung, Diätfehler u. s. w. beruht haben, welche nur bei der vorhandenen körperlichen Disposition den Ausbruch, den Rückfall der Krankheit und also das Bedürfniß der Armenpflege hervorriefen. Wissen wir doch, daß die scheinbar so einfache Frage: ob eine Knochenvereiterung, welche die Aufnahme eines Arbeiters in eine Krankenanstalt nothwendig gemacht und bald darauf seinen Tod herbeigeführt hatte, ihre Ursache in einem dem Patienten vor drei Monaten versetzten Fußtritt oder in einem seit Jahren bestandenen inneren chronischen Leiden ihre Ursache hatte, d. h. also, ob seine Aufnahme in das Krankenhaus mit etwaigen ähnlichen Vorfällen aus früheren Jahren im Zusammenhange stehe, das ganze medizinische Heerlager einer der größten Städte unserer Monarchie in einen Kampf auf Tod und Leben versetzt hatte, der mit allen Kabalen chikanöser Verdächtigung, mit allem Aufwande von medizinischen Gutachten, Disciplinar-Untersuchungen, Strafprozessen geführt wurde, und die ganze Stadt im jahrelangen Aufruhr erhielt.

Wie unausführbar nun gar, ohne einen solchen durch ein bestimmt ausgesprochenes chronisches körperliches Leiden wenigstens möglicherweise zu gewinnenden Anhalt, in der Praxis die Feststellung eines solchen Unterschiedes und des Zeitpunkts ist, in welchem ein in einer Reihe von Jahren wiederholt der öffentlichen Unterstützung bedürftig gewordener Mensch der Armenpflege aus dem Grunde zur Last fiel, weil es ihm dauernd auch nur an der ausreichenden Arbeits- und Erwerbsfähigkeit gebrach, wo er mit anderen Worten qualitativ verarmte, wo ein ursächlicher Zusammenhang zwischen der heute und der vor 10 bis 12 Jahren gewährten Unterstützung nachzuweisen ist, das haben wir bereits im ersten Kapitel S. 22 ff. gesehen. Hält man es wirklich für möglich, den socialen Ursachen einer Reihe einzelner Armenunterstützungen im Laufe verschiedener Jahre dergestalt nachzuforschen, daß man behaupten kann, die vor 5 Jahren nothwendige Verabfolgung von Brennholz beruhe auf denselben Ursachen, wie die vor 8 Jahren stattgehabte Darreichung von baarem Gelde oder die vor 10 Jahren gewährte Krankenpflege? Der einzig denkbare Zusammenhang solcher Unterstützungen würde also der sein, daß Jemand wegen körperlicher Arbeits- und Erwerbsunfähigkeit in die Lage geriethe, wiederholt die öffentliche Fürsorge anzurufen. Diese körperliche Arbeits- und Erwerbsunfähigkeit aber besteht ja eben als eine totale fast niemals, und somit würden selbst die wiederholten Unterstützungen an sich immer nur als vereinzelte Erscheinungen der Noth erkannt werden können, deren specielle Veranlassung trotz einer im

Allgemeinen ungenügenden Arbeitsfähigkeit, doch noch immer in ganz besonderen Ursachen bestehen könnte.

Welche Behörde soll nun im Stande sein, in solche individuellste Verhältnisse der einzelnen Almosen-Empfänger pro praeterito einzudringen? Macht es doch, wie jedes Bittgesuch um Unterstützungen, von denen wohl auch die Mitglieder des höchsten Gerichtshofes nicht immer verschont bleiben dürften, in der Gegenwart Schwierigkeiten genug, zu ermitteln, ob der behauptete Nothstand überhaupt vorhanden, geschweige denn, ob er auf wirklicher Arbeits- und Erwerbsunfähigkeit, auf qualitativer Verarmung oder worauf sonst beruht.

Auch hierüber dürfte dem höchsten Gerichtshofe die Entstehungsgeschichte des Art. I. des Ergänzungsgesetzes vom 21. Mai 1855 einen ausgiebigen Belag liefern. Ueberzeugte man sich nämlich damals, daß der nach §. 5 des Aufnahmegesetzes verlangte Nachweis einer solchen qualitativen Verarmung als Ursache des eingetretenen Unterstützungs-Bedürfnisses schon aus dem nächsten Vorjahre dergestalt zu den Unmöglichkeiten gehörte, daß, wie jener Herr Antragsteller bei Berathung des Ergänzungsgesetzes (vergleiche oben S. 44) sagte:

„dieser den Schutz der Anzugsgemeinde bezweckende §. 5 des Aufnahmegesetzes so gut wie keine Wirksamkeit hatte, weil er einen Beweis forderte, der nur äußerst selten angetreten wurde, daß nämlich Jemand bereits nicht blos gegenwärtig, sondern schon im vorigen Jahre an einem dritten Orte verarmt gewesen sei"

wie denkt man sich einen solchen Nachweis möglich auf eine unbegrenzte Reihe von Vorjahren hinaus? Und — von einem solchen Nachforschen nach der nöthigen Arbeitskraft, der Erwerbsfähigkeit eines Individuums, sollte der Gesetzgeber stillschweigend das Erlöschen der Fürsorgepflicht nach §. 4 noch neben der dreijährigen Abwesenheit abhängig gemacht haben?

Wir glauben die Unhaltbarkeit dieser Theorie und die Nothwendigkeit, sich lediglich an den klaren Wortinhalt des Gesetzes zu halten, das nur die Thatsache der dreijährigen Abwesenheit nach erreichter Großjährigkeit zur Bedingung für das Erlöschen der nach §. 1 resp. §. 20 begründeten vermögensrechtlichen Verpflichtung kennt und sich mit keinem Worte in jene vom Ersten Senat des Königl. Ober-Tribunals aufgestellten Unterschiede verliert, also auch durch die Unmöglichkeit des verlangten Nachweises selbst, deutlich genug bewiesen zu haben. Sollen wir noch weiter gehen, sollen wir daran erinnern, daß wenn jener Person

am 1. October für 14 Sgr. 5 Pf. Arznei	am 2. October einem von ihr irgend wo im Stich gelassenen Kinde für 1 Thlr. 3 Sgr. 6 Pf. Kleider

verabfolgt wären, nach dem Erkenntniß vom 30. Mai 1859 [**Anl. C.**] die Verpflichtung des Armen-Verbandes von Friedeberg mit dem 1. October erloschen sein würde, weil die Verabfolgung von 14 Sgr. 5 Pf. als keine „eigentliche Armenpflege" zu erachten, während, falls

am 1. October	am 2. October
dem Kinde für 1 Thlr. 3 Sgr. 6 Pf.	der Mutter für 14 Sgr. 5 Pf.
Kleider	Arznei

verabfolgt wäre, nach dem Erkenntniß vom 28. Juni 1861 [**Anl. D.**] die Verpflichtung des Armen-Verbandes von Friedeberg nicht erloschen, sondern über die dreijährige Abwesenheitsdauer hinaus continuirt sein würde, weil es auf „die Art und den Betrag“ der Unterstützung nicht ankommt?

Weshalb soll nun ein causaler Zusammenhang beider Unterstützungsfälle in der ersten Reihenfolge ausgeschlossen, in der zweiten Reihenfolge ohne Weiteres zu präsumiren sein? Und das wäre wirklich der vorherrschende Grundsatz des Gesetzgebers gewesen?

Wenn nun trotzdem der Erste Senat in dem Erkenntniß vom 14. September 1863 [**Anl. N.**] an diesem undurchführbaren vorherrschenden Grundsatz festzuhalten sich bemüht, so erscheint dies um so auffallender, als wir, wie sogleich aus dem folgenden Kapitel ersichtlich werden wird, bereits im Voraus von ihm die feierliche Anerkennung erhalten haben, daß die Nachforschung nach der Arbeits- und Erwerbsfähigkeit des Individuums während der Dauer der dreijährigen Abwesenheit unzulässig und daß im Gegentheil

„die einzige Bedingung des §. 1 sub 3 und des §. 4 sonach die Großjährigkeit neben der dreijährigen Dauer des Aufenthalts resp. der Abwesenheit ist.“

Neuntes Kapitel.

Zur Constatirung der Thatsache des an einem Orte ergriffenen resp. wieder aufgegebenen Wohnsitzes oder Aufenthalts kommt es zunächst darauf an, und es ist dies bereits früher ausführlich besprochen, daß der Akt, mittelst dessen Jemand an einem Ort seinen Aufenthalt nimmt, resp. ihn aufgiebt, die Handlung, der Willensakt desselben gewesen.

Das nächste Erforderniß eines solchen Willensaktes ist also die Willensfreiheit, das heißt, es muß

a) der sich Aufhaltende ꝛc. persönlich willensfähig und
b) es muß die Ergreifung und das Aufgeben des Wohnsitzes ꝛc. nicht unter Umständen stattgefunden haben, welche thatsächlich den freien Entschluß auf seiner Seite ausschließen, — es muß kein Zwang stattgefunden haben.

Nicht die gesetzliche Wahl des Aufenthalts, nicht der Nachweis der gesetzlichen Bedingungen der Freizügigkeit ist das Erforderniß für die Entstehung der communalen Armenpflicht — das Erforderniß eines solchen Nachweises hat, wie wir aus den Gründen des Plenarbeschlusses vom 1. Novemder 1858 oben S. 73 gesehen haben, keinen Sinn — sondern die freie Wahl des Aufenthalts, des Wohnsitzes. Die freie Wahl hängt aber nicht von dem Vorhandensein der in den §§. 1—6 des Aufnahmegesetzes aufgeführten Bedingungen der Freizügigkeit, nicht von dem Vorhandensein der Selbstständigkeit, der Preußischen Unterthanenschaft — der Arbeits- und Erwerbsfähigkeit in der Person des sich Aufhaltenden ꝛc. ab, sondern von einer ganz anderen Eigenschaft des Menschen, von der physischen Willensfähigkeit.

Willensfähig ist aber Jeder, der nicht durch Kindheit (infantia) oder durch gewisse ihn dem Infans gleichstellende Geistesstörungen (Raserei und Wahnsinn) physisch unfähig erachtet werden muß, überhaupt Entschlüsse zu fassen, Handlungen vorzunehmen. Deshalb sind z. B. Willenserklärungen dieser Personen vollkommen nichtig (§§. 20, 23 Th. I. Tit. 4 A. L. R.). Schon der Unmündige ist an und für sich willensfähig, ja, er kann sogar Willenserklärungen mit rechtlicher Wirkung abgeben, wenn es sich um die Erwerbung eines Vortheils handelt (§§. 21, 22 ibid.) *).

Die Willensfähigkeit des Handelnden ist aber nicht blos von dieser persönlichen Eigenschaft, sondern auch davon abhängig, daß trotz bestehender Willensfähigkeit es Umstände giebt, wo der Wille in Bezug auf einen einzelnen vorzunehmenden Akt von Außen her gebunden erscheint, also z. B. wenn ein Unmündiger — ein auch nicht unter die Kategorie der Raserei oder des Wahnsinns fallender Geisteskranker — von seinen Angehörigen ꝛc. an einem Orte in Pflege gegeben wird, — wenn z. B. für einen Armen der Landarmen-Verband, zufolge §. 15 des Armengesetzes, die Unterbringung in einer

---

*) Das Allg. Landrecht hat im Th. I. Tit. 4 §§. 23 und 26 allerdings einen völlig mißverständlichen Unterschied aufgestellt, indem es dort die Wahnsinnigen, die nach §. 27 Th. I. Tit. 4 des Gebrauchs ihrer Vernunft gänzlich beraubt sein sollen, den Kindern, die Blödsinnigen dagegen, welche nach §. 28 ibid. die Folgen ihrer Handlungen nicht zu überlegen vermögen, den Unmündigen gleichstellt. Die Wissenschaft hat diesen Unterschied, welcher den Blödsinn gewissermaßen als eine dem gesunden Denkvermögen näher stehende, also geringere Stufe der Geistesstörung betrachtet, gänzlich verworfen. Der Wahnsinnige umgekehrt ist in den Augen der Wissenschaft derjenige, dessen Irrsinn in einer partiellen, auf gewisse Vorstellungskreise beschränkten Störung seines Denkorganismus und seiner Urtheilskraft besteht, der Blödsinnige hingegen derjenige, dessen Denkvermögen und Urtheilskraft in ihrer Totalität von der organisch natürlichen Beschaffenheit abweicht. Es sind also beide Begriffe nur quantitativ in Bezug auf ihre Ausbreitung verschiedene Geistesstörungen, von denen, ohne Rücksicht auf die Intensität innerhalb ihres Gebiets, gerade der Blödsinn in umgekehrtem Verhältniß zu den Anschauungen des A. L. R. eher eine in ihrer Ausbreitung potenzirte Geistesstörung genannt werden könnte. Für die Frage der Willensfähigkeit ist jedoch auch in den Augen der Wissenschaft der Wahnsinnige ebenso willensunfähig, wie dies das A. L. R. durch seine Gleichstellung mit dem Infans ausspricht, und nur die von den Redactoren des A. L. R. den Blödsinnigen durch ihre Gleichstellung mit den Unmündigen beigelegte Willensfähigkeit bestreitet die Wissenschaft und hält dieselbe mindestens in gleicher Weise für ausgeschlossen, wie bei den Wahnsinnigen. Der Wahnsinnige könnte wenigstens **lucida intervalla**

Ortsgemeinde vermittelt, oder — wenn in ähnlicher Weise ein Ortsarmen-Verband einen von ihm zu verpflegenden Armen an einem anderen Ort förmlich durch Vermittelung der dortigen Behörde einmiethet resp. unterbringt; ferner, wenn Jemand in Erfüllung seiner Militairpflicht genöthigt wird, zeitweise an einem bestimmten Garnisonort sich aufzuhalten, oder gar, wenn Jemand gefänglich eingezogen und auf diese Weise genöthigt wird, jeder eigenen Bestimmung über seinen Aufenthalt sich zu enthalten.

Es hatte nun der Erste Senat des Königl. Ober-Tribunals in dem Erkenntniß vom 24. Juni 1857 (Entscheid. Bd. 36 S. 370) dem Gesinde wegen seiner Abhängigkeit von der Herrschaft, die zur Wahl des Aufenthalts erforderliche „Selbstständigkeit" unter Gleichstellung des Gesindes mit einem an einem Orte in Pflege gegebenen Geisteskranken, abgesprochen, und war dabei in den augenfälligen Fehler gerathen, die rechtliche Selbstständigkeit mit der Willensfähigkeit der Person resp. der Willensfreiheit des Handelnden zu verwechseln.

Die rechtliche Selbstständigkeit, d. h. die rechtliche Befugniß, über seine eigene Person und sein Vermögen zu disponiren, ist, es dürfte für den juristischen Leser in der That kaum nöthig sein, darauf hinzuweisen, ein an sich positiv gar nicht zu fixirender Begriff, da sie je nach der Verschiedenheit der vorzunehmenden Handlung, der daran geknüpften Freiheiten, eine sehr verschiedene ist.

Zur Errichtung letzwilliger Verordnungen ist die rechtliche Befugniß, die erforderliche rechtliche Selbstständigkeit §§. 16, 17, 18 Th. I. Tit. 12 A. L. R. eine sehr verschiedene von derjenigen rechtlichen Selbstständigkeit, die zum

---

haben, er könnte in Bezug auf einzelne außerhalb der Kreise seiner Verschrobenheit liegende Entschlüsse einen gewissen Willen zu bekunden im Stande sein, und deshalb erfordert, so lange der Wahnsinnige nicht unter Vormundschaft steht, so lange der Wahnsinn also noch nicht soweit gesteigert ist, um die öffentliche Obhut und demnächstige Provocation auf Wahnsinnigkeits-Erklärung nothwendig zu machen, das A. L. R. im §. 24 l. c. den strikten Beweis für das Vorhandensein des Wahnsinns, wie für jeden anderen abnormen Zustand. Für den Fall jedoch, wo einmal eine Vormundschaft über den Wahnsinnigen eingeleitet worden ist, da hat das A. L. R. jede Möglichkeit einer solchen Prämisse von lichten Zwischenräumen in Bezug auf die Willensfähigkeit durch §. 25 völlig ausgeschlossen und hierin tritt die Wissenschaft dem A. L. R. bei, da sich fast niemals mit Bestimmtheit beurtheilen läßt, wie weit ein einzelner gesonderter Willensakt auch ohne äußerlich erkennbaren Zusammenhang dennoch durch irgend eine fehlerhafte Denkverrichtung des Wahnsinnigen mit dem Kreise seines Irrwahnes in Verbindung steht. Das neue Strafgesetzbuch ist darin der Wissenschaft gerecht geworden, daß es im §. 40 die Blödsinnigen, ebenso wie die Wahnsinnigen von jeder Strafbarkeit ausschließt. Wir werden also, was die physische Fähigkeit betrifft, Handlungen als Ausdruck eines inneren vernünftigen Willensakts vorzunehmen, die Wahnsinnigen im Sinne des Gesetzes §§. 22 u. 20 Th. I. Tit. 4 des A.L. R. sobald sie unter Vormundschaft stehen, ohne besonderen Beweis, so lange sie noch nicht unter Vormundschaft stehen, nach erbrachtem Beweise, für absolut willensunfähig zu halten, und das Gleiche bei den im Sinne der Wissenschaft blödsinnigen Personen anzunehmen haben.

Abschluß von Verträgen und insbesondere wiederum von Darlehnsverträgen, zur Eingehung einer Ehe u. s. w. erforderlich ist.

Wenn also §. 1 des Gesetzes über die Aufnahme neu anziehender Personen bestimmt:

> Keinem selbstständigen Preußischen Unterthanen darf an dem Orte, wo er eine eigene Wohnung oder Unterkommen sich selbst zu verschaffen im Stande ist, der Aufenthalt verweigert, oder durch lästige Bedingungen erschwert werden,

so ist auch hier mit dem Ausdruck der „Selbstständigkeit" kein absoluter Begriff, sondern die relative Selbstständigkeit mit Bezug auf denjenigen Akt gemeint, um den es sich nach dem Gegenstande des Gesetzes und insbesondere nach §. 1 desselben handelt, nämlich diejenige Selbstständigkeit, welche das Gesetz erfordert, um mit Bezug auf die Wahl seines Aufenthalts unbeschränkt von der Aufsicht eines Anderen und ohne also dem Willen eines Anderen unterworfen zu sein, über seine Person und sein Verbleiben verfügen zu können. Von dem Nichtvorhandensein solcher rechtlichen Abhängigkeitsgründe einer Person von einer anderen und von nichts Anderem spricht also das Aufnahmegesetz in §. 1.

Es sagt nicht, Personen, die in dieser Beziehung einen Mangel an der erforderlichen Selbstständigkeit besitzen, müsse der Aufenthalt an einem Orte verweigert werden, sondern, daß denjenigen Personen, welche sie besitzen, der Aufenthalt nicht verweigert werden dürfe. Es kann also auch einem nicht selbstständigen Preußischen Unterthanen der Aufenthalt von der Polizei gestattet werden, und, wenn dies nicht der Fall wäre, wie würde es mit dem Schulunterricht und der Erziehung auf dem Lande aussehen, wenn den Landbewohnern, Gutsbesitzern ꝛc. es verboten sein sollte, ihre Söhne und Töchter in den Städten erziehen zu lassen, wo bliebe z. B. das Universitäts-Studium, die juristische Ausbildung und insbesondere die juristische Carriere, wenn erst nach erreichter Selbstständigkeit betreffs der Wahl des Aufenthalts, nach beendeter väterlicher Gewalt, die Preußischen Unterthanen in der Universitätsstadt sich aufhalten dürften?

Für die Entstehung der communalen Fürsorgepflicht im Sinne des §. 1 des Armengesetzes hat also das Erforderniß der Selbstständigkeit im Sinne des §. 1 des Aufnahmegesetzes, ebensowenig nach dem Plenarbeschlusse vom 1. November 1858 oben S. 73 „einen Sinn", wie das Erforderniß der Preußischen Nationalität, der Arbeits- und Erwerbsfähigkeit.

Dies — und die Nothwendigkeit, die Rechtsgebiete beider Gesetze in keine unzulässige Beziehung zu einander zu bringen, das war der prinzipale Grund, wodurch der Verfasser in seiner früheren Streitschrift *) S. 6—16

*) Die Grundsätze des Ersten Senats des Königl Ober-Tribunals über Armenpflege und Freizügigkeit ꝛc. ꝛc. Berlin 1861.

jenen aus dem angeblichen Mangel an Selbstständigkeit des Gesindes hergeleiteten irrthümlichen Grundsatz des Ersten Senats des Königl. Ober-Tribunals bekämpfte und nebenher wies der Verfasser, S. 17, 18 ff., wie er glaubt, überzeugend aus der die Rechtsverhältnisse des Gesindes ordnenden Preußischen Gesinde-Ordnung vom 8. November 1810 nach, daß es dem Gesinde als solchem

a) weder an der rechtlichen Selbstständigkeit im Sinne des §. 1 des Aufnahmegesetzes fehle und daß ihm deshalb einmal die gesetzliche Wahl des Aufenthalts ebenso wie jedem anderen Preußischen Unterthanen zustehe, daß aber auch

b) noch weniger die Willensfreiheit in Bezug auf die freie Wahl des Aufenthalts dem Gesinde als solchem fehle, weil dasselbe zunächst keinen Mangel an der physischen Willensfähigkeit leide, demselben aber auch in der Wahl seines Aufenthaltsorts durch das einzugehende Gesinde-Verhältniß kein äußerer Zwang, wie z. B. dem von seinen Angehörigen untergebrachten Geisteskranken, dem eingesperrten Sträfling rc. auferlegt ist.

Der Verfasser erlaubt sich, was insbesondere den Punkt b betrifft, hier die betreffende Stelle aus seiner früheren Schrift wörtlich abdrucken zu lassen.

„Geht man nun aber auf das Wesen der Sache selbst näher ein, so findet man, daß die Selbstständigkeit des Aufenthalts, die der Erste Senat des Königlichen Ober-Tribunals für die Anwendbarkeit des §. 1 sub 3 verlangt, in der That nicht aus §. 1 des Aufnahmegesetzes und aus der darin als Bedingung der uneingeschränkten Freizügigkeit vorausgesetzten Selbstständigkeit des Preußischen Unterthans herzuleiten ist, sondern vielmehr daraus, daß das Gesetz, wenn es gewisse Verpflichtungen einer Commune von den Handlungen eines Dritten abhängig macht, hier also von der Handlung eines an einem Orte genommenen und drei Jahre lang fortgesetzten Aufenthalts, selbstverständlich nur freiwillige und nicht erzwungene, resp. die Annahme freier Willensbestimmung ausschließende Handlungen des Dritten im Auge haben kann; die Selbstständigkeit eines Preußischen Unterthans im Sinne des §. 1 des Aufnahmegesetzes ist ein wesentlich hiervon verschiedener Begriff.

Während das Königliche Ober-Tribunal in seinem Erkenntniß vom 23. Februar 1856 *) die Thatsache der Freiheit der Wahl des Aufenthalts aus dem Grunde für den concreten Fall negirt, weil es dem Handelnden seiner physischen Beschaffenheit nach an dem Gebrauch seiner Geisteskräfte gebrach und er deshalb von Anderen an einem gewissen Orte in Pflege untergebracht war, wird in dem Erkenntniß vom 24. Juni 1857 die nicht von der physischen Willensfähigkeit, sondern von der rechtlichen Befugniß,

*) Striethorst Archiv Bd. 20 S. 203.

unabhängig über seine Person zu verfügen, sprechende Bestimmung des §. 1 des Aufnahmegesetzes hineingezogen, von welcher in jenem Erkenntniß vom 23. Februar 1856 mit keinem Worte die Rede ist. Es dürfte daher in beiden Erkenntnissen untereinander eher ein Widerspruch als eine Unterstützung des späteren durch das erste zu finden sein, die Verbindung beider Erkenntnisse dagegen auf einer Verwechselung des Begriffs der physischen Willensfähigkeit und der gesetzlichen Befugniß, unabhängig über seine Person zu verfügen, beruhen; die erstere kann auch bei Personen stattfinden, denen es an letzteren fehlt.

Die Selbstständigkeit des Aufenthalts in concreto dagegen, so weit sie von der physischen Willensfähigkeit des Anziehenden abhängt, ist eine Thatsache, welche mit der Eigenschaft juristischer Selbstständigkeit nicht das Mindeste zu schaffen hat."

Diesen Gründen ist nun das Plenum des höchsten Gerichtshofes in dem Beschluß vom 6. Januar 1862 auch im Allgemeinen gerecht geworden, indem es daselbst wörtlich sagt:

„Vor Allem fällt ins Gewicht, daß §. 2 des Gesetzes sich ausdrücklich nur auf Nr. 2 des §. 1 bezieht, und indem er nur negativ ausspricht, daß ein Wohnsitz im Sinne der Nr. 2 des §. 1 durch den Gesindedienst allein nicht begründet werde, er die Anwendung der Nr. 3 des §. 1 des Gesetzes auf Dienstboten u. s. w. nicht ausschließt. Diese Nr. 3 fordert aber nichts weiter, als daß ein Großjähriger drei Jahre nach erlangter Großjährigkeit an einem Orte seinen gewöhnlichen Aufenthalt gehabt habe.

Ein selbstständiger Aufenthalt ist in Nr. 3 nicht gefordert, und kann nicht gemeint sein, weil er Bedingung der Nr. 2 ist, er kann auch bei einem Dienstboten vorhanden sein, wenn dieser noch neben seinem Dienste etwa eine eigene Wirthschaft besitzt; aber das Dienstverhältniß allein soll nach §. 2 ein Hülfsdomizil nicht begründen. Unter eine der drei Categorien des §. 1 des Gesetzes muß jeder Arme gehören, wenn nicht eine Lücke in den Vorschriften über die Verpflichtung zur Armenpflege bleiben soll, und da die Nr. 1 und 2 das Gesinde, als solches, bestimmt ausschließen, so gehört dasselbe unter die dritte Categorie."

Der höchste Gerichtshof erkennt hier also zunächst an, daß einen Wohnsitz im Sinn des §. 1 sub 2 auch Dienstboten durch Errichtung einer eigenen Wirthschaft haben können, daß sie aber in der Regel, wie er sich ausdrückt, von dieser und der ersten Kategorie des §. 1 ausgeschlossen seien. — Diese Selbstständigkeit des Wohnsitzes, d. h. dieses Begründen einer besonderen von allem anderen Hauswesen getrennten für sich bestehenden Wirthschaft erfordere der Begriff des gewöhnlichen Aufenthalts im §. 1 sub 3 nicht. Das Plenum trennt also den Begriff des Wohnsitzes (der gesonderten Haus- und Wirthschaftseinrichtung) von dem gewöhnlichen Aufenthalt dergestalt, daß ein solcher Wohnsitz nothwendigerweise auch den Aufenthalt, nicht aber der Aufenthalt gleichzeitig den Wohnsitz in sich schließe und tritt also hierin im Wesentlichen demjenigen bei, was der Verfasser in seiner früheren Schrift S. 12, 14, 15 über den vom Ersten Senat in Abrede gestellten inneren Unterschied dieser beiden Kategorieen bemerkt hatte. Hiermit schließt der höchste Gerichtshof dasjenige, was er als **Unterschied** der drei Kategorieen des §. 1 anführt.

Sodann heißt es in den in amtlich authentischer Form in dem Justiz-Ministerial-Blatt pro 1862 S. 50 abgedruckten Erkenntnißgründen wie folgt:

„Nur die **rechtliche Selbstständigkeit** der Person ist bei allen drei Kategorieen des §. 1 gemeint, da **ohne diese** keine **freie** Bestimmung über die Wahl des Aufenthaltsorts erfolgen kann, und diese persönliche Selbstständigkeit fehlt dem Gesinde als solchem nicht, das ja **freie** Hand hat, einen Dienstvertrag zu schließen ꝛc."

Wenn nun der höchste Gerichtshof diese persönliche Eigenschaft des Menschen, durch welche die **freie** Bestimmung über die Wahl des Aufenthaltsorts, also der freie Willensakt bedingt wird, mit dem Ausdruck „rechtliche Selbstständigkeit" bezeichnet, so glaubt der Verfasser durch die oben citirte Ausführung seiner früheren Schrift wenigstens seinerseits den Versuch gemacht zu haben, einer solchen Verwechselung für die damals zu erwartende Entscheidung des Plenums vorzubeugen, und wenn ihm dies damals dennoch nicht gelungen, so sieht sich der Verfasser zu seinem Bedauern gegenwärtig genöthigt, sich **gegen** die Autorität des höchsten Gerichtshofes, **auf** dessen Autorität zu berufen.

Neben jenem Abdrucke dieses Plenarbeschlusses in dem Just.-Minist.-Bl. de 1862, der also auf amtlicher unmittelbarer Communication desselben von Seiten des höchsten Gerichtshofes an das Justiz-Ministerium beruht, findet sich ein zweiter Abdruck dieses Erkenntnisses in den im „**amtlichen Auftrage herausgegebenen**" Entscheidungen des Königl. Ober-Tribnnals Band 46 Seite 1 ff.

Hierin findet sich nun die eben bezeichnete Stelle obiger Erkenntnißgründe ebenfalls wörtlich, jedoch mit zwei kleinen Abänderungen. Wir lesen dort nämlich nicht:

„nur die rechtliche Selbstständigkeit der Person ist **bei allen drei Kategorieen**"

sondern

„nur die rechtliche Selbstständigkeit ist **hier** gemeint,"

und ferner nicht:

„da ohne diese keine **freie**"

sondern

„da ohne diese keine **gesetzliche** Bestimmung über die Wahl des Aufenthaltsorts erfolgen kann."

Es sei hier erlaubt, nochmals die ganze Stelle, soweit sie übereinstimmt, und darunter in unmittelbarem Anschluß neben einander in getrennter Spalte die beiden verschiedenen Lesarten abdrucken zu lassen, um den Unterschied im Zusammenhange klar und deutlich erkennbar zu machen.

Es heißt in beiden **Abdrücken** des Erkenntnisses übereinstimmend:

„Diese Nr. 3 fordert aber nichts weiter, als daß ein Großjähriger drei Jahre nach erlangter Großjährigkeit an einem Orte seinen gewöhnlichen Aufenthalt gehabt habe.

Ein selbstständiger Aufenthalt ist in Nr. 3 nicht gefordert, und kann nicht gemeint sein, weil er Bedingung der Nr. 2 ist; er kann auch bei einem Dienstboten vorhanden sein, wenn dieser noch neben seinem Dienste etwa eine eigene Wirthschaft besitzt, aber das Dienstverhältniß allein soll nach §. 2 ein Hülfsdomizil nicht begründen. Unter eine der drei Kategorieen des §. 1 des Gesetzes muß jeder Arme gehören, wenn nicht eine Lücke in den Vorschriften über die Verpflichtung zur Armenpflege bleiben soll, und da die Nr. 1 und 2 das Gesinde, als solches, bestimmt ausschließen, so gehört dasselbe unter die dritte Kategorie."

Justiz-Ministerial-Blatt: de 1862 S. 54.

„Nur die rechtliche Selbstständigkeit der Person ist **bei allen drei Kategorieen** gemeint, da ohne diese keine **freie** Bestimmung über die Wahl des Aufenthaltsorts erfolgen kann, und diese persönliche Selbstständigkeit fehlt dem Gesinde, als solchem, nicht, das ja freie Hand hat, einen Dienstvertrag zu schließen."

Entscheidungen: Bd. 46 S. 12.

„Nur die rechtliche Selbstständigkeit der Person ist **hier** gemeint, da ohne diese keine **gesetzliche** Bestimmung über die Wahl des Aufenthaltsorts erfolgen kann, und diese persönliche Selbstständigkeit fehlt dem Gesinde, als solchem, nicht, das ja freie Hand hat, einen Dienstvertrag zu schließen."

Während also nach der Veröffentlichung im Justiz-Ministerial-Blatt an der betreffenden Stelle ausdrücklich das Gemeinsame für alle drei Kategorieen hervorgehoben werden soll, wird von den Herren Herausgebern mit der Bezeichnung „hier" doch wohl nur auf die dritte Kategorie, von der kurz vorher die Rede war, hingewiesen. Da nun aber auch wohl den Herren Herausgebern das Bedenkliche aufgefallen sein mag, das in der Gegenüberstellung **der rechtlichen Selbstständigkeit der Person** als Correlat der **freien** Bestimmung über die Wahl des Aufenthaltsorts, des freien Willensakts liegt, — so wird dieser **freien** Bestimmung über die Wahl des Aufenthalts plötzlich die gesetzliche Bestimmung 2c. unterstellt.

Da wir nun, was die Authenticität der einen oder anderen Lesart betrifft, uns unbedingt an dem völlig in extenso in das Justiz-Ministerial-Blatt aufgenommenen Abdruck zu halten haben werden, so hätten wir es hier also mit einer kleinen Interpolation Seitens der Herren Herausgeber zu thun. Leider ist nun bei diesem Verbesserungs-Versuch zweierlei scheinbar übersehen worden, nämlich:

a) daß das Plenum, wenn es von der gemeinsamen Voraussetzung **aller drei** Kategorieen des §. 1 des Armengesetzes spricht, unmöglich die rechtliche Selbstständigkeit der Person als Bedingung der **gesetzlichen** Bestimmung über die **Wahl** des Aufenthalts im Sinne des §. 1 des

Aufnahmegesetzes in Wirklichkeit gemeint haben **kann**, da das Erfordern dieser und der übrigen in §§. 1—6 des Aufnahmegesetzes enthaltenen Bedingungen der Freizügigkeit nach den Gründen des Plenarbeschlusses vom 1. November 1858 oben S. 73 für die Kategorie des §. 1 sub 2 des Armengesetzes „**keinen Sinn**" haben würde,

b) daß aber das Erforderniß der rechtlichen Selbstständigkeit behufs der **gesetzlichen** Bestimmung über die Wahl des Aufenthalts, selbst wenn sie nach der von den Herren Herausgebern veränderten Lesart nur „**hier**", das heißt also nur für die Kategorie des §. 1 sub 3 gefordert werden sollte, gerade mit dem Wortlaut **dieser** Kategorie im directen Widerspruch steht, welche nur die erreichte Großjährigkeit verlangt, und wonach also kein Gewicht darauf gelegt wird, ob der sich Aufhaltende bei erreichter Großjährigkeit wegen der über ihn schwebenden väterlichen Gewalt oder wegen der über ihn z. B. als Prodigus geführten Vormundschaft in der **gesetzlichen** Bestimmung über die Wahl seines Aufenthalts dem Willen eines Anderen unterworfen war.

Sollte es daher nicht, wenn anders die Herren Herausgeber ein solche Aenderung des urkundlichen Textes einer noch dazu so wichtigen Entscheidung des höchsten Gerichtshofes mit dem ihnen ertheilten amtlichen Auftrage für vereinbar hielten, zweckentsprechender gewesen sein, wenn dieselben jenen vom Verfasser in seiner früheren Schrift ausgeführten Gründen auch nur ein geringes Maaß geneigter Aufmerksamkeit zugewendet und dann ihre ganze Abänderung darauf beschränkt hätten, statt des Ausdrucks:

„nur die rechtliche Selbstständigkeit der Person ist bei allen drei Kategorieen gemeint 2c."

zu sagen:

„nur die Willensfreiheit des Handelnden ist bei allen drei Kategorieen gemeint, da ohne diese keine freie Bestimmung über die Wahl des Aufenthalts stattfinden kann."

Doch Alles dies würde den Verfasser nicht vermocht haben, sich durch vorstehende Mittheilungen dem Vorwurf einer unberufenen Kritik auszusetzen, wenn nicht, wie oben bereits erwähnt, der Erste Senat des Königl. Ober-Tribunals seinerseits in dem mehrbesprochenen Erkenntniß vom 24. October 1862 (Strieth. Arch. Bd. 48 S. 42) [**Anl. L.**] von Neuem die Kritik und zwar, wie wir glauben, nicht blos die untergeordnete des Verfassers, sondern die höher stehende des Plenums selbst herausgefordert hätte.

Schon bei dem wiederholten Lesen der vom Verfasser mehrfach citirten Stelle aus den Gründen dieses Erkenntnisses vom 24. October 1862 dürfte es aufgefallen sein, welche Deutung hier dem Begriffe der Selbstständigkeit vom Ersten Senat gegeben wird.

Mehr noch geben die unmittelbar sich an diese Stelle weiter anschließenden Erkenntnißgründe Veranlassung an der Zulässigkeit dieses Etiketts für alles Dasjenige zu zweifeln, was der höchste Gerichtshof darunter verstehen will. Hören wir denselben also selbst, er sagt:

„Wer sich selbstständig an einem Orte niederlassen will, hat sich nach den §§. 1, 4, 8 des Heimathsgesetzes zu diesem Zwecke bei der Ortspolizei-Obrigkeit zu melden und **behufs seiner Selbstständigkeit** nicht blos seine **Großjährigkeit**, sondern auch die **Mittel** und **Kräfte** seiner Erwerbsfähigkeit nachzuweisen.

Gelingt ihm solches und ergiebt sich nicht schon im ersten Jahre des Aufenthalts seine Hülfsbedürftigkeit, so hat er nach Art. I. des Ergänzungsgesetzes vom 21. Mai 1855 den Wohnsitz erworben und mit demselben den daraus resultirenden Unterstützungswohnsitz oder den Anspruch auf Gemeindefürsorge im Falle späterer Verarmung. Der eigentliche Wohnsitz kann ihm auf seine polizeiliche Meldung aber auch versagt werden, wenn er noch unter **väterlicher Gewalt** oder wegen **Geisteskrankheit** unter **Kuratel** steht, denn Beides ist ein Mangel in dem **umfassenderen Begriffe** der **Selbstständigkeit**, welcher zugleich die **Dispositionsfähigkeit** oder die **Gefahrlosigkeit für die Gemeinde** in sich schließt.

Anders verhält es sich aber mit dem Anspruch auf Armenpflege, welcher nach §. 1 Nr. 3 lediglich durch den fortgesetzten „Aufenthalt“ von drei Jahren zu erreichen ist. Bei einem solchen ist **den übrigen Erfordernissen der Selbstständigkeit nicht nachzuforschen;** es konnte ihnen nicht nachgeforscht werden, weil eine polizeiliche Meldung nicht erfolgt war. Sind aber diese drei Jahre verlaufen, ohne daß Jemand aus irgend einem Grunde Anlaß zur polizeilichen Ausweisung gegeben hat, so ist der **bloße physische Aufenthalt der Person, die Großjährigkeit vorausgesetzt,** ausreichend, um den Anspruch auf Gemeindefürsorge zu begründen, und **eben deshalb** sind auch auf Grund der Staatsraths-Verhandlungen durch den Plenarbeschluß des Königl. Ober-Tribunals vom 6. Januar 1862 (Entscheidungen Bd. 46 S. 1) Dienstboten, welche als Großjährige sich an einem Orte drei Jahre hindurch aufgehalten haben, dem §. 1 Nr. 3 subsumirt worden. Die einzige Bedingung des §. 1 sub 3 und des §. 4 ist sonach die Großjährigkeit neben der dreijährigen Dauer des Aufenthalts oder der Abwesenheit, und in Folge dieser **einzigen und allgemeinen Bedingung ist gar nicht weiter die Frage zu stellen, ob der Anwesende oder Abwesende unter väterlicher Gewalt oder unter Kuratel gestanden habe, oder sonst in der Dispositionsfähigkeit beschränkt gewesen.**“

Nun — was zunächst diesen umfassenderen Begriff der Selbstständigkeit betrifft, der:

1) die Großjährigkeit,
2) die Mittel(?) der Erwerbsfähigkeit,
3) die Kräfte der Erwerbsfähigkeit,
4) das Nichtbestehen der väterlichen Gewalt,
5) das Nichtbestehen einer Kuratel wegen Geisteskrankheit,
6) die Dispositionsfähigkeit **oder** die Gefahrlosigkeit der Gemeinde

Alles in Einem und Eines in Allem umfassen soll, so wollen wir statt des Versuchs, aus dieser Syntese zu einer Analyse eines solchen „umfassenderen Begriffs“ zu gelangen, nur ad 6. uns zu fragen erlauben, welche Gefahrlosigkeit für die Gemeinde in der Dispositionsfähigkeit eines Einwohners liegt, der heute eine Anzahl von Wechseln mit völliger Dispositionsfähigkeit ausstellt, die er nie zu bezahlen gedenkt, morgen bankrot macht und heimlich davon geht und der Gemeinde seine Frau und sechs Kinder zur gefälligen Berücksichtigung bei ihrem Armen-Etat zurückläßt. — In der That, es dürfte eine solche Assecuranz bei der Dispositionsfähigkeit, bei dem umfassenderen Begriffe der Selbstständigkeit für die Gefahrlosigkeit der Gemeinde auf einer nicht immer zutreffenden Wahrscheinlichkeitsrechnung beruhen.

Wenn nun aber der Erste Senat die vorstehenden Sätze aus dem Plenarbeschluß vom 6. Januar 1862 entnommen haben will, so gerathen wir allerdings in die Verlegenheit, nicht zu wissen, ob bei Abfassung der gedachten Senats-Entscheidung neben der darin allegirten, allerdings auf amtlicher Edition beruhenden Lesart, Bd. 46 S. 1 der Entscheidungen, auch der auf amtlicher Communication beruhende Abdruck jener Entscheidungsgründe aus dem Justiz-Ministerial-Blatt vorgelegen, und ob eine Vergleichung beider Lesarten mit dem Urtext aus den Akten stattgefunden hat. Der Verfasser möchte sich fast für die Annahme aussprechen, daß dies nicht der Fall gewesen und zwar um so mehr, wenn man das Resultat in Erwägung zieht, zu welchem der Erste Senat an der Hand des in den vorstehenden allgemeinen Rechtsausführungen aufgestellten Programms für den vorgelegenen Spezialfall gelangt. —

Die unverehelichte Bischoff lebte ursprünglich in Wernitz, dem Wohnort ihres Vaters. Nach ihrer im Jahre 1838 erreichten Großjährigkeit hat sie sich unbestritten circa acht Jahre in Estedt aufgehalten. Im Jahre 1848 wurde sie in die Irrenanstalt zu Halle eingeliefert, von dort 1848 als unheilbar entlassen, unter Vormundschaft gestellt, per sententiam für wahnsinnig erklärt und nach Estedt dirigirt, woselbst sie bei einer verheiratheten Schwester untergebracht wurde. Seit dieser Zeit hat die Bischoff nach den angestellten Ermittelungen allerdings sich in Estedt und abwechselnd in der benachbarten Stadt Gardelegen, in letzterer zuletzt vom 5. Februar bis 25. September 1855 befunden. Von da ab constirt über ihre Aufenthalts-Verhältnisse absolut gar nichts, bis sie im November 1858 in Berlin obdachslos und in einem solchen Zustande des Irrsinns aufgegriffen wurde, daß sofort ihre Unterbringung in der Irrenstation der Charité und demnächst in dem für unheilbare Irre bestimmten Hospital des Arbeitshauses erfolgen mußte.

In dem von der Commune Berlin wegen Kostenerstattung seit dem 28. November 1858 gegen die Commune Estedt extrahirten Regierungs-Resolut, war die letztere für nicht verpflichtet erklärt, durch das Erkenntniß des Prozeßrichters in erster Instanz dagegen nach dem Klageantrage verurtheilt worden. Hiergegen hatte die Gemeinde Estedt die Appellation eingelegt. Der Appellationsrichter hatte nun aus den vorstehenden Daten das Resultat geschöpft, daß der Wahnsinn der rc. Bischoff sie an jeder freien Bestimmung über die Wahl des Aufenthalts gehindert habe, und hatte seitdem alle Aufenthalts-Veränderungen der Bischoff vom Jahre 1848 ab als auf keinem Willensakte derselben beruhend, für völlig unerheblich gehalten, um daraus auf die Begründung oder das Erlöschen der Fürsorgepflicht im Sinne der §§. 1, 4 des Armengesetzes schließen zu können. Er hatte ferner für die Zeit vor Eintritt des Wahnsinns wegen der bis dahin über die seit 1838 bereits großjährige Bischoff bestandenen väterlichen Gewalt ihres damals zu Wernitz lebenden Vaters ebenfalls die Möglichkeit geleugnet, daß für sie durch einen „selbstständigen Aufenthalt“ die Fürsorgeverpflichtung nach §. 1 auf eine andere Gemeinde, Estedt, habe übergehen können, und hatte deshalb die Verpflichtung der Gemeinde Estedt sowohl für die Zeit nach wie vor der Wahnsinnigkeits-Erklärung der Bischoff gänzlich in Abrede gestellt. Lag nun auch dieser Argumentation für die Zeit vor Eintritt des Wahnsinns ebenfalls der Irrthum zu Grunde, als handele es sich für die Begründung der communalen Armenpflicht durch dreijährigen Aufenthalt neben der erreichten Großjährigkeit noch um den Nachweis einer anderweitigen Selbstständigkeit der Person, so urtheilte doch für die Zeit nach dem Eintritt dieses die Willensfähigkeit der Bischoff ausschließenden Zustandes der Appellationsrichter hierin also in völliger Uebereinstimmung mit dem, was der Verfasser oben als die nächste Voraussetzung für die freie Bestimmung über die Wahl des Aufenthalts ausgeführt hat.

Wie es nun faktisch der wahnsinnigen Bischoff möglich gewesen ist, sich sechs Jahre lang in Estedt resp. Gardelegen anzeiglich im Gesindedienst ihren Unterhalt zu erwerben, und insbesondere, wie es ihr möglich geworden ist, ohne Aufsicht von einem Ort zum anderen zu gelangen, und wo und wie sie seit dem 25. September 1855 bis zu ihrer Aufgreifung in Berlin im November 1858 ihre Existenz gefristet hat, darüber hat sich aus dem völlig verworrenen, jede Gedankenfolge ausschließenden Angaben der Bischoff seit ihrer Aufgreifung Nichts feststellen lassen; auch blieben diese Umstände für die Entscheidung des Appellationsrichters völlig unerheblich.

Nach Berlin war die Bischoff gekommen, wie sie angab, getrieben von einer göttlichen Macht, und um sich die Krone Preußens zu holen, auf die sie als Tochter eines Grafen ein Recht hätte. Hören wir nun, zu welchem Resultat der Erste Senat in dem Erkenntniß vom 24. October 1862 im unmittelbaren Anschluß an sein obiges dem Plenarbeschluß vom 6. Januar 1862 anzeiglich entnommenes Programm gelangt.

Er sagt:

„Diese Grundsätze auf den vorliegenden Fall angewendet, ergiebt sich als Resultat:

Die unverehelichte Bischoff, wiewohl unter väterlicher Gewalt, demnächst (seit 1848) als Wahnsinnige unter Kuratel stehend, hatte, vom Jahre 1848 ab gerechnet, durch drei- und mehrjährigen Aufenthalt den Anspruch auf Fürsorge im Verarmungsfall gegen die Verklagte (Gemeinde Estedt) erworben, weil sie großjährig war. Dieser Anspruch ist aber, seitdem sie am 28. September 1855 den Ort Estedt verließ, und bis zum 28. November 1858, wo sie in Berlin anlangte, und ihre Hülfsbedürftigkeit sich offenbarte, durch dreijährige Abwesenheit wieder erloschen, eben weil die Abwesende eine Großjährige war. Sie ist seit dem November 1858 eine Heimathlose, die verklagte Gemeinde derselben zu Nichts mehr verpflichtet und Klägerin (die Gemeinde Berlin) als Landarmen-Verband dazu verbunden."

Der Erste Senat ignorirt hier also den völligen Mangel an Willensfähigkeit der unverehelichten Bischoff bei ihren Aufenthalts-Veränderungen seit dem Jahre 1848 gänzlich. Wenn nun, wie wir gesehen haben, das Plenum nach den Gründen des Beschlusses vom 6. Januar 1862 für Dienstboten die Kategorie des §. 1 sub 3 **aus dem Grunde** angewendet wissen will, **weil** es den Dienstboten als solchen an derjenigen Eigenschaft **nicht fehle**, „ohne welche die **freie** Bestimmung über die Wahl des Aufenthalts nicht erfolgen könne", und wenn dagegen der Erste Senat dieser Eigenschaft „**nicht** nachforschen" und ihr Vorhandensein oder ihr Fehlen gänzlich ignoriren will, so dürften wir durch die vom Ersten Senat beliebte Berufung auf die Gründe dieses Plenarbeschlusses zur Gleichstellung von **Dienstboten** mit **Wahnsinnigen** in Bezug auf die **freie** Bestimmung über die Wahl des Aufenthalts unsere obige Behauptung für bewiesen halten, daß wenigstens das Plenum des Königl. Ober-Tribunals einigermaßen Ursache hätte, die Anrufung **seiner** Autorität für diese Sätze zu beanstanden.

Andererseits werden wir jenes hier von dem Ersten Senat selbst für die Zukunft aufgestellte Programm, **den von ihm aufgeführten sechs Bestandtheilen des sogenannten umfassenderen Begriffs der Selbstständigkeit, darunter auch**

> **„den Mitteln und Kräften der Erwerbsfähigkeit" für den Fall des §. 1 sub 3 und §. 4,**

d. h. also mit anderen Worten, dem etwaigen Eintritt der Verarmung, der permanenten Hülfsbedürftigkeit, während der Dauer des dreijährigen Aufenthalts resp. der dreijährigen Abwesenheit, **nicht ferner nachforschen zu wollen,** in dieser Beziehung bestens zu acceptiren und darnach unsererseits folgende Vergleichspropositionen zu stellen haben.

Vergleichsvorschläge.

Ohne auf die zahlreichen Detailfragen einzugehen, welche sich an die einzelnen Bestimmungen des Armengesetzes knüpfen, wird es für den vorliegenden Zweck genügen, sich das Hauptresultat dessen zu vergegenwärtigen, was wir in den vorstehenden Kapiteln als die ersten Grundsätze für die Anwendung des Gesetzes kennen gelernt haben, und diese Grundsätze entsprechen vollkommen und buchstäblich dem Wortlaut des Gesetzes.

I. Es ist darnach zur Entscheidung der Frage, ob zur Zeit, wo **das den Streit veranlassende** Bedürfniß der Armenpflege diese **faktische** Noth erweislich eingetreten, auf den in Anspruch genommenen Armen-Verband die vermögensrechtliche Fürsorgepflicht übergegangen resp. ob dieselbe erloschen sei, kein anderer Nachweis erforderlich als der Beweis der Thatsache

a) der ausdrücklichen Aufnahme als Gemeinde-Mitglied,
b) des einjährigen Wohnsitzes nach stattgehabter Meldung,
c) des gewöhnlichen dreijährigen Aufenthalts nach erreichter Großjährigkeit und resp.
d) der dreijährigen Abwesenheit nach erreichter Großjährigkeit.

Da diese Thatsachen nun sämmtlich zunächst auf der Handlung desjenigen beruhen, welcher sich von einer Gemeinde als Mitglied aufnehmen läßt, oder dort ein Jahr lang wohnt, oder sich drei Jahr lang dort aufhält resp. den Ort verläßt um drei Jahr dorthin nicht zurückzukehren, so ist das allgemeine Erforderniß für den Begriff jedes Willensaktes, jeder Handlung, nämlich die Freiheit derselben auch das allgemeine selbstverständliche Erforderniß, um überhaupt von einem Ergreifen oder Verändern des Aufenthalts sprechen zu können.

II. Die rechtliche Selbstständigkeit der Person dagegen, wie sie der §. 1 des Gesetzes über die Aufnahme neu anziehender Personen im Auge hat, kommt dabei als ein besonderes Erforderniß, neben dem Nachweise jener vier Thatsachen überhaupt nicht zur Sprache, und bedarf keines besonderen Beweises. Sie ist vielmehr in demjenigen Grade, in dem sie gesetzlich gefordert wird, um das Entstehen oder Erlöschen der communalen Fürsorgepflicht davon abhängig zu machen, schon durch jene Thatsachen selbst bewiesen. Es mußte nämlich **ad §. 1 sub 1** für die Aufnahme als Gemeinde-Mitglied zur Zeit der Entstehung des Armengesetzes, diejenige Selbstständigkeit vorhanden sein, nicht, welche der §. 1 des Aufnahmegesetzes, sondern, welche die allgemeinen Städte-Ordnungen vom 19. November 1808 resp. 17. März 1831 erforderten, um als Bürger einer Stadt aufgenommen zu werden. Denn nur die Verleihung des Bürgerrechts setzte einen wirklichen Aufnahmeakt voraus, während die Schutzverwandten nach §§. 14, 40, 49 der Städte-Ordnung vom 19. November 1808 überhaupt nicht Gemeinde-Mitglieder waren, und die ihnen nach §§. 11, 24, 28 der Städte-Ordnung vom 17. März 1831 zustehende Gemeinde-Mitgliedschaft, nicht durch Aufnahme und Verleihung, sondern ipso jure durch Wohnsitz erworben wurde. Nach §. 3 der Städte-Ordnung vom 30. Mai 1853 wird nun ganz allgemein, sowohl die Gemeinde-Mitgliedschaft durch Wohnsitz, wie das Bürgerrecht unter den im §. 5 angegebenen Voraussetzungen, also beides ipso jure und ohne einen Verleihungs- und ausdrücklichen Aufnahmeakt erworben. Ebenso ist und war dies in Landgemeinden nach §. 18 Th. II. Tit. 7 des A. L. R. von jeher durch den Besitz bäuerlicher Grundstücke der Fall. Es ist also für die gegenwärtige Lage der Gesetzgebung durch §. 3 und §. 5 der Städte-Ordnung vom 30. März 1853 für die sechs östlichen Provinzen, sowie durch die in dieser Beziehung gleichlautenden Bestimmungen der Städte-Ordnungen für Westphalen vom 19. März 1856 und für die Rheinprovinz vom 15. Mai 1856 die Bedeutung des ohnehin nur für Stadtgemeinden anwendbar gewesenen §. 1 sub 1 des Armengesetzes völlig obsolet geworden.

Dem Verfasser sei hier gestattet, nur kürzlich einen Nebenpunkt zu berühren. Der Erste Senat hatte in einem Erkenntniß vom 6. Juli 1855 (Strieth. Archiv Bd. 19 S. 35) das Engagement eines ländlichen Tagelöhners durch die Gutsherrschaft, als einen Akt der ausdrücklichen Aufnahme als Gemeindemitglied im Sinne des §. 1 sub 1 des Armengesetzes erachtet, eine Annahme, die mehrere Jahre hindurch unsere ländlichen Verhältnisse, welche eben auf dem Unterschiede der Gemeinde und der Gutsherrschaft beruhen, umzukehren drohten, wenn die Verwaltungsbehörden einer solchen Annahme nicht sofort allen Widerstand entgegengesetzt hätten, und wenn nicht, freilich erst mehrere Jahre später, „nach nochmaliger Erwägung" auch der Erste Senat in dem Erkenntniß vom 14. Juni 1858 (Strieth. Archiv Bd. 28 S. 325) zu der Ueberzeugung gelangt wäre, daß das contractliche Arbeitsverhältniß einer Tagelöhner-Familie, jedes Vergleichsbodens mit der Aufnahme als Mitglied einer Landgemeinde völlig entbehre, daß aber auch da, wo das Gesetz einen **ausdrücklichen** Aufnahmeakt, eine ausdrückliche Willenserklärung verlange, dieselbe niemals implicite oder **stillschweigend** durch einen anderen Akt ersetzt werden könne. Es schien hiermit auf diesem Gebiet des §. 1 sub 1 wieder Ruhe herrschen zu sollen. In einem späteren Erkenntniß vom 7. Dezember 1860 (Strieth. Archiv Bd. 40 S. 92) wird eine solche ausdrückliche Erklärung der Gutsherrschaft, daß sie einen Tagelöhner als Gemeindemitglied aufnehmen wolle, schon wieder als möglich und nur in facto für nicht nachgewiesen erachtet. Endlich aber wird, in dem Erkenntniß vom 29. Mai 1861 (Strieth. Archiv Bd. 44 S. 96) die Wohnsitzverlegung eines Beamten einem ausdrücklichen Akt der Aufnahme als Gemeindemitglied durch die Gemeinde gleichgestellt. Für Beamte bedarf es nämlich, nach den maßgeblichen polizeilichen Anordnungen des Ministeriums des Innern, Rescript vom 29. Juli 1857, (M.-Bl. f. i. V. S. 148) sowie nach der Ansicht der Gerichte (Entsch. Bd. 31 S. 450) aus naheliegenden Gründen überhaupt keiner besonderen polizeilichen Anmeldung an ihrem Anstellungsorte. Deshalb hat bisher stets bei den Gerichten wie bei den Verwaltungsbehörden die Regel gegolten, daß für Beamte auch ohne das Requisit besonderer polizeilicher Meldung die eventuelle Fürsorgepflicht der Gemeinde durch einjährigen Wohnsitz nach §. 1 sub 2 des Armengesetzes und resp. Art. I. des Ergänzungsgesetzes begründet werde. Jetzt dagegen hat der Erste Senat in der vorerwähnten Entscheidung vom 29. Mai 1861 den Anzug eines Beamten, weil die Gemeinde des Anzugsortes sich demselben nicht widersetzen könne, einem **stillschweigend** erfolgten Akt der **ausdrücklichen** Aufnahme im Sinne des §. 1 sub 1 gleich geachtet. Der Erste Senat stößt hier also sein eigenes Argument für die Entscheidungen vom

14. Juni 1858 und 7. Dezember 1860, wonach das gesetzliche Erforderniß einer **ausdrücklichen** Erklärung, eines **ausdrücklichen** Aufnahmeakts, **nicht** durch ein stillschweigendes Geschehenlassen ersetzt werden könne, pure wieder um.

Hoffen wir, daß man aus dieser kurzen Notiz Veranlassung nehmen werde, von dem im Ministerial=Blatt für innere Verwaltung S. 102 abgedruckten Rescript des Ministers des Innern vom 31. Mai 1857 geneigte Kenntniß zu nehmen, welches, wie dem Verfasser scheint, diesen Punkt mit genügender Klarheit beseitigt, und daß man sich dann dem kurzen Satze anschließen werde:

Der §. 1 sub 1 sei in der That für unsere gegenwärtige Gemeinde=Verfassung sowohl auf dem platten Lande als in den Städten unanwendbar geworden.

Für den Fall **des §. 1 sub 2** bedarf es ebensowenig, neben der Thatsache der stattgehabten Meldung und des ergriffenen und resp. ein Jahr lang fortgesetzten Wohnsitzes, noch eines besonderen Nachweises der rechtlichen Selbstständigkeit. Die Ergreifung des Wohnsitzes durch Errichtung eines gesonderten selbstständigen Haushalts, ist nach den §§. 223, 224, 225 Th. II. Tit. 2 des A. L. R. selbst bei einem minderjährigen unter väterlicher Gewalt stehenden Sohne an und für sich vollkommen möglich, und erst durch Betreibung eines selbstständigen Gewerbes oder durch ausdrückliche Entlassung aus der väterlichen Gewalt oder durch ungehinderte Fortsetzung des Wohnsitzes bis nach erreichter Großjährigkeit, sowie durch die Errichtung eines eigenen Hausstandes eines Großjährigen wird die väterliche Gewalt beendet. Ob nun bei Errichtung eines Hausstandes einer minderjährigen unter väterlicher Gewalt oder Vormundschaft stehenden Person, die Polizei= resp. Gemeinde=Behörde des Anzugsorts aus diesen Gründen sich der Niederlassung widersetzen will, bleibt ihr nach §. 1 des Gesetzes über die Aufnahme neu anziehender Personen zwar freigestellt; findet sich hierzu aber keine Veranlassung, so liegt in diesem Geschehenlassen auf Seiten der Gemeinde für den Prozeßrichter nicht die mindeste Veranlassung, die Frage in Erörterung zu ziehen, welchen Grad von Selbstständigkeit mit Bezug auf die Wahl des Aufenthalts der Wohnende besaß, da das Gesetz in dieser Beziehung der Gemeinde selbst resp. ihrer Ortspolizei=Behörde, nicht aber dem Prozeßrichter die Wahrnehmung ihrer Rechte übertragen hat. Soweit also der Wohnsitz nach vorangegangener Meldung durch Etablirung eines gesonderten für sich bestehenden Hausstandes wirklich stattgefunden hat, liegt hierin für den Richter behufs Entscheidung der nach dem Armengesetz zu beurtheilenden Frage aus §. 1 sub 2 resp. Art. I. des Ergänzungsgesetzes, gleichzeitig der Beweis der genügenden Selbstständigkeit.

Es bedarf endlich **ad §. 1 sub 3 und §. 4** für den gewöhnlichen Aufenthalt resp. die Abwesenheit ebenfalls derjenigen Selbstständigkeit nicht, weche der §. 1 des Aufnahmegesetzes im Auge hat. Für §. 1 sub 3 resp. § 4. kommt es in Betreff der Selbstständigkeit nicht darauf an, ob dieselbe und die davon abhängende gesetzliche Bestimmung über die Wahl des Aufenthalts durch die über den Großjährigen bestehende väterliche Gewalt, oder durch eine über ihn, z. B. als Prodigus, eingeleitete Vormundschaft de jure beschränkt ist, andererseits genügt hier eine etwaige venia aetatis, also die wirkliche Selbstständigkeit im Sinne des §. 1 des Aufnahmegesetzes hinwiederum nicht. Für §. 1. sub 3 und §. 4 ist betreffs der Selbstständigkeit der Person erforderlich und ausreichend die faktische Erreichung der Großjährigkeit.

Wenn nun freilich nach der Ansicht des Ersten Senats die Großjährigkeit auch dergestalt

„die **einzige** und allgemeine Bedingung“

für den Fall des §. 1 sub 3 resp. des §. 4 sein soll, daß damit auch das Moment der freien Bestimmung über die Wahl des Aufenthalts, auf Seite desjenigen erübrigt wäre, durch dessen Handlungen materielle Rechte und Pflichten zwischen verschiedenen Gemeinden oder gar nach der beliebten Ausdrucksweise der Anspruch auf Armenpflege für ihn selbst entstehen resp. erlöschen soll, so würden wir, bevor nicht feststeht, wie weit das Plenum des Königl. Ober-Tribunals geneigt sein möchte, einen solchen Grundsatz als den seinigen gelten zu lassen, uns jeder Erörterung hierüber enthalten zu können glauben, selbst wenn der §. 4 des Armengesetzes auch nicht jene bekannten Ausnahme-Beispiele enthielte, und wenn die Redactoren des A. L. R. es auch nicht für nöthig befunden hätten im §. 1 Th. I. Tit. 3 besonders auszusprechen:

„Sollen aus Handlungen Rechte entstehen, so müssen die Handlungen **frei** sein.“

III. Ebenso unzulässig wie das Erfordern des besonderen Nachweises der „Selbstständigkeit“ im Sinne des §. 1 des Gesetzes über die Aufnahme neu anziehender Personen für das Entstehen resp. Erlöschen der communalen Fürsorgeverpflichtung im Sinne des §. 1 resp. §. 4 des Armengesetzes ist die Forderung des Nachweises, daß der Ergreifung und Fortsetzung des Wohnsitzes resp. Aufenthalts nicht die übrigen legalen Ausweisungsgründe nach den §§. 1—6 des Gesetzes über die Aufnahme neu anziehender Personen entgegengestanden, insbesondere also die Forderung des Nachweises der Preußischen Nationalität, der ausreichenden Arbeits- und Erwerbsfähigkeit, während der Dauer des einjährigen Wohnsitzes resp. des dreijährigen Aufenthalts.

Es hat, wie wir im fünften Kapitel gesehen, das Plenum in dem Erkenntniß vom 1. November 1858 dies bereits authentisch für den Fall des §. 1 sub 2 anerkannt. Ebenso hat der Erste Senat selbst das für den Fall des §. 1 sub 2 in dem Erkenntniß vom 24. October 1862 [**Anl. L.**] aufgestellte gegentheilige Erforderniß des objectiven Nachweises der gesetzlichen Bedingungen für die Wahl des Aufenthalts definitiv in dem Erkenntniß vom 10. November 1862 [**Anl. M.**] wieder aufgegeben, indem er dort anerkennt, daß nur der von der Gemeinde vorgenommene Ausweisungsakt, d. h. also nicht das bloße objective Vorhandensein etwaiger legaler Ausweisungsgründe, sondern ausschließlich die faktisch zu erweisende Unterbrechung des noch nicht einjährigen Wohnsitzes, die Gemeinde vor dem Entstehen ihrer Verpflichtung aus §. 1 sub 2 resp. Art. I. des Ergänzungsgesetzes schützt.

Wenn freilich in einem späteren Erkenntniß des Ersten Senats vom 3. Februar 1864 (Strieth. Archiv Bd. 53 S. 93) doch generell wieder zur Begründung dieser communalen Verpflichtung im Verhältniß zu anderen Gemeinden der Nachweis der Preußischen Nationalität in der Person des Wohnenden resp. sich Aufhaltenden gefordert wird, so hat doch das Plenum des höchsten Gerichtshofes, wie wir bereits wissen, in den Gründen des Beschlusses vom 1. November 1858 (vergleiche oben S. 73) offen ausgesprochen, daß

„ein solches Erforderniß **keinen Sinn haben würde.**“

Schon die Form dieses Ausspruches dürfte, abgesehen von den übrigen authentischen Beweisgründen des Plenums, als ein genügender Belag dafür angesehen werden, daß der höchste Gerichtshof die Möglichkeit einer gegentheiligen Annahme wenigstens bei einem seiner Senate gewiß nicht vorhergesehen hat. (Vergl. unten K. 15 sub C.)

Für die Fälle des §. 1 sub 3 und §. 4 aber liegt in dem aufgestellten Programm des Ersten Senats in dem Erkenntniß vom 24. October 1862, nicht ferner den sechs Bestandtheilen des „**umfassenderen** Begriffs der Selbstständigkeit“, darunter also auch dem Vorhandensein „der Mittel und Kräfte der Erwerbsfähigkeit“ nachforschen zu wollen, das förmliche Aufgeben jenes Grundsatzes, daß das Entstehen, sowie das Erlöschen der Fürsorgepflicht ausgeschlossen werde, wenn während des dreijährigen Aufenthalts, während der dreijährigen Abwesenheit, es dem sich Aufhaltenden resp. Abwesenden, an „den Mitteln und Kräften der Erwerbsfähigkeit“ gefehlt habe, d. h. wenn während dieser Zeit seine qualitative Verarmung, seine permanente continuirliche Hülfsbedürftigkeit bereits eingetreten. Wenn also trotzdem, wie wir am Schluß des achten Kapitel gesehen haben, der Erste Senat dennoch wieder in dem späteren Erkenntniß vom 14. September 1863 [**Anl. N.**] die Nachforschung nach dem Zusammenhange der der unverehelichten Charlotte Glaser in den Jahren 1847—1863 gewährten Armenunterstützungen, d. h. also, nach den Mitteln und Kräften ihrer Erwerbsfähigkeit, während der Dauer ihrer dreijährigen Abwesenheit und sogar darüber hinaus anordnet, um davon später die Entscheidung über das Fortbestehen oder Erlöschen der Fürsorgepflicht des Armen-Verbandes von Friedeberg nach §. 4 des Armengesetzes abhängig zu machen, so hat, wie bereits oben (S. 93) angedeutet worden, der Erste Senat die Vernichtung dieses späteren Erkenntnisses durch das von ihm unter dem 24. October 1862 aufgestellte Programm bereits im Voraus angekündigt. Wir werden also, selbst wenn jene Nachforschung, nach dem „Zusammenhange“, der während eines 16jährigen Verlaufs der Charlotte Glaser gewährten Armenunterstützungen, mit Erfolg gekrönt sein sollte, immerhin im Voraus wissen, daß nach der Ansicht des Ersten Senats es auf diese Nachforschungen **nicht** ankommt, und

„daß die **einzige** Bedingung des §. 1 sub 3 und §. 4 sonach die Großjährigkeit neben der dreijährigen Dauer des Aufenthalts oder der Abwesenheit ist."

Hier ist also auch der „vorherrschende Grundsatz des §. 1 sub 3" auf Grund dessen trotz der §§. 17 und 22 nach dem Erkenntniß vom 28. Juni 1861 [**Anl. D.**] das Kind der unverehelichten Siebert von seiner Mutter getrennt wurde, also **förmlich und für alle Zeit vom höchsten Gerichtshof aufgegeben.** Gegenwärtig also kann jene Wittwe, deren mangelnden Mitteln resp. Kräften der Erwerbsfähigkeit jener Appellationsrichter (vergleiche S. 17, 18) nachgeforscht hatte, und die er deshalb nach ihrer Wiederverheirathung nach jenem „vorherrschenden Grundsatze" des §. 1 sub 3, zwar nicht von ihrem unehelichen (!) jedoch aber von ihren ehelichen Kindern trennen wollte, beruhigt sein, — jetzt hat der höchste Gerichtshof also seine Zusage ertheilt, daß, da er jenen umfassenderen Begriff der Selbstständigkeit, **„für den Fall des §. 1 sub 3" nicht ferner** nachforschen will, er auch ferner nicht die Mutter, weil es ihr vor der Wiederverheirathung **„an den Mitteln resp. Kräften der Erwerbsfähigkeit" gefehlt haben soll,** nach jenem jetzt **also nicht mehr „vorherrschenden Grundsatz"** von ihren Kindern, gleichviel den ehelichen oder unehelichen, trennen will.

Und doch — in dem Augenblick, wo der Verfasser dies Kapitel schließen will, geht ihm die Nachricht zu, daß seine Hoffnung eine vergebliche gewesen ist. Der Erste Senat hat wirklich dennoch wieder jenem „umfassenderen Begriff" der Selbstständigkeit nachgeforscht, er hat in dem Erkenntniß vom 16. September 1864 [**Anl. O.**] wegen der jener Wittwe resp. ihren Kindern vor der Wiederverheirathung gewährten Armenunterstützungen, d. h. also, wegen des Mangels an den Mitteln und Kräften der Erwerbsfähigkeit doch wieder unter ausdrücklicher Berufung auf den **für §. 1 sub 3 aufgegebenen** vorherrschenden Grundsatz die Mutter, allerdings nicht blos wie jener Appellationsrichter, von ihren ehelichen, sondern, auf die Nichtigkeitsbeschwerde der Gemeinde K., auch von ihrem unehelichen Kinde getrennt.

Dem Verfasser ist dadurch eine große Erleichterung zu Theil geworden. Hier hört für ihn jedes Bedenken auf, hier giebt es nur ein Mittel:

die Oeffentlichkeit und das Plenum.

Sollte nun auch das in den Gründen des Plenarbeschlusses vom 6. Januar 1862 geäußerte mißfällige Erstaunen des höchsten Gerichtshofes über die schon damals wahrgenommene „Anhäufung" dieser Streitigkeiten, gegenwärtig vielleicht noch eine gewisse Steigerung erfahren haben, so würde der Verfasser wenigstens seinen Zweck wesentlich gefördert sehen, wenn es ihn gelungen sein sollte, dem höchsten Gerichtshof nicht nur eine ausgiebige thatsächliche Bestätigung, sondern gleichzeitig auch hier und da eine ausreichende

Erklärung für die eigentliche Quelle des **Uebels** zu liefern. Dann erst würde der Verfasser den Zeitpunkt, für eine zusammenhängende, allgemein faßliche Bearbeitung und eventuell für eine legislative Revision des Armengesetzes gekommen glauben, welche nach seiner Ansicht so lange unmöglich ist, bevor nicht über die vorgetragenen Mißverständnisse in den **Elementar-Begriffen** eine positive Basis ein für allemal gewonnen worden.

Indem der Verfasser in dem folgenden Theile nachzuweisen beabsichtigt, welchen Einfluß die Verwechselung zwischen der polizeilichen und der vermögensrechtlichen Natur des Armengesetzes auf die Ansichten über die geschäftlichen Ressort-Verhältnisse, sowie insbesondere über die Grenzen der Competenz des Prozeßrichters gehabt hat, spricht er zugleich hiermit seine Hoffnung aus, daß es ihm endlich erspart werden möge, fortwährend mit ganz denselben Gegengründen kämpfen zu müssen und dadurch an seinen eigenen geringen Produkten in ermüdender Weise zum Plagiarius zu werden. Doch es ist dem Verfasser, wie er nicht verkennen will, auch einiger neue Stoff zur Widerlegung geboten worden. Insbesondere hat jene von ihm früher nicht berührte Verwechslung der Begriffe der Hülfsbedürftigkeit, der thatsächlichen Noth mit der sie in einzelnen Fällen erzeugenden, ihr als Ursache zu Grunde liegenden qualitativen Verarmung, welche ein Hauptthema für die vorstehende Arbeit abgegeben hat, für den Verfasser manche neue Anregung dargeboten. Wenn nun sowohl der Erste Senat in seinen früher vom Verfasser besprochenen Entscheidungen, als auch das Plenum in einigen Andeutungen des Beschlusses vom 6. Januar 1862 unverkennbar Werth darauf legen einem gewiß anzuerkennenden schätzbaren Interesse auch an der volkswirthschaftlichen Seite der obschwebenden Fragen Ausdruck zu verleihen, so dürfte zum Schluß die Bemerkung nicht ungeeignet sein, daß die Lehre von der Volkswirthschaft **vorzugsweise** diejenige Wissenschaft ist, deren Aufgabe in der unablässigen Unterscheidung und Abwägung zwischen **Wirkung** und **Ursache** besteht.

Jene Wirkung nun der **Ursache** gleichstellen, die Hülfsbedürftigkeit, die Gefahr des Umkommens im Elende mit einer der unzähligen **Quellen**, aus denen das Elend **entsteht**, identificiren — den Eintritt der öffentlichen Armenpflege, nur **da** statuiren, wo dieselbe aus dem Grunde angerufen wird, weil es dem Hülfesuchenden oder seinem Versorger an den nöthigen **Kräften** gebricht, sich den eigenen Unterhalt dauernd zu verdienen, — **das** hieße denn freilich die die Welt von Anbeginn bewegende sociale Frage mit **einem Wort** per sententiam für alle Ewigkeit lösen, — dann wäre der Zustand erreicht, wo es keinen Arbeitsmangel, keine Industriestockung, keine Baumwollennoth, ja, keine menschliche Faulheit, keine schlechte Wirthschaft u. s. w. mehr gäbe, das heißt also das ungefähr das goldene Zeitalter, wo die **Rechnung** gleich der **Quittung**, das **Debet** gleich dem **Credit** wäre, wo also Prozesse und Prozeßrichter gleichmäßig aus der Welt verschwinden.

Drittes Buch.

Zehntes Kapitel.

Inzwischen hat sich leider die Nothwendigkeit ergeben, hier unmittelbar die Besprechung einer weiteren Frage anzuschließen, welche vorzugsweise den formellen Theil des Armengesetzes betrifft.

Hat nämlich in den vorigen Kapiteln überall die Verwechselung zwischen den Gebieten des Armen-Rechts und der Armenpolizei nur mittelbar den allgemeinen Hintergrund für die zu Tage getretenen Mißverständnisse über die vermögensrechtliche Natur des Armengesetzes gebildet, so tritt unmittelbar die Verwechselung beider Gebiete auf der einen Seite und andererseits die Nothwendigkeit ihrer prinzipiellen aufmerksamsten Unterscheidung bei den Mißverständnissen zu Tage, welche über die geschäftlichen Ressortverhältnisse und die Funktionen der administrativen und richterlichen Behörden bei Handhabung des Armengesetzes in der Praxis bestehen. Betrachten wir nun die formellen Bestimmungen des Armengesetzes etwas genauer.

Zunächst bestimmt der §. 34:

Ueber Streitigkeiten zwischen verschiedenen Armenverbänden entscheidet die Landes-Polizeibehörde. Betrifft der Streit die Frage, welcher von diesen Verbänden die Verpflegung des Armen zu übernehmen habe, so findet gegen jene Entscheidung der Rechtsweg statt, doch muß letztere bis zur rechtskräftigen Beendigung des Prozesses befolgt werden. Ueber den Betrag der Verpflegungkosten ist der Rechtsweg nicht zulässig.

Wir sehen also, die Regel des Gesetzes ist:

Ueber Streitigkeiten zwischen verschiedenen Armenverbänden entscheidet die Landes-Polizeibehörde.

Als Ausnahme von dieser Regel gilt der Satz:

Betrifft der Streit die Frage, welcher von diesen Verbänden die Verpflegung des Armen zu übernehmen habe, so findet gegen die Entscheidung der Landes-Polizeibehörde der Rechtsweg statt,

und von dieser Ausnahme findet hinwiederum eine Ausnahme statt, d. h. es tritt wieder die Regel des Gesetzes ein, soweit es sich

um den Betrag der Verpflegungskosten handelt.

Als allgemeine Richtschnur ergeben sich hieraus mit logischer Nothwendigkeit also folgende Sätze:

I. Daß bei Streitigkeiten zwischen verschiedenen Armen-Verbänden nicht die Orts- nicht die Kreis- sondern die Landes-Polizeibehörde zu entscheiden hat, und daß nur gegen diese letztere Entscheidung der Rechtsweg nach §. 34 stattfindet.

II. Daß auch gegen die Entscheidung der Landes-Polizeibehörde der Rechtsweg nicht als Regel, sondern nur als Ausnahme da stattfindet, wo durch die Aufenthalts- und Familienverhältnisse des Unterstützten in Betreff seiner Person eine vermögensrechtliche Verpflichtung des in Anspruch genommenen Armen-Verbandes (§§. 1, 2, 3, 4, 9, 13, 17—24, 32, Artikel 1, 2, 5 des Ergänzungsgesetzes) den Streitgegenstand bildet.

III. Daß es also außer den Streitigkeiten über den Betrag der Verpflegungskosten doch noch andere Streitigkeiten zwischen verschiedenen Armen-Verbänden geben muß, auf welche die Regel des Gesetzes d. h. die ausschließliche Entscheidung der Landes-Polizeibehörde Anwendung findet.

IV. Daß auf Rechtsverhältnisse, welche außerhalb der Regeln des Armengesetzes liegen, überhaupt nicht das nach §. 34 verordnete Verfahren anwendbar ist.

Wir bitten, diese Sätze, deren Widerlegung wir zu gewärtigen haben würden, für die ganze folgende Untersuchung recht genau im Auge zu behalten.

Betrachten wir also zunächst den ersten dieser vier Sätze, wonach also:

in Streitigkeiten zwischen verschiedenen Armen-Verbänden nicht die Orts- oder Kreis-Polizeibehörde, sondern die Landes-Polizeibehörde zu entscheiden hat.

Es liegt hier also zu Tage, daß ein Unterschied bestehen muß, zwischen denjenigen Anordnungen, die, um das Umkommen des Armen im Elende zu verhüten, in unmittelbar polizeilichem Wege von der Orts- resp. Kreis-Polizeibehörde zu treffen sind, sobald die zur Hülfe des Nothleidenden in loco angerufene Gemeinde es unterläßt, ihrer desfallsigen polizeilichen Verpflichtung nach §. 25, 26 resp. 29 nachzukommen.

Vergleichen wir also, um uns die Bedeutung dieses Unterschiedes klar zu machen, die §§. 25—31 mit dem vorhin angeführten §. 34 des Armengesetzes. Dieselben lauten:

§. 25.

Ist eine Gemeinde oder Gutsherrschaft nach der Vorschrift des §. 5 des Gesetzes vom heutigen Tage über die Aufnahme neu anziehender Personen befugt, einen Verarmten, welcher in dem Gemeinde- oder Gutsbezirk einen Wohnsitz erworben hat (§. 1 No. 2), an dessen früheren Aufenthaltsort zurückzuweisen, so muß sie, bis die Wiederaufnahme an diesem Ort erfolgt, für die Verpflegung des Verarmten sorgen. Die hieraus entstehenden Kosten hat die Gemeinde oder Gutsherrschaft des früheren Aufenthaltsorts zu erstatten.

§. 26.

Keine Gemeinde oder Gutsherrschaft darf einen fremden Armen hülflos von sich weisen, sondern muß ihm die nöthige Unterstützung unter Vorbehalt ihres Anspruchs an die dazu Verpflichteten einstweilen gewähren.

§. 27.

Ist der Arme (§. 26) im Kreise einheimisch, so hat die Orts-Polizeiobrigkeit denselben unverzüglich an seinen letzten Wohnort zurückzusenden und dem Landrath davon Anzeige zu machen.

§. 28.

Ist der Arme (§. 26) nicht im Kreise einheimisch, so muß die Orts-Polizei-Obrigkeit den Landrath sofort benachrichtigen und dieser hat nach den Umständen zu bestimmen, ob der Arme, bis ermittelt worden, wem die Fürsorge für denselben obliegt, von der Gemeinde oder Gutsherrschaft verpflegt, oder an das Landarmenhaus abgeliefert werden soll. Der Landrath hat in diesen Fällen für die Erstattung der Kosten zu sorgen und die Obrigkeit, an welche er sich dieserhalb wendet, muß bei Vermeidung einer Ordnungsstrafe und des Ersatzes der aus dem Verzuge entstandenen Nachtheile die Antwort spätestens am zweiten Posttage nach dem Empfange der Requisition zur Post geben.

§. 29.

Arme, es seien In- oder Ausländer, welche auf einer Reise erkranken, sind von derjenigen Gemeinde oder Gutsherrschaft, in deren Bezirk sie krank gefunden worden, bis dahin zu verpflegen, daß sie ohne Nachtheil für ihre Gesundheit die Reise fortsetzen können.

§. 30.

Die Gemeinde oder Gutsherrschaft (§. 29) kann Erstattung der Kur- und Verpflegungskosten verlangen, sie darf aber hierbei keinen Betrag zu den allgemeinen Verwaltungskosten der Anstalt, worin der Kranke verpflegt worden ist, in Rechnung stellen und ebensowenig Gebühren für den Arzt oder Wundarzt, soweit solche nicht in baaren Auslagen bestehen, ohne Unterschied, ob derselbe als Armenarzt eine feste Besoldung bezieht, oder in den einzelnen Fällen besonders remunerirt werden muß. Die Erstattung hat der Landarmen-Verband, zu dessen Bezirk die Gemeinde oder Gutsherrschaft gehört, unter Vorbehalt seiner Rechte zu leisten.

§. 31.

Die Obrigkeit des Orts, wo der Kranke sich befindet (§. 29), hat der Land-Armen-Behörde unverzüglich Anzeige zu machen und ist bei deren Verzögerung für alle daraus entstehenden Nachtheile verantwortlich.

Es ist also hiernach der Hauptgrundsatz derjenige, daß keine Gemeinde einen Armen ohne die nöthige Unterstützung vorbehaltlich ihres Erstattungsanspruchs gegen den pflegeschuldigen Armen-Verband von sich weisen darf, und diese Regel gilt nach §. 25 selbst da, wo der Gemeinde sonst nach den Regeln des Aufnahmegesetzes wegen wirklicher Verarmung das Recht zustände, auf Ausweisung eines Individuums bei der Orts-Polizeibehörde anzutragen.

Bis hierher würden die angezogenen Gesetze völlig klar sein, nun aber tritt in den folgenden §§. 27 und 28 eine Unterscheidung ein zwischen: „im Kreise einheimischen" und „im Kreise nicht einheimischen" Armen. Dieser Unterschied könnte bei einer oberflächlichen Lectüre allerdings dahin führen, mit der Bezeichnung: „einheimisch" den Begriff des sogenannten Armen-Domicils, das heißt also, des angemeldeten (resp. einjährigen) Wohnsitzes, oder des dreijährigen gewöhnlichen Aufenthalts zu verbinden. Dies wäre jedoch, wenn anders das Gesetz überhaupt eine Bedeutung haben soll, eine völlige Ungereimtheit. Einheimisch im Kreise ist eben Jeder, der, wenn auch noch nicht drei Jahre lang, so doch thatsächlich seinen Aufenthalt, oder seinen, wenn auch nicht angemeldeten (noch nicht einjährigen) Wohnsitz an einem im Kreise belegenen bestimmten Orte hat.

Zeigt sich die Gemeinde dieses — wenn auch nicht angemeldeten (noch nicht einjährigen) — Wohnsitzes, dieses — wenn auch noch nicht dreijährigen — Aufenthalts in der einstweiligen Gewährung der nothwendigen Unterstützungen in loco säumig, so ist dieselbe von der Orts-Polizeibehörde dazu anzuhalten, welche ihr den Armen zu überweisen hat (§. 27).

Für diejenigen Fälle aber, wo der Arme in dem Kreise nicht einheimisch ist, d. h. wo er nicht an einem bestimmten Orte im Kreise seinen zeitweiligen Aufenthalt oder Wohnsitz hat, dem er vorläufig nach §. 27 überwiesen werden könnte, wo er also entweder völlig vagabondirend oder auf der Durchreise in Noth geräth, da ist event. die Kreis-Polizeibehörde anzurufen, welche ihrerseits darüber zu bestimmen hat, ob der Arme an dem Orte, wo er grade die Fürsorge angerufen hat, einstweilen zu verpflegen, oder in einem Land-Armenhause unterzubringen sei.*) In letzterem Falle hat der Landrath von Amts wegen dafür zu sorgen, daß der wirklich pflegeschuldige Armenverband ermittelt werde, um ihn bei verweigerter Kostenerstattung sofort in Anspruch nehmen zu können.

Nur in einem Falle legt das Gesetz gar keinen Werth darauf, ob Jemand in dem Kreise, wo für ihn wirklich die öffentliche Fürsorge angerufen wird, gleichzeitig einheimisch ist. Das ist der Fall des §. 29 des Armengesetzes, in welchem es sich um die Kur und Verpflegung kranker Personen handelt. Diesen muß, selbst wenn sie sich nur als Reisende an einem Orte befinden, unbedingt die nöthige Unterstützung von der Gemeinde dieses Orts so lange gewährt werden, bis sie unbeschadet ihrer Gesundheit den Ort verlassen können. Hier tritt also die Regel des §. 26 des Armengesetzes wieder in ihrer vollen Schärfe ein.

---

*) Grade dieser Unterschied zeigt recht deutlich, wie völlig verkehrt die Vorstellung von einer durch §. 1 des Armengesetzes begründeten Heimath ist. Seine Heimath, seinen Wohnsitz, seinen gewöhnlichen Aufenthalt hat Jemand vielleicht seit Monaten, seit Jahren an einem bestimmten Orte, ohne daß deshalb aus dem nicht angemeldeten (noch nicht einjährigen) Wohnsitz, aus dem noch nicht dreijährigen Aufenthalt bereits eine materielle vermögensrechtliche Fürsorgepflicht, im Verhältniß zu anderen Armen-Verbänden, entstanden zu sein braucht.

Um nun das Drückende einer solchen vorläufigen Verpflichtung den Gemeinden möglichst zu erleichtern, und in der Voraussicht, für die Sicherheit der Kranken selbst durch vermehrte Bereitwilligkeit der Gemeinden zu sorgen, ist nun noch im §. 30 die Spezialbestimmung getroffen, daß in den Fällen des §. 29 der Land-Armen-Verband zur vorschußweisen Kostenerstattung mit Vorbehalt seines Rückanspruchs gegen den wirklich pflegeschuldigen Ortsarmen-Verband, d. h. also zur Stellvertretung des verpflegenden Orts-Armen-Verbandes im Streit mit anderen Armen-Verbänden verbunden sei, zu welchem Behuf ihm nach §. 31 von dem eingetretenen Erkrankungsfall die nöthige Meldung zu machen ist.

Wir sehen also bei diesen Fällen: §§. 25—31 ist überhaupt von keinem Streit zwischen verschiedenen Armen-Verbänden die Rede, es handelt sich nur um die Gewährung der Unterstützung an den die öffentliche Fürsorge Anrufenden selbst, und diese erforderlichen Falls im unmittelbaren Executionswege durchzusetzen, ist Sache der Orts-Polizeibehörde resp. des Landraths.

Daß die Ortspolizei-Obrigkeit resp. die Ortspolizei-Verwaltung, wenn sie verpflichtet ist, den Hülfesuchenden der Gemeinde zuzuweisen, wo derselbe seinen augenblicklichen Wohnsitz oder Aufenthalt hat, hierbei auch die Befugniß haben muß, diese Maßregel zwangsweise gegen die ihr unmittelbar untergebene Gemeinde resp. Gutsherrschaft durchzusetzen, ist an und für sich niemals zweifelhaft gewesen. (Vergl. das als Anlage P. unten abgedruckte Ministerial-Rescript vom 16. April 1856.)

Diese polizeiliche Anordnung ist also völlig unabhängig von der Frage, ob dem polizeilich anzuhaltenden Armen-Verbande auch eine materielle Fürsorgepflicht §§. 1, 2, 3, 4, 9, 13, 17, 18, 19, 20, 21, 22, 23, 24, 32 obliegt, und muß zur Erreichung des nächsten polizeilichen Zwecks der öffentlichen Armenpflege ex officio durchgesetzt werden, sobald eine Gemeinde gegen den ihre Hülfe Anrufenden der ihr aus §§. 25, 26 sequ. obliegenden Selbst-Verpflichtung nicht genügt.

Diese vorläufige Verpflichtung, sei sie nun auf Anordnung der Orts-Polizeibehörde, oder freiwillig in Anerkennung des factischen Nothstandes einmal übernommen worden, dauert selbstverständlich so lange fort, als es dem verpflegenden Armen-Verbande nicht gelingt, einen nach den vermögensrechtlichen Bestimmungen des Armengesetzes verpflichteten Armen-Verband ausfindig zu machen.

Erst also, wenn es sich darum handelt, welcher andere Armen-Verband der vorläufig verpflegenden Gemeinde gegenüber zur Erstattung der von ihr verauslagten und event. noch zu verauslagenden Kosten verbunden ist, ist von einer Streitigkeit zwischen verschiedenen Armen-Verbänden die Rede, über welche nach §. 34 die Landes-Polizeibehörde und event. der Prozeß-Richter zu entscheiden hat.

Hieraus ergiebt sich zunächst als Unterschied der Entscheidung der

Landes-Polizeibehörde (§. 34) von jener Anordnung der Orts- resp. Kreis-Polizeibehörde (§. 27, 28) Folgendes:

Es ist

die Anordnung der Orts- resp. Kreis-Polizeibehörde nach §. 27, 28

a) ihrem Gegenstande nach, auf die Erfüllung der polizeilichen Fürsorgepflicht nach §§. 26—29 unmittelbar in loco d. h. also darauf gerichtet, das Umkommen des Hülfesuchenden im Elende zu verhüten, —

b) ihrer Natur nach, ist sie eine dispositive, sie muß also die Gemeinde 2c. bezeichnen, welche dem Hülfesuchenden vorläufig die Pflege in loco zu gewähren hat, und sie muß ex officio, sobald diese Gemeinde nicht Folge leistet, im Zwangswege durchgesetzt werden.

Die vermögensrechtliche Entscheidung der Landes-Polizeibehörde nach §. 34 ist

a) ihrem Gegenstande nach, auf die Entscheidung der Frage gerichtet, ob eine vermögensrechtliche Verpflichtung nach §§. 1, 2, 3, 4, 9, 13, 17, 18, 19, 20, 21, 22, 23, 24, 32 Art. I., II., V. des Ergänzungsgesetzes auf Seiten des in Anspruch genommenen Armen-Verbandes zur Zeit des Eintritts der öffentlichen Fürsorge nachgewiesen werden kann, zufolge deren derselbe für verbunden zu erachten, der die Fürsorge bereits in loco ausübenden Gemeinde die von ihr verauslagten Armen-Unterstützungen zu ersetzen und ihr die etwa noch ferner nöthig werdenden abzunehmen oder gleichfalls zu ersetzen;

b) ihrer Natur nach, eine decisive, d. h. sie findet nur auf Instanz des die Armenpflege in loco nach §§. 26—30 gewährenden Armen-Verbandes gegen den von ihm namhaft zu machenden, nach seiner Ansicht vermögensrechtlich verpflichteten Armen-Verband statt, sie kann also den Verklagten verurtheilen oder den Kläger abweisen.

Wenn also nach §. 34 gegen diese Entscheidung der Landes-Polizei-Behörde der Rechtsweg zulässig ist, wenn aber bis zur rechtskräftigen Beendigung desselben die getroffene Entscheidung der Landes-Polizeibehörde zwischen den streitenden Armen-Verbänden befolgt werden soll, so heißt dies mit anderen Worten nichts anderes, als

1. für den Fall der Verurtheilung des in Anspruch genommenen Armen-Verbandes durch die Landes-Polizeibehörde, daß auf Grund der ergangenen Entscheidung, deren executivische Vollstreckung von dem klagenden Armen-Verbande nachgesucht werden kann, daß aber, falls der Verurtheilte den Rechtsweg ergreift und der ursprünglich klagende Armen-Verband den Ausfall dieses Prozesses erst abwarten will, wozu es ihm bei der vielfachen Differenz der richterlichen Entscheidungen von denen der Verwaltungsbehörden an Veranlassung wahrlich nicht fehlt, er die Vollstreckung nicht nachzusuchen braucht, sondern die Bestätigung oder Nichtbestätigung der getroffenen Entscheidung der Landes-Polizeibehörde durch den Prozeß-Richter abwarten kann;

2. für den Fall der Abweisung des erhobenen Anspruchs durch die Landes-Polizeibehörde hat also die getroffene Entscheidung die Folge, daß der bis dahin die öffentliche Armenpflege auf Grund der §§. 25 sequ. freiwillig oder zufolge ortspolizeilicher Anordnung ausübende Armen-Verband mit derselben auch ferner — unter selbstverständlicher Berücksichtigung des §. 33 des Armengesetzes — fortzufahren hat, bis in dem von ihm gegen die abweisende Entscheidung der Landes-Polizeibehörde etwa zu ergreifenden Rechtswege diese Entscheidung aufgehoben und der in Anspruch genommene Armenverband vom Prozeßrichter verurtheilt wird.

Die Sorge für den Armen selbst bleibt hier also völlig außer Betracht; für ihn ist und wird immer gesorgt, ihm gegenüber ist die publicistische Verpflichtung zur Darreichung von Almosen in loco überhaupt keine vorläufige, sondern eine perpetuirliche, das heißt, sie tritt so oft ein, als der Arme genöthigt ist, an einem Orte die öffentliche Fürsorge anzurufen. Für die Sicherstellung der Unterbringung des Armen ist es also im Sinne des Gesetzes gleichgültig, ob die beantragte Entscheidung verurtheilend oder abweisend gegen den in Anspruch genommenen Armen-Verband ausfällt. Ja selbst für den Fall, wo die resolutorische resp. richterliche Entscheidung auf Anrufen des verpflegenden Armen-Verbandes verurtheilend gegen den auswärtigen Armen-Verband ausfällt, würde unzweifelhaft der von der materiellen Verpflichtung entbundene und zur Abgabe des Armen an den Verklagten berechtigte Armen-Verband mit der Ausübung der Fürsorge unweigerlich fortzufahren haben, wenn der Zustand des Armen dies erheischt, und seine Uebersiedelung an den verurtheilten Armen-Verband unmöglich ist, und zwar auf Grund keiner anderen gesetzlichen Bestimmung als eben der §§. 26, 29 des Armengesetzes.

Mit einem Wort, nichts widerspricht den täglichen Vorkommnissen des Lebens, nichts der ersten und nothwendigen Bedeutung des Armengesetzes mehr, als die Annahme, daß die Entscheidung der Landes-Polizeibehörde nach §. 34 auf die Abhülfe der Noth in concreto, auf die Erfüllung der polizeilichen-Verpflichtung in loco nach §§. 25 sequ. gerichtet sei, und daß erst durch sie das Umkommen im Elende für den Hülfsbedürftigen verhütet werden solle.

Eilftes Kapitel.

Vergleichen wir hiermit die Theorie, zu welcher der Erste Senat des Königl. Obertribunals neuerdings für die Anwendung und Auslegung des §. 34 gelangt ist.

Diese Theorie geht ihrer Tendenz nach dahin, den Landes-Polizeibehörden alle Competenz der Entscheidung nach §. 34 des Armengesetzes für solche Streitigkeiten zwischen Armen-Verbänden abzusprechen, in denen es sich um die Erstattungsforderung der von einem Armen-Verbande bereits verauslagten Kosten handelt. Solche Ansprüche sollen, als rein privatrechtlich auf der nützlichen Verwendung beruhend, nicht allein der Vorentscheidung der Verwaltungsbehörden nach §. 34 nicht bedürfen, sondern selbst da, wo eine solche Entscheidung getroffen ist, wird dieselbe mit der Autorität des Gerichtshofes, gegen dessen Entscheidung kein Rechtsmittel möglich ist, für gar nicht vorhanden angesehen.

Könnten es sich nun auch die Landes-Polizeibehörden ohne jede Einbuße an ihrem Ansehen sehr wohl gefallen lassen, daß ihnen gerade dieser lästigste Theil jener Streitigkeiten abgenommen werde, und würden sie wahrlich nicht darüber zu klagen haben, wenn es ihnen erspart bliebe, wegen jeder noch so geringen Forderung z. B. von 14 Sgr. 5 Pf. für Salbe resp. 1 Thlr. 3 Sgr. 6 Pf. für Kinderhemden alle diejenigen Controversen zwischen den streitenden Armen-Verbänden zu erörtern, für deren unabläßige Vermehrung, wie die vorstehenden Capitel beweisen, in so ergiebigem Maaße gesorgt wird, so ist es doch auf der anderen Seite zunächst die Achtung vor dem Gesetz, welches hier die Grenze gezogen hat, und sodann die Ueberzeugung von seiner inneren Nothwendigkeit, welche den Verwaltungsbehörden die Pflicht auferlegt, dem höchsten Gerichtshof hierin mit aller Entschiedenheit entgegenzutreten, und zwar auf die Gefahr hin, wenn auch nicht mit der richterlich offiziellen, so doch mit der juristischen Autorität des höchsten Gerichtshofes den Kampf aufnehmen zu müssen.

Hören wir also, in welcher Weise der Erste Senat seine obige Theorie, wonach die Landes-Polizeibehörde über die Kosten-Erstattung für aufgewendete Armenunterstützungen pro praeterito nicht zu entscheiden haben soll, motivirt.

a) In dem Erkenntniß vom 23. April 1858 (Strieth. Archiv Bd. 29 S. 273) sagt der Erste Senat wörtlich:

„Wenn unter zwei Armen-Verbänden Streit darüber entsteht, welcher von ihnen für den Hülfsbedürftigen zu sorgen habe, so hat allerdings die Landes-Polizeibehörde die Initiative der Entscheidung, und ihr Resolut bleibt so lange in Kraft, bis im Wege Rechtens etwas Anderes entschieden worden. In diesem Rechtswege muß auch der Kläger bestimmt denjenigen namhaft machen, welcher der wahre und näher verpflichtete Armen-Verband sei, er kann sich nicht auf die Behauptung oder auf den Beweis beschränken, daß er es nicht sei. Anders verhält es sich aber, wenn ein Armen-Verband sich freiwillig der Fürsorge für den Hülfsbedürftigen unterzieht, den Kranken bis dahin, daß seine Unheilbarkeit sich ergiebt, in Pflege behält, und erst nach vollendeter Pflege auf Ersatz des Aufwandes Anspruch macht. In einem Falle dieser Art hat die Landes-Polizeibehörde gar nicht mehr einzuschreiten, weil nichts mehr im Sinn des §. 34 für die Folgezeit zu reguliren, vielmehr lediglich aus dem Fundament der nützlichen Verwendung ein privatrechtlicher Anspruch auf Ersatz des Aufwandes geltend zu machen ist, entsprechend den Grundsätzen, auf welchen der Plenarbeschluß des Königlichen Ober-Tribunals vom 21. Februar 1853, Präjudiz Nro. 2434, Entscheidungen Band 24 Seite 253 beruht.“

„Entsprechend" den Grundsätzen des Plenarbeschlusses vom 21. Februar 1853, Entscheidungen Bd. 24 S. 253."

b) Ferner heißt es in den Gründen des Erkenntnisses vom 12. Juli 1861 (Entscheidungen Bd. 46 S. 292) wörtlich:

„Im öffentlichen Interesse und um den Armen nicht dem Untergange auszusetzen, hat die Landes-Polizeibehörde also nur die Befugniß, über die gegenwärtige und zukünftige Verpflegnng durch einen oder den anderen der streitenden Armen-Verbände zu entscheiden und nicht zugleich die Befugniß, über den Kosten-Aufwand der Vergangenheit eine Entscheidung zu treffen, während welcher schon der Armen-Verband des Aufenthalts — zufolge der ihm nach §§. 25, 26 obliegenden Pflicht — die Fürsorge geleistet hat.

Die Frage wegen des schon Geleisteten liegt vielmehr ganz außer dem Bereiche (!) der Landes-Polizeibehörde und kann erst zur Sprache kommen, wenn zwischen Armen-Verbänden im Wege Rechtens verhandelt wird, wo sie sodann einen Nebenpunkt der Entscheidung bildet."

Hören wir, bevor wir in eine nähere Erörterung eintreten, auch hier erst, zu welchen weiteren Consequenzen der höchste Gerichtshof gelangt.

c) In einem ferneren Erkenntniß vom 11. März 1861 (Strieth. Arch. Bd. 41 S. 33) handelte es sich um einen von der Commune Berlin gegen die Gemeinde Züllichau verfolgten Erstattungs-Anspruch wegen der von der Klägerin für die Wittwe Hering pro praeterito aufgewendeten Kosten der Armenpflege im Betrage von 71 Thlr. 8 Sgr. 6 Pf., so wie um Abnahme der ferner nothwendig werdenden Unterstützung. Der Prozeß war eingeleitet ohne vorgängige resolutorische Entscheidung der Regierung. Der Appellations-Richter hatte deshalb die Klage nach §. 34 zurückgewiesen; die dagegen eingelegte Nichtigkeitsbeschwerde verwirft der Erste Senat in dem gedachten Erkenntniß, indem er in Uebereinstimmung mit dem Appellations-Richter die vorgängige resolutorische Entscheidung der Regierung erfordert. Er sagt hierüber wörtlich:

„Das Gesetz vom 31. December 1842 hat das Armenpflegewesen vorzugsweise den Verwaltungsbehörden zugetheilt. Sie allein haben zu prüfen, ob eine öffentliche Fürsorge nothwendig und in welchem Maaße sie zu gewähren sei? Ihrerseits ist auch im Interesse des gemeinen Wohls sofort Abhülfe des Bedürfnisses zu veranlassen und deshalb zu bestimmen, welchem Armen-Verband zunächst die Abhülfe obliege. Erst, wenn der für den Verpflichteten von ihr anerkannte Armen-Verband mit der Festsetzung der Verwaltungsbehörde unzufrieden ist, kann der Rechtsweg von demselben und zwar lediglich rücksichts der Frage:

welcher von beiden der mehrverpflichtete Armen-Verband sei?

beschritten werden. Das Armengesetz hat hiernach im öffentlichen Interesse dem §. 1 der Einleitung zur Allgem. Gerichts-Ordnung eine Modification gegeben. Es hat die Vorentscheidung der Verwaltungsbehörde weder für eine Berechtigung noch für eine Verpflichtung, vielmehr allgemein als eine Nothwendigkeit anerkannt. Rücksichts des Aufwandes der Vergangenheit möchte die richterliche Entscheidung zwar selbst ohne vorgängige Entscheidung der Verwaltungsbehörde verlangt werden können, wenn die Nothwendigkeit der Armenpflege bereits aufgehört hätte, und das öffentliche Interesse dadurch beseitigt wäre. Dieser Fall liegt hier aber nicht vor, da zugleich Fortsetzung und Fortdauer der Armenpflege verlangt ist und der Ersatz des Aufwandes nicht eher gefordert werden kann, bevor nicht die Hauptfrage, welcher Armen-Verband der Verpflichtete, ihre Erledigung gefunden hat."

Für den Fall also, wo gleichzeitig Kostenerstattung und Abnahme der ferneren Fürsorge verlangt wird, da wenigstens ist die Entscheidung der Verwaltungsbehörde in beiden Beziehungen eine Nothwendigkeit.

d) Hören wir dagegen, was der Erste Senat in einem ganz gleichen Fall in dem Erkenntniß vom 29. Sept. 1862 (Strieth. Arch. Bd. 47 S. 62) sagt.

Hier hatte die Regierung zu Merseburg auf Antrag der Armen-Direktion zu Berlin durch Resolut vom 28. December 1859 den Armen-Verband von Bitterfeld zur Abnahme der Fürsorge für die unmündigen Geschwister Siegel sowie zur Erstattung der pro praeterito von der Gemeinde Berlin aufgewendeten Kosten für verbunden erklärt. Der Armen-Verband von Bitterfeld war wegen Aufhebung des Resoluts klagbar geworden, und hier führt der höchste Gerichtshof zur Begründung seiner Ansicht: daß hinsichts des die fernere Fürsorge betreffenden Punkts, ein blos negativ auf Anerkennung der Nichtverpflichtung gerichtetes Petitum unzulässig sei, wörtlich Folgendes aus:

„Zwischen den Kosten der vergangenen und Folgezeit ist ein Unterschied zu machen. Die ersteren können nur auf Grund der nützlichen Verwendung erstattet gefordert werden. Sie sind als ein privatrechtlicher Anspruch lediglich der richterlichen Entscheidung unterworfen und gegen die Liquidationen des verklagten Armen-Verbandes von Berlin steht daher rücksichtlich der bis zum Tage des Regierungs-Resoluts erwachsenen Kosten dem Kläger allerdings die Negatorienklage zu. Es muß davon ausgegangen werden, daß über die Pflegekosten bis zum 28. December 1859 (dem Datum des Resoluts) noch gar keine bindende Festsetzung vorhanden ist. Sie können vom Verklagten nur auf Grund nützlicher Verwendung verlangt werden. Kläger könnte deshalb abwarten, ob Verklagter seinen Anspruch wirklich mit confessorischer Klage geltend machen wird."

Während also für den Fall der Wittwe Hering, weil gleichzeitig Kostenerstattung und Abnahme der Fürsorge verlangt wurde, die vorgängige resolutorische Entscheidung auch hinsichts der Kosten pro praeterito als eine vom Gesetz verlangte Nothwendigkeit anerkannt wurde, wird für den vorliegenden Fall das von der Regierung zu Merseburg unter dem 28. December 1859 erlassene Resolut, das bekanntlich nach §. 34 sofort vollstreckbar ist, hinsichts der pro praeterito erwachsenen Kosten als noch gar keine bindende Festsetzung erklärt, und dem von der Regierung zu Merseburg verurtheilten Armen-Verband gesagt, er könne es abwarten, daß er in diesem Punkt erst in einem Separat-Prozesse in Anspruch genommen werde. Es existirt mit anderen Worten das von dem Armengesetz wenigstens für solche Fälle nach dem Erkenntniß vom 11. März 1861 für eine Nothwendigkeit erachtete Resolut für den Ersten Senat nach dem Erkenntniß vom

29. September 1862 gar nicht, es ist für ihn eine Null. Wir haben nun gegen die vorstehend sub a, b, c, d aufgeführten Erkenntnißgründe Folgendes einzuwenden:

I. Wie zunächst das Plenum des höchsten Gerichtshofes über diesen sogenannten Nebenpunkt für derartige Erstattungs-Ansprüche denkt, darüber sind wir aus den von uns mehrfach citirten Gründen jenes vom Ersten Senat selbst angerufenen Plenarbeschlusses vom 21. Februar 1853 glücklicher Weise informirt, doch mögen dieselben hier nochmals ihre Stelle finden. Das Plenum sagt dort und zwar diesmal in der vom Ersten Senat in Bezug genommenen Ausgabe auf der von ihm in Bezug genommenen Seite Entscheidungen Bd. 24 S. 253 wörtlich:

„Hieraus (das heißt aus dem vorausgeschickten Inhalt der Staatsraths-Verhandlungen) und in Verbindung mit den §§. 33 und 34 des Gesetzes ergeben sich folgende Grundsätze:

1. 2c.
2. 2c.
3. Diese Verpflichtung, jedenfalls nur auf Darreichung des Nothdürftigen beschränkt, unterliegt, dem Armen gegenüber, sowohl in Bezug auf die Frage, ob ihm eine Unterstützung zu gewähren, als auf die Modalität und das Maaß derselben, lediglich der Entscheidung der Verwaltungsbehörde, mit Ausschließung des Rechtsweges.
4. Sie erscheint nur als eine durch das innere Staats-Recht begründete publicistische Verbindlichkeit, die, wenn sie wegen Gefahr im Verzuge von einem anderen als dem gesetzlich verpflichteten Armen-Verbande erfüllt worden ist, dennoch nur dann und nur in soweit einen Anspruch auf Erstattung begründet, als das Bedürfniß und Maaß seiner Erfüllung von der Verwaltungsbehörde anerkannt worden ist.

und ferner auf Seite 257:

„Diese Bestimmung auf Versagung des Rechtsweges ist ihrer Natur nach eine, nicht blos auf Streitigkeiten zwischen Armen-Verbänden begrenzte, sondern aus dem oben definirten Wesen der Verbindlichkeit fließende und untrennbar eine jeden Erstattungsanspruch bedingende Vorschrift."

Was also hier nach dem Ausspruch des Plenums aus inneren Gründen der Staats-Verwaltung das jeden Anspruch bedingende Erforderniß zur Begründung des von einem gegen den anderen Armen-Verband zu erhebenden Erstattungs-Anspruches ausmacht, das kommt dabei für den Ersten Senat, nach dem Erkenntniß vom 12. Juli 1861 (oben sub b) „nur als Neben-Punkt" in Betracht.

Das Plenum sagt Entscheidungen Bd. 24 S. 253:	Dagegen sagt der Erste Senat Entsch. Bd. 46 S. 292 (oben sub b)
„Wenn die Verpflichtung zur Armenpflege wegen Gefahr im Verzuge von einem anderen als dem gesetzlich verpflichteten Armen-Verbande erfüllt worden ist, begründet sie nur dann	„Die Verwaltungsbehörde hat nicht zugleich die Befugniß, über den Kosten-Aufwand der Vergangenheit eine Entscheidung zu treffen, während welcher schon der Armen-Verband des Aufenthalts —

und in soweit einen Anspruch als das Bedürfniß 2c. von der Verwaltungsbehörde anerkannt ist."

Das Plenum gelangt sodann am Schluß seiner Gründe zu folgendem Resultat, Entsch. Bd. 24 S. 260:

„Das endliche Ergebniß der vorstehenden Ausführung ist sonach dahin zusammen zu fassen, daß die Klage auf Erstattung von Kur- und Verpflegungskosten auf Grund nützlicher Verwendung oder Geschäftsführung ohne Auftrag zwar nicht unbedingt vom Rechtswege ausgeschlossen ist,

„daß jedoch in allen Fällen eine solche Klage nur zugelassen werden kann, wenn dieselbe durch die vorhergehende Entscheidung der Verwaltungsbehörde in Beziehung auf diejenigen Gegenstände, worüber nach den vorstehenden Andeutungen ausschließlich die Verwaltungsbehörde zu entscheiden hat, begründet ist."

zufolge der ihm nach §§. 25 und 26 obliegenden Verpflichtung — die Fürsorge geleistet hat."

Dagegen sagt der Erste Senat (Strieth. Archiv Band 29 S. 273 oben sub a):

„Anders verhält es sich aber, wenn ein Armen-Verband sich freiwillig der Fürsorge für den Hülfsbedürftigen unterzieht, den Kranken bis dahin, daß seine Unheilbarkeit sich ergiebt, in Pflege behält, und erst nach vollendeter Pflege auf Ersatz des Aufwandes Anspruch macht. In einem Falle dieser Art hat die Landes-Polizeibehörde gar nicht mehr einzuschreiten, weil nichts mehr im Sinne des §. 34 für die Folgezeit zu reguliren, vielmehr lediglich aus dem Fundament der nützlichen Verwendung ein privatrechtlicher Anspruch auf Ersatz des Aufwandes geltend zu machen ist, entsprechend den Grundsätzen, auf welchen der Plenar-Beschluß des Königl. Ober-Tribunals vom 21. Februar 1853 beruht."

Ein Anspruch also, der nach dem Plenarbeschluß vom 21. Februar 1853 gar nicht ohne vorgängige Entscheidung der Landes-Polizeibehörde zu begründen ist, über den hat dieselbe nach der Ansicht des Ersten Senats nicht zu entscheiden. **Das** heißt also:

„**Entsprechend**" den Grundsätzen des Plenarbeschlusses vom 21. Febr. 1853.

II. Wie nun aber, wenn der Richter wirklich ohne vorgängige Entscheidung der Verwaltungsbehörde in einem solchen Falle erkannt hätte, daß die Gemeinde A. der Gemeinde B. die pro praeterito aufgewendeten Kosten der Armenpflege für den Tagelöhner S. zu erstatten habe, und bei Regulirung des sogenannten „Nebenpunktes" fände sich nach dem Urtheile der Verwaltungsbehörde, daß hier entweder überhaupt gar kein Bedürfniß der Armenpflege oder doch nicht in dem vom Prozeßrichter für maßgeblich erachteten Zeitpunkt vorgelegen. Wie sollen wir hier aus dem Conflict zwischen einem rechtskräftig gewordenen Erkenntniß und der nach dem Ausspruche des Plenums allein maßgeblichen Entscheidung der Verwaltungsbehörde über diesen „Neben-Punkt" herauskommen? —

Der Erste Senat selbst sagt, wie wir wissen, in dem Erkenntniß vom 21. April 1856 (Strieth. Archiv Bd. 21 S. 101) wörtlich:

„Die Eigenschaft als Armer ist lediglich im Verwaltungswege festzustellen," ferner in dem Erkenntniß vom 24. Februar 1860 (Strieth. Archiv Band 36 Seite 280):

„Denn über die Frage, ob Jemand arm, und für sich und die Seinigen der öffentlichen Fürsorge ganz oder theilweise bedürftig sei, hat der Richter gar nicht zu entscheiden. Sie ist schon im §. 33 des Armengesetzes den Verwaltungsbehörden überwiesen."

Wenn also hiernach die Frage, ob Jemand ganz oder theilweise der Armenpflege bedürftig sei, der richterlichen Entscheidung entzogen und der Verwaltungsbehörde überwiesen ist, sollte dann nicht auch die Frage: ob kein Bedürfniß event. von welchem Zeitpunkte ab ein solches anzuerkennen sei, der Verwaltungsbehörde überlassen werden müssen?

In welcher Art soll denn nun die Klage des einen Armen-Verbandes gegen den anderen wegen Erstattung verauslagter Kosten der Armenpflege ohne vorgängige Entscheidung der Verwaltungsbehörde darüber, daß und von welchem Zeitpunkt ab in casu concreto wirklich ein Act der Armenpflege vorgelegen, substanziirt werden? und insbesondere, wie soll es dem Richter ohne vorgängige Entscheidung der Verwaltungsbehörde möglich sein, zu beurtheilen, ob zur Zeit des Eintritts der Hülfsbedürftigkeit, des Bedürfnisses der Armenpflege, z. B. durch dreijährigen Aufenthalt die Fürsorgepflicht auf Seiten des verklagten Armen-Verbandes begründet, oder durch dreijährige Abwesenheit bereits erloschen war, wenn er aus eigener Competenz diesen Eintritt, also auch den Zeitpunkt dieses Eintritts, gar nicht constatiren kann.

Es hat deshalb auch der Competenz-Gerichtshof zu wiederholten Malen den hier vom Ersten Senat aufgestellten Unterschied zwischen bereits verwendeten und noch aufzuwendenden Armen-Unterstützungen für die Anwendung des §. 34 des Armengesetzes vollständig verworfen.

In der Entscheidung des Competenz-Gerichtshofes vom 13. November 1859 (M.-Bl. f. i. V. de 1861 S. 164) heißt es wörtlich:

„Ferner fehlt es an jedem auch nur scheinbaren Grunde, wenn das Appellationsgericht zu Marienwerder in Ansehung der Zuständigkeit der Festsetzung des Betrages der Verpflegungskosten unterscheiden will: ob dieselben noch zu verwenden oder schon verwendet worden? und für den letzteren Fall den §. 34 nicht für gegeben erachtet. Diese Ansicht wird sofort durch die Erwägung widerlegt, daß die nach der Natur der vorwaltenden Umstände und dem Zwecke der Ausgabe verordnete Befugniß der Verwaltungsbehörde zur ausschließlichen Entscheidung über den Betrag des Aufwandes völlig illusorisch gemacht werden würde, wenn selbige nicht vorher, sondern erst nach der Verwendung nachgesucht werden würde." *)

---

*) Wir wollen nur kürzlich darauf hinweisen, daß die Schlußworte:

„wenn selbige nicht vorher, sondern erst nach der Verwendung nachgesucht werden würde"

wohl nur auf einem Druckfehler oder einem wirklichen lapsus calami beruhen können. Die Anwendbarkeit des §. 34 und die ausschließliche Zuständigkeit der Festsetzung des Betrages auf Seiten der Verwaltungsbehörden vor der Verwendung, war ja niemals, auch dem

III. **Fragen wir nun aber nach der Ursache und dem Ausgangs-Punkt der ganzen vom höchsten Gerichtshof aufgestellten Theorie, und gehen wir die Kette der vorgetragenen Entscheidungen deshalb wieder aufwärts.**

„Das Armenpflegewesen ist vorzugsweise den Verwaltungsbehörden zugetheilt. Sie allein haben zu prüfen, ob eine öffentliche Fürsorge nothwendig und in welchem Maaße sie zu gewähren sei. Ihrerseits ist auch im Interesse des gemeinen Wohls sofort Abhülfe des Bedürfnisses zu veranlassen und deshalb zu bestimmen, welchem Armen-Verbande zunächst die Abhülfe obliege."

Jedes Wort in diesem Satz werden wir vollständig zu unterschreiben haben. Wenn aber hiermit gesagt sein soll,

daß die „Verwaltungsbehörden", durch welche sofort Abhülfe des Bedürfnisses im Interesse des gemeinen Wohles zu veranlassen, und welche deshalb zu bestimmen haben, welchem Armen-Verbande zunächst die Abhülfe obliege,

die nach §. 34 des Armengesetzes zwischen verschiedenen Armen-Verbänden resolvirenden Landes-Polizeibehörden sein sollen, —

wenn ferner, sobald ein Armen-Verband freiwillig die vorläufige Unterstützung mit Vorbehalt seines Rechtsanspruchs auf Kostenerstattung geleistet hat,

„die Landes-Polizeibehörde nicht mehr einzuschreiten hat,"

wenn ferner die Landes-Polizeibehörde im öffentlichen Interesse und um den Armen nicht dem Untergange auszusetzen, nur

„die Befugniß hat, über die gegenwärtige und zukünftige Verpflegung durch einen der streitenden Armen-Verbände zu entscheiden,"

wenn endlich, wie es in dem Erkenntniß vom 29. September 1862 (Strieth. Archiv Bd. 47 S. 629) im Eingange der Gründe heißt:

„das Armengesetz die Vorentscheidung der Landes-Polizeibehörde beim Streit zwischen zwei Armen-Verbänden nur deshalb angeordnet haben soll, um dem Nothstande des Armen des Baldigsten abzuhelfen und seinen Untergang abzuwenden," —

so sehen wir auf einmal die Quelle, aus welcher jene ganze Theorie entsprungen ist, klar und deutlich vor uns.

Appellationsrichter, nicht zweifelhaft gewesen. Nur nach geschehener Verwendung hatte er dieselbe bestritten. Für diesen Unterschied fehlt es ja eben, wie der Competenz-Gerichtshof sagt:

„an jedem auch nur scheinbaren Grunde".

Es dürfte daher klar sein, daß die Schlußworte des Satzes nach der eigenen Absicht des Competenz-Gerichtshofes, nicht wie sie in dem Ministerialblatt abgedruckt sind, sondern dahin lauten müssen,

„daß die ꝛc. ꝛc. Befugniß der Verwaltungsbehörde zur ausschließlichen Entscheidung über den Betrag des Aufwandes völlig illusorisch gemacht werden würde, wennn selbige blos vor und nicht auch nach geschehener Verwendung einzutreten hätte."

In diesem Sinne ist denn auch neuerdings durch Entscheidung des Competenz-Gerichtshofes vom 18. März 1865 (M.-Bl. f. i. V. S. 182) jene ganze Theorie des Ersten Senats von der Entbehrlichkeit resp. Unzulässigkeit der Vorentscheidung der Landes-Polizeibehörde bei Erstattungs-Ansprüchen für bereits aufgewendete Armen-Unterstützungen, widerlegt und definitiv verworfen worden.

Während, wie wir gesehen haben, das Verhüten des Umkommens im Elende und die Darreichung der nothwendigen Armen-Unterstützungen selbst, nach §. 27, 28 des Armengesetzes Gegenstand der dispositiven Anordnung der localen Orts- resp. Kreis-Polizeibehörde ist, und sein muß, macht hier der Erste Senat diese ortspolizeilichen Functionen zum Gegenstand der von der Landes-Polizeibehörde zu treffenden Entscheidung zwischen verschiedenen Armen-Verbänden.

Mit anderen Worten, es verwechselt der Prozeßrichter in allen vorstehenden Fällen ihrer Natur und ihrem Gegenstande nach die nach §. 34 des Armengesetzes zu treffende Entscheidung der Landes-Polizeibehörde zwischen verschiedenen Armen-Verbänden mit der nach §. 27 der Orts-Polizeibehörde zufallenden Obliegenheit, wonach diese die verantwortliche Pflicht hat, die ihr polizeilich unterstellte Gemeinde oder Gutsherrschaft, auch wenn letztere sich materiell nicht dazu verpflichtet glaubt, zur sofortigen Hergabe der nothwendigen Unterstützungen anzuhalten. Der Prozeßrichter geräth hier also unverhohlener als jemals in die vom Verfasser immer und immer wieder gerügte, die Bedeutung der ersten Zwecke des Armengesetzes völlig ignorirende Verwechselung zwischen den Gebieten der Armen-Polizei und des Armen-Rechts.

IV. Machen wir uns die Folgen dieses Mißverständnisses an einem einzelnen Beispiele im ganzen Verlaufe klar.

a) Nehmen wir an, die schwangere hülflose Wittwe eines in Prenzlau verstorbenen Tagelöhners sei am 1. Februar 1864 vier Wochen vor dem wirklichen Eintritt ihrer Entbindung und vielleicht noch 2 Monate länger wegen schweren Wochenlagers daselbst in Noth gerathen.

Hätte nun die Commune Prenzlau, weil sie nicht den von ihr selbst gebildeten Armen-Verband, sondern z. B. den Armen-Verband von Schirwind nach §§. 17, 18 für pflegeschuldig hielt, sich auch der Gewährung der Armenpflege selbst entschlagen wollen, — soll diese Frau, deren Untergang wegen Obdachlosigkeit im Winter der dortigen Localbehörde vor Augen steht, die im Elende umkommen würde, wenn ihr nicht augenblicklich in Prenzlau geholfen wird, so lange auf der Straße liegen bleiben, bis nach so und so langem Hin- und Herschreiben, nach so und so vielen Berufungen der streitenden Gemeinden auf die divergirendsten richterlichen Präjudicien, die Landes-Polizeibehörde, also die Regierung in Gumbinnen in der Lage ist, resolutorisch nach §. 34 des Armengesetzes darüber zu befinden, ob der Armen-Verband von Schirwind nach §§. 1, 20, 17, 18 resp. §. 4 der zur Zeit noch pflegeschuldige Armen-Verband sei? Dies würde aber die augenscheinlich nächste Consequenz jener Ansicht sein, daß die Entscheidung der Landes-Polizeibehörde nach §. 34 des Armengesetzes nur bestimmt sei,

„dem Nothstande des Armen des Baldigsten abzuhelfen und seinen Untergang abzuwenden.“

b) Und worauf ist denn nun der Antrag des die resolutorische Entscheidung nachsuchenden Armen-Verbandes gerichtet? — etwa darauf:

sich selbst zur Hergabe der nothwendigen Unterstützungen verurtheilen zu lassen,

oder nicht vielmehr darauf,

sich von der vorläufig übernommenen Verpflegung zu befreien resp. Kostenerstattung zu verlangen?

Wollte also der Armen-Verband von Prenzlau wegen seines gegen den Armen-Verband von Schirwind aus §§. 1, 17, 20 zu verfolgenden vermögensrechtlichen Anspruchs auch seiner polizeilichen Verpflichtung nach §§. 25, 26 nicht genügen, so hatte er auch nicht die mindeste Veranlassung, überhaupt eine solche Entscheidung zu extrahiren, er konnte seinerseits jene Wittwe ruhig im Elende umkommen lassen. Und — sollte es denn der Armen selbst überlassen bleiben, etwa ihrerseits die nach §. 34 nur zwischen verschiedenen Armen-Verbänden stattfindende Entscheidung der Landes-Polizeibehörde nachzusuchen, statt sich unmittelbar an die Orts- resp. Kreis-Polizeibehörde zu wenden? Mit anderen Worten, wie soll das Umkommen des Armen in einem solchen Falle durch die nach §. 34 des Armengesetzes von der Landes-Polizeibehörde zu treffende Entscheidung verhindert werden, wenn die nach §§. 25, 26 zunächst verpflichtete, hierin aber unwillfährige, säumige Gemeinde es unterläßt, und andererseits der Arme gar kein Recht hat, eine solche Entscheidung nachzusuchen?

c) Wäre aber, wie es überall in den den obigen Erkenntnissen zu Grunde liegenden Fällen geschehen war, jene Tagelöhner-Wittwe von der Gemeinde Prenzlau zur Genügung ihrer aus §§. 25, 26, 29 sich ergebenden polizeilichen Verpflichtung wirklich und bis zu ihrer Wiedergenesung am 1. Mai untergebracht worden, und inzwischen wäre durch Resolut der Regierung zu Gumbinnen vom 15. April der Armen-Verband von Schirwind als pflegeschuldiger Armen-Verband verurtheilt worden, von dem 1. Februar 1864 als dem Eintritt der Hülfsbedürftigkeit, des Bedürfnisses der Armenpflege, ab die entstandenen Kosten der Commune Prenzlau zu erstatten und die etwa ferner nothwendig werdende Fürsorge abzunehmen, und wenn also weder vor noch nach dem Resolut vom 15. April 1864 eine materielle Pflegeverbindlichkeit auf Seiten der Gemeinde Prenzlau bestand, — wenn dagegen nach §§. 25, 26 und 29 die polizeiliche Verpflichtung der Commune Prenzlau, jene Person nicht im Elende umkommen zu lassen, von ihr selbst anerkannt und erfüllt worden ist, — wodurch unterschied sich diese Verpflichtung juristisch für die Zeit vom 1. Februar bis 15. April, wo das Mundum des Resoluts bei der Regierung zu Gumbinnen zufällig gezeichnet wurde, von der gleichen Verpflichtung, auf Grund der §§. 25—29 jene Person auf ihrem Wochenlager auch in der Zeit vom 16. bis 30. April 1864 nicht im Elende umkommen zu lassen, wo sie vielleicht Prenzlau verließ, um an einem anderen Ort, in Stettin oder sonst, als Amme in Dienst zu treten?

Wenn also auf der einen Seite die Verpflichtung zur vorläufigen Hergabe der nothwendigen Fürsorge 2c. sowohl nach wie vor dem 15. April auf Seiten der klagenden Gemeinde Prenzlau für ein und dieselbe zu erachten ist, und wenn andererseits die Erstattungs-Verpflichtung des Armen-Verbandes von Schirwind auf Grund der §§. 1, 17, 18, 20 des Armengesetzes, für jene Person vor und nach dem 15. April ebenfalls ein und dieselbe war, welchen Unterschied macht der höchste Gerichtshof juristisch zwischen der einen und der andern Forderung?

d) Wie wir oben gesehen haben, unterscheidet nämlich der Erste Senat des Königl. Ober-Tribunals zwischen den Kosten der „Vergangenheit" und der „Zukunft", um den Beweis zu liefern, daß für die ersteren die Vorentscheidung der Landes-Polizeibehörde nach §. 34 nicht erforderlich resp. zulässig sei, wie folgt, er sagt in dem Erkenntniß vom 23. April 1858 (Strieth. Archiv Bd. 29 S. 273, oben sub **a**) wörtlich:

„Anders verhält es sich aber, wenn ein Armen-Verband sich freiwillig der Fürsorge für den Hülfsbedürftigen unterzieht, den Kranken bis dahin, daß seine Unheilbarkeit sich ergiebt, in Pflege behält und erst nach vollendeter Pflege auf Ersatz des Aufwandes Anspruch macht. In einem Fall dieser Art hat die Landes-Polizeibehörde gar nicht mehr einzuschreiten, weil nichts mehr im Sinn des §. 34 für die Folgezeit zu reguliren, vielmehr lediglich aus dem Fundament der nützlichen Verwendung ein privatrechtlicher Anspruch auf Ersatz des Aufwandes geltend zu machen ist 2c.",

ferner in dem Erkenntniß vom 29. Sept. 1862 (Strieth. Archiv Bd. 47 S. 62, oben sub **d**):

„Zwischen den Kosten der vergangenen und Folgezeit ist ein Unterschied zu machen. Die ersteren können nur auf Grund der nützlichen Verwendung erstattet gefordert werden. Sie sind als ein privatrechtlicher Anspruch lediglich der richterlichen Entscheidung unterworfen und gegen die Liquidationen des verklagten Armen-Verbandes von Berlin vom 3. Juli und 27. August 1860 steht daher rücksichtlich der bis zum Tage des Regierungs-Resoluts erwachsenen Kosten dem Kläger allerdings die Negatorienklage zu. Es muß davon ausgegangen werden, daß über die Pflegekosten bis zum 28. December 1859 noch gar keine bindende Festsetzung vorhanden ist. Sie können vom Verklagten nur auf Grund nützlicher Verwendung verlangt werden 2c."

Es fällt hierbei zunächst ein Punkt in die Augen, nämlich die Frage, von welchem Zeitpunkt ab unterscheidet denn der höchste Gerichtshof zwischen den Kosten der Vergangenheit und der Zukunft?

In dem einen Fall wird der Zeitpunkt der Unheilbarkeit einer Krankheit, in dem anderen Fall der Tag des erlassenen Regierungs-Resoluts als Grenze zwischen den Kosten der Vergangenheit und der Zukunft hingestellt.

Möchte es hiernach einer Aufklärung darüber bedürfen, was der Zeitpunkt der Unheilbarkeit einer Krankheit für einen Einfluß auf die Frage haben soll, ob die dafür verauslagten Kosten aus dem Fundament der nützlichen Verwendung zu liquidiren seien oder nicht, und, weshalb von dem

Eintritt der Unheilbarkeit einer Krankheit ab die Pflege des Kranken als vollendet, d. h. also, nach allen Regeln der Logik für die Zukunft als erübrigt angesehen werden soll, so dürfte, abgesehen von dieser dem Verfasser trotz aller angewendeten Mühe nicht verständlich gewordenen Zeitberechnung noch eine weitere juristische Frage hier nicht zu umgehen sein.

Wir erlauben uns, hier der besseren Verständlichkeit wegen auf das oben erwähnte Beispiel zurückzugehen, und die Frage aufzuwerfen, ob, wenn in dem Streit des Armen-Verbandes von Prenzlau wider den Armen-Verband von Schirwind die bis zum Tage des erlassenen Regierungs-Resoluts d. h. bis zum 15. April aufgewendeten Kosten der Armenpflege auf Grund des privatrechtlichen Fundaments der nützlichen Verwendung zu liquidiren sind, die von diesem Tage ab von der Gemeinde Prenzlau aufgewendeten Kosten etwa nicht in den Nutzen des Armen-Verbandes von Schirwind verwendet sein sollen?

Weshalb sind denn nun die Kosten vom 1. Februar bis 15. April zum Besten des Armen-Verbandes von Schirwind nützlich verwendet? Antwort: weil dem Armen-Verband von Schirwind wegen des stattgehabten Aufenthalts resp. Wohnsitzes des verstorbenen Ehemannes jener Wittwe nach §§. 17, 18 resp. §. 1 des Armengesetzes die Erstattungsverbindlichkeit obliegt.

Weshalb ist der Armen-Verband von Schirwind zur Erstattung der ferneren Kosten auch nach dem 15. April an die Gemeinde Prenzlau verbunden? Antwort: weil dem Armen-Verband von Schirwind wegen des stattgehabten Aufenthalts resp. Wohnsitzes des verstorbenen Ehemannes jener Wittwe nach §§. 17, 18 resp. §. 1 des Armengesetzes die Erstattungsverbindlichkeit obliegt, mit anderen Worten, in beiden Fällen, weil aus §§. 1, 17, 18 des Armengesetzes dem Armen-Verbande von Prenzlau ein directer vermögensrechtlicher Klageanspruch gegen den Armen-Verband von Schirwind zustand.

Ist nun ein solcher auf einem positiven Rechtstitel beruhender Anspruch, ein solches unmittelbar zwischen dem ausschließlich Berechtigten und ausschließlich Verpflichteten bestehendes Rechtsverhältniß überhaupt mit dem allgemeinen eventuellen Fundament der nützlichen Verwendung zu identificiren? Gerade diese Frage nun ist es, welche recht eigentlich den Kernpunkt des Gesetzes trifft. So gewiß der Einzelne aus §. 185 Th. II. Tit. 1, §§. 64, 65 und §§. 251—254 Th. II. Tit. 2, §§. 14 sequ. Th. II. Tit. 3 des A. L.-R. einen eigenen materiellen Anspruch gegen den Ehegatten, die Eltern, die Seitenverwandten ꝛc. auf Darreichung der standesmäßigen resp. nothwendigen Unterstützungen hat, so gewiß ist in den privatrechtlich bestimmten Grenzen auch ein Anspruch derjenigen dritten (physischen oder juristischen) Person, d. h. also auch derjenigen Gemeinde auf Grund der nützlichen Verwendung verfolgbar, welche ihrerseits Aufwendungen für ein Individuum gemacht hat, die das letztere von seinen Angehörigen zu fordern berechtigt gewesen wäre. In solchem Falle tritt die klagende Gemeinde überhaupt nicht in ihrer Eigenschaft als Armen-Verband auf; es kommt

nicht darauf an, wie weit eine solche **Aufwendung in den** Grenzen **des** §. 33 **des Armengesetzes,** sondern in den Grenzen desjenigen gelegen hat, was **das** Individuum nach den privatrechtlichen Bestimmungen des A. L.-R. von seinen Eltern, von seinen Seitenverwandten zu **fordern** hatte. Für einen solchen Fall ist nach dem Präj. No. 1882 vom 4. Juni 1847 der Nachweis genügend, daß die Handlungen, durch deren Leistung eine nützliche Verwendung stattgefunden haben soll, geleistet worden sind. Es ist nicht erforderlich, daß zur Hervorbringung des Nutzens von dem Kläger Ausgaben gemacht, oder besondere Veranstaltungen getroffen worden sind.

Vergleichen wir hiermit den Anspruch des einen Armen-Verbandes gegen den anderen nach dem Armengesetz. Stellt man hier den Armen-Verband der eine polizeiliche Selbstverpflichtung nach §. 26 erfüllt, und den Armen der die Unterstützung empfängt, nebeneinander und Beiden gegenüber den nach §. 1 pflegeschuldigen Armen-Verband, so fehlt es an jedem Rechtsverhältniß zwischen dem Armen und dem nach §. 1 verpflichteten Verband. Es besteht eben nur ein einziges Rechtsverhältniß, und das ist der specielle Titel, der durch die Erfüllung der aus §. 26 entspringenden publicistischen Selbstverpflichtung und durch den von dem Gesetz hieran geknüpften Vorbehalt des vermögensrechtlichen Erstattungsanspruchs gegen den nach §. 1 erstattungspflichtigen Verband constituirt wird. Ein solcher specieller Rechtstitel steht einem Vertrage völlig gleich und auf derartige Rechtsverhältnisse den Abschnitt III. Th. I. Tit. 13 des A. L.-R. von der nützlichen Verwendung anzuwenden, ist nach §§. 277, 278 ibid. überhaupt unzulässig. Ist also hinsichts der vor wie nach Erlaß des Regierungs-Resoluts vom Armen-Verband von Prenzlau aufgewendeten Armen-Unterstützungen nur ein und ganz dasselbe Rechts-Verhältniß gegenüber dem Armen-Verband von Schirwind vorhanden, welches das Fundament der in rem versio überhaupt ausschließt, wie soll nun gar die Unterscheidung sich rechtfertigen lassen, wonach der Anspruch für die bis zum Tage des erlassenen Regierungs-Resoluts, nicht aber der Anspruch für die nach Erlaß des Resoluts aufgewendeten Unterstützungen auf der nützlichen Verwendung beruhen soll?

e) Doch wir vergessen, daß auch hier wieder der höchste Gerichtshof, weil ja jene Wittwe nach dem Wochenlager wieder in den Zustand der Gesundheit und Selbsternährungsfähigkeit versetzt worden ist, die derselben zu Theil gewordene Hülfe in Prenzlau überhaupt als keine eigentliche Armenpflege erachten möchte.

Nun — wir fragen, wie soll die Regierung zu Gumbinnen, bei welcher vielleicht unterm 15. März der Antrag der Gemeinde Prenzlau auf Verurtheilung des Armen-Verbandes von Schirwind einging, bei Erlaß des Resoluts am 15. April wissen, ob das Wochen- und Krankenlager jener Frau nur noch 14 Tage, noch 4 Wochen u. s. w. fortdauern, ob nach Beendigung desselben die Frau wieder in den Zustand der völligen Gesundheit und Ernährungsfähigkeit versetzt oder mit irgend einem dauernden ihre Arbeits- und

Erwerbsfähigkeit für immer beeinträchtigenden Schaden behaftet daraus hervorgehen werde, oder endlich, wie soll die Regierung zu Gumbinnen gar — etwa im telegraphischen Wege? — sich davon Kenntniß verschaffen, ob nicht, als sie am 15. April das Resolut erlassen wollte, bereits Tag's vorher die Entlassung der Frau stattgefunden und somit die Competenz der Regierung nach der Ansicht des Höchsten Gerichtshofes ein Ende erreicht hatte?

Oder weshalb sollte, wenn zufällig das Resolut der Regierung nicht am 15. April hätte mundirt werden können und wenn dasselbe nach einer noch erforderlichen polizeilichen Ermittelung über die Aufenthalts-Verhältnisse jener Person erst am 15. Mai abgefaßt und erlassen worden wäre, nachdem am 1. dess. Mts. jene Person völlig wieder hergestellt war, nun auf einmal durch die zufällige Verzögerung die Competenz der Regierung ein Ende erreicht haben?

Alles dies wäre aber die nächste und unausbleibliche Consequenz jener Theorie und der darin sich bekundenden Verwechselung zwischen den polizeilichen Anordnungen gegen die die Hülfe in loco verweigernde Gemeinde mit der der Landes-Polizeibehörde zugewiesenen richterlichen Entscheidung über den Streit zwischen verschiedenen Armen-Verbänden.

V. Aus dieser Verwechselung des Gegenstandes der ortspolizeilichen Anordnung nach §. 27 und der landespolizeilichen Entscheidung nach §. 34 werden wir es uns also auch ferner zu erklären haben, wenn der höchste Gerichtshof auch den oben hervorgehobenen Unterschied ihrer Natur außer Augen läßt, und wenn er, wie es bereits vorgekommen, an die Landes-Polizeibehörde das förmliche Verlangen stellt, sie solle, um das Umkommen im Elende zu verhüten, dispositiv die Anordnungen wegen Unterbringung des Armen treffen, statt daß das Gesetz ihr nur die Verpflichtung zuweist, decisiv über die gegen einen anderen Armen-Verband gerichteten Klageanträge eines Armen-Verbandes zu entscheiden, nachdem er seinerseits entweder freiwillig oder auf Anordnung der Orts-Polizeibehörde die nothwendige Armenpflege in natura gewährt resp. zu gewähren angefangen hat.

Und — wie sollte auch, um uns die praktische Seite der Sache klar zu machen, die Regierung zu Gumbinnen, wenn sie den in Anspruch genommenen Armen-Verband von Schirwind nicht für verpflichtet hielt, dazu kommen, die ihre Entscheidung anrufende Gemeinde Prenzlau zur Unterstützung jener Frau anzuhalten, während die Stadt Prenzlau weder in polizeilicher noch communaler Beziehung von der Regierung zu Gumbinnen, sondern nur von der eigenen Orts-Polizeibehörde und höchstens im Aufsichtswege von der Regierung zu Potsdam derartige Anweisungen zu erhalten hat? Wenn also die von der Landes-Polizeibehörde nach §. 34 zu treffende Entscheidung zwischen den Armen-Verbänden von Prenzlau und Schirwind nach der Ansicht des höchsten Gerichtshofes in einer dispositiven Anweisnng an die eine oder die andere Gemeinde bestehen soll, jene Frau nicht im Elende umkommen zu lassen, — welche Regierung soll denn die Entscheidung treffen, die

Regierung zu Gumbinnen oder die Regierung zu Potsdam, oder — vielleicht beide Regierungen in einer gemeinschaftlich auf der Mitte Weges abzuhaltenden Plenarversammlung? Und — weshalb ein solcher etwas exorbitanter Aufwand von Arbeitskräften, Zeit und Diäten? — Würde, wenn die Regierung zu Gumbinnen, wie sie es seit dem Erlaß des Armengesetzes wahrscheinlich schon so manches Mal gethan haben wird, den gegen den Armen-Verband von Schirwind erhobenen Anspruch durch Resolut auf Grund des §. 34 ohne eine dispositive Anordnung über die fernere Unterbringung jener Frau (in Prenzlau) zu treffen, zurückgewiesen hätte, die Arme deshalb im Elende umgekommen sein? Würde im Fall einer solchen abweisenden Entscheidung gegen den Armen-Verband von Schirwind in der Verpflichtung der Gemeinde Prenzlau, nach §§. 25, 26, 29 mit der Gewährung der erforderlichen Armenpflege fortzufahren, und in der Verpflichtung der dortigen Orts-Polizeibehörde nach §. 27 die Gemeinde im Weigerungsfall zur Erfüllung dieser polizeilichen Verpflichtung im polizeilichen Wege anzuhalten, auch nur das Mindeste geändert sein?

Wenn also „diejenigen Verwaltungsbehörden, durch welche sofort Abhülfe des Bedürfnisses im Interesse des gemeinen Wohls zu veranlassen und welche deshalb zu bestimmen haben, welchem Armen-Verband zunächst die Abhülfe obliege“, nicht die nach §. 34 entscheidenden Landes-Polizeibehörden, sondern die Orts-Polizeibehörden nach §§. 26 sequ. sind, — wenn es also überhaupt nicht die Aufgabe der Landes-Polizeibehörde ist, in dieser Richtung „einzuschreiten“, —

wenn also das Armengesetz die Vorentscheidung der Landes-Polizeibehörde beim Streit zwischen zwei Armen-Verbänden nicht deshalb angeordnet haben kann, „um dem Nothstande des Armen des Baldigsten abzuhelfen und seinen Untergang abzuwenden“, sondern vielmehr, wie uns das Plenum des höchsten Gerichtshofes sagt, weil ohne eine solche Vorentscheidung ein Erstattungs-Anspruch auf Grund der vermögensrechtlichen Verpflichtungen des §. 1 des Armengesetzes, weder von einem Armen-Verbande, noch überhaupt zu begründen ist, und weil es also ohne eine solche Vorentscheidung an dem ersten Erforderniß einer jeden Klage, an der actio nata für den Prozeßrichter fehlt, — so dürfen wir endlich auch hier wohl hoffen bewiesen zu haben, daß der §. 34 des Armengesetzes bei jedem Streit zwischen verschiedenen Armen-Verbänden, soweit darüber nach dem Armengesetz zu entscheiden ist, die Vorentscheidung der Landes-Polizeibehörde erheischt, mit andern Worten, daß der vom Ersten Senat des Königl. Ober-Tribunals aufgestellte „Unterschied“ zwischen „den Kosten der vergangenen und zukünftigen Zeit“ nicht nur mit dem Wortlaut, sondern auch mit den Elementar-Begriffen der Preußischen Armen-Gesetzgebung unvereinbar ist.

Zwölftes Kapitel.

Klarer und deutlicher noch tritt die dieser Theorie des Ersten Senats zu Grunde liegende Verwechslung zwischen den polizeilichen Anordnungen über Gewährung der Armenpflege in loco und zwischen der vermögensrechtlichen Entscheidung der Landespolizei-Behörde in zwei Erkenntnissen, vom 2. Juni 1856 (Entsch. Bd. 33 S. 280) und vom 26. Febr. 1858 (Strieth. Arch. Bd. 29 S. 162) zu Tage, von denen insbesondere das Letztere, als unmittelbares Praecedenz vor den im Kap. XI von uns besprochenen Erkentnissen, unsere ganz besondere Beachtung verdient. In diesem Erkenntniß vom 26. Febr. 1858, also kurz vor Erlaß des Erkenntnisses vom 23. April 1858 (vergl. oben im Kap. XI sub. **a** S. 120) hat nämlich der Erste Senat über die Formulirung des Klageantrages gegen die Entscheidung der Landespolizei-Behörde zum ersten Male folgenden Grundsatz aufgestellt.

Auf Antrag der Gemeinde P. war durch Regierungs-Resolut die Dorf-Gemeinde L. hinsichts der Kinder des Töpfers D. für den pflegeschuldigen Armen-Verband erachtet worden. Der Appellations-Richter hatte die gegen dies Resolut von der Gemeinde L. erhobene Klage aus dem Grunde zurückgewiesen, weil der Klageantrag dahin gerichtet worden:

„zu erkennen, daß die Klägerin der verklagten Gemeinde gegenüber zu dieser Armenpflege nicht verpflichtet sei und nicht statt dessen nach den §§. 5, 25, 26, 28, 34 des Armengesetzes vom 31. December 1842 und Artikel III. des Ergänzungsgesetzes vom 21. Mai 1855 der wirklich verpflichtete Armen-Verband nachgewiesen und auf dessen Verurtheilung angetragen sei."

Die hiergegen erhobene Nichtigkeitsbeschwerde verwirft nun der Erste Senat, indem er ausführt:

„Das Appellationsurtel findet im §. 34 des Armengesetzes vom 31. Decbr. 1842 seine vollkommene Rechtfertigung; denn da das gedachte Resolut sofort in Ausführung zu bringen und so lange zu vollstrecken ist, bis im Wege Rechtens rechtskräftig entschieden worden, daß ein anderer und welcher Armen-Verband der pflegeschuldige sei, so folgt von selbst, daß eine bloße Festsetzung einer Nichtverpflichtung des von der Landes-Polizeibehörde für schuldig erachteten Armen-Verbandes dem Prozeß gar keinen Ausgang gewähren und jene Behörde ebensowenig verbunden sein würde, den von ihr bestimmten Armen-Verband außer Verfolgung zu lassen. Es liegt im Wesen der Prozesse vorliegender Art, daß der Richter auszusprechen hat, welcher Verband der schuldige sei, und außer dem Zwecke des Gesetzes das richterliche Urtel auf die Frage zu beschränken, welcher Verband der nichtschuldige sei. Ein solches Urtel würde den Streitgegenstand gar nicht erschöpfen, und zu Contestationen zwischen Polizei- und Justizbehörden führen, welche gar nicht aufzulösen wären. Das Appellations-Urtel hat den §. 34 ganz richtig gewürdigt."

Der Appellations-Richter soll hier also den §. 34 des Armengesetzes ganz richtig gewürdigt haben — der Appellations-Richter, welcher durch die Zusammenstellung der §§. 25, 26, 28, 34 des Armengesetzes offen ausspricht, daß ihm der Unterschied zwischen den Functionen der Orts=Polizeibehörde resp. des Landraths und denen der Landes=Polizeibehörde völlig abhanden gekommen ist! — Der Appellations=Richter bekennt hier also ganz offen seinen Irrthum, als sei die nach §. 34 zu treffende Entscheidung gegen den nach §§. 25, 26 zur Gewährung der Armenpflege in loco angerufenen, hierin aber säumigen Verband gerichtet, während sie ja erst auf Instanz des letzteren Verbandes, wenn er seiner polizeilichen Verpflichtung mit Vorbehalt genügt hat, gegen den nach §. 1, wie der höchste Gerichtshof sich ausdrückt, „mehr“ verpflichteten Armen=Verband, d. h. eben im Streit zwischen verschiedenen Armen=Verbänden erfolgt.

Man verzeihe zunächst dem Verfasser, der vielleicht nicht auf den Höhen der heutigen Rechts=Wissenschaft steht, wenn er die Anwendung der actio negatoria und confessoria auf die in Rede stehenden Rechts=Verhältnisse, wenigstens für den von ihm in's Auge gefaßten Zweck der Deutlichkeit nicht einmal als actio negatoria resp. confessoria utilis gelten lassen kann, und wenn er sich statt dessen der ihm geläufigeren vielleicht sehr laienhaften Redeweise bedient.

Macht nun, wie wir gesehen haben, die getroffene Entscheidung der Landes=Polizeibehörde nach §. 34 nur Recht zwischen den streitenden Armen=Verbänden als Creditor und Debitor, — gegen wen soll der gegen diese Entscheidung zulässige Rechtsweg von dem nach seiner Meinung zu Unrecht verurtheilten Debitor erhoben werden, als eben gegen den darin als berechtigten Creditor erachteten Armen=Verband, — und wie soll der gegen die Entscheidung der Landes=Polizeibehörde gerichtete Klageantrag lauten, als darauf, die darin ausgesprochene Verurtheilung aufzuheben und dagegen dahin zu erkennen, daß der darin für den Debitor Erachtete nicht der Debitor jenes Creditors sei?

Angenommen also, in unserem früheren Beispiel wäre der Armen=Verband von Schirwind durch Resolut der Regierung zu Gumbinnen verurtheilt worden, der Gemeinde Prenzlau die seit dem 1. Februar bereits aufgewendeten Kosten der Armenpflege für jene Wöchnerin zu erstatten und die event. noch ferner nothwendig werdende Armenpflege abzunehmen; der Armen=Verband von Schirwind hätte sich bei dieser Entscheidung nicht beruhigt und er wäre von dem Prozeß=Richter unter Aufhebung des Regierungs=Resoluts für nicht verpflichtet erachtet worden; hätte der Streit zwischen Prenzlau und Schirwind dadurch keinen Ausgang erhalten? Sollte es in der That noch eines besonderen Antrages resp. eines besonders dahin tenorirten Erkenntnisses bedürfen, daß der mit Unrecht durch Resolut für den berechtigten Creditor erachtete Armen=Verband sich mit der Aufhebung des Resoluts auch gleichzeitig der Aufhebung und Rückgängigmachung der daraus etwa von der Polizeibehörde interimistisch bereits vollstreckten Execution zu unterwerfen habe? Ein Mehreres könnte doch in keinem Falle gefordert werden. Hätte also auf Grund des ergangenen Resoluts der Regierung zu Gumbinnen wirklich der Transport jener Wittwe von Prenzlau nach Schirwind, sowie die Einziehung der veranlagten Kosten gegen den letzteren Armen-Verband im Executionswege stattgefunden, so würde durch die rechtskräftige Aufhebung des Resoluts im Prozeßwege ganz von selbst die Verpflichtung des Armen-Verbandes von Prenzlau folgen, sich denjenigen Anordnungen zu unterwerfen, welche Seitens der Polizeibehörde auf Antrag des Armen-Verbandes von Schirwind dann zu treffen wären, um die interimistisch vollstreckte polizeiliche Execution wieder rückgängig zu machen. Und würde eine einzige Communal- oder Polizei-Behörde darüber zweifelhaft sein, daß sie, nach Aufhebung des Resoluts durch richterliches Erkenntniß, verpflichtet sei, dem zu Unrecht zur Kostenerstattung resp. zur Abnahme der Fürsorge durch Transport angehaltenen Armen-Verband diese Fürsorge wieder abzunehmen? Der Verfasser muß bekennen, daß ihm in seiner ganzen Praxis auch nicht ein einziger Fall bekannt geworden ist, wo nach Aufhebung des Resoluts durch richterliches Erkenntniß die betreffenden Gemeinden oder Orts-Polizeibehörden nicht unter einander sofort von selbst den früheren status wieder hergestellt, und wo sie es zu diesem Behuf noch zu besonderen Zwangsmaßregeln Seitens der Landes-Polizeibehörden resp. der Gerichte hätten kommen lassen. Sehr wohl aber sind dem Verfasser die Fälle bekannt, und dieselben bilden leider, ohne daß freilich die Redactoren des Armengesetzes davon eine Ahnung gehabt haben konnten, die Regel, daß der bei dem resolutorischen Verfahren als Kläger aufgetretene Armen-Verband bei der großen Unsicherheit darüber, ob die resolutorische Entscheidung im Prozeßwege werde aufrecht erhalten werden, lieber den Ausgang des Prozesses abwartet, bevor er überhaupt die Execution nachsucht.

Doch der höchste Gerichtshof sagt:

„das gedachte Resolut sei sofort in Ausführung zu bringen und so lange zu vollstrecken, bis im Wege Rechtens rechtskräftig entschieden worden, daß ein anderer und welcher Armen-Verband der pflegeschuldige sei,“

und deshalb würde die Regierung, welche das Resolut erlassen, trotz der rechtskräftig erfolgten Aufhebung des Resoluts nicht verbunden sein, „den von ihr bestimmten Armen-Verband außer Verfolgung zu lassen.“

Wenn nach §. 34 die erst getroffene Entscheidung der Regierung zu Gumbinnen zwischen den Parteien befolgt werden soll, d. h. wenn die Gemeinde Prenzlau nach §. 34 das Recht hat, sofort auf Execution gegen den Armen-Verband von Schirwind anzutragen, liegt darin die gesetzliche Nothwendigkeit sofortiger Vollstreckung des Resoluts von Amtswegen? Und sollte es also dem Armen-Verbande von Prenzlau nicht seinerseits freistehen, um sich und jene Tagelöhnerfamilie vor einem doppelten Transport von Prenzlau nach Schirwind und wieder von Schirwind nach Prenzlau zu schützen, bei den mehr und mehr zur Tagesordnung werdenden Controversen zwischen Verwaltungsbehörden und Gerichten, lieber mit der Execution bis zur Beendigung des Prozesses zu warten? Liegt denn wirklich in der Befolgung einer getroffenen Entscheidung zwischen den Parteien, wie der Erste Senat annimmt, eine Verfolgung durch die Behörde?

Wie denn, wenn der Nothleidende, wie z. B. in dem Streitfall zwischen den Armen-Verbänden von Prenzlau und Schirwind gar nicht an den von der Regierung für pflegeschuldig befundenen Armen-Verband sofort transportirt werden kann und später mit dem Eintritt seiner Transportfähigkeit seine Wiederherstellung eintritt, und das Bedürfniß der Armenpflege ein Ende erreicht; liegt in einem solchen Fall in der Befolgung der unterm 15. April von der Regierung zu Gumbinnen getroffenen Entscheidung, daß der Armen-Verband von Schirwind nach §§. 1 resp. 17, 20 für verpflichtet zu erachten, der Gemeinde Prenzlau die seit dem 1. Februar für jene Tagelöhnerwittwe aufgewendeten Kosten der Armenpflege zu erstatten und die eventuell ferner nothwendige Fürsorge ihr abzunehmen habe, gleichzeitig die Vorschrift, daß mit diesem Tage auch das Fieber jener Wöchnerin aufhören oder daß jene Frau trotz des Fiebers sofort in Ausführung des Resoluts von Prenzlau nach Schirwind transportirt werden müsse?

Und wie sollte in allen solchen Fällen, die zu Hunderten nicht von Jahr zu Jahr, sondern von Tag zu Tag in den verschiedenen Kranken- und Armenhäusern der Monarchie sich ereignen, der durch Regierungs-Resolut verurtheilte Armen-Verband behufs Formulirung seines Klageantrags divinatorisch vorherwissen, ob sich nicht auch der auf fernere Abnahme der Fürsorge lautende Theil des Regierungs-Resoluts schließlich lediglich auf die Kostenfrage reduciren wird? Erhält nun durch die mit der prozessualischen Aufhebung des den Armen-Verband von Schirwind verurtheilenden Resoluts sich für die Gemeinde Prenzlau sofort von selbst ergebende Nothwendigkeit, wieder die Verpflegung jener Wittwe zu übernehmen, und gegen einen anderen Ortsarmen-Verband oder gegen den Landarmen-Verband nach §. 9 eine weitere Entscheidung zu extrahiren, der Streit zwischen den Armen-Verbänden von Prenzlau und Schirwind keinen Ausgang?

Statt also der gefürchteten unauflösbaren Contestationen, welche mit der bloßen Aufhebung des Regierungs-Resoluts und mit dem Anerkenntniß der Nichtverpflichtung des darin verurtheilten Armen-Verbandes von Schirwind im Streit mit der Gemeinde Prenzlau verbunden sein sollen, sehen wir hieraus keine andere Collision entstehen, als die ganz natürliche Folge, daß die Commune Prenzlau, nachdem sie die Pflege entweder wieder übernommen oder noch gar nicht abgegeben hat, nach den aus der ihr ungünstigen richterlichen Entscheidung sich ergebenden Consequenzen nunmehr ihren Anspruch gegen einen anderen Ortsarmen-Verband oder in Ermangelung eines solchen nach §. 9 gegen den Landarmen-Verband zu richten hat.

In einem solchen Fall tritt also ganz dasselbe Verfahren nach §. 34 von Neuem ein, wie es bereits vorher stattgefunden hat, und insbesondere sind die Regierungen vom Ministerium des Innern gerade auf das bisherige Verlangen der Gerichtsbehörden ausdrücklich angewiesen worden, ihre resolutorische Entscheidung gegen den neu zu verklagenden Armen-Verband auch von Neuem eintreten zu lassen, da abgesehen von den inneren Nothwendigkeitsgründen es dem letzteren selbstverständlich im Verhältniß zur Gemeinde Prenzlau unbenommen bleiben muß, sich event. bei der kostenfreien Vorentscheidung der Regierung zu beruhigen, oder im Fall seiner Verurtheilung den Rechtsweg dagegen zu ergreifen. *)

Freilich, wenn der Prozeß-Richter in dem zweiten von der Commune Prenzlau erhobenen Streit ihre Ansprüche gegen den nach den Motiven des früheren Erkenntnisses zu verfolgenden Armen-Verband hinwiederum verwerfen sollte, wenn derselbe höchste Gerichtshof, der in dem Streit mit dem Armen-Verband von Schirwind dessen Nichtverpflichtung aussprach, in dem späteren Prozesse wieder seine Ansicht ändern, und den dort in Anspruch genommenen Armen-Verband resp. Landarmen-Verband hinwiederum für den Nichtverpflichteten erklären wollte, dann freilich würde die Lage der Commune Prenzlau ganz dieselbe wie diejenige jeder anderen Prozeßpartei sein, welche heute ein richterliches Erkenntniß empfängt, wonach sie nicht den Verklagten B., sondern den C. hätte in Anspruch nehmen müssen, welche darauf den C. verklagt und nun ein Erkenntniß erhält, wonach sie nicht den Verklagten C., sondern den B. hätte in Anspruch nehmen müssen. Daß solche Fälle möglich sind, wer wollte es leugnen?

So beklagenswerth aber auch eine solche Möglichkeit an sich wäre, so wird man doch zugeben müssen, daß auf sie wenigstens die Formulirung des sogenannten negatorischen Klageantrages Seitens des von der Regierung verurtheilten Verbandes ihn für den Nichtverpflichteten zu erachten, keinen erkennbaren Einfluß ausübt. Und vergleichen wir nun mit jenen vom höchsten Gerichtshof gefürchteten Contestationen die im vorigen Kapitel besprochenen unmittelbar aus seiner Befürchtung *entspringenden wirklichen* Contestationen, so ergiebt sich als Resultat also Folgendes:

A. „Es soll im Wesen der Prozesse vorliegender Art liegen, daß der Richter auszusprechen hat, welcher Verband der schuldige sei und außer dem Zwecke des Gesetzes, das richterliche Urtel auf die Frage zu beschränken, welcher Verband der nichtschuldige sei“, und deshalb soll der durch Regierungs-Resolut verurtheilte Armen-Verband in dem gegen das Resolut zu ergreifenden Rechtswege nach dem Erkenntniß vom 23. April 1858 „denjenigen bestimmt namhaft machen, welcher der wahre und näher verpflichtete Armen-Verband sei. Er kann sich nicht auf die Behauptung oder auf den Beweis beschränken, daß er es nicht sei.“

Nun denn — angenommen, der durch Resolut verurtheilte Armen-Verband von Schirwind machte den Armen-Verband von Stettin als den nach

*) Vergl. die Ministerial-Rescripte vom 28. Februar 1862 (M.-Bl. f. i. V. S. 186) und vom 31. August 1863 (M.-Bl. f. i. V. de 1864 S. 236).

seiner Ansicht wahren und näher verpflichteten namhaft, er hätte hierbei aber das Unglück, mit dem Prozeß-Richter nicht einer Meinung zu sein, wie würde in diesem Falle der Tenor des zu erlassenden Erkenntnisses nach der Theorie des Erkenntnisses vom 26. Februar 1858 lauten müssen, wenn es im Wesen der Prozesse dieser Art liegen soll, daß der Prozeß-Richter niemals sein Urtheil auf die Frage zu beschränken habe, welcher Verband der Nichtverpflichtete sei?

B. Die ganze Theorie von der Unzulässigkeit des sogenannten negatorischen Klageantrages giebt nun der höchste Gerichtshof, wie wir gesehen haben, selbst auf, sobald von einer Seite versucht wurde, sie auch auf diejenigen resolutorischen Entscheidungen resp. auf denjenigen Theil der resolutorischen Entscheidung der Landes-Polizeibehörden anzuwenden, welcher die Kostenerstattung pro praeterito zum Gegenstand hatte. Da nun aber, wie wir gesehen haben, die unerläßliche Voraussetzung jedes Streits zwischen verschiedenen Armen-Verbänden über die Frage, welcher von ihnen in einem bestimmten Zeitpunkt die Fürsorge für einen Armen zu übernehmen habe, darin besteht, daß der auf resolutorische Entscheidung provocirende Verband seinerseits factisch bereits nach §§. 26 sequ. die Armenpflege „mit Vorbehalt seines Anspruchs gegen den Verpflichteten" ausgeübt hat, da mit anderen Worten bei jedem einzelnen derartigen Streit zwischen verschiedenen Armen-Verbänden die Frage wegen der Kostenerstattung pro praeterito entweder überhaupt den ganzen Streitgegenstand, oder doch einen Theil des Streitgegenstandes und zwar denjenigen ausmachen **muß**, an den sich erst für den eventuellen Fall ferner nothwendig werdender Fürsorge der eventuelle Antrag auf Abnahme dieser ferner nothwendig werdenden Fürsorge anschließen kann, so gerieth selbstverständlich der höchste Gerichtshof mit der Theorie von der Unzulässigkeit des „negatorischen" Klageantrages auf Aufhebung des Resoluts schon im nächsten Streitfall in die unangenehme Verwickelung, die resolutorische Entscheidung für solche Fälle, wo sie nicht getroffen war, für eine Nothwendigkeit, und hinwiederum da, wo sie getroffen war, für eine Null zu erklären. (Vergleiche den Fall der Wittwe Hering und der Siegel'schen Kinder. Oben im Kap. XI sub c u. d.)

C. Statt nun aus dieser allerdings schwierig zu lösenden Contestation zu dem Schluß zu gelangen, daß jene ganze Theorie von dem confessorischen und negatorischen Klageantrage denn doch wohl auf nicht ganz sicheren Stützen ruhen möchte, wird nun jene uns schon von früher her bekannte Methode eingeschlagen.

Während der Wortlaut des §. 34 nicht den mindesten Unterschied zwischen Streitigkeiten wegen bereits entstandener und resp. noch zu verwendender Kosten der Armenpflege macht und machen konnte, während in dem Verlangen dieser Unterscheidung für den einzelnen Streitfall eine nicht zu lösende divinatorische Vorherbestimmung über die Beendigung oder die Fortdauer der den Eintritt der Armenpflege pro futuro erheischenden Ursache liegen würde, wird — und zwar in dem fast unmittelbar auf jenes Erkenntniß vom 26. Februar 1858 folgenden Erkenntniß vom 23. April desselben Jahres (s. oben Kap. XI sub a) die Anwendbarkeit des §. 34 und die Competenz der Verwaltungsbehörden für die Streitfälle wegen Kostenerstattung pro praeterito überhaupt für ausgeschlossen erklärt.

D. Deshalb also wird dem Prozeß-Richter die Anweisung ertheilt, er solle ohne vorgängige Entscheidung der Landes-Polizeibehörde die Erstattungsverpflichtung hinsichts der Kosten pro praeterito durch Erkenntniß feststellen, auf die Gefahr hin, daß bei Regulirung des sogenannten „Nebenpunkts" die denselben mit ausschließlicher Competenz regulirende Landes-Polizeibehörde hinterher erklärt, daß hier gar kein Act der Armenpflege oder doch nicht in dem vom Prozeß-Richter für seine Entscheidung als maßgebend angenommenen Zeitpunkt stattgefunden, das heißt also auf die Gefahr hin, daß diesmal die richterliche Entscheidung und zwar wirklich eine Null sei.

E. Und Alles dies mit ausdrücklicher Berufung auf die Gründe des Plenarbeschlusses vom 21. Februar 1853, welcher Seite für Seite und Zeile für Zeile, wie wir gesehen haben, das Gegentheil ausführt.

Um nun aus diesen, wie man zugeben wird, nicht blos befürchteten, sondern bereits nachweislich vorhandenen Contestationen zwischen Justizbehörden und Justizbehörden einen Ausgang zu finden, dürfte also wohl kaum eine andere Möglichkeit übrig bleiben, als den Wortlaut des §. 34 des Armengesetzes zu Rathe zu ziehen und sich zu erinnern, daß eine Entscheidung der Landes-Polizeibehörde zwischen streitenden Parteien keine Anordnung der Orts-Polizeibehörde ist, und daß, wenn gegen die erstere der Rechtsweg zulässig sein soll, dies soviel heißt, als daß, je nachdem der auf die Entscheidung der Landes-Polizeibehörde provozirende Armen-Verband von derselben abgewiesen, oder der in Anspruch genommene Armen-Verband von ihr verurtheilt ist, es dem einen wie dem andern freistehen muß, gegen diese Entscheidung den Rechtsweg zu ergreifen.

a) Wenn also der per resolutum mit seinem Anspruch abgewiesene Armen-Verband dagegen klagbar wird, so hat er seinen Antrag „confessorisch", das ist positiv, dahin zu richten

unter Aufhebung des ergangenen Resoluts den in Anspruch genommenen Armen-Verband für den pflegeschuldigen zu erachten.

b) Wenn der in Anspruch genommene Armen-Verband in der resolutorischen Entscheidung für den pflegeschuldigen Armen-Verband erachtet, und zur Erstattung der von dem klagenden Armen-Verbande aufgewendeten Kosten resp. zur Abnahme der event. ferner nothwendig werdenden Fürsorge verurtheilt ist, so hat er seinen Klage-Antrag „negatorisch", das ist negativ, dahin zu richten:

unter Aufhebung des ergangenen Resoluts ihn nicht für verpflichtet zu erachten, dem ursprünglich als Provokant aufgetretenen, jetzt verklagten Armen=Verbande die liquidirten Kosten zu erstatten, und die fernere Fürsorge abzunehmen.

Soweit in dem Falle ad b. inzwischen aus dem ergangenen Resolut die polizeiliche Execution vollstreckt sein sollte, würde, ohne daß sich inzwischen dafür eine Nothwendigkeit absehen läßt, höchstens ein zweiter Klageantrag dahin zu richten sein, daß der verklagte Armen=Verband gleichzeitig dahin verurtheilt werde:

sich der Wiederaufhebung der etwa bereits vollstreckten Execution unter Rückerstattung aller Kosten zu unterwerfen.

Wir werden den Nachweis darüber abzuwarten haben, ob durch diese Formulirung des Klageantrages und eine dem entsprechende richterliche Sentenz der Streit zwischen den sich gegenüberstehenden Armen=Verbänden „keinen Ausgang“ haben würde.

Viertes Buch.

Dreizehntes Kapitel.

Gehen wir nun näher auf die Grenzen der richterlichen Competenz in Armensachen ein, so wissen wir zunächst aus unserer Darstellung im eilften Kapitel, daß die richterliche Entscheidung nach §. 34 überhaupt nur zuläßig ist gegen die Entscheidung der Landes-Polizeibehörde zwischen streitenden Armen-Verbänden. Aber auch gegen die Entscheidung der Landes-Polizeibehörde zwischen streitenden Armen-Verbänden findet der Rechtsweg nicht generell, sondern nur da statt, wo der Streit die Frage betrifft,

„welcher von diesen Verbänden die Verpflegung des Armen zu übernehmen hat."

Soweit also ein solcher Streit zwischen verschiedenen Armen-Verbänden über die nach §§. 1 bis 4, 9, 17 sequ., §§. 20 sequ. durch Wohnsitz, Aufenthalt, Familien-Verhältnisse ꝛc. in Betreff einer bestimmten Person begründete, resp. durch Abwesenheit erloschene vermögensrechtliche Verpflichtung eines Orts- oder Landarmen-Verbandes nicht vorliegt, findet auch der Rechtsweg überhaupt nicht statt.

A. Soweit also die Verpflegung des Armen selbst zur Ausführung zu bringen ist, ist über die desfallsige polizeiliche Verpflichtung der Gemeinden und Landarmen-Verbände nach §§. 25—31 des Armengesetzes der Rechtsweg unzuläßig, und folgerichtig auch gegen die auf Erfüllung dieser Obliegenheiten gerichteten orts- oder kreispolizeilichen Anordnungen. Vergleiche oben Kapitel X.

Wir sehen also, das erste Erforderniß für die Beurtheilung der Grenzen der richterlichen Competenz bildet auch hier die von Anfang an von uns aufgestellte Unterscheidung zwischen der polizeilichen und der vermögensrechtlichen Verpflichtung auf der einen Seite und auf der anderen Seite zwischen den im Kapitel X. bereits unterschiedenen polizeilichen Anordnungen der Orts- und Kreis-Polizeibehörde resp. ihrer Aufsichtsbehörde und der vermögensrechtlichen Entscheidung der Landes-Polizeibehörde nach §. 34. Nur gegen Letztere, niemals aber gegen die Erstere, ist der Rechtsweg nach dem Armengesetz zuläßig.

B. Dieser Grundsatz stimmt nun auch auf das Genaueste überein mit den allgemeinen gesetzlichen Bestimmungen über die Grenzen der polizeilichen Executiv-Gewalt.

Der §. 48 der Verordn. v. 26. Dec. 1808 (Ges.-S. de 1817 S. 282) lautet:

Bei Ausübung der ihnen verliehenen executiven Gewalt müssen die Regierungen zwar die in den Gesetzen vorgeschriebenen Grade beobachten, inzwischen sind dieselben befugt:

1. In Fällen, wo die verlangte Verpflichtung auch durch einen Dritten geleistet werden kann, solches nach fruchtlos gebliebener Aufforderung des Verpflichteten für dessen Rechnung bewirken, sowie ferner bei Lieferungen, wo es nicht gerade auf einzelne im Besitz des Verpflichteten sich befindende Stücke ankommt, die zu liefernden Gegenstände für dessen Rechnung ankaufen und in beiden Fällen den Kostenbetrag von ihm executivisch beitreiben zu lassen.
2. Strafbefehle können die Regierungen im Wege executivischen Verfahrens bis zur Summe von 100 Thlr. oder vierwöchentlichem Gefängniß erlassen und vollstrecken.

Daß diese Befugniß polizeilicher Executiv-Gewalt, nicht blos den Regierungen als solchen, sondern auch den Local-Polizeibehörden zusteht und zustehen muß, ist niemals zweifelhaft gewesen confr. Rescript vom 23. Juni 1842, (M.-Bl. f. i. V. S. 201), wonach neben der durch §. 9 der Verordnung vom 4. März 1834 geregelten executio ad faciendum das Recht der Polizeibehörden, ihre Anordnungen event. durch Geldstrafen zu erzwingen, unbeschränkt geblieben ist.

Es ist diese Befugniß der Local-Polizeibehörden speziell durch §. 20 des Gesetzes vom 11. März 1850 (Ges.-S. S. 265) als fortbestehend erachtet. Derselbe lautet wörtlich:

Die den Polizeibehörden nach den bisherigen Gesetzen zustehende Exekutions-Gewalt wird durch die vorstehenden Bestimmungen nicht berührt.

Jede Polizeibehörde ist berechtigt, ihre polizeilichen Verfügungen durch Anwendung der gesetzlichen Zwangsmittel durchzusetzen.

Wer es unterläßt, dasjenige zu thun, was ihm von der Polizeibehörde in Ausübung dieser Befugniß geboten worden ist, hat zu gewärtigen, daß es auf seine Kosten zur Ausführung gebracht werde.

In Verbindung hiermit bestimmt sodann der §. 1 der Verordnung wegen executivischer Beitreibung der directen und indirecten Steuern und anderer öffentlicher Abgaben und Gefälle, Kosten 2c. in den östlichen Provinzen mit Ausschließung von Neuvorpommern: vom 30. Juli 1853, Ges.-S. S. 909, was folgt:

Nach den Bestimmungen dieser Verordnung sind fortan beizutreiben:

1. 2c.

14. Die Geldbeträge für Leistungen oder Lieferungen, welche nach fruchtlos gebliebener Aufforderung des Verpflichteten, für dessen Rechnung durch Dritte im Auftrage der Behörden ausgeführt worden sind (Gesetz vom 11. März 1850 über die Polizeigewalt, §. 20, Ges.-S. von 1850, S. 265).

Nirgend ist die Anwendung dieser gesetzlichen Bestimmungen und der darin liegenden polizeilichen Befugniß auf physische Personen beschränkt. Es ist vielmehr auch überall und jederzeit als ein nothwendiges Requisit staatlicher Ordnung anerkannt worden, daß auch juristische Personen, also Corporationen, Communen, Gutsherrschaften als Repräsentanten eines Armen-Verbandes, soweit das allgemeine polizeiliche Interesse des Staats es erheischt, zur Erfüllung ihrer polizeilichen Verpflichtungen von der betreffenden Orts-Polizeibehörde angehalten werden können.

Wenn also nach §§. 26, 27 des Armengesetzes die Orts-Polizeibehörde denjenigen, welcher die öffentliche Fürsorge anzurufen genöthigt ist, falls er seinen Wohnsitz oder Aufenthalt an einem bestimmten Orte im Kreise hat, diesem Wohnorte zur Genügung der nach §. 26 in loco zu erfüllenden Verpflichtung zuweisen soll, so kann es nicht zweifelhaft sein, daß die Orts-Polizeibehörde hiermit die Befugniß überkommt, die ihr unterstellte Gemeinde zur Erfüllung dieser Obliegenheiten im polizeilichen Interesse anzuhalten, und zwar erforderlichen Falls im Zwangswege nach Maßgabe des §. 48 der Verordnung vom 26. December 1808 resp. §. 20 des Gesetzes vom 11. März 1850 und §. 1 sub 14 der Verordnung vom 30. Juli 1853. Dieser Executions-Modus findet also nicht gegen den einzelnen Gemeinde-Beamten, z. B. nicht gegen den Schulzen auf dem platten Lande, sondern gegen die Corporation, gegen die juristische Person, als solche, statt. Diese Befugniß und Verpflichtung der Orts-Polizeibehörde ist denn auch von jeher constant von dem Ministerium des Innern festgehalten worden. Man vergleiche z. B. das Rescript vom 14. Juni 1843 (Min.-Bl. f. i. V. S. 179) [**Anl. Q.**], wonach, falls eine Gemeinde es unterläßt, durch die nöthige Beauftragung des Arztes bei Behandlung eines mittellosen Kranken für letzteren zu sorgen, die Orts-Polizeibehörde ihrerseits den Arzt mit der nöthigen Anweisung zu versehen, und dann ihrerseits die dadurch deservirten Kosten von der Gemeinde im Executionswege einzuziehen hat. Ganz generell ist die gleiche Befugniß und Verpflichtung, die Gemeinde zur Hergabe der nöthigen Armen-Unterstützungen an Kleidung, Nahrung, Obdach ꝛc. nach fruchtlos gebliebener Aufforderung event. im Zwangswege anzuhalten, in Uebereinstimmung mit alltäglich vorkommenden Spezialfällen durch das Rescript vom 16. April 1856 [**Anl. P.**] ausgesprochen worden.

Gegen eine solche executive Kosteneinziehung resp. gegen die im Executionswege angedrohten und verwirkten Geldstrafen ist nun sowohl nach der Verordnung vom 30. Juli 1853, wie nach §. 48 der Verordnung vom 26. December 1808 der Rechtsweg unbedingt ausgeschlossen. Die gleiche Regel hat der Competenz-Gerichtshof zu jeder Zeit anerkannt. Wir verweisen auf die Entscheidungen desselben vom 12. März 1859 (J.-M.-Bl. de 1860 S. 113), vom 9. November 1861 (M.-Bl. f. i. V. de 1862 S. 216) und vom 13. Februar 1864 (J.-M.-Bl. S. 129).

C. Leider existirt aber ein Erkenntniß des Competenz-Gerichtshofes vom 4. Juli 1857 (M.-Bl. f. i. V. de 1858 S. 18), in welchem gerade mit Bezug auf das Armengesetz das directe Gegentheil ausgeführt wird, und zwar, wie wir sogleich sehen werden, auch hier lediglich in Folge der Verwechselung der polizeilichen Verpflichtung zur Darreichung der Unterstützung in loco und des vermögensrechtlichen Rechtsverhältnisses zwischen verschiedenen Armen-Verbänden.

Der Magistrat in Prenzlau, welcher gleichzeitig auch die Polizei-Obrigkeit über den in unmittelbarer Nähe der Stadt belegenen, jedoch davon in communaler Beziehung getrennten Gutsbezirk Alexanderhof (früher Grauklofter) bildete, und dort die Polizei-Gewalt ausübte, hatte in dieser Eigenschaft die als nothwendig erachtete Unterbringung für drei in Noth gerathene Wittwen auf dem Gute Alexanderhof angeordnet, und die dafür entstandenen Kosten waren gegen die zeitige Gutsherrschaft für die in den Händen des Magistrats zu Prenzlau befindliche Ortspolizei-Behörde über Alexanderhof im administrativen Executionswege eingezogen. Es hatte also auf Grund der §§. 26 sequ. hier die Orts-Polizeibehörde von der ihr zustehenden Executions-Befugniß gegen die ihr unterstellte Gutsherrschaft unter Hülfe des Landraths Gebrauch gemacht, ein Verfahren, zu dem sie also nach dem Gesetz, um das Umkommen jener drei Wittwen im Elende zu verhüten, so befugt als verpflichtet war.

Die bei dieser Gelegenheit von der Gutsherrschaft aufgestellte Behauptung, daß die Tagelöhnerhäuser, in denen jene Wittwen wohnten, nicht auf den ritterfreien Hufen des Gutes Alexanderhof, sondern auf gewissen von den früheren Besitzern erworbenen städtischen Ländereien resp. auf deren Separations-Abfindungen belegen seien und somit zum Communalbezirk von Prenzlau gehörten, — hatte die Regierung zu Potsdam nach vorangegangener Prüfung durch besondere Verfügung vom 10. Mai 1855 widerlegt und abgewiesen. Diese Verfügung war durch alle zulässigen Beschwerde-Instanzen, zuletzt durch den Minister des Innern aufrecht erhalten worden. Es war somit den von der Orts-Polizeibehörde Behufs Unterbringung jener drei Wittwen zu ergreifenden polizeilichen Maßregeln nach §§. 26, 27 des Armengesetzes die Richtung gegen die Gutsherrschaft Alexanderhof gegeben. Hiergegen, also gegen die polizeiliche Anordnung, welche nicht Seitens der Commune Prenzlau, sondern von der eigenen Polizeibehörde über Alexanderhof gegen die dortige Gutsherrschaft getroffen war, war diese letztere, und zwar irrthümlich gegen die Commune Prenzlau klagbar geworden. Es lag hier also in der That von vornherein ein völliges Verkennen des Herganges vor, welches nur dadurch veranlaßt war, daß die Polizei-Verwaltung über Alexanderhof nicht in den Händen der zeitigen Gutsherrschaft, sondern in den Händen des Communalvorstandes von Prenzlau sich befand. Zur Durchführung der auf die augenblickliche Unterstützung jener drei Wittwen gerichteten polizeilichen Zwangsmaßregel hatte sich, nach fruchtlos gebliebener Aufforderung an die Gutsherrschaft, im ganz natürlichen Wege der Magistrat von Prenzlau,

10

in seiner doppelten Stellung als Polizeiverwalter über Alexanderhof und als städtischer Gemeinde-Vorstand über Prenzlau, der Hülfe und Mittel dieser letzteren Commune bedient, und waren die solchergestalt entstandenen Kosten im Betrage von 12 Thlr. 27 Sgr. 6 Pf. in unmittelbarem Executionswege von der Gutsherrschaft Alexanderhof auf Grnnd des §. 1 sub 14 der Verordnung vom 30. Juli 1853 eingezogen worden. Dies ist der actenmäßige Hergang.

Gegen diese, noch dazu mit ausdrücklicher Autorisation der vorgesetzten Dienstbehörde, von der Ortspolizei über Alexanderhof vollstreckten Executionsmaßregel war die Gutsherrschaft und zwar gegen den Magistrat von Prenzlau mit folgendem Antrage klagbar geworden:

„dem Verklagten durch Mandat aufzugeben, binnen 14 Tagen bei Vermeidung der Execution 12 Thlr. 27 Sgr. 6 Pf. an den Kläger zu zahlen, und demselben die Prozeßkosten zu erstatten, event. Verklagten dazu zu verurtheilen."

Zur Begründung dieses Antrages behauptete Kläger:

„1. daß er von seinen 32¹/₂ städtischen Hufen, wie jeder andere städtische Grundbesitzer, Armensteuer — etwa 180 Thlr. jährlich — an die Kämmerei-Kase entrichte, —

2. daß die beim Gute Alexanderhof befindlichen Wohn- und Wirthschaftsgebäude, namentlich die Familienhäuser und Tagelöhner-Wohnungen, nicht — wie in der Verfügung der Königl. Regierung angenommen worden — auf dem vom ehemaligen Rittergute Grauklоster herrührenden, sondern auf dem städtischen zum Gute gehörigen Terrain erbaut seien, worüber er Beweis antritt, —

3. daß aber auch selbst dann, wenn bei der Beweisaufnahme sich die Richtigkeit jener von ihm bestrittenen factischen Annahme der Königl. Regierung ergeben sollte, Kläger nicht als Gutsherrschaft zur Fürsorge für die Armen in Alexanderhof verpflichtet sein könne, weil Alexanderhof mit ¹/₆ seiner Besitzungen keine für sich bestehende Gutsherrschaft im Sinne des §. 5 des Gesetzes über die Armenpflege vom 31. Dezember 1842 bilden könne, während ⁵/₆ seines Besitzstandes einem anderen, dem Kommunal-Verbande der Stadt Prenzlau, angehören sollen, —

4. daß Alexanderhof aber auch bisher nie als ein eigener Armen-Verband bestanden habe, —

5. daß event. die drei Wittwen, an die der Magistrat die vom Kläger executivisch beigetriebenen 12 Thlr. 27 Sgr. 6 Pf. verabreicht habe, in keiner hülfsbedürftigen Lage sich befunden hätten, vielmehr im Stande seien, sich selbst durch Arbeit zu ernähren."

In dem von der Regierung zu Potsdam gefaßten Beschluß, gegen die Einleitung dieser Klage den Competenz-Conflict zu erheben, hatte dieselbe namentlich ausgeführt, daß es sich gar nicht um eiue Streitigkeit zwischen Armen-Verbänden handle, sondern um die Erzwingung der Erfüllung einer Verpflichtung, welche dem Kläger in seiner Eigenschaft als Gutsherrschaft dem öffentlichen Interesse gegenüber obliege. Diese Verpflichtung werde vom Kläger lediglich aus dem Grunde abgelehnt, weil er in unzulässiger Weise die in der Regierungs-Verfügung vom 10. Mai 1855 mit ausschließlicher Competenz unter Ratihabition des Ministeriums des Innern getroffene Feststellung anfechte, daß die von den unterstützten Personen zur Zeit innegehabten Wohnungen zum Gutsbezirk von Alexanderhof im gesetzlichen Sinne gehörten. Gegen diese Feststellung der Verwaltungsbehörde, sowie gegen die gleichfalls bereits durch die Orts-Polizeibehörde entschiedene Frage, ob die unterstützten Wittwen der Unterstützung bedurft hätten, sei der Rechtsweg ausgeschlossen.

Gegen die Ansicht des ersten und zweiten Richters, welche sich in der Sache für incompetent erachteten, verwarf der Competenz-Gerichtshof in dem erwähnten Erkenntniß vom 4. Juli 1857 den Conflict, und führt hierbei wörtlich aus:

„Die Sache befindet sich allerdings insofern in einer eigenthümlichen Lage, als Kläger, indem er gegen den verklagten Magistrat Erstattung der im Wege der administrativen Execution von ihm beigetriebenen Armen-Verpflegungsgelder aus dem Grunde fordert: weil die bei seinem Gute Alexanderhof befindlichen Gebäude — in denen die verpflegten Armen gewohnt — nicht, wie bei der executivischen Beitreibung von der Verwaltungsbehörde vorausgesetzt worden, auf den zum Gute Alexanderhof gehörigen Ritterhufen, sondern auf dem städtischen zum Gute gehörigen Terrain, als dessen Besitzer er eine jährliche Armensteuer an den Magistrat entrichte, belegen seien — zugleich in Abrede stellt, daß sein Gut Alexanderhof, sei es im Ganzen, oder für die darin begriffenen Ritterhufen einen selbstständigen Armen-Verband bilde, und als er unter Anderem auch behauptet, daß die verpflegten Personen in keiner hülfsbedürftigen Lage sich befunden haben. Indessen kommt es auf diese letzteren nebenher geltend gemachten Momente überhaupt und insbesondere um deswillen nicht an, weil die Existenz des örtlichen, durch das Gut Alexanderhof gebildeten Armen-Verbandes, von der competenten Verwaltungsbehörde, die darüber allein zu befinden hat, anerkannt wird, und weil es sich von selbst versteht, daß über die auch nur eventuell aufgestellte Behauptung, daß die Personen, denen die Armenpflege gewährt worden, in keiner hülfsbedürftigen Lage sich befinden, die Gerichtsbehörden nicht zu entscheiden haben.

Der vorliegende Rechtsstreit bewegt sich daher im Wesentlichen nur um die Frage:

ob die Personen, welche die in lite befangenen Beträge als Armenverpflegung genossen haben, dem Armen-Verbande der Stadt Prenzlau, wie Kläger behauptet, und nicht dem des Gutes Alexanderhof angehörig gewesen sind, weil die Gebäude, auf denen sie wohnten, auf den städtischen und nicht auf den Ritterhufen des Gutes belegen sind, und ob also die Armenpflegelast in Ansehung ihrer dem Armen-Verbande der Stadt Prenzlau und nicht dem durch das Gut Alexanderhof dargestellten obliege?

Es erscheint also als ein Streit zwischen verschiedenen Armen-Verbänden. In dieser Beziehung bestimmt aber der durch das spätere Gesetz vom 21. Mai 1855 nicht geänderte §. 34 des Armengesetzes vom 31. Dez. 1842:

Ueber Streitigkeiten zwischen verschiedenen Armen-Verbänden entscheidet die Landes-Polizeibehörde. Betrifft der Streit die Frage, welcher von diesen Verbänden die Verpflegung des Armen zu übernehmen habe? so findet gegen jene

> Entscheidung der Rechtsweg statt; doch muß letztere bis zur rechtskräftigen Beendigung des Prozesses befolgt werden,

indem er nur über den Betrag der Verpflegungskosten die richterliche Entscheidung nicht zuläßt.

Er läßt also den Rechtsweg über die dem einen oder dem anderen Armen-Verbande obliegende Pflicht der Armenpflege, die hier gerade den Gegenstand des Streites bildet, ausdrücklich zu, und legt der vorausgegangenen Entscheidung der Landes-Polizeibehörde nur die Kraft eines Interimisticums bei."

Der Competenz-Gerichtshof erkennt also hier zunächst an, daß die Vorentscheidung der Regierung über die Existenz des gutsherrlichen Armen-Verbandes von Alexanderhof mit ausschließlicher Competenz getroffen sei, und daß ebenso über die Frage, ob die Personen, für welche jene Unterstützungen hergegeben worden, derselben bedürftig gewesen seien, der Rechtsweg ausgeschlossen sei; er will aber nichtsdestoweniger die richterliche Entscheidung hier zulassen, weil der vorliegende Rechtsstreit sich im Wesentlichen um die Frage bewege:

> ob die Personen, welche die in lite befangenen Beträge als Armen-Unterstützung genossen haben, dem Armen-Verbande der Stadt Prenzlau, wie Kläger behauptet, und nicht dem des Gutes Alexanderhof angehörig gewesen sind, weil die Gebäude, auf denen sie wohnten, auf den städtischen und nicht auf den Ritterhufen des Gutes belegen sind, und ob also diese Armenpflegelast in Ansehung ihrer dem Armen-Verbande der Stadt Prenzlau und nicht dem durch das Gut Alexanderhof dargestellten obliege.
>
> Der Streit erscheine also als ein Streit zwischen zwei verschiedenen Armen-Verbänden.

Weil nun §. 34 des Armengesetzes den Rechtsweg über die dem einen oder dem anderen Armen-Verbande obliegende „Verpflichtung zur Armenpflege", die hier gerade den Gegenstand des Streites bilde, ausdrücklich zulasse, und der vorausgegangenen Entscheidung der Landes-Polizeibehörde nur die Kraft eines Interimisticums beilege, so verwirft der Competenz-Gerichtshof den erhobenen Conflict.

Fassen wir zunächst die Verpflichtung, von der der §. 34 des Armengesetzes spricht, und diejenige, welche hier in lite war, etwas näher in's Auge. Allerdings betrifft sowohl die Verpflichtung, über welche nach §. 34 des Armengesetzes entschieden werden soll, als Gegenstand die Verpflegung eines Armen, und ebenso handelt es sich im vorliegenden Falle um die von der Gutsherrschaft Alexanderhof unterlassene und im Executionswege durchgesetzte Verpflegung jener Wittwen.

Gewiß wird uns der Competenz-Gerichtshof nun zugeben, daß eine auf denselben äußeren Gegenstand gerichtete Verpflichtung doch eine sehr verschiedene sein kann, wenn es sich um ihre juristische Natur, und insbesondere um die Frage handelt, wie weit der Prozeß-Richter darüber zu entscheiden hat.

Die Verpflichtung des Hausbesitzers, einen Balkon in brauchbarem und nicht baufälligem Zustande zu erhalten, aus dem §. 272 Th. I. Tit. 21 A. L.=R. bildet allerdings im Streite des Vermiethers mit dem Miether einen der richterlichen Entscheidung unterworfenen Gegenstand des Privatrechts. Unterläßt aber der Hausbesitzer die ihm nach §§. 37, 38 Th. I. Tit. 8 des A. L.=R. obliegende polizeiliche Verpflichtung zur Unterhaltung seines Gebäudes und insbesondere seines Balkons, macht die Polizeibehörde von ihrer Executions=Befugniß auf Grund des Gesetzes vom 11. März 1850 gegen ihn Gebrauch, und zieht für die in ihrem Auftrage von einem Zimmermann gefertigte Reparatur die entstandenen Kosten auf Grund des §. 1 sub 14 der Verordnung vom 30. Juli 1853 ein, so dürfte schwerlich der Competenz=Gerichtshof einen Prozeß des Hausbesitzers wider den Zimmermann oder gegen die Polizeibehörde selbst über die Frage zulassen:

ob die Einziehung der beigetriebenen Kosten aus dem Grunde zu Unrecht erfolgt sei, weil die Orts=Polizeibehörde die durch die localen Grenzen des Gemeinde=Verbandes bedingte polizeiliche Befugniß überschritten habe.

Der äußere Gegenstand der Verpflichtung allein also dürfte wohl schwerlich die juristische Natur derselben bestimmen können.

Ebenso verschiedene Verpflichtungen zur Fürsorge für einen Armen kennt das Armen=Gesetz. Es sagt im §. 1:

Zur Fürsorge 2c. ist diejenige Gemeinde verpflichtet, in welcher der Arme

1. als Gemeinde=Mitglied ausdrücklich aufgenommen,
2. in der er unter Beobachtung der Vorschriften des §. 8 des Aufnahme=Gesetzes seinen Wohnsitz genommen und denselben (nach Art. 1 des Ergänzungs-Gesetzes) ein Jahr lang fortgesetzt hat,
3. wo er nach erreichter Großjährigkeit, vor dem Zeitpunkte, wo die Hülfsbedürftigkeit hervortritt, drei Jahre lang seinen gewöhnlichen Aufenthalt gehabt hat.

Dagegen bestimmt der §. 26 des Armengesetzes, daß keine Gemeinde einen Armen, auch wenn ihr eine materielle Fürsorge=Pflicht für denselben an und für sich nicht obliegt, ohne die nöthige Unterstützung von sich weisen darf, und daß ihr in solchem Falle nur der Erstattungs=Anspruch gegen den vermögensrechtlich verpflichteten Verband vorbehalten bleibt.

Auch dies ist also eine „Verpflichtung zur Armenpflege." Und — fragen wir, um welche von diesen beiden Verpflichtungen sich hier der Streit bewegte, so finden wir, daß der klägerische Armen=Verband in keiner Weise behauptet hatte, es sei durch ausdrückliche Aufnahme — durch einjährigen Wohnsitz und Meldung, — durch dreijährigen Aufenthalt eine vermögensrechtliche Verpflichtung in Betreff jener drei Wittwen auf die Gemeinde Prenzlau übergegangen, er hatte vielmehr sich nur frei machen wollen von der Erfüllung jener polizeilichen Verpflichtung zur augenblicklichen Gewährung der Armenpflege in loco, die ihm nach der Anweisung der Orts=Polizeibehörde zugemuthet war, nachdem die Regierung festgestellt hatte, daß die Grundstücke, innerhalb deren der augenblicklichen Noth jener Personen abzuhelfen war, zu dem Gutsbezirk von Alexanderhof gehörten. Es kam also bei dieser Anordnung keineswegs darauf an, wie lange jene Personen sich vor dem Eintritt der Fürsorge in Alexanderhof aufgehalten, und ob deshalb eine vermögensrechtliche Verpflichtung für Alexanderhof nach §. 1 des Armengesetzes in Betreff jener Personen bestand, nicht darauf, ob jene Personen durch den vor dem Eintritt der Armenpflege stattgehabten Aufenthalt in Alexanderhof — nach dem beliebten Ausdruck — ortsangehörig geworden waren, sondern darauf, ob „zur Zeit“ des Bedürfnisses der Armenpflege jene Personen sich innerhalb der localen Grenzen des Gutsbezirks von Alexanderhof thatsächlich aufhielten, und ob aus diesem Grunde die dortige Gutsherrschaft auf Grund der §§. 26 und 27 im polizeilichen Wege zur Erfüllung ihrer polizeilichen Verpflichtung zur Armenpflege angehalten werden durfte. Die Regierung zu Potsdam hatte aus diesem Grunde, in der von ihr in dieser Angelegenheit erlassenen Verfügung vom 10. Mai 1855, ausdrücklich und mit vollem Rechte die resolutorische Entscheidung nach §. 34 abgelehnt, weil es sich hier nicht um einen Streit über die vermögensrechtliche Verpflichtung zur Armenpflege zwischen verschiedenen Armen-Verbänden, sondern um Beseitigung des Widerstandes gegen die auf Unterbringung jener Personen in loco gerichteten polizeilichen Anordnungen handle.

Es fehlte also gerade an derjenigen Entscheidung der Landes-Polizeibehörde, gegen welche nach §. 34 der Rechtsweg allein zulässig sein soll, und dürfte sich daher die gegentheilige Entscheidung des Competenz-Gerichtshofes, so wenig nach der Seite der materiellen Auffassung der in dem Spezialfall obschwebenden Streitfrage, als nach der Seite der formellen gesetzlichen Voraussetzungen für die Zulässigkeit des Rechtsweges nach §. 34 rechtfertigen lassen.

Als erste Regel für die Abgrenzung der richterlichen Competenz werden wir also den Satz festzuhalten haben, daß gegen die auf Erfüllung der polizeilichen Armenpflege in loco gerichteten orts- resp. kreispolizeilichen Anordnungen der Rechtsweg unbedingt ausgeschlossen ist, daß mithin die Bestimmungen dieser §§. 25—29 des Armengesetzes als rein polizeiliche Vorschriften zu betrachten sind.

Diese Regel erleidet keine Ausnahme.

Vierzehntes Kapitel.

Zu ganz besonderen Zweifeln in dieser Beziehung hat der §. 29 des Armengesetzes Veranlassung gegeben, und doch ist sein ganzer Inhalt lediglich ein so unverkennbar polizeilicher, auf die unmittelbare Abhülfe der Noth in concreto gerichteter, daß es grade hier am nothwendigsten erscheint, Mißverständnissen und Competenz-Ueberschreitungen vorzubeugen. Und doch finden sich dergleichen häufig genug. Vergegenwärtigen wir uns hier nochmals den Wortinhalt des Gesetzes. §. 29 lautet:

„Arme, es seien In- oder Ausländer, welche auf einer Reise erkranken, sind von derjenigen Gemeinde oder Gutsherrschaft, in deren Bezirk sie krank gefunden werden, bis dahin zu verpflegen, daß sie ohne Nachtheil für ihre Gesundheit die Reise fortsetzen können."

A. Zunächst hat das Ministerium des Innern, als vorgesetzte Dienstbehörde, die Bestimmung des §. 29 des Armengesetzes, in Uebereinstimmung mit der von uns oben im Kapitel X gegebenen Erläuterung, von jeher dahin interpretirt, daß der Ausdruck „Reisende" eben nichts Anderes bezeichnet, als das Minimum des Aufenthalts einer Person an einem Orte, und daß es im Zusammenhange mit den §§. 27 und 28 des Armengesetzes, durchaus fehlerhaft sein würde, in dieser Bestimmung eine besondere Bevorzugung der Reisenden im engeren Sinne zu erblicken, während das Hauptgewicht der ganzen Bestimmung nur dahin geht, daß kranke Personen, **selbst wenn** sie nur auf der Reise, also als im Kreise nicht einheimische Personen an einem Orte der Fürsorge bedürftig werden, unter allen Umständen ohne die Bestimmung des Landraths nach §. 28 des Armengesetzes über ihre etwaige Ablieferung in eine Landarmen-Anstalt abzuwarten, an dem Orte verpflegt werden müssen, wo sie sich im Augenblicke der Noth befinden.

Es dürfte nun von vornherein klar sein, daß eine solche ministerielle Anordnung in ganz gleicher Weise für die Verpflichtung der betreffenden Commune maßgeblich und von der Ortspolizei-Behörde zu executiren ist, wie jede andere von competenter Seite getroffene polizeiliche Anordnung.*)

Wenn also hiernach feststeht, daß jede Ortspolizeibehörde unbedingt befugt und verpflichtet ist, die ihr in polizeilicher Beziehung unterstellte Gemeinde im unmittelbaren Zwangswege anzuhalten, **jeden** Kranken, gleichviel ob er sich am Orte lange oder die kürzeste Zeit aufgehalten hat, nicht ohne die erforderliche Krankenpflege zu lassen, so würde es eine völlige Verkehrung der Zwecke der Armengesetzgebung involviren, diese Verpflichtung der Communen ꝛc. nur auf solche Personen beschränken zu wollen, welche gewissermaßen mit Reisetasche und Hutschachtel einherziehen, und die Verpflichtung der Gemeinde zur Krankenpflege nach §. 29 dann aufhören zu lassen, sobald diese Personen zufällig Reisetasche und Hutschachtel aus der Hand legen. Das Gesetz würde in der That für die augenblicklich erforderliche Abhülfe der Noth sich völlig illusorisch erweisen, wenn es diese Verpflichtung in Erkrankungsfällen den Gemeinden nur in dem Falle zur Pflicht machen wollte, wo es sich findet, daß der Erkrankte seine Reise sofort fortsetzen, nicht aber in dem Falle, wo er ganz oder einige Zeit lang an dem Erkrankungsort verbleiben will. Mit einem Wort, für die Anwendung des §. 29 ist und bleibt es vollkommen einflußlos, ob der Kranke als wirklicher Passagier den Ort betreten hat, oder sich sonst aus irgend einem Grunde dort aufhält.

---

*) Vergl. M. R. v. 28. Aug. 1845 (M.-Bl. f. i. V. S. 257) und v. 29. Octbr. 1845 (M.-Bl. f. i. V. S. 338), sowie R. v. 7. Mai 1863 I. B. 7487 u. v. 4. Jan. 1865 I. B. 5894.

Die Noth der Erkrankung bleibt selbstverständlich in allen diesen Fällen, sobald es den Erkrankten an eigenen Mitteln fehlt, dieselbe, und dieser Noth soll abgeholfen werden. Eine besondere Bevorzugung des Reisepublikums vor anderen sich am Orte aufhaltenden oder dort zum Zweck des Verbleibens eintreffenden Personen lag dem Armengesetz begreiflicherweise völlig fern.*) Es sollte nur in Krankheitsfällen, weil grade hier vor allen Dingen die Beschleunigung und Sicherstellung der Hülfsleistung sich am dringlichsten erweist, dem ungerechtfertigten Einwande der angerufenen Communalbehörde vorgebeugt werden, daß ihr keine vermögensrechtliche Verpflichtung durch den Aufenthalt ꝛc. für den Erkrankten obliege, und deshalb wurde bestimmt, daß **selbst** bei **dem Minimum** eines solchen Aufenthaltes, bei der bloßen Passage, **kranken Personen** unbedingt da, wo sie der öffentlichen Fürsorge in augenblicklicher Noth bedürftig befunden werden, dieselbe einstweilen gewährtwerden **müsse**.

B. Vergleichen wir nun hiermit folgende Entscheidung des ersten Senats des Königl. Obertribunals:

Für den in Altena zeitweis beschäftigten Erdarbeiter Schmidt, der sich bei der Arbeit einen Beinbruch zugezogen und von der Gemeinde nach §. 29 bis zu seiner Wiederherstellung vorläufig verpflegt werden mußte, waren Kur- und Verpflegungskosten im Betrage von 111 Thlr. 15 Sgr. entstanden, deren vorschußweise Erstattung nach vorgängiger Festsetzung durch die Regierung zu Arnsberg von dem Landarmen-Verbande auf Grund des §. 30 a. a. O. gefordert war. Die Regierung zu Arnsberg soll nun durch Resolut vom 18. Juni 1861 den Landarmenverband

zur Fürsorge für den Schmidt als einen erkrankten Reisenden, sowie zur Erstattung der 111 Thlr. 15 Sgr. an die Commune Altena schuldig erklärt haben.

Gegen diese Entscheidung war vom Land-Armen-Verbande der Rechtsweg ergriffen, und nach erfolgter Abweisung der Klage in I. und II. Instanz die Nichtigkeits-Beschwerde wegen unrichtiger Anwendung des §. 29 des Armengesetzes eingelegt worden. Die letztere ist denn auch vom I. Senat durch Erkenntniß vom 7. October 1863 (Strieth. Arch. Bd. 52. S. 10.) für begründet erachtet und zwar aus dem Grunde

„weil Schmidt nicht auf der Reise erkrankt sei, sondern nachdem er das Reiseziel, die Arbeit in Altena erreicht hatte."

Der höchste Gerichtshof giebt hier also einmal dem Gesetz eine Interpretation, welche mit der Absicht des Gesetzgebers bei dem ganzen Inhalt der §§. 27, 28, 29 nicht zu vereinigen wäre, und entscheidet dadurch gleichzeitig über die Grenzen der polizeilichen Verpflichtung einer Gemeinde zur Krankenpflege, welche lediglich nach den darüber feststehenden Verwaltungs-Grundsätzen des Ministeriums des Innern zu beurtheilen ist.

---

*) Wir brauchen wohl blos auf die angenehme Zahl von Streitigkeiten hinzuweisen, die sich heutigen Tages darüber entwickeln würden, welche der verschiedenartigen Passagiere eines einzigen auf einem Bahnhofe verunglückten Eisenbahnzuges als „**Reisende**" in diesem Sinne zu betrachten wären oder nicht.

Allerdings knüpft nun der §. 30 des Armengesetzes an die Erfüllung der im §. 29 den Ortsgemeinden auferlegten Verpflichtung zur vorläufigen Fürsorge in Erkrankungsfällen die Befugniß der verpflegenden Gemeinde, mit Ausschluß der sogenannten Verwaltungskosten, des Arztlohns 2c. die vorschußweise Kosten-Erstattung von dem Landarmenverbande zu fordern, welchem letzteren die weitere Verfolgung des Anspruchs gegen den nach §§. 1, 17, 20 pflegeschuldigen Armenverband überlassen bleibt, und ist zu diesem Behuf nach §. 31 von jedem solchen Unterstützungsfall dem Landarmen-Verbande sofort Mittheilung zu machen. Wir haben schon oben im Kap. X die Tendenz dieser Bestimmung dahin bezeichnet, daß dieselbe unverkennbar darauf gerichtet ist, die Bereitwilligkeit der Commune zur Gewährung der augenblicklichen Armenpflege in Erkrankungsfällen dadurch zu erhöhen, daß dem verpflegenden Verbande die Last und das Risico des zu führenden Rechtsstreites wegen Erstattung seiner Auslagen abgenommen werde. Daß es nun in der Absicht des Gesetzgebers gelegen haben sollte, die Bereitwilligkeit der Gemeinden zur Fürsorge in Erkrankungsfällen hülfsbedürftiger Personen nur da zu vermehren, den möglichen Einwendungen der Gemeinden, daß ihnen für ein erkranktes Individuum keine Fürsorgepflicht obliege, und den daraus entstehenden Gefahren für die Krankenpflege nur da vorzubeugen, wo der Erkrankte als Reisender im engeren Sinne den Ort betreten hat, und nicht vielmehr überall da, wo eine Gemeinde wegen noch nicht vollendeten dreijährigen Aufenthalts resp. einjährigen Wohnsitzes sich darauf berufen möchte, daß ihr eine vermögensrechtliche Verpflichtung für das betreffende Individuum nicht obliege, dafür vermögen wir schlechterdings keinen Grund zu erkennen. Die Wortfassung der §§. 29, 30 des Armengesetzes mag in dieser Beziehung eine ungünstige genannt werden können, daß aber die Absicht keine andere gewesen ist, als die, unter allen Umständen eine gesicherte Krankenpflege zu erzielen, liegt auf der Hand.

Es dürfte daher auch nicht zu verkennen sein, daß die ganze Bestimmung des §. 30 nicht sowohl als eine vermögensrechtliche Verpflichtung der Landarmenverbände zu betrachten ist, als vielmehr, als eine reglementarische, welche den Landarmenverbänden die Vertretung der ihnen associirten Gemeinden durch Streit-Uebernahme gegen den vermögensrechtlich verpflichteten Verband zur Pflicht macht. Dies ist die alleinige Tendenz des Gesetzes gewesen, und in dieser Richtung hat das Ministerium des Innern, als höchste Auffichts-Instanz der Landarmenverbände, von je her die Verpflichtung der Letzteren zur vorschußweisen Kosten-Erstattung nach §. 30 aufgefaßt.

Dieser Natur der §§. 29 und 30 widerspricht es also völlig, wenn das Königl. Ober-Tribunal in dem ebenerwähnten Erkenntniß vom 7. October 1863 in die von competenter Seite im Interesse einer geordneten Armen- und insbesondere Krankenpflege den Gemeinde- resp. Ortspolizei-Behörden ertheilten Anweisungen eingreift.

C. Es mag hier noch eines anderen Mißverständnisses erwähnt werden, das in der Fassung des §. 29 seinen Ursprung hat. Es ist das einzige Mal im Armengesetz, wo der Fürsorgeverpflichtung im Betreff der Ausländer Erwähnung geschieht, und hieraus hat man durch eine sonderbare Logik ex contrario den Schluß zu ziehen versucht, daß deshalb von den übrigen Bestimmungen des Armengesetzes einzelne, und insbesondere die vermögensrechtliche Bestimmung des §. 1 auf Ausländer keine Anwendung fänden, — eine Annahme, die schon durch die in der Einleitung S. 7 vom Verfasser aufgeworfene Frage widerlegt wird, ob es denn in der That der preußischen Armengesetzgebung zugemuthet werden kann, sie habe Ausländer, (wenn sie nicht grade krankheitshalber der öffentlichen Fürsorge bedürftig werden,) im Inlande verhungern lassen wollen. Es dürfte also außer dem §. 29 schon §. 26 des Armen-Gesetzes, wonach **kein** der Unterstützung Bedürftiger von der angerufenen Gemeinde hülflos fortgewiesen werden soll, auch ohne daß §. 26 seinem Inhalte nach Ausländer und Inländer nebeneinander nennt, zur Sicherung der Gesellschaft gegen den etwa durch Mangel zum Aeußersten gebrachten Selbsterhaltungs-Trieb der Ausländer so gut wie der Inländer bestimmt sein, es müßte denn Jemandem einfallen zu behaupten, daß der Staat für die Gesellschaft in dieser Beziehung weniger von Ausländern als von Inländern zu fürchten habe. Wenn man nun also schon den §. 26 jedenfalls auch auf Ausländer trotz ihrer besonderen Erwähnung in §. 29 anzuwenden hat, weshalb soll wegen dieser Erwähnung in §. 29 gerade der §. 1 des Gesetzes auf sie nicht anwendbar sein.

Wenn man sich nun bemüht, wie folgt, zu argumentiren, daß, weil der §. 29 Inländer und Ausländer nebeneinander nennt, den Ausländern im Sinn des §. 1 kein sogenanntes Armendomicil, kein Recht auf Armenunterstützung gegen einen bestimmten Ortsarmenverband, sondern nur nach §. 9 gegen einen Landarmenverband „zu theil werden" könne, so würde der Schluß, der zu einem solchen Resultat führt, also folgender sein:

> Obschon nach der Cardinal-Maxime des Armengesetzes Niemand, sei er Inländer — oder Ausländer — ein Recht auf öffentliche Armenunterstützung haben, also auch niemals ein solches Recht gegen einen bestimmten Armen-Verband erwerben kann,*) kann dennoch ein solches Recht nach §. 1 wohl der Inländer, nicht aber der Ausländer gegen einen bestimmten Armenverband erwerben.**)

Nun, wir wissen, daß die Bedeutung des §. 1 nur eine intercommunale ist, deren Entstehen von dem Nachweis der gesetzlichen Bedingungen der Freizügigkeit, (§§. 3, 4, 6 des Aufnahmeges. v. 31. Dez. 1842) darunter von dem Nachweise der preußischen Nationalität neben dem einjährigen Wohnsitz und der bloßen Meldung resp. neben dem dreijährigen Aufenthalt abhängig zu machen nach den Gründen des Plenarbeschlusses vom 1. Novbr. 1858 (Entsch. Bd. 39 S. 1 sequ.) „keinen Sinn" haben würde. Wir könnten uns

---

*) Pl. Besch. v. 21. Febr. 1853 Entsch. B. 24. S. 251.
**) 1 Sen. v. 3. Febr. 1864 Strieth. B. 53 S. 95.

also in dieser Beziehung wohl beruhigen. Mit andern Worten: die Erwähnung der Ausländer im §. 29 beruht auf nichts Anderem, als auf der ganz besonderen Vorsicht, welche der Gesetzgeber der schleunigen unweigerlichen Hülfe für Krankheitsfälle zuwandte. Um hier jedem möglichen Mißverständnisse, jeder etwa aus der fremden Nationalität eines armen Kranken hergenommenen Einwendung der in loco angerufenen Gemeinde vorzubeugen, wurde im §. 29 der Verpflichtung im Betreff der Ausländer noch ganz besonders gedacht, ohne daß die Entstehungs-Geschichte des Gesetzes auch nur einen scheinbaren Anhalt dafür bietet, es sei dem Gesetzgeber beigefallen, den thatsächlichen Wohnsitz, den thatsächlichen Aufenthalt, der ja eben nach §. 1 — bei hinzutretender Meldung nach einem — resp. nach drei Jahren von selbst jene intercommunale vermögensrechtliche Verpflichtung erzeugt, für Ausländer im Inlande etwa in japanischer Weise zu negiren oder ihn gar dadurch für die eigenen Staats-Unterthanen gefährlicher zu machen, daß man auch die übrigen polizeilichen Bestimmungen des Armengesetzes außer dem §. 29 auf Ausländer nicht anzuwenden habe.

D. Endlich hat auch die Abgrenzung des Begriffs der „Erkrankung" im Sinne des §. 29 allerhand Zweifel hervorgerufen. Insbesondere hat man die Ansicht ausgesprochen, das Gesetz habe unter Erkrankungsfällen im Sinne des §. 29 nur solche verstanden, in denen es der Zuziehung eines Arztes bedürfe. Einer solchen Einschränkung des Begriffs der Erkrankung widerspricht jedoch die Bedeutung und die Entstehungsgeschichte des Gesetzes vollkommen.

In den Berathungen des Staatsraths (Protokoll vom 29. April 1841 S. 88) wurde bei der Berathung des damaligen Regierungs-Entwurfs ausdrücklich bemerkt:

„Daß bei jedem Erkrankungsfalle eines armen Reisenden ein Arzt zugezogen werde, könne im Gesetz nicht vorgeschrieben werden, weil in manchen Fällen die Herbeischaffung eines Arztes unmöglich sei. Es komme nur darauf an, die Behörden in den Stand zu setzen, die Zuziehung eines Arztes oder Wundarztes überall da, wo dieselbe wirklich nothwendig und ausführbar sei, zu erzwingen."

Geht hieraus also einerseits hervor, daß der Begriff der Erkrankung im Sinne des Gesetzes nicht von der mehr oder weniger zufälligen Zuziehung eines Arztes an und für sich abhängig sei, so ergiebt auch gleichzeitig die vorstehende Ausführung die polizeiliche auf eine geordnete Armen- resp. Kranken-Pflege gerichtete Natur der Bestimmung des §. 29 des Armengesetzes und andererseits also die Unzulässigkeit des Rechtsweges über die Frage, wie weit im einzelnen Falle das Vorhandensein einer Erkrankung anzunehmen und in welchem Wege, durch welchen Modus, in welchem Umfange demselben abzuhelfen sei.

E. Erinnern wir uns nun noch jener wunderbaren Auffassung, welche der Begriff der Armuth mit Bezug auf §. 29 in einzelnen Fällen gefunden hat (vergl. oben S. 61.), wonach die polizeiliche Verpflichtung zur augenblicklichen Fürsorge in Krankheitsfällen nur für wirklich zahlungsunfähige Personen bestehen und also der Abhülfe der Noth in Krankheitsfällen durch die angerufene Gemeinde erst eine förmliche Untersuchung darüber vorangehen sollte, ob der Erkrankte überhaupt zahlungsunfähig oder nur augenblicklich von Mitteln entblößt sei, in welchem letzteren Falle er dann seinem Schicksal und dem augenblicklichen Elend preiszugeben sein würde, — sollte es da, bei so vielen fast aus jedem einzelnen Ausdruck des §. 29 entsprungenen, Mißverständnissen, nicht endlich an der Zeit sein, sich über die wahre Bedeutung dieses §. 29 dahin zu verständigen:

daß derselbe eine rein polizeiliche Vorschrift ist, gerichtet auf die äußerste Einschärfung des in §. 26 enthaltenen allgemeinen Verbots, wonach **keine** Gemeinde, deren Hülfe im Falle **thatsächlicher Noth** an den unentbehrlichsten Mitteln zur Erhaltung von Leben und Gesundheit für **irgend eine Person** angerufen wird, dieselbe hülflos von sich weisen darf.

Fünfzehntes Kapitel.

A. Wenn nun im unmittelbaren Anschluß an §. 29 des Armengesetzes die §§. 30 u. 31 ibid. bestimmen:

§. 30. „Die Gemeinde oder Gutsherrschaft (§. 29) kann Erstattung der Kur- und Verpflegungskosten verlangen, sie darf aber hierbei keinen Beitrag zu den allgemeinen Verwaltungskosten der Anstalt, worin der Kranke verpflegt worden ist, und ebensowenig Gebühren für den Arzt oder Wundarzt, soweit solche nicht in baaren Auslagen bestehen, ohne Unterschied ob derselbe als Armen-Arzt eine feste Besoldung bezieht, oder in den einzelnen Fällen besonders remunerirt werden muß. Die Erstattung hat der Landarmenverband zu dessen Bezirk die Gemeinde oder Gutsherrschaft gehört unter Vorbehalt seiner Rechte zu leisten.

§. 31. Die Obrigkeit des Orts, wo der Kranke sich befindet (§. 29) hat der Landarmenbehörde unverzüglich Anzeige zu machen und ist bei deren Verzögerung für alle daraus entstehenden Nachtheile verantwortlich,"

so ist also zunächst klar, daß hierin allerdings eine Berechtigung desjenigen Armenverbandes, der der Verpflichtung nach §. 29 nachgekommen ist, liegt, von dem Landarmenverbande, dem er statutarisch associirt ist, Erstattung seiner Auslagen in gewissen Grenzen und die Ausfechtung des vermögensrechtlichen Streits gegen den wirklich pflegeschuldigen Armenverband zu verlangen, und es könnte daher den Anschein gewinnen, als wenn über diese mit einem gewissen Opfer resp. Risico für den Landarmenverband, und einen Vortheil für den verpflegenden Ortsarmenverband verbundene Bestimmung im Streitfall rechtwohl eine prozessualische Entscheidung möglich werden könnte.

Wir können dies jedoch aus anderen Gründen nicht zugeben. Die Landarmenverbände haben ihrerseits ebenso gut, wie die Ortsarmenverbände, vermögensrechtliche und polizeiliche Verpflichtungen zu üben. Zu den Letzteren gehört z. B. die Verpflichtung, jedem in einem landräthlichen Kreise betroffenen Armen, der daselbst keines Orts einen bestimmten Aufenthalt oder Wohnsitz hat, auf Anordnung des betreffenden Landraths, Unterkommen in einem Landarmenhause zu gewähren. In eine ähnliche Kategorie reglementarischer Verpflichtungen des Landarmenverbandes gegen die ihm associirten Gemeinden und Gutsherrschaften als solche gehört auch die Bestimmung des §. 30. Wir haben schon im vorigen Kap. gesehen, daß der Staat grade mit der gänzlichen Abnahme des Risico's für aufgewendete Kurkosten einen ganz bestimmten polizeilichen Zweck verfolgte, nämlich den, sich der erhöhten Bereitwilligkeit der Communen bei Ausübung der Kranken-Pflege zu versichern. Es liegt also schon von vornherein zu Tage, daß hier nicht blos ein vermögensrechtliches Interesse des betheiligten Armenverbandes, sondern ein sehr wesentliches polizeiliches Interesse des Staats verletzt wird, wenn durch unbegründete Weigerungen der Landarmenbehörden den Communalbehörden dieser unmittelbare Weg ihrer Befriedigung erschwert und verleidet werden sollte.

B. Wir werden aber auch noch aus anderen theils formellen theils sachlichen Gründen mit Leichtigkeit uns davon überzeugen, daß nach der Absicht des Gesetzgebers über die Verpflichtung des Landarmen-Verbandes zur vorschußweisen Kostenerstattung nach §. 30 der Rechtsweg ausgeschlossen bleiben muß und zwar am besten an einem Beispiel, in welchem der Competenz-Gerichtshof freilich von der gegentheiligen Ansicht ausgegangen ist. Der Fall war nach Ausweis der dem betreffenden Erkenntniß des Competenz-Gerichtshofes vorangeschickten species facti folgender:

Für die im schwangeren Zustande, nebenher mit einem Fußübel behaftete, von ihrem Ehemann im Stich gelassene Frau K. war, als sie vagabondirend zur Winterzeit in M. eintraf, Seitens der dortigen Gemeinde durch Unterbringung in einer Privat-Behausung gegen Vergütigung von 10 Sgr. pro Tag gesorgt worden. Die dafür entstandenen Kosten liquidirte die Gemeinde M. zur vorschußweisen Erstattung nach §. 30 des Armengesetzes bei dem betreffenden Landarmenverbande, wurde jedoch durch Verfügung der Regierung zu Danzig vom 10. April 1858 aus dem Grunde abgewiesen, weil der Nachweis eines die ärztliche Hülfe erheischenden Krankheitsfalles von der Regierung vermißt wurde. Hiergegen ist die Gemeinde M. dahin klagbar geworden:

den verklagten Landarmen-Verband von Westpreußen zur Zahlung von 21 Thlrn. an sie anzuweisen event. zu verurtheilen.

In der Klage ist die Widerlegung des Inhalts der gedachten Regierungs-

Verfügung versucht und behauptet: daß nach §. 30 des allegirten Gesetzes die Gemeinde, welche sich eines reisenden Armen wegen seiner Erkrankung angenommen, sich lediglich wegen Erstattung der Kosten an den Landarmenverband zu halten habe, und diesem die Ausführung seiner Rechte gegen andere Verpflichtete überlassen sei.

Gegen diese Klage, soweit sie im Vorstehenden auf §. 30 des Armengesetzes fundamentirt war, hatte nun die Regierung zu Danzig den Competenz-Conflict erhoben.

Hören wir nun, mit welchen Gründen der Competenz-Gerichtshof diesen Conflict verwirft. Er sagt in dem bereits oben im Kap. XII allegirten Erk. v. 13. Novbr. 1859 (M.-Bl. f. i. V. de 1861 S. 164) wörtlich:

„Bei Beurtheilung dieser Sache drängt sich von selbst die Nothwendigkeit auf, den eigentlichen Streit der Parteien zur Feststellung des Sinnes der Klage in Betracht zu ziehen. Denn obwohl der Klage-Antrag wörtlich nur dahin gerichtet ist: den Landarmenverband der Provinz Westpreußen zur Zahlung von 21 Thlrn. an die Klägerin anzuweisen, eventualiter zu verurtheilen, so ergiebt sich doch aus der Regierungs-Verfügung vom 10. April 1858, aus der Klage und aus dem Competenz-Conflicts-Beschlusse unzweideutig, daß zwischen den Parteien 1) **zunächst** über die Verpflichtung des verklagten Landarmenverbandes zur Erstattung der Kosten der Wartung und Verpflegung der verehl. K. in der Zeit vom 8. Dezember 1855 bis 11. Febr. 1856 und sodann 2) über den Betrag der event. zu erstattenden Kosten gestritten wird. Der Klage-Antrag soll also, der Begründung der Klage nach, sowohl den Ausspruch der Verpflichtung ad 1 als die Zuerkennung des Betrages von 21 Thlrn. herbeiführen, und unzweifelhaft kann der mit der Sache befaßte Richter, wenn er über die Festsetzung des Betrages nicht befinden kann, doch auf Grund der so erhobenen Klage über die Verpflichtung des Verklagten an sich (wie ad 1) erkennen.

Die Klägerin will nämlich nach ihrem früheren Antrage bei der Regierung und nach ihrer jetzigen Klage die Behauptung im Rechtswege durchführen: der verklagte **Landarmenverband** müsse ihr die verlegten Verpflegungskosten erstatten, weil die K. eine auf der Reise **erkrankte** Arme im Sinne des §. 29 des Gesetzes vom 31. Decbr. 1842 gewesen sei, und in solchen Fällen es gar nicht darauf ankomme, ob die Armenpflege dem Landarmen-Verband definitiv obliege, sondern derselbe nach §. 30 zur Erstattung der Kur- und Verpflegungskosten jederzeit verpflichtet sei, vorbehaltlich seiner Rechte gegen den wirklich Verpflichteten. Die Regierung dagegen, dies, was auch klar im Gesetz liegt, stillschweigend anerkennend, will die §§. 29 und 30 nicht angewendet wissen, weil die Nothwendigkeit der Einleitung einer Kur der K. (mit ärztlicher Behandlung) im Sinne des §. 29 nicht vorgelegen, mithin nach §. 26 nur der **definitiv verpflichtete** Armenverband hafte, und ein Anspruch an den verklagten Landarmenverband eben deshalb durch den Beweis bedingt sei, daß kein anderer zur Tragung der aufgelaufenen Kosten definitiv verpflichteter Armen-Verband vorhanden sei. Nicht darüber also stritt man, ob die K., eine der Verpflegung bedürftige Arme, sondern ob sie eine auf der Reise erkrankte Arme im Sinne des §. 29 gewesen sei. Ueber diese letztere Frage aber hat unbedenklich das Gericht zu entscheiden, weil nach §. 34 a. a. O. die Frage: welcher von zwei Armenverbänden die Verpflegung des Armen zu übernehmen habe? zum Rechtswege gehört, und mithin auch die Beurtheilung der Bedingungen, von denen die Verpflichtung des einen oder des anderen abhängt, hier also die Beurtheilung der Frage: ob die K. als sie von der Klägerin aufgenommen wurde, nicht blos arm, (worüber kein Streit war) sondern wirklich eine erkrankte Arme gewesen sei? In Bezug auf diesen Theil der Frage kann also der Ausschluß des Rechtsweges nicht ausgesprochen werden."

Hiergegen nun dürfte sich folgendes erinnern lassen:

1) Wenn der Competenz-Gerichtshof also zwar die Frage, ob die verehelichte K., als sie in M. verpflegt wurde, Mangel an den zur Erhaltung ihrer Gesundheit, ihres Lebens erforderlichen Mitteln litt, hier — wie sonst überall der Entscheidung des Prozeßrichters entzieht, dagegen aber die Frage, ob die verehel. K. nicht blos eine Arme gewesen, sondern ob sie eine erkrankte Arme gewesen, d. h. also, ob die öffentliche Armenpflege für sie wegen stattgehabter Erkrankung nothwendig geworden, dem Prozeßrichter überweist, so möchte grade diese Begründung der Zulässigkeit des Rechtsweges über die erste Seite des Klage-Antrages doch nicht ganz leicht mit der gleich darauf folgenden Begründung der Unzulässigkeit des Prozeßweges über die zweite Seite des Klage-Antrages zu vereinigen sein.

Der Competenz-Gerichtshof fährt nämlich im Anschluß an seine obigen Ausführungen wörtlich wie folgt fort:

„Anders verhält es sich mit dem Klage-Antrage, soweit dadurch auch eine Entscheidung über den Betrag der Forderung verlangt wird. Denn dem steht die Bestimmung des §. 34 direct entgegen, welche in Ansehung des Betrages der Verpflegungskosten den Rechtsweg ausschließt. Zunächst ist es dabei unerfindlich, wenn das Appellationsgericht zu Marienwerder einen Unterschied zwischen Kurkosten und anderen Verpflegungskosten verlangt, da jene selbstredend zu den letzteren gehören, was auch in der im Gutachten angerufenen Entscheidung des Ober-Tribunals und dessen obenerwähnten Plenarbeschlusse ausgeführt ist. Alle Kosten, welche in Folge der dem Armenverbande zur Last fallenden Fürsorge für den Armen entstehen, sind im Sinne des §. 34 unter Verpflegungskosten zu verstehen; ein Grundsatz, welcher im Erkenntniß des unterzeichneten Gerichtshofes vom 11. Dezbr. 1858 (M.-Bl. 1859 S. 250) schon nachgewiesen ist. Ferner fehlt es an jedem auch nur scheinbaren Grunde, wenn das Apellationsgericht zu Marienwerder in Ansehung der Zuständigkeit der Festsetzung des Betrages der Verpflegungskosten unterscheiden will: ob dieselben noch zu verwenden oder schon verwendet worden? und für den letzteren Fall den §. 34 nicht für gegeben erachtet. Diese Ansicht wird sofort durch die Erwägung widerlegt, daß die nach der Natur der vorwaltenden Umstände und dem Zwecke der Ausgabe verordnete Befugniß der Verwaltungsbehörde zur ausschließlichen Entscheidung über den Betrag des Aufwandes völlig illusorisch gemacht werden würde, wenn selbige nur vorher, und nicht auch nachher nachzusuchen wäre.*)"

Wenn also der Competenz-Gerichtshof, weil die Frage, ob und in welchem Umfange Jemand der Armenpflege bedürftig geworden, schlechterdings dem Prozeßrichter entzogen sei, den erhobenen Conflict schließlich in dieser Richtung wenigstens für begründet erklärt, so dürfte denn doch wohl nicht zu verkennen sein, daß, wenn eine Behörde ausschließlich darüber zu entscheiden hat, ob und in welchem Maaße ein Bedürfniß der Armenpflege vorgelegen, in welchem Umfange und durch welchen Modus demselben abzuhelfen, ihr doch auch die ausschließliche Prüfung des Grundes, der Ursache obliegen muß, welche die Armenpflege d. h. ja eben die nothwendigen Mittel zur Beseitigung des Nothstandes erheischt. Wenn also in der desfallsigen Entscheidung der Landespolizeibehörde das Vorhandensein einer speciellen Ursache z. B. der Erkrankung, gleichviel ob mit Recht oder Unrecht negirt wird, so kann doch unmöglich dem Richter zustehen, diese Entscheidung der Verwaltungsbehörde dadurch, wie der Competenzgerichtshof sagt, „illusorisch zu machen," daß er den Eintritt einer solchen Ursache der öffentlichen Armenpflege als vorhanden annimmt, oder daß er umgekehrt da, wo die competente Behörde den Eintritt der Armenpflege wegen Erkrankung für nothwendig erachtet hat, gegen diese Entscheidung constatirt, es habe eine Erkrankung nicht vorgelegen.

Worin besteht denn überhaupt der Unterschied zwischen „gesundsein" und „kranksein", wer urtheilt denn schließlich selbst im Prozesse über die Frage, ob Jemand in einem bestimmten Zeitpunkt als wirklich krank anzuerkennen? — der Richter? oder nicht vielmehr der Arzt in seinem **technischen** Gutachten und im offiziellen Wege die verordnete Medizinalbehörde (§. 38 Th. I. Tit. 9. der A. G. O. Anh. §. 64.)? Wenn also selbst in den Fällen, wo ein vor dem Prozeßrichter verfolgbarer privatrechtlicher Anspruch vorliegt, nach den Vorschriften der allgemeinen Gerichtsordnung der Prozeßrichter über die medizinisch technische Frage, ob eine Erkrankung d. h. ein von dem normalen körperlichen Befinden abweichender physischer Zustand vorhanden war, nicht aus eigenem Ermessen entscheiden kann, sondern dabei an das Urtheil bestimmter verordneter technischer Instanzen gebunden ist, wie soll es dem Richter zustehen, ganz speciell über eine solche medizinisch technische Frage grade da zu urtheilen, wo auf Grund eines solchen technischen Gutachtens

*) Vergl. oben die Anmerkung auf S. 125.

unmittelbar eben diejenige Kostenfestsetzung vorzunehmen ist, hinsichts deren der Competenz-Gerichtshof dem Prozeßrichter ohnehin die Entscheidung auf das Bestimmteste entzieht? Mit einem Wort, indem der Competenz-Gerichtshof die Zulässigkeit der richterlichen Entscheidung über den Betrag der Kosten verwirft, weil dadurch die ausschließliche Befugniß der Verwaltungsbehörde zur Entscheidung über die nach den obwaltenden Umständen zu bemessende Art und den Umfang der zu gewährenden Hülfe „illusorisch gemacht werden würde," verwirft er gleichzeitig auch die Zulässigkeit des Rechtsweges über den ersten Theil des Klageantrages, nämlich über die Verpflichtung des Landarmen-Verbandes zur vorschußweisen Kostenerstattung nach §. 30 des Armengesetzes selbst, eben weil diese Verpflichtung steht und fällt mit der Entscheidung über die Art und den Umfang des Bedürfnisses und der zu seiner Abwendung erforderlichen Mittel. Wir werden also auch hier zu dem Schlusse gelangen, daß so wenig über die Frage, ob und in welchem Umfange in einem bestimmten Falle eine Gemeinde nach §. 29 helfend einzuschreiten hat, als über die Frage, ob und in welchem Umfange der Landarmenververband in solchem Falle zur vorschußweisen Kostenerstattung und zur Streit-Uebernahme verbunden ist, der Rechtsweg stattfinden kann, daß vielmehr die erstere Frage lediglich im Wege polizeilicher Anordnung, die letztere lediglich im Wege der Kostenfestsetzung mit Ausschluß des Rechtsweges festgestellt werden kann. Welcher Raum bleibt dann bei der nach §. 30 zu entscheidenden Frage noch für die richterlich prozessualische Thätigkeit?

2. Wir müssen uns aber auch überhaupt gegen die von dem Competenz-Gerichtshof in den vorstehenden Motiven ausgesprochene Ansicht verwahren, als handle es sich bei der vorschußweisen Kostenerstattung durch den Landarmenverband nach §. 30 um nichts Weiteres, als um einen vermögensrechtlichen Streit zwischen verschiedenen Armenverbänden im Sinne des §. 34 des Armengesetzes. Schon im Kap. X haben wir gesehen, daß die Entscheidung der Landespolizeibehörde nach §. 34 des Armengesetzes mit Vorbehalt des Rechtsweges überhaupt nur eintritt, wo ein Armenverband seiner polizeilichen Verpflichtung in concreto nachgekommen ist, und nun Kostenerstattung resp. Abnahme der ferneren Fürsorge, von einem anderen Armenverbande aus dem Grunde fordert, weil demselben die Verpflichtung in Betreff der bestimmten Person des Verpflegten obliegt. Eine solche Verpflichtung in Betreff der bestimmten Person auf Seiten des Landarmenverbandes involvirt die Verpflichtung zur vorschußweisen Kostenerstattung nach §. 30 in der That aber nicht, sondern vielmehr eine im vorwiegend polizeilichen Interesse angeordnete statutarische Aushülfe, welche **jeder** Landarmenverband **jeder** ihm associirten Gemeinde für **jeden** nothleidenden Kranken ohne Rücksicht auf die Fürsorge-Verpflichtung in Betreff eines bestimmten Individuums zu leisten hat. Erst wenn der Landarmenverband, welcher auf Grund des §. 30 die vorschußweise Kostenerstattung geleistet hat, nunmehr seinerseits

den Anspruch gegen den in Betreff der Person des Verpflegten pflegeschuldigen Armenverband verfolgt, liegt ein Streit zwischen verschiedenen Armenverbänden vor, über den nach §. 34 die Landespolizeibehörde mit Vorbehalt des eventuellen Rechtsweges zu entscheiden hat.

Nicht darüber wird auf Grund des §. 30 des Armengesetzes gestritten, ob dem Landarmenverband wegen Mangels an einem vermögensrechtlich verpflichteten Ortsarmenverband, hier zur Zeit des Eintritts der Fürsorge die vermögensrechtliche Verpflichtung in Betreff der Person des Armen als eine materielle Provinziallast (§. 9 des Armengesetzes) oblag, sondern darüber, ob die Qualität der liquidirten Kosten im Vergleich zu der Qualität des vorhandenen Bedürfnisses die nach §. 29 verpflegende Gemeinde berechtige, auf Grund der bestehenden Association, statutenmäßig die Streit-Uebernahme von dem Landarmen-Verbande, als eine corporative Vertretung gegen den etwa vorhandenen wirklich vermögensrechtlich verpflichteten Verband zu verlangen.

C. Es steht diese statutarische Verpflichtung der Landarmen-Verbände, ihrer Natur nach völlig gleich den in §§. 14 u. 16 des Armengesetzes getroffenen Anordnungen, wonach der Landarmen-Verband verbunden ist:

a. „den ihm associirten Gemeinden, welche zur Verpflegung ihrer Armen unvermögend sind, Beihülfe zu leisten,“ und

b. „in seine Landarmenhäuser, soweit es der Raum gestattet, die von den associirten Gemeinden und Gutsherrschaften zu verpflegenden Personen gegen Vergütigung eines angemessenen Verpflegungssatzes aufzunehmen,“

sowie andererseits der Bestimmung des §. 15 des Armengesetzes, wonach auch „der Landarmenverband berechtigt ist, die zu seiner Fürsorge gehörigen Armen derjenigen Gemeinde oder Gutsherrschaft, in deren Bezirk sich dieselben zur Zeit des Eintritts ihrer Hülfsbedürftigkeit befinden, gegen eine angemessene Entschädigung zur Verpflegung zu überweisen.“

Alle diese Bestimmungen haben augenscheinlich einen rein polizeilichen Charakter. Sie sind auf eine geordnete Armenpflege und nicht auf die Vertheilung der vermögensrechtlichen Verpflichtung in Betreff einer bestimmten Person, zwischen verschiedenen Armenverbänden, sondern vielmehr auf eine Vertheilung der Lasten und Pflichten berechnet, welche innerhalb eines und desselben Landarmenverbandes von dem Verbande gegen seine Mitglieder und von diesen gegen den Verband zu erfüllen sind, um dem Staat ihre gegenseitige Prästationsfähigkeit und eine geordnete Armenpflege zu garantiren. Die Erzwingung derselben, liegt daher auch unmittelbar in den Händen derjenigen Staatsbehörde, welcher die Aufsicht über den Landarmenverband resp. über die Gemeinden übertragen ist. Eine diesen Anordnungen zuwiderlaufende prozessualische Entscheidung zwischen der einzelnen Gemeinde und dem Verbande herbeizuführen, würde unstatthaft sein, weil der Staat als solcher ein unmittelbares polizeiliches Interesse dabei hat, daß die auf die Ordnung der öffentlichen Armen-Pflege gerichteten Verfügungen seiner Behörden nicht, durch abweichende richterliche Entscheidungen illusorisch gemacht werden.

Ein Beispiel zu diesen reglementarischen Verpflichtungen der Landarmenverbände nach §§. 14 u. 16 liefert die Sorge, welche für geisteskranke Personen durch Aufnahme in die zu ihrer Heilung bestimmten Land- resp. Provinzial-Irren-Anstalten auszuüben ist. Diese Anstalten bestehen in der Monarchie auf Grund sehr verschiedener Titel. Theils sind sie Eigenthum der betreffenden Provinzial- oder Communalständischen Landarmenverbände, und stehen dann auch unter deren Verwaltung und unter ständischer Controlle, theils bestehen sie neben den eigentlichen Landarmenverbänden als gesonderte Provinzial-Institute. Ueber die Antheilnahme an diesen sämmtlich unter Oberaufsicht des Staats stehenden Anstalten sind besondere Reglements erlassen, welche selbstredend nur unter Beobachtung gewisser formeller Bedingungen die Aufnahme regeln. Es sind diese Institute ihrem Zweck nach selbst da, wo sie den Landarmenverbänden gehören und unter deren unmittelbarer Verwaltung stehen, nicht den gewöhnlichen Landarmenhäusern gleichzustellen, und deshalb kann in sie die Aufnahme nicht nach §. 28 des Armengesetzes durch einfache Anordnung des Landraths erfolgen. Will man für die, wie gesagt, durch Spezialgesetze resp. besondere Reglements geordnete Fürsorge der Landarmenverbände für Geisteskranke einen Verpflichtungsgrund im Armengesetz suchen, so würden dies die §§. 14 resp. 16 sein, da die zweckmäßige Heilung und Behandlung von Irren eben nur in einer solchen Anstalt erfolgen kann, zu deren Einrichtung und Unterhaltung die einzelnen Communen in der That unvermögend sein würden. Es ist daher durch Uebertragung dieser Verpflichtung an den Landarmenverband den associirten Gemeinden eine Art Subvention und Gelegenheit gegeben, im Wege der Requisition, die von ihnen zu verpflegenden Irren gegen bestimmte normalmäßige Bedingungen in den Landirrenanstalten unterzubringen.

Es ist dies ein reines, ausschließlich zwischen der abliefernden Gemeinde und der Irren-Anstalt bestehendes Requisitions-Verhältniß, das sich nach den überall bestehenden desfallsigen Reglements richtet.

Sechszehntes Kapitel.

Wie unerläßlich für den ersten Zweck der öffentlichen Armenpflege es ist, den in den §§. 25 bis 29 des Armengesetzes gegebenen Vorschriften ihren polizeilichen Charakter zu lassen, die daraus sich ergebende polizeiliche Verpflichtung zur Hergabe der Unterstützungen an den Armen selbst streng von der vermögensrechtlichen Verpflichtung zu unterscheiden, welche ein Armen-Verband im Verhältniß zu anderen Armenverbänden auf Grund der §§. 1

sequ. §. 17 §. 20 wegen Kostenerstattung und Abnahme der ferneren Fürsorge zu erfüllen hat, dafür giebt es keinen deutlicheren Belag, als die Bestimmung des §. 32 des Armengesetzes resp. des Artikel V des Ergänzungsgesetzes vom 21. Mai 1855. Der §. 32 des Armengesetzes bestimmte, daß für erkrankte Dienstboten, Handwerksgesellen ꝛc. zunächst die Gemeinde des Dienstorts selbst zu sorgen habe, das heißt mit anderen Worten, daß falls die Gemeinde des Dienstorts die polizeiliche Verpflichtung der §§. 26—29 erfüllt habe, ihr, als Ausnahme von der Regel des §. 1 des §. 20 ꝛc., kein Erstattungs-Anspruch gegen den sonst vermögensrechtlich verpflichteten Armenverband zustehen soll. Der hierzu ergangene Art. V des Ergänzungsgesetzes vom 21. Mai 1855 schränkt diese Ausnahme-Bestimmung auf die ersten drei Monate ein. Wollte nun für einen erkrankten Dienstboten ꝛc., dem ersten Staatszweck (vergl. Einl. S. 3) zuwider, die Gemeinde-Behörde des Dienstortes in der Erfüllung ihrer polizeilichen Obliegenheiten sich säumig zeigen, den Dienstboten im Elende umkommen lassen, so würde die Ortspolizei-Behörde verpflichtet und befugt sein, die Gemeinde hierzu anzuhalten, und zwar lediglich auf Grund der polizeilicheu Bestimmungen der §§. 26, 27, 29 des Armengesetzes, aber nicht auf Grund der vermögensrechtlichen Bestimmungen des §. 32 resp. Art. V des Ergänzungsgesetzes; denn sonst würde ja, falls nach Ablauf der ersten 3 Monate das Krankenlager noch fortdauern sollte, jede Möglichkeit aufhören, den Armenverband des Dienstortes zur Gewährung der Krankenpflege anzuhalten. Er würde also das Recht haben, sich der ferneren Verpflegung zu widersetzen, während, wie wir wissen, sogar für fremde Reisende die polizeiliche Verpflichtung zur Krankenpflege nach §. 29 solange dauert, „bis der Reisende unbeschadet seiner Gesundheit den Ort verlassen kann.“ Und diese Regel sollte etwa für Dienstboten ꝛc. ausgeschlossen sein?

Wir sehen also, es kommt die Bestimmung des Art. V bei der Frage über die aus polizeilichen Gründen erforderliche und event. zwangsweise anzuordnende Hergabe der Unterstützung selbst, gar nicht in Betracht.

Die Bestimmung des Art. V tritt erst dann in Wirksamkeit, wo eine Gemeinde einem erkrankten Individuum Hülfe geleistet hat und bei dem von ihr gegen eine andere Gemeinde erhobenen vermögensrechtlichen Erstattungs-Anspruch ihr von der letzteren der vermögensrechtliche Einwand entgegengesetzt wird, daß für die ersten drei Monate nach Art. V der sonst nach §. 1 §. 20 des Armengesetzes vielleicht begründete Erstattungs-Anspruch ausgeschlossen sei, oder — es kann auch der Fall eintreten, daß ein erkrankter Dienstbote, ohne daß für ihn am Dienstorte selbst die Hülfe der Gemeindebehörde angerufen worden, den Ort und seinen Dienst wegen Krankheit verläßt, und nun anderen Orts auf Grund der §§. 26—29 des Armengesetzes hat verpflegt werden müssen. In diesem Fall wird, trotz der inzwischen stattgehabten Entfernung des Dienstboten vom Dienstorte, unfehlbar der die Armenpflege gewährenden Gemeinde auf Grund des Art. V ein vermögensrechtlicher Anspruch auf Kostenerstattung gegen den Armenverband des Dienstortes zustehen.

Ueber alle diese vermögensrechtlichen Einwendungen oder Ansprüche aus Artikel V findet auch die vermögensrechtliche Entscheidung nach §. 34 statt, und völlig unzulässig würde es sein, über die oft sehr bestrittene Rechtsfrage, ob ein dem Artikel V. entsprechendes Dienstverhältniß rc. vorgelegen, die Polizeibehörde im Zwangswege entscheiden zu lassen, während es für die von ihr wahrzunehmenden officia hierauf überhaupt gar nicht ankommt, da für sie ohne jede zeitliche Abgrenzung und ohne jede Rücksicht auf das Verhältniß, in welchem der Erkrankte etwa am Ort gestanden, die Verpflichtung der aus Noth angerufenen Gemeinde unter allen Umständen nach §§. 26—29 a priori feststeht. Trotz der eigenthümlichen Anordnung im Armengesetz, durch welche der §. 32 gewissermaßen mitten unter die polizeilichen Vorschriften des Armengesetzes gestellt ist, werden wir denselben dennoch, wie auch bereits vielfach durch richterliche Entscheidungen anerkannt ist, ebenso wie den dazu ergangenen Art. V des Ergänzungsgesetzes, als eine rein vermögensrechtliche Bestimmung anzusehen haben, durch welche insbesondere die Bestimmung des §. 2 des Armengesetzes eine Modification erhalten sollte, um wenigstens für Erkrankungsfälle dem Armenverband des Dienstortes im Verhältniß zu anderen Armenverbänden, auch vor Beendigung des sonst erforderlichen dreijährigen Aufenthalts, eine vermögensrechtliche Verpflichtung aufzuerlegen. Es sollte dadurch insbesondere die Verpflichtung erleichtert werden, welche der §. 20 dem Herkunftsort auferlegt, den, wie die tägliche Erfahrung lehrt, minderjährige Personen oft schon in frühen Lebensjahren verlassen, um ihre Arbeitskraft an anderen Orten im Gesindedienst zu verwerthen. Grade der im §. 2 und §. 1 sub 3 des Armengesetzes liegende Schutz für den Armenverband des Dienstortes, wonach er erst nach drei Jahren nach erreichter Großjährigkeit, also oft nach einer viel längeren Reihe bereits vollendeter Dienstjahre auch nur die geringste Verpflichtung überkommt, machte nach der Ansicht des Gesetzgebers (sowohl im Jahre 1842 als im Jahre 1855) eine Modification jener vermögensrechtlichen Bestimmung der §§. 1, 20 sequ. wenigstens für die Erkrankungsfälle des Gesindes nothwendig, und weiter enthält daher der §. 32 resp. Artikel V des Ergänzungsgesetzes Nichts.

Siebzehntes Kapitel.

Was nun die practische Ausführung und die Form der von den Orts- und Kreispolizeibehörden zu erlassenden Verfügungen nach §§. 26—29 betrifft, so ist das Verfahren überall

A. da ein formell sehr einfaches, wo die Ortspolizei-Behörde ihren Sitz unmittelbar am Orte des nach §§. 26—29 verpflichteten Armenverbandes hat. Sachlich bildet freilich die Frage, wie im einzelnen Fall die Erfüllung der Verpflichtung der §§. 26 und 29 mit der nach §. 33 nothwendigen Beschränkung der zu gewährenden Unterstützungen zu vereinigen ist, eine den Ortspolizei- und Communal-Behörden vom Staat gestellte Aufgabe, die eine fortwährende Aufmerksamkeit oft im großartigsten Maaßstabe erheischt, und an jede gedankenlose Unachtsamkeit die unmittelbarste Verantwortung knüpft. Abgesehen von dieser auf einem anderen Gebiet liegenden Frage ist doch die geschäftliche Form, in welcher die Ortspolizeibehörde oder Kreis-Polizeibehörde die Gemeinde im einzelnen Fall zur Erfüllung ihrer Verpflichtungen anzuhalten hat, durch die im Cap. XIII. besprochenen gesetzlichen Normen von selbst gegeben.

B. Diese Regeln der §§. 26—29 gelten selbstverständlich aber auch da wo die Ortspolizeibehörde nicht unmittelbar in den Händen des eigenen Gemeinde-Vorstandes, sondern von demselben getrennt, vielleicht an einem anderen Orte ihren Sitz hat. Geräth z. B. an dem Orte A. ein Dienstbote, oder sonst eine andere Person in Noth, zeigt sich, trotz erhaltener Kenntniß von diesem Nothstande, die Gemeinde-Behörde in A. in der Erfüllung ihrer Verpflichtung nach §§. 26 sequ. säumig, und wird deshalb die Ortspolizeibehörde über A., welche aber nicht dort, sondern im Orte B. ihren Sitz hat, angerufen, so würde zweifelsohne die Ortspolizei durch Verfügung die Gemeinde A. zur Hergabe der nothwendigen Unterstützungen nach §§. 26, 27 hierzu event. im Zwangswege anzuhalten haben.

Nun könnte es allerdings der Zufall mit sich bringen, daß z. B. in einem Erkrankungsfall der Hülfesuchende bei seinem Eintreffen in B. nicht mehr im Stande wäre, den Ort B., den er eben nur zu dem Geschäft, die Hülfe der dort ihren Sitz habenden Ortspolizeibehörde über A. anzurufen, betreten hat, ohne Gefahr für seine Gesundheit oder sein Leben verlassen zu können. In diesem Falle würde selbstredend zunächst nach §. 29 die Gemeinde von B., obwohl sich der Hülfesuchende dort eben nur zu einem bestimmten Geschäft reisend eingefunden hatte, für dessen augenblickliche Unterbringung zu sorgen haben, gleichviel ob ihr später auf Grund des Art. V. des Ergänzungs-Gesetzes oder irgend welcher anderen vermögensrechtlichen Bestimmungen des Armengesetzes §. 1, §. 17, §. 20 ꝛc. ein Erstattungs-Anspruch gegen die Gemeinde von A. oder irgend einen andern Armenverband zusteht. Die Gemeinde-Behörde von A. mag sich durch ihr Verhalten disciplinarisch verantwortlich gemacht, ja sie mag sogar, wie wir weiter unten im Cap. XXIII. sehen werden, sich nebenher regreßpflichtig gemacht haben, das Alles kann für den Fall der Erkrankung die Gemeindebehörde von B. nicht von der Verpflichtung entbinden, dem dort selbst nur zufällig sich Aufhaltenden so lange die nothwendige Hülfe angedeihen zu lassen, bis er unbeschadet seiner Gesundheit den Ort B. wieder verlassen und seinen sonstigen gewöhnlichen Aufenthaltsort wieder aufsuchen kann. Liegt dagegen ein solcher Dringlichkeitsfall nicht vor, d. h. kann der Hülfesuchende unbeschadet seiner Gesundheit wieder nach A. als nach seinem zeitweiligen Aufenthaltsort (§§. 26, 27) von B. aus zurückgeschickt werden, so ist im gewöhnlichen Wege (vergl. oben Cap. XIII.) gegen die Gemeinde von A. zu verfahren, ohne daß wegen des zufälligen Sitzes der Ortspolizeibehörde über A. in B. von einer Concurrenz der Gemeinde B., von einem negotium der Armenpflege in loco für sie die Rede sein kann.

C. Ganz dieselbe Regel und derselbe wesentliche Unterschied zwischen den eine augenblickliche Hülfe nach §. 29 erheischenden Krankheitsfällen und anderen Unterstützungsfällen wird da zu beobachten sein, wo die Hülfe nicht bei der Ortspolizeibehörde, sondern bei dem Landrath an dessen Wohnort C., von dem in seinem Kreise belegenen Orte A. aus, nachgesucht wird. Handelt es sich in einem solchen Fall um Unterstützung durch Gewährung eines Obdachs oder anderer Lebensbedürfnisse, so wird der Landrath die Gemeinde A. entweder direct oder durch entsprechende Anweisung der Ortspolizeibehörde zur Gewährung der Unterstützungen anzuhalten haben, falls er nicht die vorläufige Einweisung in eine Landarmen-Anstalt (§. 28) für erforderlich hält. Meldet sich aber der die Hülfe des Landraths Anrufende bei ihm als krank und bestätigt sich diese Angabe dergestalt, daß eine augenblickliche Hülfe am Wohnorte des Landraths nach §. 29 unerläßlich wird, so würde die Gemeinde dieses Wohnorts C. den Nothleidenden, obwohl er sich eben nur zu einem bestimmten Geschäfte, d. h. also eben auf der Reise dort eingefunden, vorläufig zu verpflegen haben.*)

D. Daneben hat in dem Fall, wo es an einem im Kreise belegenen, nach §. 27 zur vorläufigen Unterstützung heranzuziehenden Aufenthaltsorte fehlt, der Landrath nach §. 28 die Befugniß, den zu Unterstützenden in ein Landarmenhaus abliefern zu lassen. Diese Ablieferung erfolgt auf Anordnung des Landraths, ohne daß es dieserhalb einer zuvor einzuholenden Aufnahmegenehmigung bedarf. Es ist vielmehr in allen Theilen der Monarchie dafür gesorgt, daß die betreffenden Verwaltungs-Directionen der Landarmenverbände, deren Geschäfte bekanntlich theils von den einzelnen Regierungen, theils von besonderen ständischen Behörden wahrgenommen werden, die ihnen untergebenen einzelnen Landarmenanstalten generell dahin angewiesen haben, den ihnen von den Landräthen auf Grund des §. 28 zu-

*) Ganz unzulässig dagegen wäre es, in allen vorstehenden Fällen sub A. B. C. eine Gemeinde in der Voraussetzung, daß sie der nach §. 1. §§. 17 sequ. §§. 20 sequ. pflegeschuldige Armenverband sei, ohne vorgängige (resolutorische) Entscheidung der Landes-Polizeibehörde (nach §. 34) zur Unterbringung, zur Verpflegung rc. eines Nothleidenden im polizeilichen Zwangswege (z. B. durch Transport) anhalten zu wollen, wenn der zu Unterstützende zur Zeit des eben eingetretenen Bedürfnisses nicht dort, sondern an einem anderen Orte entweder als im „Kreise einheimisch" (§. 27) in Wirklichkeit seinen Aufenthalt hat, oder wenn die Nothwendigkeit der Unterstützung während seiner Anwesenheit an einem anderen Orte für ihn selbst als einen „im Kreise nicht einheimischen" Fremden (§. 28) zur Kenntniß der Localbehörden gelangt.

gewiesenen Personen ohne Weiteres Eintritt und Aufnahme zu gewähren. Die Landräthe sind verpflichtet, in solchem Fall sich der Ermittelung über die persönlichen Verhältnisse rc. des Aufgenommenen zu unterziehen, damit der pflegeschuldige Armenverband zur Kostenerstattung herangezogen, event. auf Instanz des verpflegenden Landarmenverbandes nach §. 34 resolutorisch dazu verurtheilt werden kann.*)

E. Wir werden hiernach also die Regel festzuhalten haben,

1. daß über die nach §§. 25—31, §§. 14, 15, 16 von den Communen und Gutsherrschaften, sowie von den Landarmenverbänden zu erfüllenden polizeilichen resp. reglementarischen Verpflichtungen der Rechtsweg ausgeschlossen ist, und
2. daß, soweit es sich um Erzwingung dieser Verpflichtungen in concreto handelt, die betreffende Anordnung der Orts- resp. Kreispolizeibehörde, sowie die etwa im Aufsichtswege ergehenden Verfügungen der Landespolizeibehörde weder ihrer Natur, noch ihrem Gegenstande nach zu den vermögensrechtlichen Entscheidungen zwischen verschiedenen Armenverbänden nach §. 34 gehören, und
3. daß deshalb alle derartigen Anordnungen niemals in resolutorischer Form, sondern lediglich im Wege gewöhnlicher Verfügungen zu erlassen sind.

Diese letzte Regel, welche das Ministerium des Innern wiederholt in Erinnerung gebracht hat, haben wir schon öfter Gelegenheit gehabt, dringend zur Beachtung zu empfehlen. Hätte z. B. die Regierung zu Arnsberg in dem im Cap. XIV. erwähnten Streitfall wegen der vorschußweisen Kostenerstattung durch den Landarmen-Verband von Westphalen an den Ortsarmenverband von Altena für den erkrankten Arbeitsmann Schmidt sich darauf beschränkt, diese Kosten als durch die Erkrankung desselben entstandene unvermeidliche Ausgaben der Armenpflege festzusetzen, so würde, falls der Landarmenverband dennoch dieser Verfügung nicht nachgekommen wäre, und die Vertretung der Gemeinde Altena in dem Streit mit dem wirklich pflegeschuldigen Armenverband verweigert hätte, es lediglich Sache der Aufsichtsbehörde des Landarmenverbandes, in höchster Instanz also Sache des Ministeriums des Innern gewesen sein, im Aufsichtswege die Verwaltungsbehörde des Verbandes anzuhalten, ihrer Verpflichtung zu genügen, unbeschadet des Rechts des Landarmenverbandes, die betreffende Ausgabe in seinen Rechnungen ante lineam zu stellen und dieselben von dem vermögensrechtlich verpflichteten Armenverband im Wege des Verfahrens nach §. 34 des Armengesetzes einzuziehen.

---

*) Erst nach erfolgter Unterbringung an einem bestimmten Ort, resp. im Landarmenhause kann die Sache zur resolutorischen Entscheidung der Regierung gegen den von dem verpflegenden Orts- oder Landarmenverband in Anspruch genommenen Armenverband eingereicht werden.

Es kann nicht genug daran erinnert werden, daß die Aufrechthaltung der oben festgestellten Grenzen der polizeilichen Competenz nur möglich ist, wenn zunächst die Verwaltungsbehörden bei ihren Entscheidungen und Anordnungen in Armensachen vor allen Dingen darüber zur Gewißheit gelangen, ob es sich um eine nach den §§. 25—31 resp. §§. 14, 15, 16 zu erlassende Anordnung oder um eine Entscheidung zwischen verschiedenen Armenverbänden im Sinne des §. 34 des Armengesetzes mit Vorbehalt des Rechtsweges handelt, und daß sie nur im letzteren Falle die resolutorische Entscheidungsform zu wählen haben.

Fünftes Buch.

Achtzehntes Kapitel.

Fragen wir nun nach den Grenzen der richterlichen Competenz gegen die wirklichen Entscheidungen der Landespolizeibehörde im Streit zwischen verschiedenen Armenverbänden nach §. 34 des Armengesetzes, so wird es hier am Orte sein, uns zunächst nochmals den Wortlaut des §. 34 zu vergegenwärtigen. Derselbe lautet:

„Ueber Streitigkeiten zwischen verschiedenen Armenverbänden entscheidet die Landes-Polizeibehörde. Betrifft der Streit die Frage, welcher von diesen Verbänden die Verpflegung des Armen zu übernehmen habe, so findet gegen jene Entscheidung der Rechtsweg statt, doch muß letztere bis zur rechtskräftigen Beendigung des Prozesses befolgt werden. Ueber den Betrag der Verpflegungskosten ist der Rechtsweg nicht zulässig."

Haben wir nun in den vorigen Kapiteln als erste Consequenz dieses Wortlauts des §. 34 gesehen, daß der Rechtsweg nur gegen die Entscheidungen der L a n d e s - Polizeibehörde und nicht gegen die Anordnungen der O r t s - resp. Kreis-Polizeibehörde stattfindet, so gelangen wir hier mit gleicher Nothwendigkeit zu der weiteren Consequenz, daß auch in wirklichen Streitigkeiten zwischen verschiedenen Armenverbänden der Rechtsweg nur als Ausnahme und also nicht gegen j e d e Entscheidung der Landes-Polizeibehörde zulässig ist.

A. Fragen wir nun, in welchen Streitigkeiten die Landes-Polizeibehörde zwischen verschiedenen Armenverbänden mit resp. ohne Vorbehalt des Rechtsweges zu entscheiden hat, so giebt uns der §. 34 hierüber einen ganz bestimmten Aufschluß, indem er die Zulässigkeit des Rechtsweges auf die Frage beschränkt:

„welcher der streitenden Verbände die Verpflegung d e s A r m e n zu übernehmen habe."

Die Titel für diese vermögensrechtliche Verpflichtung der Ortsarmenverbände sind, wie wir bereits öfter hervorgehoben haben und wie der Wortlaut beweist, die §§. 1, 2, 3 (Alinea 1 Artikel I des Ergänzungsgesetzes)

§§. 4, 17—22 (Artikel V des Ergänzungsgesetzes) und hinwiederum die §§. 9, 13, 23, 24 des Armengesetzes und Artikel II des Ergänzungsgesetzes für die vermögensrechtliche Verpflichtung der Landarmenverbände. Alle diese Bestimmungen haben das miteinander gemein, daß die Ablehnung der daraus zu folgernden vermögensrechtlichen Verpflichtung Seitens des in Anspruch genommenen Armenverbandes an und für sich das polizeiliche Interesse des Staats für eine gesicherte Armenpflege unberührt läßt. Für die letztere ist und bleibt daneben immer gesorgt, theils durch die von uns im Vierten Buch besprochenen polizeilichen Bestimmungen des Armengesetzes, theils durch die den Staatsbehörden obliegende Verpflichtung, darüber zu wachen, daß es keines Orts an den zur Gewährung der Armenpflege in loco verbundenen und vermögenden Gemeinden &c. fehle.

Soweit also der Streit zwischen verschiedenen Armenverbänden über die Frage, welcher Verband nach den persönlichen Verhältnissen des Armen selbst, in Betreff seiner Person zur Kostenerstattung resp. zur Abnahme der ferneren Fürsorge verbunden sei, hinausgeht, so weit ist eben gegen die etwa zu treffende Entscheidung der Landes-Polizeibehörde der Rechtsweg nicht zulässig. Die Klage gegen eine Entscheidung der Landes-Polizeibehörde zwischen streitenden Armenverbänden nach §. 34 kann daher nicht auf jede beliebige Weise fundamentirt werden, sondern sie kann sich nur auf jene Vorschriften des Armengesetzes gründen, nach welchen in Betreff der bestimmten Person des, von dem klagenden Verbande einstweilen in Pflege genommenen oder unterstützten Armen die vermögensrechtliche Verbindlichkeit des in Anspruch genommenen Orts- oder Landarmen-Verbandes sich richtet.

Wenn also der §. 34 zwar am Schlusse besonders hervorhebt, daß auch in den, dem event. Rechtswege zugewiesenen Streitigkeiten über den Betrag der Verpflegungskosten der Rechtsweg unzulässig sei, so ist hiermit noch keineswegs ausgesprochen, daß in allen anderen Streitigkeiten zwischen verschiedenen Armenverbänden, welche nicht grade die Festsetzung des Betrages der Verpflegungskosten betreffen, der Rechtsweg gegen die Entscheidung der Landes-Polizeibehörde zulässig sein müsse: es muß vielmehr, wie wir im zehnten Kapitel bereits angedeutet haben, außer den Streitigkeiten über den Betrag der Verpflegungskosten doch noch andere Streitigkeiten zwischen verschiedenen Armenverbänden geben, auf welche die Regel des §. 34, d. h. die Entscheidung der Landes-Polizeibehörde ohne Zulassung des Rechtsweges Anwendung findet.

B. Lassen wir die Frage nach den übrigen Streitigkeiten, über welche zwischen Armenverbänden als solchen, d. h. also nach den Bestimmungen des Armengesetzes von der Landes-Polizeibehörde mit Ausschluß des Rechtsweges nach der Regel des §. 34 zu entscheiden ist, hier einstweilen auf sich beruhen, und fassen wir zunächst nur die Consequenzen ins Auge, welche für die Abgrenzung der richterlichen Competenz sich aus der ausdrücklichen Bestimmung des §. 34 ergeben, daß

„über den Betrag der Verpflegungskosten der Rechtsweg unzulässig sei."

Diese Bestimmung steht begreiflicher Weise im nächsten Zusammenhange mit dem Wortlaut des §. 33 des Armengesetzes, wonach bekanntlich

„einen Anspruch auf Verpflegung der Arme gegen einen Armenverband niemals im Rechtswege, sondern nur bei der Verwaltungsbehörde geltend machen kann, in deren Pflicht es liegt, keine Ansprüche zuzulassen, welche über das Nothwendige hinausgehen".

Es entspricht dies also genau dem von uns bereits in der Einleitung hervorgehobenen Zweck der Armengesetzgebung, daß

im Interesse der öffentlichen Sittlichkeit und zur Vermeidung jeder Aufforderung, sich ohne Selbstthätigkeit auf die öffentliche Armenpflege zu verlassen, nur das unumgänglich Nothwendige dem Hülfesuchenden verabfolgt werde.

Der Staat hat also es als seine eigene Aufgabe erkannt, dafür zu sorgen, daß diesem Zweck unbedingt entsprochen werde, und daß theils bei der Verpflegung des Armen selbst dieser Zweck innegehalten, andererseits aber auch, daß die Umgehung desselben nicht dadurch möglich und der Zweck der öffentlichen Armenpflege vereitelt werde, daß bei Ansprüchen eines Armenverbandes gegen den andern, dieser Zweck ignorirt und die dadurch gesteckten Grenzen der Verpflichtung des in Anspruch genommenen Verbandes überschritten werden.

Da nun die Wahrnehmung dieses Zweckes durch §. 33 und den Schlußsatz des §. 34 lediglich in die Hände der Verwaltungsbehörden gelegt ist, so folgt von selbst, daß der Gesetzgeber in dieser Beziehung beim Streit zwischen verschiedenen Armenverbänden einen Eingriff in diese officia seiner Verwaltungsbehörden nicht statuiren konnte, und daß er vielmehr durch die der Landes-Polizeibehörde übertragene Vorentscheidung einen unabänderlich feststehenden Rahmen hinstellen mußte, in welchem sich die richterlich vermögensrechtliche Entscheidung zwischen den Parteien zu halten hat.

Es lag hierin selbstredend kein bloßes büreaukratisches Mißtrauen gegen die Befähigung des Richterstandes und gegen seine Aussprüche, sondern der Gedanke, daß der Richter in dem formell geregelten Prozeßverfahren ja überhaupt niemals eine objectiv den Verhältnissen entsprechende Entscheidung nach seiner Anschauung zu fällen hat, sondern daß er oft ganz gegen seine innere Ueberzeugung von der vorhandenen Wirklichkeit bei Fällung des Urtels gebunden ist an die abgegebenen oder unterlassenen Erklärungen der Parteien, an mangelhafte Zeugenaussagen, Instrumente ꝛc. Interessen also, die, wie die obigen, ohne Gefährdung des Gesammtwohls eine der objectiven Wirklichkeit nicht entsprechende Entscheidung nicht vertragen, können auch in den Kreis der prozessualischen Entscheidung nicht hineingezogen werden.

Um also den Richter in den Stand zu setzen, darüber zu urtheilen, ob beim Eintritt der öffentlichen Fürsorge für eine bestimmte Person die vermögensrechtliche Verpflichtung eines anderen Armenverbandes durch dreijährigen Aufenthalt, durch einjährigen Wohnsitz begründet, oder durch dreijährige Abwesenheit erloschen war, mußte zur Vermeidung von unauflöslichen Collisionen vorher festgestellt werden, ob und in welchem Zeitpunkt denn wirklich das Bedürfniß der Armenpflege vorgelegen.

Dies haben wir bereits im Kap. XI erörtert und dort gesehen, daß eben aus diesem Grunde die prozessualische Entscheidung in streitigen Armensachen allemal die vorgängige Entscheidung der Landespolizei-Behörde nach §. 34 erheischt, und hierin liegt also die erste, unerläßliche Einschränkung der richterlichen Competenz in Streitigkeiten zwischen verschiedenen Armenverbänden nach §. 34 des Armengesetzes. Wir haben oben im Kap. XI bereits gesehen, wie das Plenum des höchsten Gerichtshofes in den Gründen des Plenarbeschlusses vom 21. Febr. 1853 (Entsch. Bd. 24 S. 253 sequ.) diesen Grundsatz vertritt. Der höchste Gerichtshof macht dort nicht blos den Anspruch eines Armenverbandes gegen den andern, sondern selbst den Anspruch eines Dritten, der dem Armen ohne Auftrag der Gemeinde Hülfe geleistet haben will, gegen den pflegeschuldigen Armenverband*) von der unerläßlichen Vorentscheidung der Verwaltungsbehörde abhängig,

„da der Arme, dessen Anspruch auf Unterstützung von der Verwaltungsbehörde wenigstens nicht in dem von ihm verlangten Maße oder in der von ihm geforderten Art gewährt wird, jene Frage unter der Firma eines Dritten stets der richterlichen Cognition zu unterbreiten im Stande sein würde. Dies widerstreitet sowohl der Absicht als dem Sinne des Gesetzes, um so mehr, als dadurch nicht bloß eine Aenderung in dem gesetzlich vorgezeichneten formellen Gange des Verfahrens, sondern auch eine wesentliche Umwandlung der Verbindlichkeit selbst zum Nachtheil des Verpflegten bewirkt wird.“ (Seite 255.)

„Es würde dadurch,“ so heißt es auf S. 253, 254 „die Absicht des Gesetzgebers vereitelt werden, welche dahin geht, rc. daß über das nothdürftige Maß und die Art dieser Verpflegung niemals die Gerichte, sondern lediglich die Verwaltungsbehörden statuiren sollen, und daß die Entscheidung von Streitigkeiten zwischen den verschiedenen Armenverbänden über die Frage: wer von ihnen die Verpflegung zu übernehmen habe? zunächst der Landespolizeibehörde, — mit Vorbehalt der Provocation auf richterliches Erkenntniß — zustehe.“

Auch nach der Ansicht des Competenz-Gerichts-Hofes fehlt es, wie wir im Kap. XI aus dem Erk. vom 13. Novbr. 1859 ersehen haben,

„an jedem, auch nur scheinbaren Grunde, wenn das Appellationsgericht zu Marienwerder in Ansehung der Zuständigkeit der Festsetzung des Betrages der Verpflegungskosten unterscheiden will: ob dieselben noch zu verwenden oder schon verwendet worden? und für den letzteren Fall den §. 34 nicht für gegeben erachtet.“

---

*) Wie weit ein solcher Anspruch eines Dritten überhaupt materiell denkbar ist, werden wir später sehen.

C. Diese Festsetzung des Verpflegungskosten-Betrages zerfällt naturgemäß in die Beantwortung zweier Fragen:

a) der Frage: ob überhaupt dem erhobenen Anspruch ein Akt der öffentlichen Armenpflege in quali zu Grunde liegt,

b) der Frage: ob und in welchem Umfange die dafür berechneten Kosten dem Bedürfniß der Armenpflege in quanto entsprechen?

ad a) ist es also zunächst die Frage, ob die klagende Gemeinde wirklich einen Act der Armenpflege durch die für ein hülfloses Individuum gemachten Aufwendungen geleistet hat, welche von der Verwaltungsbehörde ausschließlich zu prüfen ist. Es kann nämlich sehr wohl Fälle geben, in denen Personen in die Lage gerathen, nicht selbst für ihren Unterhalt sorgen zu können, weil ihnen durch äußere Umstände, insbesondere durch thatsächliche Einschränkung ihrer Freiheit im öffentlichen Sicherheitsinteresse die Gelegenheit und Möglichkeit hierzu entzogen ist. Dies ist insbesondere der Fall, wenn Jemand von der Polizeibehörde in Haft genommen ist, oder wenn er sich in gerichtlicher Untersuchungs- oder Strafhaft befindet. Wir wollen auch hier die weitführende sachliche Frage auf sich beruhen lassen, wo die Grenzen zwischen derartigen Kosten als Lasten der Polizeiobrigkeit, des Criminalfonds oder aber der öffentlichen Armenpflege liegen. Wir haben auch hier nur lediglich die Competenzfrage zu erörtern, und hier haben wir eine Entscheidung des Competenz-Gerichtshofs vor uns, welche in vollständigster Uebereinstimmung mit den Grundsätzen der Verwaltungsbehörden und mit den wiederholt von uns angeführten Aussprüchen der Gerichte die Frage: wie weit im concreten Falle eine, für eine Person gemachte Aufwendung aus öffentlichen Mitteln als Act der öffentlichen Armenpflege anzusehen sei, dem Rechtswege unbedingt entzieht, und dieselbe den Verwaltungsbehörden überweist.

Diese Entscheidung datirt vom 8. April 1854 (M.-Bl. f. i. V. S. 168).

Es handelte sich in diesem Fall um einen Streit des Ortsarmenverbandes von N. wider den Landarmenverband wegen Erstattung von 4 Thlr. 15 Sgr., welche der Erstere durch Verabfolgung von Bekleidungsstücken an den Fischer W. im Wege der öffentlichen Armenpflege verauslagt haben wollte. Nach der, von der betreffenden Landes-Polizeibehörde, resp. dem Ober-Präsidium als Aufsichtsinstanz des Landarmenverbandes getroffenen Vorentscheidung war jene Aufwendung nicht als auf einem Act der Armenpflege beruhend, sondern als eine lediglich im polizeilichen Interesse erfolgte Aufwendung erachtet, und deshalb der von der Commune N. erhobene Anspruch ihr selbst, in ihrer Eigenschaft als Local-Polizei-Obrigkeit, nicht aber dem Landarmenverbande zur Last gelegt worden. Gegen diese Entscheidung ergriff die Commune N. den Rechtsweg. Derselbe wurde von dem Competenz-Gerichtshof in der allegirten Entscheidung nach §. 34 des Armengesetzes für unzulässig erachtet. Der Competenz-Gerichtshof spricht sich hierbei über die Bedeutung des §. 34 wörtlich, wie folgt, aus:

„Er (der §. 34) weist alle Streitigkeiten zwischen verschiedenen Armenverbänden der administrativen Entscheidung zu und läßt den Rechtsweg gegen diese Entscheidung nur in dem einen Falle offen, wenn darüber gestritten wird, welchem Armenverbande die Verpflegung des Armen obliege. Diese Ausnahme betrifft aber nicht die Entscheidung darüber, ob die Person, um die es sich handelt, als Armer anzusehen und überhaupt von einer, vermöge der Armenpflege zu gewährenden Leistung die Rede sei; sie setzt vielmehr dies als feststehend voraus und läßt das richterliche Urtheil nur darüber zu, ob dieser oder jener Armenverband die Last der Armenpflege zu tragen habe. In Bezug auf die Vorfrage selbst, ob es sich überhaupt von einem Armen und von einer, vermöge der Armenpflege zu gewährenden Leistung handle, giebt der §. 34 dem Rechtswege gegen die administrative Entscheidung keinen Raum; es hat mithin, wenn diese verneinend ausgefallen ist, bei der administrativen Entscheidung sein Bewenden, und der obenerwähnte Fall, in welchem ausnahmsweise die richterliche Cognition angerufen werden darf, kann demnächst nicht weiter in Frage kommen.

Wenn nun in dem vorliegenden Fall das Königl. Ober-Präsidium in Uebereinstimmung mit den in einem Erlasse des Herrn Ministers des Innern vom 5. April 1853 anerkannten allgemeinen Grundsätzen unterm 26. Mai 1853 dahin entschieden hat, daß die Anschaffung der Bekleidung für den mittellosen aber arbeitsfähigen W. nicht dem Landarmenverbande, sondern der Orts-Polizeiverwaltung, also nicht der Armenpflege, sondern der Polizei zur Last falle, — so liegt eben darin die Entscheidung, daß der W. als eine Person, deren die Armenpflege sich anzunehmen gehabt hätte, also als ein Armer nicht anzusehen gewesen sei. Diese Entscheidung kann nach dem Obenbemerkten im Rechtswege nicht angefochten werden."

An diesen Grundsätzen hat auch das Ministerium des Innern stets unverbrüchlich festgehalten (vergl. z. B. Minist.-Rescr. vom 25. Februar 1860, M.-Bl. f. i. V. S. 38).

In gleicher Art ist daher auch, wie wir bereits im fünfzehnten Kapitel gesehen haben, bei der Festsetzung von Liquidationen für die Kur und Verpflegung fremder, kranker Personen die Frage: ob die einzelnen in Rechnung gestellten Positionen in quali zu den sogenannten Verwaltungskosten resp. den Arztgebühren gehören und ob sie deshalb nach §. 30 von der vorschußweisen Erstattungs-Forderung gegen den Landarmenverband abzusetzen oder gegen denselben festzusetzen sind, mit Ausschluß des Rechtsweges lediglich der Entscheidung der Landes-Polizeibehörde resp. der Aufsichtsinstanz der letzteren, d. h. also dem Ministerium des Innern vorbehalten. Auch hierüber kann an und für sich nach dem eben angeführten Erkenntniß des Kompetenz-Gerichtshofes, sowie nach dessen oben angeführter Entscheidung vom 13. Nov. 1859, ein Zweifel nicht wohl obwalten.

Da nun

ad b) die Frage über die Angemessenheit des Betrages in quanto für die dem pflegeschuldigen Verbande in Rechnung gestellten Positionen nach dem eigenen Wortlaut des Gesetzes und nach den übereinstimmenden, von uns citirten Entscheidungen des Plenums des Königl. Ober=Tribunals resp. des Kompetenz=Gerichtshofes ausschließlich der Entscheidung der Landes=Polizeibehörde zugewiesen ist, so werden wir also, was die Abgrenzung der richterlichen Competenz betrifft, zu dem ausnahmslos geltenden Satz gelangen,

daß die Frage: ob in einem bestimmten Fall ein erhobener Anspruch in quali und quanto in den Grenzen der öffentlichen Armenpflege liegt, und sich zur Begründung eines Anspruchs gegen einen Orts= oder Landarmenverband eignet,

unbedingt der Entscheidung des Prozeßrichters entzogen ist.

Hat also bei der nach §. 34 zu treffenden Vorentscheidung die Landes=Polizeibehörde den Anspruch aus dem Grunde abgelehnt, weil sie denselben in quali überhaupt nicht zur Verfolgung und Provocation im Wege des §. 34 des Armengesetzes für geeignet hält, so kann hiergegen der Rechtsweg nicht stattfinden, und deshalb sind eben die Landes=Polizeibehörden angewiesen worden, derartige Entscheidungen nicht in resolutorischer Form, sondern in Form bloßer Verfügungen zu treffen. (Vergl. Minist.=Rescr. vom 25. Febr. 1860, M.=Bl. f. i. V. S. 38 und vom 16. Dezbr. 1860, M.=Bl. f. i. V. 1861 S. 15.) [Anl. T 1 u. T 2.]

D. Mit gleicher Nothwendigkeit wird also auch, wenn die Frage: ob kein Act der öffentlichen Armenpflege in einem bestimmten Falle vorgelegen, resp. ob kein Bedürfniß für die in Rechnung gestellten, gewährten Unterstützungen vorhanden gewesen ist, dem Richterspruch unbedingt entzogen, und der ausschließlichen Beurtheilung der Landes=Polizeibehörde vorbehalten ist, es lediglich Sache der letzteren sein, darüber zu urtheilen, in welchem Zeitpunkt und also auch an welchem Orte ein solches Bedürfniß stattgefunden. Wie soll der Prozeßrichter, wenn er die Grenzen des Bedürfnisses der öffentlichen Armenpflege, selbst für einen einzelnen Fall, nicht, weder in quali noch quanto bestimmen kann, darüber urtheilen, ob ein solches Bedürfniß der Armenpflege heute, vor drei Wochen, vor einem halben Jahr stattgefunden, und wie soll der Prozeßrichter, wenn er hierzu nicht im Stande ist, darüber urtheilen, ob für eine bestimmte Person, während letztere sich heute in Berlin aufhält, oder als dieselbe sich vor vierzehn Tagen in Königsberg oder vor einem halben Jahre in Breslau aufhielt, ein Bedürfniß der Armenpflege vorgelegen, und ob die damals resp. dort gemachten Aufwendungen an und für sich in quali, resp. in quanto den gesetzlichen Grenzen eines Acts der öffentlichen Armenpflege entsprachen?

Neunzehntes Kapitel.

Wir würden uns in der That der fortwährenden Wiederholung dieser Sätze und Fragen für überhoben halten, wenn wir nicht auch hier durch bereits gemachte Erfahrungen genöthigt würden, die Folgen zu charakterisiren, welche das Abweichen von diesen Grundsätzen sofort für die tägliche Praxis nach sich ziehen muß. Wir haben schon im Kap. II die Auffassung des Ersten Senats K. Ob.=Trib. widerlegt, als könne der Landarmenverband, in dessen Bezirk ein Bedürfniß der Armenpflege eingetreten, und der also in solchem Falle, in Ermangelung eines pflegeschuldigen Ortsarmenverbandes nach §§. 9 und 12 des Armengesetzes der allein verpflichtete ist, sich von dieser Verpflichtung mit der Behauptung befreien, daß das in seinem Bezirk eingetretene Bedürfniß der Armenpflege schon früher in dem Bezirk eines anderen Landarmenverbandes eingetreten sei, und daß deshalb der letztere ihm für die aufgewendeten Unterstützungen nach §. 12 a. a. O. aufzukommen resp. ihm die ferner nothwendig werdende Unterstützung abzunehmen habe. Insbesondere haben wir darauf hingewiesen, daß eine solche Auffassung nicht nur mit dem gesetzlichen Elementar=Begriff des Bedürfnisses der Armenpflege unvereinbar sei, sondern daß darin gleichzeitig für den Prozeßrichter eine gar nicht zu vermeidende Nöthigung liegen würde, über die Grenzen seiner Competenz hinaus die Frage vor sein forum zu ziehen, ob und von welchem Zeitpunkte ab ein Bedürfniß der Armenpflege anzuerkennen wäre. Der folgende Spezialfall wird die unmittelbaren Folgen dieser richterlichen Competenz=Ueberschreitung für die tägliche Praxis noch ersichtlicher machen:

Am 16. September 1851 wurde die Wittwe Benouit nebst drei bei ihr befindlichen Enkelinnen, von denen die älteste erst 9 Jahr alt war, in der Gegend von Essl. im Regierungsbezirk Arnsberg, polizeilich aufgegriffen und auf Anordnung der dortigen Polizeibehörde nach der in ihrem Passe, welcher von dem Königl. Hannöverschen Amte Aurich ausgestellt war, bezeichneten Gemeinde Burglahr, im Kreise Altenkirchen, mittelst förmlichen Transports abgeführt. Sechs Tage später, am 22. Septbr. 1851 kamen sie zu Waldbreitbach im Kreise Neuwied, Regierungsbezirk Koblenz an, woselbst sie seit diesem Tage, die Wittwe Benouit bis zu ihrem am 24. Dezbr. 1854 erfolgten Tode, auf Kosten des Landarmenfonds des Regierungsbezirks Koblenz verpflegt worden sind. Der Landarmenverband von Koblenz beantragte bei der Regierung zu Arnsberg die resolutorische Entscheidung gegen den dortigen Landarmenverband, mit der Behauptung, daß die Hülfsbedürftigkeit der Wittwe Benouit und ihrer Enkel im dortigen Bezirk entstanden und nur zu Unrecht die polizeiliche Fortschaffung der Wittwe in den Bereich des Bezirks des Landarmenverbandes von Koblenz erfolgt sei. Die Regierung zu Arnsberg entschied auf Grund des §. 34 des Armengesetzes abweisend, indem sie in einem förmlichen Resolut vom 23. Aug. 1852 ausführte, daß zwar der Transport der Wittwe Benouit von Essl. gesetzlich durchaus unzulässig gewesen, daß aber faktisch dadurch die dortige Gemeinde als solche einer weiteren Fürsorge überhoben worden, und daß das 6 Tage später in Waldbreitbach eingetretene Bedürfniß der Armenpflege nicht als bereits 6 Tage vorher im Bezirk des Landarmenverbandes von Westphalen eingetreten betrachtet werden könne. Hiergegen wurde der Rechtsweg von dem Landarmenverbande des Regierungs-Bezirks Koblenz wider den Landarmenverband von Westphalen beschritten. Die Klage wurde eingeleitet, und vom Prozeßrichter in I. Instanz abgewiesen, und dies Erkenntniß, nachdem es in II. Instanz nach dem Klage-Antrage abgeändert war, in III. Instanz durch Erkenntniß des Ersten Senats des K. O.-Trib. vom 24. Septbr. 1858 (Strieth. Arch. Bd. 30 S. 266) wieder hergestellt. In den Gründen dieses Erkenntnisses weist der Erste Senat zunächst nach, daß, da für die Wittwe Benouit noch vor Publication des Ergänzungs-Gesetzes vom 21. Mai 1855 die öffentliche Fürsorge nothwendig geworden auch keine Anordnungen wegen ihrer Rücknahme Seitens der Preußischen Regierung getroffen worden, sie vielmehr auf Grund eines hannöverschen Reisepasses nach Preußen ihren Eintritt genommen, auf sie die Bestimmungen des Alinea 2 des §. 12 des Arm.-Ges. resp. Art. II des Erg.-Ges. vom 21. Mai 1855 nicht Anwendung fänden.

Wir wollen die Richtigkeit dieser Behauptung gänzlich dahin gestellt sein lassen, und uns zugleich zu denjenigen Punkten des Erkenntnisses wenden, welche für die vorliegende Competenzfrage von Bedeutung sind.

Es ist nun, wie es scheint, von keiner Seite bestritten worden, daß an und für sich für die Wittwe Benouit und ihre drei Enkel kein pflegeschuldiger Ortsarmenverband nachzuweisen, und daß also die Fürsorgeverpflichtung für sie eine Provinziallast im Sinne des §. 9 des Armengesetzes war. Es lag daher hier genau derselbe Fall vor, wie bei dem, von uns im Kap. II besprochenen Erkenntniß des Ersten Senats in Betreff der nnverehl. G. [**Anl. E.**], d. h. es wurde Seitens des Landarmenverbandes, welcher der ihm associirten Gemeinde Waldbreitbach die Fürsorge für die Wittwe Benouit und deren Enkelinnen, in Ermangelung eines pflegeschuldigen Ortsarmenverbandes, zufolge §§. 9 u. 12 des Armengesetzes abgenommen hatte, die Behauptung aufgestellt: **daß** am 22. Septbr. in Waldbreitbach eingetretene Bedürfniß der Armenpflege sei schon 6 Tage vorher in Essl., im Bezirk des Landarmenverbandes von Westphalen eingetreten, und deshalb sei nicht der Landarmenverband von Koblenz, sondern nach §. 12 des Armengesetzes der Landarmenverband von Westphalen zur Fürsorge verbunden.

Wir können hier, was die sachlichen Mißverständnisse, welche dieser Ansicht zu Grunde liegen, betrifft, wohl Bezug nehmen auf dasjenige, was darüber im Kap. II ausgeführt ist. Wir wollen auch hier nur die Competenzfrage zur Erörterung ziehen und daran erinnern, daß wir schon damals Seite 40 darauf hingewiesen haben, daß eine solche Entscheidung, wenn dieselbe überhaupt nach dem Wortlaut und der Bedeutung des §. 12 resp. §. 33 des Arm.=Ges. möglich wäre, unter allen Umständen der Competenz des Prozeßrichters entzogen sein würde.

Während nun in dem Streitfall zwischen dem Landarmenverband von Berlin wider den Landarmenverband von Altpommern der Erste Senat in dem Erkenntniß vom 14. Septbr. 1857 [**Anl. E.**] dahin entschieden hatte, daß wegen des für die unverehl. G. im Bezirk des Verklagten früher eingetretenen Bedürfnisses der Armenpflege, dieselbe eine Landarme geworden und als solche dem dortigen Landarmenverbande dergestalt angehörig geblieben, daß derselbe auch für das später in einem anderen Bezirk eingetretene Bedürfniß der Armenpflege für die G. und deren Kind aufzukommen habe, weist derselbe Senat im vorliegenden Fall den erhobenen Anspruch des Landarmenverbandes von Koblenz gegen den Landarmenverband von Westphalen zurück, indem er constatirt, daß in dem Bezirk des letzteren ein Bedürfniß zur Armenpflege am 16. Septbr. 1851 für die Wittwe Benouit und die drei Kinder noch nicht vorgelegen, sondern solches erst am 22. Sept. desselben Jahres in Waldbreitbach eingetreten sei. Hören wir, wie sich der Erste Senat in dem vorerwähnten Erkenntniß hierüber ausspricht. Er sagt:

„Unstreitig hat sich das Hülfsbedürfniß der Benouit und ihrer Enkelinnen am 22. Septbr. 1851 bei deren Eintreffen zu Waldbreitbach im Bezirk des Klägers hervorgestellt, und hat es sich erst in diesem Zeitpunkte herausgestellt, so ist Kläger außer allem Zweifel der Verpflichtete, er hat durch die Leistung der Fürsorge nur dasjenige erfüllt, wozu er gesetzlich verpflichtet war. Die Frage kann nur noch sein, ob jenes Bedürfniß sich schon 6 Tage früher in Essl. im Bezirk des Verklagten hervorgestellt habe?

Nach der Ansicht des Appellationsrichters ist dies wirklich der Fall gewesen, nach Lage der Sache aber kann dies nicht angenommen werden. In Essl. ist noch gar kein Pflegebedürfniß eingetreten, die Benouit hat weder mildthätige Geber noch die Obrigkeit um Subsistenzmittel angesprochen. Sie wurde unfreiwilliger Weise auf der Reiseroute weiterbefördert, weil es ihr an Reisemitteln gebrach.

Es mag hier zwar vorsorglich bedacht sein, daß, wenn man sie nicht weiter beförderte, das Pflegebedürfniß klar werden, und dem verklagten Armenverbande nach §. 12 die Pflegelast zu Theil werden würde. Indeß eine wirkliche Pflege durch Anweisung von Obdach, Lebensmitteln und dergl. hat in der That nicht stattgefunden, und die bloßen Reisemittel (deren Beschaffenheit und Betrag nicht einmal bekannt ist) können für eine Fürsorge im Sinne der §§. 1 u. 33 des Gesetzes nicht erachtet werden."

A. Wir sehen hier also zwei preußische Gerichtshöfe in Differenz darüber, ob für die Wittwe Benouit und ihre Enkel, als sie in Essl. aufgegriffen wurden, „im Sinne des §. 33" ein Bedürfniß der öffentlichen Fürsorge obwaltete oder nicht, und ob die durch ihre polizeiliche Fortschaffung erwachsenen Kosten Last der Armenpflege seien.

Und wie beseitigt der Erste Senat das Dilemma, in das ihn auf der einen Seite hier der gegen die resolutorische Entscheidung der Regierung eingelegte Rechtsweg und auf der anderen Seite der Mangel der richterlichen Competenz, den Eintritt der öffentlichen Armenpflege „im Sinn des §. 33" zu constatiren, versetzt? Zunächst erklärt der höchste Gerichtshof, daß die, wegen Mangels an Reise- und Subsistenzmitteln, d. h., mit anderen Worten wegen der Gefahr des Umkommens im Elende auf der Reise, aufgewendeten Transportkosten keine Last der Armenpflege seien. Wir wollen dahin gestellt sein lassen, ob diese Ansicht die richtige ist, wir wollen aber nur fragen, wem die Kosten sonst zur Last fallen würden? — zweifelsohne also dem betreffenden Polizeifonds.

Und wie bringt nun der Erste Senat des höchsten Gerichtshofs seine Competenz zur Entscheidung über die Frage, ob hier in quali ein Akt der Armenpflege vorgelegen mit der oben im Kap. XVIII. angeführten Entscheidung des Competenzgerichtshofes vom 8. April 1854, sowie mit den, fast wörtlich gleichlautenden Ausführungen des Plenums des königl. Ober-Tribunals in den bekannten Entscheidungsgründen vom 21. Februar 1853 in Übereinstimmung? — Er sagt:

„Es mag sein, daß, wenn die Verwaltungsbehörde sie (die Wittwe Benouit) demnächst für arm anerkannt hätte, dieses Anerkenntniß auch auf einen früheren Zeitpunkt, als den des Resoluts vom 23. August 1852, hätte Rückwirkung äußern können.

Die Verwaltungsbehörde hat aber nach §. 33 nur darüber selbstständig und definitiv zu befinden, ob und in welchem Grade Jemand der öffentlichen Fürsorge bedürftig sei?

Wenn es sich dagegen wie hier darum handelt, in welchem Zeitpunkte der Vorzeit er arm geworden, oder das Unterstützungsbedürfniß hervorgetreten sei? so ist den Gerichten darüber die Cognition und Entscheidung ebensowenig, als über die Frage versagt, welcher von zwei Armenverbänden der Verpflichtete sei."

Aus diesem Grunde hält sich denn nun der höchste Gerichtshof für competent, dahin zu entscheiden:

„In Essl. und bis dahin, daß die Familie Benouit im Bezirk des Klägers (des Landarmenverbandes von Koblenz) eintraf, ist noch kein Unterstützungsbedürfniß hervorgetreten, der Verklagte muß daher auch vom Anspruch des Klägers entbunden und demzufolge das Urtheil I. Instanz wiederhergestellt werden."

Wie nun die preußischen Richter den §. 33 und das Schlußalinea des §. 34 des Armengesetzes mit der ihnen hierdurch ertheilten Befugniß, darüber zu befinden, ob pro praeterito Jemand an 14 Tagen oder an 21 Tagen der Armenpflege bedurft hat, vereinigen wollen, das müssen wir denselben freilich überlassen. Ohne Schwierigkeiten dürfte dies immerhin nicht sein, selbst wenn der Competenz-Gerichtshof in der wiederholt von uns angeführten Entscheidung vom 13. Novbr. 1859 sich nicht bereits dahin ausgesprochen hätte, daß es für eine solche Unterscheidung

„an jedem, auch nur scheinbaren Grunde fehle."

B. Wenn aber der Erste Senat weiter sagt:

„es könne nur noch die Frage sein, ob jenes, d. h. das in Waldbreitbach eingetretene Bedürfniß sich schon 6 Tage früher in Essl. hervorgestellt habe" —

und wenn es ferner heißt:

„es mag sein, daß, wenn die Verwaltungsbehörde sie (die Wittwe Benouit) demnächst für arm anerkannt hätte, dieses Anerkenntniß auch auf einen früheren Zeitpunkt als den des Resoluts vom 23. Aug. 1852 hätte Rückwirkung äußern können" —

so sehen wir auch hier die seit dem Erkenntniß vom 21. April 1856 (vergl. oben S. 25, 26) förmlich zum Prinzip erhobene Verwechslung vorwalten, zwischen dem äußeren Eintreten des Mangels, zwischen der Thatsache der Noth und einer fingirten persönlichen Qualität der Verarmung, an welche der §. 12 resp. §. 33 des Armengesetzes nun und nimmermehr denkt. Die Regierung zu Arnsberg hatte es ja in ihrem Resolute anerkannt, der klagende Landarmenverband hatte ja selbst behauptet, daß in Waldbreitbach ein Bedürfniß der Armenpflege vorgelegen, daß jene Frau und jene Kinder also in jenem Augenblick und an jenem Orte im Sinne des §. 33 wirklich arm waren.

Wie ein solches Anerkenntniß nun eine rückwirkende Kraft dahin soll äußern können, daß damit auch gleichzeitig die Existenz eines anderen 6 Tage früher eingetretenen Bedürfnisses der Armenpflege als constatirt erachtet werden könnte, das dürfte im Sinne des §. 28. Th. I. Tit. 13 der A. G. O. denn doch nicht ganz ohne Bedenken sein.

Weshalb will denn nun aber der höchste Gerichtshof die „rückwirkende" Kraft eines solchen Anerkenntnisses, wenn er sie wirklich für möglich hälte im vorliegenden Fall dennoch nicht eintreten lassen? Sollte in diesem, wie wir glauben, unlösbaren Widerspruch nicht eben der Beweis liegen, daß der höchste Gerichtshof auch hier nicht das Bedürfniß der Armenpflege, wovon der §. 12 allein spricht, sondern etwas ganz anderes, nämlich die Qualität der dauernden Arbeits- und Erwerbsunfähigkeit im Sinne des §. 4 des Aufnahmegesetzes, also eine der verschiedenen Ursachen des Bedürfuisses der Armenpflege im Auge hat, worüber die Regierung zu Arnsberg in ihrem Resolut sich allerdings mit keiner Silbe ausgesprochen hatte, und worauf es auch im Sinne des §. 33 und §. 12 des Armengesetzes überhaupt nicht ankam.

C. Hören wir nun aber, wie der Erste Senat seine Ansicht zu begründen versucht, daß in Essl. noch kein Bedürfniß der Armenpflege für die Wittwe Benouit und die Kinder vorgelegen habe.

Er sagt:

„In Essl. ist noch gar kein Pflegebedürfniß eingetreten, die Benuoit hat weder mildthätige Geber noch die Obrigkeit um Subsistenzmittel angesprochen. Sie wurde unfreiwilliger Weise von dort auf der Reise-Route weiter befördert, weil es ihr an Reisemitteln gebrach" 2c. 2c.

Es mag hier zwar vorsorglich bedacht sein, daß wenn man sie nicht weiter beförderte, das Pflegebedürfniß klar werden und dem verklagten Armenverband nach

§. 12 die Pflege zu Theil werden würde. Indessen eine wirkliche Pflege durch Anweisung von Obdach, Lebensmitteln und dergleichen hat in der That nicht stattgefunden und die bloßen Reisemittel (deren Beschaffenheit und Betrag nicht einmal bekannt ist) können für eine Fürsorge im Sinne der §§. 1 und 33 des Armengesetzes nicht erachtet werden. Die Benouit, indem sie den Transport geschehen ließ, hat vielmehr eine wahre Fürsorge nicht gefordert, noch weniger davon Gebrauch gemacht. Sie mag nach dem Sprachgebrauch arm gewesen sein, weil ihre Reise- vielleicht auch Subsistenzmittel erschöpft waren. Im Sinne des Gesetzes war sie aber bei der Weiterbeförderung noch keine Arme, weil sie das Pflegebedürfniß nicht hatte hervortreten lassen."

Weshalb ist in Essl. also noch kein Bedürfniß der Armenpflege eingetreten?

1) Weil die Benouit unfreiwilligerweise von dort auf der Reiseroute weiter befördert wurde, weil es ihr an Reise- und Subsistenzmitteln gebrach.

Weshalb ist in Essl. noch kein Bedürfniß der Armenpflege eingetreten?

2) Weil die Wittwe Benouit den Zwangs-Transport geschehen ließ.

Weshalb ist die Wittwe Benouit im Sinne des Armengesetzes in Essl. nicht arm gewesen?

3) Weil sie weder mildthätige Geber, noch die Obrigkeit um Subsistenzmittel angesprochen, weil sie eine wahre Fürsorge an Obdach, Nahrung rc. nicht gefordert haben soll und das Pflegebedürfniß nicht hat hervortreten lassen.

Also ein vor Frost Erstarrter oder Schwerwundeter, der auf der Landstraße hülflos daliegt,

„der mag zwar nach dem Sprachgebrauche arm gewesen sein, im Sinne des Gesetzes aber ist er nicht arm, denn er hat ja weder die Obrigkeit noch mildthätige Geber angerufen, hat also das Bedürfniß der Armenpflege nicht hervortreten lassen."

Seiner hat sich also die öffentliche Armenpflege nicht anzunehmen. Eine Gemeinde oder Polizeibehörde, die ihn unfreiwillig im Zwangswege sich vom Halse schafft, sich dadurch ihrer nächsten Obliegenheiten nach §§. 26 sequ. des Armengesetzes in Pflicht vergessener Weise entzieht, die beweist nach der Ansicht des Ersten Senats nur ihre Vorsorglichkeit, um das Bedürfniß der Armenpflege dort nicht klar werden zu lassen.

Und was sollte die Wittwe Benouit wohl thun, um den polizeilichen Zwangstransport, auf den sie unfreiwillig gesetzt wurde, nicht geschehen zu lassen?

Verlangt etwa das „Gesetz" auch noch, daß, um im Sinne des „Gesetzes" arm zu sein, man sich vorher den zwangsweisen Anordnungen der Obrigkeit bei Ausübung ihres Amts widersetzt haben solle?

Auf diesem Wege freilich würde also niemals „ein Bedürfniß der

Armenpflege klar werden" je pflichtwidriger, je roher, je unmenschlicher die Polizeibehörden verführen.

Dies würden also — wer wollte uns davor schützen — die unmittelbaren Folgen für die tägliche Praxis sein, wenn den Preußischen Richtern die Competenz zugestanden würde, dem Beispiel des Ersten Senats des königl. Ober-Trib. folgend, darüber zu urtheilen, ob im einzelnen Falle „ein Bedürfniß der Armenpflege klar geworden."

D. Und wie lag nun die Sache factisch und rechtlich in der Wirklichkeit vor?

In Essl. trifft eine Wittwe Benouit mit drei unmündigen Enkelkindern ein. Sie besitzt zu ihrer Legitimation einen hannöverschen Reisepaß, sie kann die Reise nicht fortsetzen, ist obdachlos, ist nahrungslos, ist reisemittellos, dennoch treibt sie sich mit den drei Kindern im Lande umher, weicht von der angeblichen Reisetour aller Orten ab und wird endlich in diesem Zustande der Polizeibehörde von Essl. vorgeführt. Es gab hier also nur zwei Fälle: entweder war die Benouit eine Landstreicherin und als solche zu bestrafen, oder aber sie und auf jeden Fall ihre drei Enkelinnen von 2, 6 und 9 Jahren waren dem Umkommen im Elende preisgegeben, wenn die öffentliche Fürsorge sich ihrer nicht annahm. Daß hier also nach §. 26 des Armengesetzes der Fall vorlag, in welchem die Gemeinde Essl. für das augenblickliche Unterkommen der Wittwe und mindestens der Kinder zu sorgen hatte, daß event., da die Wittwe im Kreise nicht einheimisch war (§. 28 l. c.) die Bestimmung des Landraths einzuholen war, ob sie etwa bis zur Ermittlung des pflegeschuldigen Armenverbandes in eine Landarmen-Anstalt aufzunehmen sei, darüber wird bei einer Preußischen Verwaltungsbehörde wohl kaum ein Zweifel obwalten.

Vergleichen wir hiermit nun das im obigen Erkenntniß geschilderte „vorsorgliche" Verfahren der Polizeibehörde von Essl. Sie setzt nach dem, in dem hannöverschen Reisepaß bezeichneten Reiseziel die Wittwe und die Kinder ohne weiteres auf den Zwangstransport, ohne sich darum zu bekümmern, ob denn die Gemeinde Burglahr die geringste Verpflichtung hatte, jene hülflosen Personen bei sich aufzunehmen.

In diesem Zustande treffen die Wittwe und die Kinder am 6ten Tage in Waldbreitbach ein, wo denn endlich in Anbetracht der offenbaren Hülfsbedürftigkeit der Wittwe und der Kinder der Transport sistirt wird.

Wie nun aber, wenn die Gemeinde Waldbreitbach dasselbe „vorsorgliche" Bedenken für ihren Landarmenverband gehabt und die Wittwe durch Fortsetzung des illegal eingeleiteten Transports von Station zu Station bis Burglahr befördert, und die dortige Polizeiobrigkeit in gleicher Vorsorglichkeit sie von Station zu Station nach Essl. oder sogar nach Aurich zurückdirigirt hätte. Was sollte wohl aus einer Reihe so vorsorglich eingeleiteter Transporte werden? Ist es wirklich nöthig zu beweisen, daß jene sogenannte Vorsorglichkeit, wenn sie in der im obigen Erkenntniß geschilderten Art wirklich stattgefunden haben sollte, eben nichts anderes enthält, als eine der gröbsten Pflichtwidrigkeiten, deren sich eine Gemeinde resp. Ortspolizeibehörde schuldig machen kann? — zunächst gegen den Staat und das von ihm wahrzunehmende polizeiliche Interesse, wonach hülflose Personen, um deren vergeblichen Hin- und Hersenden auf der Landstraße vorzubeugen, an dem Orte, wo sie hülflos betroffeu werden, nicht ohne Hülfe fortgewiesen oder gar an einen anderen Ort ohne vorgängige Aufnahmezusicherung forttransportirt werden dürfen — sodann gegen die Wittwe Benouit und die Kinder, welche einem polizeilichen Zwangstransport zu unterwerfen, aus dem Grunde, weil sie hülflos dort auf der Reise angetroffen worden, auch nicht die entfernteste gesetzliche Ursache vorlag — endlich gegen den Landarmenverband des Regierungsbezirks Koblenz, dem diese Frau ohne gesetzliche Ursache zwangsweise aufgebürdet wurde.

Wäre die Gemeinde Essl. ihrer Verpflichtung nachgekommen, so hatte sie unzweifelhaft ein Recht, der Wittwe Benouit und den Kindern den Aufenthalt zu verweigern, falls dieselben dort bleiben wollten; sie durfte aber niemals nach §§. 25, 26 des Armengesetzes die Ausweisung der Wittwe vornehmen, bis sie sich der Aufnahme der Wittwe an demjenigen Orte versichert hatte, dem die vermögensrechtliche Verpflichtung dazu oblag, und grade dieser Punkt scheint bei Abfassung der Gründe des obigen Erkenntnisses so völlig abhanden gekommen zu sein. Die Bezeichnung des Ortes Burglahr als Endziel der Reise in einem Reisepaß gab in dieser Beziehung selbstredend nicht die mindeste Sicherheit. Hat sich also durch dies Verfahren die Gemeindebehörde von Essl. ihrer Verpflichtung nach §. 26 hinterzogen, oder ist durch den von der Ortspolizeibehörde eingeleiteten, ungesetzlichen Zwangstransport die Gewährung der an sich nothwendigen Unterstützung in Essl. Seitens der dortigen Gemeinde vereitelt worden, ist dadurch zunächst der Gemeinde Waldbreitbach die Verpflichtung hier vorläufig zu helfen, und in Folge dessen nach §§. 9 u. 12 dem Landarmenverbande des Regierungsbezirks Koblenz die vermögensrechtliche Verpflichtung aufgebürdet worden, — so ist allerdings diese Verpflichtung nach §. 12 des Armengesetzes an sich nicht zu bestreiten, und deshalb mußte mit Recht der Anspruch gegen den Landarmenverband von Westphalen zurückgewiesen werden, jedoch nicht weil am 16. Septbr. im Bezirk des Landarmenverbandes von Westphalen kein Bedürfniß der Armenpflege vorhanden gewesen, sondern weil das am 22. Septbr. und von da ab eingetretene Bedürfniß der Armenpflege für die Wittwe und die Kinder in Waldbreitbach d. h. im Bezirk des Landarmenverbandes von Koblenz und nicht in dem von Westphalen factisch eingetreten ist.

E. Und wodurch ist diese Frage hier zum Gegenstande richterlicher Erörterung geworden? — lediglich durch den formellen Fehler, daß jene Bedürfnißfrage von der betreffenden Regierung wieder in resolutorischer Form mit Vorbehalt des Rechtsweges entschieden worden war. Behauptete der klagende Landarmenverband von Koblenz, daß er für die Wittwe Benouit und jene

Kinder seit dem 22. Septbr. 1851, also seit dem Eintreffen der Wittwe und der Kinder in Waldbreitbach die öffentliche Fürsorge der Gemeinde Waldbreitbach habe abnehmem müssen, und daß beim Mangel eines pflegeschuldigen Ortsarmen-Verbandes die Fürsorge-Verpflichtung in Betreff dieser Person eine Provinziallast (§. 9) sei, — erkannte in Folge dessen die Regierung in Arnsberg an, daß die streitigen, d. h. die seit dem 22. September verabfolgten Armenunterstützungen der Wittwe und den Kindern nothwendiger Weise in Waldbreitbach verabfolgt werden mußten, so war hiermit ja eben die nach §. 12 des Armengesetzes allein mögliche Entscheidung getroffen und gegen diese Entscheidung gab es eben keinen Rechtsweg und deshalb dürfte diese Entscheidung niemals in resolutorischer Form erfolgen.

Hielt sich aber der Erste Senat in Veranlassung der von der Landespolizeibehörde unrichtig gewählten Form seinerseits überhaupt zu einer Entscheidung für competent, so konnte er sein Erkenntniß füglich mit den Woren schließen:

„Unstreitig hat sich das Hülfsbedürfniß der Benouit und ihrer Enkelinnen am 22. Septbr. 1851 bei deren Eintreffen zu Waldbreitbach im Bezirk des Klägers hervorgestellt, und hat es sich (erst) in diesem Zeitpunkte herausgestellt, so ist Kläger außer allem Zweifel der Verpflichtete, er hat durch die Leistung der Fürsorge nur dasjenige erfüllt, wozu er gesetzlich verpflichtet war."

Der Umstand, daß ein ähnliches Factum, ein anderes Bedürfniß der Armenpflege schon sechs Tage früher im Bezirk eines anderen Landarmen-Verbandes eingetreten und von der betreffenden Localpolizeibehörde nicht gehörig behandelt worden, ist und bleibt auf diese Verpflichtung des Landarmenverbandes von Koblenz nach §. 12 ohne Einfluß. Selbst für den Fall also, wenn der höchste Gerichtshof den Eintritt der Armenpflege in Essl. für nachgewiesen erachtet hätte, wenn Seitens der Wittwe Benouit dort die Mildthätigkeit der Obrigkeit noch deutlicher als es durch ihre Vorführung vor die Polizeibehörde an sich geschehen, angerufen worden wäre, wenn sie schreiend und jammernd, — und welche anderen Waffen standen ihr denn zu Gebote? — gegen den Zwangstransport protestirt hätte, wo will uns denn der Prozeßrichter eine Bestimmung nachweisen, nach welcher der Landarmenverband von Westphalen für die illegalen Handlungen einzelner, von seiner Direction völlig unabhängiger Localbehörden verantwortlich gemacht und aus diesem Grunde genöthigt werden könnte, der Bestimmung des §. 12 des Armengesetzes zuwider auch für dasjenige Bedürfniß der Armenpflege aufzukommen, welches factisch am 22. Septbr. außerhalb seines Bezirks eingetreten?

So lange uns also eine solche Bestimmung nicht nachgewiesen wird, werden wir dabei stehen bleiben müssen, daß ein zur richterlichen Entscheidung geeigneter Streit zwischen zwei verschiedenen Landarmenverbänden darüber, in welchem von ihnen das Bedürfniß der Armenpflege eingetreten, im Sinne des §. 12 des Armengesetzes absolut unmöglich ist, und zwar

a) weil eine solche Auffassung mit dem Elementarbegriff des Bedürfnisses der öffentlichen Armenpflege als eines momentanen Factums im Sinne der §§. 12 u. 33 in einem unlöslichen Widerspruche steht und

b) weil eine solche richterliche Entscheidung, wie der vorliegende und die im Kap. II besprochenen Spezialfälle beweisen, den Prozeßrichter allemal in die Lage bringen würde, die im Gesetz seiner Competenz unabänderlich gezogenen Grenzen zu überschreiten und also dadurch wie der Competenz-Gerichtshof selbst sich ausdrückt „das Gesetz illusorisch zu machen."

Freilich war damit noch keineswegs dem Landarmenverbande von Koblenz der Entschädigungs-Anspruch abgeschnitten, der jeder physischen und juristischen Person gegen Jeden zusteht, durch dessen unerlaubte Handlungen ihm ein erweislicher Schaden zugefügt wird, im vorliegenden Fall also der Entschädigungsanspruch gegen denjenigen Beamten resp. gegen diejenige Behörde, welche durch Einleitung eines ungesetzlichen Transports dem Landarmenverband von Koblenz die Fürsorge für die Wittwe Benouit und deren Enkelinnen aufgebürdet hatte. Ein solcher Anspruch lag aber ganz außerhalb der materiellen wie formellen Vorschriften des Armengesetzes. Unter welchen Modalitäten derselbe im Prozeßwege zu verfolgen war, werden wir weiter unten im Kap. XXIII sehen.

Zwanzigstes Kapitel.

Wir haben im Kap. X. und XVIII als eine weitere Consequenz des Wortlauts des §. 34 des Armengesetzes erkannt, daß es außer den darin dem event Rechtswege zugewiesenen Streitigkeiten über die Frage: welchem von ihnen die Verpflichtung zur Fürsorge für eine bestimmte Person obliege, und außer den hierunter wieder als Ausnahme subsumirten Streitigkeiten über den Betrag der Verpflegungskosten

es doch noch andere Streitigkeiten zwischen verschiedenen Armenverbänden geben muß, auf welche die Regel des Gesetzes, d. h. die ausschließliche Entscheidung der Landes-Polizeibehörde Anwendung findet.

A. Erinnern wir uns nun des bereits in der Einleitung (s. S. 3) von uns hervorgehobenen dritten Staatszwecks, welchen die Armengesetzgebung zu lösen hatte, nämlich die Sorge dafür,

daß zur Gewährung der öffentlichen Armenpflege nur solche Kommunal- 2c. Verbände herangezogen werden, welche dem Staat für die Erfüllung dieser Zwecke unmittelbar responsabel sind, und von ihm als prästationsfähig erachtet werden, so bestimmen in dieser Richtung die §§. 5, 6, 7, 8 des Armengesetzes Folgendes:

§. 5.

Gutsherrschaften, deren Güter nicht im Gemeinde-Verbande sich befinden, sind zur Fürsorge für die im Gutsbezirke befindlichen Armen, in gleicher Weise wie die Gemeinden verpflichtet.

§. 6.

Diese Verpflichtung verbleibt den Gutsherrschaften auch rücksichtlich der Armen, welche auf den vom Gute zu Eigenthums-, Erbpachts- und Erbzinsrechten veräußerten Grundstücken sich befinden. Ausnahmen hiervon treten ein:

1. wenn dergleichen Trennstücke, nach den für einzelne Landestheile erlassenen Vorschriften mit den Gemeinden vereinigt werden (Verordnung, betreffend die Regulirung der Verhältnisse zwischen den Dominien und Gemeinden in den ehemals westphälischen Landestheilen der Provinz Sachsen vom 31. März 1833 §. 9. Landgemeinde-Ordnung für die Provinz Westphalen vom 31. Oct. 1841 §. 9);
2. wenn eine solche Vereinigung unter ausdrücklicher Zustimmung der Gemeinde und mit Genehmigung der Landes-Polizeibehörde erfolgt;
3. wenn die Vereinigung schon vor der Publication dieses Gesetzes, zwar ohne jene Zustimmung und Genehmigung (No. 2) jedoch ohne Widerspruch der Betheiligten wirklich in Ausführung gekommen ist;
4. wenn aus den Trennstücken eine eigene Gemeinde gebildet wird.

§. 7.

Wo Domainen und Rittergüter, welche nicht im Gemeinde-Verbande sich befinden, nach besonderer Verfassung, oder in Folge freier Uebereinkunft mit Gemeinden zu einem gemeinschaftlichen Armen-Verbande vereinigt sind, ist ein solcher Verband in Beziehung auf die Armenpflege einer Gemeinde gleich zu achten.

§. 8.

Einzelne Besitzungen, als: Weiler, Krüge, Schmieden 2c., welche weder zu einer Gemeinde gehören, noch auf Trennstücken von Domainen oder Rittergütern angelegt sind, sollen nach Anordnung der Landes-Polizeibehörde, in Beziehung wie auf alle communale Verhältnisse, so auch auf die Armenpflege mit einer Gemeinde vereinigt werden.

Fragen wir, wie diese Paragraphen überhaupt in das Armengesetz gekommen sind, da sie selbstverständlich eine viel umfassendere Bedeutung als für die bloße Armenverpflichtung, nämlich die Bedeutung für die ganze communale Existenz und Zugehörigkeit gewisser Grundstücke zu Gemeindeverbänden 2c. haben, so erklärt sich dies eben aus der Vorsorge, welche der Gesetzgeber treffen mußte, um in Bezug auf die Sicherheit der Gewährung der Armenpflege selbst — unter allen Umständen ein verpflichtetes Subject vor sich zu haben, dessen Existenz und Fortbestand unabhängig von der veränderlichen Vermögenslage, ja von dem veränderlichen Willen von Privatpersonen war. Er mußte zur Erreichung dieses Zwecks mit anderen Worten eine in ihrer Existenz, in ihrer Vermögenslage der Aufsicht des Staats unterworfene Korporation, eine juristische Person vor sich haben, und diese Korporation bildet eben im Staate die Gemeinde. Weil nun zur Zeit des Erlasses des Armengesetzes es an jeder genügenden Regelung der Abgrenzung der Gemeindebezirke fehlte, und da andererseits zu der damaligen Zeit grade ein Rühren an diesen Verhältnissen allerseits mit einer gewissen Scheu umgangen wurde, so blieb nichts übrig, als bei dem in der neuen Armengesetzgebung liegenden Zwange, diese Verhältnisse wenigstens hinsichts der Verpflichtung zur Armenpflege, klar zu legen, jene Bestimmungen in das Armengesetz aufzunehmen und dadurch scheinbar nur in den engsten Grenzen einer einzelnen communalen Verpflichtung diese Frage zu lösen, während man doch in der That damit ein viel weitergehendes Prinzip aussprach und zur Lösung brachte. Daß die §§. 5 bis 8 keineswegs zu den vermögensrechtlichen Bestimmungen des Armengesetzes gehören, sondern daß sie vielmehr einen Theil des bestehenden inneren Verfassungsrechtes bilden und von jeher gebildet haben, ist, wenn darüber noch ein Zweifel bestehen könnte, authentisch durch den Gesetzgeber selbst declarirt in dem Eingange zu dem Gesetze vom 14. April 1856 betreffend die Land-Gemeinde-Verfassungen in den sechs östlichen Provinzen (Ges.-Sammlung S. 359). Es heißt dort wörtlich:

Wir Friedrich Wilhelm 2c. verordnen 2c.

zur Ergänzung der Gesetze über die Gemeinde-Verfassungen in den ländlichen Ortschaften der sechs östlichen Provinzen, insbesondere der Vorschriften, welche darüber in dem Allgemeinen Landrecht Theil II. Titel 7. Abschnitt 2, in den beiden Verordnungen vom 31. März 1833 (Ges.-Sammlung S. 61 und 62), in dem Gesetze vom 31. December 1842 (Gesetz-Sammlung für 1843 S. 8), in dem Gesetze vom 3. Januar 1845. (Gesetz-Sammlung S. 25), sowie in dem Gesetze vom 24. Mai 1853 (Gesetz-Sammlung S. 241) enthalten sind, für die gedachten Provinzen hierdurch was folgt 2c.

Ist also das Gesetz über die Landgemeinde-Verfassung eine Ergänzung zu den „bisherigen“ Gesetzen über die Gemeinde-Verfassung und insbesondere zu den Bestimmungen, welche das Armen-„Gesetz vom 31. Dec. 1842 (Ges.-Samml. de 1843 S. 8)“ darüber enthält, so dürfte wohl vollkommen klar sein, daß der Gesetzgeber hiermit eben nur die §§. 5—8 des Armengesetzes gemeint haben kann, und daß diese Paragraphen in ihrer Bedeutung eine viel weiter gehende Wirkung haben, als bloß eine vermögensrechtliche Bestimmung in Betreff einer einzelnen communalen Verpflichtung, daß mit anderen Worten die §§. 5—8 eben nur wegen der besonderen Lage der Gesetzgebung über die Gemeinde-Verfassung im Jahre 1842 in jenes Gesetz aufgenommen worden waren, während sie in der That eigentlich nicht dahin, sondern in ein Gesetz über die Landgemeinde-Verfassung gehörten, welches zu jener Zeit eben nicht bestand.

Das legislative Prinzip dieser §§. 5 bis 8 des Armengesetzes enthielt namentlich in Bezug auf die Trennung der Gutsherrschaften von den Gemeinden nichts wesentlich Neues. Vielmehr wurde durch dasselbe nur dasjenige paragraphirt, was nach Auflösung der lassitischen Verhältnisse schon durch die Praxis und die Verwaltungsgrundsätze des Ministeriums des Innern und der Polizei sich, freilich mehr oder minder bestritten, geltend gemacht hatte. Vergl. z. B. Rescript vom 21. Nov. 1837 (Kamptz' Annalen Bd. 21 S. 1111 und C.-R. v. 8. October 1832. Ann. Bd. 16 S. 235, dagegen C.-R. v. 25. Mai 1835 Ann. Bd. 19 S. 506).

Auch bei Berathung des Armengesetzes in der betreffenden Abtheilung des Staatsraths wurde dieser Punkt keineswegs ohne weiteres gutgeheißen, vielmehr wurde in Anerkennung, daß durch diese Bestimmungen wesentlich Zusammengehöriges auseinander gerissen werde, insbesondere von Seiten des damaligen Correferenten das gegentheilige Verlangen auf Vereinigung der Gemeinden und Gutsherrschaften zu einem gemeinschaftlichen Armenverbande lebhaft befürwortet, wofür einzelne provinzielle Verhältnisse einen praktischen Belag darboten.

Die Rücksichten, welche gleichwohl zur Festhaltung der Trennung führten, finden sich, und zwar wie man anerkennen muß, nicht aus bloßen Vorurtheilen, sondern aus immerhin beachtenswerthen sachlichen Gründen dargelegt auf S. 75 sequ. der Protokolle der Staatsraths-Abtheilung (Sitzung vom 10. April 1841). Für unsern vorliegenden Zweck kommt es auf eine weitergehende Kritik hierüber nicht an.

B. Kehren wir von dieser Excursion zu unserem nächsten Zweck zurück, so sehen wir, daß allerdings die Fragen: welche Grundstücke zu einem oder dem anderen Communal-Verbande gehören, — welche dagegen einen selbstständigen Gutsbezirk im Sinne des §. 5 des Armengesetzes bilden, — welche im Sinne des §. 6, ohne einen solchen selbstständigen Gutsbezirk zu bilden, mit dem einen oder anderen Bezirk, oder unter sich zu einem selbstständigen Gemeindebezirk zu vereinigen sind, — und endlich die Frage über die Vereinigung einzelner, bisher zu gar keinem communalen Bezirk gehörigen Grundstücke mit bereits bestehenden Communal- ꝛc. Verbänden, mit einem Wort die gegenseitige locale Abgrenzung der Communal- und Gutsbezirke von dem wesentlichsten Einfluß auf die Entstehung der vermögensrechtlichen Verpflichtung, so weit dieselbe durch Aufenthalt und Wohnsitz in den Grenzen eines bestimmten Verbandes begründet wird, und auf die Entscheidung der darüber stattfindenden Streitigkeiten zwischen verschiedenen Armenverbänden und zwar nach zwei Richtungen hin sein muß.

a) Die vermögensrechtliche Verpflichtung kann zwar immerhin nur ausgesprochen werden im Streit eines Armenverbandes wider den anderen, es muß aber dem Staat zur Sicherstellung des ersten polizeilichen Zweckes des Armengesetzes eine Garantie dafür gegeben werden, daß auch im Streitfall die Verpflichtung keinem Subjekt, keiner verklagten Partei übertragen werde, der es an jener Qualifikation mangelt. Deshalb sehen wir hier einen zweiten Nothwendigkeitsgrund für die Vorentscheidung der Verwaltungsbehörden in solchen Streitigkeiten, weil ohne eine vorangegangene Anerkennung der verklagten Partei als einer selbstständigen Gutsherrschaft, als einer konstituirten Gemeinde durch die betreffende Landes-Polizeibehörde, der Richter gar nicht im Stande ist, die legitimatio ad causam auf Seiten des Verklagten zu prüfen. Nehmen wir an, der Prozeßrichter leitete eine derartige Klage gegen eine Colonie von ländlichen Besitzungen ein, ohne daß durch vorgängige Entscheidung der Landes-Polizeibehörde, sei es nun ausdrücklich oder implicite, die Eigenschaft dieser Colonie als einer Gemeinde festgestellt worden, die Colonie wäre aber gar kein eigener Armenverband, sondern sie bestünde aus einzelnen Parcellen eines theilweise zerstückelten Ritterguts, so würde, falls es sich um nichts Anderes als eine gewöhnliche privatrechtliche Forderung handelte, es allerdings der Verantwortlichkeit des Prozeßrichters überlassen werden können, für die Folgen einzustehen, welche durch die Verurtheilung einer nicht existirenden Partei, d. h. also durch die Abfassung eines völlig inexequiblen Erkenntnisses entstehen möchten. Bei den Streitigkeiten wegen Uebernahme der Fürsorge für einen Armen ist dies jedoch anders. Hier hat der Staat einu nmittelbares Interesse und eine unmittelbare Pflicht, dafür zu sorgen, daß durch derartige prozessualische Möglichkeiten nicht der erste Zweck der Armenpflege, d. h. die Gewährung derselben in natura abgeschnitten oder auch nur unterbrochen werde. Es ist daher für die Streitigkeiten über die vermögensrechtliche Verpflichtung zwischen verschiedenen Armen-Verbänden die Vorentscheidung der Landes-Polizeibehörde zunächst zur Feststellung der Legitimation der Parteien, als wirklich existirende Armenverbände, eine Nothwendigkeit. Soweit also eine solche Feststellung in der getroffenen Entscheidung der Landes-Polizeibehörde nach §. 34 a. a. O. liegt, und dies ist, wenigstens implicite, immer der Fall, da die resolutorische Entscheidung der Regierung die streitenden Armenverbände unter allen Umständen ersehen lassen muß, so ist gegen diese Feststellung der Landes-Polizeibehörde der Rechtsweg unbedingt ausgeschlossen, und es bildet auch hier die resolutorische Entscheidung die Grenze, innerhalb deren sich die spätere prozessualische Entscheidung zu halten hat.

b) Aber noch nach einer anderen Richtung hin ist der locale Bestand und die locale Abgrenzung der Gemeinde- und Gutsbezirke von wesentlichem Einfluß auf die Entscheidung der Streitigkeiten zwischen verschiedenen Armenverbänden. Allerdings steht dem Prozeßrichter — und dies ist der eigentliche Gegenstand seiner Entscheidung — die Beurtheilung der Frage zu, wie weit durch Wohnsitz oder Aufenthalt resp. durch Abwesenheit in oder von einem bestimmten Orte jene vermögensrechtliche Verpflichtungdes verklagten Armenverbandes entsteht, oder erlischt. Auch hierbei kann allerdings die Frage entstehen, ob das Grundstück, auf welchem der Wohnsitz resp. der Aufenthalt während der einjährigen resp. dreijährigen Dauer stattfand, auch wirklich einen Theil des in Anspruch genommenen Armenverbandes ausmachte, und so weit über diesen Theil der zu entscheidenden Frage Streit besteht, kann derselbe eben nur gelöst werden durch die Entscheidung der allein competenten Landes-Polizeibehörde, und erst an den Ausspruch der Letzteren kann sich die Entscheidung der weiteren Frage anknüpfen, ob der Wohnsitz und Aufenthalt der Person thatsächlich die erforderliche Zeit hindurch innerhalb der von der Verwaltungsbehörde festgestellten localen Abgrenzung des betreffenden Gemeindebezirks stattgefunden habe.

Hier also würden wir grade diejenigen Streitigkeiten vor uns haben, die der §. 34 neben den, ausnahmsweise dem event. Rechtsweg zugewiesenen Streitigkeiten der allgemeinen Regel dieses §. unterwirft, wonach über Streitigkeiten zwischen verschiedenen Armenverbänden die Landespolizeibehörde und zwar mit Ausschluß des Rechtsweges zu entscheiden hat.

C. Es ist dieser Satz auch so allgemein und wiederholt, theils in der späteren Gesetzgebung unter gewissen formellen Modificationen zur Geltung gebracht, theils aber auch von jeher insbesondere vom Gerichtshof zur Entscheidung der Competenz-Conflicte mit solcher Entschiedenheit und so sachgemäßen Gründen aufrecht erhalten, daß es für den Zweck der vorliegenden Schrift kaum nöthig erscheinen würde, auf diese Competenzfrage näher einzugehen. Wir wollen von den erwähnten Entscheidungen des Competenz-Gerichtshofes nur zwei herausgreifen.

Die Regierung zu Magdeburg hatte mittelst Verfügung v. 12. Juni 1854 die sogenannte Tangerhütte dem Gemeindebezirk von V. einverleibt, und in Folge dessen waren dem Besitzer im Wege administrativer Execution durch Compensation 164 Thlr. 2 Sgr. 9 Pf. einbehalten worden, die er seit der Vereinigung seiner Besitzung als Gemeindeauflagen zu entrichten gehabt hätte, deren Zahlung er aber unter der Behauptung verweigerte, daß die Einverleibung seines Grundstücks nicht in völliger Uebereinstimmung mit den zwischen ihm und der Gemeinde V. vor dem betreffenden Landrath zu Protokoll v. 22. Septbr. 1853 getroffenen Verabredungen erfolgt sei. Er war deshalb wegen Rückzahlung dieser Summe gegen die Gemeinde klagbar geworden. Die Regierung zu Magdeburg erhob durch Pl. Beschl. v. 8. Juli 1861 den Competenz-Conflict, weil der Rechtstitel

„der Gemeinde V. für die Heranziehung der Tangerhütte zu den Gemeindesteuern nicht ein mit dem Kläger geschlossener Vertrag, sondern die, in Gemäßheit getroffener Regulirung, im Verwaltungswege erfolgte Festsetzung der Zubehörigkeit der Tangerhütte zur Gemeinde V. sei, und wenn der Kläger einen Anspruch auf Rückerstattung der in Folge jener Festsetzung erhobenen Abgaben aus dem Grunde verlange, weil die Vereinigung der Tangerhütte mit dem Gemeindebezirk verfassungsmäßig nicht bestehe, so könne im Rechtswege sein Anspruch nicht entschieden werden.“

Dieser Ausführung trat der Competenz-Gerichtshof in dem Erk. vom 12. April 1862 (M.-Bl. f. i. V. de 1862 S. 288) mit folgenden Worten bei:

„Die Frage: ob und welchem Gemeindebezirk gewisse Grundstücke und Etablissements angehören oder verbleiben sollen, gehört lediglich dem öffentlichen Recht an, ist ein Gegenstand der inneren Staatsverwaltung, nicht aber der Vorwurf eines

Prozesses der Parteien über ihre Privatrechte. Dies ist nach der Natur der Sache unzweifelhaft in den Grundsätzen des §. 2 No. 5 der Reg. Instruktion vom 23. Octbr. 1817 (G. S. S. 248) und des §. 11 No. 4 der Dienst. Instr. für die Oberpräsidenten v. 31. Dezbr. 1825 (G. S. de 1826 S. 1) zu erkennen, und im §. 1 des, obgleich erst nach Eintritt des vorliegenden Falles ergangenen Ges. v. 14. April 1856 (G. S. S. 359) betreff. die Landgemeinde-Verfassung in den 6 östlichen Provinzen der preuß. Monarchie wiederum zum Ausdruck gebracht. Mithin kann es auch, so lange die gedachte Verfügung v. 12. Juni 1854 im Verwaltungsweg von der vorgesetzten Behörde nicht aufgehoben worden, gar nicht darauf ankommen, ob dieselbe auf genügendem Grunde beruhen möchte, folglich ein Prozeß über die privatrechtliche Verbindlichkeit der in der erwähnten landräthlichen Verhandlung vom 22. Septbr. 1853 getroffenen Abreden auf die von der Staatsverwaltungsbehörde ergangene Bestimmung und deren Befolgung nicht den mindesten Einfluß haben, also nicht zulässig sein.

Durch diesen Prozeß will aber auch wesentlich der Kläger sich frei machen von der Entrichtung der von ihm beigetriebenen Gemeinde-Abgaben, und verlangt deren Restitution mit 164 Thlr. 2 Sgr. 9 Pf. Zu diesen Lasten ist er eben in Gemäßheit der, durch die mehrgenannte Reg. Verfügung festgestellten Prinzipien herangezogen worden.

Es findet der §. 78 a. a. O. mit Rücksicht auf §. 41 der Verord. v. 26. Dez. 1808 und mit Hinblick auf die Ausführung im Erk. des Ob.-Trib. v. 3. Febr. 1853 (Entsch. Bd. 25 S. 45) und nach den in mehreren Entscheidungen des Königl. Competenz-Gerichtshofes, z. B. v. 2. Novbr. 1848, ebenfalls auf Communal-Abgaben Anwendung, also ein Prozeß über die Verbindlichkeit zu deren Entrichtung nicht statt."

Wir sehen also, die Klage wird prinzipaliter aus dem Grunde nicht zugelassen, weil wegen des verfassungsmäßig den Verwaltungsbehörden übertragenen Aufsichtsrechts gegen eine Entscheidung der Regierung, durch welche die Zugehörigkeit eines Grundstücks zu einem Gemeindebezirk ausgesprochen worden, überhaupt niemals im Prozeßwege zwischen Privatparteien eine Entscheidung getroffen werden könne. Erst in zweiter Linie erwähnt der Competenzgerichtshof die Unzulässigkeit des Rechtsweges auch über den Gegenstand des Klagepetitums an sich, die streitige Verbindlichkeit zur Entrichtung der Gemeindeabgaben. Er erkennt ausdrücklich an, daß, selbst wenn an und für sich auch das Klagepetitum auf Verfolgung einer privatrechtlichen Verbindlichkeit aus jener Verhandlung zwischen der Gemeinde und dem Besitzer der Tangerhütte gerichtet gewesen wäre, doch ein solcher Anspruch niemals im Prozeßwege auf die Behauptung gestützt werden könnte, daß die nach dem Ausspruch der competenten Verwaltungsbehörde festgestellte oder anerkannte Zubehörigkeit eines Grundstücks zu einem Gemeindebezirk nicht stattfinde.

In ganz ähnlicher Art spricht sich der Gerichtshof zur Entscheidung der Competenz-Conflicte in einem anderen Falle aus.

Bei Aufnahme der Grundsteuerkataster der Stadtgemeinde M. und der Dorfgemeinde B. im Regierungsbezirk Arnsberg sollten nach der Behauptung der klagenden Stadt M. in der Art Irrthümer vorgefallen sein, daß Grundstücke, welche zur Flur M. gehört haben, zur Flur B. gezogen worden.

Gegen die Gemeinde B., welche diesen behaupteten Irrthum nicht anerkennen wollte, war die Gemeinde M. mit dem Antrage klagbar geworden,

„daß die betreffenden, im Klageantrag näher bezeichneten Grundstücke als zur Feldflur M. gehörig zu erachten und deshalb die Gemeinde B. die Abschreibung dieser Flur-Abtheilungen aus dem Bereiche der betreffenden Katastergemeinde B. und Zuschreibung zur Katastergemeinde M. zu erleiden habe."

Die Regierung zu Arnsberg erhob hiergegen den Competenz-Conflict. Derselbe ist durch das Erk. des Competenz-Gerichtshofes vom 4. Juli 1863 (J. M.-Bl. de 1863 S. 231) für begründet erachtet. In den Gründen dieses Beschlusses heißt es wörtlich:

„Wenn die Klägerin ihre Klage darauf gründet, daß bei Feststellung der Grenzen der Flurbezirke bei Einrichtung der Grundsteuerkaster ein Irrthum vorgefallen, irrthümlich Grundstücke des bisherigen Gemeindebezirks M. zum Gemeindebezirk B. geschlagen worden, und eine Ab- und Zuschreibung in den Katastern beantragt, so muß schon nach den §§. 17 u. 25 des Grundsteuergesetzes für die westl. Provinzen v. 21. Januar 1839 (G. S. S. 30) und §§. 5, 11. 14 u. 16 der Verordnung wegen periodischer Revision des Grundsteuerkatasters der beiden westl. Provinzen v. 14. Octbr. 1844 (G. S. S. 596) der Rechtsweg ausgeschlossen erscheinen, indem solche Beschwerden den Verwaltungsbehörden zur schließlichen Entscheidung überwiesen sind.

Aber ebenso gegründet ist es auch, wenn die Regierung zu Arnsberg in ihrem Plen. Beschl. v. 28. Novbr. 1862 ausführt, daß überhaupt die Frage: ob und welchem Gemeindebezirk gewisse Grundstücke angehören oder verbleiben sollen, zum öffentlichen Rechte gehöre, und als Gegenstand der inneren Staatsverwaltung nicht in einem Prozesse der Parteien durch den Richter entschieden werden könne. Dieses erhellt unzweifelhaft aus §. 2 No. 5 der Reg. Instr. v. 23. Octbr. 1817 (G. S. S. 248), §. 11 No. 4 der Dienst-Instr. für die Oberpräsidenten v. 31. Dez. 1825 (G. S. de 1826 S. 1) und §. 6 der Landgemeinde-Ordnung für die Provinz Westphalen v. 19. März 1856 (G. S. S. 256) und §. 2 der Städte-Ordnung für die Provinz Westphalen vom nämlichen Tage (G. S. S. 237)."

Auch hier also bildet die unmittelbar aus dem Aufsichtsrecht der Verwaltungsbehörden abgeleitete Unzulässigkeit des Rechtsweges über die Zubehörigkeit eines Grundstücks zu einem Gemeindebezirk, neben der Unzulässigkeit des Rechtsweges über den Gegenstand des eigentlichen Klagepetitums in concreto, einen völlig gesonderten, durchgreifenden Grund für die getroffene Entscheidung des Competenz-Gerichtshofes, die also auch dann nicht anders gelautet haben würde, wenn ein an sich zulässiges Klagepetitum von der dem Prozeßrichter zur Entscheidung unterbreiteten Frage abhängig gemacht worden wäre, ob die qu. Grundstücke zur Katastergemeinde M. oder zur Katastergemeinde B. gehören.

D. Wir würden, wie gesagt, uns jeder weiteren Ausführung hierüber überhoben glauben, wenn nicht gerade auf dem Gebiet der Armengesetzgebung in vereinzelten Aussprüchen des Gerichtshofes zur Entscheidung der Competenz-Conflicte neuerdings das Bestreben hervorgetreten wäre, den Gerichten auch die Entscheidung über solche Fragen zuzuweisen, welche anerkanntermaaßen der richterlichen Competenz entzogen sind, und zwar aus dem rein formellen Grunde, wenn die Entscheidung derartiger Fragen in Veranlassung eines Streits über die Fürsorge-Verpflichtung in concreto von der betreffenden Landespolizei-Behörde zc. getroffen war.

Es hat nämlich jenen vorerwähnten Entscheidungen gegenüber der Competenz-Gerichtshof den Grundsatz aufgestellt, daß, wenn die Frage, welchem Communal zc. Verbande ein Grundstück angehöre, als Vorfrage für die Entscheidung über die Verpflichtung eines Armen-Verbandes zur Fürsorge für ein bestimmtes Individuum, zwischen zwei Armen-Verbänden streitig werde, der Richter auch zur Entscheidung über jene Vorfrage für competent zu erachten sei.

Die Entscheidung, die wir hier zunächst im Auge haben, ist unter dem 11. Octbr. 1862 ergangen und findet sich im J. M.-Bl. de 1863 S. 18. Der Competenz-Gerichtshof erkennt es auch hier zunächst unbedingt als richtig an, daß nicht bloß über die Frage, welchem Armen-Verbande ein Grundstück zuzuschlagen sei, sondern auch welchem Armenverbande bisher ein Grundstück angehört habe, von der Verwaltungsbehörde ausschließlich zu entscheiden sei. Er glaubt aber von dieser Regel abgehen zu müssen, wenn es sich in einem Spezialfalle in zweiter Linie um die weitere Frage handelt, welchem Armen-Verbande die Pflegeverbindlichkeit obliege, weil diese Frage nach §. 34 des Armengesetzes einmal dem Richter zugewiesen sei.

Es heißt hierüber in dem angeführten Erkenntniß mit Bezug auf jene vorerwähnten gegentheiligen Präjudicate wörtlich:

„Allerdings ist in diesen Präjudicaten die Competenz der Verwaltungsbehörden anerkannt worden, nicht nur darüber zu entscheiden, welchem Communal-Verwaltungs-Bezirke ein Grundstück einzuverleiben sei, sondern auch darüber, welchem Communal-Verwaltungsbezirke ein Grundstück angehört. Allein abgesehen davon, daß in jenen 3 Präcedenzfallen ganz andere factische Verhältnisse vorlagen, als im jetzigen Prozesse, indem es sich damals um die Verpflichtung gewisser streitiger Grundstücke und ihrer Besitzer zur Leistung von Communalsteuern handelte, so ist für den vorliegenden Fall der Umstand entscheidend, daß die Streitfrage, welche den Gegenstand des Prozesses bildet, durch eine ausdrückliche Bestimmung des Gesetzes dem Rechtswege überwiesen ist, welchem sie darum auch aus dem Grunde nicht entzogen werden kann, weil ihre Entscheidung theilweise von Fragen abhängt, die nicht eigentlich privatrechtlicher Natur sind, und die der Regel nach zur Cognition der Verwaltungsbehörden gehören."

Wir glauben hiergegen nochmals darauf aufmerksam machen zu müssen, daß in jenen Präjudicaten, sowie in dem damit durchaus gleichlautenden Erk. v. 12. April 1862 und in dem späteren v. 4. Juli 1863 die Unzulässigkeit der richterlichen Entscheidung über die locale Abgrenzung der Gemeinde- und resp. Gutsbezirke keineswegs erst aus der Unzulässigkeit des Rechtsweges über die Heranziehung zur Entrichtung von Gemeindeabgaben gefolgert, oder etwa nur adminiculirend damit in Verbindung gebracht worden war. Die Unzulässigkeit der richterlichen Entscheidung über die communale Zubehörigkeit eines Grundstücks war dort ausdrücklich als ein unmittelbar aus dem Aufsichtsrecht und der Aufsichtspflicht der Regierungen 2c. sich ergebender absoluter Satz hingestellt worden, der die Hineinziehung dieser Frage in die prozessualische Erörterung zwischen Privatparteien unter allen Umständen, auch abgesehen von der allerdings für jene Spezialfälle nebenher nachgewiesenen Unzulässigkeit des Rechtsweges über den Gegenstand des Klagepetitums selbst, ausschließen sollte. Wir können daher zunächst den Widerspruch zwischen jenen Präjudicaten und der Entscheidung v. 11. Octbr. 1862 durch die obige Bemerkung des Competenz-Gerichtshofes keineswegs für beseitigt halten.

E. Dürfte es nun aber schon an sich eine schwer zu lösende Aufgabe sein, den Satz zu begründen, daß wenn der Prozeßrichter nach den bestehenden, positiven Gesetzen über eine bestimmte Frage nicht entscheiden darf, er doch wieder über dieselbe entscheiden soll, blos weil ihm dieselbe aus Veranlassung eines anderen Streitgegenstandes vorgelegt wird, so dürfte grade das Armengesetz in dieser Beziehung am allerwenigsten zum Stützpunkt für eine solche Theorie geeignet sein, da es ausdrücklich, wie wir gesehen haben, die Zulässigkeit des Rechtsweges in Streitigkeiten zwischen Armen-Verbänden nicht als Regel, sondern nur als Ausnahme von der gegentheiligen Regel hinstellt, und Ausnahmen müssen stricte interpretirt werden.

Welche Streitigkeiten zwischen Armen-Verbänden will uns denn der Competenz-Gerichtshof nachweisen, auf welche die Regel des §. 34 Anwendung findet, und wo soll überhaupt die richterliche Competenz ein Ende haben, wenn dieselbe sich auf alle Fragen erstrecken soll, von deren Beantwortung in zweiter Linie irgend eine beliebige vermögensrechtliche Folgerung abhängt, über die an und für sich der Rechtsweg zulässig ist?

In dem vorliegenden Streitfall hatte die Regierung zu Frankfurt a. O. zunächst allerdings in Form eines Resoluts die Gemeinde von A. zur Fürsorge für den Tagelöhner Ludwig B. im Streit mit dem fiskalischen Gutsbezirk über A. für verpflichtet erachtet.

Ueber den weiteren Verlauf dieser Angelegenheit heißt es in den Gründen der Entscheidung des Competenz-Gerichtshofes wörtlich wie folgt:

„In dem gegen dies Resolut von der Gemeinde A. ergriffenen Rechtsweg gegen den Domainenfiskus auf Aufhebung dieses Resoluts, wurde die Frage, ob die Büdnerstelle, welche früher im Besitze der verstorbenen Eltern des verarmten Franz Ludwig B gewesen war, früher zum Königl. Forstgrunde gehört habe, ausführlich erörtert, über die darüber vorgebrachten, thatsächlichen Behauptungen Beweis erhoben und in erster Instanz nach dem Antrage der Klägerin erkannt. Hierauf erhob die Regierung zu Frankfurt unterm 11. Januar 1862 den Competenzconflict aus folgenden Gründen:

„„1. daß eine Gutsherrschaft, von welcher das Büdnergrundstück der Eltern des Verarmten abgesondert sein könnte, ein fiskalischer Armenverband von A. gar nicht existire, vielmehr der Fiskus, der in früherer Zeit alleiniger Eigenthümer der jetzt zu A. gehörigen Grundstücke gewesen, dieselben an die einzelnen, zur klagenden Gemeinde gehörigen Wirthe zum Eigenthum verkauft und solche zu einer Gemeinde vereinigt habe.

2. Daß das hier fragliche Grundstück bei der Veräußerung Seitens des Fiskus in der Erbverschreibung v. 28. März 1789 ausdrücklich dem Dorfe A. zugeschlagen und mit allen daraus entspringenden Dorflasten belegt worden.

3. Daß nach §. 2 der Regierungs-Instruction und nach 3 Präjudicaten des Competenz-Gerichtshofes die Regierungen ausschließlich über die Frage publici juris, ob ein Grundstück zu einem Gemeinde-Verbande gehöre, zu entscheiden hätten, und der Zweck der vorliegenden Klage gerade darauf gerichtet sei, die bereits getroffene Entscheidung der Verwaltungsbehörde anzufechten.““

„Das Appellationsgericht zu Frankfurt bemerkte dagegen:“

Es handle sich in diesem Prozesse keineswegs um die Anfechtung einer von der Verwaltungsbehörde dahin getroffenen Entscheidung, daß die auf dem fiskalischen Forstboden etablirte Büdnerstelle zu A. zur Dorfgemeinde A. geschlagen worden. Eine solche Verfügung existire nach Lage der Akten nicht. Die in diesem Prozesse ventilirte Rechtsfrage sei lediglich die, ob der Armenverband der Dorfgemeinde A., oder der fiskalische Dominial-Armenverband zu A. die Verpflegungskosten des hülfsbedürftigen, auf einer Büdnerstelle zu A. geborenen Franz B. zu übernehmen habe. Dies sei eine Frage privatrechtlicher Art und unterliege nach dem Ges. v. 31. Dezbr. 1842, §. 5 der richterlichen Entscheidung.“

Dieser Ansicht trat nun der Competenz-Gerichtshof bei, bemerkte aber dazu:

„Nur ist dabei mit Unrecht der §. 5 des Ges. über die Armenpflege angeführt worden. Die entscheidende Stelle dieses Gesetzes findet sich im §. 34, und lautet so:

Ueber Streitigkeiten zwischen verschiedenen Armenverbänden entscheidet die Landespolizeibehörde. Betrifft der Streit die Frage: welcher von diesen Verbänden die Verpflegung des Armen zu übernehmen habe? so findet gegen jene Entscheidung der Rechtsweg statt; doch muß letztere bis zur rechtskräftigen Entscheidung des Prozesses befolgt werden.

Diese Gesetzesvorschrift ist im vorliegenden Falle vollständig zur Anwendung gekommen, da in dem Streit zwischen dem Domainen-Fiskus und der Gemeinde A. die Regierung zu Frankfurt durch Resolut entschieden hatte, daß der Armenverband der Gemeinde A. die Armenpflege zu übernehmen habe, und da gegen diese, ausdrücklich als Interimistikum bezeichnete Entscheidung der Rechtsweg zulässig ist.“

Es heißt sodann weiter:

„Da über die Hülfsbedürftigkeit des Franz Ludwig B., also darüber, daß hier ein Fall der Armenpflege vorliegt, kein Zweifel obwaltet, so findet nach Vorschrift des §. 34 gegen jene Entscheidung der Landespolizei-Behörde der Rechtsweg wirklich statt. Die Gemeinde zu A. hat diesen Rechtsweg beschritten, dessen Zulässigkeit nach dem Klageantrage keinem Bedenken unterliegt. Dabei wird der Richter die Frage zu entscheiden haben, ob — wie die Regierung in ihrem Plen. Beschl.

v. 11. Januar d. J. im Widerspruch mit ihrem Resolut v. 19. Juni 1860 behauptet — in A. ein fiskalischer Dominial-Armenverband gar nicht existire. Ebenso wird der Richter auch darüber zu entscheiden haben, ob die Büdnerstelle, auf welcher der B. verarmt ist, in Beziehung auf die Armenpflege zur Gemeinde A. oder ob sie zu dem fiskalischen Dominial-Armenverbande gehört."

Die Verpflichtung war im vorliegenden Fall also hergeleitet aus dem thatsächlichen Aufenthalt des Ludwig B., in den, nach der Ansicht der Regierung zur Gemeinde A. gehörigen Grundstücken. Es theilte sich mithin die getroffene Entscheidung der Regierung in zwei Fragen:

1. Hat der Tagelöhner Ludwig B. auf dem bestimmten Grundstücke sich aufgehalten? Diese Frage war in facto unbestritten. Hierüber hätte, wenn sie später in einem Streit zwischen verschiedenen Armenverbänden, unter Berufung auf §. 1, §. 20 des Armengesetzes, bestitten worden wäre, der Rechtsweg unbedenklich nach §. 34 statt gehabt.
2. In die Frage, ob das Grundstück, auf welchem der Franz B. gewohnt, zum Gemeindebezirk oder zum gutsherrlichen Bezirk gehört habe? und diese Frage, nackt wie sie ist, ist und bleibt eine solche, bei deren Beantwortung keineswegs bloß die Parteien, keineswegs Fiskus, keineswegs die Gemeinde A., sondern der Staat als solcher ein maaßgebliches Interesse hat. Der zufällige Umstand, daß die maaßgebliche Bestimmung sich im §. 6 des Armengesetzes findet, ist vollkommen gleichgültig, da es nicht darauf ankommt wo? sondern ob? eine gesetzliche Bestimmung vorhanden ist, über welche die ausschließliche Entscheidung der Verwaltungsbehörde nach positiven Gesetzen (§. 2. sub 5 Rg. Instr. v. 23. Oct. 1817.) stattfindet. Und mit demselben Recht hätte, wenn die Regierung die von ihr gleichfalls mit Ausschluß des Rechtsweges zu beantwortende Frage, ob hier ein Bedürfniß der Armenpflege vorgelegen, verneint, und auf Grund dieser Verneinung den Anspruch gegen diese Gemeinde in Form des Resoluts zurückgewiesen hätte, gegen diese Entscheidung auf Grund derselben Argumentation der Rechtsweg ergriffen werden können, — denn der Streit betraf ja die Fürsorgepflicht für den Tagelöhner Franz B., und da solche Streitigkeiten nach §. 34 dem Rechtswege überwiesen sind, so wäre damit auch die nach demselben §. sowie nach §. 33 zwar vom Rechtswege ausgeschlossene Frage dem Rechtswege hier zu überlassen, weil sie hier nur als Vorfrage für den eigentlichen Prozeßgegenstand, die Fürsorgepflicht für den Tagelöhner Franz B. zur Sprache käme. Wir glauben nachweisen zu können, daß dieser Weg weniger geeignet sein möchte, Competenz-Conflicte zu vermeiden, als solche zu vervielfältigen.

F. Sollte dieses Beispiel nicht auch wieder eine Aufforderung für die Verwaltungs-Behörden, insbesondere für die Regierungen enthalten, in der Form der Entscheidungen diejenigen Vorschriften zu beachten, welche ihnen das Ministerium des Innern zur Vermeidung solcher Competenz=Conflicte an die Hand gegeben hat?

Es sollen ja solche Fragen, welche vom Gesetz dem Rechtswege entzogen sind, überhaupt nicht in resolutorischer Form zur Entscheidung gelangen. Auch für Fälle der vorliegenden Art dürfte einer solchen Hineinziehung des von den Verwaltungsbehörden wahrzunehmenden Staatsinteresses in die prozessualische Erörterung zwischen Privatparteien und den daraus sich ergebenden Competenz=Conflicten am Zweckmäßigsten und Sichersten vorgebeugt werden, wenn zunächst die Regierungen ihrerseits es grundsätzlich vermeiden wollten, derartige Vorfragen aus dem Gebiete der Armenpolizei oder des inneren Staats= und Verfassungs=Rechts, soweit dieselben ex officio oder in Folge der Anführungen der Parteien zur Erörterung kommen sollten, durch eine vorgängige Separatverfügung, gegen welche eben nur der instanzenmäßige Beschwerdeweg zulässig sein würde, zu entscheiden, und in der für einen einzelnen Spezialfall nebenher beantragten resolutorischen Entscheidung hinsichts der Fürsorgepflicht in concreto auf die durch jene Verfügung abgemachte Streitfrage gar nicht weiter einzugehen. Hätte die Regierung in Frankfurt z. B. in jenem Falle durch eine besondere Verfügung die communale Zubehörigkeit der streitigen Grundstücke im Allgemeinen festgestellt, so wäre nach den eigenen Ausführungen des Competenz=Gerichtshof von einer Anfechtung solcher Entscheidung im Rechtswege nicht die Rede gewesen, — hätte die Regieruug dann für den betreffenden Spezialfall einfach dahin entschieden, daß, weil das qu. Individuum resp. dessen Vater sich so und so lange in dem Gemeindebezirk von A. aufgehalten, die Verpflichtung dieser Gemeinde nach §. 1 sub 3 resp. §. 20 des Armengesetzes außer Zweifel sei, so hätte der Prozeßrichter auch keine formelle Veranlassung gehabt, über die Gemeindezubehörigkeit jener Grundstücke zu entscheiden.

Doch die Regierung zu Frankfurt hat hier augenscheinlich noch einen zweiten Fehler begangen, sie hat in einer Angelegenheit resolvirt, ohne in der klagenden Partei einen Armenverband anzuerkennen, wenigstens versucht sie, in den Gründen, mit denen die Erhebung des Conflicts gerechtfertigt wird, die Behauptung aufzustellen, daß ein gutsherrlicher Armenverband von A. gar nicht existire, und hiergegen monirt der Competenz=Gerichtshof mit Recht, daß diese Behauptung mit dem Erlaß des Resoluts in directem Widerspruch stehe.

Hielt aber die Regierung wirklich dafür, daß ein gutsherrlicher Armen-Verband von A. nicht existire, so lag für sie auch keine Möglichkeit vor, resolutorisch im Streit dieses nicht existirenden Dominial=Armenverbandes eine Entscheidung zu treffen, sondern es handelte sich nur um eine polizeiliche Anordnung darüber, daß dem in jenen Büdnerhäusern sich zeitweilig befindenden Tagelöhner Franz B. faktisch die nöthige Unterstützung gereicht werde. Und diese Anordnung war auf Grund der §§. 26, 27 des Armengesetzes, da die Regierung die Zugehörigkeit der Büdnerstelle zur Gemeinde A.

als festgellt annahm, unmittelbar Seitens der Orts=Polizeibehörde gegen die Gemeinde von A. durchzusetzen und letzterer dann zu überlassen, ob sie ihrerseits einen anderen Armenverband als vermögensrechtlich verpflichtet in Anspruch nehmen und gegen ihn die resolutorische Entscheidung nach §. 34 extrahiren wollte.

Vor Erlaß dieser resolutorischen Entscheidung lag es dann der resolvirenden Regierung ob, zu prüfen, ob der in Anspruch genommene Armenverband auch wirklich als ein solcher zu erachten, und falls diese Frage von der Regierung verneint wurde, so hatte sie überhaupt die resolutorische Entscheidung abzulehnen. Auf diese Weise wären dann die völlig auseinander zu haltenden Fragen: ob jene Grundstücke zur Gemeinde A. gehörten, und ob andererseits ein selbstständiger Gutsbezirk von A. nebenher existirte, gesondert zur ressortmäßigen Entscheidung gelangt, ohne daß eine Einmischung des Prozeßrichters hätte stattfinden können.

G. Wie nun aber diese, allerdings formellen Mißgriffe der Regierung für die Entscheidung der Competenzfrage den Einfluß haben sollen, daß, weil die Regierung hier irrthümlich in resolutorischer Form entschieden hat, nunmehr in dem, gegen die resolutorische Entscheidung an sich sonst zulässigen Rechtswege, der Prozeßrichter

„die Frage zu entscheiden haben wird, ob in A. ein fiskalischer Armenverband existire oder nicht, —

ob die Büdnerstelle, auf welcher der B. verarmt ist, in Beziehung auf die Armenpflege, zur Gemeinde A., oder ob sie zu dem fiskalischen Dominial=Armenverband gehört?"

das ist der Punkt, den wir dem Competenz=Gerichtshof nie und unter keinen Umständen einräumen können.

Worüber ist denn eigentlich nach §. 34 des Armengesetzes der Rechtsweg zulässig? Es heißt dort:

„Betrifft der Streit die Frage: welcher von diesen Verbänden die Verpflegung des Armen zu übernehmen habe?"

so findet ꝛc. der Rechtsweg statt.

Der Streitgegenstand muß also die Frage betreffen, ob für eine bestimmte Person nach ihren persönlichen Verhältnissen, nach ihrem persönlichen Aufenthalt, nach ihrer persönlichen Familienverbindung, auf Seiten des einen Armenverbandes eine vermögensrechtliche Verpflichtung dem klagenden Armenverbande gegenüber besteht.

Und — was sagt uns nun der Competenz=Gerichtshof weiter über den Gegenstand der von ihm dem Prozeßrichter überwiesenen Entscheidung?

„Die Büdnerstelle, um welche es sich im vorliegenden Falle handelt, ist auf ehemals fiskalischem Grund und Boden errichtet und der Grund und Boden an den ersten Besitzer derselben veräußert worden. Es kommt also bei Entscheidung des Prozesses darauf an, ob einer der im §. 6 bezeichneten Ausnahmefälle als vorhanden angenommen werden kann. Da das Gesetz dem Richter die Entscheidung über die streitige Verpflichtung zur Armenpflege überwiesen hat, so kann ihm auch die Befugniß nicht streitig gemacht werden, darüber zu entscheiden, ob und welche die Entscheidung der Hauptfrage bedingenden, thatsächlichen Voraussetzungen vorhanden sind. Der Richter wird deshalb auch die Frage, ob die in Rede stehende Büdnerstelle auf eine, der im §. 6 des Gesetzes bezeichneten Arten der Armenpflege der Gemeinde A. anheimgefallen ist, seiner Cognition zu unterziehen haben."

Was wird hier unter dem Ausdruck verstanden: „ein Büdnergrundstück sei der Armenpflege einer Gemeinde anheimgefallen?" — Nicht die Person des Armen ist es also, um welche es sich bei dem ganzen Streit handelt, sondern

„die Büdnerstelle"

ist es,

„um welche es sich im vorliegenden Falle handelt."

Mit einem Wort, der Streitgegenstand war überhaupt ein viel weiter gehender, als die Verpflichtung für eine bestimmte Person, und wenn also der Prozeßrichter nur die Befugniß hat, über die vermögensrechtliche Verpflichtung zur Armenpflege für eine bestimmte Person zu entscheiden, so liegt in dieser Befugniß, über das minus zu entscheiden, doch wahrlich nicht die Befugniß zur Entscheidung über das majus.

Die §§. 5 und 6 gehören, wie wir gesehen haben, überhaupt nicht zu den vermögensrechtlichen Bestimmungen des Armengesetzes, sondern sie haben sich nur aus den oben (sub A.) erwähnten Umständen zufällig in das Armengesetz geflüchtet, sie finden sich dort nur als lex fugitiva, aus welcher Stellung sie ohnehin ausdrücklich das Gesetz vom 14. April 1856 befreit hat.

H. In merkwürdiger Weise contrastirt nun aber diese Entscheidung des Competenz-Gerichtshofes vom 11. Oct. 1862 mit jener früheren von uns oben im Kapitel XIII. S. 146 bereits besprochenen vom 4. Juli 1857.

Dort hatte die Regierung zu Potsdam nun wirklich durch eine gesonderte Verfügung die Zubehörigkeit gewisser Büdnerstellen zu dem Gutsbezirk von Alexanderhof decretirt. Die Frage also, in welchen Grenzen der Gutsbezirk Alexanderhoff zur Tragung der Armenpflege als Communal-Last heranzuziehen, lag staatsrechtlich auf ganz demselben Gebiete, wie die dem Erkenntniß vom 11. October 1862 zu Grunde liegende Frage, ob die qu. Büdnergrundstücke der Armenpflege der Gemeinde A. anheimgefallen, d. h. also, ob sie in communaler Beziehung zur Gemeinde A. gehören. Während nun in jenem Erkenntniß vom 4. Juli 1857, trotzdem die competente Aufsichtsbehörde die Zubehörigkeit jener Büdnerwohnungen zum Gutsbezirk von Alexanderhof durch eine gesonderte Verfügung vom 10. Mai 1858 und nicht im Wege einer resolutorischen Entscheidung nach §. 34 ausgesprochen hatte, der Rechtsweg gegen die in Folge dessen getroffene polizeiliche Anordnung resp. Kosteneinziehung für zulässig erklärt wurde, wird in dem Erkenntniß vom 11. Oct. 1862 wenigstens ausdrücklich anerkannt, daß wenn die Regierung zu Frankfurt eine derartige gesonderte Verfügung erlassen, und nicht in resolutorischer Form entschieden hätte, der Rechtsweg für den vorliegenden Fall ausgeschlossen sein würde. Wir sehen also, beide Entscheidungen des Competenz-Gerichtshofes bieten uns einen nicht zu lösenden Widerspruch.

J. Und nun betrachten wir die Sache vom Standpunkt der täglichen Praxis. Nehmen wir an: die Regierung zu Frankfurt, resp. der Oberpräsident, oder der Minister des Innern hätten, zufolge der ihnen nach den gesetzlichen Geschäftsinstructionen und §. 1 des Gesetzes vom 14. April 1856 übertragenen, verantwortlichen Competenz, in einer gesonderten Verfügung entschieden, das betreffende Büdnergrundstück und mehrere Andere, in gleicher Lage befindliche gehörten zum Gemeindeverbande von A. In Folge dessen veranlagt diese Gemeinde in entsprechender Weise die zu erhebenden Communalabgaben, aus denen unter anderen auch die öffentliche Armenlast bestritten wird, auf jene Grundstücke. Gegen diese, in legaler Weise getroffene Entscheidung wäre also nach den obigen Präjudicaten, sowie nach den eigenen Worten der Entscheidung vom 11. Oct. 1862, der Rechtsweg unbedingt ausgeschlossen. In einem später eintretenden Streitfall über die Fürsorgepflicht für eine bestimmte Person behauptet plötzlich die Gemeinde A. im Streit mit irgend einem benachbarten Armenverband z. B. der Gemeinde G., daß die eine jener Büdnerstellen, in welcher jene Person gewohnt, resp. sich 3 Jahr lang aufgehalten habe, nicht der Armenpflege der Gemeinde A., sondern der Gemeinde G. anheimgefallen, und daß deshalb durch den Aufenthalt auf jener Büdnerstelle eine Verpflichtung für den Armenverband von A. nicht begründet sei. Die Regierung resolvirt auf Grund des §. 34 des Armengesetzes gegentheilig, der Prozeßrichter tritt inzwischen der Gemeinde A. bei, indem er annimmt, daß zwar der Aufenthalt jener Person auf jenem Büdnergrundstück 3 Jahr lang stattgefunden habe, daß aber nach §. 6 des Armengesetzes „das Büdnergrundstück selbst der Armenpflege der Gemeinde G. anheimgefallen." In einem folgenden Fall geschieht dasselbe und sofort. Genug, im Wege lauter einzelner Spezialentscheidungen, welche der Richter in einer seiner Competenz an und für sich entzogenen Streitfrage trifft, geht die ganze Armenlast selbstredend im Rechtswege auf die Gemeinde G. über, obwohl dieselbe aus jenen Grundstücken auch nicht einen Pfennig an Gemeinde-Abgaben erhebt, letztere vielmehr nach wie vor zur Gemeinde A. veranlagt bleiben.

Kurz, die auf Grund gesetzlicher Competenz und Verantwortlichkeit nach §. 6 generell erlassene Entscheidung der Verwaltungsbehörde ist durch lauter nach demselben §. 6 des Armengesetzes erlassene Einzelentscheidungen des Prozeßrichters illusorisch geworden. Man halte uns nicht entgegen, es seien dies vereinzelte Fälle oder theoretische Befürchtungen. Seitdem die Entscheidungen des Höchsten Gerichtshofes einer kritiklosen merkantilen Publizität unterliegen, haben dieselben in der Praxis einen viel weitergehenden Einfluß, als für den bloßen Spezialfall, und auch für diesen sind Mißstände, wie sie durch derartige Entscheidungen hervorgerufen werden müssen, bedenklich genug.

K. Wenn also z. B. in dem im Kap. XIII. besprochenen Streitfall zwischen dem Gutsverbande Alexanderhof und der Gemeinde Prenzlau der Appellationsrichter der Ansicht der den Competenz-Conflict erhebenden Regierung und des Kreisgerichts,

wonach über die Zubehörigkeit eines Grundstücks zu einem Armen-, resp. Communalverbande nicht der Richter, sondern die Verwaltungsbehörde zu entscheiden habe,

„nicht unbedingt" beitritt, so dürfte es in der That darauf ankommen, die Bedingungen kennen zu lernen, unter denen gesetzlich dem Richter gleichzeitig nach §. 2 der Regierungs-Instruction vom 23. Oct. 1817 resp. nach §. 1 des Gesetzes vom 14. April 1856 verboten, und dennoch wieder gestattet sein soll, über dieselbe Frage zu entscheiden.

Wir wollen hier die Gründe des Appellationsrichters, der übrigens die Zulässigkeit des Rechtsweges für jenen Fall schließlich selbst verwirft, wörtlich, wie sie in dem Erkenntniß des Competenzgerichtshofes referirt werden, folgen lassen:

„Es (das betreffende Appellationsgericht) hält dafür, daß die Prüfung eines bestimmten, in das Gebiet des öffentlichen Rechts gehörigen Rechtsverhältnisses, behufs Entscheidung der für die Parteien sich daraus ergebenden Privatrechte, der Prüfung jeder anderen Thatsache völlig gleichstehe, daß daher an sich eine Beweisaufnahme über die Frage, welchem Communalverbande ein Grundstück angehöre, ob dasselbe eine Gutsherrschaft constituire, bei den Gerichten denkbar sei."

Wie nun die Entscheidung einer, der Competenz des Richters entzogenen Rechtsfrage, also ein nach bestimmten Verwaltungsgrundsätzen zu schöpfendes und deshalb im Interesse des öffentlichen Wohls für jeden einzelnen Fall der ausschließlichen Verantwortlichkeit der Verwaltungsbehörden übertragenes Urtheil über eine Frage unseres inneren Staats- oder Verfassungsrechts der Prüfung jeder anderen Thatsache gleichstehen soll, das dürfte, ohne die Verwechslung von Thatfragen und Rechtsfragen, von Beweis und Entscheidung zum Prinzip zu erheben, doch wohl schwerlich aufrecht zu erhalten sein.

Und eben, weil der Prozeßrichter in seiner Entscheidung überhaupt nicht an sein Wissen und Erkennen, sondern an die Erklärungen ꝛc. der Parteien, an die Formen des Prozesses gebunden ist, weil es dem Prozeßrichter also an der Möglichkeit gebricht, diese Prinzipien der Organisation, der Constituirung der Guts- resp. Gemeindebezirke objectiv zu erkennen, und ihre Bedeutung zu würdigen, deshalb liegt in dem richterlichen Eingriff in dies Gebiet der Staatsverwaltung eine so große Gefahr, deshalb muß eine so wichtige Frage unseres inneren Staatslebens in den Augen des Prozeßrichters nothwendig zu einer bloßen, von dem Formalismus des Prozesses, von den

Zugeständnissen der Parteien, ja selbst von den Zufälligkeiten des Contumacialverfahrens abhängige Thatfrage herabsinken.

Wir werden uns also der vom Verfasser im Eingange ausgesprochenen Ansicht anzuschließen haben, daß, wenn der Prozeßrichter über eine Frage nach positiven Gesetzen „eigentlich" nicht zu entscheiden hat, er über diese Frage niemals zu entscheiden hat, und daß gerade auf dem Gebiet der öffentlichen Armenpflege, resp. auf dem Gebiet der Regelung unserer Communalverhältnisse ein Abgehen von diesem Prinzip zu den allerbedenklichsten praktischen Folgen führen muß.

Einundzwanzigstes Kapitel.

Kehren wir nochmals auf die Abgrenzung der Communal- 2c. Verbände in specie für die Streitigkeiten zwischen verschiedenen Armenverbänden zurück und versuchen es, uns die Folgen an einigen praktischen Beispielen klar zu machen, welche die vom Competenz-Gerichtshof in dem Erk. vom 11. Oct. 1862 und einer ähnlichen Entscheidung dem Prozeßrichter übertragene Befugniß herbeiführen muß,

ausnahmslos in jedem Streit zwischen verschiedenen Armenverbänden zu entscheiden, welcher „die Verpflichtung zur Armenpflege" schlechthin zum Gegenstande hat.

A. Für Schlesien ist unter dem 14. Dezbr. 1747 ein Edict wegen Ausrottung der Bettler 2c. ergangen, dessen §. 1 wie folgt lautet:

§. 1.

Jede Grundherrschaft auf dem Lande und Obrigkeit in den Städten ist schuldig und verbunden, die unter ihre Jurisdiction gehörigen Armen, so durch ihrer Hände Arbeit ihr Brot nicht erwerben können, zu versorgen, und denenselben den Unterhalt zu verschaffen, zu welchem Ende die Grundherrschaften die Verpflegung ihrer Armen nicht denen Gemeinden allein zur Last legen, sondern dabei concurriren und bis zur völligen Einrichtung der jeden Orts verordneten Armenkasse dahin sehen sollen, daß mittelst monatlichen, gemeinschaftlichen Beitrags denen Armen der nöthige Unterhalt gereicht werde. Wenn die Armenkassen völlig eingerichtet, müssen die Armen des Orts daraus erhalten, und, wenn die Kassen nicht hinlänglich, denenselben durch einen Beitrag der Herrschaft und Unterthanen zu Hülfe gekommen werden 2c.

Es war die Frage entstanden, wie weit dies Edict neben dem §. 36 des Armengesetzes, der alle früheren, allgemeinen und besonderen Bestimmungen über die Gegenstände des Armengesetzes aufgehoben hatte, zur Geltung komme?

Die Regierung zu Breslau, sowie auch die zu Liegnitz gingen davon aus, daß dies Gesetz allerdings als eine, für Schlesien noch bestehende „be-

sondere Verfassung" anzusehen sei, und daß deshalb auf Gutsherrschaften und Gemeinden die Bestimmung des §. 7 des Armengesetzes zur Anwendung komme, wonach dort,

„wo Domainen und Rittergüter, welche nicht im Gemeindeverband sich befinden, nach besonderer Verfassung oder in Folge freier Uebereinkunft mit Gemeinden zu einem gemeinschaftlichen Armenverbande vereinigt sind, ein solcher Verband, in Beziehung auf die Armenpflege, einer Gemeinde gleichzuachten ist."

Zufolge dieses Grundsatzes, der also für die Behandlung der dortigen Communalverhältnisse ein völlig maßgeblicher geworden war, war die Gutsherrschaft zu T. im Regierungsbezirk Breslau zu einem ratirlichen Beitrage zu den zu diesem Communalzweck von dem gemeinschaftlichen Verbande aufzubringenden resp. aufgebrachten Lasten herangezogen worden. Hiergegen hatte die Gutsherrschaft den Rechtsweg ergriffen, der Prozeß war eingeleitet und die Regierung zu Breslau hatte den Competenz-Conflict erhoben.

Die Regierung motivirte ihren Beschluß

I. durch die Behauptung, daß, nachdem jener obige Verwaltungsgrundsatz von ihr als maßgebend anerkannt worden, der Rechtsweg über die Frage: wie weit jenes Edict annoch gesetzliche Kraft habe, gegen das, den Regierungen übertragene Landeshoheitsrecht im Sinne des §. 36 der Verordnung vom 26. Dezbr. 1808 verstoße, daß eine ebensolche Verletzung des Landeshoheitsrechts im Sinn der §§. 78, 79 Th. II. Tit. XIV. des A. L. R. hier vorliege, da über die Erhebung öffentlicher Abgaben der Prozeßrichter nicht zu befinden habe. Es stehe deshalb der §. 1 der Einl. zur Allg. G.-Ordnung dem eingeleiteten Prozesse entgegen.

II. Es sei aber auch im vorliegenden Falle die executive Beitreibung der auf die klagende Gutsherrschaft veranlagten Beiträge zu den Communalabgaben als eine Polizeimaßregel anzusehen, und deshalb nach §. 1 des Gesetzes vom 11. Mai 1842 der Rechtsweg hier ausgeschlossen.

Wir wollen, was die Begründung ad II. betrifft, hier von vornherein zur Vermeidung von Mißverständnissen darauf aufmerksam machen, daß es sich im vorliegenden Fall gar nicht um die Ausführung einer polizeilichen Anordnung, wegen Unterbringung oder Verpflegung in concreto, wie z. B. in dem Streitfall mit der Gutsherrschaft von Alexanderhof (vergl. oben Kap. XIII), sondern lediglich um die Heranziehung der Gutsherrschaft zu den nach dem Gemeindehaushalt für das betreffende Verwaltungsjahr verausgabten Kosten der Armenpflege im Allgemeinen handelte. Mit Recht verwirft daher der Competenz-Gerichtshof in seiner hierauf ergangenen Entscheidung vom 9ten Juni 1855 (M.-Bl. f. i. V. S. 244) die Motivirung des Beschlusses aus §. 1 des Gesetzes vom 11. Mai 1842.

Der Competenz-Gerichtshof verwirft nun aber principaliter auch die Motivirung ad I., erkennt dabei jedoch an, daß, da die Befreiung von den der klagenden Gutsherrschaft angesonnenen Lasten von ihr nicht auf Grund der in den §§. 4—8. Th. II. Tit. 14 des A. L. R. bezeichneten speziellen

Titel (Vertrag, Privilegium, Verjährung) gegründet werde, der §. 79 l. c. für die Zulässigkeit des Rechtsweges nicht spreche, und daß im Gegentheil die Ausschließung des Rechtsweges unzweifelhaft sein würde, falls es sich auch nur um die Erhebung von wirklichen Communalabgaben handele.

Wir wollen diese Fragen, und die Art, wie der Competenz-Gerichts-Hof sie beantwortet, einstweilen auf sich beruhen lassen, und zunächst nur auf die am Schluß der Entscheidung ex officio erörterte Frage eingehen,

wie weit das Armengesetz hier die Competenz des Prozeßrichters begründe oder ausschließe.

Es heißt an der bezeichneten Stelle wörtlich:

„Der §. 34 jenes Gesetzes (des Armengesetzes) bestimmt über die Competenz-Verhältnisse nur:

Ueber Streitigkeiten zwischen verschiedenen Armenverbänden entscheidet die Landespolizei-Behörde. Betrifft der Streit die Frage: welcher von diesen Verbänden die Verpflegung des Armen zu übernehmen habe, so findet gegen jene Entscheidung der Rechtsweg statt, doch muß letztere bis zur rechtskräftigen Beendigung des Prozesses befolgt werden ꝛc.

Diese Vorschrift giebt offenbar der Regierung kein Recht, die Competenz zur Entscheidung des vorliegenden Streits zu beanspruchen, da derselbe nicht zwischen zwei verschiedenen Armen-Verbänden geführt wird, sondern zwischen einer Gutsherrschaft und einer Gemeinde darüber, ob die erstere wider ihren Willen mit der letzteren einen gemeinschaftlichen Armen-Verband zu bilden, und daher zu den Kosten der Armenverpflegung in dem Gemeindebezirk beizutragen verpflichtet sei. Es fehlt mithin an einem gesetzlichen Grunde, den Gerichten die Entscheidung hier zu entziehen, und der Competenz-Conflict mußte also, wie geschehen, für unbegründet erklärt werden."

Die Frage nun, wie weit innerhalb einer Commune der Verpflichtung zur Armenpflege zu genügen, ist, wie das Königl. Ob.-Tribunal in seinen Erkenntnissen v. 15. März 1854 u. 18. April 1856 (Entsch. Bd. 27 S. 304 und Bd. 32 S. 197) selbst angenommen, eine res extra commercium, über die zwischen den einzelnen Gemeindemitgliedern weder paciscirt noch prozessirt werden kann. Wenn nun nach §. 7 des Armengesetzes ein — aus der durch besondere Verfassung vereinigten Gutsherrschaft und Gemeinde formirter — Armen-Verband als eine Gemeinde anzusehen ist, so dürfte wohl vollkommen klar sein, daß die Frage der Zugehörigkeit zu dieser Gemeinde in ganz gleicher Weise Interessen berührt, die der Staat als solcher wahrzunehmen hat, und die weit über das Interesse der sich zunächst gegenüberstehenden Parteien hinausgehen.

Wie weit aber die als publicistische Verpflichtung innerhalb eines und desselben gemeinschaftlichen Verbandes zu tragende Last der öffentlichen Armenpflege mit Recht oder Unrecht nach der bestehenden Verfassung aufzubringen, dürfte doch wohl in ganz gleicher Weise wie bei jeder anderen communalen Verpflichtung ausschließlich Sache der Aufsichtsbehörde sein, und jede richterliche Einmischung in diesen Theil administrativer Verantwortlichkeit gerade nach den im vorigen Kap. angeführten Entscheidungen des Competenz-Gerichtshofes z. B. wegen der Heranziehung des Besitzers der Tangerhütte zu den Communallasten der Gemeinde B. sich absolut verbieten.

Wenn also der Competenzgerichtshof die nach §. 34 geltende Regel, daß im Streit zwischen verschiedenen Armenverbänden die Landespolizei-Behörde zu entscheiden habe, hier nicht statuiren will, weil die über die Gemeinschaftlichkeit des Armenverbandes in Streit gerathene Gutsherrschaft und Gemeinde sich eben nicht als zwei verschiedene Armenverbände gegenüberstehen, so dürfte hier in der That wohl das majus an die Stelle des minus gesetzt worden sein.

Kam es denn, nachdem durch positives Gesetz den Regierungen die Aufsicht über die Communal-Verwaltung übertragen ist, hier darauf an, die Competenz der Regierung zur Entscheidung darüber zu beweisen, daß der Besitzer des Guts T. zu gewissen Communalabgaben der dortigen Gemeinde heranzuziehen, oder kam es darauf an, aus §. 34 die Zulässigkeit des Rechtsweges gegen die getroffene Entscheidung der Verwaltungsbehörde nachzuweisen? — Was bedeutet also hier überhaupt die Berufung auf §. 34, wenn der Competenz-Gerichtshof (Erk. v. 8. April 1854 vgl. oben S. 175) selbst anerkennt, daß derselbe die Competenz des Prozeßrichters nur als Ausnahme hingestellt habe, während die Competenz der Regierung, über die Abgrenzung der Communalbezirke und also auch in der nach §. 7 des Armengesetzes zulässigen Erweiterung zu befinden, nicht erst aus §. 34 des Armengesetzes, sondern schon aus dem allgemeinen Aufsichtsrecht der Regierungen von selbst folgt.

Wenn aber der Competenz-Gerichtshof, indem er den Ausführungen der Regierung ad I entgegentritt, die Natur der streitigen Abgabe als einer Communalabgabe,

„welche jede einzelne Gemeinde zur Bestreitung der Kosten der ihr obliegenden Orts-Armenpflege von ihren einzelnen Mitgliedern fordert;"

aus dem Grunde negirt

a) weil von keiner Seite und selbst nicht von der Regierung behauptet worden, daß etwa die Gutsherrschaft von T. sich mit ihren Gütern im Gemeindeverbande befände,

b) weil von der Gemeinde gegen die Gutsherrschaft nicht ein Act des communalen Besteuerungsrechts ausgeübt, sondern der Gutsherrschaft von T. nur ein „Societätsverhältniß" in Bezug auf die Last der Armenpflege zugemuthet werde,

so erlauben wir uns zunächst darauf aufmerksam zu machen, daß es in Preußen überhaupt außerhalb der Commune und außerhalb des Kreises der communalen Verpflichtungen keine besondere Abgabe zur Tragung der öffentlichen Armenlast, keine sogenannte Armensteuer giebt, und daß eben, weil dem so ist, eine durch Sonderverfassung bestehende Vereinigung von Gutsherrschaft und Gemeinde nicht als Societät, sondern als eine Gemeinde nach §. 7 l. c. anzusehen ist.

Wenn also mit Bezug auf diesen Paragraph die Regierung in den Gründen ihres Beschlusses sich auf §. 78 Th. II Tit. XIV des A. L.-R. beruft, um wegen der Natur der streitigen Abgabe als einer Communalabgabe die Unzulässigkeit des Rechtsweges nachzuweisen, so möchte sich hiermit die Ausführung des Competenzgerichtshofes, „daß hier von keiner Seite behauptet worden, die Gutsherrschaft von T. befände sich in einem Communalverbande," doch wohl kaum mit dem Inhalt des Conflicts-Beschlusses der Regierung vertragen, da ja eben seit Erlaß des Armengesetzes jeder solcher Vereinigung der Charakter der Gemeinde und nicht der bloßen Societät durch positives Gesetz beigelegt ist.

Bedenklicher noch erscheint die an den §. 1 der Einleitung der Allg. Ger.-Ord. geknüpfte Deduction des Competenz-Gerichtshofes:

„man könne den vorliegenden Streit zwischen der Gutsherrschaft und Gemeinde über das von der letzteren behauptete Societätsverhältniß insofern einen blos privatrechtlichen nennen, als es sich dabei nicht um das Fortbestehen der allerdings der Sphäre des öffentlichen Rechts angehörenden Armenpflege selbst, deren Sicherung auch, wenn die Gemeinde allein dieselbe besorgt, nicht in Zweifel gezogen sei, sondern lediglich um die Kosten derselben, mithin um ein bloßes Geldinteresse handele, bei dessen Beurtheilung das gemeine Wohl in keiner Weise im Spiele ist."

Wir möchten hiergegen uns die Frage erlauben, woher denn immer das Interesse der öffentlichen Armenpflege gesichert erscheint, wenn es von der Gemeinde allein besorgt wird, und ob es nicht Fälle giebt, in denen auch eine Gemeinde nicht als prästationsfähig mehr zu erachten? Wenn aber diese Möglichkeit vorhanden, so dürfte andererseits die Nothwendigkeit nicht zu bestreiten sein, hiergegen eine Garantie zu haben, und diese Garantie des Staats ist es ja eben, welche ihm dadurch verschafft wird, daß er im öffentlichen Interesse und nicht der Prozeßrichter im Privatinteresse darüber zu befinden hat, wie weit die Grenzen der Gemeinde gehen, und wie weit als zur Gemeinde gehörig die Besitzer von Grundstücken resp. sonstige Gemeindeglieder zu den Lasten heranzuziehen. Nach derselben Theorie dürfte jeder andere Grundbesitzer mit der Behauptung, daß sein Grundstück nicht zum Gemeindeverbande gehöre, Befreiung von Beiträgen zu den Communallasten im Rechtswege erstreiten können, da der Zweck, zu welchem dieselben verwendet werden sollen, Straßenpflaster, Beleuchtung u. s. w. auch ohne seine Heranziehung von der Gemeinde besorgt werden muß und die Frage seiner Beitragspflicht sich in ein reines Geldinteresse auflöst.

Gleichviel also, ob innerhalb des Kreises prozessualischer Competenz die Frage über die Anwendbarkeit eines älteren Gesetzes neben dem späteren dem Prozeßrichter, wie nicht bezweifelt werden kann, zustehen muß, wird doch ebenso unbestritten es Sache der Verwaltungsbehörde bleiben müssen, ihrerseits darüber zu urtheilen, wie weit verfassungsmäßig eine Vereinigung zu einer Gemeinde im Sinne des §. 7 des Armengesetzes stattzufinden hat. Selbst da, wo eine solche Vereinigung

„in Folge freier Uebereinkunft"

stattfinden soll, würde dieselbe niemals ohne die Zustimmung der Verwaltungsbehörde denkbar sein, da sowohl nach der Regierungs-Instruction vom 23. Octbr. 1817 eine derartige Uebereinkunft in gleicher Art dem Aufsichts- und ausschließlichen Bestätigungsrecht der Staats-Regierung unterliegt (vgl. die Ausführungen des Comp. Ger.-Hofs in dem Erk. wegen der Tangerhütte), wie das gegenwärtig nach §. 2 der Städteordnung resp. §. 1 des Ges. vom 14. April 1856 (G. S. S. 359) dem Minister des Innern resp. dem Oberpräsidenten übertragen ist.

B. Und nun sehen wir, wohin in der Praxis die, durch den Competenz-Gerichtshof dem Prozeßrichter hier auf Grund des §. 34 des Armengesetzes übertragene Befugniß, über die Aufbringung von Gemeindelasten entscheiden zu dürfen, führt.

Man vergleiche die in Folge dieser Competenzerweiterung ergangenen Spezialentscheidungen des Ersten Senats des Königl. Ob.-Trib., z. B. vom 16. April 1858 (Strieth. Arch. Bd. 27 S. 343).

Der Streit betraf nach den Eingangsworten des Erk. die Frage:

ob das qu. Edikt vom 14. Dezbr. 1747 noch neben dem Armengesetz in Kraft geblieben sei, und ob demnach Gutsherrschaft und bäuerliche Gemeinde eines Orts noch einen gemeinsamen Orts-Armenverband bilden und die Gutsherrschaft demnach zur Unterstützung der auf Rusticalgrundstücken verarmten Personen beizutragen verbunden sei?

Die Kläger (Repräsentanten der Gutsherrschaft), welche mit der Klage

„auf Anerkennung der Befreiung von Beiträgen zum Gemeinde-Armenfonds und auf Erstattung der von ihnen im Administrationswege bereits beigetriebenen Beiträge der letzten Jahre"

in zwei Instanzen abgewiesen waren, hatten die Nichtigkeitsbeschwerde erhoben. Der Erste Senat verwarf in dem Erk. vom 16. April 1858 die erhobene Beschwerde. In den Erkenntnißgründen heißt es wörtlich:

„Es kann keinen Bedenken unterliegen, daß durch dieses Edict, welches gemeinsame Aufbringung der Beiträge durch Concurrenz der Gutsherrschaften und Gemeinden zu einem gemeinsamen Zweck einführte, ein *gesellschaftliches* Verhältniß hergestellt ist, welches zwischen Beiden den *Ortsarmenverband* darstellte und insoweit haben Imploranten selbst auch jetzt nicht weitern Zweifel erhoben, so daß es sich nur noch darum handeln kann, ob der *gesellschaftliche* Verband, wie ihn das Edict von 1747 regelte, durch neuere Ereignisse und Acte der Gesetzgebung sein Ende erreicht hat."

Solche den *gesellschaftlichen* Verband aufhebende neueren „*Ereignisse*" sieht nun der Erste Senat sowenig in der Aufhebung der Erbunterthänigkeit, der Aufhebung der Patrimonialgerichtsbarkeit, als in dem späteren Armengesetz, welches letztere nach §. 36 zwar alle abweichenden *Prinzipien* über die Verpflichtung zur Armenpflege, nicht aber die abweichende Organisation der Verbände ausschließe. Es heißt hierbei:

„Wenn sodann der §. 36 weiter verordnet, daß mit Publication des neuen Gesetzes in Beziehung auf

alle Gegenstände, worüber dasselbe verfügt, sämmtliche sowohl allgemeine als besondere Verordnungen außer Kraft treten sollen,

so kann dies gar nicht auf die Organisation der Armenpflege bezogen werden, denn es würde sonst ein Widerspruch zwischen §. 36 und 5 obwalten, welcher letztere auch den combinirten Ortsarmenverband für möglich, für angemessen und für nicht aufgehoben erachtet. Was §. 36 bestimmt, kann vielmehr nur auf die Prinzipien der Armenpflege und auf die Vertheilung der Last unter die Mitglieder des einen oder des anderen Verbandes bezogen werden.

Die Armenpflege ist der Gesammtheit der Interessenten eines Verbandes beschieden (!), und wäre dem entgegen durch Vertrag oder durch Observanz etwas Abweichendes eingeführt, so würde das mit Rücksicht auf die Prinzipien des neueren Gesetzes ohne Wirkung sein.

Wenn es sich darum handelt, wie weit ein Armenverband sich erstreckt, und durch welche Personen oder durch welchen Grundbesitz er gebildet werde, so ist dies reine Verfassungsfrage. Sind für eine gewisse Provinz hierüber Anordnungen getroffen, so ergeben sie den Begriff einer besonderen Verfassung, und es ist dabei gleichgültig, ob sie von der gesetzgebenden Gewalt ausgegangen und daher zugleich Gesetz sind."

Wir wollen zunächst dahin gestellt sein lassen, wie der Gegensatz zwischen „Prinzipien der Armenpflege" und „Organisation der Armenpflege" in Verbindung mit §. 36 des Armengesetzes durchzuführen sein möchte, und ob damit etwa ausgesprochen sein soll, daß eine Organisation von so wichtiger Art der Prinzipien gänzlich entbehre. Wir wollen uns nur erlauben, die juristische Frage hier aufzuwerfen, ob

wenn das Gesetz ausdrücklich im §. 7 der Vereinigung von Gutsbezirken mit Gemeinden, sei es, daß dieselbe auf besonderer Verfassung oder auf freiem Uebereinkommen beruht, den Charakter der Gemeinde, der Corporation verleiht (Th. II. Tit. 6 u. Tit. 7 A. L. R.), ein solcher Verband ein „gesellschaftlicher" (Th. I. Tit. 17 A. L. R.) genannt werden kann?

Wir wollen die materielle Frage, ob das Edict v. 14. Dezbr. 1747 als besondere Verfassung im Sinn des §. 7 des Armengesetzes anzusehen oder nicht, und ob der §. 7 überhaupt von einer provinziellen Verfassung oder von einer besonderen Ortsverfassung, Ortsstatut ꝛc. zu verstehen ist, hier ganz außer Augen lassen.

Wir bitten aber zu erwägen, ob, wenn die Armenpflege

„der Gesammtheit der Interessenten eines Verbandes beschieden ist,"

— wenn ferner diesem Verbande durch positives Gesetz die Eigenschaft — „der Gemeinde" beigelegt ist, — wenn nach den bestehenden Gesetzen die Verwaltungsbehörden die ausschließliche Verantwortlichkeit für die Abgrenzung derartiger Verbände, — für die Beseitigung der aus der bisherigen

Art Aufbringung der Gemeindelasten sich etwa im Laufe der Zeit ergebenden Mißverhältnisse, — für die durch Ortsstatute zu verändernde resp. zu modificirende Gemeindeverfassung tragen, eine solche Verantwortlichkeit noch als bestehend angenommen werden kann, wenn in die Prinzipien der Verwaltungsbehörden über diese von dem höchsten Gerichtshof selbst als Verfassungsfrage bezeichnete Organisation einzugreifen, dem Prozeßrichter gestattet sein soll?

C. Zu noch erheblicheren Bedenken gegen die Einräumung der richterlichen Competenz auf diesem Gebiet der ländlichen Communalangelegenheiten, und insbesondere für Schlesien dürfte ein zweites Erk. des Ersten Senats über dieselbe Frage v. 14. Octbr. 1861 (Entsch. Bd. 48 S. 429) Veranlassung geben.

Zwischen dem v. B., als Besitzer der Herrschaft Chr. und der zu dieser Herrschaft gehörigen Gemeinde G. war ein Streit darüber entstanden: ob der Besitzer der aus acht Dörfern bestehenden Herrschaft zu den Kosten der Armenpflege in der Gemeinde G. beizutragen habe. Die Königl. Regierung zu Liegnitz traf unterm 3. Dezbr. 1857 und 20. Novbr. 1858 die Festsetzung: daß die Gutsherrschaft nach dem schlesischen Provinzialgesetz vom 14. Dezbr. 1747 die Kosten der Armenpflege mit der Gemeinde G. zur Hälfte zu tragen, und derselben nach diesem Maaßstabe für die drei Jahre 1857, 1858 u. 1859 die Hälfte des Aufwandes mit 119 Thlrn. 20 Sgr. 6 Pf. zu erstatten habe. Nach geleisteter Erstattung beschritt der Gutsherr v. B. den Rechtsweg gegen die Gemeinde G. mit dem Antrag:

daß die verklagte Gemeinde für nicht befugt erachtet werde, von der klagenden Gutsherrschaft einen Beitrag zu den Armenlasten von G. zu verlangen, — dieselbe auch zur Zurückzahlung der am 27. Jan. 1860 ihr erlegten 119 Thlr. 20 Sgr. 6 Pf. 2c. verurtheilt werde.

Der Richter erster Instanz erkannte nach dem Klageantrage, indem er davon ausging, daß das Edikt vom 14. Dezbr. 1747 durch §. 36 des Armengesetzes überhaupt außer Kraft gesetzt worden. Der Appellationsrichter ging von der gegentheiligen Ansicht aus, indem er annahm, daß die klagende Gutsherrschaft und die Gemeinde G. im Sinne des §. 7 des Armengesetzes nach der für Schlesien bestehenden Provinzialverfassung zu einer Gemeinde vereinigt sei. Der Erste Senat des Königl. Ob.-Trib. erkannte auf eingelegte Revision des Klägers dahin, daß das Erkenntniß Erster Instanz unter Aufhebung des Appellationserkenntnisses wieder herzustellen.

In den Gründen dieser Entscheidung tritt der höchste Gerichtshof zunächst dem Appellationsrichter darin bei, daß, wie schon in mehreren Vorentscheidungen angenommen worden, jenes Edict v. 14. Dezbr. 1747 durch §. 36 des späteren Armengesetzes nicht aufgehoben sei, indem letzteres nur die Prinzipien der Armenpflege modificirt und abgeändert, die „Organisation der Armenpflege“ aber unverändert habe forbestehen lassen.

Es heißt hierbei wörtlich:

„Im Interesse des gemeinen Wohls soll nur überhaupt ein Armenverband für jeden Ort constituirt sein, um den Armen nicht im Elend umkommen zu lassen. Ob ein gemeinschaftlicher, zwischen Gutsherrn und Gemeinde oder ob separate Armen-Verbände des einen oder der anderen? darüber hat das Gesetz v. 31. Dez. 1842 keine Festsetzungen getroffen; es hat vielmehr den Zustand der Vorzeit unverändert bestehen lassen."

Wir möchten uns hierbei die Frage erlauben, ob es denn wirklich bloß im Interesse des Gesetzgebers gelegen, daß überall ein Armenverband vorhanden oder nicht vielmehr, daß überall ein präſtationsfähiger Armen-Verband vorhanden sei, und ob etwa dem Gesetzgeber in Betreff dieser ersten und wichtigsten Grundlage eines gesicherten Armenwesens derselbe Indifferentismus zugemuthet wird, den scheinbar wenigstens hier der Prozeßrichter an den Tag legt. Daß die rein principielle Frage: ob die Gutsherrschaft und Gemeinde einen gemeinschaftlichen Armenverband zu bilden habe oder nicht, dem Gesetzgeber nicht gleichgültig gewesen, daß sie vielmehr zu der ernstesten Erörterung und Debatte und schließlich zur principiellen Trennung der Gutsherrschaft und der Gemeinde mit vollem Vorbedacht geführt hat, darüber hätte eine Vergleichung des dem höchsten Gerichtshof vorgelegenen Protokolls der Staatsrathsverhandlungen v. 10. April 1841 wohl eine erschöpfende Aufklärung geben müssen.

Wenn also — als Ausnahme von dieser Regel — der §. 7 des Armengesetzes einer vor Erlaß des Armengesetzes durch Sonderverfassung oder in Folge freier Uebereinkunft bestandenen Vereinigung von Gutsherrschaft und Gemeinde den Charakter einer Gemeinde verleiht, so dürfte die Absicht des Gesetzgebers wohl vollkommen klar sein, solche Vereinigungen da, wo sie im Interesse des öffentlichen Wohls eine genügende Garantie bieten, in gleicher Art, wie eine Gemeinde fortbestehen zu lassen, andererseits aber da, wo das öffentliche Wohl durch eine solche Vereinigung gefährdet erscheinen sollte, der mit der Aufsicht über die Gemeinden beauftragten Verwaltungsbehörde die Möglichkeit einer von ihr vorzunehmenden Veränderung zu sichern, mit einem Wort: eine solche Vereinigung nicht als eine privatrechtliche Societät, sondern als eine dem Staat zur Erreichung des Zwecks einer gesicherten Armenpflege unmittelbar responsable, und deshalb nach der Seite ihrer Prästationsfähigkeit seiner Aufsicht unterworfene Corporation fortbestehen zu lassen.

Die Frage, in welchem Umfange und unter welchen Modalitäten die Existenz einer solchen Gemeinde anzuerkennen, dürfte daher wohl in ganz gleicher Art wie bei jeder anderen Commune eine Frage des öffentlichen Interesses sein, dessen Wahrnehmung nach den wiederholten Ausführungen des Competenz-Gerichtshofs durch positives Gesetz ausschließlich der Verwaltungs-Behörde übertragen ist. Und wenn auch in dieser Beziehung, wie anerkannt werden kann, das Armengesetz keine neuen Prinzipien aufgestellt hat und aufstellen konnte, so dürfte es doch für die Verwaltungsbehörden an allgemeinen, feststehenden Prinzipien nicht fehlen, von denen aus sie nach Anweisung ihrer vorgesetzten Dienstbehörden resp. nach Anweisung anderer Gesetze diese Frage im Auge zu behalten haben. Oder will der Prozeßrichter mit obiger Ausführung etwa behaupten, daß es nach der Absicht des Gesetzgebers in den Händen der mit einer Gemeinde vereinigten Gutsherrschaft liegen soll, durch großartige Parzellirungen, durch Anlage von Fabriken und Aufnahme einer großen Zahl von Fabrikarbeitern den Gemeindehaushalt und die Prästationsfähigkeit der benachbarten kleinen Dorfgemeinde vollständig zu ruiniren, oder daß umgekehrt durch das Ausschlachten von Bauerhöfen in der Gemeinde ein die Existenz der Gutsherrschaft bedrohendes Mißverhältniß ohne jegliche Einwirkung Seitens der Aufsichtsbehörde in perpetuum geschaffen werde?

Giebt es nach der Ansicht des Prozeßrichters für den Staat keine Aufgabe, keine Prinzipien als nur diejenigen eines büreaukratischen tel est notre plaisir, wenn der §. 1 und §. 2 sub 5 der Reg.-Instruction vom 23. Oct. 1817 vorschreiben:

§. 1.

Der Geschäftskreis der Regierungen erstreckt sich auf alle Gegenstände der inneren Landesverwaltung, welche von Unserem Staatskanzler, den Ministern der auswärtigen Angelegenheiten, des Innern, der geistlichen Angelegenheiten und des öffentlichen Unterrichts, des Krieges, der Polizei, der Finanzen und des Handels abhängen, insoweit diese Gegenstände

a) überhaupt von einer Territorialbehörde verwaltet werden können, und
b) für selbige nicht besondere Verwaltungsbehörden angeordnet, oder sie anderen Behörden ausdrücklich übertragen sind.

§. 2.

Von diesen Gegenständen gehören vor die erste Abtheilung der Regierung:

1) ꝛc. ꝛc.
5) das gesammte Communalwesen, insoweit dem Staate eine Einmischung darüber vorbehalten worden.

und wenn der §. 1 des Gesetzes vom 14. April 1856 (G.-S. S. 359) lautet:

§. 1.

Den Bezirk einer ländlichen Gemeinde oder eines selbstständigen Gutes bilden alle diejenigen Grundstücke, welche demselben bisher angehört haben.

Jedes Grundstück, welches bisher noch keinem Gemeinde- oder selbstständigen Gutsbezirke angehört hat, ist nach Vernehmung der Betheiligten und nach Anhörung des Kreistags durch den Oberpräsidenten mit einem solchen Bezirke zu vereinigen. Eignet sich ein solches Grundstück, nach seinem Umfange nnd seiner Leistungsfähigkeit, zu einem besondern Gemeinde- oder selbstständigen Gutsbezirke so kann dasselbe mit Unserer Genehmigung dazu erklärt werden.

ꝛc. ꝛc.

Und diese erste und wichtigste Aufgabe der Staatsverwaltung, ihre Aufsicht über die Organisation der Gemeinden, über die Aufbringung ihrer Lasten nach bestimmten Prinzipien zu handhaben, sollte der Gesetzgeber, als er im

§. 7 des Armengesetzes die Vereinigung von Gutsherrschaft und Gemeinde dem staatsrechtlichen Begriff einer Gemeinde gleichstellte, gänzlich außer Augen gelassen und das Bestehen oder Nichtbestehen derselben als ein rein zufälliges „Ereigniß" hingestellt haben, über das in den Formen des Prozesses Beweis erhoben resp. in contumaciam vom Prozeßrichter ohne jegliche Berücksichtigung der wichtigsten öffentlichen Interessen zu entscheiden sei?

Und nun hören wir die fernere Begründung des Ersten Senats, weshalb er, trotz der von ihm im ersten Theil seiner Gründe des vorliegenden Erkenntnisses, sowie in dem vorigen Erkenntniß vom 16. April 1858 als für Schlesien gültig anerkannten Provinzialverfassung, — für den vorliegenden eine Vereinigung zwischen Gutsherrschaft und Gemeinde doch wieder Fall als nicht bestehend ansieht.

Während in dem vorigen Erkenntniß die Vereinigung der Gutsherrschaft und Gemeinde als ein unmittelbarer Ausfluß der bestehenden Provinzial-Verfassung und ohne jegliche Rücksicht auf die Möglichkeit localer Verschiedenheiten hingestellt wurde, geht in dem vorliegenden Erkenntniß der Erste Senat auf die Frage ein, wie weit durch die bestehende Ortsverfassung thatsächlich eine Vereinigung im Sinn des §. 7 des Armengesetzes als bestehend zu erachten und weil nach der Ansicht des Höchsten Gerichtshofes diese Frage in facto zu verneinen, wird trotz der nach seiner Ansicht bestehenden Provinzialverfassung hier die Existenz der verfassungsmäßigen Beitragspflicht der Gutsherrschaft zu den in der Gemeinde zu tragenden Lasten der Armenpflege in Abrede gestellt, und die Gemeinde zur Herauszahlung der in Folge der Anordnung der Aufsichtsbehörde auf die Gutsherrschaft repartirten Beiträge verurtheilt.

Der Erste Senat sagt:

„Wenn also bis zum Jahre 1842 wirklich ein gemeinschaftlicher Armenverband zwischen beiden Theilen bestanden hat, so muß dem Appellationsrichter darin beigepflichtet werden, daß er auch jetzt noch existire. Erheblich ist nur die Frage:

2. ob ein solcher in der That bestanden hat,
3. ob eventuell und wodurch derselbe zu bestehen aufgehört hat.

Der Richter erster Instanz ist der Ansicht gewesen, daß er nicht bestanden oder doch zu bestehen aufgehört habe, weil der Kläger keine Grundstücke im Bezirk G. besitze, — weil er unfixirte Beiträge nach eigenem Ermessen zum Gemeindearmenverbande entrichtet habe, und weil eine Gemeinschaft nur dann vorhanden sein würde, wenn die verklagte Gemeinde auch die Armenpflege für die gutsherrlichen Armen mit dem Kläger getheilt hätte. Der Appellationsrichter hält den Besitz des Klägers von Grundstücken in dem Gemeindebezirk, einen quotativen Beitrag des Gutsherrn zu dem Aufwande der Gemeinde und eine wechselseitige Pflege der Armen nicht für nöthig, um den Begriff eines „gemeinschaftlichen" Armenverbandes festzustellen. In dieser Beziehung kann demselben jedoch nicht, — es muß vielmehr dem Richter erster Instanz beigetreten werden. Zuvörderst ist es nach §. 1 des Edicts vom 14. Dezbr. 1747 nicht zu bezweifeln, daß eine gemeinschaftliche Armenpflege nur unter der Voraussetzung verordnet ist, daß die Grundherrschaft ebensowohl, als die bäuerlichen Einwohner Grundstücke, oder was dem gleichzustellen, in dem Gemeindebezirk besitzt. Ja, wenn der Gutsherr sich seiner Grundstücke oder der von denselben bezogenen Zinse durch Ablösung entäußert, so hört die Gemeinschaft von selbst auf. Der gemeinschaftliche Armenverband wird in diesem Falle von selbst ein bloßer Gemeindearmenverband, wie das Ober-Tribunal auch bereits in einem Urtel vom 11. Mai 1860 ausgesprochen und danach noch eine Ermittelung über den etwaigen, noch fortwährenden Besitzstand des Gutsherrn angeordnet hat. Die Gemeinschaft beruhte nur auf den beiderseitigen Mitteln und Bedürfnissen. Ob nun ein solcher Fall der gutsherrlichen Entäußerung und der Consolidation des Ger. Armenverbandes in der That vorliege? darüber fehlt es hier zur Zeit zwar noch an dem, zur Beurtheilung erforderlichen Material, indem die Beweisaufnahme darüber: ob der Kläger noch einen Teich, eine Forst und zwei Viehtriften im Bezirk G. besitzt oder ob und wann er sich derselben entäußert hat? ausgesetzt worden ist. Mit Sicherheit dagegen ist anzunehmen daß in G. seit dem Edict von 14. Dezbr. 1747 und bis zum Jahre 1842 lediglich ein Gemeindeverband ohne Theilnahme des Gutsherrn von G. bestanden hat. Es ist nur ermittelt, daß der Kläger und seit dem Jahre 1821 sein Vater und Vorbesitzer der, aus 8 Dörfern bestehenden Herrschaft Chr. und zwar nach eigenem Befinden, Reisigholz, Schulgeld, Kurkosten und Brod allwöchentlich für die Armen in G. beigesteuert hat. Diese Gaben waren aber kein „gemeinschaftlicher Armenunterhalt," denn nach dem §. 1 des Edicts sollte eine Armenkasse errichtet und dazu von beiden Seiten proportionirlich, also nach einer sicheren Quote und nach einem gesetzmäßigen Verhältniß beigetragen werden. Der Beitrag der Hälfte — wie Verklagte ihn verlangt — hat Seitens des Gutsherrn niemals stattgefunden. Die Gemeinschaftlichkeit ist durch das Gesetz vom 31. Dezember 1842 nicht eingeführt, sie ist nur aufrecht erhalten, wenn sie bei dessen Verkündigung bereits eingeführt und in Ausführung verblieben ist.

Noch weniger ist hier aber auch der Begriff eines „gemeinschaftlichen" Armenverbandes zutreffend, indem die Verklagte verlangt, daß Kläger zur Verpflegung der Gemeindearmen die Hälfte beitragen soll, während sie vom Beitrage zur Verpflegung der gutsherrlichen Armen völlig frei sein will. Eine Gemeinschaftlichkeit dieser Art wäre in der That eine societas leonina, und eine solche liegt ganz außer den Begriffen des Edicts vom 14. Dezember 1747, welches klar von der Wechselseitigkeit der Pflicht ausgeht, und nicht einen anderen, als einen solchen gemeinschaftlichen Verband kennt, bei welchem in Eine Armenkasse gezahlt wird, und die Armen, sowohl des Gutsherrn, als der Gemeinde, als der bäuerlichen Einsassen aus dieser Kasse unterhalten werden.

Nach dem Vorgesagten hat ein solcher gemeinschaftlicher Armenverband zwischen beiden Theilen und deren Vorbesitzer nie bestanden."

Es sind also dreierlei Momente, von denen der Prozeßrichter die Entscheidung darüber abhängig macht, ob hier die Gutsherrschaft auf Grund des §. 7 des Armengesetzes nach der bestehenden, besonderen Verfassung mit der Gemeinde G. zu einem Armenverbande vereinigt und zur Zahlung der streitigen Beiträge verpflichtet sei:

1. die Frage: ob die Gutsherrschaft in dem localen Gemeindebezirk Grundstücke rc. besitze? Wenn nun auch für den vorliegenden Fall auf diese Frage vom

Richter um deshalb nicht näher eingegangen wird, weil von ihm schon aus den übrigen Gründen die Nichtexistenz eines gemeinschaftlichen Verbandes als genugsam bewiesen erachtet wird, so möchten wir doch in der That fragen: was für eine Bedeutung für die Anwendung des §. 7 des Armengesetzes, der ja eben von der Vereinigung der außerhalb des localen Gemeindebezirks belegenen Domänen und Rittergüter mit der Gemeinde zu einem ideellen Gemeindeverbande spricht, der Umstand haben soll, daß neben diesen außerhalb der localen Gemeindegrenze belegenen Gütern ꝛc. dem Besitzer noch innerhalb der Gemeindefeldflur andere Grundstücke gehören sollen, um deren Beitragspflicht es sich bei Anwendung des §. 7 des Armengesetzes eben nicht handelt. Welchen Einfluß also nach der übereinstimmenden Ansicht des Prozeßrichters erster und dritter Instanz die Entäußerung der etwa innerhalb der Dorffeldflur von G. von dem Besitzer der Herrschaft Chr. besessenen Parzellen, Teiche ꝛc. auf die Zugehörigkeit der außerhalb der Gemeindeflur belegenen Herrschaft zu dem im Sinn des §. 7 etwa bestandenen ideellen Gemeindeverband haben soll, — darüber möchte eine nähere Declaration, als sie die vorgetragenen Entscheidungsgründe erkennen lassen, immerhin nothwendig sein.

2. Die zweite Frage, von welcher der höchste Gerichtshof das Bestehen einer besonderen Verfassung im Sinn des §. 7 abhängig gemacht, ist also die Art und Weise der bisherigen Aufbringung der Beiträge.

Allerdings verordnete der §. 1 des Reglements vom 14. Dezbr. 1747, daß

„bis zur völligen Einrichtung der jeden Orts verordneten Armenkasse die Gutsherrschaften dahin sehen sollen, daß mittelst monatlichen, gemeinschaftlichen Beitrages denen Armen der nöthige Unterhalt gewährt werde, und daß, wenn die Armenkassen völlig eingerichtet, die Armen des Orts daraus erhalten, und wenn die Cassen nicht hinlänglich, denselben durch einen Beitrag der Herrschaft und Unterthanen zu Hülfe gekommen werden müsse ꝛc.“

Constituirte nun, wie in dem vorigen Erk. vom 16. April 1858 vom I. Senat angenommen wird, der §. 1 dieses Edicts schon an und für sich eine besondere Verfassung für Schlesien, zufolge deren zwischen den Gutsherrschaften und Gemeinden die Vereinigung beider im Sinn des §. 7 als Norm gelten sollte, so wird hier plötzlich dem Begriff der Verfassung nicht mehr jene provinzialrechtliche Norm, sondern die Art und Weise, wie dieselbe factisch im Orte zur Ausführung gebracht worden, also das thatsächliche Herkommen, der factische Ortsgebrauch substituirt, mit anderen Worten: es wird nicht die besondere Provinzial-Verfassung, sondern das thatsächliche Verfahren im Orte als Titel für das sogenannte Societätsverhältniß angesehen.

Sollte hierbei nicht zunächst übersehen sein, daß das thatsächliche Verfahren, der usus, wohl das Symptom eines bestimmten Rechtsbewußtseins, nimmermehr aber die Rechtsnorm selbst bilden kann (vergl. Puchta Gewohnheitsrecht) und daß, wenn das Gesetz eine bestimmte Rechtsnorm, eine Verfassung bereits geschaffen hat, der Prozeßrichter deren Gültigkeit unmöglich von ihrer factischen Handhabung abhängig machen kann. Es giebt also hier nur zwei Möglichkeiten,

entweder

das Edict vom 14. Dezbr. 1747 bildet als Provinzialgesetz die im Sinn des §. 7 bestehende besondere Verfassung,

oder

die dem thatsächlichen Herkommen innerhalb des Orts entsprechende Rechtsnorm ist als eine besondere Verfassung im Sinn des §. 7 des Armengesetzes anzusehen.

Weil nun im vorliegenden Fall das Institut einer besonderen Armenkasse nach der Ansicht des I. Senats in facto nicht bestanden, weil die Gutsherrschaft allwöchentlich nur gewisse Beiträge zu den Lasten der Armenpflege in G. ohne einen nachzuweisenden festgestellten Vertheilungsmaaßstab gewährt hat, deshalb soll nach der Ansicht des I. Senats in G. ein gemeinschaftlicher Armenverband verfassungsmäßig nicht bestanden haben.

Wie denn aber? — wenn der Gemeindehaushalt von G. die Ansammlung oder Constituirung einer solchen Armenkasse überhaupt nicht zugelassen hat, — wenn die Art der Aufbringung sich — wie in den meisten Fällen bei dem Haushalt der Landgemeinden — je nach dem augenblicklichen Bedürfniß gerichtet hat, — wenn durch jene wöchentlich freiwillig gewährten Beiträge der Gemeindehaushalt eben diejenigen Zuschüsse erhalten hat, durch welche das Bedürfniß befriedigt worden? Liegt etwa in der freiwilligen — also nicht in Folge von Streit und Hader erzwungenen — Hergabe dieser Unterstützungen Seitens der Gutsherrschaft ein Grund für die Annahme einer vermutheten Schenkung, eines Acts der bloßen Liberalität, oder dürfte nicht gerade unter Berücksichtigung des §. 1 jenes Edicts anzunehmen sein, daß die Gutsherrschaft hier in Anerkennung einer Verpflichtung jene Beiträge gewährt hat, und daß nur die Art und Weise, wie der Gemeindehaushalt in G. bestritten worden, es zu einer Ansammlung oder Constituirung einer förmlichen Armenkasse nicht habe kommen lassen? Wer giebt nun aber dem Prozeßrichter in dieser Beziehung einen Aufschluß über den Gemeindehaushalt in G., über „die beiderseitigen Mittel und Bedürfnisse“ zur Sicherung der öffentlichen Armenpflege? — Woher weiß denn der Prozeßrichter, ob hier nicht gerade die Form jener Beiträge gewählt ist, weil die „Armenkasse nicht hinlänglich“ gewesen, d. h. weil der Gemeindehaushalt eine Ansammlung derselben für die Dauer nicht zuließ?

3) Wenn also hierneben der Prozeßrichter noch als drittes Moment, von welchem er das Bestehen eines gemeinschaftlichen Verbandes in G. abhängig macht, den Umstand hinstellt, daß die Gemeinde von dem ihr zu gewährenden Beitrag der Gutsherrschaft nur die Armenpflege innerhalb der Gemeinde und nicht auch gemeinschaftlich im Gutsbezirk bestreiten wolle, und wenn der Prozeßrichter in einem solchen Verlangen eine societas leonina erblicken zu müssen glaubt, so dürfte es doch schwerlich in den Functionen des Prozeß-

richters liegen, darüber zu befinden, wie weit unter Berücksichtigung „der Mittel und Bedürfnisse" der Gemeindeverwaltung in G. hier in dem gestellten Verlangen der Gemeinde ein vom Prozeßrichter vorausgesetztes Mißverhältniß liegt, wie weit insbesondere die von der Regierung als Aufsichtsbehörde über den Gemeindehaushalt getroffenen Anordnungen, um deren Ausführung es sich handelt, den Vorwurf verdienen, eine societas leonina geschaffen zu haben. Mit einem Wort — ging die Regierung bei der Frage über die Verfassungsmäßigkeit der Heranziehung der Gutsherrschaft zu den Lasten der Armenpflege in G. von falschen Prinzipien aus, so bildete nach §. 11 sub 4a der Instr. vom 31. Dezbr. 1825 G.=S. 1826 S. 1 der Oberpräsident, und nach §. 1 und §. 2 sub 5 der Reg.=Instr. vom 23. Oct. 1817 G.=S. S. 249 der Minister des Innern die nach dem positiven Gesetz allein zulässige Beschwerdeinstanz; der Prozeßrichter aber ist völlig außer Stande, die im öffentlichen Interesse ausschließlich von der Verwaltungsbehörde zu entscheidende Frage in den Kreis seiner Beurtheilung zu ziehen, wie weit die von der Aufsichtsbehörde vorgenommene Repartition der öffentlichen Armenlast den „Mitteln und Bedürfnissen" des gemeinschaftlichen „Gemeinde"-Haushalts in dem v e r f a s s u n g s m ä ß i g e n Umfange entspricht oder nicht.

Bestand, wie es hier den Anschein hat, überhaupt kein reeller Besitzstand der Gutsherrschaft von Chr., hatte sich dieser Besitzstand im Laufe der Zeit in eine bloße Revenue aus verschiedenen Zinsdörfern verwandelt, so gab es ja eben keine Armen mehr, für welche die Gutsherrschaft wegen des localen Aufenthalts gewisser Personen zu sorgen hatte, und möglicherweise konnte durch die Auflösung des reellen Gutsbezirks in die acht verschiedenen Gemeinden eine Auseinandersetzung, eine Regulirung auch hinsichts der Armenpflege nothwendig werden. Eine solche Regulirung lag aber sowohl nach der früheren Gesetzgebung als nach dem zur Zeit bestehenden §. 2 der Städteordnung und §. 1 des Gesetzes vom 14. April 1856 (G. S. S. 359) ausschließlich in den Händen der Verwaltungsbehörden. Die Entscheidung der letztern konnte falsch, unbillig, kurz fehlerhaft sein, das positive Gesetz aber hat hier dem prozessualischen Verfahren eine ganz bestimmte Grenze gezogen, und nur die Wahrung dieser Grenze vom Standpunkt der bestehenden Gesetzgebung, nicht die Vertheidigung der getroffenen Anordnung der Regierung ist es, was der Verfasser hier im Auge hat. Für uns ist und bleibt es ein Widerspruch, wenn in dem einen Fall — (vergl. die Entsch. des Comp.=Ger.=Hofs über die behauptete fehlerhafte Abgrenzung der Gemeindebezirke zwischen den Gemeinden von M. und B. oben S. 193, oder über die Heranziehung des Besitzers der Tangerhütte zu den Gemeindelasten von V. oben S. 191) — in der vom Prozeßrichter auszuübenden Kritik über die Legalität einer derartigen Regierungsmaßregel eine Ueberschreitung seiner gesetzlichen Compcetenz liegen soll, und in dem anderen Falle nicht. Insbesondere aber will es dem Verfasser nicht einleuchten, wie diese Competenz des Prozeßrichters für die Fälle, wo die streitigen Beiträge zum Gemeindehaushalt z u f ä l l i g zur Deckung des

Bedürfnisses der öffentlichen Armenpflege verwendet werden sollen, aus der Bestimmung des §. 34 des Armen-Ges. zu entnehmen sein soll, welcher die prozessualische Entscheidung ja überhaupt nur als Ausnahme und zwar nur da statuirt, wo es sich um die streitige Verpflichtung in Betreff der bestimmten Person eines Armen handelt, von welcher so wenig bei dem der Entscheidung des Comp.-Gerichtshofs vom 9. Juni 1855 zu Grunde gelegenen Spezialfall, als bei den in Folge dieser Entscheidung wirklich zur richterlichen Aburtheilung gelangten obigen beiden Spezialfällen die Rede war.

Wenn also der höchste Gerichtshof im Staat mit dürren Worten die „Organisation" so wichtiger Grundlagen unseres öffentlichen Lebens wie die unserer Communen und Armenverbände, lediglich als ein, von der Zufälligkeit der Beweisaufnahme resp. des prozessualischen Contumazialverfahrens für jeden Spezialfall abhängendes Factum im Gegensatz zu den „Prinzipien" der Armenpflege hinstellt, dann dürfte es freilich an der Zeit sein, Zeugniß dafür abzulegen, daß gerade in dieser Organisation sich die wichtigsten Prinzipien unserer Staatsverwaltung, so wie die wichtigsten Interessen unseres Staatslebens kreuzen und begegnen.

So lange es noch positive Gesetze giebt, welche den Unterschied des öffentlichen und Privatrechts dadurch zum Ausdruck bringen, daß sie die Entscheidung des Prozeßrichters über bestimmte Fragen verbieten, so lange glaubt der Verfasser sowohl im Interesse der Rechtssicherheit im Staat, als im Interesse der eigenen Autorität unserer Gerichtshöfe es als eine Nothwendigkeit hinstellen zu müssen, den Prozeßrichter nicht in die Lage zu bringen, Rechtsfragen des öffentlichen Rechts in bloße Thatfragen zu verwandeln, und dadurch im Interesse einer scheinbaren Billigkeit für einen einzelnen Fall, die allgemeine, gesetzliche Norm zu verlassen.*)

*) Wie wichtig für jedes Staats- und Gemeinwesen diese Grundlage der Formation der Armenverbände, und wie wesentlich administrativer Natur die Entscheidung darüber ist, dafür liefert selbst die Verfassung Englands einen nicht unwichtigen Belag. Dort, wo die Einwirkung des Richters auf die Verwaltung — die Verschmelzung des öffentlichen und des Privatrechts gewiß eine Ausdehnung erreicht, welche mit unsern continentalen Verhältnissen kaum vergleichbar erscheint, hat doch das Poor Law Board nach §§. 26, 33 ff. des Armengesetzes von 1834 die ausschließliche Entscheidung über die Formation der Armenverbände aus den einzelnen Kirchspielen, und ebenso die ausschließliche Bestätigung der durch Beschluß der Guardians möglichen Ausbildung der Union zu einer Niederlassungsgemeinde (Union for settlement) resp. zu einer Armensteuergemeinde (Union for rating). In diesen administrativen Anordnungen des Armengesetz-Collegiums kann so wenig in dem gegen die Erhebung der Armensteuer zulässigen, gerichtlichen Reklamationsverfahren, als in dem im Streit zwischen verschiedenen Kirchspielen von den Friedensrichtern zu erlassenden Order of removal die geringste Abweichung vorkommen. Selbst die Queens bench kann durch ihre außerordentliche Befugniß des Writ of Certioriari nur schwebende Streitigkeiten innerhalb der Grenzen des Reklamationsverfahrens oder des Streits über die Ausweisung nach der Law of settlement vor sich ziehen, in Betreff der Grenzen und der Organisation der Union selbst gilt auch für sie jene administrative Anordnung des Poor Law Board als law. (Vergl. Gneist: „Das engl. Verfassungs- und Verwaltungs-Recht", Th. II. §. 108, §. 104, §. 17, §. 100.)

D. Zum Beweise dafür, mit welchen Schwierigkeiten der preußische Prozeßrichter gerade auf dem Gebiete unserer Communal-Verwaltung zu kämpfen hat, brauchen wir hier wohl kaum auf die oben (S. 107) berührte Controverse darüber hinzuweisen, ob gutsherrliche Tagelöhner in der preußischen Monarchie als Gemeindemitglieder der Gutsherrschaft anzusehen, und ob der Abschluß eines rein privatrechtlichen Arbeitscontracts zwischen Gutsherrschaft und Tagelöhner der ausdrücklichen Aufnahme als Gemeindemitglied d. h. der Verleihung des Bürgerrechts in den Städten gleichzuerachten sei.

E. Lassen wir hier noch zum Schluß ein anderes Beispiel folgen.

Der Erste Senat des Königl. Ober-Tribunals hat unterm 7. August 1837 folgenden Satz in sein Präjudizienbuch eintragen lassen:

„Aus dem Grundeigenthum als solchem, der Gerichtsbarkeit und Polizei-Verwaltung entspringt keine Verbindlichkeit, die darauf wohnenden Verarmten oder deren Kinder zu ernähren."

In völliger Uebereinstimmung hiermit hat der Erste Senat ferner in seinem Erkenntniß v. 9. Juni 1856 (Entsch. Bd. 33 S. 288 sequ.) die dort aufgestellte Behauptung des Besitzers des von einer früheren Domaine abverkauften Rittergutes Z., es sei demselben bei dem Abverkauf von der Domaine St. die hohe Jagd, das Patronat, die Unterthanen-Dienste, die Gerichtsbarkeit nicht mit überlassen, sondern vom Fiskus reservirt worden, und deshalb sei das Gut Z. nicht als ein selbstständiger Armenverband im Sinne des §. 5 des Armengesetzes anzusehen, mit folgenden Worten verworfen:

„Es war diesem Gut durch den Verkaufscontract zwar die hohe Jagd, die Unterhanen-Dienste und Prästationen, das Patronat und die Gerichtsbarkeit entzogen. Um deswillen hat der Erwerber aber und sein Nachfolger die Eigenschaft des Gutsherrn nicht verloren. Denn theils sind alle diese Rechte nicht nothwendige Bedingungen der Gutsherrschaft, sie sind theils ablöslich, theils im Laufe der Zeit ohne Entschädigung aufgehoben. Daneben ist aber die Selbstständigkeit des Gutes Z. durch den Contract dadurch gewahrt, daß es in die Klasse der Rittergüter versetzt, wie nicht bestritten worden, der Verordnung vom 17. Aug. 1825 entsprechend immatriculirt, und ihm eine Virilstimme bei den Kreistagen zu Theil geworden ist.

Nach allem diesen ist Kläger als Gutsherrschaft nach §. 5 des Armengesetzes auch Ortsarmenverband für die Vorwerksinsassen 2c. Es macht auch keinen Unterschied in der Sache, ob die Polizei-Obrigkeit noch jetzt vom Kläger oder vom Verklagten (Domainenfiskus) ausgeübt wird. Gutsherrschaft und Polizei-Obrigkeit kann nach §. 10 des Heimathsgesetzes vom 31. Dezbr. 1842 getrennt von einander bestehen."

Um den Begriff eines selbstständigen Gutsbezirks herzustellen, kommt es also nach der, bis zum 9. Juni 1856 festgehaltenen Ansicht des höchsten Gerichtshofes sowenig vor wie nach Erscheinen des Armengesetzes darauf an, daß dem Eigenthümer desselben die gutsherrlichen Rechte: des Patronats, der Jurisdiction, insbesondere der Polizei-Obrigkeit übertragen sind. Dieselben können auch völlig getrennt von dem Privat-Eigenthum über das Gut ausgeübt werden, unbeschadet der Eigenschaft der Selbstständigkeit der Gutsherrschaft und ihrer Eigenschaft als Ortsarmen-Verband im Sinne des §. 5 des Armengesetzes. Dagegen genügt in dieser Beziehung die Qualität des Guts als eines „Ritterguts" im Sinne der Kreisordnungen ꝛc. v. 17. Aug. 1825 schon an sich, um die Selbstständigkeit des Gutsbezirks zu wahren.

Vergleichen wir hiermit nun folgenden Spezialfall:

Unter dem 5. Mai 1859 erließ die Regierung zu Potsdam auf Grund des §. 34 des Armengesetzes ein Resolut auf Antrag der Gemeinde Prenzlau wider den Armenverband der Gutsherrschaft von Schönwerder, worin der Anspruch der Commune Prenzlau abgewiesen wurde, weil die Regiernng den Armenverband des Gutes Schönwerder nach den constatirten Aufenthalts- und Wohnungsverhältnissen des Tagelöhner E. nicht für den pflegeschuldigen Armenverband erachtete. Hiergegen ergriff die Stadt Prenzlau den Rechtsweg.

Die Richter I. und II. Instanz wiesen die Klägerin ab. Dasselbe that auch der Erste Senat des Königl. Ober-Tribunals auf erhobene Nichtigkeits-Beschwerde durch das Erkenntniß v. 16. Septbr. 1861, jedoch nicht weil er, wie die Regierung und der Appellationsrichter, nach den persönlichen Wohnungsverhältnissen des E. den Uebergang der Fürsorgepflicht auf den Armenverband von Schönwerder für nicht nachgewiesen erachtete, sondern aus einem ganz anderen Grunde.

Nachdem nämlich im ersten Theil der Entscheidungsgründe, auf welchen hier einzugehen nicht der Ort ist, der höchste Gerichtshof die auf §. 1 des Arm.-Ges. gestützte Nichtigkeits-Beschwerde im Gegensatz zur Ansicht des Appellationsrichters an sich für begründet erklärt hatte, fährt er sodann weiter fort:

„In der Sache selbst muß der klägerische Anspruch jedoch aus einem anderen Grunde für hinfällig erachtet werden. Der klagende Magistrat ist nämlich von der Voraussetzung ausgegangen, daß das Vorwerk Schönwerder einen besonderen Armenverband bilde, welcher die in dessen Bereich wohnenden Armen zu versorgen, und als Armenverband auch die nachtheiligen Folgen zu tragen habe, wenn er dem hiernächst Verarmten einen dreijährigen Aufenhalt gestattet hat. Diese Voraussetzung ist nach Lage der Sache aber eine unrichtige, wie auch schon im Urtel I. Instanz des Königl. Kreisgerichts zu Prenzlau v. 22. März 1860 angedeutet ist.

Das Rittergut Schönwerder war nämlich seit langer Zeit Eigenthum der Stadt Prenzlau und wurde mittelst Vertrages v. 6. April 1789 einem Vorbesitzer des Verklagten in Erbpacht gegeben. Durch das Gesetz v. 2. März 1850 ist die Erbpachtsgerechtigkeit in Eigenthum verwandelt, der Erbpachts-Canon ist im Jahre 1855 abgelöset, und die Erbpachts-Eigenschaft im Jahre 1856 im Hypothekenbuch gelöscht worden. Ein besonderer Armenverband des Gutes Schönwerder ist aber nie constituirt worden, vielmehr dasselbe Theil des Armenverbandes der Stadt Prenzlau verblieben. Die gutsherrlichen Rechte des Erbverpächters sind noch nicht völlig beseitigt, indem im Vertrage vom 6. April 1789 das Patronat und die Jurisdiction der Stadt vorbehalten war, von welchen wenigstens das erstere Recht noch fortbesteht.

Nach dem landräthlichen Berichte vom 5. Dezbr. 1860 ist ferner die Polizei-Verwaltung über Schönwerder dem Verklagten erst im Jahre 1858 übertragen und bis dahin vom klagenden Magistrat ausgeübt worden.

Nach allem diesen hat also ein Armenverband des Rittergutes Schönwerder bis zum Jahre 1858 noch gar nicht bestanden. Der klägerische Armenverband hat vielmehr das Gut des Verklagten mit umfaßt, und hiernach bleibt es gleichgültig, ob man Prenzlau oder ob man Schönwerder als Wohnsitz oder Aufenthalts-Ort des E. während der Jahre 1852 bis 1858 betrachten will. E. hat sich in einem Separat-Armenverband von Schönwerder nicht aufhalten können, welcher gar nicht existirte; er hat sich vielmehr im Umfange des Armenverbandes der Stadt Prenzlau aufgehalten, und diese Stadtgemeinde selbst und allein ist der zur Armenpflege verpflichtete Verband."

Weshalb also war das Gut Z. trotzdem ihm das Patronat, die Jurisdiction und die Polizei-Verwaltung nicht beiwohnte, dennoch als eine Gutsherrschaft und ein selbstständiger Armenverband anzusehen?

Antwort:

Weil — sagt der Erste Senat am am 9. Juni 1856 — alle diese Rechte nicht nothwendige Bedingungen der Gutsherrschaft sind, und insbesondere Gutsherrschaft und Polzei-Obrigkeit auch getrennt neben einander bestehen können.

Weshalb ist dem Gute Z. die Eigenschaft als einer selbstständigen Gutsherrschaft und eines Orts-Armenverbandes gewahrt worden?

Antwort:

Weil — sagt der Erste Senat am 9. Juni 1856 — es in die Klasse der Rittergüter versetzt worden.

Weshalb hat aber ein besonderer Armenverband des Ritterguts Schönwerder zunächst vom Jahre 1855 bis zum Jahre 1858 nicht bestanden?

Antwort:

Weil — sagt der Erste Senat am 16. Septbr. 1861 — das Patronat, die Jurisdiction und insbesondere die Polizei-Verwaltung bis zum Jahre 1858 nicht von dem Eigenthümer, sondern von der Stadt Prenzlau ausgeübt wurde.

Weshalb ist „das Rittergut Schönwerder" niemals, insbesondere auch nicht bis zum Jahre 1852 ein selbstständiger Gutsbezirk, ein besonderer Armenverband gewesen, obwohl es als Rittergut von jeher bestand?

Antwort:

Das Rittergut Schönwerder ist seit langer Zeit Eigenthum der Stadt Prenzlau gewesen, —

„und deshalb — sagt der Erste Senat — hat sich der Tagelöhner E. in einem Separat-Armenverbande von Schönwerder nicht aufhalten können, welcher gar nicht existirte; er hat sich vielmehr im Umfange des Armenverbandes der Stadt Prenzlau aufgehalten, und diese Stadtgemeinde selbst und allein ist der zur Armenpflege verpflichtete Verband."

Hier haben wir es also nicht etwa mit einem vereinigten Armenverbande im Sinne des §. 7 des Armengesetzes zu thun, hier ist von keinem durch besondere Verfassung oder in Folge freien Uebereinkommens zwischen Gutsherrschaft und Gemeinde erst entstandenen „Societäts-Verhältniß" die Rede, hier ist von vornherein nur ein Armenverband, der Local-Armenverband der Stadtgemeinde Prenzlau vorhanden gewesen. Im Bezirk dieses Verbandes, d. h. also im localen Weichbilde der Stadt Prenzlau hat also der Tagelöhner E. während er in Schönwerder wohnte, thatsächlich sich aufgehalten. Nun freilich war die Gemeinde Prenzlau seit langer Zeit Eigenthümerin des Ritterguts Schönwerder, sie hatte also, wie jede andere Gutsherrschaft, die auf diesem Gutsbezirk lastende Armenpflege getragen, was folgt hieraus aber für die communale Qualität des Ritterguts Schönwerder?

Wenn also der höchste Gerichtshof, sobald eine Stadtgemeinde als juristische Persönlichkeit zufällig Eigenthümerin eines Ritterguts ist, keinen Unterschied mehr anerkennen will zwischen §. 1 Th. I. Tit. 8 A. L. R.

„Eigenthümer heißt derjenige, welcher befugt ist über die Substanz einer Sache oder eines Rechts, mit Ausschließung anderer aus eigener Macht durch sich selbst oder einen Dritten zu verfügen"

und §. 1 der Städteordnung vom 19. Novbr. 1808:

„Zum Städtischen Gemeindebezirk gehören sämmtliche Einwohner und Grundstücke innerhalb der Stadt, der Vorstädte und der Städtischen Feldmark"

resp. §. 2 der Städteordnung vom 30. Mai 1853:

„Den Städtischen Gemeindebezirk (Stadtbezirk) bilden alle diejenigen Grundstücke, welche demselben bisher angehört haben" ꝛc. —

sollte dann nicht die dringendste Aufforderung vorhanden sein, anzuerkennen, daß nur die verantwortlichen Behörden competent sind, auf Grund der §§. 5 bis 8 des Armengesetzes über die Existenz und Abgrenzung der Armenverbände zu befinden, und daß gegen ihre ex officio in dieser Beziehung vor Erlaß jeder resolutorischen Entscheidung nach §. 34 des Arm.-Ges. vorzunehmende Prüfung, welche an sich ja nicht unfehlbar ist, wohl der Beschwerdeweg bei der vorgesetzten Instanz, niemals aber der Prozeßweg zulässig ist?

Was nun die vorliegende sachliche Frage betrifft, so hat zufällig das Ministerium des Innern, als die höchste verordnete Instanz in Communal-Angelegenheiten, sich grade mit Bezug auf den Uebergang der (von Stadtgemeinden) vererbpachteten Rittergüter in das Eigenthum des bisherigen Erbpächters vermöge des Ablösungsgesetzes vom 2. März 1850 dahin entschieden, daß wenn auch die mit dem erloschenen Eigenthum des Erbverpächters verbunden gewesenen ständischen Rechte, die Jurisdiction und die Polizei-Obrigkeit auf den neuen Eigenthümer nicht ohne weiteres als übergegangen zu betrachten seien, dennoch nach §. 96 des Ablösungsgesetzes vom 2. März 1850 in der communalen Existenz des Gutsbezirks als eines selbstständigen mit anderen Communal- oder Gutsbezirken nicht zusammenhängenden Guts sich Nichts geändert habe, und deshalb das Gut als ein gesonderter Armenverband im Sinne des §. 5 des Armengesetzes nach wie vor zu behandeln sei. Zu welchen „Contestationen zwischen Justiz- und Polizeibehörden", die der Erste Senat, wie wir aus Kap. XII wissen, ja selbst vermieden zu sehen wünscht, muß es führen, wenn dieser ministeriellen Anweisung entsprechend, die Verwaltungsbehörden in ihren polizeilichen Anordnungen, in ihren Resoluten ꝛc., in ihrer Aufsicht über den Gemeinde-Haushalt fortfahren, das Gut Schönwerder und alle ähnlichen in gleicher Lage befindlichen Güter, als von dem Communal-Wesen der betreffenden Stadt als der früheren Erbverpächterin getrennte Armen-Verbände zu behandeln, der höchste Gerichtshof aber in allen zu seiner Cognition gelangenden Spezialfällen unwiderruflich das Gegentheil decretirt, trotzdem er mit seiner Entscheidung in unauflösliche Contestationen, und zwar diesmal, wie nach seinen vorangeführten Erkenntnissen nicht wohl zu bestreiten sein möchte, keineswegs blos mit den Polizeibehörden geräth.

Es kann nicht davon die Rede sein, den höchsten Gerichtshof für die Einheit seiner Rechtssprüche in jedem einzelnen Fall verantwortlich zu machen, aber eben deshalb muß es doch im Staat eine Stelle geben, von der aus für Behörden und Publikum derartige Organisationsfragen für die Dauer maßgeblich entschieden werden.

Nehmen wir also an, das Rittergut Schönwerder hätte zufällig nicht der Stadt Prenzlau, sondern irgend einer anderen Commune im Preußischen Staate, vielleicht dem in Ostpreußen wohlbekannten Städtchen Domnau im Kreise Friedland gehört, ein früherer Einwohner hätte es ihr aus dankbarer Pietät letztwillig vermacht, was würden — ganz abgesehen von der solchergestalt etwas schwierigen Aufgabe der Volkszählung für das statistische Büreau, oder der Anlegung der Flurbücher für die Grundsteuer Regulirungs-Commissarien resp. Fortschreibungsbeamten — die Stände der Kreise Prenzlau und Friedland, der Landarmen-Verband der Kurmark, ja schließlich selbst die Väter der Stadt Domnau dazu sagen, wenn sie erfahren, daß das Rittergut Schönwerder, seitdem es der Stadt Domnau gehört, nicht mehr im Kreise Prenzlau, sondern im Weichbilde der Stadt Domnau belegen sei, und daß die Tagelöhner von Schönwerder Einwohner von Domnau sein sollen?

Zweiundzwanzigstes Kapitel.

Zu einer weiteren Frage über die Grenzen der richterlichen Competenz nach §. 34 auf dem Gebiet des öffentlichen Rechts giebt eine der an und für sich vermögensrechtlichen Bestimmungen der Armengesetzgebung Veranlassung, mit dem Unterschiede, daß es sich dabei nicht, wie in den beiden vorigen Kapiteln um die Abgrenzung mit dem Gebiet des innern Staats- und Verfassungsrechts, sondern mit dem Gebiet des äußeren internationalen Staatsrechts handelt.

Im Gegensatz zu dem uns bekannten ersten Alinea des §. 12 des Armengesetzes, wonach die Armenpflege als Provinziallast von demjenigen Landarmenverbande zu tragen ist, in welchem das Bedürfniß dazu eingetreten, bestimmte nämlich früher das zweite Alinea dieses §. wörtlich:

„wenn sich das Bedürfniß der Armenpflege bei einem im Auslande Veramten zeigt, welcher nach den bestehenden Staatsverträgen übernommen werden muß, so trägt diese Last der Landarmenverband desjenigen Landestheils, über dessen Grenze der Verarmte nach der Bestimmung der Verwaltungsbehörden in das Inland eintritt.“

Diese Verpflichtung der Landarmenverbände war insbesondere da, wo dieselben, wie in den Provinzen Schlesien und Sachsen, sehr zersplittert waren, für die der Auslandsgrenze zunächst belegenen Verbände vorzugsweise drückend. Es wurde deshalb bei Redaction des Ergänzungs-Gesetzes vom 21. Mai 1855 für nöthig befunden, diesem Mißstande abzuhelfen und deshalb im Art. II desselben wörtlich bestimmt:

„Ist der letzte Unterstützungswohnsitz eines aus dem Auslande wieder übernommenen Verarmten nach §. 4 des Gesetzes vom 31. Dezbr. 1842 über die Verpflichtung zur Armenpflege erloschen, so liegt die Fürsorge für denselben nicht dem Landarmenverbande desjenigen Bezirks ob, über dessen Grenze derselbe ins Inland eintritt, sondern demjenigen Landarmenverbande, in dessen Bezirk der letzte Unterstützungswohnsitz des Verarmten belegen war. Insoweit wird die Vorschrift des §. 12 jenes Gesetzes vom 31. Dezbr. 1842 abgeändert.“

Auch hier tritt die vermögensrechtliche Natur, und anderentheils die publicistische Voraussetzung dieser Bestimmung sofort hervor, wenn man sich den Sachverhalt klar macht, wie ihn der Gesetzgeber vor Augen gehabt hat.

A. Nehmen wir an: ein preußischer Unterthan hält sich mehrere Jahre im Auslande auf, wird von der dortigen Behörde ausgewiesen, oder verläßt freiwillig das Ausland, ohne das jenseitige Indigenat erworben zu haben, und kehrt in das Inland zurück. Da richtet sich die Frage, wie weit derselbe noch als Preuße zu betrachten sei, zwar nach dem Gesetze über den Verlust und Erwerb der preußischen Unterthanenschaft vom 31. Dez. 1842. Dasselbe ist jedoch selbstverständlich dem Auslande gegenüber ohne Wirksamkeit, so daß sehr wohl der Fall eintreten kann, daß ein früherer preußischer Unterthan das Indigenat verloren hat, ohne ein solches im Auslande begründet zu haben.

Ueber die Frage nun, wie weit den einzelnen Auslandsstaaten gegenüber eine internationale gegenseitige Verpflichtung und Befugniß besteht, in solchen Fällen frühere Staatsangehörige des einen Staats, wenn sie aus einem anderen dorthin zurückkehren, dem fremden Staate wieder zuweisen zu dürfen resp. dieselben im Inlande behalten zu müssen, darüber bestehen mit verschiedenen Staaten besondere internationale Verträge, welche theils die materiellen Bestimmungen enthalten, von denen die Wiederaufnahme des Zurückgekehrten abhängig ist, theils enthalten sie reglementarische Vorschriften über das zu beobachtende Ausweisungs-Verfahren, theils formelle Bestimmungen über die Form und Competenz der Entscheidung, wenn zwischen den betheiligten Staaten über ihre materielle, conventionsmäßige Verpflichtung Streit entsteht. Selbstredend kann nun, wenn es sich darum handelt, dem aus dem Auslande Ausgewiesenen oder in's Inland Zurückgekehrten im Fall seiner Hülfsbedürftigkeit die nöthige Unterstützung zu gewähren, der Austrag einer solchen — der prozessualischen Entscheidung ohnehin entzogenen internationalen Differenz nicht abgewartet werden. Es können vielmehr Umstände eintreten, und sie werden in der Praxis meistens vorhanden sein, welche es nöthig machen, dem entweder im Zwangswege Ausgewiesenen oder freiwillig in's Inland Zurückgekehrten, dessen Rücknahme aber, im Falle die diesseitige Regierung es verlangt hätte, von dem Auslande verweigert wird, die zu seiner Existenz unentbehrlichen Mittel zu gewähren.*) Hierzu wird ungeachtet der Bestimmung des Art. II des Ergänzungs-Gesetzes nach §§. 26 bis 29 selbstredend derjenige Armenverband oder Landarmenverband polizeilich verbunden sein, der zunächst an der Grenze belegen ist, über welche das betreffende Individuum, sei es unter welchen Formen es wolle, in's Inland zurückgekehrt ist.

So lange die Rückweisung in's Ausland nicht erfolgen kann, weil das Individuum von dort entweder ausgewiesen ist, oder weil dessen Rücknahme verweigert wird, so lange liegt die Nothwendigkeit vor, das Individuum hier zu behalten, d. h. so weit ist das Individuum eben als ein „aus dem Auslande Uebernommener" anzusehen. So weit also ist auch thatsächlich die Nothwendigkeit vorhanden, im Fall der Noth den z. B. aus dem Großherzogthum Baden über die Landesgrenze in den Regierungsbezirk Koblenz Ausgewiesenen oder Zurückgekehrten, bis seine Rückweisung in's Ausland erfolgen kann, hier zu dulden und ihn in loco vor dem Umkommen im Elende zu schützen.

Diese Fälle hat also zunächst der Artikel II des Ergänzungs-Gesetzes im Auge. —

Ein Irrthum dagegen würde es sein anzunehmen, der Art. II rede nur von Fällen, wo die Ausweisung aus dem Auslande wegen dort bereits eingetretener Verarmung stattgefunden habe.

Von einer solchen Bestimmung enthält im Gegensatz zu dem früheren Wortlaut des zweiten Alinea des §. 12 des Armengesetzes der Art. II des Ergänzungs-Gesetzes kein Wort, und konnte auch darüber Nichts enthalten, weil conventionsmäßig dem Auslande eine solche Beschränkung gar nicht gezogen ist. Der ausländische Staat hat über die Gründe der von ihm vorgenommenen Ausweisung weder nach der Convention de dato Gotha d. 15. Juli

---

*) Vgl. z. B. §. 12 der mit fast sämmtlichen deutschen Bundesstaaten bestehenden Convention de dato Gotha den 15. Juli 1851 Ges. S. S. 711, wonach in Ermangelung diplomatischer Einigung über die Wiederaufnahme eines Individuums zwischen den contrahirenden Staaten ein Schiedsgericht zu entscheiden hat. Bis die schiedsrichterliche Entscheidung erfolgt, hat derjenige Staat, in dessen Gebiet das auszuweisende Individuum bei Entstehen der Differenz sich befunden, die Verpflichtung, dasselbe in seinem Gebiete zu behalten.

1851 (Gef. S. S. 711) noch nach den ähnlichen Separat-Conventionen mit Rußland vom 20. Mai 1844 (Gef. S. S. 211), mit Frankreich (Gef. S. de 1827 S. 81) und mit Oestreich (M.-Bl. f. i. V. de 1849 S. 219) irgend welche Auskunft zu geben, und kann die Rücknahme in jedem Falle verlangen, in welchem ein Individuum ihm gleich viel aus welchem Grunde „lästig" wird. Sollte also die Bestimmung des Art. II des Ergänzungs-Gesetzes nur auf die Fälle der wegen Verarmung im Auslande erfolgten Ausweisung anwendbar sein, so würde hierüber conventionsmäßig die auswärtige Regierung nicht einmal zu einem Aufschluß genöthigt sein, sondern denselben geradezu verweigern können. Es ist deshalb die veränderte Fassung des Art. II, obwohl darüber in den Motiven nichts ausdrücklich erwähnt ist, auch in diesem Punkte von der wesentlichsten Bedeutung.

Nur darum handelt es sich, dem im obigen Sinne aus dem Auslande „wieder Uebernommen", wenn er bei oder nach seiner Rückkehr, also in Preußen die öffentliche Fürsorge factisch anzurufen genöthigt ist, d. h. also wenn er sich in Preußen als arm zeigt, dieselbe auf Grund der §§. 26 sequ. einstweilen zu gewähren.

B. Diejenige Gemeinde also, welche in solchem Falle nach den §§. 26, 27, 28 die augenblickliche Unterbringung des in dem betreffenden Grenzkreise Eingetroffenen zu übernehmen hatte, ohne dazu nach den vermögensrechtlichen Bestimmungen des Armengesetzes nach ihrer Meinung verbunden zu sein, behält ihren vermögensrechtlichen Anspruch principaliter gegen den nach den §§. 1, 2, 3, 4, 17 bis 22 etwa noch pflegeschuldigen Ortsarmenverband, oder falls ein solcher nicht mehr vorhanden ist, an den Landarmenverband.

In diesem Falle hat sich die verpflegende Localgemeinde, jedoch nicht nach dem ersten Alinea des §. 12 an den Landarmenverband zu halten, dem sie associirt ist, auch steht ihr, nach dem das zweite Alinea des §. 12 aufgehoben ist, nicht mehr der Anspruch gegen den Landarmenverband zu, der zufällig an der überschrittenen Auslandsgrenze zunächst belegen ist, sondern sie hat sich an denjenigen Landarmenverband zu halten, in welchem der nachweisbar letzte in Betreff der Person des Individuums pflegeschuldige Ortsarmenverband belegen war.

Es besteht mithin die nach Art. II des Ergänzungsgesetzes zu beantwortende vermögensrechtliche Frage lediglich darin, ob:

in Betreff des von den preußischen Polizeibehörden im obigen Sinne aus dem Ausland Uebernommenen, dessen Verpflegung im Wege der öffentlichen Armenpflege im Inlande nothwendig wurde, die aus den früheren Wohnungs- und Aufenthalts-Verhältnissen des Individuums nachweisbare vermögensrechtliche Verpflichtung eines Ortsarmenverbandes noch fortbesteht, oder ob diese Verpflichtung nach §. 4 erloschen und nunmehr im Sinne des Art. II d. Erg.Gef. auf den Landarmenverband als Provinziallast übergegangen ist, in welchem der früher pflegeschuldige Ortsarmenverband belegen ist.

Hierüber allein also wird, sei es nun, von dem verpflegenden an der preußischen Auslandsgrenze, z. B. im Regierungsbezirk Koblenz belegenen Ortsarmenverband, oder falls die vorläufige Verpflegung nach §. 28 in einem dortigen Landarmenhause angeordnet worden wäre, von dem dortigen Landarmenverband gegen den nach Art. II etwa pflegeschuldigen Landarmenverband der Kurmark bei der Regierung zu Potsdam, als der zuständigen Landespolizeibehörde, die resolutorische Entscheidung mit Vorbehalt des Rechtsweges nach §. 34 des Armengesetzes extrahirt werden können.*)

C. Glaubt daneben der durch Resolut der Regierung zu Potsdam verurtheilte Landarmenverband der Kurmark seinerseits darauf dringen zu können, daß, weil die Regierung zu Koblenz, welche das Individuum im obigen Sinne aus dem Auslande zurückgenommen hatte, die internationale Verpflichtung des Staates nicht richtig aufgefaßt habe, das Individuum wieder dem Auslande zuzuweisen sei, so würde ihm hierüber lediglich der Beschwerdeweg an die vorgesetzte Instanz zustehen.

Zu wirklich unlösbaren Contestationen dagegen würde es führen, wenn, weil jener intercommunale vermögensrechtliche Streit nach §. 34 d. Armengesetzes dem Rechtswege überwiesen ist, der Prozeßrichter auf Verlangen des Landarmenverbandes der Kurmark auch darüber zu befinden haben sollte, ob die Zurücknahme des Individuums in Uebereinstimmung mit den internationalen Bestimmungen der Gothaer Convention erfolgt sei.

Auch hier also ein nach §. 34 des Armengesetzes zu entscheidender Streit zwischen verschiedenen Armenverbänden über die Fürsorgepflicht in einem bestimmten Spezialfall, — auch hier eine Vorfrage des öffentlichen Rechts, von deren Beantwortung unzweifelhaft die Begründung der Verpflichtung des verklagten Armenverbandes in concreto abhängt, — auch hier die Competenz des Prozeßrichters über diese Vorfrage „eigentlich" ausgeschlossen. (Vergl. d. Erk. d. Comp.-Gerichtsh. v. 11. Octbr. 1862 oben S. 194.)

Wird nun die großherzoglich Badische Regierung, wenn im Streit des Landarmenverbandes von Koblenz wider den Landarmen-Verband der Kurmark der Prozeßrichter mit Rechtskraft entscheidet, daß der sonst nach Art. II pflegeschuldige Landarmenverband der Kurmark zur Uebernahme der Fürsorge für jenes Individuum nicht verbunden sei, weil das Individuum von der preußischen Regierung nicht in's Inland zurückzunehmen gewesen — dasselbe wieder zurücknehmen? Und — wollte die Regierung zu Koblenz, welche die Rücknahme geduldet hat, in Folge dieser richterlichen Entscheidung in vollständiger Verlegenheit darüber, was mit dem Individuum zu geschehen

---

*) Es ist dies der einzige Fall, wo es zwischen zwei verschiedenen Landarmenverbänden zu einer resolutorischen Entscheidung mit Vorbehalt des Rechtsweges nach §. 34 kommen kann, während in allen anderen Fällen für den Landarmenverband, in dessen Bezirk für eine Person thatsächlich das Bedürfniß der öffentlichen Armenpflege eintritt, jede Möglichkeit eines solchen vermögensrechtlichen Anspruchs gegen einen andern Landarmenverband nach dem ersten Alinea des §. 12 unbedingt, wie wir aus Kap. II und aus Kap. XIX wissen, abgeschnitten ist.

habe, die internationale schiedsrichterliche Entscheidung anrufen, und der Schiedsrichter träte der Ansicht der Badischen Behörden sowie der von der Regierung zu Koblenz ursprünglich ebenfalls anerkannten Ansicht bei, daß das Individuum vertragsmäßig wirklich nach Preußen zurückzunehmen sei, was sollte denn, nachdem durch rechtskräftiges Erkenntniß des Prozeßrichters der sonst pflegeschuldige Landarmenverband der Kurmark — für nicht verpflichtet erachtet worden, weiter geschehen?

Wir sehen also, das in jenem Erkenntniß vom 11. Octbr. 1862 vom Competenz-Gerichtshof ausgesprochene Prinzip, daß, weil der §. 34 die Entscheidung über die vermögensrechtliche Verpflichtung zur Armenpflege nach vorangegangener resolutorischer Entscheidung dem Rechtswege überweist, der Richter auch über diejenigen Vorfragen entscheiden soll,

„die nicht eigentlich privatrechtlicher Natur sind und die der Regel nach zur Cognition der Verwaltungsbehörden gehören,“

erscheint auch nach dieser Seite hin, ohne wirklich unlösliche Contestationen zwischen Polizei- und Justizbehörden herbeizuführen, nicht durchführbar.

Sechstes Buch.

Dreiundzwanzigstes Kapitel.

Die §§. 1 sequ. d. Arm.-Ges. involviren, wie wir wissen, zunächst nur eine Gefahr der Verpflichtung, die eben nur dann existent wird und einen gegenüberstehenden Anspruch begründet, wenn ein anderer (Orts- oder Land-) Armenverband auf Grund der §§. 25 bis 30 der polizeilichen Verpflichtung zur Gewährung der Armenpflege in facto, sei es freiwillig oder auf Anordnung der Orts-Polizeibehörde resp. des Landraths nachgekommen ist. Nur soweit ein Ortsarmenverband dieser Verpflichtung in einem Spezialfall genügt hat — so weit ein Landarmenverband nach §. 28 die vorläufige Verpflegung in seiner Anstalt factisch gewährt oder nach §. 30 die Kurkosten für einen Kranken der verpflegenden Gemeinde vorgeschossen hat, — nur soweit liegt ein Anspruch vor, der gegen den nach §. 1 des Armengesetzes vermögensrechtlich verpflichteten Armenverband verfolgt werden kann. Weil nun eine solche vermögensrechtliche Verpflichtung des nach §. 1 pflegeschuldigen Armenverbandes nur einem andern Orts- oder Landarmenverbande, der seiner polizeilichen Verpflichtung nach §§. 25 bis 30 genügt hat, gegenüber bestehen kann und nur in den Grenzen des §. 33 des Armengesetzes bestehen soll, deshalb weiset eben, wie wir wissen, das Gesetz im §. 34 die Vorentscheidung hierüber der Landes-Polizeibehörde zu. Diese Regel schließt inzwischen die Möglichkeit nicht aus, daß auch zwischen Armenverbänden Rechtsverhältnisse entstehen können, welche ganz außerhalb dieses nach dem Armengesetz zu beurtheilenden Rechtsverhältnisses liegen.

A. Zunächst kann selbstverständlich eine Gemeinde durch spezielle oder generelle Requisition, Mandat ꝛc. die von ihr nach §§. 25. 26. 29 in loco zu leistende Gewährung der Armenpflege einer andern mit den nöthigen Anstalten besser versehenen Gemeinde, ebenso wie einer Privatperson, übertragen oder in Verding geben.

In allen solchen Fällen steht die requirirte Gemeinde niemals und unter keinen Umständen zu dem nach §. 1 sequ. des Armengesetzes vermögensrechtlich verpflichteten Verband in irgend welchem Rechtsverhältniß. Es muß vielmehr unbedingt daran festgehalten werden, daß Ansprüche von Gemeinden, (Instituten oder Privatpersonen), welche z. B. aus Tit. XIII. Th. I. A. L. R. gegen die requirirende oder Auftrag gebende Gemeinde verfolgt werden, ganz außerhalb der Regeln des Armengesetzes liegen, und daß die Verfolgung derartiger Rechtsansprüche allemal nur zwischen den bei dem Auftrage, der Requisition unmittelbar betheiligten Parteien, wie jeder andere civilrechtliche Anspruch vor den Prozeßrichter zu verweisen ist, und also weder in Betreff des Umfanges der aufzustellenden Schadenforderung, der zu bewilligenden Unkosten aus dem bestandenen Mandat 2c. noch in Betreff des einzuschlagenden Verfahrens den Regeln der §§. 30. 33. 34 des Armengesetzes unterworfen ist. Ganz unzulässig würde daher jede Einmischung der Landes-Polizeibehörden, jede von ihnen auf Grund eines solchen Fundaments zu erlassende resolutorische Entscheidung sein.*)

Ein Beispiel hierzu liefert das von uns in Kap. XI. in anderer Beziehung bemängelte Erkenntniß des Ersten Senats vom 23. April 1858 (Strieth. Arch. Band 29. S. 273).

Die unverehelichte P. hatte auf dem im Bezirk des Kurmärkischen Land-Armenverbandes belegenen Gute F. als Bonne conditionirt und war durch Vermittlung des Landraths in der ständischen Land-Irrenanstalt zu Neu-Ruppin wegen plötzlich bei ihr eingetretener Geisteskrankheit aufgenommen worden. Es lag hier also (vgl. Kap. XV. S. 163) nicht der Fall vor, wo auf Grund des §. 28 auf Anordnung des Landraths die Unterbringung eines im Kreise nicht einheimischen Armen in eine Landarmen-Anstalt zu erfolgen hatte, da wegen des (wenn auch nicht dreijährigen) Aufenthalts der P. auf dem Gute F. doch immerhin ein örtlicher Verband vorhanden war, welcher an und für sich nach §§. 26 und 29 zur Gewährung der Armenpflege in loco angehalten werden konnte. Später ergab sich, daß die Kommune Berlin nach den früheren Aufenthalts-Verhältnissen der P. der pflegeschuldige Armenverband war, und deshalb nahm diese Kommune vom August 1854 ab die P. in eigene Pflege. Wegen der bis dahin aufgelaufenen Verpflegungskosten wollte sich der Landarmenverband der Kurmark ebenfalls nomine seiner Anstalt an die nach §. 1 des Armengesetzes vermögensrechtlich verpflichtete Kommune Berlin halten. Letztere wurde durch Regierungsresolut zur Zahlung verurtheilt, zahlte in Folge dessen wirklich und beschritt den Rechtsweg. Der Erste Senat verurtheilte den Verklagten schließlich zur Rückgabe der an ihn in debite gezahlten Summe, und motivirt diese Entscheidung am Schluß der Gründe vollkommen richtig dahin, daß die Landarmen-Anstalt resp. der Landarmen-Verband hier gar nicht das negotium der Verpflegung auf seinen Namen ausgeübt, sondern lediglich auf Requisition der Gutsherrschaft von F. die Pflege der P. übernommen habe, und sich deshalb nur an seinen Requirenten halten könne, daß er zufolge dessen in gar keinem nach dem Armengesetz zu beurtheilenden Rechtsverhältniß zu dem Armenverband von Berlin stehe, daß dieserhalb die getroffene resolutorische Entscheidung außerhalb der Kompetenz der Landes-Polizeibehörde gelegen habe, und die auf

*) Vergl. M.-R. vom 31. Mai 1860 I. B. 3491. [Anlage V.]

Grund dieses Resoluts geleistete Zahlung, als in debite geleistet, von dem verklagten Landarmen-Verband an die Kommune Berlin herauszuzahlen sei, vorbehaltlich seines etwaigen Anspruchs gegen die requirirende Behörde resp. Gutsherrschaft; mit anderen Worten die Gutsherrschaft von F. erfüllte die ihr nach §§. 26 bis 29 obliegende polizeiliche Verpflichtung zur Krankenpflege für die geisteskranke P. durch Ablieferung in die Land-Irrenanstalt, und wurde dadurch der Land-Irrenanstalt, soweit letztere hier nicht zur unentgeltlichen Aufnahme verbunden war, erstattungspflichtig. Fand sich später, daß für die P. ein dem Landarmen-Verband der Kurmark nicht associirter Armenverband, die Kommune Berlin, nach §. 1 des Armengesetzes pflegeschuldig war, so hatte wohl der Armenverband von F., nimmermehr aber die Landirrenhaus-Verwaltung zu Neu-Ruppin einen gesetzlichen Anspruch gegen den Armenverband von Berlin zu verfolgen, über welchen nach §. 34 des Armengesetzes event. per resolutum zu entscheiden gewesen wäre.

B. Auch durch das Hinterziehen derjenigen Verpflichtungen, welche die §§. 26 sequ. der einzelnen Ortsgemeinde resp. der Orts-Polizeibehörde auferlegen, können Rechtsverhältnisse entstehen, welche einer prozessualischen Entscheidung bedürfen. Wir bitten hier zunächst zu beachten, daß es sich hier also nicht um ein bloßes Bestreiten, ein Nichtanerkennen einer vermögensrechtlichen Verpflichtung Seitens des wegen Kosten-Erstattung resp. Abnahme der Fürsorgepflicht in Anspruch genommenen Armenverbandes im Verhältniß zu dem factisch die Hülfe gewährenden Armenverband handelt — ein solcher Streit involvirt an sich kein illegales Hinterziehen, sondern er betrifft eben die im Wege des §. 34 zum Austrag zu bringende Rechtsfrage. — Dagegen handelt es sich hier vielmehr darum, daß eine Gemeinde oder Ortspolizeibehörde die Erfüllung ihrer dem Staat gegenüber bestehenden polizeilichen Verbindlichkeit unterläßt, wonach sie Jedem, für den innerhalb ihres Bezirks wegen Mangels an den unentbehrlichsten Existenzmitteln der Eintritt der öffentlichen Armenpflege nothwendig wird, die letztere unbedingt in loco zu gewähren hat. Erfüllt die Gemeindebehörde diese Verpflichtung in schuldbarer Weise nicht, zeigt sich die Orts-Polizeibehörde in der ihr nach §. 27 übertragenen Kontrolle lässig, weist sie gar direkt einen Hülfsbedürftigen fort, so begeht sie hierin einen Verstoß gegen Polizei-Vorschriften resp. ihre Amtspflichten, mit anderen Worten sie macht sich, abgesehen von den disciplinarischen Folgen eines derartigen Verfahrens, wegen des nachweisbaren Schadens verantwortlich, welcher dadurch einer andern Partei, zugefügt wird. Ein solcher Schaden kann nun in mehrfacher Beziehung aus dem ungesetzlichen Verfahren einer Kommunal- resp. Orts-Polizeibehörde entstehen. Es wird inzwischen genügen, auf zwei Fälle hinzuweisen, die sich in der Praxis am Meisten wiederholen:

1) Zunächst ist ins Auge zu fassen, daß bei Kosten-Liquidationen für die auf Grund des §. 29 von der Gemeinde zu verpflegenden kranken Armen die Gemeinden ihre Liquidationen nicht im ganzen Umfang der ge-

schehenen Aufwendungen, sondern nur unter den Beschränkungen des §. 30 des Armengesetzes, d. h. mit Ausschluß der sogenannten Verwaltungskosten, der Arztgebühren weiter verfolgen können. Es ist also mit der legalen Erfüllung dieser polizeilichen Verpflichtung allerdings ein gewisser Nachtheil, ein gewisses Opfer auf der Seite der verpflegenden Gemeinde verbunden, welches der Staat ihr auferlegt, indem er principaliter voraussetzt, daß die Gemeinde für ihre eigenen Einwohner Anstalten einrichten und Aerzte engagiren wird, wodurch eine kostspieligere separate Unterbringung, das separate Engagement eines Arztes im einzelnen Fall möglichst erspart werden soll. An diesen Einrichtungen, welche die Gemeinden also nach der Voraussetzung des Gesetzgebers einmal getroffen oder doch zu treffen haben, sollen also auch fremde Kranke der Regel nach participiren dürfen, ohne daß für diese Antheilnahme besondere Kostenbeträge dem pflegeschuldigen Verband resp. dem vorschießenden Landarmenverband in Rechnung gestellt werden dürfen.

Gerade diese Bestimmung nun ist es, welche die vielfachsten Streitigkeiten zwischen Gemeinden hervorruft, und welche zu einer förmlichen Literatur darüber geführt hat, was zu den Verwaltungskosten, zu den Arztgebühren 2c. zu rechnen sei. Wir wollen hier auf die materielle Seite dieser Frage nicht weiter eingehen. Klar ist aber so viel, daß eine Kommunal- oder eine Orts-Polizeibehörde, die in illegaler Weise einen kranken Armen fortweist oder gar an einen andern Ort fortschafft, ohne für den Kranken selbst zu sorgen, zunächst eine unerlaubte Handlung begeht, daß sie aber auch der andern Gemeinde, welche dadurch in die Lage versetzt wird, nunmehr ihrerseits nach §. 29 des Armengesetzes einzutreten, zum Mindesten die Tragung der sogenannten Verwaltungskosten und des Arztlohnes aufnöthigt. Ein solcher Schaden wird also zwar veranlaßt durch ein Zuwiderhandeln gegen die polizeilichen Vorschriften des Armengesetzes, der Ersatz-Anspruch liegt aber ganz außerhalb der vermögensrechtlichen Bestimmungen desselben.*)

Nehmen wir an, eine ländliche Communal- resp. Ortspolizeibehörde hätte einen Erkrankten, statt sich seiner anzunehmen, fortgewiesen oder ihn nach der benachbarten Stadt, ohne für ihn zu sorgen, geschafft, so würde diese Stadt z. B. Perleberg dadurch in die Nothwendigkeit versetzt werden, dem Erkrankten die einstweilige Fürsorge zu gewähren. Sie würde in solchem Fall also unbedenklich von dem Landarmen-Verband in den Grenzen des §. 30 die vorschußweise Kosten-Erstattung verlangen, oder auch direct den etwa in Betreff der Person des Erkrankten nach §§. 1. 20 pflegeschuldigen Armenverband z. B. von Rathenow in Anspruch nehmen können. Ein solcher Anspruch gewährt der Commune Perleberg aber noch keine Entschädigung für den Abnutz ihrer Anstalt, ihrer Lagerstätten 2c. Will sie also einen über das Maaß des §. 30 hinausgehenden Ersatz auf Grund der Behauptung beanspruchen, daß ihr die einstweilige Unterbringung des Erkrankten

*) Vergl. das oben citirte Minist.-Resc. v. 31. Mai 1860. [Anlage V.]

durch das illegale Verfahren, also durch die unerlaubte Handlung jener ländlichen Gemeinde= resp. Ortspolizeibehörde widerrechtlich aufgebürdet worden, so ist ein solcher Schadens=Anspruch sehr wohl denkbar. Derselbe beruht aber eben nicht auf den vermögensrechtlichen Bestimmungen des Armengesetzes, sondern auf den Vorschriften des Th. I. Tit. 6 A. L. R. über die Folgen von unerlaubten Handlungen resp. Unterlassungen, und ist daher nur gegen den Beschädiger persönlich, d. h. gegen die schuldige Behörde, gegen den schuldigen Beamten zu verfolgen mit der alleinigen Maßgabe, daß nach §. 6 des Gesetzes über die Zulässigkeit des Rechtsweges in Betreff von Polizei=Maßregeln vom 11. Mai 1842 (Ges.=S. S. 192) die Unzulässigkeit oder Gesetzwidrigkeit des Verfahrens der in Anspruch genommenen Behörde, resp. Beamten von der vorgesetzten Dienstbehörde vorerst festzustellen wäre. Sobald dies geschehen, würde der prozessualischen Verfolgung eines solchen Anspruchs Nichts entgegenstehen. Der Erlaß einer resolutorischen Entscheidung Seitens der Landespolizeibehörde nach §. 34 des Armengesetzes wäre dagegen in solchem Fall durchaus unangebracht und unzulässig.

Scheinbar complicirter, in der That aber eben so einfach liegt der Fall, wenn jene ländliche Gemeinde neben der polizeilichen Verpflichtung des §. 29 auch noch besonders die vermögensrechtliche Verpflichtung zur Fürsorge für den Erkrankten z. B. nach Art. V des Erg.=Ges. v. 21. Mai 1855 als Dienstort (vergl. oben Kap. XVI.) gehabt hätte. Auch in diesem Fall würde, falls die Gemeinde Perleberg behauptete, daß ihr in illegaler Weise das negotium der Krankenpflege durch das Verfahren jener Gemeinde=Behörde aufgenöthigt worden, den über das Maaß des §. 30 hinausgehenden Schadensersatz niemals gegen die Gemeinde als Armenverband nach Art. V, sondern gegen die schuldige Behörde, gegen den schuldigen Beamten verfolgen können. Bei dem nach Art. V gegen die Gemeinde als Armenverband zu verfolgenden und allerdings nach §. 34 der resolutorischen Entscheidung der Landespolizeibehörde unterliegenden Erstattungs=Anspruch müßte also die Gemeinde Perleberg von der behaupteten Beschädigung durch die unerlaubte Handlung der Gemeinde= oder Polizei=Behörde ganz abstrahiren, ihre Liquidation dem Armenverband des Dienstortes gegenüber auf das Maaß der §§. 30. 33 einschränken und den weiteren Schadensersatz in separato gegen den wirklich Schuldigen nebenher im Prozeßwege auf Grund der Bestimmungen des Th. I. Tit. 6 A. L. R. verfolgen.

2. In gleicher Art, wie im Verhältniß zu einem Ortsarmen=Verband, kann auch im Verhältniß zu Landarmen=Verbänden, durch das ungesetzliche Hinterziehen der polizeilichen Fürsorgepflicht, d. h. also durch die ungesetzliche Fortweisung eines in loco der öffentlichen Fürsorge bedürftig Gewordenen, ein vermögensrechtlicher Schaden zugefügt werden. Fehlt es nämlich für den Fortgewiesenen an einem pflegeschuldigen Ortsarmen=Verband, so tritt also, wie wir in Kap. II. und Kap. XIX. gesehen haben, unmittelbar mit der Hergabe der Unterstützung in concreto an irgend einem Orte des

betreffenden Bezirks, gleichzeitig die vermögensrechtliche Verpflichtung desjenigen Landarmen=Verbandes ein, in dessen Bezirk die Hülfe factisch gewährt worden ist, diese Hülfe als eine Provinziallast zu tragen resp. der factisch verpflegenden Ortsgemeinde abzunehmen. Wird also für irgend Jemand an dem Orte A. thatsächlich die Fürsorge nothwendig, die Gemeinde giebt sie her, so hat sie nach §§. 9 und 12 sich wegen Kosten=Erstattung und Abnahme der ferneren Fürsorge an denjenigen Landarmen=Verband zu halten, welchem sie selbst associirt ist. Erfüllt nun die Gemeinde=Behörde ihre Verpflichtung in nachweisbar kulposer oder doloser Weise nicht, nöthigt sie dadurch einer anderen Gemeinde B. die Gewährung der Armenpflege in natura auf, so würde, falls diese Gemeinde in dem Bezirk eines anderen Landarmen=Verbandes liegt, gleichzeitig die Tragung der Provinziallast nach §§. 9 und 12 einem anderen Landarmen=Verband, nämlich demjenigen aufgebürdet werden, in dessen Bezirk die Gemeinde B. belegen ist. Diese Fälle sind es nun gerade, welche am Häufigsten zu den in Kap. II S. 30 sequ. und Kap. XIX S. 177 sequ. besprochenen Streitigkeiten zwischen verschiedenen Landarmen=Verbänden führen. Der Landarmenverband nämlich, dem auf diese Weise die vermögensrechtliche Verpflichtung zur Fürsorge in Ermangelung eines pflegeschuldigen Ortsarmen=Verbandes durch das illegale Verfahren einer außerhalb seines Bezirks gelegenen Gemeinde oder Polizeibehörde aufgebürdet ist, glaubt dann, wie wir z. B. aus dem Streitfall des Landarmenverbandes des Regierungsbezirks Coblenz wider den Landarmenverband von Westphalen wegen der Fürsorge für die Wittwe Benouit und deren Enkelinnen (Kap. XIX) gesehen haben, häufig einen Anspruch auf Wiederabnahme der Fürsorge gegen denjenigen Landarmen=Verband zu haben, welchem jene Pflicht dann obgelegen haben würde, wenn jene Gemeindebehörde die illegale Fortweisung nicht vorgenommen, sondern dem Armen, den §§. 25. 26 sequ. entsprechend, die nöthige Hülfe geleistet hätte. Ein solcher Anspruch eines Landarmenverbandes gegen den andern Landarmenverband ist, wie wir bereits oben gesehen haben, nicht anzuerkennen. Das Bedürfniß der Armenpflege, welches innerhalb eines Verbandes de facto eintritt, begründet unmittelbar die Verpflichtung des betreffenden Landarmen-Verbandes nach §. 12. Diese Thatsache allein entscheidet also über den Eintritt und das Erlöschen der Verpflichtung des einen oder des andern Landarmen=Verbandes, und hierin liegt der wesentliche Unterschied von der durch Aufenthalt und Wohnsitz begründeten Verpflichtung eines Ortsarmen-Verbandes, welche letztere in ihrer materiellen Wirkung nicht durch den Wiederaustritt des Individuums aus dem Verbande erlischt, sondern unabhängig von dem Orte, wo die Hülfe für das Individuum angerufen wird, so lange fortdauert, bis die Verpflichtung durch dreijährige Abwesenheit aus dem Orte ein Ende erreicht. Ein Rückgreifen gegen einen andern Landarmen=Verband unter der Behauptung, daß in seinem Bezirk bereits vorher ein anderes Bedürfniß stattgefunden, ist darnach überhaupt nicht möglich, und so bleibt in einem solchen Fall dem Landarmen-Verband, welcher auf diese Weise durch das illegale Verfahren einer Gemeinde oder Polizeibehörde in Schaden versetzt worden, nichts Anderes übrig, als ein Entschädigungsanspruch gegen diejenige Gemeinde- oder Polizeibehörde, welche nachweislich den Schaden verursacht hat. Dieser Anspruch liegt also ebenfalls ganz außerhalb der Regeln des Armengesetzes, und deshalb kann von einer resolutorischen Entscheidung der Landespolizeibehörde darüber nach §. 34 nicht die Rede sein. Wohl aber kann durch eine Beschwerde bei der vorgesetzten Regierung event. bei dem vorgesetzten Ministerium die eingeschlagene polizeiliche Maßregel als unzulässig resp. gesetzwidrig erklärt werden, und dann steht dem beschädigten Landarmenverband in gleicher Art wie oben dem beschädigten Ortsarmenverband ein im Prozeßwege nach Th. I. Tit. 6 A. L. R. zu begründender und der richterlichen Competenz nach §. 6 des Gesetzes vom 11. Mai 1842 unterworfener Entschädigungsanspruch gegen die schuldige Behörde resp. gegen den schuldigen Beamten zu.

C. Ein ferneres Beispiel, wo zwischen Gemeinden ein die Armenpflege zum Gegenstand habendes Rechtsverhältniß auf Grund eines außerhalb des Armengesetzes liegenden Fundaments bestehen kann, ist folgendes.

Um den häufigen Klagen vorzubeugen, welche für die Armen selbst mit der „Wohlthat des Triennii" verbunden sein können, wenn solche Personen wegen ihres zufälligen dreijährigen Aufenthalts an einem Ort eine sogenannte „Heimathsberechtigung" erlangen, die für sie, wie wir gesehen haben, eben nur den polizeilichen Zwang enthält, sich auch wider ihren Willen an diesen Ort später von dem in der That berechtigten Armenverband zurückschicken lassen zu müssen, hat das Ministerium des Innern in einem Rescript vom 5. October 1845 (M. Bl. f. i. V. S. 313) einen Ausweg zu finden versucht. Falls für solche Personen an einem andern, wenn auch nicht pflegeschuldigen Orte Verwandte resp. Angehörige wohnen, durch deren Zusammenleben mit dem Armen dessen Lage wenigstens für ihn selbst erleichtert werden möchte, soll ein Arrangement zulässig sein, wonach der pflegeschuldige Armenverband, der, wie wir wissen, nicht genöthigt werden kann, seine Unterstützungen dem Armen anderwärts, außer seinem Bereich zu verabfolgen, der also ein Recht darauf hat, die Anwesenheit des Armen an dem Orte selbst zu verlangen, einerseits von diesem Verlangen abstrahirt, und wonach andererseits auch die Einwendungen beseitigt werden sollen, welche der nicht pflegeschuldige Armenverband etwa dem Aufenthalt des Armen nach §. 4 des Gesetzes über die Aufnahme neuanziehender Personen wirksam entgegen stellen möchte. Dieses Arrangement soll nun in einem Reverse bestehen, welchen der pflegeschuldige Armenverband dahin ausstellt, daß er sich verpflichte jeder Zeit auf Verlangen des nichtpflegeschuldigen Armenverbandes, der dem Armen den Aufenthalt gestattet, den letzteren wieder zurückzunehmen. Ob durch einen solchen Revers in der That wirksam eine Sicherung für den nichtpflegeschuldigen Armenverband erreicht wird, dergestalt, daß wenn dem

Armen auf Grund eines solchen Reverses der Aufenthalt z. B. länger als drei Jahre an dem Orte A. gestattet worden, dieser letztere sich — wenn auch selbstverständlich nicht anderen bei der Ausstellung des Reverses unbetheiligten Armenverbänden, doch wenigstens dem den Revers ausstellenden Verbande gegenüber — auf den Inhalt dieses Reverses berufen kann, um sich von der ex lege auf ihn übergegangenen Verpflichtung — ex contractu wieder zu befreien, das kann unter Umständen für den einzelnen Fall sehr streitig sein. Wir wollen den dabei eintretenden Möglichkeiten, welche ohnehin nicht zu erschöpfen wären, hier nicht nachspüren, — das Resultat würde also das sein, daß dem Armenverband von A., in welchem dem Armen der Aufenthalt länger als 1 resp. 3 Jahr gestattet worden ist, von dem an und für sich nach §. 4 des Armengesetzes nicht mehr pflegeschuldigen Armenverband von B. auf Grund des ausgestellten Reverses, also eines förmlichen Kontracts, alle Unkosten vergütet werden müßten, welche nach den Regeln des Armengesetzes dem Armenverband von A. selbst zur Last fielen.

Wir wollen nur, was die Kompetenzfrage betrifft, darauf verweisen, daß ein solcher nicht aus den Regeln des Armengesetzes, sondern aus einem rein privatrechtlichen Abkommen entspringender, also rein vertragsmäßiger, auf eine Abänderung der aus dem Armengesetz sich ergebenden Folgen hinzielender Anspruch unmöglich ein Fundament abgeben kann, auf welches sich die lediglich nach den Regeln des Armengesetzes zu treffende resolutorische Entscheidung der Landes-Polizeibehörde nach §. 34 des Armengesetzes zu erstrecken haben würde. Es würde also im Gegentheil hier die unbedingte Kompetenz des Prozeßrichters eintreten, über die formelle und materielle Verbindlichkeit einer solchen Verabredung, eines solchen Reverses zwischen den dabei betheiligten Gemeinden zu entscheiden.

D. Eine fernere und sehr wichtige Controverse, welche die Last der öffentlichen Armenpflege zum Gegenstand hat, und doch nicht nach den Bestimmungen des Armengesetzes entschieden werden kann, ist diejenige über die Folgen der Veränderungen in den Weichbildsgrenzen von Communalverbänden 2c., die zufolge der Bestimmungen des §. 2 der Städteordnungen resp. §. 1 d. Ges. betr. d. Landgemd.-Verf. i. d. 6 östl. Prov. v. 14. April 1856, §§. 3, 6, 7, 9 d. Landgemd.-Ord. f. Westph. v. 19. März 1856, sei es mit, sei es wider den Willen der Betheiligten von der Staatsgewalt vorgenommen werden.

Es wird klar sein, daß derartige Veränderungen besonders da, wo sie in großem Maßstabe stattfinden, von den eingreifendsten Folgen für die Tragung der Armenlast sind, und dennoch fehlt es hierüber an jedem positiven gesetzlichen Anhalt. Es heißt zwar in den angeführten Gesetzesstellen übereinstimmend wörtlich, wie folgt:

„Wo und soweit in Folge einer derartigen Veränderung eine Auseinandersetzung zwischen den Betheiligten sich als nothwendig ergiebt, ist solche im Verwaltungswege zu bewirken. Wird hierbei eine Uebereinkunft der Betheiligten vermittelt, so genügt die Genehmigung der Regierung, im Falle des Widerspruchs entscheidet der

Minister des Innern (bei Veränderungen in ländlichen Gemeinde- oder Gutsbezirken der Oberpräsident)."

Jedoch ist hiermit für den eigentlichen Inhalt dieser Auseinandersetzung in Bezug auf die öffentliche Armenpflege zwischen den betheiligten Communen nichts gewonnen. Die Armenlast, das ist die durch Aufenthalt und Wohnsitz oft keineswegs armer Personen begründete Gefahr, für sie, ihre Ehefrauen, ihre Kinder die Last der Armenpflege tragen zu müssen, wenn vielleicht erst nach langen Jahren der Eintritt derselben nothwendig werden sollte, läßt sich selbstredend nicht wie die Unterhaltung von Straßen, die Besoldung von Nachtwächtern u. s. w. nach Tag und Stunde berechnen.

Der Umfang dieser Verpflichtung ist eben, weil sie nur ein periculum enthält, für welches es an jeder denkbaren Wahrscheinlichkeitsberechnung fehlt, überhaupt niemals zahlenmäßig zu fixiren. Nehmen wir an, eine Landgemeinde in der Nähe einer großen Stadt besteht vielleicht aus dreihundert Wohnhausstellen und einem Personalbestande von 7000 Seelen. Plötzlich werden zufolge §. 2 der Städteordnung von dieser Gemeinde zweihundert Hausstellen abgelöst und mit einer Einwohnerzahl von 5400 Seelen von einem bestimmten Termin ab z. B. den ersten Januar 1861 mit der benachbarten großen Stadtgemeinde vereinigt.

Die Dorfgemeinde, als Corporation besteht selbstredend fort, sie hat also auch alle diejenigen Verpflichtungen zu tragen, welche ihr gesetzlich im Verhältniß zu andern Communen aus ihrem bisherigen Bestande obliegen, soweit ihr nicht dadurch zu Hülfe gekommen wird, daß im Wege jener vorbehaltenen Auseinandersetzung jene Stadtgemeinde ihr einen Theil dieser Last abnimmt. Daß sich hierüber Streitigkeiten zwischen den betheiligten Communen ergeben können, während andererseits im Verhältniß zu auswärtigen Verbänden die Stellung jener Landgemeinde ganz dieselbe bleibt, liegt auf der Hand. Haben auch mit dem 1. Januar 1861 jene zweihundert Hausstellen aufgehört, zum Communalverband der Dorfgemeinde zu gehören, und hört mit diesem Tage auch selbstredend die Befugniß der Dorfgemeinde auf, aus diesen Grundstücken Communalabgaben zu erheben, so ist doch durch kein positives Gesetz ausgesprochen, daß mit dem gleichen Tage auch für die in diesen Grundstücken befindliche Seelenzahl von 5400 Personen oder gar für die früher in denselben befindlich gewesenen Einwohner die vermögensrechtliche Gefahr der Fürsorge-Verpflichtung auf Seiten der Dorfgemeinde erlischt und auf den Armenverband der Stadtgemeinde übergeht.

Nach dem Armengesetz bleibt vielmehr auf Seite jener Dorfgemeinde diese Gefahr, soweit dieselbe bis zum 1. Jan. 1861 durch Wohnsitz, Aufenthalt, Familienverhältnisse in Betreff ihrer Einwohner im Verhältniß zu andern Armenverbänden begründet war, fortbestehen, bis durch dreijährige Abwesenheit nach erreichter Großjährigkeit diese Verpflichtung im Sinne des §. 4 erloschen, oder auf einen andern Armenverband übergegangen ist. Es kann also, ohne daß sich hierüber auch nur eine annähernde Wahrscheinlichkeit finden ließe, sehr wohl der Fall eintreten, daß für die Einwohnerschaft, welche bis zum 1. Januar 1861 in dem ungetheilten Bezirk der Dorfgemeinde nach vorangegangener Meldung ein Jahr lang gewohnt, resp. sich drei Jahre lang dort aufgehalten hat, ohne jede ans der Vergangenheit nachweisbare Veranlassung und ohne daß es möglich wäre, nach den gegenwärtigen Verhältnissen dieser Familien es vorherzusehen, vielleicht nach zwanzig Jahren ein Unterstützungsfall eintritt, für welchen dann jene Dorfgemeinde im Verhältniß zu anderen Armenverbänden nach §§. 1, 4, 20 des Armengesetzes aufzukommen hätte, und kein Gesetz giebt es, welches in einem solchen Fall den dritten auswärtigen Armenverband, in dessen Bezirk zufällig die Unterstützung nothwendig geworden, dann hinderte, den Erstattungs-Anspruch gegen den nach dem positiven Gesetz pflegeschuldigen Armenverband jener Dorfgemeinde ungeschmälert zu verfolgen.

In soweit d. h. also im Verhältniß zwischen auswärtigen, bei jener Weichbildsveränderung an sich unbetheiligten Armenverbänden zu jener Dorfgemeinde bleiben also die Bestimmungen des Armengesetzes unverändert maßgebend. Handelt es sich nun um das Verhältniß zwischen jener Dorfgemeinde auf der einen Seite, und der durch Zulegung jener zweihundert Hausstellen vergrößerten Stadtgemeinde auf der andern Seite, d. h. also um die Frage, wie weit die Letztere der Erstern in einem solchen Fall zur Zurückerstattung jener Kosten oder zur weiteren Abnahme der Fürsorge verbunden sein soll, weil ein Theil des Gemeindebezirks der Dorfgemeinde abgenommen und der Stadtgemeinde zugelegt worden, so liegt eine solche Entscheidung ganz außerhalb der materiellen und formellen Vorschriften des Armengesetzes. Es fehlt in dieser Beziehung an jeglichem gesetzlichen Fundament. Es würde also nach dem einschlagenden §. 2 der Städteordnung im Streitfall der Minister des Innern über diese Frage entweder für jeden einzelnen Spezialfall oder durch eine generelle Auseinandersetzung zu entscheiden haben. Freilich müßte für den Fall, daß eine förmliche Auseinandersetzung stattfinden sollte, doch immerhin ein bestimmtes durchgreifendes Prinzip gefunden werden, um für alle vorkommenden späteren Spezialfälle beurtheilen zu können, wie weit die vergrößerte Commune der verkleinerten Commune einen Theil ihrer Verpflichtungen oder letztere ganz abzunehmen habe. Ohne ein solches zwischen den beiden betheiligten Communen entweder zu verabredendes oder durch Entscheidung des Minister des Innern festzustellendes Prinzip würden bei einer zumal so beträchtlichen Seelenzahl gerade die lästigsten Streitigkeiten völlig unentschieden und der besonderen Entscheidung des Ministers des Innern für jeden sich später ereignenden Spezialstreitfall vorbehalten bleiben, d. h. die ganze sogenannte Auseinandersetzung läge im Brunnen. Wir wollen uns hier mit der Frage nicht aufhalten, wie weit überhaupt eine solche Auseinandersetzung sich, um ihren

Zweck zu erreichen, finden und formuliren läßt.*) Wir haben es auch hier nur mit der Competenzfrage zu thun, und da sehen wir also, daß durch die von der Staatsgewalt vorgenommenen Weichbildsveränderungen im Verhältniß der dadurch betroffenen Communen zu anderen Armenverbänden überhaupt bei der gegenwärtigen Lage der Gesetzgebung nichts geändert wird, und daß für das gegenseitige Verhältniß der bei der Regulirung betheiligten Communen unter einander die Frage über den Einfluß jenes Aktes der Staatsgewalt auf ihre beiderseitigen Verpflichtungen unter einander principaliter der von der vorgesetzten Aufsichtsbehörde über das Communalwesen zu bestätigenden freiwilligen Auseinandersetzung oder der von dem Minister des Innern im Streitfall zu treffenden Entscheidung, also niemals der resolutorischen Entscheidung nach §. 34 des Armengesetzes mit Vorbehalt des Rechtswegs unterliegt.

Mag hiermit die Möglichkeit von Rechtsverhältnissen zwischen verschiedenen Gemeinden, welche außerhalb des Armengesetzes liegen und doch mehr oder weniger die Tragung der öffentlichen Armenlast zum Gegenstand haben, keineswegs erschöpft sein, so dürften doch die angeführten Beispiele genügen, um zu beweisen, wie wichtig es für die sachliche und für die formelle ge-

---

*) Der Verfasser will hier wenigstens in margine seine Ansicht über diesen Punkt nicht zurückhalten. Er hält nämlich dafür, daß hier eine gesetzliche Declaration unerläßlich ist. Als Modell würde die, zwischen den bei der Gothaer Convention betheiligten Bundesstaaten getroffene Verabredung des Protokolls d. d. Eisenach den 25. Juli 1854 sub 2 dienen können, wonach

„wenn Gebietstheile von dem einen der Vereins-Staaten an den anderen abgetreten worden sind, der abgetretene Theil in Beziehung auf alle eine Uebernahme-Verpflichtung begründenden Thatsachen und Verhältnisse so angesehen werden soll, als ob derselbe dem Staate, an welchen er abgetreten worden, für immer angehört habe."

Wie hier über die Wirkung von Gebiets-Veränderungen auf die in Folge des Aufenthalts in dem einen oder anderen Staat entstehenden internationalen Verpflichtungen zur Wiederaufnahme der einzelnen Person, eine solche Verabredung für nothwendig befunden worden ist, dürfte auch Hinsichts der Wirkung von Weichbildsveränderungen auf die durch Aufenthalt innerhalb verschiedener Gemeinden entstehenden intercommunalen Verpflichtungen aus dem Armengesetz dasselbe Prinzip unerläßlich sein. Um diesem Prinzip jedoch Geltung zu verschaffen, bedarf es einer gesetzlichen Declaration. Sollte dasselbe nur im Wege einer Auseinandersetzung bei Gelegenheit eines Spezialfalls ausgesprochen werden, so würde demselben eben die Allgemeingültigkeit im Verhältniß zu den bei der Weichbildsveränderung und dem Auseinandersetzungs-Rezeß nicht betheiligten Armenverbänden fehlen, wodurch dann in jedem Streitfall eine doppelte Entscheidung, erst zwischen dem auswärtigen Armenverband und der verkleinerten Gemeinde auf Grund des Armengesetzes und sodann wieder zwischen der verkleinerten Gemeinde und der vergrößerten Gemeinde nach den Bestimmungen der zwischen ihnen getroffenen Auseinandersetzung nothwendig werden würde.

Ein sehr umfangreiches Beispiel einer solchen intercommunalen Gebiets-Veränderung aus der neuesten Zeit, und die jahrelangen, nach des Verfassers Ansicht völlig erfolglos gebliebenen Bemühungen, eine solche Auseinandersetzung zu formuliren, dürften in der Folge sehr bald den Beweis für die Richtigkeit des eben Gesagten liefern.

schäftsmäßige Behandlung derartiger Streitigkeiten ist, dieselben nicht schlechthin als Streitigkeiten zwischen Armenverbänden zu behandeln, über welche nach den Vorschriften des §. 34 des Armengesetzes eine Entscheidung der Landespolizei-Behörde etwa gar in resolutorischer Form mit Vorbehalt des Rechtsweges zu treffen wäre. Es würde durch eine nicht gehörige Beachtung dieser nothwendigen Unterscheidung eine fortwährende Quelle von Competenzüberschreitungen, sei es auf der einen oder auf der andern Seite entstehen, und dadurch die Anzahl der Competenz-Conflicte nicht nur in einer leicht zu vermeidenden Weise vermehrt, sondern auch der sachliche Austrag der in die practischen Verhältnisse oft tief einschneidenden Differenzen nur verwickelt und aufgehalten werden.

Vierundzwanzigstes Kapitel.

Ebenso wie Streitigkeiten zwischen zwei sich gegenüberstehenden Gemeinden (Armenverbänden) vorkommen können, welche außerhalb der Regeln des Armengesetzes liegen, sind auch Fälle möglich, in denen eine physische Person oder eine nicht mit der Eigenschaft eines Armenverbandes versehene juristische Person, ein Institut ꝛc. einen außerhalb der Regeln des Armengesetzes liegenden Anspruch gegen eine Gemeinde verfolgt. Solche Fälle können also eintreten:

A. wenn eine Gemeinde zur Erfüllung der ihr obliegenden polizeilichen Verpflichtungen zur wirklichen Darreichung von Armenunterstützungen, sei es nun eine physische Person, oder eine juristische Person, ein Institut entweder ausdrücklich oder stillschweigend, generell oder für einen besondern Spezialfall mit der Unterbringung resp. Verpflegung des Armen beauftragt. Daß dies ein rein privatrechtliches ganz außerhalb der Regeln des Armengesetzes liegendes Verhältniß ist, bedarf keiner Erwähnung. Es steht in dieser Beziehung der Fall demjenigen ganz gleich, wo eine Gemeinde durch Requisition einer andern Gemeinde ihrer Verpflichtung zur Leistung der Armenpflege in natura nachkommt. Daß über derartige Contractsverhältnisse niemals eine Entscheidung im Sinn des §. 34 des Armengesetzes selbst zwischen verschiedenen Gemeinden (Armenverbänden) zulässig ist, sondern daß dieselben ausschließlich zwischen den Contrahenten als solchen bestehen und im Streitfall die unmittelbar prozessualische Entscheidung des Richters nöthig machen, haben wir schon im Kap. XXIII sub A erörtert.

In ähnlicher Art spricht sich das Plenum des höchsten Gerichtshofs im Eingange des Plenar-Beschlusses vom 21. Febr. 1853 (Entsch. Bd. 24 S. 246), **wie folgt aus:**

„Wie es gehalten werden soll, wenn ein Dritter sich des Armen annimmt, und dieser Dritte Erstattung der von ihm aufgewendeten Kosten fordert, ob zwischen einem solchen Dritten und der betreffenden Armenverwaltung der Rechtsweg zulässig sei, darüber ist im Gesetze keine besondere Bestimmung gegeben. Inzwischen ist ohne Weiteres einleuchtend, daß es einer solchen Bestimmung auch nicht bedurfte, wenn zwischen dem Dritten und der Armenverwaltung ein Vertragsverhältniß stattfindet, insbesondere also, wenn der Dritte dem Armen auf Anweisung und Vollmacht der Armenverwaltung Verpflegung oder sonstige Dienste geleistet hat. Denn daß in solchem Falle der Rechtsweg zulässig sein muß, versteht sich ganz von selbst."

B. Versuchen wir es nun aber, uns die Fälle klar zu machen, in denen eine Privatperson, ein Institut ꝛc. ohne vorgängigen Auftrag einer Gemeinde einem Nothleidenden Hülfe gewährt, und aus einem solchen Fundament der angeblichen Geschäftsführung ohne Auftrag oder der nützlichen Verwendung Ansprüche gegen eine Gemeinde, einen Armen-Verband verfolgt.

Hier wird es am Ort sein, auf denjenigen Fall etwas näher einzugehen, welcher die nächste Veranlassung zu dem von uns so oft citirten Plenar-Beschluß des Königl. Ober-Tribunals vom 21. Febr. 1853 abgegeben hat, und der, trotz der gründlichsten Erörterung des aus dem Armengesetz entstehenden Rechtsverhältnisses in den Motiven dieses Plenar-Beschlusses, doch schließlich eine Beurtheilung erfahren hat, gegen welche vom Verfasser schon früher*) Bedenken geäußert sind.

Der Fall war ausweislich der species facti (Entsch. Bd. 24 S. 247) folgender:

„In dieser Sache hat der Dr. B. gegen die Ortsgemeinde B. die Kurkosten eingeklagt, welche er durch ärztliche Behandlung eines in der dortigen Waldung lebensgefährlich Verwundeten deservirt haben will. Die Klage war zwar zunächst darauf gestützt, daß der Kläger von der verklagten Gemeinde einen Auftrag zur ärztlichen Behandlung erhalten habe; diese Behauptung ist jedoch von dem zweiten Richter nicht als erwiesen angenommen, gleichwohl ist die verklagte Gemeinde aus allgemeinen Gründen verurtheilt und angenommen, daß in einem Falle, wie dieser, der Rechtsweg zulässig sei."

Nachdem das Plenum zunächst mit Bezug auf §. 33 und den daraus herzuleitenden Begriff des Bedürfnisses der öffentlichen Armenpflege es für vollkommen einflußlos erachtet hat, ob der Gegenstand desselben die eigentliche Verpflegung im engeren Sinne oder auch die Kurkosten, ärztliche Hülfe ꝛc. in Krankheitsfällen betroffen, beantwortet dasselbe die ihm vorgelegte Frage

„ob in dem Falle, wo nicht der Arme oder Erkrankte selbst den Armenverband beansprucht, vielmehr dieses von einem Dritten geschieht, welcher ihm Hülfe gewährt hat, und wo die Verpflichtung eines bestimmten Armenverbandes nicht

*) Vergl. „Grundsätze des Ersten Senats des Königl. Ober-Tribunals über Freizügigkeit und öffentliche Armenpflege." Berlin 1861. Anm. auf S. 9.

schon im verfassungsmäßigen Wege festgestellt worden, über diesen Anspruch im Rechtswege oder nach §. 33 des Gesetzes vom 31. Dezbr. 1842 von der Verwaltungs-Behörde zu entscheiden?"

dahin

„daß die Klage auf Erstattung von Kur- und Verpflegungskosten auf Grund nützlicher Verwendung oder Geschäftsführung ohne Auftrag gegen einen Armenverband nicht unbedingt vom Rechtswege ausgeschlossen ist."

In den Gründen des Beschlusses wird nun auf Seite 250 und 251 wörtlich ausgeführt:

„Derjenige, dessen Vermögenszustand durch Verwendung aus dem Vermögen eines Andern, oder durch Handlungen, wofür derselbe bezahlt zu werden pflegt, verbessert wird, muß entweder das Empfangene zurückgeben oder den Werth der erfolgten Verwendung vergütigen. Wird dieser Grundsatz auf das hier vorliegende Rechtsverhältniß angewendet, so muß, um eine Bereicherung der Armen-Anstalt als erfolgt anzunehmen, nothwendig feststehen, daß für die Armen-Anstalt die Verbindlichkeit bestanden habe, dem Armen dasjenige zu gewähren, was thatsächlich der Dritte gewährt hat. In soweit kann aber im günstigsten Falle ein rechtliches Verhältniß nur zwischen dem Armenverband und dem Armen gedacht werden; macht daher ein Dritter Ansprüche der Art gegen die Armen-Anstalt geltend, so muß er dabei mit Nothwendigkeit auf das Recht des Armen zurückgehen. Das Recht des Dritten ist sonach kein selbstständiges, kann vielmehr nur aus dem Rechte des von ihm unterstützten Armen abgeleitet werden.

Da nun nach allgemeinen Rechtsgrundsätzen und nach der Natur der Sache Niemand mehr und stärkere Rechte überkommen kann, als derjenige besitzt, von welchem das Recht, sei es vermittelst ausdrücklicher Cession oder kraft der Gesetze abgeleitet wird, so folgt schon hieraus, daß der Dritte, welcher aus dem Rechte des Armen abgeleitete Ansprüche verfolgt, hierbei denselben Beschränkungen unterworfen sein muß, welche dem Armen selbst durch das Gesetz auferlegt sind."

Nachdem nun im Verlauf der Entscheidungsgründe der höchste Gerichtshof aus den Verhandlungen des Staatsraths die klar ausgesprochene Absicht des Gesetzgebers, daß dem einzelnen Armen gegenüber gar keine Verpflichtung der Gemeinde zu statuiren sei, und daß der einzelne Arme

„seinerseits niemals die öffentliche Unterstützung unter einem andern Gesichtspunkte als dem der Wohlthätigkeit oder der bloßen Liebespflicht zu betrachten habe,"

wörtlich constatirt hat, gelangt er zu jenen, von uns mehrfach citirten vier Sätzen auf Seite 253, wonach —

1. ein privatrechtlicher Anspruch des Armen gegen einen Armenverband nicht vorhanden ist, —
2. die öffentliche Armenpflege nur eine, dem Staat gegenüber bestehende Verpflichtung im öffentlichen Sicherheitsinteresse bildet, —
3. diese Verpflichtung nur auf Darreichung des Nothdürftigen gerichtet, dem Armen gegenüber in quali und quanto der Bestimmung der Verwaltungsbehörde mit Ausschließung des Rechtsweges unterliegt, —

und wonach

4. insbesondere der Erstattungsanspruch eines Armenverbandes gegen den Andern, also die Constatirung der vermögensrechtlichen Verpflichtung des sogenannten pflegeschuldigen Armenverbandes im Verhältniß zu dem factisch verpflegenden Armen-Verbande nur in soweit zulässig sein soll, als die Verwaltungsbehörde vorher den Eintritt der Armenpflege in quali und resp. quanto festgestellt hat.

Hieraus schließt das Plenum weiter,

„daß ein Anspruch, welcher sowohl nach seiner Eigenschaft, als nach seinem Betrage von dem Armen selbst nicht im Rechtswege verfolgt werden darf, nicht dadurch Klagbarkeit erlangen kann, daß ein Dritter die Verpflegung, beziehungsweise die Herstellung eines Armen übernimmt."

Es würde dadurch die Absicht des Gesetzgebers „vereitelt" werden, welche dahin geht,

„1. daß sowohl in Bezug auf die Frage: ob der Arme berechtigt sei, von einem Armenverbande Verpflegung zu fordern, und letzterer zu deren Leistung verpflichtet, als

2. über das nothdürftige Maaß und die Art dieser Verpflegung niemals die Gerichte, sondern lediglich die Verwaltungsbehörden statuiren sollen,

3. daß die Entscheidung von Streitigkeiten zwischen den verschiedenen Armenverbänden über die Frage: wer von ihnen die Verpflegung zu übernehmen habe? zunächst der Landespolizei-Behörde, — mit Vorbehalt der Provocation auf richterliches Erkenntniß zustehe."

Der höchste Gerichtshof gelangt sodann in Betreff der von einem Dritten auf Grund der Geschäftsführung ohne Auftrag resp. der nützlichen Verwendung zu verfolgenden Ansprüche zu folgendem Resultat auf Seite 255:

„Wollte man den Rechtsweg unbedingt gestatten, wenn nicht der Arme selbst, sondern ein Dritter den Anspruch auf Grund nützlicher Verwendung verfolgt, so würde die Frage, ob der betreffende Arme nach Maßgabe seiner individuellen Verhältnisse und nothwendigen Bedürfnisse, sowie nach dem Maße seiner Arbeitsfähigkeit, Arbeitswilligkeit und nach seinem Verhältnisse zu dem betreffenden Armen-Verbande, von diesem Fürsorge und Pflege in Anspruch nehmen könnte — eine Frage, welche die ihre Lösung bedingenden administrativen Elemente klar veranschaulicht, — in jedem Falle zur gerichtlichen Kognition gelangen können, — da der Arme, dessen Anspruch auf Unterstützung von der Verwaltungsbehörde wenigstens nicht in dem von ihm verlangten Maße, oder in der von ihm geforderten Art gewährt wird, jene Frage unter der Firma eines Dritten stets der richterlichen Kognition zu unterbreiten im Stande sein würde. Dies widerstreitet sowohl der Vorschrift als dem Sinne des Gesetzes, um so mehr, als dadurch nicht bloß eine Aenderung in dem gesetzlich vorgezeichneten formellen Gange des Verfahrens, sondern auch eine wesentliche Umwandlung der Verbindlichkeit selbst zum Nachtheil des Verpflichteten bewirkt wird."

und auf Seite 258:

„Während des Streits unter den verschiedenen Armenverbänden über die Frage, wer den Armen übernehmen müsse? kann, wie dieses in der Sache liegt, ein ziemlicher Zeitraum verlaufen, und wenn derselbe definitiv entschieden ist, setzt die

Verwaltungs-Behörde den Betrag, welchen der definitiv zur Uebernahme verurtheilte Armenverband zu erstatten hat, mit Ausschluß des Rechtsweges fest. Selbst der Privatmann, welcher also während des Streits den Armen verpflegt und unterstützt hat, kann niemals ein Mehreres von dem definitiv Verpflichteten fordern, denn dessen Verbindlichkeit wird lediglich durch das von der gesetzlich competenten Behörde Festgesetzte normirt."

Bei dieser Deduction hat also der höchste Gerichtshof hier ausdrücklich den gegen den materiell oder „definitiv" verpflichteten Armenverband zu verfolgenden vermögensrechtlichen Anspruch auf Grund des §. 1 ꝛc. im Auge und erkennt positiv an, daß die Verpflichtung dieses Armenverbandes objectiv nicht anders festgestellt werden kann, als nach Vorentscheidung der Verwaltungsbehörde. Es ist dies also genau das, was wir oben im Kap. IV der directen Verfolgung der Kostenansprüche Seitens der Charité-Direction zu Berlin gegen auswärtige Armenverbände, sowie der im Kap. XI besprochenen Theorie des Ersten Senats entgegengestellt haben, wonach die Vorentscheidung der Landespolizei-Behörde über die Kosten der „vergangenen Zeit" ausgeschlossen sein sollte.

Wenn nun das Plenum, sich von diesen allgemeinen unbestreitbar richtigen Grundsätzen zu dem vorliegenden Spezialfall zurückwendend, wörtlich auf Seite 259 sagt:

„Wenn hiernach aber auch als zweifellos betrachtet werden muß, daß die Entscheidung darüber: ob überhaupt der Fall vorliege, wo Unterstützung aus öffentlichen Fonds in Anspruch genommen werden kann, und in welcher Weise und in welchem Betrage diese Unterstützung zu gewähren sei, unbedingt dem Richterspruch entzogen und ausschließlich der Verwaltungs-Behörde vorbehalten ist, so läßt sich hieraus doch nicht folgern, daß die auf nützliche Verwendung gestützte Klage unbedingt vom Rechtswege ausgeschlossen sein muß. Aus den vorstehend entwickelten Gründen folgt vielmehr nur, daß die desfallsige Klage vorab durch die Entscheidung der Verwaltungsbehörde in Beziehung auf diejenigen Punkte, welche der rechtlichen Kognition entzogen sind, vorbereitet und begründet werden muß;"

so haben wir dem Plenum gegenüber auf drei Punkte aufmerksam zu machen.

1. Wenn in dem hier vorgelegenen Spezialfall die Klage aus dem Grunde angebrachtermaßen oder zur Zeit vom höchsten Gerichtshof zurückgewiesen wird, weil gegen den „definitiv verpflichteten" Armenverband eine solche Klage ohne Vorentscheidung der Landespolizei-Behörde nicht zulässig sei, so geräth also schließlich in dieser Rückanwendung jener an sich unzweifelhaft richtigen Sätze auf den vorliegenden Spezialfall auch das Plenum des Königl. Ober-Tribunals in den Fall, zwei ganz verschiedene Verpflichtungen, also zwei ganz verschiedene Ansprüche mit einander zu verwechseln.

Der Arzt hatte ja den Armenverband von B. wegen der Gebühren in Anspruch genommen, die er für einen

„in der dortigen Waldung lebensgefährlich Verwundeten"

deservirt hatte, d. h. also aus dem Grunde, weil dem Armenverband von

B. hier das polizeiliche negotium zur Hülfe in loco nach §§. 26 sequ. des Armengesetzes oblag. Die Frage, ob im Sinne der §§. 1, 20 ꝛc. des Armengesetzes durch Wohnsitz oder Aufenthalt des Verwundeten eine vermögensrechtliche „definitive" Verpflichtung der Gemeinde B. im Verhältniß zu andern Armenverbänden begründet war, war hier weder zum Fundament der Klage gemacht, noch kam dieselbe überhaupt nach dem obschwebenden Sachverhältniß zur Sprache.

2. Gerade aber der Umstand, daß wie der höchste Gerichtshof mit vollem Recht ausführt, die Feststellung der durch Wohnsitz ꝛc. begründeten, vermögensrechtlichen „definitiven" Verpflichtung des wegen Kostenerstattung auf Grund der §§. 1, 20 in Anspruch genommenen Armenverbandes gar nicht anders, als nach vorgängiger Entscheidung der Verwaltungs-Behörde Gegenstand eines Rechtsstreits werden kann, und daß andrerseits die Vorentscheidung der Landespolizei-Behörde nach §. 34 eben nur zwischen verschiedenen Armen-Verbänden möglich ist, mußte consequent dahin führen, daß ein Anspruch einer dritten Person, welche im Wege der Geschäftsführung ohne Auftrag einem Hülfsbedürftigen thatsächlich Hülfe geleistet haben will, niemals gegen den auswärtigen, nur erstattungspflichtigen Armenverband verfolgt werden kann, der als solcher gar keine Verpflichtung hatte, und auch nicht in der Lage war, in loco nach §§. 26 bis 29 das negotium der Kur resp. Pflege auszuführen.

Hätte also jener Arzt einen Anspruch gegen den durch Wohnsitz oder Aufenthalt pflegeschuldigen Armen-Verband verfolgen wollen, so mußte er nicht, wie geschehen „nur bedingt" d. h. angebrachtermaßen oder zur Zeit, sondern definitiv zurückgewiesen werden, denn

> „der Rechtsstreit über die auf dem Wohnsitzerwerb beruhende „definitive" Pflicht zur Armenpflege wird nicht von dem Hülfsbedürftigen, sondern zwischen den Gemeinden resp. Armenverbänden geführt." (Plenarbesch. v. 1. Novbr. 1858. Entsch. Bd. 39. S. 22.)

Existirt also auf Grund der vermögensrechtlichen Bestimmungen des Armengesetzes kein Rechtsverhältniß, dessen berechtigtes Subject der Arme selbst sein kann, so kann auch ein Anspruch des Dritten, des Arztes ꝛc. aus der Geschäftsführung ohne Auftrag oder der nützlichen Verwendung, bei welchem nach den eigenen Worten des höchsten Gerichtshofes

> „mit Nothwendigkeit auf das Recht des Armen zurückgegangen werden muß, und der daher nur aus dem Recht des Armen abgeleitet werden kann"

niemals und unter keinen Umständen gegen den durch Wohnsitz oder Aufenthalt nur im Verhältniß zu anderen Armenverbänden pflegeschuldig gewordenen Verband existiren.

3. Aber auch gegen den nach §§. 26 bis 29 polizeilich verpflichteten Armenverband ist ein Anspruch des Arztes oder irgend welcher anderen Person, welche ohne vorgängigen Auftrag der nach §§. 26 bis 29 anzurufenden

Gemeinde, dem Armen durch Gewährung irgend welcher Emolumente zu seinem Lebensbedarf, seiner Wiederherstellung u. s. w. eine Darreichung, eine Hülfsleistung gewährt hat, nicht denkbar. Der Arme hat ja, wie das Plenum selbst sagt, die Gewährung von Unterstützungen aus keinem anderen Gesichtspunkte als dem der Mildthätigkeit, der Liebespflicht anzusehen. Er ist durchaus Precarist. Er bittet nur um ein Almosen. Noch weniger könnte also der Arme für das, was er bereits auf seine Existenz verwendet hat, resp. für die ohne vorgängige Genehmigung, ohne Auftrag der Gemeinde gemachten Schulden, gleichviel ob für Nahrung, Wohnung, ärztliche Behandlung ꝛc. einen Anspruch auf Erstattung auf Grund der §§. 26, 29, 33 erheben. Niemals kann also demjenigen Dritten, der ihm privatim etwas zugewendet hat, dem Arzt, dem Speisewirth, dem Geldgeber, der Krankenhausstiftung ein, aus einem nicht existirenden Recht des Armen abgeleiteter Rechtsanspruch auch gegen den polizeilich verpflichteteu Verband zustehen. Wenn also das Plenum im Eingang der Gründe, worin es die subjective Berechtigung des Armen auf Armenunterstützung unbedingt negirt, dennoch einen daraus abgeleiteten Anspruch des Arztes als bedingungsweis möglich statuirt, und diese Bedingung in die formelle Vorentscheidung der Verwaltungs-Behörde setzt, so dürfte auch das Plenum hier zunächst übersehen haben, daß

a. die Vorentscheidung der Landespolizei-Behörde nach §. 34 gar nicht gegen den, nach §§. 26 bis 29 polizeilich verpflichteten, in casu concreto von dem Arzt in Anspruch genommenen Verband, sondern auf Antrag desselben über eine ganz andere Verpflichtung eines anderen Verbandes stattfindet, daß aber

b. wenn die gegen den nach §§. 26 bis 29 verpflichteten, hier in Anspruch genommenen Verband, nach §§. 27, 28, 33 im öffentlichen Interesse allein zulässige Administrativexecution als Bedingung für die Zulässigkeit des erhobenen Anspruchs des Arztes angesehen werden sollte, hierin für den Arzt und jeden Dritten, der dem Armen ohne Auftrag der Gemeinde Hülfsleistungen gewährt hat, nicht eine „einschränkende Bedingung," sondern ein ganz außerordentliches Privilegium liegen würde, an dem lediglich im öffentlichen Interesse bestehenden Executionsrecht des Staats zu participiren, ohne daß der Staat das geringste öffentliche Interesse daran haben kann, ob die Aerzte, Gastwirthe ꝛc. ihrerseits wegen der bereits geleisteten Dienste ꝛc. von ihren Patienten, Gästen ꝛc. resp. gar von der Gemeinde bezahlt werden oder nicht.

In Anerkennung dieser Gründe ist denn auch den Verwaltungsbehörden durch die gemeinschaftlichen Anweisungen der Ministerien des Innern und der geistl. Unterrichts- u. Medizinal-Angelegenheiten in den Rescripten v. 10. Aug. 1842 (M.-Bl. f. i. V. S. 279) und v. 20. April 1847 (M.-Bl. f. i. V. S. 168) [Anl. R. u. S.] wiederholt ausdrücklich untersagt worden, wegen der

Forderungen der Aerzte gegen die Gemeinden irgend welche executive Mitwirkung eintreten zu lassen; andererseits ist den Aerzten gleichzeitig eine genaue und ausreichende Anweisung ertheilt, welches Verfahren sie zu beobachten haben, um da, wo sie nicht schon ohnehin als angestellte Armenärzte practiciren, sich ihre Forderung gegen die zunächst zur Krankenpflege eines Armen verpflichtete Gemeinde zu sichern. Diese Anweisung für die Aerzte geht dahin, daß

1. den ersten Besuch der Arzt bei eigener Verantwortung unter allen Umständen machen muß, ohne Rücksicht darauf, ob er dafür auf Bezahlung Seitens des Patienten zu hoffen hat oder nicht.
2. Will er sich aber seinen Anspruch gegen die Gemeinde sichern, so muß er sofort der Kommunalbehörde des Orts, wo sich der Patient befindet, also der nach §§. 26—29 verpflichteten Gemeinde, davon Anzeige machen und von ihr die Anweisung zur weiteren Behandlung sich ertheilen lassen.
3. Zeigt sich die Gemeindebehörde hierbei mit ihrer Antwort säumig, so hat der Arzt zwar in dringenden Fällen die Behandlung fortzusetzen, jedoch sofort der Ortspolizeibehörde davon Kenntniß zu geben.
4. Die Ortspolizei-Behörde hat sodann auf Grund des ihr gegen die Gemeinde als juristische Person zustehenden Executionsrechts den Arzt mit weiterer Anweisung zu versehen, und ist dann zwar ihrerseits dem Arzt verhaftet, zieht dann aber für sich die Kosten im Executionswege von der Gemeinde ein.*)
5. Erhält der Arzt aber von der Gemeinde in vorschriftsmäßiger Weise die erforderliche Anweisung zur weiteren Behandlung, so tritt er eben hierdurch zu ihr in ein Contractsverhältniß, es findet also keine Geschäftsführung ohne Auftrag, keine nützliche Verwendung, wohl aber — ohne jede Vorentscheidung der Verwaltungsbehörden nach §. 34 des Arm.-Ges. — die Klage aus dem bestehenden Kontraktsverhältniß event. im Mandatsprozeß (C.-O. v. 19. Juni 1836 G.-S. S. 189) statt.
6. Unterläßt der Arzt diese nothwendigen Formalien, so erkennt seine eigene Aufsichtsbehörde an, daß ihm gar kein Anspruch wegen seiner Gebührenforderung gegen die Gemeinde zusteht, und daß er sich in einem solchen Fall in derselben Lage befindet, wie jeder andere Privatmann, der einem unsicheren resp. zahlungsunfähigen Patienten oder Kunden rc. creditirt hat.

Unmöglich kann es zugegeben werden, daß z. B. eine Gemeinde, die ihre eigenen Armenärzte angestellt, oder auch nur mit einem bestimmten Arzt ein Abkommen getroffen hat, durch die willkürliche Wahl des Armen dazu genöthigt werden soll, nebenher noch die Gebühren eines andern Arztes zu bezahlen, wenn der Arme seinerseits sich an diesen ohne jegliche Anweisung

*) Vergleiche die Bemerkung hierüber im Kap. XIII. auf Seite 144 und das dort angeführte Minist.-Rescript vom 14. Juni 1843. M. Bl. f. i. V. S. 197. (Anlage Q)

der Kommune wendet. An und für sich mag der Patient der ärztlichen Hülfe durchaus bedürftig und dieselbe zu bezahlen außer Stande gewesen sein. Dieser Umstand allein aber kann es immerhin nicht rechtfertigen, wenn der von einem solchen Patienten angerufene Arzt über den von ihm unter allen Umständen zu machenden ersten Besuch hinaus es übernimmt, ohne Anfrage bei der Kommunal-Verwaltung die Kur auszuführen. Die Aerzte haben ja unzählige Veranlassungen im Interesse ihres Berufs und ihrer Wissenschaft, ja selbst im Interesse der möglichsten Ausdehnung ihrer Bekanntschaft, d. h. der auch in diesem Berufsstande vielfach gebräuchlich gewordenen Reclame, eine möglichst große Zahl von Patienten zu behandeln, auch ohne jede Aussicht auf allseitige Bezahlung. Dürfte es an sich schon in Fällen der ersteren Art zweifelhaft sein, ob nicht statt einer Gebührenforderung des Arztes vielmehr dem Patienten eine Forderung dafür, daß er sich von dem Arzt z. B. als brauchbarer Nervenapparat ꝛc. behandeln läßt, also ein gewisser erlaubter quaestus corporis einzuräumen sein möchte, wie soll in einem solchen Fall die Gemeinde dazu kommen, auf öffentliche Kosten den Aerzten ihren Bedarf an lebendiger weißer und grauer Gehirnmasse, an tuberkulösen Lungenflügeln, ulcerirten Kehlköpfen, indurirten Trommelfellen u. s. w. u. s. w. für ihre wissenschaftlichen Untersuchungen und Beobachtungen zu liefern? Betrachtet aber der Arzt seinen Patienten von dem andern Gesichtspunkt aus, d. h. mehr als Quelle für seinen Erwerb, denn für seinen Wissensdurst, so mag er sich auch, wie jeder andere Gewerbtreibende, rechtzeitig darum bekümmern, wie weit sein Patient in dieser Beziehung Aussicht auf Erfolg bietet, und bei solchergestalt bedenklichen Fällen zur Sicherung seiner Gebühren, es zunächst der Gemeinde überlassen, ob sie ihn oder einen anderen Arzt mit der Kur beauftragen will. Sollte aber auch der Arzt — und, wer wollte es läugnen, kein Berufsstand giebt dazu wohl mehr Veranlassung — lediglich in menschenfreundlicher Absicht handeln, und unbekümmert um seine dereinstige Bezahlung seine Thätigkeit aufwenden, so übt er eben in gleicher Weise einen Akt der Liberalität, wie jeder andere Privatmann, der einem Unsicheren resp. Zahlungsunfähigen Wohnung, Naturalien, baares Geld ꝛc. schenkt oder vorstreckt, ohne daß es in solchen Fällen bis jetzt wohl je vorgekommen sein möchte, daß für Akte derartiger Privatwohlthätigkeit die Gemeinde in Anspruch genommen wäre. Der Verfasser erlaubt sich in dieser Beziehung darauf Bezug zu nehmen, was er in seiner früheren Schrift Seite 9—11 hierüber bereits ausgeführt hat. Es existirt danach also ohne vorangegangenen Auftrag der Gemeinde überhaupt kein Anspruch auf Seite desjenigen, der dem Armen privatim Hülfe geleistet hat, und zwar aus dem natürlichen Grunde, weil der Arme durch die privatim empfangene Hülfe bereits für den Augenblick von der Noth befreit ist, welche andernfalls vielleicht den Empfänger genöthigt haben würde, der öffentlichen Armenpflege zur Last zu fallen. Derjenige also, der einem Bettler ein Almosen spendet — der Arzt, der ohne Auftrag einen der Zahlungsmittel beraubten Patienten behandelt — der Kleiderhändler oder jeder andere Privatmann, der einem Frierenden ein Kleidungsstück darreicht — der Wirth, der ihm Nachtlager und Nahrung giebt, — übt keinen Akt der öffentlichen Armenpflege, er vertritt nicht die Gemeinde, wie etwa den alimentationspflichtigen Vater, Ehemann ꝛc. in einer bereits bestehenden Verpflichtung, sondern er schiebt den Entstehungszeitpunkt der erst mit der officiellen Kenntnißnahme des vorhandenen Bedürfnisses beginnenden polizeilichen Verpflichtung der Gemeinde hinaus. Mit anderen Worten als unumstößliche Regel muß der Satz festgehalten werden, daß keine öffentliche Armenpflege anders stattfindet als **durch** die Gemeinde.

C. Von dieser Regel haben wir im Kap. IV. nur eine Ausnahme kennen gelernt, und dies ist auch die einzige, die es giebt, nämlich das der Charité-Direction zu Berlin nach §. 7 des Regulativs vom 7. Sept. 1830 (G.-S. S. 133), also durch förmliches Spezialgesetz ertheilte Privilegium, zur unmittelbaren Einziehung unberichtigter Kurkosten von der Gemeinde, und dieses Privilegium erhält gerade durch die Ausführungen des Plenar-Beschlusses vom 21. Febr. 1853 für seine gegenwärtige Anwendbarkeit nicht eine die Charité-Verwaltung benachtheiligende Einschränkung, sondern eine aus dem Wesen der neueren Armengesetzgebung sich von selbst ergebende Modification dahin, daß, weil die durch Wohnsitz ꝛc. begründete vermögensrechtliche — „definitive“ Fürsorgepflicht eines Armenverbandes (die sogenannte Angehörigkeit eines Individuums zu einem Armenverbande) nach der bestehenden Armengesetzbung nicht ohne vorgängige Entscheidung der Landespolizeibehörde und nur in den dnrch §§. 30. 33 des Armengesetzes gezogenen und der Beurtheilung des Prozeßrichters entzogenen Grenzen nach §. 34 festgestellt werden kann, der Prozeßrichter, der ohne eine solche vorgängige Entscheidung diese communale vermögensrechtliche Erstattungsverpflichtung einer Gemeinde per sententiam aussprechen oder gar ihrem Betrage nach fixiren wollte, seine Competenz überschreiten würde. Da andererseits aber die Vorentscheidung der Landespolizei-Behörde nach §. 34 nur zwischen verschiedenen Armenverbänden statthaft ist, so kann die Charité-Direction überhaupt ihr Privilegium niemals gegen die durch Wohnsitz ꝛc. fürsorgepflichtig gewordene auswärtige Gemeinde, sondern lediglich und zwar selbst ohne besonderen Auftrag nur gegen die nach §§. 26—29 in loco zur Krankenpflege verpflichtete Gemeinde Berlin geltend machen, und hierin liegt eben das ganze Gewicht ihres Privilegiums im Vergleich zu anderen Instituten und Privatpersonen ꝛc., deren ohne Auftrag gewährte Hülfsleistung eben den Character eines nomine der Gemeinde ausgeführten Geschäfts, d. h. der negotiorum gestio überhaupt entbehrt. Nebenher hat nun zwar die Charité zu Folge eines durch Allerh. Cab.-O. vom 6. Juni 1835 genehmigten besonderen Abkommens, in Vertretung der Kommune Berlin ausdrücklich die Krankenpflege auch für fremde Kranke überkommen. Sollte aber auch dieses letztere Abkommen nicht bestehen oder in seiner Ausdehnung angezweifelt werden, so würde dennoch principaliter das eigentliche Vorrecht der Charité=Direction im Vergleich zu anderen Instituten, zu Privatpersonen, zu Aerzten 2c. darin bestehen, daß sie zufolge §. 7 des Regulativs vom 7. Sept. 1830 auch ohne vorgängigen Auftrag, also aus der Geschäftsführung ohne Auftrag, sich unmittelbar an die zur Hergabe der Fürsorge in loco polizeilich verpflichtete Gemeinde Berlin, und zwar im ungeschmälerten tarifmäßigen Betrage zu halten hat, wobei es ihr freisteht, durch ihre „eigene Administration die Einziehung von der Gemeinde zu bewirken."

Es liegt also in der bereits von uns im Kap. IV. begründeten Verweisung der Charité an die Kommune Berlin keinerlei Einschränkung ihres Privilegiums, andererseits aber würde der Prozeßrichter, der gegenwärtig ohne vorgängige Entscheidung der Verwaltungsbehörde eine vermögensrechtliche Erstattungsverpflichtung einer anderen Gemeinde zufolge stattgehabten Wohnsitzes 2c. des Verpflegten aussprechen, oder gar der allein competenten Entscheidung der Landespolizeibehörde über die nach §§. 30. 33 des Armengesetzes innezuhaltenden Grenzen dieser vermögensrechtlichen Erstattungsverpflichtung in quali und quanto vorgreifen wollte, sich, wie wir bereits auf Seite 167 angedeutet haben, einer doppelten Competenzüberschreitung schuldig machen.

D. Abgesehen von dieser durch Spezial=Gesetz eingeführten Ausnahme für ein einzelnes Institut, werden wir also an der Regel festzuhalten haben, daß ein aus der Geschäftsführung ohne Auftrag, aus der nützlichen Verwendung d. h. also ein aus dem nicht existirenden Recht des Armen abgeleiteter Rechtsanspruch überhaupt nicht existirt, und zwar ebensowenig gegen den nach §§. 1 sequ. vermögensrechtlich fürsorgepflichtigen Armenverband, als gegen die polizeilich zur Hergabe der Gewährung der Unterstützung in loco nach §§. 26—29 verpflichtete Gemeinde, und daß, was die uns hier zunächst beschäftigende Competenzfrage betrifft, ein solcher Anspruch

1) aus dem Fundament der durch Wohnsitz 2c. begründeten vermögensrechtlichen Verpflichtung eines Armenverbandes zum Mindesten ohne vorgängige Entscheidung der Verwaltungsbehörde nach dem Plenarbeschluß vom 21. Februar 1853 niemals verfolgt werden könnte,

2) daß aus dem Fundament der zur Hergabe der Unterstützung in loco bestehenden polizeilichen Verpflichtung ein solcher Anspruch zwar nicht nach §. 34 des Armengesetzes, wohl aber nach §§. 27, 28 und §. 33 gleichfalls und zwar absolut vom Rechtswege ausgeschlossen ist, da das abgeleitete Recht nicht stärker sein kann, als das Recht dessen, von dem es hergeleitet wird.

Fünfundzwanzigstes Kapitel.

Endlich bleiben uns noch diejenigen Fälle zu besprechen, in welchen von der Gemeinde (Armenverband) Ansprüche gegen eine Privatpartei, physische oder nicht mit der Eigenschaft eines Armenverbandes versehene juristische Person zu verfolgen sind.

A. Die nächste Persönlichkeit, welche der Gemeinde, die einem Armen Hülfe geleistet hat, gegenübersteht, ist der Arme selbst. Von ihm jedoch, so lange er in der Lage ist, der öffentlichen Fürsorge zu bedürfen, d. h. so lange er arm ist, die ihm gewährten Unterstützungen wieder einzufordern, verbietet sich von selbst. Soweit dies Bedürfniß nicht mehr stattfindet, tritt eben der Arme der Commune gegenüber in dasjenige Verhältniß, in dem jede andere Privatperson gegenüber der Gemeinde steht. Es hat deshalb das Armengesetz, welches die Person des Unterstützungsbedürftigen nur in dieser Lage sich vor Augen zu stellen hatte, keine Bestimmungen darüber getroffen, in welcher Art der Armenverband, sobald die Lage des Unterstützten sich wieder gebessert hat, von dem also nicht mehr Armen Wiedererstattung der gewährten Armenunterstützungen zu fordern berechtigt sei. Inzwischen schließt der Mangel an solchen Bestimmungen im Armengesetz selbstverständlich einen solchen Anspruch an und für sich nicht aus, da das, was dem Armen im Wege der öffentlichen Armenpflege gewährt ist, nur unter der selbstverständlichen Bedingung als ein Geschenk angesehen werden kann, daß der Arme es im Fall wiedererlangten Vermögens zurückerstattet. Es fragt sich nur, ob dieser Rückerstattungsanspruch des Armenverbandes im Wege der administrativen Execution oder des richterlichen Verfahrens zu verfolgen ist. Die Ansichten hierüber haben geschwankt. Nach dem Ministerial-Rescript vom 30. Juli 1857 (M.-Bl. f. i. V. S. 147) wurde die unmittelbare administrative Execution wegen aufgewendeter Kurkosten gegen die Person des Verpflegten für zulässig erachtet, wenn die Aufnahme in die Krankenanstalt von ihm erbeten worden. Die Rescripte vom 20. Mai 1860 (Minist.-Bl. f. i. V. S. 115) und vom 18. Februar 1861 (M.-Bl. S. 117) schließen die Anwendung jeder Administrativ-Execution wegen aufgewendeter Armenunterstützungen gegen den Unterstützten aus und verweisen alle solche Ansprüche lediglich auf den Rechtsweg. Es fehlt, wie gesagt, an einer positiven, gesetzlichen Bestimmung, welche hier den Rechtsweg abschnitte, ferner ist für die Qualität des Erstattungs-Anspruchs aufgewendeter Unterstützungen kein Unterschied darin zu erkennen, ob die Unterstützungen von dem Armen persönlich oder z. B. in seinem Nothstande von seiner Dienstherrschaft, von seinen Angehörigen für ihn erbeten oder auch blos aus dem Grunde gewährt werden mußten, weil der Gemeindebehörde der hülflose Zustand des Unterstützten anderweitig gemeldet worden und sie daher auf die Anzeige dritter Personen helfend einschreiten mußte. Alle diese Unterscheidungen ändern in der Natur der geschehenen Aufwendungen und also auch in der obligatorischen Pflicht des Unterstützten nichts, bei verbesserter Vermögenslage diese Kosten zu erstatten.

Es dürfte also schließlich anzuerkennen sein, daß hier die administrative Execution überhaupt nicht, sondern lediglich der gewöhnliche Prozeßweg zulässig ist. Wie bei jedem andern civilrechtlichen Anspruch mag es dann den Ermittelungen in der Executions-Instanz überlassen bleiben, festzustellen, ob angreifbare Vermögens-Objecte des Schuldners vorhanden sind oder nicht.

Völlig verschieden hiervon und mit dem civilrechtlichen Erstattungs-Anspruch wegen aufgewendeter Armenunterstützungen nicht zu verwechseln, sind die formellen polizeilichen Zwangsmaßregeln, welche das Ergänzungsgesetz vom 21. Mai 1855 im Art. XI und XII gegen diejenigen eingeführt hat, welche die öffentliche Armenpflege und namentlich die Gewährung von Obdach zu ertrotzen suchen.

Artikel XI. „Solche Personen, welche arbeitsfähig sind, gleichwohl aber, nach Verlust ihrer bisherigen Wohnung binnen einer von der Ortspolizei-Behörde ihnen gestellten Frist, sich eine andere Wohnung nicht verschafft haben, kann, insofern denselben durch polizeiliche Veranstaltung ein Obdach verschafft werden muß, für die Dauer der Obdachlosigkeit der Aufenthalt in einer Arbeitsanstalt angewiesen werden.

Artikel XII. Auch solche Personen, welche die Armenpflege in Anspruch nehmen, sich aber weigern, für die ihnen gewährte Unterstützung, die ihnen von der Obrigkeit, sei es im Orte oder auswärts angewiesene, ihren Kräften angemessene Arbeit &c. ordnungsmäßig zu verrichten, können, so lange sie der Unterstützung bedürfen und bei ihrer Weigerung beharren, in einer Arbeits-Anstalt untergebracht werden."

Es soll durch diese Bestimmungen allerdings den Gemeinden ein Mittel an die Hand gegeben werden, im Wege polizeilichen Zwanges sich vor der Fortdauer ertrotzter Unterstützungen zu schützen. Die Erstattung der von ihnen bis zum Ergreifen jener Maßregel aufgewendeten Kosten ist nicht Gegenstand dieses Verfahrens. Die schließliche Personalhaft ist keine Schuldhaft, sondern es ist die Executivhaft gegen denjenigen, der es unterläßt, dem polizeilichen Befehle, durch aufgetragene Arbeiten seinen Lebensunterhalt zu gewinnen, resp. sich eine eigene Wohnung zu beschaffen, in der gestellten Frist nachzukommen, und andererseits ist diese Haft keine Strafhaft, sie ist nicht auf ein im Gesetz bestimmtes Maß beschränkt, es bestehen vielmehr die Strafbestimmungen der §§. 119. 120 für den Fall einer zu erhebenden gerichtlichen Anklage völlig ungeschmälert nebenher. Es ist deshalb auch von einem Rechtswege gegen diese executive Freiheitsberaubung nach Art. XIV. des Ergänzungsgesetzes keine Rede, sondern es ist dieselbe lediglich auf Antrag des betheiligten Armenverbandes durch Anordnung des Landraths resp. des Magistrats mit alleiniger Zulassung des Beschwerdeweges auszusprechen.*)

B. In gleicher Weise, wie der Erstattungsanspruch gegen den Unterstützten selbst, sind auch die Ansprüche gegen die zu seiner Verpflegung nicht aus dem Armengesetz, sondern aus einem anderen Fundament verpflichteten juristischen oder physischen Personen, Seitens des Armenverbandes, der an Stelle dieser Verpflichteten die Hülfe thatsächlich gewährt hat, lediglich vom Standpunkt des Privatrechts zu beurtheilen. Es sind deshalb alle diejenigen Ansprüche, welche z. B. gegen die gewerblichen Unterstützungs-Kassen, gegen die Gesellenladen ꝛc. oder nach §§. 86 sequ. der Gesindeordnung vom 8. Nov. 1810 (Ges.-S. S. 111) gegen den Dienstherrn Seitens des Armenverbandes verfolgt werden, der einem bei jenen Kassen betheiligten Gesellen ꝛc. resp. einem Dienstboten thatsächlich Hülfe geleistet hat, unter keinen Umständen nach den Regeln des Armengesetzes, so wenig in Betreff des Umfanges der erhobenen Forderung, als in Betreff des einzuschlagenden Streitverfahrens zu beurtheilen. In ersterer Beziehung richten sich dieselben lediglich nach den Statuten der betreffenden Kasse, Stiftung ꝛc., in letzterer Beziehung lediglich nach den allgemeinen Prozeßvorschriften. Dies ist von je her auch Seitens der Verwaltungsbehörden anerkannt und deshalb bereits durch die Minist.-Rescr. vom 9. Decbr. 1843 (M.-Bl. f. i. V. S. 200) und vom 25. April 1845 (M.-Bl. f. i. V. de 1846 S. 241) jede Dazwischenkunft der Letzteren in derartigen rein privatrechtlichen Streitigkeiten ausgeschlossen und an diesen Grundsätzen stets festgehalten worden, so daß darüber in der That ein Zweifel in der Praxis von keiner Seite sich gezeigt hat.

C. Ebenso verhält es sich selbstredend mit der Verfolgung der aus der nützlichen Verwendung ꝛc. hergeleiteten Ansprüche gegen die zufolge bestehender Familienbande gesetzlich alimentationspflichtigen Angehörigen des von einer Gemeinde Unterstützten.

Zwischen diesen privatrechtlich Alimentationspflichtigen und dem berechtigten der Unterstützung bedürftigen Subject findet also, wie wir bereits oben Kap. XI. S. 129 erwähnten, ein förmliches vinculum juris, eine obligatio statt, auf Grund deren der Berechtigte einen Anspruch gegen den pflegeschuldigen Verwandten und zwar nicht gegen den einzelnen Verwandten in solidum, sondern gegen die sämmtlichen gleich nahen Verwandten allemal gemeinschaftlich zu verfolgen hat.**) Bei diesem Anspruch ist es nicht Sache des Klägers nachzuweisen, daß die in Anspruch genommenen Verwandten

---

*) Minist.-Rescript vom 28. Juni 1859. (M.-Bl. f. i. V. S. 172.) §. 20 des Ges. vom 11. März 1850 (G.-S. S. 265).

**) Präjudiz des Ersten Senats vom 10. October 1842 No. 1202 (Pr. B. S. 167) und des Vierten Senats vom 24. Februar 1853 No. 2437 (Pr.-B. 2. Abth. S. 56).

auch ihrerseits im Stande seien, die geforderte Unterstützung herzugeben.*) Es kann also die Verurtheilung einen Verwandten treffen, dem es im Prozesse nicht gelingt, excipiendo sein zur Zeit des Unterstützungsfalles vorhanden gewesenes eigenes Unvermögen unter Berücksichtigung seiner Arbeitskraft und Erwerbsverhältnisse dem Prozeßrichter nachzuweisen**), dessen Unvermögen sich aber dennoch später in der Executions-Instanz als factisch vorhanden erweist. Es genügt zur Substantiirung der Klage lediglich der Nachweis des Verwandtschafts-Verhältnisses, verbunden mit dem Nachweise, daß sämmtliche gleich nahe, und also auch gleichmäßig pflichtige Verwandte gemeinschaftlich belangt sind.

Wenn nun auf Grund der nützlichen Verwendung von irgend einem Dritten, also insonderheit auch von einem Armenverbande die Erstattung von Zuwendungen gefordert wird, die von ihm einem z. B. nach §§. 64—251 Th. II. Tit. 2 A. L. R. pflegeberechtigten Sohne als Empfänger zugewendet und in der Person dieses Empfängers in den Nutzen des pflegepflichtigen Vaters verwendet sein sollen, so versteht es sich von selbst, und ist es auch niemals zweifelhaft gewesen, daß ein solcher Anspruch als ganz außerhalb der Regeln des Armengesetzes liegend, lediglich vor den Prozeßrichter gehört. Es ist deshalb im §. 35 des Armengesetzes und Artikel III. des Ergänzungs-Gesetzes demjenigen Armenverband, welcher in loco zur Hergabe der Unterstützung nach §§. 26 und 27 sich genöthigt sah, die Wahl freigestellt, ob er sich wegen seiner Befriedigung unmittelbar an die verpflichteten Angehörigen, oder aber an den vermögensrechtlich verpflichteten Armen-Verband halten und diesem die weitere Verfolgung des Anspruchs gegen die pflichtigen Verwandten überlassen will.

Dies Wahlrecht involvirt keinen blos formellen, sondern auch einen materiellen Unterschied, da selbstverständlich der gegen die alimentationspflichtigen Angehörigen zu verfolgende Anspruch zwar von den Zufälligkeiten und Weitläuftigkeiten des prozessualischen Verfahrens abhängig, dagegen aber seinem Umfange nach nur den Grenzen der Nützlichkeit nach richterlichem Ermessen und nicht den polizeilichen Einschränkungen der §§. 30 und 33 des Armengesetzes unterworfen ist, während der unmittelbar gegen den pflegeschuldigen Armenverband zu verfolgende Anspruch zwar dem erleichterten Verfahren nach §. 34, daneben aber in seinem Umfange jenen Einschränkungen der §§. 30 und 33 des Armengesetzes unterliegt. Die Competenzfrage regelt sich hierbei also selbstverständlich nach der Art des erhobenen Anspruchs, je nach der Seitens des klagenden Armenverbandes getroffenen Wahl von selbst.

---

*) Präjudiz des Ersten Senats vom 27. Februar 1837 No. 161 (Pr. B. S. 175) und vom 10. October 1842 No. 1198. (Pr. B. S. 164 resp. Declaration vom 21. Juli 1843 Ges. S. S. 296.)

**) Präjudiz des Ersten Senats vom 26. April 1852 No. 2375 (Pr. B. 2. Abth. S. 54) und vom 4. November 1850 No. 2245. (Pr. B. 2. Abth. S. 60.)

Die Umständlichkeit und Schwierigkeit, welche die prozessualische Heranziehung alimentationspflichtiger Verwandten für den klagenden Verband mit sich bringt, und welche es nicht selten den Pflichtigen möglich machte, selbst bei freventlicher Verabsäumung ihrer Pflichten, sich jedem Zwange zu entziehen, hat nun bei Erlaß des Ergänzungsgesetzes vom 21. Mai 1855 dahingeführt, gegen die nächsten gesetzlich zur Unterstützung verpflichteten Verwandten eines die öffentliche Armenpflege Anrufenden ein abgekürztes polizeiliches Verfahren einzuführen, welches in gleicher Art wie die oben besprochenen Vorschriften der Art. XI u. XII nicht den civilrechtlichen Erstattungsanspruch für bereits verauslagte Kosten der Armenpflege, sondern nur den Schutz der Gemeinden gegen die fortdauernde Ertrotzung derselben, resp. gegen die fortdauernde Verabsäumnng der gesetzlichen Alimentations-Verpflichtung Seitens der zunächst verpflichteten Verwandten im Auge hat.

Es soll darnach:

Artikel VI. Auf Antrag desjenigen Armenverbandes, der einen Verarmten unterstützen muß, der Ehemann, die Ehefrau, die ehelichen Eltern, die uneheliche Mutter, sowie die ehelichen Kinder des Verarmten, wenn sie ihrer gesetzlichen Verpflichtung zu dessen Verpflegung nicht nachgekommen sind, im Verwaltungswege angehalten werden, demselben ganz oder theilweise die nothdürftige Unterstützung selbst zu gewähren, oder die erforderlichen Mittel zu deren Gewährung herzugeben.

Hierüber hat der Landrath desjenigen Kreises, in welchem der in Anspruch Genommene wohnt, oder falls derselbe in einer Stadt, die weder in Communal- noch in Polizei-Angelegenheiten der Aufsicht des Landraths unterworfen ist, wohnt, der Gemeinde-Vorstand (Magistrat, Bürgermeister) durch Resolut zu entscheiden. Wenn der in Anspruch Genommene im Inlande keinen Wohnsitz, sondern nur den Aufenthalt hat, so steht die Entscheidung den vorstehend bezeichneten Behörden seines Aufenthaltsortes zu.

Gegen ein solches Resolut steht innerhalb 10 Tagen nach dessen Zustellung sowohl dem Armenverbande, als dem in Anspruch Genommenen, der Recurs an die Regierung offen, bei deren Entscheidung es im Verwaltungswege dann bewendet.

Artikel VII. Außerdem aber steht auch jedem von beiden Theilen frei, sein Recht im Wege der gerichtlichen Klage zu verfolgen und die Aufhebung der im Verwaltungswege getroffenen Festsetzung zu fordern.

Artikel VIII. Die Resolute der Verwaltungsbehörden sind gegen den in Anspruch Genommenen sofort und solange vollstreckbar, bis im Recurs- oder Rechtswege eine abändernde Entscheidung erfolgt ist.

Artikel IX. Wird der in Anspruch Genommene durch Resolut der Regierung oder durch rechtskräftiges gerichtliches Erkenntniß von der Unterstützungspflicht ganz oder theilweise entbunden, so hat der Armenverband ihm das bis dahin zu viel Geleistete zu erstatten und ist im Weigerungsfalle hierzu im Verwaltungswege anzuhalten.

Hatte jedoch der, eine solche Erstattung Fordernde, die gerichtliche Klage nicht binnen 6 Monaten nach der Zustellung des von ihm angefochtenen Resoluts der Verwaltungsbehörde angebracht, so kann er nur dasjenige zurückfordern, was er für den Zeitraum seit Anbringung der Klage zu viel geleistet hat.

Artikel X. Durch die Bestimmungen der Art. VI—IX wird das Recht des Hülfsbedürftigen nicht beschränkt, seine Ansprüche auf Unterhaltung gegen die genannten Angehörigen zu verfolgen.

Wir sehen, auch hier handelt es sich zunächst nur um eine polizeiliche Maßregel, die wegen der dabei zur Sprache kommenden vermögensrechtlichen Verpflichtung der säumigen Verwandten in resolutorischer Form mit Vorbehalt des Rechtsweges dahin zu treffen ist, daß der Alimentationspflichtige die Pflege des bedürftigen Verwandten entweder selbst übernehme, oder einen von dem resolvirenden Landrath resp. Magistrat festzusetzenden Beitrag zur Alimentation an den provocirenden Verband zahle. Der Erstattungs-Anspruch für die bis zum Erlaß des polizeilichen Resoluts bereits aufgewendeten Unterstützungen liegt also auch hier ganz außerhalb des Verfahrens.*) Das nach Art. VI erlassene Resolut selbst aber ist sofort vollstreckbar, bis es entweder im Wege des Recurses an die vorgesetzte Landespolizei-Behörde oder aber im Rechtswege aufgehoben wird.

Was nun die Grenzen der richterlichen Competenz in dem gegen das nach Art. VI zu erlassende Polizei-Resolut zulässigen Rechtswege betrifft, so wird uns dieselbe aus einem zur Entscheidung in der höchsten richterlichen Instanz gelangten Spezialfall sofort deutlich werden, in welchem der Erste Senat des Königl. Ober-Tribunals höchst charakteristisch und praegnant die doppelte Natur eines solchen Resoluts anerkannt und unterschieden hat.

Die in Berlin wohnende Klägerin hatte nach dem Tode ihres Ehemannes ihre beiden 12 und 8 Jahre alten Kinder hülf- und obdachlos gelassen und dadurch die Armendirection in die Nothwendigkeit versetzt, dieselben im Waisenhause aufzunehmen und zu unterhalten. Durch das Resolut des Magistrats zu Berlin vom 2. Aug. 1858 war die Klägerin für schuldig erklärt worden, ihre gedachten Kinder bei Vermeidung der Execution event. Einsperrung im Arbeitshause zur Fürsorge selbst zu übernehmen und zu diesem Zweck aus dem Waisenhause abzuholen, jedoch war ihr in diesem Resolut zugleich ein angemessenes Pflegegeld für ihre Kinder in Aussicht gestellt. Sie hat gegen die Armendirection im Rechtswege auf Aufhebung des Resoluts geklagt, weil sie wegen körperlicher Unfähigkeit nicht einmal sich selbst, geschweige denn auch noch ihre Kinder zu erhalten im Stande und daher als Ortsangehörige wohl berechtigt sei, von der Verklagten die Unterbringung ihrer Kinder in einem Waisenhause oder die anderweitige Fürsorge für dieselben zu verlangen. — Das Gericht

*) Min.-Rescr. v. 7. Octbr. 1861 (M.-Bl. f. i. V. S. 231.)

erster Instanz hat die Klägerin abgewiesen, das Gericht zweiter Instanz hat auf Aufhebung des Resoluts erkannt.

Der Erste Senat des Königl. Ober-Trib. hat auf Revision der Verklagten durch das Erkenntniß vom 24. Febr. 1860 (Strieth. Arch. Bd. 36 S. 280) [Anl. T.] das zweite Urtheil abgeändert und das erste Urtheil wieder hergestellt. In den Gründen dieses Erkenntnisses spricht sich der höchste Gerichtshof über die Zulässigkeit des Rechtsweges gegen das auf Grund des Art. VI gegen den säumigen Verwandten zu erlassende polizeiliche Resolut wie folgt aus:

„Im Geiste des Gesetzes konnte also die Klägerin nur den Rechtsweg einschlagen, wenn sie bewies, daß sie gar nicht Verwandte oder nicht die nächste Verwandte der Hülfsbedürftigen wäre. Es konnte der Rechtsweg verfolgt werden, wenn etwa separirte Eheleute vorhanden waren und es sich darum handelte: ob der Vater oder die Mutter zunächst verpflichtet wären. Die Klage auf Aufhebung des Resoluts kann aber nicht darauf gestützt werden, daß der wahrhaft Verpflichtete ganz oder theilweise von Mitteln zum Unterhalte derjenigen entblößt sei, deren Unterhalt ihm durch das Gesetz auferlegt ist. Denn über die Frage: ob Jemand arm und für sich oder die Seinigen der öffentlichen Fürsorge ganz oder theilweise bedürftig sei, hat der Richter gar nicht zu entscheiden. Sie ist schon im §. 33 des Armenpflegegesetzes den Verwaltungsbehörden zur Entscheidung überwiesen, und hierin ist durch das Ergänzungsgesetz nichts geändert."

Es wird hier also bestimmt und deutlich auseinandergehalten:

a. die vermögensrechtliche Natur der angefochtenen Entscheidung, wonach die materielle Verpflichtung des säumigen Verwandten an sich unter Berücksichtigung der gesetzlichen Bestimmungen des Familienrechts Th. II. Tit. 2. A. L. R. von der resolvirenden Polizeibehörde auszusprechen ist.

b. Die polizeiliche Natur derselben, wonach über die Frage, ob ein wirklicher Act der Armenpflege vorgelegen, welcher den provocirenden Armenverband zu seinem Antrage berechtigt, sowie über den Umfang, in welchem der säumige Verwandte nach seinen individuellen Verhältnissen heranzuziehen, um fernere Aufwendungen der öffentlichen Armenpflege zu vermeiden, zu befinden ist.

Nur gegen die erste Seite des nach Artikel VI. erlassenen Resoluts, niemals aber gegen die darin enthaltenen armenpolizeilichen Festsetzungen ist der Rechtsweg zulässig. Jede gegen die getroffene Entscheidung erhobene Klage der einen oder der anderen Partei, welche sich auf die Behauptung stützen wollte, daß das in der getroffenen Entscheidung entweder ausdrücklich oder implicite anerkannte oder negirte Bedürfniß der Armenpflege des Unterstützten nicht richtig gewürdigt worden, oder welche sich gegen die in der getroffenen Entscheidung liegende Feststellung der Leistungsfähigkeit des in Anspruch genommenen Verwandten richtete, würde vom Prozeßrichter, wie im vorliegenden Falle geschehen, wegen mangelnder Competenz zurückzuweisen sein.

Wir halten diese Entscheidung des Ersten Senats um deshalb für ganz besonders wichtig, weil dieselbe eine unmittelbare Analogie für den in gleicher Art von polizeilichen Vorfragen abhängigen und nach dieser Seite hin der ausschließlichen Entscheidung der Polizeibehörde unterworfenen Rechtsstreit zwischen verschiedenen Armenverbänden zuläßt. In beiden Fällen ist Gegenstand des Streits eine an sich vermögensrechtliche Verpflichtung. Ob aber für den in casu concreto zu erhebenden Anspruch actio nata vorhanden und bis zu welcher Grenze der Anspruch im Interesse der Armenpolizei zuzulassen, darüber bestimmt die Polizeibehörde bei beiden Ansprüchen mit gleicher Ausschließlichkeit.

Geht nun der Widerstand des pflegeschuldigen Verwandten so weit,

„daß der Ehemann seine Ehefrau — der Vater, oder wenn der Vater todt oder verschollen ist, die Mutter die ehelichen noch nicht 14 Jahre alten Kinder — oder die Mutter ihre unehelichen Kinder eben dieses Alters der gesetzlichen Verpflichtung zuwider dergestalt hülflos läßt, daß diese Angehörigen der Armenpflege anheimfallen, so kann eine solche Person, falls sie die öffentliche Armenpflege nicht in Anspruch genommen und deren Nothwendigkeit nicht nachgewiesen hat, so bald der Versuch fruchtlos geblieben ist, sie im Verwaltungs- oder gerichtlichen Wege zur Unterstützung jener Angehörigen executivisch anzuhalten, auf so lange als das Bedürfniß für die Angehörigen fortdauert,"

nach Artikel XIII. des Ergänzungsgesetzes in gleicher Art, wie oben der Arbeitsscheue, der Wohnungs-Ertrotzer in einer Arbeitsanstalt untergebracht werden. Auch in diesem Falle ist nach Artikel XIV. die Unterbringung im Arbeitshause lediglich durch Anordnung des Landraths, resp. des Magistrats auf Antrag des Armenverbandes im unmittelbaren Executionswege mit alleiniger Zulassung des Beschwerdeweges auszusprechen. Jeder Gedanke an eine privatrechtliche Schuldhaft oder criminalrechtliche Strafhaft ist auch hier ausgeschlossen. Es liegt auch hier vielmehr nur eine polizeiliche Executivhaft vor, welche wie immer (nach §. 20 des Gesetzes vom 11. März 1850 resp. nach §. 48 der Verordnung vom 26. Decbr. 1808) eine vorgängige polizeiliche Aufforderung resp. Anweisung zur Leistung der geforderten Handlung voraussetzt.

Mit Ausnahme also des durch Artikel VI. bis XIV. des Ergänzungsgesetzes eingeführten polizeilichen Zwangsverfahrens hat also, was die Ansprüche einer Gemeinde (Armenverbandes) gegen eine Privatpartei betrifft, das Gesetz der Einwirkung der Landespolizeibehörde keinen Raum gegeben. Es kommt daher auch bei Bemessung des Anspruchs in quanto nicht auf eine nach den Grenzen der öffentlichen Armenpflege, sondern lediglich nach der Natur und dem Rechtstitel des erhobenen Anspruchs von dem Richter selbst nach den gewöhnlichen Beweisregeln zu treffende Entscheidung an. Es sind deshalb die Landespolizei-Behörden mit gutem Grunde von dem Ministerium des Innern in dem Rescript vom 10. Jan. 1859 (M.-Bl. f. i. V. de 1860 S. 171) angewiesen worden, kein Gutachten über das Vorhandensein und den Grad der Hülfsbedürftigkeit des Unterstützten den Gerichten abzugeben, da, wo es sich um einen auf Grund des Armengesetzes verfolgten Anspruch handelt, die Landespolizei-Behörden über diese Frage ausschließlich zu entscheiden und also sich nicht bloß gutachtlich zu äußern haben, während für andere, außerhalb des Armengesetzes zu verfolgende Ansprüche ein nach den Regeln des Armengesetzes zu bemessendes Gutachten der Landespolizei-Behörden nicht nur durch die anderen den Parteien zu Gebote stehenden Beweismittel entbehrlich, sondern auch für die darauf zu basirende Entscheidung des Prozeßrichters nicht einmal maßgeblich sein würde.

Vergleichsvorschläge.

Auch auf dem formellen Gebiet glauben wir als das erste Erforderniß einer richtigen Geschäftsbehandlung die Nothwendigkeit der Unterscheidung zwischen der polizeilichen und der vermögensrechtlichen Natur der Armengesetzgebung genugsam bewiesen zu haben. Erst durch diesen Unterschied tritt die Gliederung des Gesetzes plastisch hervor und es fallen uns, wenn schon eine andere Anordnung der Reihenfolge der einzelnen Paragraphen wünschenswerth gewesen wäre, doch die zusammengehörigen Gruppen ins Auge, wie wir sie bereits in der Einleitung gesondert haben.

Um diesen Unterschied recht klar und deutlich zur Geltung zu bringen, sei uns zum Schluß noch gestattet, eine Eintheilung und Klassifizirung der sämmtlichen einzelnen Bestimmungen des Gesetzes über die Verpflichtung zur Armenpflege v. 31. Dezbr. 1842 und des Ergänzungs-Gesetzes v. 21. Mai 1855, wie sie nach des Verfassers Ansicht zum richtigen Verständniß des Gesetzes selbst unerläßlich erscheint, für die Landespolizeibehörden und Gerichtsbehörden gemeinschaftlich aufzustellen und daran noch einige kurze Vorschläge in Betreff der nach §. 34 des Armengesetzes zu erlassenden Entscheidungen, sowohl für die Landespolizeibehörden als endlich für die Gerichts-Behörden zu knüpfen.

I. Die Landespolizei-Behörden (Regierungen) und die Gerichtsbehörden gemeinschaftlich werden zunächst anzuerkennen haben:

daß alle diejenigen Vorschriften des Armengesetzes, welche die Sicherstellung der Armen-Pflege nach ihrem in der Einleitung Seite 4 geschilderten dreifachen Staatszweck im Auge haben, ausschließlich polizeilicher Natur sind, daß sowohl die Durchführung dieser Vorschriften in concreto als die Entscheidung darüber, ob ihnen im einzelnen Falle wirklich entsprochen ist, über das Interesse der Privatparteien hinausreicht, und daß daher eine von den desfallsigen Anordnungen resp. Entscheidungen der Verwaltungsbehörden abweichende richterliche Entscheidung nicht zuläßig ist.

Von diesem Gesichtspunkt ausgehend empfehlen wir folgende Eintheilung des Gesetzes:

1. Auf die Erreichung des ersten Staatszwecks der Armengesetzgebung: die Verhinderung des Umkommens im Elende im Interesse der öffentlichen Sicherheit — gerichtet, sind:

a. unmittelbar und ausschließlich die Bestimmungen der §§. 25, 26, 27, 28, 29 des Armengesetzes über die Unterbringung resp. Unterstützung des Armen in loco. Dies haben wir in den Kapiteln X, XIII, XIV, wie wir glauben, genügend dargelegt.

b. Denselben Zweck verfolgt, wenn auch nur mittelbar, die Bestimmung des §. 30 des Armengesetzes wegen der vorschußweisen Erstattung der durch die Kur und Verpflegung erkrankter Personen an ihrem augenblicklichen Aufenthaltsort entstandenen Kosten durch den Landarmen-Verband. Wir werden deshalb diese Bestimmung besser weiter unten einschalten.

2. Auf den zweiten Staatszweck: die Einschränkung der öffentlichen Armenpflege auf das Maaß des äußersten Bedürfnisses im Interesse der öffentlichen Sittlichkeit — ist:

a. unmittelbar die Bestimmung des §. 33 des Armengesetzes gerichtet, wonach ex officio darauf zu sehen ist, daß keine über dies Bedürfniß hinausgehenden Armenunterstützungen aufgewendet werden sollen, —

b. mittelbar die geschäftliche Anordnung des §. 31 des Armengesetzes und des Art. IV des Ergänzungsgesetzes, wonach in den betreffenden Unterstützungsfällen des §. 29 resp. §. 26 des Armengesetzes dem zur vorschußweisen Kostenerstattung verpflichteten Landarmenverband resp. dem etwa pflegeschuldigen Ortsarmenverband von dem Unterstützungsfall des Schleunigsten Kenntniß zu geben ist, um denselben in den Stand zu setzen, durch Selbstübernahme der Kur resp. Unterstützung die möglichste Kostenersparniß eintreten zu lassen.

3. Zur Erreichung des dritten Staatszwecks: der Herstellung und Erhaltung prästationsfähiger Armenverbände — sind:

a. wie wir in den Kapiteln XX u. XXI gesehen haben, die an und für sich in das innere Staats- und Verfassungsrecht gehörigen Bestimmungen der §§. 5 bis 8 über die Formation der Ortsarmenverbände in das Armengesetz aufgenommen. Dieselben stehen zwar nach den gedruckten Marginalien des Gesetzes unter der allgemeinen Ueberschrift „der Verpflichtung zur Armenpflege“ (§. 1), womit im Gegensatz zu der „einstweiligen Fürsorge“ (§§. 25 sequ.) die vermögensrechtliche Verpflichtung gemeint ist. Inzwischen versteht es sich von selbst, daß diese Bestimmungen über die Existenz und Abgrenzung der Armenverbände ebenso maßgeblich für die vermögensrechtliche als für die polizeiliche Verpflichtung (§§. 25, 26) sein müssen, und daß sie also als generelle reglementarische Anordnungen für die Verwaltungsbehörden anzusehen sind, welchen die Aufsicht über das Communalwesen obliegt.

b. Den gleichen Zweck verfolgen die §§. 10, 11 und das erste Alinea des §. 12 in Betreff der Bildung und der allgemeinen statutarischen Abgrenzung der Landarmenverbände. Es sollten darnach die bereits bestehenden Landarmenverbände einer Revision ihrer Reglements unterworfen, neue Landarmenverbände durch Königl. Ordre eingeführt, bis dahin aber wegen vorläufiger Erfüllung der im §. 9 bestimmten Verbindlichkeiten auf den Antrag des Ministers des Innern und der Finanzen gleichfalls das Nöthige durch Königl. Ordre angeordnet werden.

Nur die associirten Gemeinden haben nach §. 12 ein Recht, für die von ihnen auf Grund der polizeilichen Verpflichtung gewährte Armenunterstützung sich an denjenigen Landarmenverband zu halten, dem sie durch Spezialgesetz zugewiesen sind. Allerdings schließt diese Bestimmung des ersten Alinea des §. 12 gleichzeitig die vermögensrechtliche Folge in sich, daß, wie wir im Kap. II und Kap. XIX gesehen haben, die obligatorische Verpflichtung des Landarmenverbandes, die Last der Armenpflege als eine Provinziallast zu tragen, unmittelbar mit der localen Abgrenzung des Verbandes entsteht und aufhört, und deshalb nicht wie die vermögensrechtliche Verpflichtung eines Orts-Armenverbandes auch außerhalb der localen Grenzen im Verhältniß zu anderen Armenverbänden fortbesteht. Diese an die locale Abgrenzung des Verbandes, wie sie durch besondere Statuten nach §§. 10, 11 geregelt werden sollte, geknüpfte Vorschrift ist und bleibt aber ebenso maßgeblich für die Tragung der vermögensrechtlichen Provinziallast der Landarmenverbände in Betreff bestimmter Personen, wie für die nicht an die einzelne Person geknüpften übrigen Verpflichtungen der Landarmenverbände, welche einen rein polizeilichen Charakter haben, z. B. auf die vorläufige Unterbringung im Kreise nicht einheimischer Personen nach §. 28. Auch hier wird also der reglementarische Character dieser Bestimmung nicht zu verkennen sein.

c. Endlich haben den gleichen Staatszweck im Auge, die auch nach dem Armengesetz selbst unter der besonderen Marginal-Rubrik „Verhältniß der Armenverbände zu einander" abgesonderten §§. 14, 15, 16 über die gegenseitige Aushülfe und Vertretung, welche sich nach Maßgabe bestehender Reglements die Landarmenverbände mit den ihnen associirten Gemeinden untereinander zu leisten haben.

Unter dieselbe Kategorie gehört, wie wir im Kap. XV sahen, seiner Natur nach noch der §. 30 des Armengesetzes wegen der Streitübernahme und vorschußweisen Erstattung von Kur- und Verpflegungskosten für die wegen Erkrankung an dem augenblicklichen Aufenthaltsort zu verpflegenden Personen.

4. Zur Erreichung dieser drei Staatszwecke dienen ferner folgende Bestimmungen der Armengesetzgebung über das formelle Verfahren:

a. Für das Verfahren zwischen dem in Noth gerathenen Individuum und der Gemeinde die Bestimmung des §. 33, wonach über Anträge auf Armenunterstützung ausschließlich die Verwaltungsbehörden und zwar nach §§. 26, 28 die Orts- resp. Kreispolizeibehörde resp. deren

Aufsichts-Behörde zu entscheiden hat. (Vergl. oben Kapitel XIII und XVII.)

b. Für das Verfahren zwischen verschiedenen Armenverbänden die Bestimmung der §§. 34 und 35, wonach über die zwischen Armenverbänden nach dem Armengesetz zu entscheidenden Streitigkeiten principaliter die Landespolizeibehörde mit nur ausnahmsweiser Zulassungdes Rechtsweges (vergl. oben Kap. XVIII, XIX, XX, XXI, XXII zu befinden hat.

c. Für das Verfahren gegen säumige Verwandte, Wohnungsertrotzer und Arbeitsscheue, die Bestimmungen der Art. VI bis XIV des Ergänzungs-Gesetzes über die gegen derartige Personen auf Antrag des benachtheiligten Armenverbandes zu ergreifenden polizeilichen Zwangs-Maßregeln.

Wären hiermit also einerseits die polizeilichen, reglementarischen und formellen Vorschriften des Armengesetzes und des Ergänzungs-Gesetzes vom 21. Mai 1855 erschöpft, so bleiben uns, abgesehen von dem überhaupt nicht als Ergänzung zum Gesetz über die Verpflichtung zur Armenpflege, sondern als Ergänzung zu dem Gesetz über die Aufnahme neu anziehender Personen zu betrachtenden zweiten Alinea des Art. I des Ergänzung-Gesetzes, wegen der Rückweisung verarmter Personen im ersten Wohnungsjahre (vergl. oben Kap. III), und außer den „allgemeinen Bestimmungen" über die Anwendbarkeit des Gesetzes in den §§. 36, 37, 38 resp. Art. XV des Ergänzungs-Gesetzes, — nur noch

5. als materiell vermögensrechtliche Bestimmungen der Armengesetzgebung übrig: die bereits von uns in der Einleitung (Seite 4) als solche bezeichneten Bestimmungen über die intercommunalen gegenseitigen Rechte und Verpflichtungen der Armenverbände. Das Charakteristische dieser Bestimmungen des Armengesetzes liegt darin, wie wir schon aus der Einleitung gesehen haben, — daß durch die Erfüllung oder Nichterfüllung der aus allen diesen vermögensrechtlichen Bestimmungen sich ergebenden Verpflichtungen der Orts- und Landarmenverbände, selbst wenn darüber Streit entsteht, jene drei polizeilichen Staatszwecke in keiner Weise alterirt werden dürfen. Den letzteren wird und muß immer genügt werden, ganz unbekümmert darum, ob der durch die polizeilichen Anordnungen zur Hergabe der erforderlichen Unterstützungen in natura oder in loco genöthigte Orts- resp. Landarmenverband gleichzeitig in Betreff der Person des zu Unterstützenden eine vermögensrechtliche Verpflichtung im Verhältniß zu anderen Verbänden zu haben anerkennt oder nicht.

Andererseits ist es, soweit im einzelnen Falle jenen polizeilichen Vorschriften entsprochen worden, worauf zur Innehaltung jener drei Staatszwecke allemal selbst im Streite zwischen verschiedenen Armenverbänden ex officio bei der deshalb nach §. 34 principaliter erforderlichen Entscheidung der Landespolizeibehörde zu achten ist, es im Uebrigen für das Interesse des Staats gleichgültig, welchem anderen Armenverbande auf Antrag des verpflegenden Verbandes die vermögensrechtliche Fürsorge-Verpflichtung auferlegt wird. Gerade diese Rücksicht auf das fehlende Interesse des Staats bei der Vertheilung der Armenlast zwischen verschiedenen Armenverbänden hat, wie bei Vorlage des Gesetz-Entwurfs an Sr. Majestät den König in dem Bericht des Staatsministeriums vom 9. Febr. 1838 ausdrücklich hervorgehoben wurde, den Grund dafür abgegeben, die Streitigkeiten über die aus diesen Bestimmungen sich ergebenden intercommunalen Rechte und Verpflichtungen nach der principaliter erforderlichen Vorentscheidung der Landespolizeibehörde dem event. Rechtswege zuzuweisen.

Zu diesen vermögensrechtlichen Bestimmungen des Arm.-Ges. gehören nun:

a. Hinsichts des Entstehens und Erlöschens der vermögensrechtlicheu Fürsorgepflicht der Orts-Armenverbände durch Wohnsitz, Aufenthalt und Familenverhältnisse, die bekannten Bestimmungen der §§. 1, 2, 3, 4, 17 bis 22 des Armengesetzes, sowie des ersten Alinea des Art. I des Ergänzungsgesetzes, deren vermögensrechtliche Natur wir im ersten Theil des Werkes besprochen haben. Ferner die Spezial-Bestimmung des §. 32 des Armengesetzes resp. Art. V des Ergänzungsgesetzes hinsichtlich der Fürsorgeverpflichtung des Dienst-Orts 2c. in Erkrankungsfällen der Dienstboten 2c., deren vermögensrechtliche Natur wir im Kap. XVI besprochen haben.

b. In Betreff der vermögensrechtlichen Verpflichtung der Land-Armenverbände, die Fürsorgepflicht für diejenigen Personen als eine Provinziallast zu tragen, für welche es nach ihren Aufenthalts- und Familien-Verhältnissen (§§. 1 bis 4 und §§. 17 bis 22) an einem pflegeschuldigen Ortsarmenverband fehlt, — der §. 9, sowie die Spezialbestimmungen der §§. 13, 23, 24 des Armengesetzes, wonach die Fürsorge für Militair-Personen, welche nicht bloß zur Erfüllung ihrer Militair-Pflicht gedient haben, für deren Wittwen und Waisen und ebenso die Fürsorge für Findelkinder von dem Landarmenverband als Provinziallast zu tragen ist.*) Hierher gehört auch ferner, wie wir aus Kapitel XXII gesehen haben, in den dort bezeichneten Grenzen, die Bestimmung des Art. II des Ergänzungsgesetzes über die Fürsorge-Verpflichtung der Landarmenverbände für die aus dem Auslande übernommenen Personen, wenn es für sie an einem inländischen pflegeschuldigen Ortsarmenverband fehlt.

c. Endlich ist noch als eine allgemeine vermögensrechtliche Bestimmung

---

*) Daß diese Spezialbestimmungen §§. 13, 23, 24 einen vermögensrechtlichen Character haben, ist leicht ersichtlich. Wenn z. B. im §. 24 die Sorge für ein Findelkind dem Landarmenverband auferlegt wird, so ist damit selbstverständlich die Verpflichtung des Orts-Armenverbandes, in dessen Bezirk das Kind gefunden wird, nach §. 26 dasselbe nicht im Elende umkommen zu lassen, nicht ausgeschlossen. Wohl aber bleibt diesem Armenverband unbenommen, falls aus den zu veranstaltenden Ermittelungen sich die Unmöglichkeit ergiebt, die Eltern des Kindes ausfindig zu machen, Erstattung der aufgewen-

sowohl für die Verpflichtung der Orts- wie der Landarmenverbände die Vorschrift des Art. III des Ergänzungsgesetzes anzusehen, wonach der zur vorläufigen Armenpflege nach §§. 25. 26 genöthigte Armenverband das uneingeschränkte Wahlrecht haben soll, ob er sich wegen seiner Erstattungsforderung an die privatrechtlich verpflichteten Angehörigen ꝛc. des Unterstützten oder an den pflegeschuldigen Orts- oder Landarmenverband halten will. Ueber dies bei richtigem Verständniß des Armen-Gesetzes niemals zweifelhaft gewesene Wahlrecht, war nach der Ansicht der Staatsregierung eine besondere Declaration bei Abfassung des Gesetzes nicht erforderlich, und nur, um einen durch vereinzelte abweichende richterliche Entscheidungen erst hervorgerufenen Zweifel zu beseitigen, fand es die Commission der ersten Kammer bei Berathung des Gesetzes nöthig, eine solche in der That entbehrliche Bestimmung in das Ergänzungsgesetz aufzunehmen.*)

Als unmittelbare Consequenz der vorstehenden Eintheilung des Gesetzes selbst bleibt uns zum Unterschied von den Seitens der Orts- und Kreispolizeibehörde resp. im Aufsichtswege zu erlassenden polizeilichen Anordnungen (vergl. oben Kap. XVII) hier nur noch übrig:

II. für die im Streit verschiedener Armenverbände nach §. 34 zu treffenden Entscheidungen folgende Regeln vorzuschlagen:

A. Für die Landespolizeibehörden (Regierungen) empfehlen wir, den Erlaß der resolutorischen Entscheidung nach §. 34 niemals eher und niemals anders eintreten zu lassen, als wenn,

1. in der Person der sich gegenüberstehenden Parteien die Qualität wirklicher Armenverbände,
2. in Betreff der actio nata ein bereits stattgehabter, von dem auf resolutorische Entscheidung provocirenden Armenverband nachzuweisender Act der öffentlichen Armenpflege,
3. ein auf dem Fundament der vermögensrechtlichen Bestimmungen des Armengesetzes beruhender Rechtsanspruch,
4. in Betreff des Klage-Antrages die bestimmte Bezeichnung desjenigen Verbandes vorliegt, gegen welchen nach dem Verlangen des provocirenden Verbandes die resolutorische Entscheidung nachgesucht wird.

Sobald eine dieser nothwendigen Grundlagen jedes nach §. 34 durch resolutorische Entscheidung zum Austrag zu bringenden Streites fehlt, kann

---

deten Kosten und Abnahme der ferneren Fürsorge von dem Landarmenverband auf Grund des §. 24 zu verlangen. Bestreitet der Landarmenverband seine Verpflichtung, weil er in thatsächlicher Beziehung das Vorhandensein von Eltern für das Kind nachweisen zu können und somit die Thatsache, daß das Kind ein Findelkind sei, bestreiten zu können glaubt, so würde hierüber unbedenklich nach §. 34 nach vorangegangener Vorentscheidung der Landespolizei-Behörde der Rechtsweg zulässig sein. Ebenso verhält es sich begreiflicherweise mit der Verpflichtung der Landarmenverbände für Kapitulanten, deren Wittwen und Waisen (§§. 13 und 23).

*) Commissionsbericht vom 10. Febr. 1855. Sten. Ber. I Kammer. Bd. II S. 78.

und darf dieselbe ohne vorgängige Vervollständigung der fehlenden Punkte unter keinen Umständen erfolgen.

Insbesondere fällt da, wo die Bedingung

ad 1 fehlt, von selbst jede Möglichkeit fort eine resolutorische Entscheidung zu treffen.

ad 2 würde es bei Mangel eines von der Verwaltungsbehörde anerkannten Acts der öffentlichen Armenpflege auf Seiten des nach §§. 25, 26 sequ. in loco angerufenen Armenverbandes, auch an jeder Möglichkeit fehlen, darüber zu urtheilen, ob zur Zeit des Eintritts der Fürsorge der von jenem Armenverband in Anspruch genommene Armenverband bereits oder noch als pflegeschuldig und somit zur Kostenerstattung und Abnahme der event. ferner nothwendig werdenden Fürsorge für verbunden zu erachten.

ad 3 ist den Regierungen wiederholt von dem Ministerium des Innern auf der einen Seite die Anweisung ertheilt worden, die resolutorische Entscheidungsform im Streit zwischen verschiedenen Armenverbänden nur soweit eintreten zu lassen, als gegen die Entscheidung der Rechtsweg zulässig ist,*) d. h. also soweit der Streit die vermögensrechtliche intercommunale Verpflichtung zur Fürsorge betrifft; andererseits aber sollen Streitigkeiten zwischen Gemeinden ꝛc., welche überhaupt nicht nach den Regeln des Armengesetzes zu entscheiden sind, sondern auf anderen privatrechtlichen Fundamenten beruhen, (Kap. XXIII) unmittelbar auf den Rechtsweg verwiesen werden.**)

ad 4 endlich würde insbesondere in Berücksichtigung des gegen die resolutorische Entscheidung zulässigen Rechtsweges die Landespolizeibehörde sich einer unerlaubten Eigenmächtigkeit schuldig machen, wenn sie ex officio ihrerseits in den Streit eine Partei hineinziehen wollte, gegen welche ein bestimmter Antrag des provocirenden Verbandes nicht vorliegt. Es würde dadurch dem provocirenden Armenverband, statt ihm die Wahl frei zu lassen, die Nothwendigkeit aufgebürdet werden, sich später auf einen Prozeß einlassen zu müssen, für dessen Ausfall die Lan-

---

*) Vergl. Ministerial-Rescripte vom 25. Febr. 1860 (M.-Bl. f. i. V. S. 38) [Anl. U 1] und v. 16. Dezbr. 1860 (M.-Bl. f. i. V. de 1861 S. 15) [Anl. U 2]. In gleicher Art wie nach diesen ministeriellen Anweisungen im Streit verschiedener Armenverbände die Entscheidung der Vorfrage über die Feststellung der Grenzen der öffentlichen Armenpflege selbst (Kap. XVIII, XIX), weil sie dem Rechtswege entzogen ist, nicht in resolutorischer Form erfolgen soll, wird auch die gleiche Regel für die formelle Behandlung der übrigen bei einem Streit zwischen verschiedenen Armenverbänden zu berücksichtigenden Vorfragen des inneren Staats- und Verfassungs-Rechts über die Existenz und Abgrenzung der Communal-Verbände (Kap. XX, XXI), oder gar des äußeren Staatsrechts über die internationalen Verpflichtungen zur Wiederaufnahme eines Individuums aus dem Auslande (Kap. XXII) gelten müssen.

**) Ministerial-Rescript vom 31. Mai 1860 Nr. I B. 3491. [Anl. V.]

despolizeibehörde selbstverständlich niemals eine Garantie übernehmen kann.*)

Halten die Landespolizeibehörden bei Abfassung der resolutorischen Entscheidung diese Grenzen ausnahmslos fest, so werden dadurch

1. die im Aufsichtswege etwa zu erlassenden polizeilichen Verfügungen Behufs Sicherstellung der Armenpflege (Kap. XIII. bis XVII.) schon ihrer äußeren Form nach von der vermögensrechtlichen Entscheidung der Landespolizei-Behörde dergestalt gesondert, daß eine Vermischung beider nicht möglich ist.
2. Es werden aber auch die Vorfragen der Armenpolizei (Kap. XVIII, XIX), sowie des inneren und äußeren öffentlichen Rechts (Kap. XX, XXI, XXII), nicht in den nach §. 34 mit Vorbehalt des Rechtsweges stattfindenden vermögensrechtlichen Streit hineingezogen, sondern sie gelangen in Form gesonderter Verfügung, theils im Sinne des Schlußsatzes, theils im Sinne der prinzipalen Regel des §. 34 zur ressortmäßigen ausschließlichen Entscheidung der Landespolizei-Behörden.
3. Es fällt damit zugleich von selbst jede Möglichkeit hinweg, aus der irrthümlich gewählten Entscheidungs*form* die Befugniß des Prozeßrichters zur Ueberschreitung der seiner Competenz sonst gezogenen Grenzen in Streitigkeiten zwischen verschiedenen Armenverbänden zu folgern, wie wir dies in dem von uns freilich prinzipiell bekämpften Erkenntniß des Competenz-Gerichtshofes vom 11. October 1862 (vergl. Kap. XX. S. 196 sequ.) wahrgenommen haben.

B. Für die preußischen Gerichte endlich concentriren sich unsere Vorschläge auf einen einzigen kurzen Satz, anzuerkennen:

daß die von ihnen nach §. 34 des Armengesetzes zu treffende Entscheidung sich zwar gegen die Entscheidung der Landespolizeibehörde und *nur gegen diese* zu richten hat, daß also, soweit es sich um die Anwendung der vermögensrechtlichen Bestimmungen des Armengesetzes auf den streitigen Spezialfall handelt, die getroffene Vorentscheidung der Landespolizei-Behörde zwar einen *interimistischen*, daneben aber auch einen ganz *definitiven* Character hat und daß in Betreff *aller* nach den positiven Bestimmungen des Armengesetzes oder anderer Gesetze vom Rechtswege ausgeschlossenen Fragen, die nach §. 34 zu treffende Vorentscheidung der Landespolizeibehörde den unabänderlichen Rahmen bildet, innerhalb dessen sich die prozessualische Entscheidung zu halten hat.

Hat, wie wir im Kap. XXV. gesehen, der Erste Senat in dem Erkenntniß v. 24. Febr. 1860 bereits für das nach Art. VI, VII, VIII des Ergänzungs-Gesetzes auf Antrag eines Armenverbandes gegen den pflegeschuldigen Ehemann ꝛc. stattfindende Executiv-Verfahren anerkannt, daß die gegen die dort vorgeschriebene resolutorische resp. Recurs-Entscheidung der Regierung

*) Minist.-Rescript vom 11. Mai 1857. I. B. 2652. [Anl. W.]

zu erhebende Klage nicht in jeder beliebigen Art fundamentirt, sondern mit Ausschluß jeder Anfechtung der implicite in der getroffenen Entscheidung liegenden armenpolizeilichen Festsetzungen lediglich sich auf ein Bestreiten der privatrechtlichen Alimentations-Verpflichtung an sich zu beschränken hat, so dürfte wohl mit gleicher Nothwendigkeit zu hoffen sein, daß der höchste Gerichtshof sich zu diesem Grundsatz auch endlich für den gegen die resolutorische Entscheidung nach §. 34 des Armengesetzes zulässigen Rechtsweg bekennen wird. Es kann dies nach der Ansicht des Verfassers nur eine Frage der Zeit sein, da die practischen Verhältnisse täglich mehr dahin drängen, nicht die Competenz- und Ressort-Verhältnisse zu vermischen, sondern auseinander zu halten. Jeder Inconsequenz auf diesem Gebiete folgt die Inconvenienz in der Praxis unvermeidlich auf dem Fuße, während umgekehrt an die Anerkennung und stricte Befolgung jenes unerläßlichen Grundsatzes sich die Auflösung aller jener Contestationen von selbst anschließt, die wir neben jenen in den Kapiteln I. bis IX. besprochenen Mißverständnissen über die sachlichen Rechtsbegriffe des Armengesetzes auch auf dem formellen Gebiet der Armengesetzgebung aus der gegentheiligen Praxis der Gerichte und leider zum Theil auch des Competenz-Gerichtshofs in den Kapiteln X. bis XXV. haben entstehen sehen.

Mit der Anerkennung des obigen Satzes unmittelbar verbunden ist zunächst:

1. die Beseitigung jeder Hineinziehung der bei dem Streite zwischen verschiedenen Armenverbänden möglicherweise zur Contestation gelangenden Fragen über die Existenz und Abgrenzung der Communal- 2c. Verbände in den Kreis der richterlichen Entscheidung, —
2. die Beseitigung der seit dem Erkenntniß vom 23. April 1858 vom Ersten Senat befolgten Theorie, wonach ein Unterschied zwischen den Kosten der „vergangenen und zukünftigen Zeit" zu machen, und die resolutorische Entscheidung der Regierung nach §. 34 nur auf die letzteren zu beschränken, hinsichts der ersteren aber entbehrlich oder gar unzulässig sein sollte. Und ist erst diese Theorie beseitigt, so fällt dann
3. von selbst jene nur unter der Voraussetzung einer solchen fehlerhaften Unterscheidung nach den eigenen Worten des Ersten Senats durchführbare Theorie des Erkenntnisses vom 26. Februar 1858 (vergl. oben Kap. XII.), wonach die resolutorische Entscheidung der Landespolizei-Behörde blos dazu bestimmt sein sollte, dem Nothstande des Armen des Baldigsten abzuhelfen und seinen Untergang im Elende abzuwenden, und wonach es deshalb in dem Wesen dieser Prozesse liegen sollte, die richterliche Entscheidung niemals auf die Frage zu beschränken, ob der per resolutum für verpflichtet erachtete Armenverband der nichtverpflichtete sei.

Es tritt dann — auch in den Augen des Prozeßrichters — wieder die dispositive Anordnung auf dem Gebiet der Armen-Polizei und die decisive

Entscheidung auf dem Gebiet des Armen-Rechts, eine jede an ihre Stelle. Das Appellations-Urtel also, welches jenem Erkenntniß vom 26. Febr. 1858 zu Grunde lag und worin jener Unterschied zwischen den polizeilichen Functionen der Orts- und Kreispolizeibehörde nach §§. 27, 28 mit der Entscheidung der Landespolizei-Behörde nach §. 34 des Armengesetzes prinzipiell in Abrede gestellt wurde, wird ferner nicht mehr als ein solches angesehen werden können, welches „den §. 34 ganz richtig gewürdigt" haben sollte, sondern als ein solches, welches die erste Bedeutung dieses Paragraphen und die Elementarbegriffe des Armengesetzes in seiner vermögensrechtlichen und polizeilichen Natur verkannt hat.

Genug — es würden mit Anerkennung des obigen Grundsatzes alle jene aus jenem Mißverständniß entsprungenen von uns nachgewiesenen unauflöslichen Contestationen nicht blos zwischen Justiz- und Polizei-Behörden, sondern, wie wir leider gesehen haben, auch zwischen unseren höchsten Justizbehörden sich von selbst lösen. Dagegen dürfte, zur Beseitigung der in jenem einer fast achtjährigen Reihe von Entscheidungen des höchsten Gerichtshofes zur Signatur dienenden Erkenntniß vom 26. Februar 1858 ausgesprochene Befürchtung, eine preußische Landespolizei-Behörde würde, wenn der in ihrem Resolut als fürsorgepflichtig erachtete Armenverband von dem Prozeßrichter für nicht fürsorgepflichtig erachtet worden, dennoch aus dem durch rechtskräftiges Erkenntniß aufgehobenen Resolut diesen Armenverband noch ferner mit Execution verfolgen, schließlich die Versicherung genügen, daß auch die preußischen Verwaltungsbehörden für die von ihnen zu erfüllenden Pflichten nicht nur ein Herz, sondern — wenigstens zuweilen — auch das richtige Verständniß haben werden.

Daß es dem Verfasser nicht möglich gewesen ist, alle aus der Fassung des Armengesetzes sich ergebenden Detail-Fragen zu erschöpfen, wird schließlich keiner besonderen Erklärung bedürfen. Hier kam es nur darauf an, in möglichst prägnanter Form die Elementarbegriffe der Armengesetzgebung aus ihrer inneren Natur und ihren ersten Zwecken heraus zu heben, um dadurch wenigstens das Eine zu ermöglichen, daß man sich darüber an maßgeblicher Stelle mit gleicher Bestimmtheit, wie der Verfasser, sei es nun pro oder contra ausspreche.

Je mehr der Verfasser mit einem ihm persönlich nicht bekannten, aber nach seinen Bestrebungen von ihm hochgeschätzten Manne im Prinzip darin übereinstimmt, daß es nicht Sache des Staates ist, auf dem socialen Gebiet die Lösung einer seinem wahren Beruf fremden, seine Kräfte übersteigenden Aufgabe an sich zu reißen, umsomehr glaubt der Verfasser, es als eine Anforderung und Aufgabe für die Verwaltungsbehörden hinstellen zu müssen, diese Fragen da, wo sie ihnen als wirkliche Berufsfragen entgegen treten, ebensowenig in vornehm lächelnder Weise sich abzuschieben.

Um sich aber auf der einen wie auf der anderen Seite vor Fehlern zu hüten, dazu gehört auf Seiten der Behörden zunächst ein gewonnenes, selbstständiges Urtheil über die Grenzen ihrer Berufspflichten selbst, sowie ernster und mühsamer Fleiß, sich die Folgen dessen klar zu machen, was man täglich vom grünen Tische aus verfügt. Diese Aufgabe aber und die sich daran knüpfende weitere Frage, wie weit innerhalb der gezogenen Berufsgrenzen das Erreichbare mit Energie und Nachdruck durchzusetzen ist, wird leider den Verwaltungsbehörden durch Nichts mehr erschwert, als durch die Masse elender Streitigkeiten auf diesem Gebiet. Diesem Unwesen und den sich fortwährend vermehrenden oft durch bloße Einfälle einer einzelnen Partei hervorgerufenen jahrelangen Controversen vorzubeugen, und dadurch zunächst, wie der Verfasser nicht läugnen will, sich selbst — aber vielleicht auch Anderen Luft und Lust zu schaffen, nicht nur mit der partie honteuse der socialen Frage: den Streitigkeiten über die öffentliche Armenpflege — sich zu beschäftigen, Das war der Zweck der vorstehenden Arbeit.

Anhang.

Anlage A.

Erkenntniß vom 21. April 1856.

(Strieth. Arch Bd. 21 S. 101)

Die am 27. Juli 1826 in Mohrin geborene unverehelichte Henriette R. hatte seit 1842 diese Stadt verlassen, am 24. April 1851 in Freienwalde, wo sie damals diente, außer der Ehe einen Knaben geboren, und denselben bei der verehelichten Webermeister H. in Wriezen untergebracht. Bis Ende Juli 1853 hatte die H. für das Kind von der Stadtgemeinde Mohrin 1 Thlr. 15 Sgr. als monatliche Pflegegelder gezahlt erhalten, nach dieser Zeit aber war, da die Mutter zur Erhaltung ihres Kindes Nichts beitrug, die Verpflegung desselben der Stadtgemeinde Wriezen anheimgefallen. Dieselbe erkannte jedoch eine Verpflichtung dazu nicht an, und beantragte am 14. November 1853 bei der ständischen Landarmen-Direction der Kurmark Brandenburg, ihr die seit dem 1. August 1853 aufgelaufenen Alimente mit 1 Thlr. 15 Sgr. monatlich zu bezahlen und eventuell über die anderweite Unterbringung des Kindes Bestimmung zu treffen. Auf die abschlägliche Antwort dieser Behörde wandte sich der Magistrat der Stadt Wriezen an die Regierung zu Potsdam, welche auch hiernächst durch Resolut vom 19. April 1854 interimistisch festsetzte, daß die genannte Landarmen-Direction zur Erstattung der Verpflegungsgelder seit dem 1. August 1853 mit monatlich 1 Thlr. 15 Sgr., sowie zur Uebernahme der ferneren Fürsorge für das R.'sche Kind für verpflichtet zu erachten.

In Folge dessen hat die gedachte Landarmen-Direction auch für die Zeit vom 1. August 1853 bis Ende Mai 1854 die aufgelaufenen Verpflegungsgelder für das Kind bezahlt und sich auch der ferneren Verpflegung desselben unterzogen. Sie beschritt aber hierauf gegen das Regierungs-Resolut den Rechtsweg, weil die Verpflichtung der Gemeinde Mohrin während der Zeit vom 27. Juli 1850, dem Tage der Großjährigkeit der Henriette R., bis dahin 1853 vorhanden gewesen, und die Hülfsbedürftigkeit der ersteren resp. ihres Kindes aus dem Jahre 1851 datire, diese also der Armenpflege der Stadt Mohrin für immer anheimgefallen sei. Die Landarmen-Direction beantragte deshalb, zu erkennen: daß ihr die Fürsorge für das uneheliche Kind der Henriette R. wieder abzunehmen, und sämmtliche durch die Verpflegung und Erziehung desselben entstandenen und noch entstehenden Verpflegungs- und Erziehungskosten zu zahlen.

Die Verklagte beantragte die Abweisung der Klage. Sie bestritt, daß überhaupt eine Nothwendigkeit der Armenpflege vorgelegen habe, da die Armuth der Henriette R. und ihre Unfähigkeit, selbst die Alimente für ihr Kind zu bezahlen, noch gar nicht festgestellt worden sei. Sie selbst, die Verklagte, habe die Verpflegungsgelder für das Kind nur deshalb bezahlt, weil die Henriette R. im Jahre 1851 noch Vermögen besessen habe, von dem die Alimentengelder theilweise wieder erstattet worden seien, und daß dieselben nicht ganz erstattet worden seien, habe seinen Grund darin, daß aus Versehen der Rest des Vermögens der Henriette R. sowie ihr Dienstlohn nicht mit Beschlag belegt worden sei.

Durch die gleichlautenden Erkenntnisse erster und zweiter Instanz wurde die Verklagte nach dem Klageantrage verurtheilt. In dem zweiten Erkenntnisse wurde hinsichtlich der

Frage: ob die Armenpflege für das von der Henriette R. am 24. April 1851 außer der Ehe geborene Kind dem Landarmen-Verbande oder der Verklagten als Heimathsgemeinde der Mutter zur Last falle? angenommen: daß die Hülfsbedürftigkeit für das Kind und dessen unvermögende Mutter schon im Jahre 1851 eingetreten sei, und daß die Fürsorge der Verklagten, als Heimathsgemeinde der Mutter, zur Last falle, weil die letztere nach Verlassung ihres Geburtsorts am 27. Juli 1850 die Großjährigkeit erreicht habe, und deren dreijährige Abwesenheit vom Geburtsort erst auf den 27. Juli 1853 zu datiren sei. Insbesondere wurde in Betreff der Hülfsbedürftigkeits-Frage selbst ausgeführt, daß die Behauptung der Verklagten, diese Hülfsbedürftigkeit habe sich im Jahre 1851 noch nicht herausgestellt, weil die R. zu jener Zeit noch Vermögen gehabt und arbeitsfähig gewesen sei, — durch die Thatsachen widerlegt werde, daß das Vermögen zur Ernährung des Kindes nicht hingereicht, und die Mutter selbst dazu Nichts beigetragen habe. Das Regierungs-Resolut rühre freilich erst aus dem Jahre 1854 her, und könne nicht füglich auf das Jahr 1851 zurückbezogen werden; aber in dieser Entscheidung müsse eine Anerkennung der Nothwendigkeit der gegebenen Alimente gefunden werden, da es (§. 33 a. a. O.) in der Pflicht der Verwaltungsbehörde liege, keine Ansprüche zuzulassen, welche über das Nothwendige hinausgingen. Die Definition des Armen im gesetzlichen Sinne dürfe nicht erst, wie die Verklagte meine, aus dem Gesetze vom 8. September 1804, betreffend die Verpflegung der Armen in der Kurmark, der Neumark und in Pommern, entnommen werden. Sie sei gegeben §. 4 des Gesetzes über die Aufnahme neu anziehender Personen vom 31. Dezember 1842, und durch die Reskripte vom 22. und 28. Juli 1836 (v. Kamptz, Annalen Bd. 20. S. 729). Darnach sei es derjenige, dem auch das physische Vermögen fehle, sich den nothdürftigen Unterhalt durch Arbeit zu verschaffen, — eine Definition, die ohne Zweifel auf den Zustand der unverehelichten R. im Jahre 1851 gepaßt habe, und namentlich beziehentlich ihres Kindes noch jetzt passe.

Das Ober-Tribunal hat die von der Verklagten erhobene Nichtigkeitsbeschwerde verworfen.

Gründe:

Implorantin behauptet zuvörderst, daß wenn auch im Jahre 1851 die gesetzliche Armenpflege ihr zur Last gefallen sein möchte, diese doch wiederum am 27. Juli 1853 erloschen sei, nachdem die R. drei Jahre nach erreichter Großjährigkeit von Mohrin entfernt gewesen. Dieser Beschwerdepunkt ist aber durch §. 1. Nr. 3 und die §§. 4. 22. 25 des Armenpflege-Gesetzes vom 31. Dezember 1842 nicht gerechtfertigt. Die Fürsorge für einen Armen hat nach §. 1. Nr. 3 diejenige Gemeinde, in welcher derselbe nach erlangter Großjährigkeit während der drei letzten Jahre vor dem Zeitpunkt, wo seine Hülfsbedürftigkeit hervortritt, seinen gewöhnlichen Aufenthalt gehabt hat, und sie erlischt nach §. 4, wenn der Verarmte nach erlangter Großjährigkeit seit drei Jahren aus der Gemeinde abwesend ist. In einem Falle, wie der vorliegende, wo die Hülfsbedürftigkeit bereits während jener drei Abwesenheitsjahre eingetreten ist, soll sie nun nach der Meinung der Implorantin wieder erloschen sein, als die drei Abwesenheitsjahre abgelaufen waren. Dies ist aber weder aus §. 1 noch aus §. 4 zu beweisen. Die Pflegeverbindlichkeit, welche in einem gewissen Zeitraum eingetreten ist, bleibt fortbestehen, und wie der Appellations-Richter mit vollem Grunde annimmt, so lange bis die Hülfsbedürftigkeit als Grund der Gemeindeverbindlichkeit selbst aufhört. **Eine Erlöschung durch dreijährige Abwesenheit nach §. 4 ist nur dann anzuerkennen, wenn innerhalb jener drei Jahre noch keine Armenpflege eingetreten war, — nicht aber in dem hier vorliegenden Falle, wo schon im Jahre 1851, also im Laufe der dreijährigen Zeit, die Hülfsbedürftigkeit, und mit ihr die Nothwendigkeit der Armenpflege sich herausgestellt hat.** Was aber von der Mutter gilt, dasselbe gilt auch nach §. 22 von ihrem unehelichen Kinde. Der §. 25 ist hierbei gar nicht in Anschlag zu bringen. Er bestimmt nur, daß Neuanziehende, welche den Wohnsitz an einem andern Ort nehmen wollen, wegen Verarmung zurückgewiesen werden können und inzwischen zu verpflegen sind. Hier ist aber weder von einem Wohnsitz noch von einer zeitweiligen Verpflegung die Rede.

Implorantin behauptet ferner, daß die R. keineswegs arm, die Armuth derselben vom Prozeßrichter zu prüfen, und ihm vom Kläger der desfalls nöthige Beweis zu liefern sei. Dies ist aber aus §. 1. Nr 3 nicht zu beweisen, und der §. 33 spricht nicht für, sondern wider die Implorantin. Denn die Eigenschaft als Armer ist lediglich im Verwaltungswege festzustellen, und durch das Regierungs-Resolut v. 19. April 1854 ist sie wirklich (wie der Appellations Richter ohne Widerspruch annimmt), als schon im Jahre 1851 eingetreten, festgestellt. Ist die Festsetzung nur hinsichts der Alimente seit dem 1. August 1853 getroffen, so beruht dies lediglich darauf, daß bis dahin die Implorantin freiwillig sich der Alimentation des Kindes unterzogen hatte. Bei der Bestimmung des §. 33 kann es auch nicht weiter darauf ankommen, wie der Begriff „Armer" zu deuten sei? Das Patent vom 8. September 1804 hat seine Wirksamkeit durch §. 4 des Heimathsgesetzes verloren. Diesem §. 4 zufolge ist das Regierungs-Resolut ergangen, und die demselben zum Grunde liegenden faktischen Umstände sind von der Implorantin nicht beseitigt. Es ist dies Resolut zwar nur zwischen der Klägerin und der Gemeinde Wriezen ergangen, in deren Bezirk das Kind der R. untergebracht war. Es ist aber jedenfalls gegen die Klägerin die Nothwendigkeit der Armenpflege festgestellt, und die Implorantin hätte, wenn sie das Gegentheil behauptet hätte, daher auch ihrerseits das Gegentheil beweisen müssen.

Anlage B.

Resolut.

In der Streitsache zwischen der Kommune Wriezen und der Ständischen Landarmen-Direktion der Kurmark, wegen Erstattung der Verpflegungskosten für das Kind der unverehelichten Henriette R. aus Mohrin vom 1. August 1853 ab, sowie wegen Uebernahme der ferneren Fürsorge für dieses Kind entscheidet die unterzeichnete Königl. Regierung kraft der ihr durch §. 34 des Armengesetzes vom 31. Dezember 1842 beigelegten Befugniß, nach Lage der Akten:

daß die Ständische Landarmen-Direction der Kurmark zur Erstattung der obengedachten Verpflegungsgelder vom 1. August 1853 ab sowie zur Uebernahme der ferneren Fürsorge für das genannte Kind für verpflichtet zu erachten.

Entscheidungsgründe.

Die unverehelichte Henriette R. aus Mohrin hatte ihr Kind, Namens Franz Wilhelm Julius R. bei der verehelichten Webermeister H. in Wriezen in Pflege untergebracht. Bei der Mittellosigkeit der unverehelichten R. zahlte die Angehörigkeits-Kommune Mohrin die Pflegegelder mit 1 Thlr. 15 Sgr monatlich bis incl. Juli 1853. Dann stellte die Kommune Mohrin ihre Zahlungen ein, da die am 27. Juli 1826 geborene Mutter dieses Kindes nach erlangter Großjährigkeit seit drei Jahren aus der Gemeinde Mohrin abwesend war und die Verpflichtung der Kommune Mohrin nach §. 4 des Armengesetzes erloschen war. Da nun die Mutter des Kindes nach erlangter Großjährigkeit sich in verschiedenen Orten, nirgends aber bis jetzt drei Jahre ununterbrochen in dienenden Verhältnissen aufgehalten und ein gesetzliches Domicil an keinem Orte erworben hat, so verlangt die Kommune Wriezen von der Ständischen Landarmen-Direktion die Erstattung der seit dem Monat August 1853 gezahlten Verpflegungsgelder sowie die Uebernahme der ferneren Fürsorge für das Kind der rc. R. Die Ständische Landarmen-Direktion verweigert beides, weil die Verpflichtung der Angehörigkeits-Kommune Mohrin zur hier besagten Armenpflege deshalb, daß die unverehelichte R. zu ihrer theilweisen Ernährung einen andern Aufenthalt genommen und dadurch seit drei Jahren nach erlangter Großjährigkeit aus der Kommune Mohrin abwesend gewesen, nicht erloschen sei, die Verpflichtung der Kommune Mohrin vielmehr fortbestehe, weil die Armenpflege für das Kind der ꝛc. R. eingetreten, ehe die letztere ihre Angehörigkeit zur Stadt Mohrin verloren hatte.

Diese Weigerung der Ständischen Landarmen-Direktion ist gesetzlich nicht begründet. Die unverehelichte R. hat ihren Geburts- und Angehörigkeitsort Mohrin bereits im Jahre 1852 verlassen und ist dahin nicht wieder zurückgekehrt. Die Verpflichtung der Kommune Mohrin ist somit im Monat Juli 1853, wo die ꝛc. R. das 27. Lebensjahr zurückgelegt und seit drei Jahren nach erlangter Großjährigkeit aus der Kommune Mohrin abwesend war, nach der ausdrücklichen Vorschrift des §. 4 des Armengesetzes erloschen. Die ꝛc. R. hat sich nach beschrittener Großjährigkeit theils in Königsberg i/N., theils in Freienwalde a. O. und in Berlin in dienenden Verhältnissen aufgehalten, nirgends aber durch einen dreijährigen Aufenthalt ein Hülfs-Domicil erworben. Da somit keine Gemeinde vorhanden ist, welche die Fürsorge für das Kind der unverehelichten R. zu übernehmen verpflichtet ist, so muß diese Fürsorge nach §. 9 des Armengesetzes von dem Landarmen-Verbande der Kurmark getragen werden, weshalb auch, wie geschehen, zu erkennen war.

Gegen diese Entscheidung steht der Rechtsweg offen, jedoch gilt dieselbe auch bei dessen Beschreitung als Interimisticum, und muß bis zur rechtskräftigen Beendigung des Prozesses befolgt werden.

Potsdam, den 19. April 1854.

Königliche Regierung, Abtheilung I.

Anlage C.

Erkenntniß vom 30. Mai 1859.

(bisher ungedruckt.)

In Sachen der Armen-Direktion zu Berlin, Klägerin und Implorantin wider die Stadtkommune Straußberg Verklagte und Implorantin hat der I. Senat des Königlichen Ober-Tribunals in der Sitzung vom 30. Mai 1859 für Recht erkannt, daß die wider das Urtel des Civilsenats des Königlichen Kammergerichts, Abtheilung II. vom 20. Dezember 1858 erhobene Nichtigkeitsbeschwerde zurückzuweisen und der Implorantin die Kosten des Nichtigkeitsverfahrens aufzuerlegen, die gerichtlichen jedoch außer Ansatz zu lassen.

Gründe:

Nach der Ansicht des Appellationsrichters ist der Unterstützungswohnsitz des Arbeitsmannes Lenz durch dreijährige Abwesenheit von Straußberg erloschen, indem er diesen Ort schon am 1. April 1853 verlassen hat, und erst im Januar 1857 in Berlin dessen Hülfsbedürftigkeit hervorgetreten ist. Zwar sind dem Lenz während seines mehr als dreijährigen Aufenthalts in Berlin schon im Oktober 1854 Arzneimittel zu verabreichen gewesen, und von der Verklagten erstattet worden. Der Appellationsrichter hat dieses Ereigniß jedoch im Sinne des Armenpflegesetzes vom 31. Dezember 1842 nicht für eine im Laufe der drei Abwesenheitsjahre hervorgetretene Hülfsbedürftigkeit erachtet, weil die Gewährung von 14 Sgr. 5 Pf. an den Erkrankten nur einen **vorübergehenden** — nicht aber den Zustand einer **fortwährenden** Hülfsbedürftigkeit betroffen habe. Implorantin findet hierin eine Verletzung des §. 1 Nr. 3 und des §. 4 des Armenpflegegesetzes, indem derselbe zwischen periodischer und fortdauernder Hülfsbedürftigkeit nicht unterscheide.

Ihre Beschwerden können jedoch für begründet nicht erachtet werden.

Lenz ist lediglich durch dreijährigen Aufenthalt der Stadt Berlin angehörig geworden. Diese drei Jahre waren im April 1856 abgelaufen, und die jetzt in Frage stehende Fürsorge ist erst im Januar 1857 nöthig geworden, als Lenz schon 3¾ Jahre und als Großjähriger von Straußberg abwesend war. Nach den allegirten Gesetzen würde nun die Hülfsbedürftigkeit allerdings für eine schon im Laufe der ersten drei Abwesenheitsjahre eingetretene zu erachten sein, wenn v. Oktober 1854 ab eine **permanente Fürsorge** für den Lenz nothwendig geworden wäre. Dasselbe ist aber nicht anzunehmen, wenn die geringe Unterstützung mit 14 Sgr. 5 Pf. für Arzneien in einer Krankheit verabreicht und vom Oktober 1854 bis zum Januar 1858 ein Zeitraum von mehr als zwei Jahren verflossen ist, in welchem weder von Lenz noch von der Verwaltungsbehörde eine Fürsorge beansprucht ist. Es ist richtig, daß in §. 1 Nr. 3 nicht zwischen vorübergehender und fortdauernder Hülfsbedürftigkeit unterschieden wird. Daraus folgt aber nicht, daß dem **fortwährend,** vielleicht **auf Lebenszeit** zu Unterstützenden derjenige gleichzustellen sei, für welchen einmal Arznei bezahlt und welcher dadurch wieder in den Zustand der Gesundheit und der Selbsternährungsfähigkeit zurückversetzt wird. Im Oktober 1854 ist (§§. 26. 32) dem Lenz nur als einem Fremden die Arznei verabreicht, sein Domicil war damals ein ungewisses und es ist ihm erst im April 1856 durch dreijährigen Aufenthalt ein Domicil in Berlin zu Theil geworden.

Die Implorantin hat in der Unterstützung des Oktober 1854 auch gar keine Veranlassung gefunden, den Lenz in seine Heimath zurückzuweisen, sich vielmehr damit begnügt, von der Verklagten Ersatz der geringen Arzneikosten zu fordern und anzunehmen.

Die Implorantin glaubt endlich zwar noch, in einem Urtel des Königlichen Ober-Tribunals vom 21. April 1856 die Bestätigung ihrer Ansicht zu finden, daß nämlich auch bei der geringsten vorübergehenden Unterstützung innerhalb der ersten drei Abwesenheitsjahre, die Abwesenheitszeit erst von dem Zeitpunkt dieser Unterstützung ab zu berechnen sei. Dies ist aber in jenem Urtel keineswegs ausgesprochen, und es war dort selbst keine Veranlassung vorhanden, sich hierüber auszusprechen, da der Streitfall ein ganz verschiedener war.

Eine Großjährige hat außerhalb ihres Heimathortes ein uneheliches Kind geboren, es war dem Landarmenverbande zur Last gefallen, und als dieser seinen Regreß an die Heimathsbehörde der Mutter nahm, wurde ihm der Einwand gemacht, daß mit Ablauf der drei Abwesenheitsjahre die Pflicht der Heimathsgemeinde wieder erloschen sei.

Dieser Einwand ist verworfen, weil eine Erlöschung nach §. 4 sich nur dann behaupten lasse, wenn innerhalb der drei Abwesenheitsjahre noch gar keine Armenpflege eingetreten wäre.

Der jetzige Fall ist hiernach von dem früheren darin wesentlich abweichend, daß im letzteren fortdauernde Unterstützung vorgewaltet hatte. Hier dagegen, wo eine **continuirliche Unterstützung** gar nicht nöthig geworden ist, ist jenes Urtels-Argument darin wieder zutreffend, daß innerhalb der ersten drei Abwesenheitsjahre eine **eigentliche Armenpflege** noch gar nicht vorgekommen ist.

Die Beschwerde mußte hiernach also zurückgewiesen werden.

Anlage D.

Erkenntniß vom 28. Juni 1861.

(Strieth. Arch. Bd. 42. S. 219.)

Bevor die Mutter des unehelichen Kindes Anna Siebert sich am 16. Mai 1858 mit einem Arbeitsmanne in Berlin verheirathete, war ihr in Frankfurt a/O. zurückgelassenes Kind schon seit dem 14. Mai 1858 der öffentlichen Fürsorge bedürftig, und diese ist ihm von dem Armenverbande der Stadt Frankfurt gewährt worden. Auf die Weigerung des Armenverbandes in Berlin, die desfallsigen Kosten zu erstatten und die fernere Pflege zu übernehmen, wurde durch das Regierungs-Resolut vom 19. November 1859 festgesetzt, daß die Gemeinde Berlin v. 16. Mai 1858 ab für den zur Fürsorge für jenes Kind verpflichteten Armenverband zu erachten sei. Gegen dies Resolut ergriff der Armenverband in Berlin den Rechtsweg und beantragte: den Armenverband der Stadt Frankfurt zu verurtheilen, die Verpflegung der Anna Siebert zu übernehmen und denselben für nicht befugt zu erklären, die von ihm aufgewendeten Verpflegungs-Kosten von 23 Thlrn. 1 Sgr. 9 Pf. erstattet zu verlangen. — Die Richter erster und zweiter Instanz wiesen den Kläger ab. Der Appellationsrichter nahm an, daß die Anna Siebert nach §. 22 des Armenpflegegesetzes seit der Verheirathung ihrer Mutter dem neuen Domizile derselben gefolgt und deshalb dem Kläger zur Armenpflege zugefallen sei.

Auf die von dem Kläger erhobene Nichtigkeitsbeschwerde hat das Ober-Tribunal das Appellations-Erkenntniß vernichtet und, unter Abänderung des ersten Erkenntnisses, den Verklagten nach dem Klageantrage verurtheilt.

Gründe:

Es ist allerdings richtig, daß uneheliche Kinder dem Domizil ihrer Mutter folgen; und wäre die Hülfsbedürftigkeit der Anna Siebert erst eingetreten, nachdem deren Mutter durch die Ehe mit Sommerfeld ein Domizil in Berlin erlangt hatte, so würde freilich Kläger der verpflichtete Armenverband sein.

Es ist aber der vorherrschende Grundsatz des Gesetzes §. 1. 3*), daß die Fürsorge von demjenigen Armenverbande zu übernehmen ist, in welchem die Hülfsbedürftigkeit hervorgetreten, und daß von eben diesem Armenverbande auch mit der Fürsorge so lange fortzufahren ist, bis die Hülfsbedürftigkeit selbst ihr Ende erreicht hat. War nun vor Eingehung der Ehe der Verklagte der für die Siebert und ihr Kind verpflichtete Armenverband, und hat derselbe schon seit dem 14. Mai 1858 dem Kinde oder eigentlich dessen Mutter die nöthige Unterstützung geleistet, so ist durch die demnächstige Ehe im Fortlauf der Fürsorge-Verpflichtung auch nichts geändert.

Daraus folgt weiter in der Sache selbst, daß Verklagter die Armenpflege für die Anna Siebert zu übernehmen hat und für den Aufwand seit dem 14. Mai 1858 auch keinen Kostenersatz vom Kläger verlangen kann. Bis zur Eingehung der Ehe ist der Anna Siebert nun zwar eine Bekleidung zum Kostenbetrage von 1 Thlr. 3 Sgr. 6 Pf. gewährt; die Verpflegungskosten haben erst am Tage der Ehe, den 16. Mai, ihren Anfang genommen. Indeß bei der vorliegenden Frage kann es nichts entscheiden, daß nur eine der verschiedenen Unterstützungsarten vor Eingehung der Ehe gewährt und von geringem Betrage gewesen ist. Es genügt, daß zwei Tage vor der Eingehung der Ehe die Hülfsbedürftigkeit der Mutter und ihres Kindes vom Verklagten anerkannt und wirklich Hülfe gewährt worden ist. Demnach hat auch das Urtheil erster Instanz geändert, und nach dem rechtlich begründeten Antrage des Klägers erkannt werden müssen.

Anlage E.

Erkenntniß vom 14. September 1857.

(Strieth. Arch. Bd. 27. S. 37.)

Die verarmte und heimathslose Marie G. hat am 22. Februar 1849 in Berlin bei einem zufälligen und vorübergehenden Aufenthalte daselbst ein uneheliches Kind geboren. Die Armen-Direktion in Berlin hat von dem Altpommerschen Land-Armenfonds die Uebernahme der Verpflegung dieses Kindes verlangt, weil die Mutter bereits zur Zeit der Geburt desselben dem Altpommerschen Land-Armenverbande anheimgefallen war. Der Verklagte ist demgemäß in erster und zweiter Instanz verurtheilt worden, und das Ober-Tribunal hat die von dem Verklagten erhobene Nichtigkeitsbeschwerde verworfen.

---

*) Eine Vergleichung mit dem Original des Erkenntnisses hat ergeben, daß darin, wie oben, auf „§. 1. 3." und nicht auf „§. 1 und 3" hingewiesen ist, welche Lesart nur durch einen Druckfehler sich Strieth. Arch. Bd. 49. S. 219 an der bezeichneten Stelle findet.
Anm. des Verf.

Gründe:

Nach der Feststellung des Appellations-Urtheils war die verarmte und heimathslose Marie G. bereits dem verklagten Land-Armenverbande zur Pflege anheimgefallen, als sie am 22. Februar 1849 bei einem zufälligen und vorübergehenden Aufenthalt in Berlin dasjenige uneheliche Kind gebar, um dessen Verpflegung es sich jetzt handelt. Da nun nach §§. 20 und 22 des Armenpflege-Gesetzes vom 31. Dezember 1842 bei ehelichen Kindern die Armenpflege demjenigen Armenverbande zur Last fällt, welcher für den ehelichen Vater zu sorgen hat, und in gleicher Weise uneheliche Kinder dem Verhältniß der Mutter folgen, so hat der Appellations-Richter die §§. 20. 22. keineswegs unrichtig angewendet, wenn er angenommen hat, daß dem Imploranten, welchem die Fürsorge für die Mutter oblag, auch eine gleiche Fürsorge für deren außereheliches Kind obliege. Das Zweifelhafte liegt hier nur darin, daß der Pflichtige kein örtlicher, sondern ein Land-Armenverband, und daß das uneheliche Kind in dem Bezirk eines anderen Land-Armenverbandes geboren ist; und Implorant ist daher der Meinung, daß nach §. 12 Rücksichts des außerehelichen Kindes derjenige Armenverband der Verpflichtete sei, in dessen Bereich das Kind geboren und durch dessen Geburt das Pflegebedürfniß hervorgetreten ist. Der Appellations-Richter hat aber den §. 12 mit Recht für den vorliegenden Fall für unanwendbar erachtet.

Das Armenpflege-Gesetz handelt in den §§. 1 ff. zuvörderst von den Orts-Armenverbänden, in den §§. 9 ff. von der Pflege Heimathsloser durch den Provinzial-Armenverband; worauf es in den §§. 17 ff. die Pflegelast gegen verarmte Väter oder Mütter auf deren eheliche, resp. außereheliche Kinder ausdehnt. Wenn es nun im §. 12 bestimmt hat:

die Fürsorge für den Verarmten hat derjenige Land-Armenverband zu übernehmen, in dessen Bezirke das Bedürfniß dazu hervortritt,

so ist damit nur entschieden, welcher von mehreren möglichen Landarmenverbänden der Verpflichtete sei.

Der Grundsatz des §. 22:

„daß uneheliche Kinder dem Verhältniß der Mutter folgen"

wird dadurch nicht alterirt. Stand nun fest, daß die Mutter vor der Geburt des Kindes schon dem Imploranten zur Pflege anheimgefallen war, so überkam er dem §. 22 zufolge neben der Fürsorge für die Mutter auch die Fürsorge für deren außereheliches Kind; und es kann nicht in Frage gestellt werden: ob die Pflegelast zwischen Mutter und Kind unter mehrere Armenverbände zu vertheilen sei.

Die Muttter ist Land-Arme verblieben, und das Kind demselben Armenverbande verfallen, welchem die Fürsorge für die Mutter oblag und noch obliegt.

Für die Klägerin, in deren Bereich die Mutter weder Wohnsitz noch dauernden Aufenthalt gehabt hat, ist ein Grund zur Armenpflege gar nicht ersichtlich.

Anlage F.

Erkenntniß vom 16. April 1858.

(Strieth. Arch. Bd. 29. S. 255.)

Der Dienstknecht Ludwig Eggert hat sich in den Jahren 1853 und 1854 in dem Bezirke das Landarmenverbandes der Kurmark Brandenburg aufgehalten, während — im Juli 1853 — seine Ehefrau als Geisteskranke, und — im August 1854 — seine Tochter als obdachlos in Berlin der Hülfe der dortigen Armen-Direktion bedürftig geworden ist. Die Königliche Regierung zu Potsdam hat resolvirt, daß die ständische Landarmen-Direktion — weil Eggert, der Vater und Ehemann, ein Heimathsloser sei, — zur Fürsorge für dessen Ehefrau und Kind nicht verpflichtet, vielmehr die Stadt Berlin als Landarmenverband hierzu verbunden sei, in deren Bereich das Pflegebedürfniß entstanden ist. Die

Armen-Direktion zu Berlin ist deshalb gegen die ständische Landarmen-Direktion der Kurmark Brandenburg klagbar geworden. — Die Richter beider Instanzen traten der Ansicht der Königlichen Regierung bei, und erachtetete der Appellations-Richter, weil das Pflegebedürfniß nicht in der Person des Eggert, sondern nur Rücksichts seiner Familie eingetreten sei, die §§. 17, 20 des Armenpflegegesetzes vom 31. Dezember 1842 für unanwendbar und auf Grund des §. 12 desselben Gesetzes die Klage für unbegründet.

Das Ober-Tribunal hat auf die Nichtigkeitsbeschwerde der Klägerin das zweite Urtheil vernichtet und unter Abänderung des ersten Urtheils die Klägerin nur zur Zeit abgewiesen.

Gründe:

In der Nichtigkeitsbeschwerde ist von der Implorantin ausgeführt, daß die §§. 9. 12 des Armenpflegegesetzes ungebührlich zur Anwendung gebracht, und die §§. 17. 20 dagegen zur Ungebühr von der Anwendung ausgeschlossen worden, und diese Beschwerde muß für begründet erachtet werden. Unter Voraussetzung, daß Eggert selbst ein Heimathsloser gewesen und der Unterstützung für seine Person bedurft hätte, würde allerdings die Verklagte die Pflegeschuldige geworden sein — gemäß §. 12, wonach die Fürsorge derjenige Landarmenverband zu übernehmen hat, in dessen Bezirke das Bedürfniß dazu hervortritt. Nun ist Eggert selbst aber nicht der Fürsorge bedürftig geworden; das Bedürfniß hat bloß seine Frau und sein Kind betroffen, und eben dieses Bedürfniß ist in einem anderen Landarmenverbande, nämlich dem der Stadt Berlin, hervorgetreten, und der Appellations-Richter hat deshalb die Bestimmung des §. 12 entscheiden lassen, indem er die Familie vom Familienvater scheidet.

Dies ist aber den §§. 17. 20 zuwider. Nach denselben hat für Ehefrau und Kinder des Verarmten derselbe Armenverband zu sorgen, **und dieser Grundsatz muß neben der Bestimmung des §. 12 zur Geltung und Ausführung kommen**. Eggert für seine Person mag nicht verarmt sein. **Im Sinne des Gesetzes ist er aber für verarmt ebenfalls zu erachten, wenn** er der Ehefrau und dem Kinde das, was sie bedürfen, zu gewähren **außer Stande ist.** Stände also fest, daß Eggert ein Heimathsloser ist, und ist es unbestritten, daß er **seinen Aufenthalt**, wie wohl **vagirend,** stets, und besonders zur Zeit des für seine Familie eingetretenen Bedürfnisses, im Bereich der Verklagten gehabt hat, so würde allerdings die verklagte Direktion auch die Fürsorge für Frau und Kind zu übernehmen haben, welche, der Verklagten gegenüber, mit dem Eggert als eine Person zu betrachten sind, und ohne Bestimmung des Vaters und Ehemanns gar nicht einen selbstständigen Aufenthalt oder Wohnsitz erreichen konnten. **Die Angehörigkeit zu einem Armenverbande bleibt dieselbe, ob Jemand Wohnsitz hat und einem Ortsarmenverbande angehört — oder ob er ein Heimathsloser ist und einem Landarmenverbande angehört.** Die Angehörigkeit wird lediglich durch die **Sphäre** bestimmt, über welche sich ein gewisser Armenverband verbreitet.

Das Appellations-Urtheil muß hiernach wegen Verletzung der §§. 17. 20 des Armenpflegegesetzes vernichtet, in der Sache selbst kann gleichwohl aber die Verklagte nicht schon nach dem Klageantrage verurtheilt werden. Es steht nämlich noch gar nicht fest, daß Eggert ein Heimathsloser wirklich sei. Seiner Aussage vom 15. Janurar 1856 zufolge ist er in Rudow geboren, wo noch seine Mutter lebt. Seit seiner Konfirmation hat er an mehreren Orten als Knecht gedient, sich zuerst in Klein-Ziethen verheirathet und dort eine Reihe von Jahren hindurch gewohnt, dann sich zum zweitenmale in Tiefensee verheirathet, wo er wiederum gewohnt hat und sodann in mehreren Orten umher gezogen ist. Die Verklagte hat nun bestritten, daß Eggert ein Heimathsloser gewesen sei. Sie hat in appellatorio ausdrücklich behauptet, daß Eggert noch keinem Landarmenverbande anheimgefallen sei. Die Klägerin hat über die Heimathslosigkeit noch gar Nichts bewiesen, und aus der eigenen Aussage des Eggert geht hervor, daß er 9 Jahre in Klein-Ziethen gewohnt hat. Ob er immer Dienstknecht gewesen, und daher nach §. 2 des Armenpflegesetzes einen Wohnsitz zu begründen außer Stande gewesen, ist noch im Dunkeln; und sollte der am 27. Dezember 1818 geborene Eggert wirklich seit seiner Konfirmation auch nur in Dienstverhältnissen gestanden haben, so fragt es sich noch, ob und wie weit nicht die Gemeinde seines Geburtsorts Rudow die jetzt in Streit befangene Pflege zu übernehmen verbunden sei.

Es liegen also noch Anzeichen genug über die mögliche Existenz eines verhafteten Ortsarmenverbandes vor, und da nach §. 9 der Landarmenverband erst zur Armenpflege verbunden ist, wenn es an jedem Ortsarmenverbande ermangelt, so folgt hieraus, daß die Klägerin erst auf die Ortsarmenverbände zurückgehen oder den Mangel solcher Verbände beweisen muß, ehe sie ihren Regreß an die Verklagte als Landarmenverband nehmen kann. Zugleich und vorher muß aber auch festgestellt werden, daß Eggert wirklich sich außer Stande befinde, aus seinen Mitteln und Kräften seiner Frau und seinem Kinde den nöthigen Unterhalt zu gewähren, als worüber bisher noch gar Nichts ausgeführt und im gesetzmäßigen Wege konstatirt ist. Die Klägerin mußte daher mit ihrer Klage zur Zeit abgewiesen werden.

Anlage G.

Erkenntniß vom 24. September 1860.

Strieth. Arch. Bd. 39. S. 75.

Die heimathlose Wittwe Kaltenbach war im Jahre 1858 von Görlitz, woselbst sie einige Monate in Dienst gestanden, nach Ober-Oertmannsdorf im Kreise Lauban verzogen, nachdem sie ihre beiden unehelichen Kinder zu Görlitz untergebracht und das Pflegegeld für dieselben auf 2 Monate vorausbezahlt hatte. Da sie weitere Pflegegelder nicht entrichtete, auch dazu unvermögend, und von dem natürlichen Vater die Alimentation nicht zu erlangen war, so wurde die Fürsorge für die Kinder vorläufig von dem Landarmen-Verband des Kreises Görlitz übernommen. Derselbe erachtete jedoch hierzu den Landarmen-Verband des Kreises Lauban für verpflichtet und wurde deshalb gegen denselben klagbar.

Das Gericht erster Instanz wies den Kläger ab; das Gericht zweiter Instanz verurtheilte den Verklagten nach dem Klageantrage.

Das Ober-Tribunal hat auf die Revision des Verklagten das zweite Erkenntniß bestätigt.

Gründe.

Nach §. 12 des Armengesetzes vom 31. Dezember 1842 hat in Fällen, wo es an einem Ortsarmen-Verbande fehlt, der Landarmen-Verband die Fürsorge für die Verarmten zu übernehmen, und zwar derjenige Landarmen-Verband, in dessen Bezirk das Bedürfniß zu dieser Fürsorge hervortritt.

Wären die Kinder der rc. Kaltenbach selbstständige Personen im Sinne des §. 1 des Heimathsgesetzes, d. h. solche, welche schon einen Aufenthalt nach eigener Wahl zu nehmen fähig waren oder genommen hatten, so würde allerdings der Kläger für den Pflegeschuldigen zu erachten sein, in dessen Bezirk sich das Hülfsbedürfniß herausstellte. Kinder unter 4 Jahren, wie sie hier in Rede stehen, sind aber keine selbstständige Personen, sie folgen vielmehr nach §. 22 des Armenpflegegesetzes dem Verhältniß der Mutter, welcher beim Unvermögen oder bei der Unbekanntheit des natürlichen Vaters nach §. 629 II. 2 des Allgm. L.-R. die Unterhaltung der Kinder obliegt. Kinder sind von Natur aus hülfsbedürftig; wird ihre Ernährung durch einen Armen-Verband nothwendig, so werden nicht eigentlich die Kinder, sondern es wird deren Mutter unterstützt, welche die Kinder zu unterhalten gesetzlich schuldig und hierzu unvermögend ist.

Der Verarmte, von welchem §. 12 handelt, ist also in der That die Mutter, und da diese zur Zeit der hervorgetretenen Hülfsbedürftigkeit im Kreise Lauban ihr en Aufenthalt gehabt, folgt daraus auch weiter, daß der Verklagte sich dieser Abhülfe unterziehen muß.

Alles was in den §§. 17 ff. wegen Ausdehnung der Armenpflege auf Ehefrauen, Wittwen und Kinder des Verarmten verordnet ist, beschränkt sich keineswegs, wie Verklagter vermeint, auf Ortsarmen-Verbände. Der Landarmen-Verband kann nach §. 9 zwar erst beansprucht werden, wenn es an einem jeden Ortsarmenverbande fehlt. Im Uebrigen ist er aber den Ortsverbänden koordinirt, und die §§. 17 ff. auf ihn ebenso anwendbar, als auf Ortsarmen-Verbände.

Anlage H 1.

Rescript d. Min. d. Innern vom 25. Febr. 1860.

ꝛc. ꝛc. (Min.-Bl. f. i. V. S. 70.)

Die in der Vorstellung vom 9. d. M. Seitens des Magistrats angefochtene Entscheidung des Königlichen Polizei-Präsidiums hierselbst, worin dafür erachtet worden, daß dem an sich arbeitsfähigen und der öffentlichen Unterstützung selbst oder mit seiner Familie bisher noch nicht zur Last gefallenen Arbeitsmann N., nachdem er Arbeitserwerb in N. N. gefunden, auf Grund des §. 4 des Gesetzes über die Aufnahme neuanziehender Personen vom 31. Dezember 1842 der Anzug nach diesem Orte nicht versagt werden könne, und namentlich weder eine vorübergehende Krankheit, noch die Neigung des N. zum Trunk die Annahme rechtfertige,

als besitze derselbe schon gegenwärtig weder hinreichendes Vermögen noch Kräfte, sich und seine Angehörigen nothdürftig zu ernähren,

kann von mir nur für völlig begründet und der bisher auch diesseits festgehaltenen Auslegung des Gesetzes entsprechend erachtet werden.

ꝛc. ꝛc. **Anlage H 2.**

Rescript d. Min. d. Innern v. 11. Januar 1861.

ꝛc. ꝛc. (Min.-Bl. f. i. V. S. 47.)

Was zunächst den Wortlaut des Gesetzes anlangt, so bestimmt der Artikel I. a. a. O. daß der zur Fürsorge verpflichtete Armenverband den Neuanziehenden zu übernehmen hat, wenn sich vor Ablauf eines Jahres nach dem Anzuge ergiebt, daß derselbe sich

in einem solchen Zustande der Verarmung befindet, welcher die öffentliche Unterstützung nothwendig macht.

Zur Anwendbarkeit dieser gesetzlichen Bestimmung reicht also das Faktum einer öffentlichen Unterstützung allein nicht aus, sondern es wird dazu erfordert, daß

1) ein Zustand der Verarmung vorliege, und daß
2) diese Verarmung die öffentliche Unterstützung nothwendig mache.

Der Neuanziehende muß mithin, wenn er soll zurückgewiesen werden können, verarmt sein. Was aber unter Verarmung im Sinne des Artikel I. a. a. O. zu verstehen sei, das ergiebt — da dieser Artikel an die Stelle des §. 5. des Gesetzes über die Aufnahme neuanziehender Personen vom 31. Dezember 1842 getreten ist und im engsten Zusammenhang mit dem §. 4. des Gesetzes steht — eben der letztgedachte §. 4., wonach als arm diejenigen zu betrachten sind,

welche weder hinreichendes Vermögen noch Kräfte besitzen, sich und ihren nicht arbeitsfähigen Angehörigen den nothdürftigsten Lebensunterhalt zu verschaffen, solchen auch nicht von einem zu ihrer Ernährung verpflichteten Verwandten zu erwarten haben.

Demnach ist, wenn die Hülfsbedürftigkeit nicht auf Arbeitsunfähigkeit, sondern auf anderen vorübergehenden Ursachen beruht, Jemand als arm im Sinne des Artikel I. des Gesetzes vom 21. Mai 1855 nicht anzusehen, mithin darf ein solcher auf Grund dieses Gesetzes aus seinem Wohnort nicht verwiesen werden, wenngleich die öffentliche Fürsorge für ihn in Gemäßheit des Armenpflege-Gesetzes unter Umständen einzutreten hat.

ꝛc. ꝛc. **Anlage H 3.**

Rescript d. Min. d. Innern v. 4. Jan. 1862.

ꝛc. ꝛc. (Min.-Bl. f. i. V. S. 26.)

Die Beschwerdeführer halten die Kommune B., woselbst sich die fragliche Familie vor ihrem Anzuge in Br. aufgehalten hat, auf Grund des Art. 1. der Novelle vom 21. Mai 1855 (Ges.-Samml. S. 311) zu deren Wiederaufnahme für verbunden, indem sie sich auf die innerhalb des ersten Jahres nach dem Anzuge in Br. hervorgetretene Nothwendigkeit berufen, die Familie aus öffentlichen Armenfonds mit Unterstützungen zu versehen. Dieser Umstand an sich genügt aber nach dem Erlasse vom 11. Januar v. J. (Minist.-Blatt S. 47) nicht, um die Zurückweisung der Familie nach ihrem früheren Wohnorte zu rechtfertigen; es ist vielmehr hierzu der Nachweis einer innerhalb des ersten Jahres nach dem Anzuge hervorgetretenen dauernden, auf ihrer Erwerbsunfähigkeit beruhenden Verarmung erforderlich, welcher Nachweis durch die vorliegenden Verhandlungen, insbesondere durch das Attest des Kreis-Physikus für geführt nicht erachtet werden kann.

ꝛc. ꝛc.

Anlage I.

Rescript d. Min. d. Innern v. 28. August 1861.

ꝛc. ꝛc. (Min.-Bl. f. i. V. S. 255.)

Welche Arme von dem Landarmen-Verbande zu unterstützen sind, ist im §. 9. bestimmt, und weder an dieser, noch einer anderen Stelle des Gesetzes festgesetzt worden, daß Personen, welche dem Preußischen Staate nicht angehören, aber im Inlande zu unterstützen sind, dem Landarmen-Verbande zur Last fallen sollen. Es ist vielmehr die Verpflichtung der Kommunen zur Armenpflege, den Ausländern gegenüber, nach denselben Grundsätzen zu beurtheilen, wie hinsichtlich der Inländer, welche von den Ausländern nirgends unterschieden worden sind. Hierbei muß insbesondere festgehalten werden, daß die Verpflichtung zur Armenpflege keineswegs mit der Ortsangehörigkeit im weiteren Sinne, welche allerdings Staatsangehörigkeit voraussetzt, zusammenfällt. Das Gesetz vom 31. Dezember 1842. (Nr. 2318.) ist kein Heimathsgesetz, sondern regelt nur nach gewissen Kriterien die Verpflichtung zur Armenpflege, ohne zu bestimmen, ob der Arme, dessen Fürsorge es einer Gemeinde auferlegt hat, dieser auch in anderen Beziehungen als angehörig zu betrachten sei.

ꝛc. ꝛc.

Anlage K1.

Recurs Bescheid.

In Sachen des Königl. Fiskus, vertreten durch die Königl. Charité-Direktion in Berlin, Klägers und Recurrenten wider die Stadtgemeinde F., Verklagte und Recursin hat der Civil-Senat des ꝛc. zum Bescheide ertheilt, daß

da der Kläger den gegen die Verklagte erhobenen Klageanspruch auf Erstattung der Kosten der Kur und Verpflegung der in der Zeit vom 2. Juli bis zum 28. Juli 1860 Krankheitshalber in der Charité aufgenommenen und verpflegten unverehl. Emilie H. zu täglich 10 Sgr. mithin im Gesammtbetrage von 9 Thlrn. darauf stützt, daß die Verpflegte zu F. ortsangehörig und daß nach §. 7 des mit Gesetzeskraft versehenen Regulativs vom 7. Septbr. 1830 (G. S. S. 133) zur Vermeidung aller Weitläuftigkeiten die städtischen Behörden oder sonstigen Communen für die Kur- und Verpflegungskosten eines jeden ihnen angehörigen in die Charité aufgenommenen und daselbst verpflegten Kranken vorzüglich haften und demnach auf Erfordern des Curatorii der Charité die Zahlung für denselben, ohne die Behörde erst auf den Zahlungspflichtigen zu verweisen, — zu leisten haben;

da die Verklagte dem Klageantrage widersprochen und eingewendet hat, daß der §. 7 des gedachten Regulativs, sowohl nach der zur Zeit der Emanirung desselben geltenden Gesetzgebung, als auch nach Maaßgabe der späteren Armenpflegegesetzgebung, namentlich der Gesetze v. 31. Dezbr. 1842 u. 21. Mai 1855 nur das Hülfsdomicil in Betreff der Armenpflege im Auge habe, weshalb Kläger sich nur an die Stadtgemeinde in Berlin, woselbst die Emilie H. zur Zeit ihrer Erkrankung im Jahre 1860 in Dienstverhältnissen gestanden habe, wegen der Erstattung der eingeklagten Kosten halten könne,

da der Richter erster Instanz den Kläger abgewiesen, und zur Begründung dieser Entscheidung ausgeführt hat, daß der Klageanspruch auf nützliche Verwendung und Geschäftsführung ohne Auftrag beruhe, und deshalb mit Rücksicht darauf, daß die Verwaltungsbehörde noch keine Vorentscheidung, namentlich in Betreff der Frage nach der Armuth der Verpflegten und des Nothdürftigen der Unterstützung erlassen habe, zur Zeit unzulässig sei, sowie daß die Königl. Charité keinen Armenverband bilde und deshalb gar nicht zur Klage legitimirt sei und daß endlich Kläger sich jedenfalls nur an die Gemeinde Berlin, woselbst die Emilie H. erkrankt sei, halten könne,

da der Kläger dem ersten Richter in der Recurs-Schrift vorwirft, das Klagefundament verkannt und den §. 7 des gedachten Regulativs durch unrichtige Auslegung verletzt zu haben;

da dieser Vorwurf zwar für begründet zu erachten ist, indem die Klage gar nicht auf die Fundamente der nützlichen Verwendung und der Geschäftsführung ohne Auftrag, vielmehr lediglich auf das in dem §. 7 des gedachten Regulativs der Königl. Charité ertheilte Privilegium gegründet ist, nach welchem deren Verwaltung wegen Erstattung der Kosten für Kur und Verpflegung aufgenommener Kranken sich, um Weitläufigkeiten zu vermeiden, an diejenige städtische Behörde oder sonstige Commune vorzüglich halten darf, welcher der verpflegte Kranke, er mag arm sein, oder nicht — angehörig ist, in welcher Beziehung nach dem Wortsinn des Zusammenhanges dieser Stelle mit den übrigen Bestimmungen dieses Privilegii und dem Zwecke des letzteren der civilrechtliche Wohnsitz des verpflegten Kranken, also dessen gewöhnlicher persönlicher Gerichtsstand für entscheidend erachtet werden muß — §. 46 der Einleitung d. A. L. R. wie dies von dem ꝛc. Gerichte in ähnlichen Rechtsstreitigkeiten bisher stets angenommen worden ist,

da es hiernach zur Begründung der Klage auf den Nachweis der Armuth der Emilie H. und auf die Nothdürftigkeit der gewährten Kur und Verpflegung, resp. deren Kosten beziehungsweise auf die desfallsige Vorentscheidung der betreffenden Verwaltungs-Behörde gar nicht ankommen kann, sondern nur darauf ob die Emilie H. zur Zeit ihrer Erkrankung in F. ihren civilrechtlichen Wohnsitz gehabt hat,

da in der Sache selbst jedoch die Voraussetzung des §. 7 des mehrgedachten Regulativs, in dem vorliegenden Falle nicht zutrifft, weil die verpflegte Emilie H. am 28. April 1836 geboren ist, mithin zur Zeit ihrer Erkrankung bereits großjährig und selbstständig war und deshalb durch ihren Eintritt in den Gesindedienst, in Berlin dort nach §§. 9 ff. I. 2. d. A. G. O. ihren anderweiten civilrechtlichen Wohnsitz erworben hatte, ohne daß die weitere Frage, ob in Berlin auch ihr Wohnsitz im Sinne des späteren Heimathsgesetzes v. 31. Dezbr. 1842 §§. 8 bis 11 und ihr Unterstützungswohnsitz im Sinne der Armenpflegegesetze vom nämlichen Tage und v. 21. Mai 1855 dabei irgendwie in Betracht kommt;

da aus den vorstehenden Gründen sich in der Sache selbst, die durch den ersten Richter erfolgte Abweisung des Klägers demnach rechtfertigt und deshalb der eingelegte Recurs zu verwerfen ist,

und da der Kostenpunkt sich nach §. 6 I. 23. d. A. G. O. erledigt, und aus diesen Gründen —

der gegen das Erkenntniß der Königl. Kreisgerichtskommission in F. v. 1. Septbr. 1864 von dem Kläger eingelegte Recurs zu verwerfen, ꝛc.

Anlage K2.

Recurs-Bescheid.

In Sachen des Fiskus, vertreten durch die Königl. Charité-Direktion zu Berlin, Klägers und Recurrenten wider die Stadtgemeinde Neustettin, Verklagte und Recursin hat der Civil-Senat des Appellationsgerichts zu Cöslin;

in Erwägung,

daß der Vorderrichter den Kläger mit seiner Forderung abgewiesen hat, indem er annimmt, daß die im §. 7 des Regulativs vom 7. Septbr. 1830 getroffene Bestimmung,

wonach die städtischen Behörden, oder sonstigen Communen für die Kur- und Verpflegungskosten eines jeden ihnen Angehörigen, in die Charité Aufgenommenen vorzüglich haften, überhaupt die Verpflichtung dieser Gemeinden, zur Erstattung dieser Kosten voraussetzt, diese Verpflichtung aber nach Art. V des Gesetzes vom 21. Mai 1855 der verklagten Gemeinde, nur für die hier nicht vorliegenden Fälle obliege, in welchen die Krankenpflege länger als drei Monate daure, andernfalls dieselbe der Gemeinde des Orts obliege, an welchem die Hülfsbedürftigkeit des Verpflegten entstanden sei, hier also der Stadtgemeinde Berlin, wo der Schmiedelehrling M. zur Zeit seiner Erkrankung in Arbeit gestanden;

in Erwägung,

daß diese Auslegung der erwähnten gesetzlichen Bestimmung jedoch gegen den Wortlaut und die Bedeutung derselben verstößt, indem — wie von dem Kläger in der Recursschrift völlig zutreffend ausgeführt worden — unter der im §. 7 loc cit. als erstattungspflichtig bezeichneten Commune nur der Wohnsitz im gewöhnlichen, civilrechtlichen Sinne gemeint sein kann, da bei Erlaß des Regulativs im Jahre 1830 der durch die spätere Armengesetzgebung eingeführte Begriff des Unterstützungs-Domicils noch völlig unbekannt war, der Wohnsitz des M. im ersteren Sinne aber gerade N. ist, da M. nach der von der Verklagten in Abschrift eingereichten Verhandlung v. 19. April 1860 zur Zeit der Aufnahme in die Charité noch minderjährig war und seine Eltern zu N. wo sein Vater Schmiedemeister gewesen, gestorben sind;

in Erwägung,

daß es auch bei Erlaß des Regulativs nicht Zweck gewesen sein kann, den wirklich Verpflichteten zur Zahlung zu nöthigen, da es hierzu keines besonderen Gesetzes bedurft hätte, sondern nur durch vorschußweise Berichtigung der Kurkosten Seitens derjenigen Gemeinde, welche am ersten in der Lage ist, die eigentlich Verpflichteten zu ermitteln und in Anspruch zu nehmen, die Charité hat in den Stand gesetzt werden sollen, ihre im allgemeinen Interesse liegenden Verpflichtungen zu erfüllen;

in Erwägung ferner:

daß der Vorderrichter mit Unrecht bei seiner Entscheidung zugleich die Bestimmungen des Gesetzes vom 21. Mai 1855 heranzieht, indem die Anwendbarkeit dieses Gesetzes voraussetzt, daß M. ein Armer im Sinne des Gesetzes gewesen ist, diese Voraussetzung hier aber nicht zutrifft, da die Eigenschaft als Armer nur dann als festgestellt angenommen werden kann, wenn sie entweder durch die Verwaltungsbehörde festgestellt worden ist, oder besondere Umstände nachgewiesen worden, aus denen hervorgeht, daß dem M. das physische Vermögen fehlt, sich den nothdürftigen Unterhalt durch Arbeit zu verdienen, keines von beiden hier aber der Fall ist und aus der zeitweisen Erkrankung diese Eigenschaft noch nicht folgt;

in Erwägung,

daß sonach die Entscheidung des ersten Richters event. auch gegen eine bestimmte Gesetzesvorschrift verstößt und deshalb der Aufhebung unterliegt; (§. 6 des Gesetzes vom 20. März 1854)

in Erwägung,

daß in der Sache selbst nach den vorstehenden Ausführungen der Anspruch des Klägers vollständig begründet ist, indem die Verklagte zwar die Angaben des Klägers im Allgemeinen bestritten hat, das allgemeine Bestreiten jedoch im Widerspruch mit dem von der Verklagten selbst produzirten Scripto vom 19. April 1860 steht, theils an sich keine vollständige Einlassung auf die Klage darstellt und namentlich auch jede nähere Angabe einer etwa geringeren Kurzeit beziehungsweise eines quanti minoris der Kur- und Verpflegungskosten fehlt;

in Erwäguug,

daß die Ausführungen der Verklagten überall nicht zutreffen, indem dieselben sämmtlich aus dem Gesetz vom 21. Mai 1855 hergeleitet sind, dieses Gesetz aber, wie vorhin gezeigt, hier keine Anwendung findet, ꝛc.

zum Bescheide ertheilt:

daß das Erkenntniß des Kommissarius für Bagatellsachen bei dem Königl. Kreisgerichte zu N. aufzuheben, die Verklagte schuldig an den Kläger 15 Thlr. nebst 5 Prozent Zinsen seit dem 7. Mai 1864 als dem Tage der Klagebehändigung zu zahlen. ꝛc.

Anlage L.

Erkenntniß vom 24. Oktober 1862.

(Strieth. Arch. Bd. 48. S. 42.)

Die unverehelichte Katharina Bischof hatte am 25. Dezbr. 1838 die Großjährigkeit erreicht. Von diesem Zeitpunkt ab hat sie neun Jahre hindurch zu Estedt in Dienstverhältnissen gelebt, ist im Jahre 1847 wegen Geisteskrankheit unter Kuratel gestellt und im Jahre 1848 wirklich für wahnsinnig erklärt; ihrer Entlassung aus dem Irrenhause ungeachtet hat die Kuratel auch fortbestanden, bis sie Estedt verließ und im Novbr. 1858 zu Berlin anlangte, wo ihre Hülfsbedürftigkeit sich veroffenbarte. Die Gemeinde der Stadt Berlin wurde hiernächst, und zwar nach dem Reglement vom 14. Januar 1848 als Landarmenverband gegen die Dorfgemeinde Estedt wegen Uebernahme der Armenpflege in Betreff der B. klagbar, und es entstand in diesem Rechtsstreite die Frage:

ob die B., wiewohl sie als unverehelichte Großjährige nach §. 228. II. 1 des A. L. R. unter väterlicher Gewalt stand, nach §. 1. Nr. 3 des Armenpflege-Gesetzes v. 31. Dezember 1842 einen Unterstützungswohnsitz in Estedt habe erwerben,

und im Bejahungsfall:

ob solcher durch dreijährige Abwesenheit von Estedt habe erlöschen können?

Das Gericht erster Instanz nahm an: bei Einleitung der Kuratel im Jahre 1847 sei die B. der Gemeinde Estedt angehörig gewesen, und weil Wahnsinnige vom Gesetz den Minderjährigen gleichgestellt würden, so habe seit der Wahnsinns-Erklärung vom Jahre 1848 das erworbene Hülfsdomizil nicht erlöschen können. Der Appellations-Richter dagegen war der Ansicht, daß die B. schon, weil sie unter väterlicher Gewalt stand, bis zur Einleitung der Kuratel im Jahre 1847 ein Hülfsdomizil am Dienstort Estedt nicht habe erwerben können, und eben deshalb auch demnächst des Wahnsinns halber die Erwerbung oder der Verlust eines Hülfsdomizils in Estedt rechtlich unmöglich gewesen sei, woran er die Bemerkung knüpfte, daß die Klägerin nur die Gemeinde Wernitz als Heimathsdomizil der B. beanspruchen könne.

Die Klägerin legte Revision ein. Das Ober-Tribunal hat das Appellations-Urtheil **bestätigt**.

Gründe:

Keiner von beiden Ansichten der Prozeßrichter kann beigetreten werden. — Nach dem §. 1 Nr. 3 des Armenpflege-Gesetzes ist der Anspruch an eine Gemeinde auf Fürsorge für den Verarmten begründet, wenn derselbe

nach erlangter Großjährigkeit während der drei letzten Jahre vor dem Zeitpunkt, wo seine Hülfsbedürftigkeit hervortritt, in derselben seinen gewöhnlichen **Aufenthalt** gehabt hat,

und nach §. 4 a. a. O. erlischt die im §. 1 bestimmte Verpflichtung der Gemeinde,

wenn der Verarmte nach erlangter Großjährigkeit seit drei Jahren aus der Gemeinde abwesend ist.

Beide Vorschriften sind einander korrespondirend, und die Bedingung „Großjährigkeit" das Prävalirende. Es ist wesentlich zu unterscheiden zwischen dem eigentlichen **Wohnsitz** und dem bloßen **Aufenthalt**. Wer sich selbstständig an einem Orte niederlassen will, hat sich nach den §§. 1, 4, 8 des gleichzeitigen Heimathsgesetzes zu diesem Zweck bei der Ortspolizei-Obrigkeit zu melden, und behufs seiner „Selbstständigkeit" nicht bloß seine Großjährigkeit, sondern auch die Mittel und Kräfte seiner Erwerbsfähigkeit nachzuweisen. Gelingt ihm solches, und ergiebt sich nicht schon im ersten Jahr des Aufenthalts seine Hülfsbedürftigkeit, so hat er nach Art. I des Ergänzungsgesetzes vom 21. Mai 1855 den Wohnsitz erworben und mit demselben den daraus resultirenden Unterstützungswohnsitz oder den Anspruch auf Gemeinde-Fürsorge im Falle späterer Verarmung. Der eigentliche Wohnsitz kann ihm auf seine polizeiliche Meldung aber auch versagt werden, wenn er noch unter väterlicher Gewalt oder wegen Geisteskrankheit unter Kuratel steht; denn Beides ist ein Mangel in dem umfassenderen Begriffe der „Selbstständigkeit", welcher zugleich die Dispositionsfähigkeit oder die Gefahrlosigkeit für die Gemeinde in sich schließt.

Anders verhält es sich aber mit dem Anspruch auf Armenpflege, welcher nach §. 1. Nr. 3 lediglich durch den fortgesetzten „Aufenthalt" von drei Jahren zu erreichen ist. Bei einem solchen ist den übrigen Erfordernissen der Selbstständigkeit nicht nachzuforschen; es konnte ihnen nicht nachgeforscht werden, weil eine polizeiliche Meldung nicht erfolgt war. Sind aber diese drei Jahre verlaufen, ohne daß Jemand aus irgend einem Grunde Anlaß zur polizeilichen Ausweisung gegeben hat, so ist der bloße physische Aufenthalt der Person, die Großjährigkeit vorausgesetzt, ausreichend, um den Anspruch auf Gemeindefürsorge zu begründen, und eben deshalb sind auch auf Grund der Staatsrathsverhandlungen durch den Plenarbeschluß des Ober-Tribunals vom 6. Jan. 1862 (Entsch. Bd. 46. S. 1.) Dienstboten, welche als Großjährige sich an einem Ort drei Jahre hindurch aufgehalten haben, dem §. 1. Nr. 3 subsumirt worden. Die einzige Bedingung der §§. 1, 4 ist sonach die „Großjährigkeit" neben der dreijährigen Dauer des Aufenthalts oder der Abwesenheit, und in Folge dieser einzigen und allgemeinen Bedingung ist gar nicht weiter in Frage zu stellen: ob der Anwesende oder Abwesende unter väterlicher Gewalt oder unter Kuratel gestanden habe, oder sonst in der Dispositionsfähigkeit beschränkt gewesen.

Diese Grundsätze auf den vorliegenden Fall angewendet, ergiebt sich als Resultat:

Die B., wiewohl unter väterlicher Gewalt, demnächst als Wahnsinnige unter Kuratel stehend, hatte vom Jahre 1838 ab gerechnet durch drei- und mehrjährigen Aufenthalt den Anspruch auf Fürsorge im Verarmungsfall gegen die verklagte Gemeinde erworben, weil sie großjährig war. Dieser Anspruch ist aber, seitdem sie am 28. Septbr. 1855 den Ort Estedt verließ, und bis zum 28. Novbr. 1858, wo sie in Berlin anlangte und ihre Hülfsbedürftigkeit sich veroffenbarte, durch dreijährige Abwesenheit wieder erloschen, eben weil die Abwesende eine Großjährige war. Sie ist seit dem Novbr. 1858 eine Heimathlose, die verklagte Gemeinde derselben zu nichts mehr verpflichtet, und Klägerin als Landarmenverband dazu verbunden.

Hiernach war das Appellations-Urtheil zu bestätigen.

Anlage M.

Erkenntniß vom 10. November 1862.

(Strieth. Arch. Bd. 48. S. 70.)

Die Wittwe Behrend hatte im Herbst 1857 ihren Wohnsitz in Berlin aufgegeben, und nach der Benachrichtigung des Revier-Polizeilieutenants v. Uechtritz an das Dominium als Polizei-Obrigkeit von Tempelhof vom 19. Dezbr. 1857 war sie in das Beseler'sche Haus an dem, damals zu Tempelhof gehörigen, Mühlenwege verzogen. Dieses Benachrichtigungsschreiben hatte das Dominium am 20. desselben Monats dem Gemeindevorsteher Grix zur Auskunft in gewöhnlicher Weise urschriftlich und zu dem Zweck zugefertigt, um über die persönlichen Verhältnisse der Neuanziehenden und namentlich darüber Erkundigung einzuziehen: ob nicht zu erwarten sei, daß sie der Commune zur Last fallen würde? Seitens des Grix ist zu diesem Zweck nichts geschehen, und die Wittwe B. hat ihren Aufenthalt ein Jahr nnd länger in Tempelhof fortgesetzt, bis sie am 1. April 1859 wieder nach Berlin zurückzog, woselbst sie demnächst der öffentlichen Armenpflege anheimfiel. Die Gemeinde Tempelhof erachtete die Stadt Berlin zur Uebernahme dieser Armenpflege für verpflichtet und wurde deshalb gegen dieselbe klagbar. — Beide Instanzrichter erkannten nach dem Klageantrage. Nach der Annahme des Appellations-Richters hat die Wittwe B. für sich und ihre Kinder einen Wohnsitz in Tempelhof und mit demselben das Recht auf Armenpflege gegen die Klägerin nicht erworben, weil der Gemeinde-Vorstand der Klägerin nicht gehörig nach §. 10 des Heimathsgesetzes vom 31. Dez. 1842 über Gestattung des Aufenthalts gehört worden sei. — Die Verklagte behauptete, in der von ihr eingelegten Nichtigkeitsbeschwerde, daß der Gemeinde-Vorstand zu Tempelhof gehörig gehört wäre und somit der §. 10 a. a. O. verletzt sei.

Das Ober-Tribunal hat das Appellations-Erkenntniß vernichtet und, unter Abänderung des ersten Erkenntnisses, die Klägerin abgewiesen.

Gründe:

Wenn die Klägerin behauptet: daß der Gemeindevorstand von Tempelhof über die Gestattung des Aufenthalts nicht gehört worden sei, so ist solches mit dem §. 10 des Heimathsgesetzes vom 31. Dezbr. 1842 nicht zu vereinigen. Es ist Seitens der Polizei-Obrigkeit von Tempelhof geschehen, was ihr oblag. Sie hat die Meldung dem Gemeindevorstande mitgetheilt, er hätte sich mit seiner Zustimmung oder mit seinem Widerspruch darauf hören lassen sollen; er hat aber weder das Eine, noch das Andere gethan, uud indem darüber ein Jahr und länger verstrichen ist, muß es nach §. 10 so angesehen werden, als ob der Gemeindevorstand nicht Veranlassung gefunden hat, dem Anzuge der Wittwe B. zu widersprechen. Dem §. 10 ist vollständig genügt und demnach das Appellations-Urtheil zu vernichten.

In der Sache selbst ist die am 19. Dezbr. 1857 erfolgte Ab- und Anmeldung des v. Uechtritz im Sinne des §. 8 des Heimathgesetzes für eine im Willen der Wittwe B. erklärte Absicht, sich in Tempelhof niederlassen zu wollen, zu erachten, diese Absicht selbst durch deren Anzug und 1½jährigen Aufenthalt bestätigt und in dieser Absicht auch vom Dominio oder der Polizei-Obrigkeit von Tempelhof kein Zweifel oder Bedenken gefunden, indem sie sofort die Mittheilung an den Gemeindevorstand nach §. 10 erlassen hat. Nach §. 10 kommt es nicht darauf an, was etwa die Gemeinde dem Anzuge hätte entgegensetzen können oder wollen. Es war lediglich Sache des Gemeindevorstandes sich über Gestattung oder Versagung des Wohnsitzes auszusprechen. Hat dieser sich dabei nachlässig verhalten, so mag er sich der Gemeinde verantwortlich gemacht haben; dadurch aber ist nicht die Erwerbung des Wohnsitzes gehemmt oder suspendirt worden. Bei unterbliebenem Widerspruche ist vielmehr nach Art. I des Ergänzungsgesetzes vom 21. Mai 1855 vor Ablauf des Jahres 1858, nämlich durch einjährige Fortsetzung des polizeilich gemeldeten Wohnsitzes, das Hülfs-Domizil der B. für sich und nach §§. 20, 21 und §§. 1 und 2 des Armenpflege-Gesetzes vom 31. Dezbr. 1842 auch für ihre Kinder in der Gemeinde Tempelhof erworben und das frühere Domizil in der Stadt Berlin untergegangen. Es mußte daher in der Sache selbst auch das gleichlautende Urtheil erster Instanz geändert und demnach die Klägerin mit der auf Uebernahme der B.'schen Armenpflege gegen die Stadt Berlin erhobenen Klage abgewiesen werden.

Anlage N.

Erkenntniß vom 14. Septbr. 1863.
(Strieth. Arch. Bd. 51. S. 87.)

Die unverehelichte Charlotte Glaser ist seit erreichter Großjährigkeit, den 2. Oktober 1846, drei Jahre und länger aus ihrem Heimathsorte Friedeberg entfernt gewesen. — Die Richter erster und zweiter Instanz haben angenommen, daß ihr Heimathsdomizil erloschen sei; der Appellations-Richter insbesondere hat berücksichtigt: daß innerhalb der drei Abwesenheitsjahre vom 2. Oktober 1846 bis 1849 nicht eine „ununterbrochene" Unterstützung der G. Seitens des Klägers, des Ortsarmenverbandes der Stadt Berlin, stattgefunden hat oder nothwendig gewesen ist.

Der Kläger fand hierin eine unrichtige Anwendung des §. 4 des Armenpflegegesetzes vom 31. Dezbr. 1842. Auf die von ihm eingelegte Nichtigkeitsbeschwerde hat das Ober-Tribunal das zweite Erkenntniß vernichtet und, unter Abänderung des ersten Erkenntnisses, den Kläger mit der die Fürsorge für die Charlotte G. betreffenden Klage zur Zeit abgewiesen.

Gründe:

Nach dem Grundsatz des §. 4 des Armenpflege-Gesetzes vom 31. Dezbr. 1842 erlischt das Heimathsdomizil nicht, wenn innerhalb der drei Abwesenheitsjahre die Hülfsbedürftigkeit des Abwesenden hervorgetreten ist und die Nothwendigkeit der Fürsorge noch beim Ablauf jener drei Jahre fortgewährt hat. Festgestelltermaaßen ist nun die G. in mehrfachen Perioden, vom 22. Juli bis 10. August 1847, vom 22. Oktbr. bis 17. Novbr. 1847 und vom 17. Novbr. 1847 bis 31. März 1848, vom Kläger unterhalten worden. Demnächst soll sie geisteskrank geworden, selbst für blödsinnig erklärt und ihrem Oheim zur Pflege übergeben sein. Daß die G. periodisch einer Unterstützung nicht bedurft hat, kann jedoch nicht in Betracht kommen; es ist vielmehr nach §. 4 nur von Erheblichkeit: ob die innerhalb der drei Abwesenheitsjahre hervorgetretene Hülfsbedürftigkeit noch beim Ablauf der gedachten drei Jahre fortbestanden hat? und ist dieses der Fall -- wie hier noch im Dunkeln, — so ist das Heimathsdomizil fortbestehend geblieben. Der Umstand mithin, daß die G. innerhalb der drei Abwesenheitsjahre nur mit Unterbrechung vom Kläger unterhalten worden, ist zu der Annahme: „daß deren Heimathsdomizil Friedeberg durch dreijährige Abwesenheit erloschen sei", nicht ausreichend, und deshalb das Appellations-Urtheil zu vernichten.

In der Sache selbst schwebt noch ein Dunkel darüber, ob die G. jetzt noch hülfsbedürftig ist, und ob und wie weit diese Hülfsbedürftigkeit mit den in den Jahren 1847 und 1848 ihr gewährten Unterstützungen in einem Zusammenhange steht? Es walten noch Zweifel über die Identität ihrer Person vor, und es ist noch in Frage: ob und auf welche Zeit mit Rücksicht auf §. 32 des Armenpflege- und auf Art. V des Ergänzungsgesetzes vom 21. Mai 1855 der Anspruch des Klägers zu beschränken sein würde? Alles dieses kann aber für jetzt auf sich beruhen.

Vorherrschend und erheblich ist schon die Einrede des Verklagten, daß die Klage zu früh angestellt sei. Es handelt sich vorzugsweise um die Frage: ob die G. eine Hülfsbedürftige, und — welcher Armenverband zu ihrer Unterstützung der Nächstverpflichtete sei? und darüber hat nach den §§. 33 und 34 des Armenpflegegesetzes zuvörderst die Verwaltungs- und Landespolizeibehörde zu befinden.

Anlage O.

Erkenntniß vom 16. September 1864.

(bisher ungedruckt.)

In Sachen des Fiskus, vertreten durch die Königl. Regierung zu P., Verklagten wider die Stadtgemeinde zu K., vertreten durch deren Magistrat Klägerin, — Beiderseits Revidenten und Revisen, hat der erste Senat des Königl. Ober-Tribunals in seiner Sitzung vom 16. Septbr. 1864, für Recht erkannt:

daß auf die Revision des Verklagten das Urtel des Civilsenats des Königl. 2c. Gerichts vom 14. Jan. 1864 zu bestätigen, auf die als Revision zu behandelnde Nichtigkeitsbeschwerde der Klägerin aber gedachtes und das Urtel erster Instanz des Königl. Kreisgerichts zu P. vom 17. Juni 1863 dahin abzuändern, daß Verklagter auch die Fürsorge für das uneheliche Kind der früheren Wittwe K., jetzt verehelichten M. seit dem 20. Mai 1860 zu übernehmen und der Klägerin die bereits gemachten, bezüglich noch zu machenden, eventualiter in separato festzustellenden Verwendungen für dieses Kind zu erstatten schuldig.

Gründe:

Dem unstreitigen Sachverhältniß zufolge ist der Schuhmachermeister K. bis zum Jahre 1855, als er nach K. verzog, Angehöriger des Domainen-Amts M. gewesen, und da er schon im Dezbr. 1855 also im ersten Jahre seines Aufenthalts in K. verstorben und seine Familie der öffentlichen Fürsorge bedürftig geworden, dieselbe nach Art. I des Ergänzungsgesetzes vom 21. Mai 1855 dem Verklagten zur Last gefallen, auch von ihm bis zur Wiederverheirathung der Wittwe K. an den Seidenwirkergesellen M. zu K. — den 20. Mai 1860 — wirklich ernährt worden.

Es ist unter den Parteien nur streitig: ob in Folge der Wiederverheirathung der Wittwe K. und seitdem die Fürsorge für deren Kinder auf die Klägerin übergegangen und Verklagter seit dem 20. Mai 1860 der Fürsorge für die Kinder entledigt sei?

Im Urtel erster Instanz ist Letzteres hinsichtlich sämmtlicher Kinder angenommen. Im Appellations-Urtel ist zwischen den beiden, am 10. Dezbr. 1853 und 4. März 1855 gebornen ehelichen Kindern des K. und zwischen dem Knaben, welchen die Wittwe K. am 21. Dezbr. 1856 noch außerehelich geboren hat, distinguirt. Es ist hinsichtlich der Ersteren die Verpflichtung des Verklagten zur ferneren Armenpflege für fortbestehend angenommen und Verklagter nach dem Klageantrage verurtheilt, dagegen hinsichtlich des unehelichen Kindes der Verklagte für nicht verpflichtet erachtet und demnach die Abweisung der Klägerin bestätigt.

Dagegen hat der Verklagte noch die Revision, die Klägerin die Nichtigkeitsbeschwerde erhoben.

Was nun 1) die Revision des Verklagten betrifft, so muß der Entscheidung des Appellationsrichters beigetreten werden. Es steht fest, daß die Armenfürsorge, auf welche eheliche Kinder, gleich deren Vater, nach §. 20 des Armenpflegegesetzes vom 31. Dez. 1842 Anspruch haben, schon im ersten Jahre des Aufenthalts der K. in K., — also zu einer Zeit, wo sie noch dem fiskalischen Armenverbande angehörten — nothwendig geworden ist, und nach dem §. 1 sub 31. c. dauert dieselbe solange fort, bis das Hülfsbedürfniß selbst ein Ende erreicht hat. Im Geiste des Gesetzes liegt es nun zwar, daß Kinder nicht von der Mutter getrennt werden sollen; und wenn die Wittwe und deren eheliche Kinder erst zu einer Zeit verarmt wären, in welcher das fiskalische Armen-Domizil bereits erloschen war, so würden die ehelichen Kinder mit ihrer Mutter nach §. 21 l. c. allerdings in den Armenverband K. übergegangen sein, indem deren Mutter durch die Wiederverheirathung mit M. in das Domizil des zweiten Ehemannes übertrat, wie auch bereits in einem Urtel des Königl. Obertribunals vom 21. Jan. 1859 (Entsch. Bd. 41. S. 388.) angenommen ist. Anders aber verhält es sich, wenn — wie hier der Fall, — den ehelichen Kindern vor der Wiederverheirathung der Mutter das Hülfsdomizil beim Armenverbande des Vaters nach Art. I des Gesetzes vom 21. Mai 1855 zu Theil geworden war. In einem solchen Falle tritt der Grundsatz, „daß die Kinder nicht von der Mutter zu trennen," in den Hintergrund, es prävalirt vielmehr der Grundsatz: „daß die Armenpflege dort, wo sie ihren Anfang genommen, fort- und solange fortwährt, bis es deren nicht weiter bedarf."

In dieser Art ist auch bereits durch ein Urtel vom 10. Oktbr. 1860 (Entsch. Bd. 45. S. 407) erkannt und auf die Revision des Verklagten mußte daher das Appellations-Urtel bestätigt werden.

Was dagegen 2) das jüngere uneheliche Kind der Wittwe K. betrifft, so muß die Beschwerde der Klägerin für begründet erachtet werden.

Der Umstand, daß Verklagter für die ehelichen Kinder der K. zu sorgen hatte, begründet allerdings nicht dessen Verpflichtung, für ein demnächstiges uneheliches Kind der

Wittwe K. zu sorgen; ebensowenig ist dasselbe aber auch der Klägerin aus dem Grunde zugefallen, weil dieselbe sich an rc. M. verheirathete, weil seit dem Geburtstage desselben — den 21. Dezbr. 1856 — bis zur Verheirathuug an M. — den 20. Mai 1860 — mehr als drei Jahre verflossen sind und, daß, (worauf der Appellations-Richter Gewicht legt) die Wittwe K. während ihres Wittwen Standes und durch mehrjährigen Aufenthalt in K. ein neues Domizil erworben hat. Es prävalirt hier der Umstand, daß die Wittwe K. bei der Geburt des unehelichen Kindes schon selbst eine der öffentlichen Fürsorge Bedürftige und nach §. 18 des Armenpflege- und Art. I des Ergänzungsgesetzes vom fiskalischen Armen-Verbande zu unterstützen war, auch bis zu ihrer Wiederverheirathung wirklich unterstützt worden ist. Uneheliche Kinder aber folgen dem Verhältniß der Mutter nach §. 22, und was hülflosen unehelichen Kindern einer Mutter gewährt wird, wird zugleich und vorzugsweise der Mutter gewährt, welche nach §§. 64 und 629 Th. II. Tit. 2 des A. L. R. zunächst mit dem Vater für den Unterhalt der unehelichen sowohl als der ehelichen Kinder zu sorgen hat.

Ist nun aber die Wittwe K. als Mutter des unehelichen Kindes bis zu ihrer Wiederverheirathung eine Hülfsbedürftige gewesen, und folgt nach §. 22 das uneheliche Kind seiner Mutter, so ist dasselbe ebenfalls der Fürsorge des Verklagten zugefallen, weil dessen „Mutter" zur Zeit der Geburt eine Hülfsbedürftige und dem fiskalischen Armenverbande angehörig war.*) Für die Klägerin liegt insoweit kein Verpflichtungsgrund vor, der Verklagte war vielmehr unter Abänderung der Urtel erster und zweiter Instanz auch zur Armenfürsorge für das uneheliche Kind der K. zu verurtheilen.

---

*) Wenn also — um uns den Gedankengang des höchsten Gerichtshofes klar zu machen — überhaupt nicht der Eintritt der Armenpflege in ihrer Bedeutung als thatsächliches Bedürfniß der Armenpflege an und für sich, sondern nur ein Außerstandesein, sich und den Seinigen den nöthigen Unterhalt zu verschaffen, der Mangel an den nöthigen Arbeitskräften, d. i. die qualitative Verarmung, dasjenige Kriterium ist, wovon der in dem Erk. v. 21. April 1856 [Anl. A.] zuerst ans Tageslicht getretene Grundsatz abhängen soll, daß die einmal eingetretene Verpflichtung eines Armenverbandes trotz dreijähriger Abwesenheit nach §. 4 nicht erlöschen und trotz dreijährigen Aufenthalts an einem anderen Ort auf diesen nach §. 1 sub 3 nicht übergehen kann — wenn dagegen nach dem Erk. v. 24. Oktbr. 1862 [Anl. L.] Kap. IX. oben S. 105 Behufs des Nachweises des Ueberganges der Verpflichtung auf einen anderen Armenverband durch dreijährigen Aufenthalt dem Mangel an „den Mitteln und Kräften der Erwerbsfähigkeit", d. i. eben jener qualitativen Verarmung nicht nachgeforscht werden darf, wenn vielmehr die Thatsache des dreijährigen Aufenthalts nach erreichter Großjährigkeit „die einzige und allgemeine Bedingung" ist, um die Verpflichtung des Armenverbandes nach §. 1 sub 3 zu begründen — woher auf einmal plötzlich wieder im vorliegenden Erkenntniß „das Prävaliren" jenes aufgegebenen angeblichen Grundsatzes des §. 1 sub 3, um trotz der §§. 20, 21, 22 Mutter und Kinder zu trennen? — und weshalb ist durch die Wiederverheirathung der Wittwe K. mit dem Seidenwirker M. aus K. die Fürsorgeverpflichtung

trotz der vom Prozeßrichter constatirten Verarmung der Mutter vor ihrer Wiederverheirathung und trotz des entgegenstehenden prävalirenden Grundsatzes des §. 1 sub 3"

nach §. 17 wohl für die Mutter —,

wegen der vom Prozeßrichter constatirten Verarmung der Mutter vor ihrer Wiederverheirathung und wegen des entgegenstehenden „prävalirenden Grundsatzes d. §. 1 sub 3"

nach §§. 20, 21, 22 nicht für die Kinder

auf die Gemeinde K. über gegangen? —

Will denn der Erste Senat, sobald die Gemeinde K. darauf anträgt, nicht auch die Ehe selbst auflösen, wie er hier die Familienverbindung zwischen Mutter und Kindern vernichtet hat? — Und hinwiederum — weshalb war dem Ersten Senat diese Familienverbindung, zufolge derselben angeblichen „prävalirenden" Fiktion selbst bei dem Landstreicher Ludwig Eggert, der seine Frau und Tochter während seines jahrelangen Vagabundirens im Stich gelassen hatte, nach dem Erk. vom 16. April 1858 [Anl. F. s. Kap. II. S. 37, 38] — so heilig, daß nicht einmal zwei verschiedene Landarmenverbände für die verschiedenen Familienglieder sorgen durften, und daß wegen dieser Heiligkeit der Familienbande gerade da, wo dieselben in der Wirklichkeit am Meisten gelockert

Anlage P.

Rescript d. Min. d. Innern vom 16. April 1856. I. B 1904.

2c. 2c. (bisher ungedruckt.)

Wohnung, Kleidung und Nahrung gehören zu den nothwendigen Bedürfnissen des Lebens und es ist nicht abzusehen, weshalb blos die beiden letzteren Bedingungen der Existenz Gegenstand der Armenpflege sein sollen, die erstere aber nicht. Indem das Gesetz vom 31. Dezember 1842 die öffentliche Fürsorge im Allgemeinen als eine Obliegenheit der Armenverbände bezeichnet, hat es damit auch für alle zu dieser Fürsorge gehörigen Leistungen den Verpflichteten bezeichnet. Daß insbesondere die Polizei-Behörde zur Gewährung eines Obdachs aus polizeilichen Rücksichten, und zwar aus Rücksichten der Sicherheits- und Ordnungspolizei gehalten sei, ist um deswillen nicht anzunehmen, weil es dieselben Rücksichten sind, aus welchen die Armenpflege überhaupt vorgeschrieben ist, weshalb wenn dieser Grund richtig wäre, mit demselbem Rechte auch die Gewährung der nothdürftigen Nahrung und Kleidung von der Polizei-Obrigkeit gefordert werden dürfte.

Daraus, daß die Polizei-Obrigkeit eines jeden Ortes sich der Hülfsbedürftigen anzunehmen hat (Allgemeines Landrecht Th. II. Tit. 19, §. 15) folgt nicht, daß sie die solchergestalt erforderliche Armenpflege aus eigenen Mitteln bestreiten müsse, sondern nur, daß sie für deren Gewährung, für deren Beschaffung Sorge tragen soll, was dadurch geschieht, daß sie den verpflichteten Armen-Verband zur Erfüllung seiner Obliegenheit auffordert und beziehungsweise anhält.

2c. 2c.

Anlage Q.

Rescript d. Min. d. Innern vom 14. Juni 1843.

(Min.-Bl. f. i. V. S. 197.)

Was die Schlußfrage der Königl. Regierung in dem Berichte vom 21. v. Mts. anbetrifft, ob das ärztliche Sostrum von den Kommunen im administrativen Wege eingezogen werden könne, so ist es in den Fällen, wo die Hülfsleistung des Arztes auf Anweisung oder Aufforderung der Polizeibehörde stattgefunden hat, unzweifelhaft, daß die letztere auch die Einziehung des Sostri im Wege administrativer Execution veranlassen darf.

Anlage R.

Rescript d. Min. d. Innern und d. Geistl. Unterr. und Medicin. Ang. vom 10. August 1842.

(Min.-Bl. f. i. V. S. 279.)

Obwohl bereits in der Circular-Verfügung vom 10. April 1821 die Bedingungen angedeutet worden sind, von denen die Verbindlichkeit der Kommunen zur Re-

---

sind, nicht einmal die Bestimmung des §. 12 des Armengesetzes zur Anwendung kommen durfte, wonach jeder Landarmenverband nur für das innerhalb seines Bezirks eingetretene Bedürfniß der Armenpflege aufzukommen hat? Das Alles also ist das Ergebniß jener Fiktion, wonach der Ausdruck „Armenpflege" ad libitum promiscue für die Verpflichtung zur Armenpflege — für das thatsächlich eingetretene Bedürfniß der Armenpflege — und für die Eigenschaft der Arbeits- und Erwerbsunfähigkeit, als eine der verschiedenen Ursachen des Bedürfnisses der Armenpflege in gleich großer Sprach- wie Gedanken-Freiheit gebraucht wird. In der That, es dürfte kaum ein lehrreicheres Beispiel dafür gefunden werden, wie bedenklich es ist, der wünschenswerthen Kürze des Ausdrucks auf Kosten der nothwendigen Präcision des Ausdrucks Raum zu geben.

Anm. des Verf.

muneration für ärztliche Dienstleistung bei der Kur erkrankter Armen abhängig ist: so gehen doch noch öftere Beschwerden von Medizinalpersonen über Verweigerung ihrer Gebühr Seitens der Kommunen ein, bei deren näherer Prüfung sich ergiebt, daß die Beschwerdeführer nicht die erforderliche Aufmerksamkeit auf die Erfüllung der obigen Bedingungen gewendet haben. Wir weisen deshalb die Königl. Regierung hierdurch an, den Medizinalpersonen ihres Verwaltungsbezirks von neuem die Bestimmung des obigen Circulars vom 10. April 1821 durch eine diesfällige Bekanntmachung in Erinnerung zu bringen. Insbesondere sind hierbei die Medizinalpersonen bestimmt darauf hinzuweisen, daß sie für ihre Dienstleistung bei armen Kranken einen Anspruch auf Remuneration an die betreffende Kommune, der Regel nach nur in dem Fall richten können, wo sie von Seiten der Kommunalbehörde durch ihre Anstellung für die Armen-Krankenpflege, bei welcher sich alsdann die Art und Höhe der Remuneration nach dem diesfälligen Uebereinkommen bestimmt, oder durch besonderen Auftrag für den betreffenden Kurfall ausdrücklich zur Behandlung des Kranken für Rechnung der Kommune autorisirt worden sind. Außer solchem Falle kann die Kommune wegen der ärztlichen Gebühren und Auslagen nur für Dienstleistungen in Anspruch genommen werden, deren sich die betreffende Medizinalperson bei einem armen Kranken, in Ermanglung eines angestellten Armenarztes oder bei augenblicklich nicht erreichbarer Hülfe desselben, unter solchen Umständen dringender Noth unterzogen hat, welche die vorgängige Einholung eines Auftrages der Kommunalbehörde nicht gestatteten. Auch in einem solchen Falle beschränkt sich aber der Anspruch an die Kommune zunächst nur auf die Gebühr und Kostenauslagen des ersten ärztlichen Besuches oder der einmaligen Dienstleistung bei geburtshülflichen und sonstigen derartigen Fällen, welche dem Armen gewährt worden ist. Bedarf es hiernächst für denselben noch einer fortgesetzten Kurbehandlung und ist diesem Erfordernisse nicht durch die eintretende Hülfe eines angestellten Armenarztes bereits vorgesehen, so hat der zugezogene Arzt eine sofortige Anzeige des Falles, nach der Vorschrift des Circulars vom 10. April 1821, an die Kommunalbehörde zu erstatten, damit diese den Auftrag zur weiteren Kurbehandlung ihm selbst ertheile oder die sonstigen geeigneten Anstalten dazu treffe. Nur alsdann wenn die Kommunalbehörde auf die ebengedachte Anzeige sich weder in einer noch der anderen Weise ihrer Obliegenheit, der Fürsorge für den kranken Armen annimmt und dadurch den Arzt in die Nothwendigkeit setzt, seiner Berufspflicht gemäß, sich auch der weiteren, noch nöthigen Kurbehandlung ohne ihren Auftrag zu unterziehen, steht ihm das Recht zu, für diese fortgesetzten Dienstleistungen seine Gebühr ebenfalls von der betreffenden Kommune zu verlangen. Von derartigen Fällen der Säumigkeit einer Kommune in ihrer pflichtmäßigen Sorge für erkrankte Arme hat der betheiligte Arzt zugleich eine Anzeige an die vorgesetzte Polizeibehörde zu erstatten, von welcher, auf begründete Anzeigen solcher Art, die säumige Kommune sofort und mit Nachdruck zur Erfüllung ihrer Obliegenheit anzuhalten ist. Letzteres gilt vornämlich auch in Bezug auf die etwanige Säumigkeit in Beschaffung der nöthigen Transportmittel zur Herbeiholung ärztlicher Hülfe für einen Armen, wodurch, wenn solchergestalt die zeitige Gewährung dieser Hülfe vereitelt und dem Kranken ein erweislich verschuldeter Schaden an seiner nachmaligen Gesundheit oder seinem Leben verursacht wird, selbst eine kriminalrechtlich Verantwortlichkeit für den wirklich Schuldigene entstehen kann.

Anlage S.

Rescript d. Min. d. Innern und d. Geistl. Unterr. u. Medicin. Ang. vom 23. April 1847.

(Min.-Bl. f. i. V. S. 168.)

In Erwiederung auf den Bericht vom 21. Februar cr. geben wir der Königl. Regierung zu erkennen, wie der in unserer Verfügung vom 28. Decbr. v. Js. ausgesprochene Grundsatz:

daß die Gemeinden zur Bezahlung der Gebühren der Aerzte und Wundärzte für die Behandlung von armen Kranken im Wege administrativer Exekution nicht angehalten werden können, die gedachten Medizinalpersonen vielmehr mit ihren gegen einen Armenverband gerichteten derartigen Forderungen zum Rechtswege gewiesen werden müssen,

in allen Fällen in Anwendung zu bringen ist.

Die von der Königl. Regierung gegen diesen Grundsatz vorgetragenen Bedenken können nicht für durchgreifend erachtet werden. Das angezogene Circular-Rescript der Ministerien der Medizinal-Angelegenheiten und des Innern vom 10. August 1842 (Minist. Bl. S. 279) steht demselben keineswegs entgegen. Dasselbe bezweckt und enthält nur eine Belehrung der Aerzte über den Umfang ihrer Verpflichtungen in Beziehung auf ihre Armenpraxis und über das Verfahren, welches sie nach Maßgabe der bestehenden rechtlichen Grundsätze zur Sicherung ihres Anspruchs auf Remuneration gegen die Kommunen zu beobachten haben, bestimmt aber nichts über das Verfahren, in welchem dergleichen Ansprüche geltend zu machen sind.

Dieses Verfahren ist durch die Allerh. Kabinetsordre vom 19. Juni 1836 betreffend die Einziehung der Kirchen ꝛc. Abgaben, ingleichen der Forderungen der Medizinalpersonen (Ges.-S. S. 198) vorgeschrieben, nach welcher diesen Forderungen das Vorrecht der Einklagung im Wege des Mandatsprozesses eingeräumt worden ist.

Auch das Rescript vom 14. Juni 1843 (Minist.-Bl. S. 197) steht der Ansicht der Königl. Regierung nicht zur Seite. Wenn ein Armenverband in der pflichtmäßigen Sorge für erkrankte Arme säumig ist, so hat die vorgesetzte Polizeibehörde denselben, worauf auch das Circular-Rescript vom 10. August 1842 aufmerksam macht, zur Erfüllung seiner Obliegenheiten anzuhalten und kann zu diesem Behufe die Gewährung ärztlicher Hülfe nach Befinden selbst anordnen.

Das erstgedachte Rescript erkennt nur das Recht der Polizeibehörde an, die Kosten des von ihr für nothwendig erachteten Einschreitens und insbesondere die Forderung des zu diesem Zwecke von ihr beauftragten Arztes im Verwaltungswege einzuziehen, hat aber keineswegs den Letzteren für befugt erachtet, die Befriedigung seiner Forderung auf diesem Wege mit Umgehung des Richters zu fordern.

Anlage T.

Erkenntniß vom 24. Februar 1860.

(Strieth. Arch. Bd. 36, S. 278.)

Die in Berlin wohnende Klägerin hat nach dem Tode ihres Ehemannes ihre beiden 12 und 8 Jahre alten Kinder hülfs- und obdachslos gelassen und dadurch die Armen-Direktion in die Nothwendigkeit versetzt, dieselben im Waisenhause aufzunehmen und zu unterhalten. Durch das Resolut des Magistrats zu Berlin vom 2. Aug. 1858 war die Klägerin für schuldig erklärt worden, ihre gedachten Kinder bei Vermeidung der Exekution event. Einsperrung im Arbeitshause zur Fürsorge selbst zu übernehmen und zu diesem Zwecke aus dem Waisenhause abzuholen, jedoch war ihr in diesem Resolute ein angemessenes Pflegegeld für ihre Kinder in Aussicht gestellt. Sie hat gegen die Armen-Direktion im Rechtswege auf Aufhebung des Resoluts geklagt, weil sie wegen körperlicher Unfähigkeit nicht einmal sich selbst, geschweige denn auch noch ihre Kinder zu erhalten im Stande, und daher als Ortsangehörige wohl berechtigt sei, von der Verklagten die Unterbringung ihrer Kinder im Waisenhause oder die anderweitige Fürsorge für dieselben zu verlangen. — Das Gericht erster Instanz hat die Klägerin abgewiesen. Das Gericht zweiter Instanz hat auf Aufhebung des Resoluts erkannt.

Das Ober-Tribunal hat auf die Revision der Verklagten das zweite Urtheil abgeändert und das erste Urtheil wiederhergestellt.

Gründe:

Die Klägerin hat ihre Klage lediglich auf ihr Unvermögen gestützt, und da die Verklagte zugestanden hat, daß die Klägerin zu schweren Arbeiten unfähig sei und theilweise einer Unterstützung aus Armenfonds bedürfen werde, so hat der Appellationsrichter das Magistrats-Resolut für ungenügend erachtet, weil nicht zugleich das Maaß dieser Beihülfe ausgesprochen worden. Diese Ansicht beruht indeß auf einem Mißverständnisse des Ergänzungsgesetzes vom 21. Mai 1855.

Nach §. 35 des Armenpflege-Gesetzes vom 31. Dezember 1842 hat der Armenverband aus seinen Mitteln die Hülfsbedürftigen zu verpflegen, so lange er nicht im Rechtswege Uebernahme der Pflegelast und Kostenerstattung gegen die gesetzlich verpflichteten Verwandten des Armen erstritten hatte. Da jedoch die Erfahrung es bestätigt, daß hierdurch die Last der Armenverbände sehr erschwert und durch den Rechtsweg den verpflichteten Verwandten Gelegenheit gegeben wurde, sich ihres Vermögens zum Nachtheil des Armenverbandes zu entäußern, so wurde ein kürzeres und den Armenverbänden günstigeres Verfahren eingeführt, nämlich durch den Landrath oder Magistrat vorweg den Armen durch Resolut dem verpflichteten Verwandten zu überweisen, und dagegen dem letztern den Rechtsweg gegen den Armenverband zu gestatten. Im Art. 6 des Ergänzungs-Gesetzes ist die Sphäre dieser Verwandten genau bezeichnet. Es gehören dahin namentlich die Eltern des Hülfsbedürftigen, und bei der Klägerin als Mutter lag insoweit kein Bedenken vor. Im Geiste des Gesetzes also konnte die Klägerin nur den Rechtsweg einschlagen, wenn sie bewies, daß sie gar nicht Verwandte oder nicht die nächste Verwandte der Hülfsbedürftigen wäre. Es könnte der Rechtsweg verfolgt werden, wenn etwa separirte Eheleute vorhanden wären und es sich darum handelte: ob der Vater oder die Mutter zunächst verpflichtet wären. Die Klage auf Aufhebung des Resoluts kann aber nicht darauf gestützt werden, daß der wahrhaft Verpflichtete ganz oder theilweise von Mitteln zum Unterhalte derjenigen entblößt sei, deren Unterhalt ihm durch das Gesetz auferlegt ist, denn über die Frage, ob Jemand arm und für sich oder die Seinigen der öffentlichen Fürsorge ganz oder theilweise bedürftig sei, hat der Richter gar nicht zu entscheiden. Sie ist schon im § 33 des Armenpflege-Gesetzes den Verwaltungsbehörden überwiesen und hierin ist durch das Gesetz nichts geändert. So, wie die Sache hier lag, hätte es des Magistrats-Resoluts vom 2. August 1858 gar nicht bedurft, da es außer allem Zweifel war, daß die Klägerin die Mutter und nach den §§. 64 ff. II. 2. des Allgem. Landrechts die Hauptverpflichtete zur Ernährung der Geschwister Dalchow ist. Das Resolut erscheint vorzugsweise auch nur deshalb erlassen zu sein, um die Klägerin auf ihre Einsperrung im Arbeitshause und darauf aufmerksam zu machen, daß sie der Verklagten ihren Mangel an Mitteln anzeigen und bei dessen Bescheinigung mit Sicherheit Unterstützung erwarten möge. Die auf Mangel an Mitteln gestützte Klage hätte gar nicht zugelassen, die Sache hätte vielmehr bei diesem unstatthaften Klagegrunde sofort den Verwaltungsbehörden überlassen und die Klägerin dorthin verwiesen werden sollen. Ist dennoch die Frage über Aufhebung des Magistrats-Resoluts Gegenstand der Entscheidung geworden, so muß folgerecht jetzt die Klägerin mit ihrer Klage abgewiesen, demnach das Urtheil erster Instanz wiederhergestellt und es der Klägerin anheimgestellt werden, ihre Kinder zu übernehmen, und wenn ihre Mittellosigkeit noch vorwaltet, den Weg einzuschlagen, welcher ihr in dem §. 33 des Armenpflege-Gesetzes angedeutet ist, d. h. nach Genehmigung des Magistrats-Resoluts bei der Verwaltungsbehörde ihre Bedürfniß-Ansprüche geltend zu machen, und deren Festsetzung zu suchen.

Anlage U 1.

Rescript d. Min. d. Innern v. 25. Febr. 1860.

ꝛc. ꝛc. (Min.-Bl. f. i. V. S. 38.)

Der Form nach hätte die Königl. Regierung allerdings richtiger verfahren, wenn sie die Entscheidung nicht als Resolut, sondern als einfache Verfügung hätte ergehen lassen, da nach der von der Königl. Regierung selbst adoptirten Auffassung des Sachverhältnisses es sich nicht um den Streit zweier Armenverbände wegen der Armenpflicht, sondern um die Frage handelte, ob die reklamirten Kosten als Polizei- oder Armenpflege-Kosten anzusehen. Es trifft denn auch deshalb die Bemerkung am Schluß des Resoluts, daß gegen diese Entscheidung nur der Rechtsweg zulässig sei, nicht zu, vielmehr ist die streitige Frage eine solche, die der Beschwerdeführung an die vorgesetzte Verwaltungs-Instanz nicht entzogen ist. ꝛc.

ꝛc. ꝛc.

Anlage U 2.

Rescript d. Min. d. Innern v. 16. Dezbr. 1860.

(Min.-Bl. f. i. V. de 1861. S. 15.)

Wenn der Magistrat zunächst einen Anlaß zur Beschwerde darin findet, daß die Königl. Regierung sich geweigert hat, in der Sache durch Resolut vorbehaltlich des Rechtsweges zu entscheiden, so übersieht der Magistrat, daß die Frage,

welcher Armenverband — die Hülfsbedürftigkeit der unverehl. N. und ihres Kindes vorausgesetzt — die Fürsorge für sie zu übernehmen habe,

überhaupt nicht streitig, insbesondere die desfallsige Verpflichtung der Stadt G. von dem Magistrat dieser Stadt nicht in Abrede gestellt ist. Streitig ist vielmehr nur die Vorfrage,

ob die unverehl. N. und ihr Kind im gesetzlichen Sinne als arm zu betrachten sind, es sich mithin um eine von der öffentlichen Armenpflege zu gewährende Leistung handle.

Ueber diese Vorfrage findet aber der Rechtsweg nicht statt, wie sich der Magistrat unter Anderem aus dem Erkenntniß des Königl. Gerichtshofes zur Entscheidung der Competenz-Conflicte vom 8. April 1854 (Min.-Bl. S. 168) und aus dem Rescripte v. 10. Jan. 1859 (Min.-Bl. 1860. S. 171) überzeugen wird. Hiernach ist die Beschwerde des Magistrats in formeller Beziehung unbegründet.

Anlage V.

Rescript d. Min. d. Innern v. 31. Mai 1860 Nr. I. B. 3491.

ꝛc. ꝛc. (bisher ungedruckt.)

Derjenige Armenverband, welcher faktisch die Verpflegung eines auf der Reise erkrankten Armen übernommen hat, tritt dadurch zwar nicht immer und unbedingt, wie die Landarmen-Direktion anzunehmen scheint, in die Stellung desjenigen Armenverbandes, welcher im Sinne der §§. 29 und 30 des Armengesetzes vom 31. Dezbr. die Verpflichtung zur vorläufigen Verpflegung eines solchen Armen, weil derselbe in seinem Bezirk krank gefunden ist, überkommen hat. Es können vielmehr beide Momente — das Ist und das Soll der vorläufigen Verpflegung — recht wohl mit besonderen rechtlichen Wirkungen nebeneinander vorkommen, wie namentlich in denjenigen Fällen, wo der nach §. 29 l. c. eigentlich zur vorläufigen Verpflegung verpflichtete Ortsarmenverband dieser Pflicht sich entzogen und den Hülfsbedürftigen nach dem Eintritt der Hülfsbedürftigkeit geflissentlich einem anderen Armenverbande zugeschoben hat. Diese mögliche Konkurrenz zweier Ortsarmenverbände bei der vorläufigen Verpflegung kann jedoch niemals dahin führen, daß derjenige Ortsarmenverband, welcher faktisch die Verpflegung besorgt hat, an einen fremden Landarmenverband direkt sich regressirt. Entweder nämlich hat der Ortsarmenverband bei der faktisch geleisteten Verpflegung in der That nur die eigene, zufolge des §. 29 ihm obliegende Pflicht erfüllt; dann steht ihm frei, die Erstattung der Kosten mit den im §. 30 verordneten Beschränkungen, sei es von seinem Landarmenverbande, sei es von demjenigen Ortsarmenverbande, wo der Verpflegte ein gesetzliches Hülfsdomizil hat, (dem definitiv verpflichteten) zu verlangen. Ein fremder definitiv verpflichteter Landarmenverband aber ist nicht denkbar, weil, wenn es an einem örtlichen Hülfsdomizil für den Verpflegten fehlt, die definitive Fürsorge-Verpflichtung nach §. 12 l. c. demjenigen Landarmenverbande obliegt, in dessen Bezirk das Bedürfniß dazu hervorgetreten ist, dies aber in dem vorausgesetzten Falle kein anderer als der Landarmenverband ist, in dessen Bezirk die faktische Verpflegung stattgefunden hat, oder mit anderen

Worten, der **eigene** Landarmenverband des die Erstattung fordernden Ortsarmenverbandes. **Oder** der verpflegende Ortsarmenverband hat die Verpflegung nicht zur Entledigung einer Selbstpflicht, sondern in Vertretung eines anderen, nach §. 29 vorläufig verpflichteten Ortsarmenverbandes, mit oder ohne Auftrag besorgt. In diesem Falle steht der verpflegende Ortsarmenverband nicht in dem im §. 30 definirten Rechtsverhältnisse. Er hat vielmehr vollen Ersatz seiner Kosten, ohne die Beschränkung des §. 30 zu fordern, aber lediglich aus dem außerhalb der Regeln der öffentlichen Armenfürsorge stehenden Rechtsverhältniß des Mandats resp. der Geschäftsführung ohne Auftrag oder der nützlichen Verwendung, also entweder — wenn der eigentlich nach §. 29 zur vorläufigen Fürsorge verpflichtete Ortsarmenverband ihn um die Verpflegung angegangen hat, oder durch Hinterziehen seiner Pflicht dafür verhaftet geworden ist — von diesem, oder — wenn die Verpflegung auf Grund der Requisition eines Dritten übernommen worden ist — von dem Requirenten. Dagegen kann er seinen Regreß nicht direkt gegen den definitiv fürsorgepflichtigen Armenverband, sei es ein Orts- oder Landarmenverband, nehmen, sondern muß es dem dazwischen stehenden, von ihm in der vorläufigen Verpflegung vertretenen Ortsarmenverbande oder dritten Requirenten überlassen, eventualiter auf den definitiv verpflichteten Verband zurückzugehen.

ꝛc. ꝛc.

Anlage W.

Rescript d. Min. d. Innern v. 11. Mai 1857 Nr. I. B. 2652.

ꝛc. ꝛc. (bisher ungedruckt.)

Die Königl. Regierung hätte sich darauf beschränken sollen, über den von dem Dominium B. gegen das Dominium K. geltend gemachten Anspruch zu befinden, weshalb es denn auch nicht richtig war, daß sie in der Verfügung vom 11. Novbr. v. Js. den Landrath aufforderte,

> für den Fall, daß sich herausstellen sollte, daß der p. S. weder in B. noch in K. Behörigkeit habe, auf den früheren Wohnort zurückzugehen und zu ermitteln, unter welchen Formen S. daselbst seinen Aufenthalt genommen und wie lange er sich dort aufgehalten habe.

Ich kann es überhaupt nicht für zulässig erachten, daß bei der Erörterung und Entscheidung eines zwischen zwei Armenverbänden entstehenden Streites, von der instruirenden oder entscheidenden Behörde ein **dritter** Armenverband ex officio aufgesucht und in den Streit hineingezogen werde, was zumal, wenn gegen das Resolut der Rechtsweg eingeschlagen wird, nur zu Verwickelungen führen kann, und wozu hier um so weniger Veranlassung vorlag, als die vorläufige Fürsorge nach §. 26 des Armengesetzes vom 31. Dezbr. 1842 jedenfalls der Gutsherrschaft zu B. oblag, und es daher ihrer Beurtheilung überlassen war, an welchen anderen Armenverband sie sich regressiren wolle.

ꝛc. ꝛc.

Gesetz über die Verpflichtung zur Armenpflege. Vom 31. Dezember 1842.

Wir **Friedrich Wilhelm**, von Gottes Gnaden, König von Preußen ꝛc. verordnen über die Verpflichtung zur Armenpflege auf den Antrag Unseres Staatsministeriums, nach Anhörung Unserer getreuen Stände und nach erfordertem Gutachten Unseres Staatsrathes für den ganzen Umfang der Monarchie, was folgt:

Verpflichtung 1) der örtlichen Armenverbände: a) Gemeinden;

§. 1. Die Fürsorge für einen Armen hat, wenn dazu kein Anderer (Verwandter, Dienstherrschaft, Stiftung u. s. w.) verpflichtet und vermögend ist, diejenige Gemeinde zu übernehmen, in welcher derselbe

1) als Mitglied ausdrücklich aufgenommen worden ist, oder
2) unter Beobachtung der Vorschriften des Gesetzes vom heutigen Tage über die Aufnahme neuanziehender Personen §. 8. einen Wohnsitz erworben, oder

3) nach erlangter Großjährigkeit während der drei letzten Jahre vor dem Zeitpunkte, wo seine Hülfsbedürftigkeit hervortritt, seinen gewöhnlichen Aufenthalt gehabt hat.

§. 2. Ein Wohnsitz im Sinne des §. 1. Nr. 2. wird für Personen, welche als Dienstboten, Haus- und Wirthschaftsbeamte, Handwerksgesellen, Fabrik-Arbeiter u. s. w. im Dienst eines Andern stehen, an dem Orte, wo sie im Dienste sich befinden, durch dieses Dienstverhältniß allein niemals begründet.

§. 3. Die Verpflichtung zur Fürsorge für den Verarmten beginnt in dem Falle des §. 1. Nr. 1. mit dem Tage der Aufnahme, und in dem Falle des §. 1. Nr. 2. mit dem Zeitpunkte der Erwerbung des Wohnsitzes.

Sind die im §. 1. unter Nr. 1. und 2. aufgestellten Bedingungen bei mehreren Gemeinden in Beziehung auf dieselbe Person vorhanden, so entscheidet deren gewöhnlicher Aufenthalt.

§. 4. Die durch die Vorschriften des §. 1. bestimmte Verpflichtung der Gemeinde erlischt, wenn der Verarmte nach erlangter Großjährigkeit seit drei Jahren aus der Gemeinde abwesend ist. Eine Ausnahme hiervon findet statt, wenn die Abwesenheit durch bloß vorübergehende Verhältnisse, insonderheit durch den Betrieb eines nicht stehenden Gewerbes, durch Erfüllung der allgemeinen Militairpflicht, durch Abbüßung einer zeitigen Freiheitsstrafe u. s. w. veranlaßt worden ist.

b) Gutsherrschaften; §. 5. Gutsherrschaften, deren Güter nicht im Gemeindeverbande sich befinden, sind zur Fürsorge für die im Gutsbezirke befindlichen Armen in gleicher Weise, wie die Gemeinden, verpflichtet.

§. 6. Diese Verpflichtung verbleibt den Gutsherrschaften auch rücksichtlich der Armen, welche auf den vom Gute zu Eigenthums-, Erbpachts- oder Erbzinsrechten veräußerten Grundstücken sich befinden. Ausnahmen hiervon treten ein:

1) wenn dergleichen Trennstücke nach den für einzelne Landestheile erlassenen Vorschriften mit den Gemeinden vereinigt werden (Verordnung, betreffend die Regulirung der Verhältnisse zwischen den Dominien und Gemeinden in den ehemals Westphälischen Landestheilen der Provinz Sachsen vom 31. März 1833. §. 9., Landgemeinde-Ordnung für die Provinz Westphalen vom 31. Oktbr. 1831., §. 9.);
2) wenn eine solche Vereinigung unter ausdrücklicher Zustimmung der Gemeinde und mit Genehmigung der Landes-Polizeibehörde erfolgt;
3) wenn die Vereinigung schon vor der Publikation dieses Gesetzes, zwar ohne jene Zustimmung und Genehmigung (Nr. 2.), jedoch ohne Widerspruch der Betheiligten wirklich in Ausführung gekommen ist;
4) wenn aus den Trennstücken eine eigene Gemeine gebildet wird.

§. 7. Wo Domainen und Rittergüter, welche nicht im Gemeindeverbande sich befinden, nach besonderer Verfassung oder in Folge freier Uebereinkunft mit Gemeinden zu einem gemeinschaftlichen Armenverbande vereinigt sind, ist ein solcher Verband in Beziehung auf die Armenpflege einer Gemeinde gleich zu achten.

§. 8. Einzelne Besitzungen, als: Mühlen, Krüge, Schmieden ꝛc., welche weder zu einer Gemeinde gehören, noch auf Trennstücken von Domainen- oder Rittergütern angelegt sind, sollen nach Anordnung der Landes-Polizeibehörde in Beziehung, wie auf alle Kommunalverhältnisse, so auch auf die Armenpflege mit einer Gemeinde vereinigt werden.

2) der Land-Armenverbände §. 9. Ist keine Gemeinde oder Gutsherrschaft (örtlicher Armenverband) vorhanden, welcher nach den Bestimmungen der §§. 1 — 7. die Fürsorge für den Verarmten obliegt, so ist diese Fürsorge eine Provinziallast, welche von Land-Armenverbänden getragen wird.

§. 10. Wo Landarmenverbände bereits bestehen, verbleibt es vorbehaltlich der im §. 37 angeordneten Revision ihrer Reglements, bei den bisherigeu Einrichtungen, namentlich in Beziehung auf die Art, wie die Beiträge aufgebracht werden, so wie in Beziehung auf die Zuschüsse, welche aus der Staatskasse zu gewähren sind.

§. 11. Wo Landarmenverbände noch nicht bestehen, sollen sie unverzüglich eingerichtet werden. Ueber ihre Einrichtung werden Wir nach Anhörung Unserer getreuen Stände das Nähere festsetzen. Bis dahin behalten Wir Uns vor, wegen vorläufiger Erfüllung der im §. 9 bestimmten Verbindlichkeit, auf den Antrag der Minister des Innern und der Finanzen das Erforderliche anzuordnen.

§. 12. Die Fürsorge für den Verarmten (§. 9.) hat derjenige Landarmenverband zu übernehmen, in dessen Bezirke das Bedürfniß dazu hervortritt.

Wenn sich dieses Bedürfniß bei einem im Auslande Verarmten zeigt, welcher nach den bestehenden Staatsverträgen übernommen werden muß, so trägt diese Last der Armenverband desjenigen Landestheils, über dessen Grenze der Verarmte nach der Bestimmung der Verwaltungsbehörden in das Inland eintritt.

§. 13. Gerathen Militair-Personen, welche nicht lediglich zur Erfüllung der allgemeinen Militairpflicht im Heere gedient haben, nach ihrer Entlassung in Hülfsbedürftigkeit und haben dieselben nicht vermöge ihres früheren Dienstverhältnisses eine Unterstützung aus der Staatskasse zu beziehen, oder ist solche für das obwaltende Bedürfniß unzureichend, so hat der Landarmenverband die Fürsorge für sie zu übernehmen, es sei denn, daß sie in einer Gemeinde als Mitglieder ausdrücklich aufgenommen worden (§. 1. Nr. 1.) oder nach ihrer Entlassung in einem Gemeinde- oder Gutsbezirke einen Wohnsitz erworben oder drei Jahre hindurch sich aufgehalten haben (§. 1. Nr. 2 und 3).

Verhältniß der Armenverbände zu einander.

§. 14. So weit Gemeinden zur Verpflegung ihrer Armen unvermögend sind, hat der Landarmenverband ihnen Beihülfe zu gewähren.

§. 15. Der Landarmenverband ist berechtigt, die zu seiner Fürsorge gehörigen Armen derjenigen Gemeinde oder Gutsherrschaft, in deren Bezirk sich dieselben zur Zeit des Eintritts ihrer Hülfsbedürftigkeit befinden, gegen eine angemessene Entschädigung zur Verpflegung zu überweisen.

§. 16. Wo besondere Landarmenhäuser errichtet sind, müssen darin, so weit der Raum es gestattet, auch solche Arme, für welche von den Gemeinden oder Gutsherrschaften zu sorgen ist, auf deren Verlangen gegen Vergütung eines angemessenen Verpflegungssatzes aufgenommen werden.

Verpflichtung der Armenverbände gegen die Ehefrau, Wittwe und Kinder eines Verarmten.

§. 17. Für die Ehefrau eines Verarmten hat derjenige Armenverband (§§. 1. 5. 7. und 9.) zu sorgen, welcher zur Fürsorge für den Ehemann verpflichtet ist. Hat aber eine Ehefrau, um sich selbstständig zu ernähren, vor ihrer Verarmung befugter Weise getrennt von ihrem Manne an einem anderen Orte gelebt, so finden auf sie die Vorschriften des §. 1., ohne Rücksicht auf den Wohn- oder Aufenthaltsort des Mannes Anwendung.

§. 18. Wittwen sind von demjenigen Armenverbande, welcher zur Fürsorge für den Ehemann bei dessen Ableben verpflichtet gewesen sein würde, zu verpflegen, in so fern nicht nach dem Tode des Ehemannes, zufolge der Vorschriften des §. 4, die bisherige Verpflichtung erloschen, oder zufolge der Vorschriften des §. 1. für einen andern Armenverband eine Verpflichtung neu entstanden sein sollte.

§. 19. Die Bestimmungen des §. 18. finden auch auf geschiedene Ehefrauen mit der Maaßgabe Anwendung, daß in die Stelle des daselbst bezeichneten Armenverbandes derjenige tritt, welchem die Fürsorge für den Ehemann zu der Zeit, wo das Erkenntniß auf Ehescheidung rechtskräftig geworden ist, obgelegen haben würde.

§. 20. Für die ehelichen, legitimirten oder Adoptivkinder eines Verarmten hat derjenige Armenverband zu sorgen, welcher zur Fürsorge für den Vater verpflichtet ist oder bei dessen Ableben verpflichtet gewesen sein würde, in so fern nicht seit der Großjährigkeit der Kinder, zufolge der Vorschriften des §. 4., die bisherige Verpflichtung erloschen, oder zufolge der Vorschriften des §. 1. für einen anderen Armenverband eine Verpflichtung neu entstanden sein sollte.

§. 21. Ist jedoch die Verpflichtung znr Fürsorge für die Wittwe nach dem Tode des Ehemannes, den Vorschriften des §. 1. zufolge, auf einen anderen Armenverband übergegangen, so liegt diesem auch die Fürsorge für die Kinder ob. Dasselbe gilt in Ansehung der Kinder einer geschiedenen Ehefrau, wenn der letzteren durch das Ehescheidungs-Urtheil die Erziehung derselben zuerkannt worden ist.

§. 22. Uneheliche Kinder folgen dem Verhältnisse der Mutter in gleicher Weise, wie eheliche dem des Vaters.

§. 23. Die Fürsorge für Wittwen und Waisen derjenigen im Dienste verstorbenen Militairpersonen, welche nicht lediglich zur Erfüllung der allgemeinen Militairpflicht gedient haben, hat der Landarmenverband auch dann zu übernehmen, wenn dieselben nach dem Tode des Mannes oder Vaters an dem Garnisonorte ihren Wohnsitz behalten haben (§. 1. Nr. 2.), und binnen Jahresfrist eine Fürsorge für sie nothwendig wird.

§. 24. Für Findelkinder hat bis dahin, daß deren Vater oder Mutter ausgemittelt ist, der Landarmenverband zu sorgen.

Einstweilige Fürsorge für Arme, deren Verpflegung einem andern Armenverbande obliegt.

§. 25. Ist eine Gemeinde oder Gutsherrschaft nach der Vorschrift im §. 5. des Gesetzes vom heutigen Tage über die Aufnahme neu anziehender Personen befugt, einen Verarmten, welcher in dem Gemeinde- oder Gutsbezirk einen Wohnsitz erworben hat, (§. 1. Nr. 2.), an dessen früheren Aufenthaltsort zurückzuweisen, so muß sie, bis die Wiederaufnahme desselben an diesem Orte erfolgt, für die Verpflegung des Verarmten sorgen. Die hieraus entstehenden Kosten hat die Gemeinde oder Gutsherrschaft des früheren Aufenthaltsorts zu erstatten.

§. 26. Keine Gemeinde oder Gutsherrschaft darf einen fremden Armen hülflos von sich weisen, sondern muß ihm die nöthige Unterstützung, unter Vorbehalt ihres Anspruches an den Verpflichteten, einstweilen gewähren.

§. 27. Ist der Arme (§. 26.) im Kreise einheimisch, so hat die Orts-Polizei-Obrigkeit denselben unverzüglich an seinen letzten Wohnort zurück zu senden und dem Landrath davon Anzeige zu machen.

§. 28. Ist der Arme (§. 26.) nicht im Kreise einheimisch, so muß die Orts-Polizei-Obrigkeit den Landrath sofort benachrichtigen; und dieser hat nach den Umständen zu bestimmen, ob der Arme, bis ermittelt worden, wem die Fürsorge für denselben obliegt, von der Gemeinde oder Gutsherrschaft verpflegt oder an das Land-Armenhaus abgeliefert werden soll. Der Landrath hat in diesen Fällen für die Erstattung der Kosten zu sorgen, und die Obrigkeit, an welche er sich dieserhalb wendet, muß bei Vermeidung einer Ordnungsstrafe und des Ersatzes der aus dem Verzuge entstehenden Nachtheile die Antwort spätestens am zweiten Posttage nach dem Empfang der Requisition zur Post geben.

§. 29. Arme, es seien In- oder Ausländer, welche auf der Reise erkranken, sind von derjenigen Gemeinde oder Gutsherrschaft, in deren Bezirk sie krank gefunden werden, bis dahin zu verpflegen, daß sie ohne Nachtheil für ihre Gesundheit die Reise fortsetzen können.

§. 30. Die Gemeinde oder Gutsherrschaft (§. 29.) kann Erstattung der Kur- und Verpflegungskosten verlangen, sie darf aber hierbei keinen Beitrag zu den allgemeinen Verwaltungskosten der Anstalt, worin der Kranke verpflegt worden ist, in Rechnung stellen, und eben so wenig Gebühren für den Arzt oder Wundarzt, soweit solche nicht in baaren Auslagen bestehen, ohne Unterschied, ob derselbe als Armenarzt eine feste Besoldung bezieht, oder in den einzelnen Fällen besonders remunerirt werden muß. Die Erstattung hat der Land-Armenverband, zu dessen Bezirk die Gemeinde oder Gutsherrschaft gehört, unter Vorbehalt seiner Rechte, zu leisten.

§. 31. Die Obrigkeit des Ortes, wo der Kranke sich befindet (§. 29.), hat der Land-Armenbehörde unverzüglich Anzeige zu machen, und ist bei deren Verzögerung für alle darans entstehende Nachtheile verantwortlich.

Verpflegung kranker Dienstboten, Handwerksgesellen u. s. w.

§. 32. Wenn Personen, welche als Dienstboten, Handwerksgesellen ꝛc. in einem festen Dienstverhältnisse stehen, erkranken, so müssen sie von der Gemeinde oder Gutsherrschaft des Ortes, wo sie im Dienste sich befinden, bis zu ihrer Wiederherstellung verpflegt werden; ein Anspruch auf Erstattung der Kur- und Verpflegungskosten findet aber in diesem Falle gegen einen andern Armenverband niemals Statt.

Als ein festes Dienstverhältniß ist dasjenige nicht anzusehen, welches sich lediglich auf ein vorübergehendes bestimmtes Geschäft bezieht; dagegen schließt der bloße Vorbehalt willkürlicher Aufkündigung die Eigenschaft eines festen Dienstverhältnisses nicht aus.

§. 33. Einen Anspruch auf Verpflegung kann der Arme gegen einen Armenverband niemals im Rechtswege, sondern nur bei der Verwaltungsbehörde geltend machen, in deren Pflicht es liegt, keine Ansprüche zuzulassen, welche über das Nothdürftige hinausgehen. Verfahren bei Streitigkeiten über die Armenpflege.

§. 34. Ueber Streitigkeiten zwischen verschiedenen Armenverbänden entscheidet die Landes-Polizeibehörde. Betrifft der Streit die Frage: welcher von diesen Verbänden die Verpflegung des Armen zu übernehmen habe? so findet gegen jene Entscheidung der Rechtsweg statt, doch muß letztere bis zur rechtskräftigen Beendigung des Prozesses befolgt werden. Ueber den Betrag der Verpflegungskosten ist der Rechtsweg nicht zulässig.

§. 35. Weigert sich derjenige, welcher zur Verpflegung eines Armen aus einem privatrechtlichen Verhältnisse verpflichtet ist, diese Verpflichtung zu erfüllen, so muß bis zur rechtskräftigen Verurtheilung desselben, die Fürsorge für den Armen von demjenigen Armenverbande übernommen werden, welchem dieselbe in Ermangelung eines solchen Verpflichteten obliegen würde.

Entsteht hierbei ein Streit unter mehreren Verbänden darüber: wer von ihnen die Verpflegung zu übernehmen habe, so ist solcher gleichfalls nach den Vorschriften dieses Gesetzes, mit Berücksichtigung der Bestimmungen im §. 34. zu entscheiden.

§. 36. Mit der Publikation des gegenwärtigen Gesetzes treten in Beziehung auf alle Gegenstände, worüber dasselbe verfügt, sämmtliche, sowohl allgemeine als besondere Verordnungen außer Kraft, und sind letztere nur noch auf die Fälle anzuwenden, in welchen die Fürsorge für einen Armen schon vorher nothwendig geworden ist. Allgemeine Bestimmungen.

§. 37. Die in einzelnen Provinzen über die Armenpflege bestehenden Reglements sollen, um sie mit den Vorschriften dieses Gesetzes in Uebereinstimmung zu bringen, mit Zuziehung der Stände einer Revision unterworfen werden.

§. 38. Aus den Bestimmungen des gegenwärtigen Gesetzes sollen ausländische Gemeinden und Armenanstalten Ansprüche gegen inländische Armenverbände abzuleiten nicht befugt sein.

Urkundlich unter Unserer Höchsteigenhändigen Unterschrift und beigedrucktem Königlichen Insiegel.

Gegeben Berlin, den 31. Dezember 1842.

(L. S.) **Friedrich Wilhelm.**

v. Müffling. Mühler. v. Rochow. v. Savigny.

Beglaubigt:
v. Düesberg.

Gesetz zur Ergänzung der Gesetze vom 31. Dezember 1842 über die Verpflichtung zur Armenpflege und die Aufnahme neu anziehender Personen. Vom 21. Mai 1855.

Wir Friedrich Wilhelm, von Gottes Gnaden, König von Preußen ꝛc. ꝛc. verordnen für die Landestheile, in welchen die Gesetze vom 31. Dezember 1842 über die Verpflichtung der Armenpflege und über die Aufnahme neu anziehender Personen Gültigkeit haben, unter Zustimmung der Kammern, was folgt:

Artikel 1. Die Verpflichtung des Ortsarmenverbandes zur Fürsorge für einen Armen (der Unterstützungswohnsitz) entsteht in denjenigen Fällen, in welchen sie nach §. 1. Nr. 2. des Gesetzes über die Verpflichtung zur Armenpflege vom 31. Dez. 1842 Zu §. 1 Nr. 2. und §. 3. des Gesetzes über die Verpflichtung zur

Armenpflege vom 31. Dez. 1842 (G.=S. 1843 S. 8) u. §. 5 des Gesetzes über die Aufnahme neu anziehender Personen vom 31. Dez. 1842 (G.=S. 1843 S. 5).

durch Erwerbung des Wohnsitzes begründet werden soll, fortan nicht mehr sogleich mit dieser Erwerbung, sondern erst dann, wenn der Neuanziehende den erworbenen Wohnsitz Ein Jahr lang fortgesetzt hat.

Ergiebt es sich vor dem Ablaufe dieses Jahres, daß der Neuanziehende sich in einem solchen Zustande der Verarmung befindet, welcher die öffentliche Unterstützung desselben nothwendig macht, so muß der zur Zeit dieses Ergebnisses zur Fürsorge für ihn verpflichtete Armenverband denselben übernehmen. Dagegen ist an diesen Verband alsdann auch das etwa erlegte Einzugs- und Hausstandsgeld herauszuzahlen.

Die Vorschrift des §. 1. Nr. 2. und des §. 3. des Gesetzes über die Verpflichtung zur Armenpflege vom 31. Dezbr. 1842., sowie die des §. 5. des Gesetzes über die Aufnahme neuanziehender Personen von demselben Tage, sind, soweit sie von den Bestimmungen des vorliegenden Artikels abweichen, aufgehoben.

Wo in den Gesetzen auf diese aufgehobenen Vorschriften verwiesen wird, treten die Bestimmungen des vorliegenden Artikels an deren Stelle.

Zu §. 12 des Gesetzes über die Verpflichtung zur Armenpflege v. 31. Dez 1842.

Art. 2. Ist der letzte Unterstützungswohnsitz eines aus dem Auslande wieder übernommenen Verarmten nach §. 4. des Gesetzes vom 31. Dezbr 1842 über die Verpflichtung zur Armenpflege erloschen, so liegt die Fürsorge für denselben nicht dem Landarmenverbande desjenigen Bezirks ob, über dessen Grenze derselbe in das Inland eintritt, sondern demjenigen Landarmenverbande, in dessen Bezirk der letzte Unterstützungswohnsitz des Verarmten belegen war. Insoweit wird die Vorschrift des §. 12. jenes Gesetzes v. 31. Dez. 1842 abgeändert.

Zu §§. 25 u. 26 desselben Gesetzes.

Art. 3. Der Armenverband, welcher die vorläufige Unterstützung eines fremden Armen übernommen hat, ist berechtigt, seinen Anspruch auf Erstattung der ihm dadurch erwachsenen Kosten nach seiner Wahl entweder gegen den aus einem privatrechtlichen Verhältnisse Verpflichteten, oder gegen den verpflichteten Armenverband geltend zu machen.

Zu § 31 a. a. O.

Art. 4. Die von der Obrigkeit des Orts, wo ein auf der Reise erkrankter Armer sich befindet, nach §. 31. des Gesetzes vom 31. Dezember 1842 der Landarmen-Behörde zu machende Anzeige muß, bei gleicher Verantwortlichkeit, auch demjenigen Ortsarmenverbande gemacht werden, welchem die Fürsorge für den Kranken obliegt, insofern ein solcher Verband bekannt, oder durch sofort anzustellende Nachforschung ohne erhebliche Schwierigkeit zu ermitteln ist.

Zu §. 32 a. a. O.

Art. 5. Wenn Personen, welche als Dienstboten, Gewerbegehülfen, Gesellen, Lehrlinge u. s. w. in einem Dienstverhältniß stehen, an dem Orte, wo sie sich im Dienste befinden, erkranken, so müssen sie — insoweit dazu kein Anderer (Verwandter, Dienstherrschaft, Lehrherr, Stiftung u. s. w.) verpflichtet und vermögend ist (vergleiche §. 1. des Gesetzes über die Verpflichtung zur Armenpflege vom 31. Dezbr. 1842.) — von dem Armenverbande dieses Orts verpflegt werden.

Ein Anspruch auf Erstattung der Kur- und Verpflegungskosten gegen einen anderen Armenverband ist nur in den Fällen, in welchen die Krankenpflege länger als drei Monate fortgesetzt worden ist, und nur für den über diese Frist hinausgehenden Zeitraum zulässig.

Dem Ortsarmenverbande, welchem die Erstattung der Kur- und Verpflegungskosten obliegt, oder, wenn ein solcher nicht vorhanden oder bekannt ist, dem Landarmenverbande muß spätestens acht Tage vor Ablauf des dreimonatlichen Zeitraums Nachricht von der Erkrankung gegeben werden, widrigenfalls die Erstattung der Kosten erst von dem, acht Tage nach dem Eingange der Nachricht beginnenden Zeitpunkte an, gefordert werden kann.

Schwangerschaft an sich ist nicht als eine Krankheit im Sinne der vorstehenden Bestimmung anzusehen.

Der §. 32. des Gesetzes vom 31. Dezbr. 1842 wird aufgehoben.

Zu §. 35 a. a. O.

Art. 6. Auf den Antrag des Armenverbandes, der einen Verarmten unterstützen muß, können der Ehemann, die Ehefrau, die ehelichen Aeltern, die uneheliche Mutter, sowie die ehelichen Kinder des Verarmten, wenn sie ihrer gesetzlichen Verpflichtung zu dessen Verpflegung nicht nachgekommen sind, im Verwaltungswege angehalten werden, demselben ganz oder theilweise die nothdürftige Unterstützung selbst zu gewähren, oder die erforderlichen Mittel zu deren Gewährung herzugeben.

Hierüber hat der Landrath desjenigen Kreises, in welchem der in Anspruch Genommene wohnt, oder falls derselbe in einer Stadt, die weder in Kommunal- noch in Polizeiangelegenheiten der Aufsicht des Landraths unterworfen ist, wohnt, der Gemeindevorstand (Magistrat, Bürgermeister) durch Resolut zu entscheiden. Wenn der in Anspruch Genommene im Inlande keinen Wohnsitz, sondern nur den Aufenthalt hat, so steht die Entscheidung den vorstehend bezeichneten Behörden seines Aufenthaltsorts zu.

Gegen ein solches Resolut steht innerhalb zehn Tagen nach dessen Zustellung sowohl dem Armenverbande, als dem in Anspruch Genommenen, der Rekurs an die Regierung offen, bei deren Entscheidung es im Verwaltungswege dann bewendet.

Art. 7. Außerdem aber steht auch jedem von beiden Theilen frei, sein Recht im Wege der gerichtlichen Klage zu verfolgen und die Aufhebung der im Verwaltungswege getroffenen Festsetzuug zu fordern.

Art. 8. Die Resolute der Verwaltungsbehörden sind gegen den in Anspruch Genommenen sofort und so lange vollstreckbar, bis im Rekurs- oder Rechtswege eine abändernde Entscheidung erfolgt ist.

Art. 9. Wird der in Anspruch Genommene durch Resolut der Regierung oder durch rechtskräftiges gerichtliches Erkenntniß von der Unterstützungspflicht ganz oder theilweise entbunden, so hat der Armenverband ihm das bis dahin zu viel Geleistete zu erstatten und ist im Weigerungsfalle hierzu im Verwaltungswege anzuhalten.

Hatte jedoch der eine solche Erstattung Fordernde die gerichtliche Klage nicht binnen sechs Monaten nach der Zustellung des von ihm angefochtenen Resoluts der Verwaltungsbehörde angebracht, so kann er nur dasjenige zurückfordern, was er für den Zeitraum seit Anbringung der Klage zu viel geleistet hat.

Art. 10. Durch die Bestimmungen der Art. 6. bis 9. wird das Recht des Hülfsbedürftigen nicht beschränkt, seine Ansprüche auf Unterhaltung gegen die genannten Angehörigen zu verfolgen.

Armenpolizeiliche Bestimmungen.

Art. 11. Solchen Personen, welche arbeitsfähig sind, gleichwohl aber, nach Verlust ihrer bisherigen Wohnung, binnen einer von der Ortspolizeibehörde ihnen gestellten Frist, sich eine andere Wohnung nicht verschafft haben, kann, insofern denselben durch polizeiliche Veranstaltung ein Obdach verschafft werden muß, für die Dauer der Obdachlosigkeit der Aufenthalt in einer Arbeitsanstalt angewiesen werden.

Art. 12. Auch solche Personen, welche die Armenpflege in Anspruch nehmen, sich aber weigern, für die ihnen gewährte Unterstützung die ihnen von der Obrigkeit, sei es im Orte oder auswärts, angewiesene, ihren Kräften angemessene Arbeit ordnungsmäßig zu verrichten, können, so lange sie der Unterstützung bedürfen und bei ihrer Weigerung beharren, in einer Arbeitsanstalt untergebracht werden.

Art. 13. Läßt ein Ehemann seine Ehefrau — ein Vater, oder, wenn der Vater todt oder verschollen ist, eine Mutter die ehelichen, noch nicht 14 Jahre alten Kinder — oder eine Mutter ihre unehelichen Kinder eben dieses Alters, der gesetzlichen Verpflichtung zuwider, dergestalt hülflos, daß diese Angehörigen der Armenpflege anheimfallen, so kann eine solche Person, falls sie die Armenpflege nicht in Ansprnch genommen und deren Nothwendigkeit nicht nachgewiesen hat, sobald der Versuch fruchtlos geblieben ist, sie im Verwaltungs- oder gerichtlichen Wege zur Unterstützung jener Angehörigen exekutivisch anzuhalten, auf so lange, als das Bedürfniß der Armenverpflegung für die Angehörigen fortdauert, in einer Arbeitsanstalt untergebracht werden.

Art. 14. In den Art. 11. bis 13. gedachten Fällen erfolgt die Ueberweisung an die

Arbeitsanstalt auf Antrag des Vorstandes des Armenverbandes durch Anordnung des Landraths. In solchen Städten, die weder in Kommunal- noch in Polizeiangelegenheiten der Aufsicht des Landraths unterworfen sind, oder die eine eigene Arbeitsanstalt besitzen, steht diese Anordnung dem Gemeindevorstande (Magistrat, Bürgermeister) zu.

Die Anordnung erfolgt durch sofort vollstreckbares Resolut, gegen welches jedoch der Rekurs im geordneten Instanzenzuge zulässig ist.

Art. 15. Die Vorschrift des §. 16. des Gesetzes vom 31. Dezbr. 1842 über die Verpflichtung zur Armenpflege soll auch bei Anträgen zur Aufnahme der Art. 11. bis 13. dieses Gesetzes gedachten Personen in die mit den Landarmenanstalten verbundenen Arbeitshäuser maaßgebend sein.

Uebergangs-Bestimmung.

Art. 16. Mit der Publikation des gegenwärtigen Gesetzes treten die demselben entgegenstehenden Vorschriften außer Kraft und sind letztere nur noch auf die Fälle anzuwenden, in welchen die Fürsorge für einen Armen schon vor Publikation dieses Gesetzes nothwendig geworden ist.

Der Minister des Innern hat die zur Ausführung dieses Gesetzes erforderlichen Instruktionen zu erlassen.

Urkundlich unter Unserer Höchsteigenhändigen Unterschrift und beigedrucktem Königlichen Insiegel.

Gegeben Berlin, den 21. Mai 1855.

(L. S.) **Friedrich Wilhelm.**

v. Manteuffel. v. d. Heydt. Simons. v. Raumer. v. Westphalen.
v. Bodelschwingh. Gr. v. Waldersee. Für den Minister für die landwirthschaftlichen Angelegenheiten:
v. Manteuffel.

Druck von J. Draeger's Buchdruckerei (C. Feicht) in Berlin.

FSC
www.fsc.org
MIX
Papier | Fördert
gute Waldnutzung
FSC® C083411

Kolibri 360 GmbH
Ferdinand-Jühlke-Straße 7
99095 Erfurt, Deutschland
produktsicherheit@kolibri360.de